叶圣陶年谱长编

第一卷　1894—1935
第二卷　1936—1949
第三卷　1950—1965
第四卷　1966—1988

"十五"国家重点图书出版规划项目

国家教育部重点图书选题规划项目

叶圣陶年谱长编

第三卷

商金林 撰著

人民教育出版社

图书在版编目（CIP）数据

叶圣陶年谱长编．第三卷/商金林撰著．—北京：
人民教育出版社，2005
ISBN 7-107-19409-7

Ⅰ．叶…
Ⅱ．商…
Ⅲ．叶圣陶（1894—1988）—年谱
Ⅳ．K825.46

中国版本图书馆 CIP 数据核字（2005）第 011752 号

人民教育出版社出版发行
网址：http://www.pep.com.cn
人民教育出版社印刷厂印装　全国新华书店经销
2005 年 12 月第 1 版　2005 年 12 月第 1 次印刷
开本：890 毫米×1 240 毫米　1/32　印张：23.75　插页：6
字数：600 千字　印数：0 001~1 500 册
定价：69.50 元

如发现印、装质量问题，影响阅读，请与出版科联系调换。
（联系地址：北京市海淀区中关村南大街 17 号院 1 号楼　邮编：100081）

20世纪50年代的叶圣陶

1950年初教科书编审委员会同人庆祝斯大林七十寿辰留影
（第二排右二为叶圣陶）

1954年5月全国政协《中华人民共和国宪法》(初稿)
座谈会第十组委员合影（前排左二为叶圣陶）

1954年10月叶圣陶与病愈的夫人胡墨林摄于杭州南山招待所

1956年5月6日叶圣陶接见来北京参加全国先进生产者会议的少数民族女教师

1956年12月18日到印度参加亚洲作家会议的中国作家代表团成员在泰姬陵前合影(左九为叶圣陶)

1957年4月叶圣陶（左二）与宋云彬（右二）游览金华双龙洞

1957年5月8日叶圣陶（右五）在上海与苏州草桥中学同学聚会

1958年5月25日叶圣陶在河北怀来县花园乡为果树喷农药

1961年7月29日至9月23日叶圣陶（右一）率作家、艺术家参观团访问内蒙古自治区期间欣赏牧民表演

不用說出版工作多麼重要,幹出版工作的誰不知道。以往的出版工作有些兒成績,然而是散漫的,沒有什麼計畫的。這一回全國出版工作會議開個頭,研討分工,合作,專業化種種問題,這才使出版工作有了整體性跟計畫性。在這樣的基礎上,出版工作的成績一定會超過以往多少倍。

一九五零年九月,葉聖陶

1950年9月叶圣陶为全国出版工作会议题词

叶圣陶主持人民教育出版社编写出版的
新中国第三套全国通用的十年制中小学教材

叶圣陶手书胡墨林墓碑碑文

我妻胡墨林墓

人情實太好
與我大有緣
一切皆可舍
人情良難捐

墨以一九五七年三月二日謝世先十日爲余說此意寫于心繫人間骨歸泉壤用鐫其墓來茲鑒之 葉聖陶

1963年10月叶圣陶
为泉州开元寺题诗

花枝春滿候天心月圓時
於此證功德人間念法師
一九六三年十月二十九日訪彌陀巖
弘一法師增復來開元寺欣聞紀念
館布置就緒書此留題 葉聖陶

出版说明

叶圣陶先生是我国现代著名的文学家、教育家、编辑出版家和社会活动家，他为我国现代教育、现代文学和现代出版事业都作出了重大贡献，是现代中国文化教育的一代宗师。

圣陶先生是新中国教材和教育图书编辑出版发行事业的卓越领导人。他以中央出版总署副署长和教育部副部长的身份，长期担任人民教育出版社社长和总编辑，为人教版教材和教育图书编辑出版工作倾注了毕生的心血。

我社曾在社内圣陶先生工作过的地方树立了圣陶先生的铜像，以激励广大干部职工学习圣陶先生为教材编辑出版事业呕心沥血的献身精神。我社还隆重推出了《叶圣陶教育文集》（全五卷）和《叶圣陶画传》，先后荣获全国教育图书奖、国家图书奖等多种奖项，为人们研究和学习圣陶先生的教育事迹和教育思想，特别是教材编辑思想提供了重要文献。

为了深切缅怀圣陶先生的丰功伟绩，继承圣陶先生的思想财富，在圣陶先生诞辰110周年、人民教育出版社成立55周年之际，我们特约叶圣陶研究会副会长、叶圣陶研究专家、北京大学中文系博士生导师商金林教授撰著《叶圣陶年谱长编》（全四卷）。本书业已被国家新闻出版总署列为"十五"国家重点图书出版规划项目和国家教育部重点图书选题规划项目。

人民教育出版社
2004年7月

为了纪念

——《叶圣陶年谱长编》自序

商金林

叶圣陶先生是我国现代著名的作家、教育家、编辑出版家、社会活动家。我对圣陶先生的研究始于1976年，是从编写年谱入手的。1981年至1982年，《新文学史料》一连五期刊登了我编写的《叶圣陶年谱》，内容自1894年始，至1949年止，约十一万字。隔了将近五年，1986年12月，江苏教育出版社出版了我编写的《叶圣陶年谱》，内容自1894年始，至1984年止。当时，圣陶先生还健在，所以那本年谱尚未写完，材料挖掘得也还不够；再加上想把字数压缩在三十六七万字左右，把许多可用的材料都割舍了，因而显得单薄。虽说出版后受到好评，但我心里总觉得没有尽到责任，总想把这项工作继续做下去，就利用撰写《叶圣陶传论》，以及协助叶至善先生编《叶圣陶集》的机会，继续搜集材料，及时地进行修订增补，年复一年，持之以恒。不久前，人民教育出版社吕达先生、刘立德先生和胡兰江女士约我编撰《叶圣陶年谱长编》，由原来的一卷扩充为四卷，为研究者提供更为完整、丰富、翔实的史料，以此纪念新中国教材建设的奠基人、人民教育出版社的创始人、他们的老社长兼总编辑——圣陶先生诞辰110周年。这可实现了我的一桩心愿。

这是一部相当真实的年谱。我为此付出的辛苦,难以言述;从中得到的许许多多"发现"的欢欣和喜悦,也非笔墨所能形容。圣陶先生长长的一生奋进的历程,以及他的嘉言懿行,使我渐渐懂得了做人和学习的一些道理,终身受用;圣陶先生在现代文学、教育、编辑出版和社会活动诸多领域做出的业绩,为我的学术研究提供了新的思路。我花这么长的时间编撰年谱,也是对他老人家的一种敬仰,一个纪念。

　　《新文学史料》上的《叶圣陶年谱》,是经牛汉先生之手发表的,我由衷地感谢他。江苏教育出版社出版的《叶圣陶年谱》,是经叶至诚先生审定的。至诚先生于1992年9月23日去世了,我永远怀念他。这次增订,得到叶至善先生的指教。近三十年来,至善先生一直关爱着我,从他身上我又看到了圣陶先生的精神面貌。

　　是为序。

2004年于北大畅春园寓所

凡 例

一、本书包括谱文和附录两部分。谱文是谱主从1894年10月28日（阴历九月三十日）出生至1988年2月16日逝世为止的正谱。谱主逝世后有关他的著作的出版和纪念活动，作为附录排在正谱后面。

二、引用的文字，凡公开发表的一律注明出处；未经发表的注明现存何处；向叶圣陶先生及其亲朋故旧的访问所得均注明访问日期。

三、全部著作一律入谱，按写作时间排列，注明写作日期、体裁、初次刊载处、署名，以及最初收入何集等。谱主公开发表的日记中记载的他写的诗文，有的虽已失存，也将篇名编入年谱。

四、凡记有写作日期的文章，年、月、日注在文章后面；不记写作日期的文章，以发表时间为据，在出版物的后面注明出版日期。

五、本书所列，1911年以前的日期，为阴历（均括注阳历的月、日）；1912年后，则概为阳历。阴历以汉字标注，阳历以阿拉伯数字标注。

六、所标的季，以阳历2至4月（阴历元至三月）为春，阳历5至7月（阴历四至六月）为夏，阳历8至10月（阴历七至九月）为秋，阳历11月至翌年1月（阴历十至十二月）为冬。

七、凡属小说、童话、诗歌、评论、戏剧，均注明体裁，散文一律不注。

八、文章凡署名叶圣陶的一律不注。

九、书中的"日记"，均为叶圣陶日记。

十、书中的《叶圣陶集》，由江苏教育出版社1987年至1994年出版，共25卷，为节省篇幅，出版年月从略。

十一、为了说明谱主生活、工作、著作和翻译的时代背景，在每年的本事前，略记有关国内外政治、经济、文化大事。

十二、谱主的译文、书信、日记、序跋、诗词等，凡能反映或说明其政治见解、思想状况、文艺主张、创作观念、教育理论的，多作扼要的介绍。

目录·提要

1950 年（庚寅）　　五十六岁 ··· 1

教育部与出版总署联合成立教科书编审委员会，圣陶先生任该委员会主任（1 月 13 日）。

至善夫妇扶祖母携子女到京，合家团聚（4 月 16 日）。

与来京参加高教会议之王力相见（6 月 10 日）。通信已二十余年，始见面。

人民教育出版社成立（12 月 1 日），任社长兼总编辑。原编审局撤销。

1951 年（辛卯）　　五十七岁 ··· 82

《叶圣陶选集》（茅盾主编，新文学选集编辑委员会编辑）由开明书店出版（7 月）。

受政务院委托，所拟《标点符号用法》在《人民日报》发表（9 月 26 日）。

1952 年（壬辰）　　五十八岁 ··· 177

偕胡墨林至北戴河度假（8 月 3 日至 17 日）。

开明书店与青年出版社合并，成立公私合营之中国青年出版社。出席是夜举行之合并联欢会，并致辞（12 月 5 日）。

1953 年（癸巳）　　五十九岁 ··· 288

参加编辑之《朱自清文集》（四卷本）由开明书店出版（3 月）。

与丰子恺等发起，于杭州虎跑寺建塔纪念弘一法师（7月）。

出席第二次文代会，为主席团成员。发言呼吁作者多注意语言。被推选为文联第二届全国委员会委员、中国作协理事（9月下旬至10月上旬）。

偕金灿然离京，往西北大区传达国家文委之决议，经西安、宝鸡、兰州等地，并与各地教育、出版、新闻界人士交谈（10月15日至11月14日）。

1954年（甲午）　六十岁 ································ 389

任宪法起草委员会语文顾问（3月）。

胡墨林进北京医院割治肠癌（6月）。

出席文字改革委员会之会，讨论拼音字母方案及简体汉字表（7月）。

出席第一届全国人大第一次会议，被推选为主席团成员（9月）。

胡墨林康复，遂相偕南游，到上海、南京、无锡、杭州，访问各地亲友（10月16日至11月4日）。

受国务院任命，任教育部副部长（10月30日），仍兼任人民教育出版社社长兼总编辑。

《叶圣陶短篇小说选集》（作者自选集）由人民文学出版社出版（12月）。

1955年（乙未）　六十一岁 ······························ 465

始审读人民文学出版社《鲁迅全集》之注释稿（8月）。

赴杭州、黄山、南京旅行（8月23日至9月5日）。在南京见至诚夫妇。

全国文字改革会议开幕，任常务主席（10月15日）。会议作出推广普通话之决议，并讨论汉语之规范化。

提出整理铜模、统一铅字笔形之意见（11月初）。

参加人大、政协之视察活动，赴南京和苏州视察，至善偕（11月17日至12月7日）。

1956年（丙申）　六十二岁 ………………………………… 513
　　患肝炎，住北京医院（1月21日至2月8日）。
　　胡墨林癌症复发，做第二次手术（3月）。癌细胞已扩散。此
　　　后病情逐日加重。
　　《叶圣陶童话选》（作者自选集）由中国少年儿童出版社出版
　　　（5月）。
　　参加中国作家协会代表团，赴印度出席亚洲作家代表会议，
　　　同行者有茅盾、老舍、周扬、萧三、王任叔、余冠英、
　　　叶君健、杨朔、白朗、孜亚等，共12人（12月18日至
　　　次年1月10日）。

1957年（丁酉）　六十三岁 ………………………………… 568
　　胡墨林病逝（3月2日），享年64岁。彻夜未眠，足成《扬州
　　　慢》一阕，略叙四十年来与胡墨林之游踪。胡墨林安葬
　　　于北京西郊福田公墓。
　　为排遣哀愁，偕王伯祥南游（3月20日），经武汉、广州、杭
　　　州。4月12日，偕宋云彬参加人大、政协之视察活动，
　　　到金华、温州、黄岩等地视察，经上海、南京返京（5月
　　　17日）。

1958年（戊戌）　六十四岁 ………………………………… 591
　　偕周有光赴太原、西安、成都、重庆，宣传国务院在年前公
　　　布之《汉语拼音方案草案》（1月12日至25日）。
　　全国古籍整理出版规划小组成立，任领导小组成员（2月9
　　　日）。
　　访问茶淀青年农场（4月中旬）。
　　《叶圣陶文集》第一卷（内收《隔膜》、《火灾》和《线下》三
　　　个短篇集）由人民文学出版社出版（4月）。
　　参加作协参观团访问怀来、涿鹿、张家口，有郭沫若、沈从
　　　文、萧三等同行（5月24日至6月7日）。

《叶圣陶文集》第二卷（内收《城中》、《未厌集》和《四三集》三个短篇集）由人民文学出版社出版（5月）。

参加国家机关组织之十三陵水库修建劳动。周总理领队，往返共六天（6月22日至27日），同队有郑振铎、夏衍、姜椿芳等。

《小记十篇》由天津百花文艺出版社出版（8月）。

参加统战部组织之参观团，访问徐水（9月中旬），至善偕。

闻郑振铎在出国访问途中坠机牺牲，连日作诗痛悼（10月下旬），并出席追悼会。

《叶圣陶文集》第三卷（内收长篇《倪焕之》及其他短篇小说）由人民文学出版社出版（10月）。

1959年（己亥） 六十五岁 620

参加人大、政协之视察活动，赴江苏，到南京、扬州、淮阴、南通、苏州等地视察（3月18日至4月12日）。

出席第二届全国人民代表大会（4月中旬）。

以夏丏尊所藏弘一法师出家前所作之油画《倦》一幅，交与中央美术学院院长吴作人，请该院妥为保藏（8月30日）。

1960年（庚子） 六十六岁 636

参加统战部组织之学习团，赴洛阳、三门峡、郑州市参观，至善偕（2月27日至3月15日）。

参加第三次文代大会（7月22日）。后被推选为文联全国委员、作协理事。

赴青岛出席第三届普通话教学观摩大会（7月29日至次月12日）。

诗集《箧存集》由作家出版社出版（8月）。

参加作协参观团访问怀来，往返共四日（9月9日至12日）。同行者有田汉、萧三等37七人。

1961年（辛丑） 六十七岁 650

患浮肿（1月下旬），约半年始愈。

老母逝世（2月3日），享年96岁。

离京休养，并了解各地出版与教育情况。经西安、成都、重庆、汉口、九江、庐山、南京、苏州各地（4月18日至6月8日）。

参加作家、艺术家文化访问团访问内蒙古自治区，遍访林区、牧区及工业城市，广泛接触各兄弟民族。同行者有老舍、曹禺、梁思成、吴组缃、端木蕻良诸老友（7月29日至9月23日）。

1962年（壬寅） 六十八岁 ················· 678

参加人大、政协之视察活动，赴南京、无锡、苏州、上海等地视察，至善偕（1月5日至2月1日）。

为中华函授学校语文学习讲座作首次演讲（9月21日），题为《认真学习语文》。

偕至善至南京，助至诚改编之锡剧剧本《孟丽君》作最后定稿，并观首场演出（9月22日至10月6日）。

1963年（癸卯） 六十九岁 ················· 702

参加人大、政协之视察活动，至善偕，赴福州、古田、泉州、厦门、漳州等地视察（10月18日至11月13日）。在泉州曾瞻仰弘一法师骨灰塔及开元寺弘一法师纪念室，并题颂诗。

加入中国民主促进会（12月5日）。

《叶圣陶文集》第四卷（内收散文和童话）编成，未付梓。

1964年（甲辰） 七十岁 ················· 723

参加统战部组织之参观团，至善偕，赴大庆参观石油之勘探、生产和提炼，归途在哈尔滨参观大型工业（5月21日至6月4日）。

抵西安，主持第四次普通话教学观摩大会（8月14日至26日）。

出席第三届全国人民代表大会（12月21日）。

1965 年（乙巳）　七十一岁 ………………………………… 739

赴山东济南、青岛两市调查教育情况（5 月 14 日至 6 月 12 日）。

参加统战部组织之三线建设参观团，访问成昆铁路、川黔铁路工地与各重要军事工厂（11 月 2 日至 12 月 12 日）。

1950 年

（庚寅）　五十六岁

2月　中苏两国政府在莫斯科正式签订《中苏友好同盟互助条约》。
3月　为巩固新生的人民政权，中共中央发出《关于镇压反革命活动的指示》。
6月　毛泽东在党的七届三中全会上作《为争取国家财政经济状况的基本好转而斗争》的报告。
同月　美帝国主义悍然发动侵朝战争，同时进驻中国领土台湾。
9月　毛泽东明令公布中华人民共和国国徽。
10月　中国人民志愿军奔赴朝鲜，抗击美帝。全国掀起了抗美援朝、保家卫国的伟大运动。
同月　全国文联发出《关于文艺界展开抗美援朝宣传工作的号召》。
同月　全国文联与北京市文联联合主办鲁迅逝世14周年纪念会。

＊　　＊　　＊

1月1日　参加开明书店之新年聚餐会，参加政务院办公厅召集之团聚会。
1月3日　在出版总署，"商明日请参加教育工作会议之各地教育行

政当局来我署座谈之事。又略谈上海儿童书局与世界书局事"。与高祖文谈编辑年鉴事。(日记)

1月4日　在出版总署给出席教科书座谈会的各地教育行政当局及教育部首长作报告,介绍出版总署概况。"大家对于中小学教本,师范教育科目用书,工农识字课本及政治课本,至感迫切需要,大多主有胜于无,宁可有而较粗糙。此外希望于我署者尚多,颇有不胜负荷之感。"(日记)

参加文联欢迎老舍之茶会。

1月5日　听朱文叔演讲,"谈我国文字形音义之常识"。至文教委,"讨论卫生部与出版总署两机关之工作计划"。会上决定成立中学教科书编审委员会,"专主两种中学(普通中学及三年速成中学)各科教本之设计与审阅事宜。其程序先定课程标准,然后分配着手编辑之机构或个人。最后稿成,审阅修订。而陆定一之意,欲余主持其事。余实无此精力,但亦不便拒绝,且待教育部方面如何决定再说"。(日记)

1月6日　宋云彬日记:"《人民日报》袁君来索稿,出示投稿一件,系对圣陶所作《语文随笔》表示异议者。圣陶《语文随笔》载三日《人民日报》副刊,对当前写作家颇有所针砭,居然引起异议。余笑谓圣陶,吾辈今后最好作文盲,一任谬种流传,不闻不见,岂非快事。"(宋云彬著:《红尘冷眼——一个文化名人笔下的中国三十年》,山西人民出版社2002年版)

1月7日　柳湜来,谈教科书事。宴老舍、曹禺,共谈文艺现状。

同日　宋云彬日记:"(晚)七时老舍、曹禺伉俪先后来,与圣陶合作东,请他们喝绍兴酒,有文叔、蠖生作陪,约尽七八斤,尽兴而散。"(《红尘冷眼——一个文化名人笔下的中国三十年》)

1月8日　宋云彬日记:"欧阳予倩之太夫人作古(享年八十三岁,无疾而终),今日在铁狮子胡同三号开吊,离寓所甚近,偕同圣陶、彬然前往吊唁。"(《红尘冷眼——一个文化名人笔下的中国三

十年》)

1月10日　开署务会议，通过修订之出版总署组织条例。(日记)

1月11日　出席《文汇报》之邀宴。访范洗人，谈吕叔湘留开明事，并致函李广田、浦江清协商。(日记)

1月12日　在出版总署与同人商谈开明书店将改为公私合营之事。傍晚至玉华台，与范洗人、章雪村、邵力子、吴觉农、胡愈之、傅彬然共商开明事，"皆主将开明重心移来北京"。(日记)

1月13日　教育部与出版总署联合成立教科书编审委员会，圣陶先生为主任。

1月16日　在出版总署第一处集会，要求同人今后工作将集中于中学之文史地教科书，小学教科书可以暂缓。(日记)

同日　宋云彬日记："上午十一时偕同圣陶、蝶生、丁于赴北京医院视（朱）文叔疾。"(《红尘冷眼——一个文化名人笔下的中国三十年》)

1月18日　上午，在出版总署第一处语文组开会，谈"集中于编辑初中语文"。下午，"出席第二处之处务会议。此处专编通俗读物，于对象、写法谈论甚久"。(日记)

1月19日　"整理付排之外稿一种讫。此事殊无人做。而在一般书店，此工作为经常事。将来稿件多时，不知将如何应付。即以教科书而论，同人作稿而不需董理者不多。若皆由余为之，虽废寝食亦无济矣。"(日记)

1月20日　下午，"为同人语文学习组讲话。取不妥文字一篇，一一指其谬误。诸君或未必有此意兴，甚且以为此是小节，不讲亦可。余唯愿于业务上略有所助益也"。(日记)

同日　宋云彬日记："下午五时，圣陶作关于语文学习之讲演，颇精彩。"(《红尘冷眼——一个文化名人笔下的中国三十年》)

1月21日　魏建功来访。"一谈大学国文选本（文言），明日将集北大清华两校同人共谈者。二谈高中语文之编辑，我局拟托建功

于讲师助教中招引数人，专任此事。建功允之。"（日记）

1月22日 与清华、北大之国文系教师共十六七人，"共商大学国文古典文之选目。先商定学习此科之目标为：培养青年阅读古典文，获得批判的接受文化遗产之能力。定目凡二十余篇"。与魏建功等人谈高中语文编辑事。应吴晗招宴，他客为老舍、周扬、艾青、赵树理。（日记）

同日 宋云彬日记："上午九时半偕圣陶赴编审局，与北大、清华两校国文教师商谈大学国文（古典文之部）选目。两大学教师出席者有张克强、李广田、章廷谦、游国恩、周祖谟、吴组缃、王瑶、赵西陆、许骏斋、马汉麟、阴法鲁、刘禹昌、浦江清、魏建功等。吴组缃主张大学不读文言文，谓文言文有如希腊文，不宜使现代青年费时间心力学习云云。余谓白话与文言不能以英文与希腊文相比拟。大学生读文言文，在养成阅读古书之能力。如大学生看不懂文言文，如何能批判地接受文化遗产。吴君语塞。商讨约四小时，将全部目录拟定。与魏建功等商讨高中国文编辑事，魏君允约北大同人共同担任。五时半偕圣陶赴《新建设》社宴饮，座有老舍、赵树理、吴晗、周扬、何思敬、张志让、费青等。"（《红尘冷眼——一个文化名人笔下的中国三十年》）

1月23日 "饭后两时，偕乔峰灿然访周启明于八道湾。启明于日本投降后，以汉奸罪拘系于南京，后不知以何因缘由国民党政府释出，居于上海，去年冬初返居北京，闻已得当局谅解。渠与乔峰以家庭事故不睦，来京后乔峰迄未往访，今以灿然之提议，勉一往。晤见时觉其丰采依然，较乔峰为壮健。室中似颇萧条，想见境况非佳。询其有无译书计划，无确定答复，唯言希腊神话希腊悲剧或可从事，但手头参考书不备，亦难遽为。盖其藏书于拘系时没收，存于北平图书馆也。谈四十分钟而辞出。"（日记）

周作人《知堂回想录·我的工作三》:"一九五〇年一月承蒙出版总署署长叶圣陶君和秘书金灿然君的过访,叶君是本来我认识的,他这回是来叫我翻译书,没有说定什么书,就是说译希腊文罢了。过了几天郑西谛君替我从中法大学图书馆借来一册《伊索寓言》,差人送了来,那是希腊文和法文译本,我便根据了这个翻译。这就是我给公家译书的开始。"(香港三育图书文具公司1970年5月版)

同日　宋云彬日记:"圣陶今日偕同金灿然、周建人访周作人。梁漱溟亦已到京,明日圣陶将偕彬然往访。余则谓'行客访作客',通例也。梁不来访余等,余亦断断不往访。梁氏傲岸自高,而实空无所有,政治观点极反动,余深恶之。"(《红尘冷眼——一个文化名人笔下的中国三十年》)

1月24日　偕傅彬然往访梁漱溟。与出版总署同人会谈三事:"一、准备作三个月之工作总结。二、筹备出版图书批评之杂志。三、如何定审稿审书制度。"(日记)

1月25日　写答同人提出的语文问题,与同人会谈,"作即将召开之教科书编委会之准备"。(日记)

同日　宋云彬日记:"教育部与编审局合组一中学教科书编审委员会,余与圣陶、金灿然、叶蠖生均为委员,名单已送文教会,专候文教会批准,时隔三周,杳无音讯,谓非官僚化而何?今日教部柳湜来电话,谓将不待文教会批准,于二三日内先行集会商讨一切。下午,圣陶特邀同人商讨,预备提出关于精简自然科及各科每周时间分配诸问题。""晚在圣陶处遇黄裳。"(《红尘冷眼——一个文化名人笔下的中国三十年》)

1月26日　宋云彬日记:"晚徐铸成、柯灵、黄裳等来,在叶家饮酒,余仅添酒菜两色,殊抱歉也。迩来酒价涨,竹叶青每斤六千余元,实无力酤酒请客矣,奈何奈何!"(《红尘冷眼——一个文化名人笔下的中国三十年》)

1月27日　在总署开会，"议工资问题，精简组织问题，百科丛书问题，通俗读物方针方法问题"。（日记）

同日　宋云彬日记："赶编大学国文古典文之部，殊紧张。选《四库提要》一则，标点竟有错误，为圣陶发觉，学业荒落，殊可惧也。"《红尘冷眼——一个文化名人笔下的中国三十年》）

1月28日　会见调入出版总署工作的郑作新、隋树森等。

1月29日　宋云彬日记："郑振铎今日自上海返，即来访圣陶及余等，谈笑尽欢而去。"《红尘冷眼——一个文化名人笔下的中国三十年》）

1月30日　与金灿然往访曾昭抡，"与谈北大出版计划，并请审阅自然科学方面之书稿。未遇"。至科学院，访杨钟健，谈科学院出版计划，并请审阅自然科学方面之书稿。（日记）

1月31日　与胡愈之"闲谈编辑、出版、语言文字，谈甚多。乔木致电话与愈之，谓迩来留意报纸杂志文字，确有问题。苏联报馆有修辞编辑，甚注意语文，而我国则否。渠谓欲求速效，宜设一训练班，招各机关之笔墨工作者参加，而由余为之指导。讲义讲辞并可刊于各地大报。乔木此说近乎理想，欲以行政力量改变文风，此岂易事乎"。（日记）

　　1月3日至7日、9日至13日、16日、18日至28日、30日和31日的日记收入《叶圣陶集》第二十二卷。

2月1日　与教育部林砺儒、张萃中、柳湜及出版总署金灿然等"谈如何定中学各科之时间，及如何节约各科之内容，去其重而举其要者"。（日记）

2月5日　至六国饭店，出席文教委第二次全体委员会议，听董必武的政治报告、郭沫若（文教委主任）的各部署工作计划摘要，以及胡乔木有关各部署之概算的报告。

2月6日　约请田世英夫人来出版总署工作，助编地理课本。在第一处开处务会议，"商语文、历史、地理三科之教学时数与教本编辑办法。又谈及教学书之编撰。决定中学各科都有教学书，帮助教师施教"。夜听丁晓先读其所撰历史第一章之第一节，"已四易其稿矣"。（日记）

2月7日　宋云彬日记："（晚）振铎、老舍、平伯等来叶家，饮酒谈笑甚欢。"（《红尘冷眼——一个文化名人笔下的中国三十年》）

2月8日　"下午，北大五位教师来谈，为我局编辑高中语文。谈至五点半，此事稍有眉目，暑假可以出书数册而不至不成样，心为稍安。"（日记）

2月9日　"看武行生所为高小政治课本稿，看所选大学国文之分段与标点，写我局对编写语文史地之意见供教部斟酌，又写信两通。"（日记）

2月10日　校阅大学国文原稿。（日记）

同日　宋云彬日记："《大学国文》居然编好，送请圣陶复阅一过，即可付排矣。"（《红尘冷眼——一个文化名人笔下的中国三十年》）

2月11日　与金灿然至清华大学，访刘仙洲。"刘为清华编译委员会之主持人，我局拟托其审阅正中书局之大学用书。"（日记）

2月12日　在总署主持招待会，"招待华北宣传会议之出席人员，凡二十余人。诸人发言，多谓失学成人之文化课本最为急需"。（日记）

2月14日　在总署，与胡愈之、周建人、胡绳会谈，决定明后日开扩大署务会议。（日记）

2月15日　开扩大署务会议，讨论对于本署工作任务之认识。"三月有余之时间，同人对于出版总署一机构尚觉模糊，或以为即一大书店。今日总结，乃确认为对于出版事业之行政机构，旨在推进出版事业，使其量多而质精，益推动读书运动，为人民服务。我人编辑，只能就力之所及，择其尤要者为之。而推动作者，使努力于著译，亦我人之分内事也。"（日记）

2月20日　与毕树棠谈翻译，与陈哲文等谈中学语文教学。

2月21日 到第四中学,为中小学教师演讲。

2月23日 到开明书店,晤覃必陶、吕叔湘。时,覃必陶为出版总署编撰高中外国史。

2月24日 在总署,与同人"会谈审读各家出版书刊之手续办法。此审读旨在了解出版界之情况,进一步欲收提高出版物之效"。(日记)

2月25日 "下午开始作大学国文文言之部之卷首序言,得五百字。"(日记)

同日 宋云彬日记:"(晚)六时赴开明书店宴会,在八面槽玉华台,座有吕叔湘、覃必陶、郑振铎及圣陶、彬然等。"(《红尘冷眼——一个文化名人笔下的中国三十年》)

2月26日 午设家宴款吕叔湘、覃必陶。胡愈之来,"共谈文字语言之改革问题"。在周建人家遇杨之华,"知秋白之全集方在整理,不久可付排。余固尝自任为此之校对员。全部一百数十万字"。(日记)

2月27日 与覃必陶、金灿然、叶蠖生等商谈,试拟高中外国史编写大纲,"再定高中外国史究如何编写"。(日记)

2月28日 在总署,"会谈文化部交来之书稿之接受问题,及审读与付排之办法"。(日记)

2月1日、3日至12日、14日至16日、19日、23日至28日的日记收入《叶圣陶集》第二十二卷。

3月1日 调马宗尧君来出版总署工作,绘地图。开编审局局务会议,"谈工作如何条理化,如何注重重点"。(日记)

同日 宋云彬日记:"语文课一修改完毕者六篇,请圣陶作最后之审阅。"(《红尘冷眼——一个文化名人笔下的中国三十年》)

3月2日 看语文组所选初中语文教材。

同日 宋云彬日记:"(晚)六时赴和平门外台山会馆卢芷芬寓宴饮,座有叔湘、达君、国豪、必陶、振铎及圣陶、彬然等,饮

白兰地甚多。"(《红尘冷眼——一个文化名人笔下的中国三十年》)

3月3日 在总署开署务会议。孙伏园来访,胡愈之拟请其主持署中之图书馆,"尚未谈妥"。(日记)

3月4日 毛主席访苏后回京,圣陶先生到车站迎接。

同日 出版总署由东四迁至东总布胡同。

3月6日 到总署新址办公。"余之办公室择定在洋楼东南角之亭式小间,光线甚佳。窗前有丁香一树,将来叶茂,可蔽过烈之阳光。"午后至文教委,听郭沫若报告关于财经之近况。(日记)

3月7日 晤孙伏园,孙同意出任出版总署版本图书馆馆长。看宋云彬所作语文注释稿。看曾次亮所作本国地理稿。(日记)

3月8日 下午,与傅彬然、金灿然往北师大访林砺儒校长,共至大辞典编纂处,晤黎锦熙。"黎主持编纂处二十年,因其曾为师大校长,编纂处隶于师大。今教部有意将此处改属我署,故往一观。先由劭西谈编纂处经过,知其历年工作,多在收集,已得卡片甚富。至于编排写定,尚须大费时日人力。今日大辞典工作已停顿,改编四种规模较小之辞典,人员凡十六人。余私意此大量之卡片总有用处,大辞典云云,恐现阶段国内学人尚无此实力。十六位工作人员如来我署,分配工作亦感困难。辞出时并未表示任何意见。"(日记)

3月9日 魏建功来,"与谈大辞典之机构如由我署接收过来,可否由渠主持其事。渠谓于字典辞典颇有雄心,唯须北大方面职务能摆脱方可"。(日记)

3月10日 在总署集会宣布取缔北新书局之《新知识辞典》。"此书有违人民民主,故令其收回销毁。意固在予出版家及读者以一种刺激,并望出版家认真编撰也。"(日记)

3月11日 续作大学国文序。与胡愈之、孟超谈版本图书馆之事。与丁易谈接收大辞典之机构事,"渠意我署接此机关,同于'包袱'"。至怀仁堂参加政协全国委员会及各民主党派之戏剧

晚会，欢迎毛主席、周总理回国。（日记）

3月13日 《人民教育》编委会成立，成仿吾任编委会主任，圣陶先生和柳湜为副主任。

3月14日 写信复赵景深，为《新知识辞典》事。"余与愈之劝其勿事零星补缀，致贻草率从事之讥；宁可重行编撰，确收认真出版之实。函发自私人，景深殆不认为打官话也。"（日记）

同日 宋云彬日记："晚邀达君、必陶、芷芬、彬然、圣陶及达君之公子等宴饮，尽白酒一瓶。"（《红尘冷眼——一个文化名人笔下的中国三十年》）

3月15日 "竟日看稿，看公文，写信，略无休息。"致书科学院副院长竺可桢，谈科学名词之审订亟宜由科学院主持。（日记）

同日 作书信《致赵景深》（收入《叶圣陶集》第二十四卷）。信云："关于《新知识辞典》，已由署中函复小峰先生，兄必将寓目，不复赘陈。此事所以如此处理，意固在恐其贻误读者。辞典之用，在释疑解惑，视一般书籍尤关重要，翻检而得谬解，流弊滋深。况其订正在解放之后，而谬误依然，混淆听闻，更为可虞。此间尝加研究，摘录其未妥之条目，据主其事者谓举例而已，未能悉备。今以研究报告一份附呈，至希察览。弟等以为与其零星补缀，招草率从事之讥，不如重行编撰，收认真出版之实。苟逐条加以审订，合正续编而为一书，果能确切精当，读者明识，必将誉之不遑，争相购置。如是则北新之名噪，而实利亦复不菲。唯其为数十年之老友，故敢以忠恳之言奉闻，倘荷采纳，岂唯私幸而已乎。

"《新知识辞典》自经《人民日报》发表读者批评后，各方均极注意，北新能毁版重排，又使全国读者了解北新对于出版工作认真不苟，足为出版界之表率。谁不欲善，知兄必将首肯矣。"

3月16日 赴文联之宴，欢迎孙伏园与白薇。

3月18日 竺可桢来访，谈及科学名词之审订问题。

同日 宋云彬日记："（晚）六时半应胡绳邀赴玉华台宴饮，座有圣陶、建功、叔湘，谈语文问题甚畅。"（《红尘冷眼——一个文化名人笔下的中国三十年》）

3月19日 吕叔湘来访。"谓开明现在编辑人手缺少，无得力人员，即改为公私合营，亦殊难办。"（日记）

3月20日 卢芷芬来访，谈开明书店事，希望开明公私合营。（日记）

3月21日 在总署议开明书店公私合营事。"先谈对于公私合营之一般原则，以为合营非限于国家投入资本，凡与以任务，公私合作，皆属之。故方式有多种，可因对象而施。如开明者，编辑方面可与我编审局配合，发行方面可与新华书店配合，有其他事，总署可参加讨论，助之解决。此即合营之义也。拟于二三日后与达君试谈二次，再定如何答复开明之请求。"（日记）

3月22日 在总署讨论新华书店之稿酬办法。"拟不取从前之版税制，而以租用版权两年计。凡租用两年，每千字致送十个折实单位，其稿前未发表者加两个，写作极费心力者加两个，估计销数广多者加两个，至十六个单位而止。此制恐未必为多数作者所欢迎，将试与各方讨论云。"

午后，朱达君来访，与胡愈之、张静庐、朱达君诸人共谈开明公私合营事。"拟出版总署不投资于开明，唯以合作之故，派人员与开明董事会职工会中人合组业务委员会，为决策与执行之机构。达君以为可以满意。"（日记）

3月23日 "作初中语文课文一篇，半日仅得半篇。题材为初入中学，以学生口气，言入学之要旨。"出席文教委第三次委务会议。（日记）

3月24日 "续完昨日之课文"，在总署"传达政府统一财政收支之要旨及我署本年之工作要点"。开明书店在京董事在玉华台小集，"余与云彬非董事，亦参加。达君又将返沪，谋迁总管

处及编辑部来京"。(日记)

同日 宋云彬日记:"达君来电话,邀赴玉华台宴饮。下午六时散班后与圣陶、彬然同往。"(《红尘冷眼——一个文化名人笔下的中国三十年》)

3月25日 出版总署举行俱乐部成立大会及欢迎新同志大会,致辞。

同日 中央人民政府出版总署发布《出版总署关于统一全国新华书店的决定》,刊出版总署《出版简报》第一号。《决定》包括:一、方针;二、领导和组织;三、统一集中的步骤。现将"方针"抄录如下:

全国新华书店必须迅速走向统一、集中,加强专业化、企业化,以担任国家的出版任务,发展人民的出版事业。

出版内容应着重:(一)各级学校教科用书;(二)关于马克思列宁主义、毛泽东思想的各种译著;(三)为国家经济建设、文化建设所需要的著作;(四)工农通俗读物。

发行工作应以城市为重点,继续深入农村。

同日 中央人民政府出版总署发布《关于统一全国新华书店各部门业务的决定》。《决定》内容为:一、编审出版工作统一办法(一、关于中央与地方出版任务之划分;二、关于版本制度与校对工作;三、关于稿费制度;四、关于书刊的重印与翻印);二、印刷工作统一办法;三、发行工作统一办法(一、关于发行网的建立;二、关于本版书刊之发行;三、关于外版书刊之进货与代售;四、关于推广工作);四、企业化管理的统一办法。

3月26日 宋云彬日记:"陈叔通邀赴灯草胡同彼之寓所吃葱油饼,四时雇车往,则圣陶、彬然已先在矣。"(《红尘冷眼——一个文化名人笔下的中国三十年》)

3月27日 作《纪念侯绍裘先生》(刊4月9日《解放日报》第二张第五版,后收入《叶圣陶散文乙集》,又收入《叶圣陶集》

第七卷)。文章赞扬革命志士侯绍裘"公而忘私的精神"、"对敌人绝不宽容"的立场,最后说:"我了解绍裘先生并不多,不足以写叙他,表扬他。他的同志他的深交应该多多写些。不但对于绍裘先生,对于其他许多先烈也应该如此。要让当今的人和将来的人知道,人民的祖国是先烈的血和大众的汗灌溉而成的。知道得越深切,对祖国的爱越强固。"

同日 宋云彬日记:"(初中)国文第一册仍缺两课,今日覃必陶允写《黄河》一课,而《开国大典》一课圣陶亦允撰写,殊可感也。"(《红尘冷眼——一个文化名人笔下的中国三十年》)

3月28日 总署决定在《人民日报》创办评论图书之双周刊,"期提倡认真出版,推进出版事业。分头拟撰稿件,余观已成之数篇,颇不惬意。评论确不易为也"(日记)

3月29日 参加全国新闻工作会议之开幕式。"主要问题为改进新闻工作之态度,展开批评与自我批评,讨论新闻界之分工,并计划全国新华社之统一。是数者皆与我出版总署方面有相通处。郭沫若、马夷初、许昂若、李德全、余与丁西林六人致辞。余未预备,胡乔木嘱余谈语言文字,言之甚不完足,为怅。""下午看图书评论稿件,为之修改。又与愈之乔峰谈公务,未得片刻休。"(日记)

3月30日 上午在总署开会。"决定筹备业余学校,教育署中文化程度较低之人,分初小、高小、初中三种程度。其余之人一般为政治学习,其程度尤高者,则为理论学习。""下午,第一处开处务会议。估量各种教本,暑假中未必能按预期完成,即勉可出版,为时亦太急迫。余亦无法使诸君从速作稿也。因此深感快快。"(日记)

3月31日 上午开署务会议。"通过稿酬办法、开明公私合营等案,至下午三时而毕。……余确深感疲劳,而所作事殊无佳绩,奈何!"(日记)

　　　　　3月1日至4日、6日至11日、13日至25日、28日至31日的日记收入《叶圣陶集》第二十二卷。

4月1日　新华书店总管理处成立，致辞。

同日　作《主人翁感——在新华书店总管理处成立大会上的讲话》（收入《叶圣陶集》第十八卷）。

4月3日　开语文组会议，"讨论加紧编辑初中语文，定为分册负责制，每人负责主编一册"。（日记）

4月4日　看工会所编业余学校语文课本，"凡九册"。"与同人谈科学名词统一之事。此事由文教委召集各机构会商，将组织一工作委员会，分科审定名词。从前教育部与编译馆为此事已多年，且有若干科名词已经公布。今未必另起炉灶，但加以追认或修定而已。其尚未定妥者，则从今定之。范围不求其广泛，但取便于常用即可。"

4月5日　《人民日报》副刊"图书评论"创刊，由出版总署教科书编委会主编，为双周刊。

　　《发刊词》云：

　　　　新中国的出版业正在开始活跃起来了。为了使我们的出版业健康地向前发展，我们相信，也如同其他方面一样，严肃的批评与自我批评是不可缺少的。

　　　　书评的工作在中国向来的情形并不怎么好。当一方面有浮浅的"捧场"的现象，一方面把批评看作"打击"的现象的时候，正当的书评是不能结实地建立起来的。建立有原则的、有益于人民出版事业的批评制度，现在是时候了。

　　　　广大的读者在如饥似渴地读着新的书报，他们对于书报是有各种各样的意见的。让广大群众有机会表示他们的意见，以这些意见为基础，我们一定能够使书评工作走向它应该走的道路，并收得它可能收得的效果。

　　　　我们这一个小小的刊物，热烈地要求广大读者和著作人、出版人的支持。

《征稿启事》云：

一、本刊以倡导关于著作、编辑、出版工作的批评和自我批评的风气为主要任务，欢迎各方面读者投稿。

二、本刊内容略分下列各门类：

（一）短评　评论有关书刊出版上的问题以及与出版有关的一般文化问题。

（二）书刊评介　批评、介绍有代表性的书籍期刊。

（三）新书推荐和优良读物介绍　对于值得推荐而不需要用较多的文字来评论的书刊，每种二三百字写简单的介绍。

（四）读者通讯　选载读者投稿中对于出版界和本刊的意见。（下略）

叶圣陶《一年来的出版工作》："谈到教科书的内容问题。老解放区教科书的编辑工作，受着当时种种条件的限制，不免有许多缺点。课本（特别是语文课本）印出去以后，在教育界发生了两种情形：一种是无条件信任新编的课本，以为内容绝无问题；另一种是心里不满意，可是不愿意公开提出批评，只在暗地里嘀咕。通过《人民日报》的《图书评论》，发表了对新华版国文史地课本的批评，这才打破了对教科书不开口不批评的风气，也纠正了无条件信任的偏差。本年又将一些课本大体重行改编过了，在改编中曾经征求专家和有代表性的教师们的意见，做得虽较审慎，但是还不能说已经十分妥切了。对于教科书的内容应该特别重视，因而对于教科书的批评是应该特别受到欢迎的。只有通过群众的意见，才可以把教科书这一工作做得更好。"（1950年10月1日《文汇报》第十一版）

同日　在总署"讨论全署工资问题"，"整个精神在节省国用"。（日记）

4月6日　与同人"谈《图书评论》之编辑问题。此刊物载于《人

民日报》，为双周刊，已于昨日出其首期。拟令每篇解决当前一个问题，此殊未易做到也"。（日记）

4月7日 曾世英来访，谈曾所主之地图社归属出版总署事。"曾君本人将入科学院为研究工作。其地图社为属于我署之机构。"夜，出席总署之中苏友好协会支会成立会。（日记）

4月10日 作《朱自清〈读书指导〉后记》（编入朱自清《读书指导》，香港太平书局1963年3月出版；又编入《朱自清全集》第二卷，江苏教育出版社1988年8月出版；后收入《叶圣陶集》第十七卷）。20世纪40年代圣陶先生在四川教育科学馆任专门委员时与朱先生合写了《精读指导举隅》和《略读指导举隅》，圣陶先生将朱先生写的文章抽出来，编成一集，取集名为《读书指导》。

同日 作《朱自清〈国文教学〉后记》（编入《朱自清全集》第二卷，江苏教育出版社1988年8月出版；后收入《叶圣陶集》第十七卷）。《国文教学》原是圣陶先生和朱先生两人单篇论文的合集，圣陶先生把自己的论文抽出，补入朱先生写的有关国文教学的论文汇成一集，仍旧叫做《国文教学》。

同日 作《大学国文（文言之部）序》（刊《新建设》第二卷七期，收入《叶圣陶语文教育论集》；后收入《叶圣陶集》第十三卷，题为《大学一年级同学学习文言的目标和方法——〈大学国文（文言之部）序〉》。《大学国文（文言之部）》，新华书店1950年5月出版）。《序》云："这个选本的目录，由北京大学中国文学系、清华大学中国文学系、出版总署编审局三方面的同人共同商定。本来把它叫做'古典文之部'，后来觉得'古典文之部'这个名儿需要解释，人家单看名儿不看解释容易发生误会，就改作'文言之部'。……在'现代文之部'的序文里，我们说过大学国文的目标在于提高同学们的阅读能力跟写作能力。现在就文言说，只消上半句就够了。文言有阅读的需要。

就浅近的说，找参考书，不能单看现代的，有时要看古代的跟近代的，古代的跟近代的书大部分用文言编写。还有，大学里有些课本，尤其是理工方面的，也用文言编写。当然，咱们希望今后的大学课本一律用现代文编写，可是摆在咱们面前的有文言的，你要读得下去，就得学习文言。至于写作，那全是自己的事儿，自己有什么意思要表达出来，当然使用最便利的工具，最便利工具是口头的语言。用文言写作没有实际上的需要了，所以下半句写作能力的话可以不提。""根据以上的认识，我们商定大学同学学习文言的目标是：培养阅读文言书籍从而批判的接受文化遗产的能力。"

同日 写信致顾均正，"请其改写高小自然课本"。（日记）

4月11日 上午看丁晓先近代史教本稿二章。"袁水拍来，谈其诗稿之修辞。"下午，吕叔湘来，"谈编辑方面数事"。"杨钟健偕关君来，谈科学院与我局之联系。""听适夷报告参加郊区土改工作；又听臧克家报告山东灾况。"

　　七时至怀仁堂，列席政府委员会第六次会议。"周总理报告中苏新约经过与意义"，"林彪报告中南区工作，邓小平报告西南区工作"。（日记）

4月12日 改初中语文课文稿。与参加新闻工作会议之十数人开座谈会。

同日 宋云彬日记："晚六时偕圣陶赴《文汇报》驻京办事处宴，座有欧阳予倩、刘海粟、千家驹、罗努生、曾昭抡及徐铸成、浦熙修等。"《红尘冷眼——一个文化名人笔下的中国三十年》）

4月13日 在总署招待苏联国际书店副总经理赛米金。"其所谈皆我人所已知，而苏联出版事业之精进，要足使人惊佩。"（日记）

4月14日 赛米金等来总署，谈其"经营国际书店之经验"。夜在萃华楼宴赛米金一行。（日记）

同日 宋云彬日记："写《广西的瑶民》一文，备作初中国文教材，

圣陶谓不合用，弃之。"(《红尘冷眼——一个文化名人笔下的中国三十年》)

4月15日 作《谈掺用文言成分》(评论，刊7月5日《人民日报》第五版，又刊《人民日报通讯》第五期，后收入《叶圣陶集》第十七卷)。文章认为"掺用文言"的主要原因是"分不清文言跟现代口语的界限"。

同日 与北大四位教授"谈高中语文编选问题"。(日记)

4月16日 至善、满子夫妇扶祖母携子女由沪到京，全家团聚。

叶至善《父亲长长的一生》："我才到北京，头一个鲜明印象是两老都老了瘦了，都一天到晚忙得不亦乐乎。父亲身边多了个警卫员鄂凤祥，人很老实，掺掺扶扶，送封信什么的，也有此必要。家里雇了位女佣叫王大娘，也还清爽，只是做的饭菜不合南方人的口味。我们一家住四合院的北屋，带左右两边的耳房。东屋是云彬先生家，西屋是彬然先生家，南屋是晓先生家，文叔先生住在后院，安排得热热闹闹的。可是也有个缺点，假如晚饭过后，有位客人来东屋云彬先生家串门，跟我父亲和彬然先生都相熟，自然得打个招呼。我父亲一定往北屋里让，说，'这里宽舒'。晓先生闻声也跟过来了。五位朋友如果说得投机，海阔天空，胜似小组讨论，两个小时是打不住的。等到客人起身来告辞走了，我父亲就颓然而卧，跟开了半夜会回家来一个样。"(叶至善写：《父亲长长的一生》，江苏教育出版社2004年版，第322~323页)

4月18日 开扩大署务会议，总结一二三三个月之工作。至政协全国委员会，出席政协文教组之首次会议。讨论政务院之《关于职工业余教育之指示》。会后用晚餐，同座郑振铎、吴晗、余心清、邵荃麟。(日记)

4月19日 上午，到香山给新闻学校学生演讲，"谈文字方面之问题"。下午，听胡愈之传达周总理关于统一战线之报告。(日记)

4月20日　至文委会出席第六次委务会议。陆定一报告华东文教情况。胡乔木报告新闻工作会议经过。次讨论文化部所提关于保存古物发掘遗址之数项办法。(日记)

4月21日　上午听胡绳传达周总理报告。下午，观董纯才所作关于语文教学之一文，将刊于《人民教育》。(日记)

4月22日　与总署第二处同人座谈。"第二处编通俗读物，迄彷徨无方向，今日谈半天，共同认识比较明确。"(日记)

4月24日　与第一处开处务会议。"于各种教本之完稿出版，详加估计，务期暑中有书出版。"(日记)

同日　王伯祥日记："接圣陶二十日书，嘱代购陈一鄂百页红格十行簿。"

4月25日　开扩大署务会议。"胡乔木来，为讲其对于出版事业之感想，于编辑发行方面均有所及。"夜至玉华台，"新华书店总管理处宴请文艺界同人，商谈书稿报酬办法。愈之洛峰均主张报酬不全据书籍之销数，拟取消从前之版税制，而易之以定期致酬制。雁冰周扬艾青诸位皆以为不甚妥。办法还得重加拟议"。(日记)

4月26日　看蒋仲仁所选国文教材及丁晓先所撰历史课本稿。"计今年暑假中，我局须编成应用者为语文教本六册，历史教本三册，地理教本三册。为排印发行计，最好今日即完稿。而诸君下笔不能迅速，写成之后，尚须同人阅看，并请局外人提供意见，估计六月底尚不能全以付排。为此余颇着急，设暑假过去，尚有数种未能出书，殊无以对各地之教育当局与学生也。看稿至下午三时半，肝阳上升，恶心。遂停止。身体不强，不能多作事，亦复可虑。"(日记)

4月27日　看叶蠖生所写历史教本稿。午后，至文委出席委务会议，讨论教育部对于高教会议之准备问题。(日记)

4月28日　商务印书馆经理谢仁冰来谈。"商务经济困难，出版方

针难定,人才不易得,皆感棘手。我署于此最大规模之出版业自当相助,如何办法尚待熟虑细商。"看蒋仲仁所选语文教材。(日记)

4月29日 "会商对于商务应如何致助,因而谈及一般之私营出版业。大致须分工合作,教育改造各种干部。此项任务,均在我署。现尚未能确定,俟研究有头绪,将于七八月间开全国出版会议决之。"

到北师大工农中学师资训练班开座谈会。(日记)

4月30日 午,总署在玉华台宴请谢仁冰、陈叔通、黄炎培、郑振铎、宦乡。谢仁冰谈商务困难情况。

4月1日、3日至7日、10日至22日、24日至30日的日记收入《叶圣陶集》第二十二卷。

5月1日 下午二时登天安门城楼,庆祝五一劳动节。三时许毛主席、周总理到来。三时十分开始检阅游行队伍。

同日 为全国人民教育事业服务之刊物《人民教育》(月刊)创刊,由人民教育社编辑,编辑委员会主任委员成仿吾,副主任委员叶圣陶、柳湜,编辑委员(以姓氏笔画多少为序)丁浩川、方与严、成仿吾、吴研因、林砺儒、柳湜、徐特立、孙起孟、张友渔、陈选善、程今吾、叶圣陶、杨述。

5月2日 看田世英地理稿。与胡愈之等"复商如何为商务助者。商务亟须主持编辑之人物,一时实不易得。余谓如以伏园为主,而辅之以灿然,颇为适合。愈之以为然,然我局不能舍灿然也。商务历年出书约两万种,汰其不适于今者,当有数千种,基础之厚莫与伦比。唯淘汰之工作须有较高之思想政治水平,此其人最难得也"。夜,至怀仁堂观苏联青年文工团表演。(日记)

5月3日 应谢仁冰欧美同学会之宴,同坐陆定一、胡愈之,"愈之仅语以必设法相助(商务),陆定一亦言如是,然均无确实办

法"。(日记)

5月4日 上午开《图书评论》编委会,"拟定数个中心,为今后数期之编辑之方针"。下午二时,登天安门城楼,庆祝五四青年节。(日记)

5月5日 "写致教师信,请审读我局所编初中语文教本第一册。相烦者语文教师十数人而已,不能多。俟彼等提出意见,尚须开一座谈会,然后再加修改。其他教本亦复如是。集思广益,以前所未有也。"午后,至和平门外新华书店华北总分店,出席华北分支店之经理会议开幕式,致辞。晚八时,"署中开晚会,庆祝'红五月',纪念五一、五四、五五",致辞。(日记)

同日 作《提高出版物质量与今秋教科书的供应情况——在新华书店华北总分店第三次分店会议上的讲话》(收入《叶圣陶集》第十八卷)。《讲话》强调两点,一是提高出版物的质量,二是做好教科书的修改、出版、发行工作。

5月6日 范洗人、王伯祥、陆联棠、张梓生来访。夜赴萃华楼开明范洗人之宴。酒散,与胡愈之、郑振铎等共往开明书店,"谈出版总署与开明如何公私合作"。(日记)

同日 王伯祥日记:上午"乘三轮往东总布胡同出版总署访愈之、圣陶、乔峰……六时过萃华楼饭庄宴饮,晤雁冰、愈之、夏衍、圣陶、乔峰、彬然、灿然、云彬、宦乡、晓先、墨林、西谛、蠖生、叔湘等,凡两席。八时许始罢,宾客纷散。夏衍、愈之、彬然、叔湘、圣陶、宦乡复来店中(开明书店——编者注)谈合作事……至十时半乃散"。

5月7日 王伯祥日记:"访晓先、云彬、圣陶、彬然、文叔……晚即在圣陶家夜饮。"

5月8日 上午,"谈援助商务书馆问题。谢仁冰来,夏衍亦参加。商定助其审定可用之书,由新华书店向彼定货,各地营业人员由新华书店吸收,以期节省开支,等项"。下午,"谈与开明合作之问题。我署推出沈静芷、金灿然、史育才三人,由开明董事会聘为业务委员会委员。开明董事会三代表为洗公（范洗人——编者注）、雪村、达君,大家无异议。职工方面三代表仅想得叔湘士敩二人,余一人尚待考虑"。三时,"三联经理会议之各经理与新华华北经理会议之各经理咸集,与苏联赛米金为座谈会,专谈发行问题"。（日记）

同日 王伯祥日记:"六时许偕洗人、联棠、芷芬往八条应圣陶之宴……即与圣陶、彬然、云彬、晓先、至善等团坐一席,且谈且饮。谈次,知开明业务委员会署方将推沈静芷、金灿然、史育才三人备聘云。"

5月11日 上午,偕金灿然至教育部,访林砺儒、张莘中,谈教科书稿之审阅问题。"我局担任编中学文史地三科之书,昨日始以初高中语文教本一册送教部,为急于发排,希望教部审阅之时间缩短至一星期。教部以为马虎一看无意义,细看须请外界人士,决非一星期所能办到。共谈久之,教部同意我局之意见。教部大体一看,如无问题,先行发行,然后仔细审阅,再为修订。非如此,不能供应秋季开学之用矣。又访吴研因谈小学教科书之供应,访程今吾谈我局教育资料丛刊之编辑。"下午,与"第四处之自然组全体座谈"。（日记）

5月12日 上午开署务会议,"就本季之重点工作而为讨论"。午后,"阅看语文选材,满意者太少,殊感闷损"。（日记）

5月13日 晚,列席开明书店董事会。

同日 王伯祥日记:"六时许,觉农、西谛、圣陶、雪村、彬然、桢祥陆续至（开明书店北京分店——编者注）,惟待力子不至。先聚谈共饮至八时出席董事会,越半时力子来,讨论各案。通过业务委员会人选,决定聘署方沈静芷、金灿然、史育才三人,董事会推范洗人、章雪村、朱达君三人,其职工三人即行召开干部会议协商推出之,并定总管理处于六月中旬在京成立,同时上海成立总管理处驻沪办事处,十时半始散。"

5月14日　上午,应邀到北京市文联(在青年宫——编者注)演讲,题为《唯一的工具》,谈语言文字。下午,出席文字改革协会各委员会之负责人座谈会,胡乔木、陆志韦、罗莘田、丁西林发言。

5月15日　作《类乎"喝饭"的说法》评论(刊5月24日《人民日报》第五版,又刊《人民日报通讯》第三期,又刊6月5日《新华日报》。后收入《叶圣陶语文教育论集》,教育科学出版社1980年8月出版;又收入《叶圣陶集》第十七卷)。文章"谈流行文字动词名词不相应之弊"。

　　高名凯在《语法杂识》的第八部分《〈类乎"喝饭"的说法〉的问题》中说:"张守常、毕树棠、邵荃麟纷纷设法,让叶老知道河北、山东、河南方言中确有'喝饭'的说法。"而陆志韦、高名凯则"肯定叶老提出的实在是一个重要的问题,这是关于语法的结构和逻辑的关系应当如何彼此呼应的问题"。(刊《燕京学报》第四十期,1951年6月出版)

同日　范洗人来访,"谈开明事。(吕)叔湘不愿任编辑主任,将久居清华,此在开明为不利,谋有以挽之。叔湘身体确不佳,在清华究较清闲,然其所以坚决不任开明专责,则尚有他故,盖同事欠振奋之气,未必能有所展布也"。(日记)

5月16日　下午,"本市国文教师十余人及教部王泗原君来,座谈我局所编高初中第一册语文课本。诸君皆先认真阅过原稿,见无不言,深可感激。以为课文在语言方面尚欠纯粹。余即请诸君再为读正,蒙允可。今日作事,人人负责,解放以前所未见也"。(日记)

5月17日　下午,"座谈地理教本稿。到中学教师十余人,外有师大黄国璋,清华王成祖,人民大学孙敬之等。稿系曾次亮所编之初中地理。曾君无组织能力,地理亦殊难编,经诸位一指点,几乎体无完肤。会以六时一刻散。如何修改,急于付排,

实为令人焦心之事"。(日记)

5月18日 下午,"柳湜刘松涛来谈《人民教育》之编辑。此志将为全国性高级教育指导杂志,以教育部为之后台,此目的可以达到"。(日记)

5月19日 上午,"与第一处少数人会谈,商如何进行地理教本之修改。决由曾君自为增补必要之材料,(叶)蠖生则为之删其繁冗,余则重读一过,润色其文字"。下午,"参加《图书评论》之座谈会。外来客意见亦不少。此副刊要做到出版界之思想指导刊物,尚非易事"。(日记)

5月20日 曾世英自南京来,"谈地图制版事。又谈地图编辑委员会拟于六月间召集,为新华地图社之策划机构"。"教部王泗原来,告以所提对于初中语文课本之意见。"潘光旦、吴泽霖二位来,"以清华大学所制社会发展史《从猿到人》一部分之挂图商出版。此殊有用,原则上自当接受"。(日记)

5月21日 王伯祥日记:"(上午)八时偕润(华)步坐八面槽(开明书店北京分店)……小坐,圣陶见过,有顷洗(人)、梓(生)、莘(耕莘)同至,又有(王)芝九来,长谈别绪。"

5月22日 改曾世英地理稿,"仅得八九页"。(日记)

同日 王伯祥日记:"(晨)近七时余偕圣陶步往东四十条应介泉之招,兼访觉明。觉明亦已往中山公园矣,乃径到介泉家,小坐便饮,长谈极畅,酒半觉明至,复纵言欢甚,直至十一时十分始辞出。"

5月23日 与同人"谈本署图书馆事"。"作书于北大汤校长,与商可否任(魏)建功离去北大,来我局主持辞书机构。"(日记)

5月24日 "上午续看语文地理两种原稿。午后二时又开座谈会,讨论(丁)晓先所作初中本国近代史初稿。中学教师所发表意见均切实。徐老发言特多。谓自从鸦片战争后,中国史实为世界史之一部分,不可分割。又谈太平军,谓曾国藩将地主组织起来，太平军未能将农民组织起来，因分成败。其言皆有见。"晚八时，"与署中十余同事为漫谈会，开始讨论如何于九月间召集全国出版工作会议"。

同日　王伯祥日记："二时半到出版总署参加座谈，晤芝九、晓先、云彬、彬然、圣陶、灿然、蝯生等。徐特立亦至，发言颇多，精神饱满，可佩也。"

5月25日　仍续看语文地理稿。（日记）

5月26日　上午开署务会议，"胡绳拟半年工作报告一文，共同讨论，补充意见"。午后，"续改曾君地理稿，至傍晚，全册毕。曾君之文字实粗糙，余修改亦不能精细也"。（日记）

同日　王伯祥日记："至善以叔湘与圣陶书见示，知叔（湘）辞意甚坚，谓胃病非休卧不能息，若必欲相强，反致两误云云。是当前一问题也。"吕叔湘原为开明书店编审会常务委员。

5月27日　下午，与王成祖谈修改其地理教本。与宋云彬、蒋仲仁等商如何完成语文教本高初中各三册之预期。与胡愈之"谈我署对于黎劭西大辞典编纂处之处置。……乔木意可由我署接受。我等之意则不受为佳"。（日记）

5月28日　午至演乐胡同，出席开明同人小叙，"各提开明已往之优点与缺点，预备开明下月开干部会议时，洗公据以作报告"。（日记）

5月29日　"竟日与语文组诸同人最后订定初中语文课本之原稿，将以明日付排。我局于本届暑假中，须出中学文史地三科之教本计十二册，而此为其第一册。明日发排已嫌其晚，而其他各册尚在编写中，何日可付排尚难定，真堪焦急。""八时，为准备出版工作会议第二次之漫谈会。"（日记）

5月30日　上午，看语文教材。下午，至政协全国委员会，出席文教组之座谈会。

5月31日　下午，"开教本座谈会，讨论（叶）蝯生所撰之高中本

国史之前二章"。(日记)

  5月2日至6日、8日至20日、22日至31日的日记收入《叶圣陶集》第二十二卷。

同月 《大学国文(文言之部)》由新华书店出版。

  宋云彬《谈一首旧诗的标点》:

  一九五〇年春天,我参加了《大学国文》的编辑工作。文言之部我们选了一首杜甫的《新安吏》。这首诗从前中学国文课本里也多选上,可是标点大都是加错了的。我们八九个人共同商量,应该怎么样标点才符合原诗的语意,足足商量了半天才作出决定。我们是这样标点的:

  客行新安道,喧呼闻点兵。借问新安吏,县小更无丁。府贴昨夜下,次选中男行。中男绝短小,何以守王城!肥男有母送,瘦男独伶俜。白水暮东流,青山犹哭声。莫自使眼枯,收汝泪纵横。眼枯即见骨,天地终无情。我军收相州,日夕望其平。岂意贼难料,归军星散营。就粮近故垒,练卒依旧京;掘壕不到水,牧马役亦轻。况乃王师顺,抚养甚分明。送行勿泣血,仆射如父兄。

  过去编国文课本的先生们多上了《杜诗镜铨》的当。《杜诗镜铨》里在"县小更无丁"的旁边注上"客问"二字,在"府贴昨夜下,次选中男行"旁边注上"吏答"二字,在"中男绝短小,何以守王城"旁边注上"客又问",加标点的人就根据《杜诗镜铨》的注,把它点成一问一答:

  借问新安吏:"县小更无丁?"

  "府贴昨夜下,次选中男行。"

  "中男绝短小,何以守王城?"

  我们觉得这样标点不符合原诗的语意。这首诗里并无问答的话。……现在被《杜诗镜铨》一注错,再加上那么一标点,语意全不对了。(《语文学习》1952年第八期)

6月1日 作评论《拆开来说》（刊6月7日《人民日报》第五版，又刊《人民日报通讯》第三期，又刊6月15日《新华日报》。后收入《叶圣陶语文教育论集》，教育科学出版社1980年8月出版；又收入《叶圣陶集》第十七卷）。文章说："复句里头，目的、原因、时间、范围、条件等等的部分如果太繁复了，最好拆开来说，把复句化作几个单句。这是给读者方便，也可以使咱们的意思直捷地传达给读者。"

同日 宋云彬日记："读圣陶所编之《西洋史》。"（《红尘冷眼——一个文化名人笔下的中国三十年》）

6月2日 "上午汇报，所谈为本月内开京津公营书店发行会议之问题。"下午，"看国文教材"。（日记）

6月3日 开局务会议。"上午检讨四五两月之工作，下午讨论准备第三季之工作计划。"（日记）

6月4日 王伯祥日记："（下午）径赴东四八条访圣陶、彬然、云彬、晓先长谈……六时一刻，圣陶邀余同在云彬所小饮……饮甫毕，洗人至，因共诣圣陶所再闲谈。"

6月5日 下午，开座谈会，"讨论田世英之高中地理课本稿之二章。此为天文地理与自然地理，来客所提意见均胜如以往之数次座谈会"。（日记）

6月6日 上午，仍看语文教材。下午，魏建功来。"汤校长未允渠解去系主任事……由余再致书汤校长商之。复与讨论语文教材数篇，谈约两时许而去。"（日记）

6月7日 王伯祥日记："（午间）十二时应桢祥之招，与洗人、芷芬、雪山、士敫、宝懋等赴萃华楼午饭，晤力子夫妇、觉农、晓先、圣陶、雪村、云彬、彬然、西谛、静芷、光暄、健雄等，凡两席。余与西谛、圣陶……同坐，直饮至下午二时半始散。"

同日 发表《〈拆开来说〉附带的话》，刊《人民日报》第五版（收入《叶圣陶集》第十七卷）。文章说：《类乎"喝饭"的说法》

发表后，张守常、毕树棠、胡乔木、邵荃麟都说某地方确有"'喝饭'的话"，特地更正，并说自己"见闻不广"。

6月8日 "仍读改语文教材。发第二书与北大汤校长，再言建功事。……复内蒙古自治区人民政府文教部之来问，所问为文体问题，谓中学语文教学方面有此疑难。"

6月9日 上午，开署务会议。下午应叶苍岑之招邀，至辅仁大学为其校中文系、教育系谈中学语文教学问题。"自三时至六时，皆由余一人说话，稍感疲劳。"（日记）

同日 王伯祥日记："（傍晚）往女青年会（长子润华与钱琴珠举行婚礼）等老友，到西谛、介泉、觉明、圣陶、雁冰、力子、仲持、平伯、宾符、晓先、云彬、彬然、仲华、斐云等……入座聚餐，凡一百二十位……首由余致辞，继由圣陶、西谛、雪村、力子讲话，至为欢愉。……九时始散。"

6月10日 王力来访，为初识。"余与了一通信二十余年，而见面以今日始。"金仲华来访。"仲华系来出席全国委员会第二次会议，了一则来参加高教会议。"（日记）

6月11日 晨至公园，会徐调孚。"渠以昨晨到此。既而叔湘至，共谈开明编辑方面杂事。茗叙至十一时半出。偕调孚至全聚德，应市文联之招宴。日来到京者众，该会故欢迎来京之文艺家，有梅兰芳、周信芳、张天翼、巴金、调孚等人。饮啖甚欢，二时散。"（日记）

同日 宋云彬日记："十一时半雇车赴肉市口全聚德宴饮，应老舍、李伯钊、赵树理之邀也，坐有梅兰芳、周信芳。徐调孚今晨抵平，亦应邀而来。……晚在圣陶处唱昆曲。章元善偕一童姓者来，年七十有三，歌《游园·惊梦》，嗓音尚佳。"《红尘冷眼——一个文化名人笔下的中国三十年》）

6月12日 陈望道来访。"渠亦系出席高教会议者。谈在沪甚忙，又谈欲继为文法研究。余则劝其撰一最浅近之文法书，供初学

者应用。前夕与王了一亦尝言之。"夜至胡愈之家,"漫谈准备全国出版会议事"。(日记)

6月13日 "上午汇报,讨论各种办事章则。"夏龙文、朱子如、陆联棠、沈陶孙来访,"共谈开明干部会议事"。(日记)

6月14日 下午往怀仁堂参加政协全国委员会第二次会议。"此次会议,以土改问题为主要内容。中共拟一土地改革法草案,准备于本年冬季进行一万万人口之新解放区之土改工作。"(日记)

6月15日 开明书店总管理处在北京正式办公。

6月18日 晨,与开明同人往游颐和园。中午,餐于听鹂馆,凡五席。餐毕,摄影于排云殿前。继之茗叙,谈《进步青年》事。(日记)

6月19日 "参加第一处之处务会议",与曾世英谈地图编刊委员会事。"此会为地图方面之指导组织,将于近期内开成立会。"魏建功来,"北大汤校长已允其解除系主任之职,来我署主持辞书社。因商如何谋此社之建立。首要在延致人员,此事由建功任之"。(日记)

6月20日 上午出席京津发行工作会议。下午至科学院参加院务会议,以馆外人士名义参与讨论,共商考古研究所和语言研究所的工作方针。(日记)

6月21日 午后四时至怀仁堂,参加政协全国委员会第二次会议。
同日 发表《多说跟少说》,评论,刊《人民日报》第五版,又刊《人民日报通讯》第四期(收入《叶圣陶集》第十七卷)。文章阐述"话"如何才能说得"简捷"。

6月22日 下午三时仍至怀仁堂,参加政协全国委员会第二次会议。"刘少奇报告土地改革法之研究。"(日记)

6月23日 午后四时仍至怀仁堂。"今日为大会闭幕之日,通过各项决议,毛主席致闭幕辞。"(日记)

6月25日至30日 "在家卧病一星期。"(日记)

6月1日至3日、5日、6日、8日至30日的日记收入《叶圣陶集》第二十二卷。

同月　圣陶先生主持编定之《初级中学语文课本》（共六册），由新华书店陆续出版，这是新中国成立后的第一部初级中学语文全国通用教材，每册前有《编辑大意》，每篇课文后均附有"注解"和"思考·讨论·练习"。

《初级中学语文课本》编辑大意

说出来是语言，写出来是文章，文章依据语言，"语"和"文"是分不开的。语文教学应该包括听话、说话、阅读、写作四项。因此，这套课本不再用"国文"或"国语"的旧名称，改称"语文课本"。

无论哪一门功课，都有完成思想政治教育的任务。这个任务，在语文科更显得重要。要通过语文科来完成思想政治教育的任务，不能单靠几篇说理的论文。一种思想内容或一个政治道理，可以用一篇说理的论文来表达，也可以用一篇小说，一首诗歌，一个历史故事，或者一个自然科学故事来表达。无论用哪一种文章来表达，都要注意到适合学生的程度，让他们领会得到，消化得了。讲到程度，又要照顾到广大地区的学生。要这样，才能够完成通过语文教学来进行思想政治教育的任务，才能够使学生得到深切的感染，对学生发生切实的作用。

语文课本的作用，在使学生阅读各种文章的范例，并且就从阅读中同时养成听、说、写的能力。既然是范例，必须审慎选择，一方面求其内容充实，有血有肉，思想的发展正确而且精密；一方面求其文字跟口语一致，真实而且生动。因为这样，我们选的课文大都加了点修润的功夫：有些材料从长篇作品里节选，前后接榫的地方不得不稍稍变动一下；有些材料一部分的句法和词汇跟口语距离太远，不得不改换一个说法。有的内容很好，但是写法不适宜作教材，那我们就根据原作来重写。当然也有不必修改或不能修改的，例如文学作品、书信（如鲁迅给颜黎民的信）、文件（如波兰大使呈递国书时候的颂词）等等。我们修改的课文，有商得原作者的同意的，也有因为不知道原作者的通讯地址，没有征求同意的。这是要请各位作者原谅的。

语文教学应该包括听、说、读、写四项，不可偏轻偏重。怎么样利用这套课本进行这四项作业和训练，我们预备另编一套"参考书"来详细说明；在这套课本里，只能在课文后面提出一些例子。希望教师依照听、说、读、写四项并重的原则，自己设计来领导学习。

为了教学进行的便利，这套课本除了选文以外，还加上一些别的材料：

第一，课文后面都有注解，有关于作者的介绍的，有关于材料的来源的，有关于生僻词语或者方言的诠释的，有关于词的读音的。注解务求正确，并且详略得当。凡是普通辞书里容易查到的，就不加注解。注音采用拉丁字母和注音符号两种。读音的标准分别根据《北方话拉丁化方案》和《国音常用字汇》，间或有不一样的地方，依照拉丁字母注的音来念，或者依照注音符号注的音来念都可以。

第二，课文后面都提出了若干要点，有些是让学生去思考的，有些要共同讨论的，有些是用作练习题的。这对于教材的理解、分析和欣赏都有帮助。但是，要点决不限于这些，还需要教师随时给补充。

第三，语法、作法等等，我们认为孤立起来进行教学，收不到什么大的效果，不如就实际如听、说、读、写当中提出材料，相机进行。因此我们在提要点的时候，酌量举一反三，加以研讨。

一般的初中语文课本往往把所谓"应用文"（也有叫作

"实用文"的)特别提出来,列举日常应用文件,从书信、文告以至电报、便条等等,让学生学习。我们认为课本里的各种文章已经包括所谓"应用文"在内,没有特别提出来的必要。只要学生在语文方面有了基本的知识和技能,能够阅读各种文章,写作各种文章,所谓"应用文"的问题自然就连带解决了。何况就广义说,所有文章都是应用的,都是实用的,更没有单独分出"应用文"或"实用文"一类的理由。因此在这套课本里,所谓应用文(书信、讲演词、宣言、意见书等等)也和其他文章一样,融合在各个单元里来进行教学。

这套课本一共六册,供初级中学三学年教学之用。每册课文最多二十八篇,最少二十五篇,看课文的长短来定。课文编排的前后次序,依照学生的程度,由浅入深,从简到繁。文章的深浅跟篇幅的长短并没有一定的关系。有些文章篇幅虽长,但是头绪并不纷繁,要求的基础知识并不多,学生容易了解;有些篇幅虽短,可是头绪比较纷繁,或是要求的基础知识比较多,学生就比较不容易了解。所以课本的难易不能拿篇幅的长短来做标准。但是为了顾到教学的时间,如果一册里面有几篇篇幅太长的,就把课文减少几篇。

这套课本编辑的时间相当匆促,编辑者的学力经验又都不够,希望教师们在实际教学的时候发现了不合适的地方,就给我们随时提意见,让我们依据这些意见加以修订。

这套课本承罗常培、魏建功、吕叔湘、王泗原四位先生替我们审读课文;又承北京各中学的教师王立玉、白希三、金魁之、徐一诚、唐初、高向夫、陈哲文、郭预衡、闻国新、赵晶洁、臧恺之、刘国正、韩文佑诸位先生替我们审读第一册原稿,提供了好多宝贵的意见,特地在这里表示敬意和谢意。

中央人民政府出版总署编审局
一九五〇年六月

《初级中学语文课本》第一册，1950年6月新华书店原版，1950年10月第一次修订原版，1950年12月北京初版。署编者宋云彬、朱文叔、蒋仲仁、杜子劲、马祖武。助编者胡墨林、何汝芬、张苑香、平润齐、王一铭、王绮。

《初级中学语文课本》第一册目录

一、学好三门功课（参照加里宁在莫斯科市区中学的讲演词写成）

二、杜伯洛维娜参观师大附中（俄教育部副部长）
新闻通讯

三、李官祥（据1949年11月14日北京《工人日报》改写）

四、"国家的"（据1949年10月12日北京《人民日报》改写）

五、狼（立陶宛童话，选自《苏联民族童话》）

六、三个故事（分别选自《列子》、《韩非子》、《汉书》）

七、毛主席和工人（《在哈尔滨》、《在沈阳》——据1950年3月1日北京《人民日报》载新华社通讯改写）

八、见列宁去（据《列宁故事》改写）

九、田寡妇看瓜　　　　　　　　　　　　　赵树理

一〇、董老头儿种葡萄（据张乾之原作改写）

一一、蜘蛛　　　　　　　　　　　　　　　克　士

一二、琥珀（据《乌拉波拉故事集》改写。科学常识《乌拉波拉故事集》是德国科学家柏吉尔用故事体裁写的一本科学常识书，顾均正译，开明书店出版）

一三、围村（抗日战争里的故事，据新华书店《初中国文》第一册改写）

一四、夜莺之歌　　　　　　　　辛都斯著　魏　敬译

一五、大娘（诗）　　　　　　　　　　　　李　冰

一六、书·读书　　　　　　　　　　　　　　　　翰　先
一七、给颜黎民的信　　　　　　　　　　　　　　鲁　迅
一八、新中国的第一个女拖拉机手（据1950年1月17日北京《人民日报》载顾雷原作改写）
一九、星期六义务劳动日（据《列宁故事》改写）
二〇、玄奘的西游
二一、大森林的主人（据苏联儿童读物《林中生活》改编。《林中生活》邬斯季诺维奇著，梦海译，时代出版社出版）
二二、煤的对话（据《小彼得》改写。童话集《小彼得》，海尔密尼亚·妙伦著，鲁迅译）
二三、诗二首（艾青《给我以火》，王景椿、厉春蛟《采煤》）
二四、苏联煤矿的劳动保护（据1949年12月31日北京《工人日报》改写）
二五、罗伯逊（美国黑人音乐家，被称为美国的歌王）
二六、美国的黑人（据刘良模原作改编）
二七、黄河　　　　　　　　　　　　　　　　　　覃必陶
二八、黄河上打冰（《老残游记》）

《初级中学语文课本》第二册，1950年6月新华书店原版，1950年10月第一次修订原版，1950年12月北京初版。署编者宋云彬、朱文叔、蒋仲仁、杜子劲、马祖武。助编者胡墨林、何汝芬、张苑香、平润齐、王一铭、王绮。

《初级中学语文课本》第二册目录

一、毛泽东同志的青年时代（节选《毛泽东同志的青少年时代》）　　　　　　　　　　　　　　　　　萧　三
二、列宁在学校里（选自艾明之《列宁》，新中国书局出版）　　　　　　　　　　　　　　　　　　　艾明之

三、渡淮河（选自卢耀武著《刘伯承将军挥军渡淮河》）

卢耀武

四、注文津的海战（选自1950年7月25日《人民日报》）

金载厚

五、种子的力（《〈野草〉复刊词》） 夏　衍

六、红领巾（据苏联提尔斯基短篇小说《管水路标的小孩子》改写）

七、团的儿子〔据苏联卡泰耶夫小说《团的儿子》（又译《团队之子》）缩写〕 叶至美

八、两封报告生产情况的信（石家庄铁路工厂全体职工、长辛店铁路工厂全体职工）

九、拖拉机开进高家村（选自《文艺报》第二卷八期，作者李庆番是一个中学生） 李庆番

一〇、开荒速写（选自1950年5月11日《人民日报》）

矢　中

一一、打夯歌（选自1950年6月25日《人民日报》副刊《人民文艺》）

一二、春蚕（选自《开明少年》第十七期） 魏　信

一三、青春的棵子（诗，选自杨叶选辑的《生产民歌》）

一四、屈原 郭沫若

一五、解放军和老百姓（《寄莱刀》、《鞋不见了》）

一六、南进路上（选自刘大为著《南进路》） 刘大为

一七、梯俾利司的地下印刷所（选自茅盾《苏联见闻录》）

茅　盾

一八、冀中的地道斗争（据周而复《晋察冀行》改写）

周而复

一九、怎样写大众文 陶行知

二〇、李班长学文化（选自1950年7月12、13日《人民

日报》 宋文茂

二一、雷雨（选自《开明少年》第三十七期） 士　元

二二、在北极（《这就是北极》、《冬营开始了》、《老鹰》、《熊》，据苏联作家巴巴宁原著《在北极》改写） 巴巴宁原著

二三、在雅尔达（据邹韬奋《萍踪寄语》改写） 邹韬奋

二四、草原上的新主人（据《生活知识》第八期改写）

格斯巴特尔

二五、打得好（独幕剧，选自人民文艺丛书《把眼光放远点》 成　荫

《初级中学语文课本》第三册，1950年6月新华书店原版，1950年10月第一次修订原版，1950年12月北京初版。署编者宋云彬、朱文叔、蒋仲仁、杜子劲、马祖武。助编者胡墨林、何汝芬、张苑香、平润齐、王一铭、王绮。

《初级中学语文课本》第三册目录

一、想和做 胡　绳

二、蚕和蚂蚁（选自《古代英雄的石像》） 叶绍钧

三、记北京青年义务劳动（《修筑中国红场》、《修筑美丽的林荫大道》，据《进步青年》第二一九期黎南原作改写）

四、织女星和牵牛星 叶至善

五、谈马力 程学敏

六、我的伯父鲁迅先生 周　晔

七、有的人

　　——纪念鲁迅有感 臧克家

八、最先与最后（选自《华盖集·这个与那个》） 鲁　迅

九、赶走了穷困（俄罗斯民间故事，译自苏联《真理报》，刊《新华周刊》第五卷三期，1950年3月18日出版）

一〇、给毛主席报告致富经过的信（平顺县二区西沟村互

助组全体，1950年5月15日）

一一、丹娘（根据苏联彼·里多夫的《丹娘》改写）

一二、蜡烛　　　　　　　　　西蒙诺夫作　茅　盾译

一三、老山界　　　　　　　　　　　　　　　定　一

一四、三渡天险（由《红军长征记》中的《渡乌江》、《金沙江到大渡河》、《飞夺泸定桥》等篇改写而成）

一五、一个佃户的自述（选自1950年5月9日《河南日报》，胡尚如、张凤昌记）

一六、三黑和土地（诗）　　　　　　　　　苏金伞

一七、报纸（选自《报纸的故事》）　　　　方　白

一八、苏联的一分钟和美国的一分钟（据刊登在1949年6月12日《东北日报》上的译文改写）　　　伊　林

一九、游美印象（选自《游美印象记》）　　爱伦堡

二〇、在群众号列车上（选自1950年5月16日《人民日报》）　　　　　　　　　　　　　　　　　　石　果

二一、波兰驻我国大使布尔金向毛主席呈递国书（《布尔金大使的颂词》、《毛泽东主席的答词》）

二二、十万火炬（选自1949年3月27日《东北日报》）

丁　玲

二三、狄西（据1950年1月4日北京《人民日报》改写，并参照《文汇报》上所载有关的材料）　　马　钧

二四、西门豹（独幕剧，据《史记·滑稽列传》写）

二五、景阳冈（《水浒传》）

二六、给朱德总司令画像（根据乌兰汉译的《毛主席和朱总司令》，以及沈红的译文改写。前者刊《东北日报》，后者刊《中苏友好》第二卷一期）　　费诺根诺夫作　乌兰汉译

二七、献给斯大林同志的寿礼（节选1950年1月29日北京《人民日报》刊载的《十二月的莫斯科》）　　朱子奇

《初级中学语文课本》第四册，1950年11月新华书店原版，1951年1月北京初版。署编者宋云彬、朱文叔、蒋仲仁、王泗原、蔡超尘。助编者胡墨林、张苑香、平润齐、王绮。

《初级中学语文课本》第四册目录

一、母亲的回忆　　　　　　　　　　　　　　　朱　德

二、背影　　　　　　　　　　　　　　　　　　朱自清

三、辽尼亚和他的祖母

　　　　　　　　　（苏联作家）格洛斯曼作　茅　盾译

四、新爱国主义（选自《开明少年》第五十期）　思　玄

五、从这家到那家（选自1950年9月28日《人民日报》）

　　　　　　　　　（苏联诗人）别则民斯基作　君　强译

六、在巴黎和平大会上的演说

　　　　　　　　　（苏联）科斯摩台勉斯卡亚讲　孙　岷译

七、毛主席的话（《松树和柳树》、《洗脸扫地》、《开动机器》、《扔掉包袱》、《不偷，不装，不吹》，选自《中国青年》第二十期）　　　　　　　　　　　　　　　陈　模

八、地板（选自《李有才板话》）　　　　　　　赵树理

九、第一次收获（选自人民文艺丛书《一个女人翻身的故事》）　　　　　　　　　　　　　　　　　束　为

一〇、雁翎队（节选自《新儿女英雄传》）

　　　　　　　　　　　　　　　　　　孔　厥　袁　静

一一、荷花淀（选自人民文艺丛书《地雷阵》）　孙　犁

一二、战斗英雄董存瑞和郅顺义（选自1950年9月29日《人民日报》）　　　　　　　　　　　　　王　戎

一三、美妙的小提琴（选自1950年8月6日《人民日报》）　　　　　　　　　　苏联民间故事　乌兰汉译

一四、鸭的喜剧　　　　　　　　　　　　　　　鲁　迅

一五、蝉　　　　　　　　　　　　法布尔作　王大文译

一六、死车的复活（选自《文艺报》第一卷八期） 小　惠
一七、两面红旗（选自《东北文艺》第一卷四期） 白　天
一八、自然得很（独幕剧，选自《人民文学》第二卷六期）
　　　　　　达乌林作　丘　琴　刘光杰合译
一九、最幸福的人（短剧，选自1950年10月16日《光明日报》）
　　　　　　美麦尔士原作　苏拉维娜改编　施咸荣译
二〇、自动工厂（选自苏联科幻小说《工程师的失踪》）
　　　　　　　　　　萨巴林作　符其珣译
二一、詹天佑（据《科学的中国》和革命故事读本《詹天佑》改写）
二二、高尔基（选自《开明新编国文读本甲种》第二册）
　　　　　　　　　　魏　信

《初级中学语文课本》第五册，1951年6月北京初版。署编者宋云彬、朱文叔、蒋仲仁、王泗原、蔡超尘、张中行。助编者胡墨林、张苑香、平润斋、王绮。

《初级中学语文课本》第五册目录

一、批评和自我批评　　　　　　　　　　丁浩川
二、谈集体工作的信　　库克磊尼克斯作　张克明译
三、古代英雄的石像　　　　　　　　　　叶绍钧
四、缺席者的故事　　　　卡西尔作　汤茀之译
五、天气陛下　　　　　　伊林作　王　汶摘译
六、我们在世界上抬起了头　　　　　　　老　舍
七、一件小事　　　　　　　　　　　　　鲁　迅
八、纪念鲁迅先生　　　　　　　　　　　孙伏园
九、任弼时同志二三事　　　　　　　　　李　庄
一〇、马铃薯甲虫和蜜橘　　　　　　　　冯　至
一一、历史降落在美国的大门口　乔治·乌奇尼奇原作

一二、平常的人　　　　　　　　　　　　　　杨　朔
一三、战斗中成长的女英雄　　　　　　　　　于　青
一四、一个模范生产小组　　　　　　　　　刘冰晔
一五、学习白求恩　　　　　　　　　　　　毛泽东
一六、截肢和输血　　　　　　　　　　　　周而复
一七、在上海驻军欢迎苏联文化艺术科学工作者代表团大会上的演说　　　　　　　　　　　　　　西蒙诺夫
一八、林教头风雪山神庙　　　　　　　　《水浒传》
一九、石秀探庄　　　　　　　　　魏晨旭等集体创作
二〇、"形式主义者"　　　　克瓦斯尼次基作　什　之译

《初级中学语文课本》第六册，1950年11月新华书店原版，1951年1月北京初版。署编者宋云彬、朱文叔、蒋仲仁、王泗原、蔡超尘。助编者胡墨林、张苑香、平润斋、王绮。

《初级中学语文课本》第六册目录

一、列宁给青年的教训　　　　　伊凡诺夫作　袁　泰译
二、伟大而质朴的人物　　　　　　　　　　雅可福烈夫作
三、两封信
　　孙中山致苏联遗书
　　高尔基给孙中山的信
四、在斯大林时代里（选自1950年8月6日《人民日报》）　　　　　　　　　　　　　　　　　　冯　至
五、故乡　　　　　　　　　　　　　　　　鲁　迅
六、多收了三五斗　　　　　　　　　　　　叶圣陶
七、泰尔曼集体农场（选自1950年11月5日《人民日报》）　　　　　　　　　　　　　　　　　周立波
八、通北农场访问记（选自1950年8月11日《人民日报》）　　　　　　　　　　　　　　　　　田　流

九、二十世纪年代记（选自《生活知识》第四十期和四十二期）　　　　　　　　里亚包克良奇作　严　风译

一〇、战争之后（选自1948年3月12日《东北日报》）
　　　　　　　　　　　　特洛岩诺夫斯基作　付　克译

一一、美国的真正悲剧（选自《乱弹及其他》）　瞿秋白

一二、诗两首　　　　　　　　　　　　　　　何其芳
　　　生活是多么广阔
　　　河

一三、非攻　　　　　　　　　　　　　　　　鲁　迅

一四、保卫和平的两个文告
　　　第二届世界保卫和平大会告全世界人民的宣言
　　　第二届世界保卫和平大会中国代表团的声明

一五、为人民服务的科学　尼柯莱·齐金作　白　林译

一六、这样的战士——纪念人民英雄何大庆同志（选自《人民文学》第二卷六期）　　　　　　　　李　林

一七、永不掉队（选自1950年5月3日《华北解放军》）
　　　　　　　　　　　　　　　冈察尔作　乌兰汉译

一八、明湖居听鼓书　　　　　　　　　　　　刘　鹗

一九、渔民恨（选自1950年11月19日《人民日报》）
　　　　　　　　　　　　　　　　　　　　　王明希

二〇、群众在哪里（短剧，选自《中国青年》第二十九期）　　　　　　　　　　　吴一铿等集体创作

7月1日　到北京医院疗养。8日出院。

7月2日　宋云彬日记："圣陶病已旬日，余两次为开中药方，辄一服即止，故无效。今日进北京医院。"（《红尘冷眼——一个文化名人笔下的中国三十年》）

7月8日　宋云彬日记："圣陶今日出院，脸色苍白，显未痊愈。"（《红尘冷眼——一个文化名人笔下的中国三十年》）

7月9日至12日 "身体仍困乏,犹是卧休时多。"(日记)

7月10日 王伯祥日记:"下午四时乘三轮到东四八条访圣陶。圣陶病痊出院已两日矣。余将摆脱公司(开明书店——编者注)一切行政事务专任编辑事告之,渠亦谓然,是水到渠成之候,宜可正式提出于董事会,跳出此一漩涡乎。在圣陶所晤(胡)愈之及(沈)汝谦。七时,胡沈去,余仍留在彼夜饭且小饮。"

7月13日至15日 看语文教材及世英之地理稿。(日记)

7月16日 作《坚决起来保卫和平》(刊7月25日《文艺报》第二卷九期"反对美国侵略台湾朝鲜"特辑,后收入《叶圣陶集》第七卷)。

7月17日 到总署上班。与胡愈之谈工作,"渠告我拟与教育部合组教育出版社,专事编审教科书"。(日记)

7月18日 听"华应申报告京津出版会议情形"。"继续讨论京沪分开私营出版业座谈会。"(日记)

同日 王伯祥日记:"下午六时半,雪村、彬然来,西谛继至,力子旋到。七时许即在屋顶露天晚餐。八时许就屋内开董事会,通过组织大纲及业务委员会组织与会议简则。雪山亦提函谢事,于是(雪)村(雪)山大逞机锋,颇有卷土压人之概,纠缠至十时半始散,人位犹未落局,冼人想蹙额难眠矣。余自会出乘三轮车返寓,濯身就卧已十一时许,胸中磊块不免殊难自克。"

7月19日 看语文教材。(日记)

7月20日 与魏建功谈辞书社之事。(日记)

同日 王伯祥日记:"六时三刻夜饭后与芷芬复往八条访圣陶墨林兼晤云彬、彬然、晓先,畅谈至十时一刻乃辞归。"

7月21日 上午到师大为工农中学师训班讲课。夜,朱达君、陆联棠、顾均正来访,谈开明书店事。

7月22日 上午到师大为工农中学师训班讲课。

7月23日　与胡愈之往晤开明诸人,"谈高级人选之确定","又与开明诸董事谈"。(日记)

7月25日　出席第一次出版会议筹备会。"夜间,晓先来闲谈,既而均正来,谈所拟开明之出版计划。"(日记)

7月26日　傍晚,陈哲文来访。"余请其号召教师,批评并修订我局所编之教本。又请其为我局及开明物色有编辑能力之教师,脱离教师岗位而来从事编辑。又请其助开明之青年丛书及《进步青年》之编撰。皆承惠允。渠则约余于下月初为教师暑期进修会讲一次。余亦允之。"(日记)

7月27日　上午,开座谈会讨论小字典如何编辑。"建功与其所邀来共事者三人来,又有叔湘,此外我署同人五人。小字典拟以叔湘在开明设计而未经修订之一份字典初稿作底子,此是余数月前之设想。究竟如何,待建功诸君细看后决定,但今日初步一谈,似可成为事实。商讨技术问题甚多,皆有所获。中午休息,既而续谈,将近四时始散。"(日记)

7月28日　开出版会议筹备会之第二次会。到师大演讲。"今日取我局所选初一语文教材一篇《"国家的"》,为诸君谈如何提出问题,使学生通篇了解。多数人谓语体文无法教,以余言之,颇有可教也。"(日记)

7月29日　至师大演讲。"今日上课仍是教学示例,取苏金伞一诗为材料。讲毕时余问,来此四次,诸君印象如何。答称颇有实益。约以后经常通消息而散。"(日记)

7月31日　下午三时,偕胡愈之至教育部出席所召集之识字运动会议。"听各人发言,至六时而出,会尚未散。余以为罗莘田之言为有价值。主识字应不脱离语言,研究常用字不足,应调查常用词汇。余平时亦如是想,但以语言表达之,不能及莘田。"(日记)

　　7月1日至29日、31日的日记收入《叶圣陶集》第二十二卷。

8月1日 "今日庆祝建军节,并反对美帝侵略朝鲜及我台湾,晨八时在故宫中举行大会。晚上于北京饭店,朱总司令大宴宾客。余俱以力不及,未往。……在署作杂事。"(日记)

8月2日 晨到署,"为语文组同人谈前在师大关于《"国家的"》一文之话","出席出版会议筹委会各组之汇报"。魏建功来谈辞书社之工作。(日记)

8月3日 上午开通俗图书座谈会。"此是我局第二处之工作,计划中之材料极富,似不切实际。来客苗培时谈渠与赵树理等合作,与北京原出通书之书坊合作,因势利导,颇见其胜。"(日记)

8月5日 上午胡愈之作报告,谈国际情势及最近中央各机关举行精简节约检查之意义。(日记)

8月7日 "晨与语文组同人谈前在师大所谈之诗。墨(胡墨林——编者注)聆余言,于国文教学颇有所悟。余劝其助为编选国文教本之工作。"(日记)

同日 宋云彬日记:"上午圣陶为语文同人讲苏金伞诗《三黑和土地》,颇多发挥。"(《红尘冷眼——一个文化名人笔下的中国三十年》)

8月8日 下午五时,"集处级以上之同人,谈如何进行精简节约检查。……主要之点在改进工作作风,增进工作效率"。(日记)

8月10日 "上午,邀请有关部门派人开会,讨论年关宣传品(如年画、历本)之各种问题。(胡)愈之顺便报告,即须赶速发动反美侵略朝鲜及我台湾。"(日记)

8月12日 上午,应陈哲文之邀,至二龙路师大女附中二部,为本市中学教师暑期国文讲习会作演讲。下午在总署参加编审局第一处"精简节约检查"。(日记)

同日 作《教学一例——8月12日在北京中学国文教员暑期讲习会讲稿》(刊入北京市中小学教职员学习委员会主编之《北京

市一九五〇年暑期教师学习讲座专辑〈语文教学讲座〉》，又刊《苏南文教月刊》第二卷三期，并由教育资料丛刊社编入《中学语文教学的改进》一书；后收入《叶圣陶集》第十四卷，题为《教学举例》）。文章讲析根据《人民日报》报道改写的散文《"国家的"》和苏金伞的诗《三黑和土地》。

8月14日　下午听沈静芷、张静庐、储安平三位作上海之行的汇报。沈等三位"往上海，与私营出版家开座谈会，为全国出版会议作准备，并酝酿出席代表之人选"。(日记)

8月15日　下午，"汇报精简节约检查，又花去两小时有半"。(日记)

8月16日　下午两点半，"全署续开检查之会"。(日记)

8月17日　与胡愈之及金灿然谈教育出版社之筹设。"此社已于愈之之报告中提及，刊于报纸，非办不可。且教科用书确有综合编辑、审定、出版于一之必要。愈之嘱余多考虑其事，余殊无实干之才，因此托之灿然云。"(日记)

8月18日　与金灿然与叶蠖生谈教育出版社之事。与宋云彬、蒋仲仁等谈语文教本。(日记)

8月19日　上午开出版会议之筹备会议。"即华东代表名单一题，已消耗半日。饭后二时，续谈展览问题。""商务印书馆谢仁冰先生以无力应付难局，辞职，商务有瓦解之虞。此一大出版家不能任其崩析，于公私调剂声中，于出版会议召开之日，苟商务不支而坍塌，实为至大之讽刺矣。愈之乔峰伯昕与余共商此事，未决，伯昕有方案，须详商也。"(日记)

8月20日　下午，偕胡愈之、徐伯昕访陈叔通，"谈商务事。结论为俟知谢仁冰辞职以后全馆情况再商，我出版总署必助其渐即坦途"。(日记)

8月21日　晚七点半，"集小组会谈，为将来出版界描一轮廓。今夕先谈美术出版社之建立，此系有现成底子，有人，有设备，合而为专业,其势至顺。其次谈'通联',系上海出版通俗读物之出版家五六十家所组织。我署拟支持通联,使有稿有力,可以出版较多之读物。会员店则分任发行之责,以普及于读众。十一点钟散"。(日记)

8月22日　吕叔湘、顾均正来,"谈开明编辑方面事"。魏建功来谈一时许,"均涉字典"。(日记)

8月23日　刘薰宇抵京。"刘薰宇自贵阳来,十数年不见,须发已苍,精神尚佳。渠在本乡任校长,有书来谓有出游之意,愈之乃邀之。究于何处工作,尚未定也。"下午集小组会,"谈教育出版社之大概。又谈文艺出版社要否建立,结论为无须。且与文化部及文联共商文学书籍之出版究如何分工,再行研讨"。(日记)

8月24日　与同人"谈出版展览会"。下午,至文委开委务会议。"先讨论卫生部卫生会议之总结报告。次讨论明年度各单位之概算。我署提出一亿八千万余斤,文委核减为一亿零七百万斤。因须支付各出版社之事业费,殊感其难办。其他单位均有此情形,所需者多,经核减则不周于用。谈至八点过,未能决定,下次再谈。"(日记)

8月25日　上午开署务会议,连带开出版会议筹备会。"柯政知君以所编小学唱歌本见示,多标语口号之作,书余所见答之。"应周总理招宴。(日记)

8月26日　上午,"与辞书社三位谈小字典问题"。"午后,联合小组谈中华与商务两家之问题。中华尚有实力,只须商定致力方向,不须我署多所相助。商务则接近于溃烂,非注入新血液,由我署插手不可。此小组凡谈三次,于主要私家出版业均已谈及。"(日记)

8月28日　晨在总署作报告,"言出版事业之编辑、审读方面,我署方于不知不觉中创造一种作风,由个人的转而为集体的。其意甚可发挥,惜余未能也"。上午九时,出席全国新华书店第二届工作会议之预备会议,致辞。"各地区代表谈书店实况,则较有可听。"晚七时,总署俱乐部开欢迎晚会,招待各地区来会之新华代表。"俟余兴节目开始,即退出,与愈之伯昕诸君集会,谈人民出版社事。人民出版社系新华之出版部门,将来新华既专业发行,此社故当成立,以出版政治书籍为主。其人员将取编审局之第二第三两处充之,主持人或为王子野。"(日记)

8月29日　出席全国新华书店第二届工作会议开幕式。郭沫若、马叙伦、李德全演说。胡乔木作报告,报告"第一部分言国际近况……第二部分言国内。谓立国虽仅一年,困难甚多,而成就不小。第三部分言新华书店将来专业发行,实为增强其政治任务。其言明切周详,于来京会议代表之思想上启发甚多。乔木思虑周密,条理秩然,余深佩之。如此之人不可多觏也"。(日记)

8月30日　上午出席新华书店工作会议。下午,至文化部,与沈雁冰、邵荃麟、曹靖华等会谈,讨论文学出版社要否成立。"结论为暂不成立,将来再说。现在各种文学书分配于数家书店,以期渐趋于专业化。"(日记)

8月31日　晨,"偕愈之、云彬、蝱生、智贤等驱车往教育部,与部长、司长诸公为会,筹商成立教育出版社事。彼此同意此社为一业务机构,犹如书局,由教部为政治上之领导,出版总署为业务上之领导。所需资本,以华北上海两个联合出版社之国家资本充之。末了决定成立筹备会,由刘恺风、蝱生与余就双方再邀数人组织之"。傍晚,"灿然来商调整编审局同人薪给。此事自是紧要,以一般而论,我处之待遇殊低微也"。(日记)

　　8月1日至3日、5日、7日、8日、10日至12日、14日至26日、28日至31日的日记收入《叶圣陶集》第二十二卷。

9月2日 上午在总署，与"少数人商量我署对于商务印书馆致助之方"。"十一时诸人共往玉华台，与陈叔老、黄任老、雁冰、振铎、宦乡会谈，即言商务事。谈次，均谓须商务劳资双方有重振此馆之意图与表示，乃可以由政府致助。至求行事有效，须建立临时机构，以代替不复奏效之经理制。谈至午后二时散。""建功邀余与字典社同人共谈，就已写成之数字而为讨论。新参加者有萧君夫妇二人。谈次，觉诸人所见均齐，所撰字典当可胜常一等。"（日记）

9月3日 上午在总署，开各组汇报，"共谈（出版工作）大会筹备事宜"。与同人商对于商务印书馆致助之方。（日记）

9月4日 晨看语文教材。"蠛生示余以我署精简节约检查之总结报告，将呈送上级者。其文为王姓同志所拟，满纸空话，前后无条贯，实不成样子。余谓此类报告如欲敷衍将事，大可不作。如欲认真作，必须言之有物，见我署检查之真相。姑由余试为重作，草成而后，再由大家修正。顾杂事牵萦，来谈话者时有，下午仅成两纸。回家于灯下续作，复成一纸有半。目前一般文件，皆不可究诘，朦胧表意，细按之则问题重重。余力微，亦无能挽此倾向也。"（日记）

9月5日 上午，与叶蠛生、宋云彬、朱智贤、金灿然四人"谈教育出版社之筹备。缘明日教部同人将来我署开筹备之会。谈至十一时半散，推云彬、智贤起草组织条例"。（日记）

9月6日 孙伏园来，"以出版展览会之说明语句相商"。"午后写信数通。与建功商字典之注释。教部以简体字表嘱提意见，余与建功皆主简体字仅便于书写，本体仍须认识，否则但识简体者即被摈于种种现成书籍之外。故简体字仅能取已有者而挑选之，不必另行创造，每字必简。教部颇有自作仓颉之想，是为我人所否认也。"（日记）

9月7日 教育部柳湜、葛志成来，"续谈教育出版社之筹备。云彬已拟组织条例及组织系统表，即据以商谈"。"夜七点半，邀各地新华书店来会之首席代表茶话，请其于本届之工作会议，各抒意见。"（日记）

9月8日　为金灿然改一谈话记录稿。下午，看语文教材数篇，皆不如意。（日记）

9月9日　受中央人民政府委托，作国徽制作法之说明稿。"政府委员会派人来，谓国徽早由全国委员会通过，即将公布；于其制法，起数稿而未安，托余另造数句说明之。即造四句付之，似亦未尽佳，若不看图，仍不能明其所指。"（日记）

9月10日　与胡愈之至前门外新华旅馆，会金子敦、王叔旸、史久芸等出席全国出版会议的代表。

9月12日　李小峰来访，谈北新书局情形。金子敦、舒新城、卢文迪、姚绍华四位来访，谈中华书局情形。（日记）

9月13日　华问渠与吴朗西来访。夜，与出席出版会议之所有代表开座谈会。（日记）

9月14日　上午与胡绳、叶蠖生、胡墨林等至北海公园，观出版总署所布置之出版事业展览会。"此会分四馆。第一馆表明鸦片战争迄于今日出版界倾向之历史。第二馆表明种种之印刷出版技术。第三馆陈列古代版本，由北京图书馆供应。第四馆陈列苏联图书，由苏联国际书店供应。各馆皆在布置，第一馆甚杂乱，拥书甚多，不分轻重，令观者茫无所获。因共茗饮，邀伏园孟超同谈，重行商定陈列纲要，去其繁重，以显明为主。""四点后返署，与愈之伯昕诸君共谈明日开会之各种准备，一谈至七点一刻。七点半有欢迎酒会，客咸集，出席列席代表将三百人，尚有各机关团体之来宾。以葡萄酒为主，有酒菜点心数色。众立而饮，互相举杯，甚欢。"

9月15日　晨至新华饭店，晤顾颉刚、徐调孚诸位。九时，至新中国电影院，开大会预备会，通过议事日程及主席团名单等。十时，主席团 31 人开会。午后二时，出席第一届全国出版会议开幕式，致开幕辞。郭沫若、吴玉章、沈雁冰、李德全、郑振铎依次讲话。"殿以三位代表讲话。三位皆少数民族，一为维吾尔族，一为朝鲜族，一为蒙古族，颇令人兴奋。六时散会，开幕式颇不错。会餐于惠丰堂。"（日记）

同日 作《叶圣陶副署长在第一届全国出版会议上的开幕词》（刊入《第一届全国出版会议纪念刊》，人民出版社 1950 年版；后收入《叶圣陶集》第十八卷，题为《改进和发展人民的出版事业——第一届全国出版会议开幕词》）。《开幕词》中说："全国图书杂志的出版、印刷、发行事业要统筹兼顾，分工合作。统筹，才不至于偏在某些方面；兼顾，才不至于亏了某些方面；分工，才可以精益求精；合作，才可以相辅相成；这样才是新民主主义之下出版事业的方向。"（日记）

9月16日 上午，出席出版会议。下午，偕魏建功至教育部，与郑林曦、吕叔湘、马叙伦、胡乔木六人会谈文字改革事。"乔木叙明要旨，谓拟发动运动，促起各方对于文字改革之注意。毛主席对于此拟加考虑，先欲得简要之资料，希有人能整理而供给之。决定由马夷老作文发表，引人注意。资料之整理，则请科学院语言研究所任之。谈次，乔木主张文字改革，多造简体汉字，以毛主席亦倾向此意。余与建功叔湘皆不甚赞同，俟他日从长讨论。""七点至大众剧场，十五单位于此开晚会，欢迎全体代表。余致简短之辞。"（日记）

9月17日 上午，至北海公园观出版事业展览会预展。"请诸位代表先行观览，提供意见。……第一馆已颇有改观，尚可满意，皆胡绳之力也。第四馆陈苏联书精而多，我国出版现况殆莫可与比拟。诸人自为解嘲，则曰，三五年后，我国之出版界亦将如是琳琅满目耳。书业同行复于公园各处设书亭八座，陈列书籍发售，亦一一观之。各亭陈设皆平常，未足引人。"（日记）

同日　王伯祥日记:"往北海公园参观出版事业展览会开幕式,由胡愈之致辞。……到漪澜堂啜茗,愈之、圣陶、彬然来会……抵午,余与洗人、彬然偕乘圣陶车返演乐胡同(开明同人住宅——编者注)约,共饮酒食蟹,饭后与圣陶纵谈至十时一刻始去。"

9月19日　看高中外国史稿。"此稿原由覃必陶作,而必陶患肋膜炎,搁笔几两个月,近方由胡嘉续作。胡之条理与文笔远不如必陶矣。"刘薰宇来谈,"明日将迁入署中住,愈之请其暂在编审局看稿"。"下午,作关于我署精简节约检查之补充报告,呈政务院。"(日记)

9月20日　晨与胡愈之至新华饭店,开出版会议主席团会议。"建功、伏园、家霖三位来谈文字改革问题。"(日记)

同日　作《有关教学文法的几个问题》(刊《人民教育》第一卷六期"问题解答"栏,署饶瑞思问、叶圣陶答)。

同日　王伯祥日记:"夜饭后圣陶墨林伉俪偕来,谈至十时一刻始去。"

9月21日　"观伏园所赠定县推行平民教育之报告节要,此书所记经验,于此后扫盲运动颇有用处。""书复信数通。"(日记)

9月22日　下午至总工会,出席全国新闻出版印刷工会之筹备会。"此次出版会议有工会代表若干人,即为筹备全国工会之准备。今已商定决定此筹备会,推出筹备委员廿一人,余与新闻总署之范长江俱在内。三点半开会,刘子久说明筹备意义,余与长江各致辞,于是全体照相。"夜新华饭店,开主席团会议。(日记)

同日　王伯祥日记:"(下午)五时许圣陶来谈,因与小饮,达先偕焉。……七时一刻圣陶出城开会。"

9月23日　出席出版工作会议。下午胡乔木作报告,"一部分言国际局势,大部分言出版工作,听者心悦。余于开会之顷阅文件

起草委员会所起各种决议草案之底稿,略加修改,于报告之言辞未甚措意也"。(日记)

9月24日 出席出版工作会议,各位代表发言。"余不甚听诸人之发言,阅看文件起草会所拟之决议案及通电等草稿。此次须有五个决议,一为出版工作之总方针,其他四件则为出版、发行、印刷、期刊四方面工作之如何改进与发展。决议而后,出版界即须共同遵循,亦犹共同纲领也。通电二通,分向毛主席朱总司令致敬。声明一通,告全世界,我出版界反对美国之侵略行为。午后一时,主席团开会,讨论此项文件,各人提出意见,或删或补,或改其思路条理,至四时后始毕。推出余与胡绳、灿然、新城、云彬、文叔六人再加修润整理。找云彬、文叔,二人不见于大会会场之中。我四人遂至新华饭店,逐件细读修改。除进晚食外,略不休息,至九点始毕。尚有通电与声明,只得明日再说矣。到家神思恍忽,如在梦中。"(日记)

9月25日 上午仍开大会,"通过五个决议"。"中间插入朱总司令之讲话,会众甚兴奋。饭后两点续开,通过提案及通电声明,继以陈劭先、邵力子等人之讲话,于是愈之对于大会经过作总结,即为闭幕辞。出版会议至此结束。余以三点时离开会场,驱车至怀仁堂,参加全国战斗英雄劳动模范代表会议之开幕式。"(日记)

9月26日 偕胡愈之、徐伯昕驱车至萃华楼。"应谢仁冰之招,谈商务(印书馆)事。有叔老、任老、俞寰老、振铎、华东新闻出版局二位、商务工会一位。共谓商务必须集中力量,以谋改革,宜成立业务委员会,略如开明之方式,以为计划决策之机构。"晚六点复至萃华楼,"应钱君匋吴拯寰之招"。"二人皆出儿童书者。余告以欲出好儿童书,首宜培养绘画人才,先求其正确,次求其生动传神。其次,语言文字亦必力求精审。"(日记)

9月27日 "上午于署中开末次之主席团会议,主要依大会之决议,

将五种文件再加修正，期其完密。"（日记）

9月28日　在总署开出版行政会议，倾听各地出版行政人员代表报告当地情况。（日记）

同日　中央人民政府出版总署公布《第一届全国出版会议关于改进和发展全国出版事业的五项决议》（一、《关于发展人民出版事业的基本方针的决议》；二、《关于改进和发展出版工作的决议》；三、《关于改进和发展书刊发行工作的决议》；四、《关于改进期刊工作的决议》；五、《关于改进书刊印刷业的决议》）（刊《第一届全国出版会议纪念刊》，人民出版社1951年版）。

9月29日　出版行政会议继续开会，与吉少甫、万国钧、金灿然共谈教育出版社事。（日记）

9月30日　上午主持编审局之局务会议，总结今年第三季度工作。"下午三时至中山公园音乐堂，全国委员会召开庆祝国庆之会。露天座位尽满，亦不知其几许人。周总理作报告，题曰《为巩固和发展人民的胜利而奋斗》，翔实、朴质、雄健，其辞甚善。"夜八时，至北京饭店，参加毛主席以庆祝国庆举行的酒会。"余观此景象，喜极欲涕，频频举杯，不禁就醉。到家，述所见，几欲哭。坚欲买红纸，书贴于大门。红纸买到而余不能书，请晓先书之。"（日记）

　　9月2日至30日的日记收入《叶圣陶集》第二十二卷。

同月　圣陶先生于1950年主持选编的《高级中学语文课本》共六册，由新华书店和人民教育出版社陆续出版，这是新中国成立后圣陶先生主持选编的第一套全国高级中学语文通用教材，前两册书前有《编辑大意》；第三至六册书前有《出版者的话》，每篇课文后附有"注解"和"提示"。

　　　　《高级中学语文课本》第一册《编辑大意》

　　高级语文科的教学目标和作业项目，除了在程度上提高以外，大致跟初中一样，在这里不必再加说明。可是，为了程度的提高，在教材的编选上有跟初中不同的地方，得在这儿提出来说一说：

第一，选的教材，不像初中语文课本那样，只选单篇文章；除了单篇文章之外，从第三册起，还选了整部著作的一章一节以及中篇小说和长篇的报告之类。希望靠这套课本来引导学生阅读其他的东西，养成广泛的读书兴趣和敏捷而有效的读书能力。

第二，从第三册起选了若干篇文言。选文言的主要目的，在使学生明确地了解文言跟现代口语的同异，养成阅读文言参考书的初步能力。文言只是给学生阅读，绝对不是教学生模仿着来写作，那是不必详细说明的。

课文的后面本来应该附上注解，提出讨论提纲和练习问题的；因为这一部分的工作还没有完成，赶着要印出书来供各校用，就只好暂缺，等将来再补了。

为了进行教学的便利，我们还预备编一套"参考书"供教师们参考。现在不但参考书没有编成，连课本后面的注解等等都来不及附上。只有希望教师们多费些指导工夫：在课内怎么样展开讨论、研究，来达到更深切的了解，做到更精密的分析；在课外怎么样自习，来抓住课文内容和形式的要点。我们还希望教师们选定一些好读物给学生在课外阅读，使他们养成读书的好习惯。至于文言的教学，我们希望教师们能够在比较文言跟口语的异同方面多多指点，多多提示。关于这一层，不在这里详细说，愿意推荐吕叔湘先生的《开明文言读本导言》，供教师们参考。

这套课本是本局特别约请周祖谟、游国恩、杨晦、赵西陆、刘禹昌、魏建功六位先生编辑的。编辑的过程中我们也提供了一些意见。关于教材选择方面，承北京市的许多位中学国文教师提供了宝贵的意见。我们相信要编出一套完美的语文课本来，必须经过多次的修改，订正，补充，不是一下子就能成功的。我们除了对帮助我们的诸位教师表示感谢外，还希望教师们在实际教学的时候，发现了不合适的地方，就给我们随时提意见，让我们依据这些意见加以修订。

这一套课本选用了现代的许多著作和译作，对于著者和译者特地在这里表示敬意和谢意。有些课文还略经修改，尤其要请著者和译者原谅。

中央人民政府出版总署编审局
一九五〇年七月

《高级中学语文课本》第一册，1950年9月新华书店原版，1951年8月第三次修订原版，1951年12月人民教育出版社初版。署编者周祖谟、游国恩、杨晦、赵西陆、刘禹昌、魏建功。书前有《编辑大意》。

《高级中学语文课本》第一册目录

一、中国人民政治协商会议第一届全体会议开幕词　毛泽东

二、雨来没有死（选自1949年4月4日《人民日报》）
　　　　　　　　　　　　　　　　　　　　　　管　桦

三、打蝗斗争

四、我们怎样与黄河战斗
　　——在清华大学演讲的记录（选自《进步青年》第一期）　　　　　　　　　　　　　　　　钱正英

五、十六年前的回忆
　　——纪念父亲的死，一并纪念母亲（选自《中国共产党烈士传》）　　　　　　　　　　　星　华

六、同青年朋友谈谈旧影响
　　——在哈尔滨第四中学新民主主义青年团所作演讲的一部分　　　　　　　　　　　　　　丁　玲

七、巴甫洛夫遗书　　　　　　　　　　　　王子野译

八、一位向自然索取东西的人
　　——影片《米丘林》的故事　　　　　　冯　明
九、科学与生产劳动结合起来（选自1949年11月1日出版的《科学技术通讯》第一期）　　科学技术通讯社
一〇、鲁迅逝世周年纪念大会上的演说　　　毛泽东
一一、社戏　　　　　　　　　　　　　　　鲁　迅
一二、孟祥英翻身　　　　　　　　　　　　赵树理
一三、我所看到的赵树理　　　　　　　　　杨　俊
一四、谈修改文章（选自《中国青年》第六期）何其芳
一五、我在美国（选自1950年5月16日《光明日报》）
　　　　　　　　　　　　　　　　伯　逊作　许秋明译
一六、我们不再受骗了　　　　　　　　　　鲁　迅
一七、我的老婆（选自《人民文学》第一卷六期）黄迺相
一八、新事新办（选自1950年3月12日《人民日报》）
　　　　　　　　　　　　　　　　　　　　谷　峪
　　一九、读《新事新办》等三篇小说（选自1950年3月26日《人民日报》；《亲家婆儿》，登载1950年3月12日《人民日报》；《三十张工票》，登载1950年3月19日《人民日报》）
　　　　　　　　　　　　　　　　　　　　茅　盾
　　二〇、清晨（选自《人民文学》第二卷二期）
　　　　　　　　　　　　　　　　安托诺夫作　李　珏译

《高级中学语文课本》第二册，1950年12月新华书店原版，1951年8月第一次修订原版，1952年9月上海九版（人民教育出版社版）。署编者周祖谟、游国恩、杨晦、赵西陆、刘禹昌、魏建功。书前有《编辑大意》。

《高级中学语文课本》第二册目录

一、青年要精通业务掌握科学技术

——纪念"五四"青年节（1950年5月3日《人民日报》）

二、使组织性和文化成为共产青年团工作底基础

　　　——1945年7月12日在莫斯科省集体农庄共产青年团支书会议上的发言（选自《论共产主义教育》）

加里宁

三、风筝 鲁　迅

四、记念刘和珍君 鲁　迅

五、夜 叶绍钧

六、在新中国（选自《中苏友好》第二卷一期）

　　（苏俄教育部副部长）杜伯洛维娜作　杜章智译

七、莫斯科（选自《人民文学》第二卷四期）　冯　至

八、我见到了高尔基（选自1947年《高尔基年刊》）

戈宝权

九、西蒙诺夫给我的印象（选自《文艺报》第一卷二期）

丁　玲

一〇、讲述和描写（节选苏联文学顾问会《给初学写作者的一封信》）　　　　　　　　　　张仲实译

一一、华威先生 张天翼

一二、用党给我的右手为党工作（选自《新中国妇女》第十期）　　　　　　　　　　　　　　赵桂兰

一三、我们时代的人民（选自苏联《妇女生活》）

戴　斯作　李　江译

一四、红旗（节选《战火纷飞》）　　　　刘白羽

一五、家（选自《人民文学》第一卷五期）　西　虹

一六、真假李板头（选自《无敌三勇士》）　刘　石

一七、我的两家房东（选自人民文艺丛书《地雷阵》）

康　濯

一八、装卸（短剧）　　大连黑嘴子东站支会工友集体创作
一九、四奇人（节选《儒林外史》第五十五回）

《高级中学语文课本》第三册，1953年2月原版，1953年4月北京第一次印刷，署编者、出版者为人民教育出版社，书前有《出版者的话》。

《高级中学语文课本》第三册《出版者的话》

一、这套课本是根据本社出版的高级中学语文课本改编的：调换和修改了一部分课文；给全部课文作了注解和提示；并且从第一册起兼选文言文，用以培养学生阅读文言文的初步能力。

二、课文后面的注解和提示，目的在帮助学生预习和教师备课。注解力求简要，凡是比较容易查询的，或与课文没有直接关系的事物，概不加注。提示有关于思想内容的阐发的，有关于写作方法的分析的，意在举要，不求详尽。不足的地方，希望教师在教学中随时补充。

三、为求适合教学的需要，有些课文，我们曾经加以删节或修改。修改后的课文，绝大多数都送给作者看过；只有少数的几篇，因为不知道作者的通信地址或有其他原因，没有送给他们看。我们一并在这里表示诚恳的谢意和歉意。

四、课本的原稿，曾经送请好些语文学者和语文教师给我们审读，承他们提出了许多宝贵的意见，我们在这里表示诚恳的感谢，恕不一一列名了。

五、要编成一套真正合用的课本，必须依靠多方面的帮助。教师们和同学们如果发现课本里有什么错误或缺点，希望随时提出意见，以便将来据以修订或补充。

人民教育出版社
一九五二年二月

《高级中学语文课本》第三册目录

一、亚洲及太平洋区域和平会议开幕词（选自 1952 年 10 月 3 日《人民日报》） 宋庆龄

二、挤垮它（选自 1952 年 11 月《解放军文艺》） 魏 巍

三、英雄的十月（选自《英雄的十月》） 华 山

四、藤野先生 鲁 迅

五、忆巴甫连柯（选自《人民文学》第三十七期） 周立波

六、挂号包裹（选自《人民文学》第三十七期）
　　　　　　　　　　　　　　波列伏依作　林　石译

七、苏联人（选自《文艺报》第八期） 丁 玲

八、李有才板话 赵树理

九、青枝绿叶（选自 1952 年 9 月 5 日《中国青年报》）
　　　　　　　　　　　　　　　　　　　　刘绍棠

一〇、智取生辰纲（《水浒》）

一一、大闹野猪林（《水浒》）

一二、谈《水浒》里的人物和结构（选自《文艺报》第十四期） 茅 盾

一三、愚公移山（《列子》）

一四、邹忌讽齐王纳谏（《战国策》）

一五、毛遂自荐（《史记·平原君列传》）

一六、捕蛇者说 柳宗元

一七、五人墓碑记 张 溥

一八、白居易诗四首
　　重赋
　　轻肥
　　买花
　　卖炭翁

《高级中学语文课本》第四册，1952年9月原版，1953年8月第二次修订原版，1953年9月北京第一次印刷，署"编者、出版者：人民教育出版社"，书前有《出版者的话》。

《高级中学语文课本》第四册目录

一、从"伏尔加——顿运河"的通航想到中国的今天明天与后天（选自《新建设》第四十六期）　　　　　冯雪峰

二、我的一天（选自《奥斯特洛夫斯基演讲・论文・书信集》）　　　　　奥斯特洛夫斯基作　孙广英译

三、关向应同志在病中（选自《新华周报》第二四期）

　　　　　　　　　　　　　　　　　　　　黄既

四、药　　　　　　　　　　　　　　　　鲁迅

五、一篇宣言　　　　　　　　　　　　叶绍钧

六、"友邦惊诧"论　　　　　　　　　　鲁迅

七、是谁造成贫困与灾难？
　　——记封建土地制度下的洞庭湖滨农村（选自1950年8月18日《人民日报》）　力文　方堤

八、分马（节选《暴风骤雨》）　　　　周立波

九、家（选自《人民文学》第一卷五期）　西虹

一○、我们落手越来越重了（选自《苏联爱国战争短篇小说译丛》）　　　　潘菲洛夫作　茅盾译

一一、进军西藏日记（选自《新观察》第二卷五、六期）

　　　　　　　　　　　　　　　　　　　　林田

一二、海上的遭遇
　　　　刘白羽　吴伯箫　周而复　金肇野集体创作

一三、公输（《墨子》）

一四、西门豹治邺　　　　　　　　　　褚少孙

一五、隆中对　　　　　　　　　　　　陈寿

一六、登泰山记　　　　　　　　　　　姚鼐

一七、古诗二首
　　白雪歌送武判官　　　　　　　　岑　参
　　后出塞　　　　　　　　　　　　杜　甫
一八、绝句八首
　　悯农二首　　　　　　　　　　　李　绅
　　江上渔者　　　　　　　　　　　范仲淹
　　蚕妇　　　　　　　　　　　　　张　俞
　　送孟浩然之广陵　　　　　　　　李　白
　　下江陵　　　　　　　　　　　　李　白
　　秋夜将晓出篱门迎凉有感　　　　陆　游
　　十一月十四日风雨大作　　　　　陆　游

　　《高级中学语文课本》第五册，1953年3月原版，1953年7月第一次修订原版，1953年10月北京第一次印刷，署编者、出版者为人民教育出版社，书前有《出版者的话》。

《高级中学语文课本》第五册目录

　　一、在苏联共产党第十九次代表大会上的演说（选自1952年十一月号《新华月报》）　　　　　　　　　　斯大林
　　二、幸福的国土——奥特堡（选自1952年十一月号《人民文学》）　　　　　　　　　　　　　　　　　　艾　青
　　三、为了忘却的记念　　　　　　　　　　　鲁　迅
　　四、春蚕　　　　　　　　　　　　　　　　茅　盾
　　五、什么是英雄行为　　　　维格道洛娃作　金志军译
　　六、保尔·柯察金（节录《钢铁是怎样炼成的》）
　　　　　　　　　　　　　奥斯特洛夫斯基作　梅　益译
　　七、五一前夕在德累斯顿（选自《东欧杂记》）　冯　至
　　八、不要痴信那些山慈姑吧（节选《巴黎内外》）
　　　　　　　　　　　瓦西烈夫斯卡雅作　王泽民　赵涵舆合译

九、楚狂接舆等三章（《论语》）

一○、齐人有一妻一妾章（《孟子》）

一一、廉颇蔺相如列传（《史记》）

一二、指南录后序（选自《文山先生全集》）　　文天祥

一三、促织（选自《聊斋志异》）　　蒲松龄

一四、乐府诗选

　　陌上桑

　　羽林郎　　　　　　　　　　　　　　辛延年

一五、词选

　　念奴娇　赤壁怀古　　　　　　　　苏　轼

　　南乡子　登京口北固亭有怀　　　　辛弃疾

　　菩萨蛮　书江西造口壁　　　　　　辛弃疾

一六、汉高祖还乡（选自《朝野新声太平乐府》）　睢景臣

《高级中学语文课本》第六册，1952年10月原版，1953年12月第二次修订原版，1954年7月汉口第一次印刷，署编者、出版者为人民教育出版社出版，书前有《出版者的话》。

《高级中学语文课本》第六册目录

一、论爱国主义教育（节选《论共产主义教育》）　加里宁

二、巴甫洛夫遗书　　　　　　　　　　　王子野译

三、祝福　　　　　　　　　　　　　　　鲁　迅

四、骆驼祥子（节选自《老舍选集》）　　老　舍

五、剥落"蒙面强盗"的面具（选自《人民文学》第三卷二期）　　茅　盾

六、果树园（节选自《太阳照在桑乾河上》）　　丁　玲

七、一架弹花机（选自《文艺报》第一卷十二期）　马　烽

八、修堤（短剧，选自《人民戏剧》第八卷五期）

田　川等集体创作

　　　　九、曹刿论战（《左传》）
　　　　一〇、檀弓二则（《礼记》）
　　　　一一、鸿门宴（《史记·项羽本纪》）
　　　　一二、赤壁之战（《资治通鉴》）
　　　　一三、水经注二则　　　　　　　　　　　　郦道元
　　　　　　三峡
　　　　　　黄牛滩
　　　　一四、诗经二篇
　　　　　　伐檀
　　　　　　硕鼠
　　　　一五、羌村三首　　　　　　　　　　　　　杜　甫
　　　　一六、古诗为焦仲卿妻作　　　　　　　　　无名氏

10月1日　登天安门城楼，庆祝国庆。

同日　发表《一年来的工作》，刊《文汇报》第十一版（收入《叶圣陶集》第十八卷）。文章总结新中国成立一年来"社会科学类书籍"、"自然科学书籍"、"文艺作品及文艺类书籍"、"教科书"出版方面的成就，也谈到"出版工作中的盲目性"和"对群众利益和读者需要照顾不周到"的问题。

10月3日　王伯祥日记："是夕约子敦来寓持蟹小饮，兼邀洗人、雪村、圣陶、文叔、云彬、彬然、晓先作陪……长谈至九时后散。"

10月4日　与柳湜、吉少甫、于强、卢芷芬、金灿然诸君会谈，"听少甫所提出组织教育出版社诸问题"。胡乔木来总署，"为各地出版行政负责人谈话"，"余旁坐听之"。（日记）

10月5日　上午，金子敦、华问渠来访。下午，与魏建功、宋云彬谈语文教本之编辑。

10月6日　上午，听汇报，谈书籍进口问题。"外国书之于我有用者，唯恐其进口少，而帝国主义之反动书刊，则又须防其进

口。宣传部所拟办法，主要在统一进口，由国营之国际书店任之，而辅之以海关检查。"（日记）

10月7日 "下午，许广平、雪峰、胡风、乔木、振铎诸君来谈鲁迅著作出版事。结论为许广平结束其鲁迅出版社，将版权托付我署。编选翻译鲁迅著作，悉由我署决定之。我署则委其事于编辑社，社由雪峰主之。"（日记）

10月9日 上午，与少数人会谈，讨论商务印书馆业务改进委员会之组织与人选。"华东出版局、上海出版处合推三人，由商务董事会聘请，参加此业务委员会。其中一人为万国钧，将以委员名义，实际上助谢仁冰处理一切，改进各项。又议及编辑之主持人，有两说，一说以乔峰主之，一说以陶孟和主之，助商务整理旧书，另出新书。究竟如何，尚待各方商洽。然必须旧有班子为后盾乃可，否则无论为周为陶，均不生效也。""下午，柳湜来，人民教育出版社筹备会开成立会，议定各项，即报告教育部与出版总署。办公室暂设于我署……吉少甫为经理部主任，于强与芷芬副之。造印教本供明年春节应用，即日当开始矣。"（日记）

10月10日 与胡愈之、章雪村谈开明书店事。"与军委会编辑员二人谈部队小学课本，与伏老谈平教会。《进步日报》嘱作文纪念保卫和平大会之一周年，令二官代作，略加修改，寄与之。五十年代出版社将设门市部，嘱题词，书一尺幅与之。袁水拍来书问常用词汇之正别字，作书详答之。"（日记）

10月11日 下午至文化部，"雁冰邀开新文学选集之编辑会议"。"编委缺席者多，仅余与雁冰、杨晦、丁玲四人会谈而已。此选集选五四以来作者二十余人，老解放区之作家不在其内，各选其文为一集，印行传世。余之一集，原定自选，余以不愿重览己文，请灿然代定之。今各册目录已大致交到，故开会商讨。即按诸目逐一检览，或略表意见，或无异议。决定再由编委分册重看一过，以示郑重。比书将交开明出版也。"
（日记）

"新文学选集"，署中央人民政府文化部新文学选集编辑委员会编，由开明书店出版，被誉为"'五四'以来新文学的纪程碑"。原定出鲁迅、瞿秋白、郁达夫、闻一多、朱自清、许地山、蒋光慈、鲁彦、柔石、胡也频、洪灵菲、殷夫、郭沫若、茅盾、叶圣陶、丁玲、田汉、巴金、老舍、洪深、艾青、张天翼、曹禺、赵树理等24位作家的选集，实则出版了22种，《瞿秋白选集》和《田汉选集》未能出版。

10月12日 "教育部将开中等教育会议，来商我署同人为起草中学文史地之课程标准。被请之五六人集谈一次，结论为义不容辞，只得勉应之。""十时，与图书馆及计划处同人商讨版本图书馆之工作步骤。版本图书馆者，不以供人阅览为务，唯事收藏逐月逐年之新版再版书籍，据此为统计研究，以观察出版界之情况。"（日记）

10月13日 下午三时，列席政务院之政务会议。"今日讨论我署关于出版会议之综合报告，故然。愈之作报告，详述出版界状况，及所以开出版会议之故，会议所得之收获，历一小时有半。政务委员多人发言，结果为基本上批准愈之之报告。尚有代政务院草拟之关于出版事业之指示一稿，则组小组加以研讨，修改后再定夺。"（日记）

10月14日 主持扩大署务会议，上午总结出版会议，下午各单位报告第三季工作，并讨论第四季之工作计划。

10月16日 "明年春季用书将发印，与同人商作必要之修改。观东北教育部所译苏联之植物教本，其编制作一般的叙述，俾读者明晓植物之生活情况与种植方法，确较我国为胜。唯译笔不佳，我国中学生读之，颇多文字上之障碍。"（日记）

10月17日 "上午汇报，谈人民出版社、人民教育出版社、美术出

版社、新华总店、新华印刷总管理处之种种安排","午后看初小语文之修订本"。(日记)

10月18日 与金灿然谈教育出版社事。"渠主张多与外面适当之编辑者发生联系,其人可编某书者,即编辑与修订咸归其负责,如是乃可专精。缘外面之人有种种关系,未必能来我处共事,而以其余暇助我工作,则往往可能也。即据此意见共商可托付之对象,亦有三四起,余较觉可慰。"(日记)

10月19日 下午至文教委,开委务会议。"马夷老报告接收辅仁大学经过。此校为天主教会所办,近教会以办学宗旨不与相符,欲更换校长,辞退进步教授,而以停止接济为要挟。我政府遂收归自办,仍命原校长陈援庵为校长。声明此举为教育权之问题,与宗教问题无涉,诚义正辞严也。钱俊瑞报告工农教育会议之经过,并提会议中拟定之条例办法等六件,供众讨论。大旨为今后工农教育,不漫指工农,而以在职干部及老解放区农民为重。其方式取多种多样,不限于一格。"晚赴荣宝斋之谢宴。"荣宝斋为诗笺裱背铺,其出品甚精,《北平笺谱》中以其店之成绩为多。近以营业不振,亏累不少,欲将歇业。我署乃投资一亿元,作为公私合营,始可维持。今日为重行开张之期,特设宴请客。余到时已开宴,愈之、振铎、建功诸位先在,即共饮。"(日记)

10月20日 王伯祥日记:"平伯尊人陛青先生日前逝世,圣陶昨有电话通知,约今晚在其家一谈,谋所以佐之云。……六时下班乘三轮赴圣陶之约,编晤墨林、文叔、云彬、彬然、晓先,即在圣陶所小饮,商定由开明借版税五百万与平伯,俾料理治丧云。"

10月21日 午后,偕魏建功、宋云彬至教育部,出席起草中学语文课程标准座谈会。"林砺老致辞后,莘田、建功、慧修、劭西及余七八人发言。"(日记)

10月24日 听胡愈之谈最近时局。"北朝鲜受美军反攻，损失惨重。周总理国庆日报告，有朝鲜受帝国主义侵略，我国不能置之不理之语。而美国舰队驻扎台湾海面，美国飞机屡犯我东北领空，我亦再三声明，认为美国对我之侵略。愈之昨曾参加政务院方面之会议，大致决策为朝鲜与我为唇齿关系……故所谓不能不理，换言之即非理不可，对于朝鲜宜予援助。……美国知难而退，最为善果。否则相持而至于扩大，我亦已有准备。美有国内矛盾及与他国之矛盾，亦并非不可抗之敌。所以今日宣传之口号应为抗美援朝，以求全国一致。愈之报告毕，复杂谈教育出版事。"（日记）

10月25日 "晨与祝志澄、芷芬、于强诸君谈教科书之排印事。""午后，与第四处自然组诸君会谈，请诸君从下月起审阅理科各方面之教本，以便选出其优善者，供学校暂时应用。自去年暑假后迄于今秋，中学理科方面之教本皆混乱无序也。"出席政协全国委员会之宴，招待各兄弟民族来京庆祝国庆之代表。（日记）

10月26日 晨在总署集会，听胡愈之作报告，"申明抗美援朝，保卫和平之旨。请诸同人据比以研讨，以求意见之一致"。"续阅植物教本，加以修改。"晚七点半，至北京饭店，开中国保卫世界和平大会委员会及反抗美帝侵略大会委员会。"郭沫若报告，此二会拟合并为一，意谓反抗美帝即所以保卫世界和平，保卫世界和平必须反抗美帝。"（日记）

10月28日 "竟日修改植物学教本"，"与灿然芷芬谈教育出版社事数项"。教育部王芝九、余之介、濮原仁来访，约定于下月一日起，到教育出版社工作。（日记）

同日 发表《出版总署关于国营书刊出版印刷发行企业分工专业化与调整公私关系的决定》，刊《出版简报》第四号，署胡愈之、叶圣陶、周建人。《决定》包括：一、总则；二、人民出版社；

三、新华印刷厂；四、新华书店；五、出版、印刷、发行企业的相互关系。

同日 出版总署发布《关于发布第一届全国出版会议五项决议的通知》。五项决议为：一、关于发展人民出版事业的基本方针的决议；二、关于改进和发展出版工作的决议；三、关于改进和发展书刊发行工作的决议；四、关于改进期刊工作的决议；五、关于改进书刊印刷业的决议。

同日 《政务院关于改进和发展全国出版事业的指示》中说："书籍杂志的出版、发行、印刷是与国家建设事业、人民文化生活极关重要的政治工作。第一届全国出版会议决定本'统筹兼顾，分工合作'的原则调整公私出版业之间的关系，并逐渐消除出版发行工作的无组织、无计划的现象，以求有计划地充分供给为人民所需要的各种出版物。这个方针是正确的。为了在这个方针下改进和发展全国出版事业，特作如下指示：

"一、中央人民政府出版总署是中央人民政府负责指导和管理全国出版事业的总机关。过去出版总署集中力量于直接进行出版、发行和印刷工作，以致没有着重实行对于全国公私营出版事业的领导，这个缺点今后应当改正。在一方面，出版总署应当按时提出全国出版事业的总方针，以利于各公私营书刊出版、发行、印刷机构在统一的方针下分工合作；在另一方面，全国公私营的书刊出版机构应当按时向出版总署提出其工作计划和工作报告，以便得到及时的调整和改善。"（下略）

同日 王伯祥日记："傍晚圣陶、彬然、雪村应约来，巴金亦至，六时许偕均正、调孚、锡光、达先同往前门惠尔康吃烤鸭……八时半散。"巴金因参加以郭沫若为团长的第二届保卫世界和平大会代表团来京。

10月29日 作《没有什么文字问题》（刊《学习》杂志第十一期）。

圣陶先生认为："文字问题实为语言问题，亦即思想问题，缘思想必凭借语言而进行也。"

10月30日 晨至劳动人民文化宫，参加任弼时追悼会。"国歌，哀乐，行礼，刘少奇讲话，继之即移灵。乘汽车随灵车缓缓而行，至于八宝山。""夜七时，至华北联合出版社，为工作同志讲话，告以此社改组为教育出版社，任务加重，业务扩大，望各努力工作云云。"（日记）

10月31日 与金灿然、于强、芷芬谈人教社事。十时，"讨论我署改组方案"。下午，改植物教本。（日记）

10月4日至7日、9日至14日、16日至19日、21日、23日至31日的日记收入《叶圣陶集》第二十二卷。

同月 为华北联合出版社（人民教育出版社前身之一）题词："华北联合出版社在去年今年担任了教科书的供应工作，成绩很好。这是参加各单位通力合作的效果。一九五〇年十月　叶圣陶"

11月1日 上午开署务会议，"详细修改改组草案，予以通过"。下午，柳湜、余之介来谈人民教育出版社社务。"今日为我署成立一周年纪念，经一年之摸索，乃定行政与业务划分，署专管理全国之出版工作。"夜六点半，开纪念晚会，致辞。（日记）

11月2日 《人民日报》刊登关于援助朝鲜之正式口号，为"抗美援朝，保家卫国"。"午后两点半到（政协）全国委员会，盖举行座谈会谈时事，到者二百余人，诸人陆续发言，均谓于此事宜统一看法，朝鲜被侵非独朝鲜之事，实亦我之事，故必加援助。"（日记）

11月2日 宋云彬日记："圣陶出席政协全国委员会归来，转述张闻天君等发言，大致谓能把朝鲜抵抗力量加强，持久下去，即为我之胜利，敌之失败。又谓援朝方式当取志愿军办法，即公开的而非秘密的，人民的而非政府的。如此可拖垮美帝，但不引起世界大战。局方定后天（星期六）下午分组讨论时

事。"(《红尘冷眼——一个文化名人笔下的中国三十年》)

11月3日 "晨与自然组诸君谈话,请以三个月之时间,遍阅各家理科方面之教本,得一全盘之了解。将来拟订课程标准,编辑新的教本,均可以供参考。""十时至工会,开新闻出版印刷工会筹备会之第一次常委会",推定范长江为筹委会主任,叶圣陶与祝志澄为副主任。下午二时至怀仁堂,听周总理谈时局,"说明于朝鲜事不能不理、不能缓理之故。……最后号召政府部门为首创,各以自愿方式,赴东北作支援之工作。……回署略作商谈,即归"。(日记)

同日 宋云彬日记:"圣陶赴怀仁堂听周恩来总理报告归来,谓政府将动员机关人员一部分赴东北作后勤工作。"(《红尘冷眼——一个文化名人笔下的中国三十年》)

11月4日 上午集处级以上干部为会,传达周总理昨日之讲话,"讨论如何向全体同人发动,使思想上有一致之认识"。"改植物教本,颇获新知,亦复可喜。"(日记)

同日 宋云彬日记:"上午圣陶传达昨日周恩来总理之报告。略谓目前应思想方面之动员及组织方面之动员。所谓思想动员,即对抗美援朝之认识统一是也。有人认为目前应关起门来从事建设,美帝侵朝可暂置不理。殊不知美帝抄袭日本老文章,先取朝鲜,再侵我东北。假如朝鲜全部被占领,鸭绿江电厂被控制,我东北工业建设即无从进行。况敌人得寸进尺,今日扬言决不占领朝鲜,不久即当撤兵云云,实则决无此理。美帝在朝鲜立定脚跟,即进一步侵我东北,决不会放手,亦不会停止。我们想关起门来建设,其如门关不起来何?有人主张少理,即仅予朝鲜以精神上物资上之援助,不直接参战。此在美朝战争初期,朝军节节胜利,吾人略予精神上物质上之援助即可;今日美帝大军压境,朝军节节败退,战火已延烧到我们大门口,不迅速出兵援助,战火烧到自己身上,不将束手待毙乎!有人主张缓理。殊不知让美帝在朝鲜立定脚跟，它第二步向何处进攻，制造何种事件，哪一天发动，皆由它决定，它取得主动。在我方则建设受束缚，国防受束缚，处处是被动。故不理不成，少理不够，而缓理不如立即理。现在美帝一切准备未完成，西德、日本均未武装起来，国内民心亦未鼓动起来，种种形势均于我有利。我以大力援朝，美帝有两条路可走：一知难而退，一铤而走险。知难而退固大佳，铤而走险亦不足惧。盖美帝准备工作未完成，即失败因素更多也。无论知难而退或铤而走险，美帝皆处于被动，我处于主动。主客之势既定，胜负之数亦无待说矣。援朝在我固亦有困难，然力量是从战斗中生长的。古人所谓'多难兴邦'，实有至理。我抗美援朝，即所以增强自己力量，削弱敌人力量也。所谓组织方面之动员，即征调一部分人员赴东北从事支援工作。先从政府部门起，现中央政府各部门工作人员约两万人，先征集十分之一，即二千人。自各部副部长以下，自愿报名参加。赴东北工作后，仍保留原职原薪。特别照顾其家属，使无后顾之忧。"《红尘冷眼——一个文化名人笔下的中国三十年》）

11月5日　宋云彬日记："上午九时半偕圣陶、彬然赴老君堂俞宅，吊俞平伯尊人之丧。"《红尘冷眼——一个文化名人笔下的中国三十年》）

11月6日　与宋云彬、金灿然、刘薰宇、丁晓先、蒋仲仁谈人教社事。下午三时，"在署长室集会，决定前往东北人员之名单。报名者总署及新华书店国际书店计三百余人，而实际无须此数，因于其中挑出四十人，以王钊楼适夷为领导人。其报名而不得去者，尚须为之致慰，俾安定情绪也"。（日记）

11月7日　续改植物教本。傍晚，"署中集会庆祝十月革命三十三周年"。（日记）

到苏联大使馆，祝贺十月革命33周年。

同日　宋云彬日记："与圣陶、灿然等商人民教育出版社事。"（《红

尘冷眼——一个文化名人笔下的中国三十年》)

11月8日　仍改植物教本。(日记)

11月9日　为周建人修润其所编动物下册之全稿。"其书条理颇清楚，而未能多及各种动物之生活特点，亦未能与生产建设相关连，是其短处。"(日记)

同日　宋云彬日记："上午与圣陶、仲仁、文叔等谈语文课本编辑要旨，预备明日赴师大作报告。"(《红尘冷眼——一个文化名人笔下的中国三十年》)

11月10日　改植物教本。"与云彬、灿然、仲仁、芷芬谈（人教）社事，拟定秘书处与总编室之组织。下午开《图书评论》之编辑会议。"(日记)

11月11日　上午，听陈建中报告其研究拉丁字母编目法，"其法确实有用"。"十二点半，署中业务学校欢送往东北之师生八人。余亦参加，略致辞，共摄一影。四时，余等十数人欢送往东北之人全体，凡四十二人，余仍致辞，亦摄一影。六时会餐。"(日记)

11月12日　访潘介泉。"介泉从余劝，自五月起，得闲即续译其尚未译过易卜生剧，今已成一种有半矣。"(日记)

11月13日　下午三时，"署中同人与新华书店同人共集，为欢送前往东北诸君之大会。愈之与余及乔峰、蠖生均致辞。行者王钊、适夷二位亦致辞，情意皆殷切"。"六点半，与灿然共往华北联合出版社。缘上海联合出版社有十余人从上海至，与华联合并，共同为教育出版社之工作，故华联欢迎之。余致辞谓须彼此团结，交换经验。他如于强、芷芬亦讲话，均注重此点。二社原来之作风固不尽相同也。"(日记)

11月15日　"竟日看中学语文教材。发排时期已迫，又有赶不及之势。语文组诸君习于延缓，虽有预期，无不拖后，实属无可奈何。"总署"往东北之四十二人乘车出发"，到车站"与一

11月16日　续看语文教材。"午后一点至北京饭店,文协召集在京作者为会,讨论抗美援朝之宣传。余被拉发言,临时应付,未能说得好。"(日记)会上讨论并通过《在京文艺工作者宣言》,圣陶先生在宣言上签名。

同日　出版总署与新闻总署联合发表《关于注意保守国家机密的通报》。

11月17日　上午,与同人谈调整机构后之人事配备。午后,续看语文教材。(日记)

11月18日　上午与宋云彬、蒋仲仁等会谈教科书事。午后与萧家霖、吕叔湘至教育部,"所谈为编集文字改革之资料,供毛主席等参考"。(日记)

11月19日　吕叔湘来访。与"联棠、芷芬等谈出版发行分工之利弊"。(日记)

11月20日　下午,"至青年团宣教干部训练班,为二百余人讲语言文字,即余平常所说者。观听众面部表情,似颇能领会,且感兴趣。四点归,改陈原所编初中外国地理下册之稿"。(日记)

11月21日　上午至师大在京中学教师轮训班演讲,题名为"教材教法研究"。下午,"在署看同人所作语文教材之注释"。顾均正、陆联棠来,"谈私营书店教科书之售价问题"。(日记)

11月22日　"上午与诸君谈教育出版社事,柳湜亦来参加。午后二时,复至青年团宣教干部训练班,为听众讲语句之构造。以最近各民主党派之宣言为例,逐句分析,至第三段而止。听众颇满意,余亦欣然。"(日记)

11月24日　"晨与愈之谈开明事。愈之主张将开明之组织简化,有效化,略如人民出版社与教育出版社模样。余促其于明日晚间邵力子邀宴时提出。"(日记)

11月25日 晨与胡愈之、邵力子、张静庐等共谈三联、商务、中华、开明、联营五家出版社组织联合管理处之事,"统一发行工作"。"九时半,教部中、初、社三司诸位来,与我教科书编辑同人开座谈会。我社系教部与出版总署所共立,教部犹如主顾,我社犹如工厂……余先报告实况与明年之工作,双方同人均有发言。"午后,"少甫、芷芬、灿然共余谈社事。少甫方自上海来,为社中之经济,特来探听"。"四时至北京饭店。统战部邀集各民主党派来京开会之各诸党派之代表人士集会……周总理讲话,声斥美帝国主义,详陈抗美援朝为当前适合之举措,并为种种顾虑作譬解。……其辞甚长,历三小时。"(日记)

11月26日 傍晚赴三联、商务、中华、开明、联营五家书店之萃华楼之宴,"五联"今日开联合之预备会议,因而邀宴。(日记)

11月27日 上午出席三联、商务、中华、开明、联营五家书店之五联会议开幕式。"愈之讲话较长,余亦讲一小时有余,皆言联合发行有发展前途,并勉全体与会者重视工作。"午间与胡愈之在文化俱乐部为黄洛峰洗尘,黄"方自苏联归来"。返署,"看陈原所编外国地理稿"。(日记)

同日 作《联合起来做好发行工作——三联、中华、商务、开明、联营五单位联合干部会议开幕辞》(收《叶圣陶集》第十八卷)。《开幕辞》中说:

全国出版会议决议的总精神是"统筹兼顾,分工合作"。关于这八个字,我作了解释:"统筹,才不至于偏在某些方面;兼顾,才不至于亏了某些方面;分工,才可以精益求精;合作,才可以相辅相成。"总之,是要把我们的出版工作搞好。这是关系全国人民的利益的。从前书店只讲营利,讲生意,今后我们还是要营合法的利,至于意义不大妥当的"生意",最好不讲。我们要把编辑、校对、出版、发行各部门的工作都搞得很好。为了要把其中的一项发行工作搞好,所以召开今天的会议。

说到联合,想起化学书上说的混合和化合。例如把大米小米盛在一个碗里,把它搅和一下,这是混合。混合了还是分得开的,只要不怕麻烦,仔细检出,大米小米可以分别盛在两个碗里。化合可完全不一样。化合是两种东西融合在一起,起了化学作用,成为一种新的东西了。例如碱和脂肪化合,成为肥皂,肥皂不再是脂肪和碱了,是新的东西了。我希望今天五单位的联合是化合,而不是混合!彼此化合以后,共同凭新的精神新的经验来提高发行工作。于是,在新中国的文化发展史上,必须记上诸位的功绩,因为诸位做好了书刊的发行工作。

11月28日 上午至师大,为轮训班教师作演讲,"谈平时所怀之意见,连续一百分钟,听者似尚满意"。下午,"商务、中华、开明、新华负责人及教部中教司中人共谈,商量数理化生物教本之供应问题"。(日记)

11月29日 晨与宋云彬、金灿然诸君谈人教社事。"看毕陈原之地理稿。"傍晚出席开明之董事会与业务委员会联席会议。(日记)

11月30日 上午,"看同人所作语文教本各篇后关于文体之提示。此是王泗原所草而经他人修改者,余观之似未能切中要害。重作至不易,仅能修改而归之"。傍晚,偕宋云彬、王伯祥、徐调孚、顾均正赴北大邀宴。"缘北大史学研究所有书稿若干种,由余介于开明出版也。北大方面有汤校长、王友三、金静安、郑天挺、罗莘田、向党明六人,此外有客人振铎。餐后共谈,九时而归。"(日记)

同日 宋云彬日记:"与圣陶商定编审、编辑、助理编辑及练习编辑名单。语文课本第六册原定今日发排三分之二,以手续未完,不果。六时半赴北大孑民纪念堂北大文科研究所同人之宴。主人为罗常培、汤用彤、向达、金毓黻、陈天挺、王重民，被邀者除余外，有圣陶、伯祥、调孚、均正及振铎。先是于国庆纪念日晤罗常培，知北大一部分同人方搜辑近代史料，特为介绍开明出版。现第一册《太平天国史料》已付排校，下月中旬可出版，故宴请余等，表谢意，示联络也。席间陈天挺谓北大一部分同人拟编撰历史丛书三套：一、中国史；二、西洋史；三、近代中国史，分题编号，各成小册，合之则为一部历史，亦拟交开明出版。均正闻言，急谓此后开明拟专出中学生读物，此种丛书恐标准太高。振铎谓不出这一类书将出些什么书，声色俱厉，甚矣均正之陋也。"（《红尘冷眼——一个文化名人笔下的中国三十年》）

　　11月1日至13日、15日至30日的日记收入《叶圣陶集》第二十二卷。

12月1日　开署务会议，通过改制以后各部分负责人名单。"实行改制以今日始。编审局取消，教育出版社成立，余之兼职非局长而为社长（兼总编辑——编者注）矣。"午后二时，"集我署六单位推出之人开会，成立新闻出版印刷工会之研究小组"。（日记）

12月2日　阅历史教本稿。

12月3日　出席《进步青年》杂志社召集之中学语文学习问题座谈会，座谈的议题有"怎样学习语文语本？""教材要服从政治，结合实际""要不要教文言？""怎样帮助学生写作？""怎样批改作文？怎样出作文题？""为什么没有好的文章？""谈课外读物""我们将尽可能满足同学们的需要"等。座谈会由贾祖璋主持，与会的还有宋云彬、刘薰宇、蒋仲仁、朱德熙、叶苍岑、向锦江、徐调孚、傅彬然、朱文叔、杨晦、冯仲芸、叶至善，以及北京汇文中学、贝满女中、慕贞中学、北京市女一中、女二中、女四中、育英中学、师大附中、北京市立八中等学校的老师和同学共三十余人。

同日　作《先从语文课本谈起——在中学语文学习问题座谈会上的讲话》(刊《进步青年》第二百三十一期，1951年1月1日)。圣陶先生在《讲话》中说："现在的语文课本只是个初稿。初中课本勉强可以说是毛坯，高中课本连毛坯都说不上。初中课本还有第五册没有编好；等编齐以后，明年要根据各方面提的意见来调整、修改。现在'思考、讨论、练习'一项里提出的各点还是浮泛的多，深切的少，一定要改。高中课本，明年要完全重新编，注解和提示也要明年做起来。无论初中高中的课本，现在只能说，比较新华的本子好了一些，也只是好了一些而已。应该怎样改，要请诸位老师和同学多提意见。我们编得实在太匆促，又找不到适当的材料。一定要请诸位老师多帮忙。除掉提意见以外，如发现适当的材料，希望随时通知我们。"

12月4日　柯灵来访，"谈《文汇报》不易办好，而总希办好。约明日酒叙而去"。(日记)

12月5日　上午至师大，为教师轮训班讲解毛主席《改造我们的学习》，"言其宜如何提示问题，俾学生据以研摩"。下午，看田世英之地理稿。"建功家霖来谈字典之编辑。六时至同和居，应柯灵之邀。同座有老舍、家宝、振铎、伏老、树理诸君，谈甚欢。"(日记)

12月6日　"午后二时，至雁冰所，开新文学选集之编辑会议。此次选二十二家，甚巧合，今半数已亡，半数犹存。全数为四百五十万言，将付开明，明年上半年当可出齐。"傍晚至北京饭店，"新闻出版两总署作东，宴请新从苏联回国之宣传文教工作人员，以及来京开宣传会议之人员。"(日记)

12月7日　往协和医院，视因病住院的朱智贤。赴大华影院看电影《攻克柏林》。

12月8日　下午，"与自然组诸君谈审读与编辑方面之事"，与金灿然、卢芷芬谈人教社事。(日记)

12月9日　上午主持人民教育出版社第一次社务会议，与柳湜、宋云彬、魏建功、朱文叔、金灿然、吉少甫研究工作。下午，赴中国科学院听罗莘田报告，题为《斯大林关于语言学问题论著中之要点及其与中国语言学方面之联系》。后由胡乔木致辞，"承认中国文字之混乱现象，而要求语言学者予以准绳，确定文法"。"余意混乱是事实，而毛病不在讲文法，乃在词汇之乱用，语言之不精炼，毛病还在思想方面。此意建功与余相同。"（日记）

12月10日　上午，往访王伯祥。"午后共至介泉家，一谈历三小时。介泉谈及一事甚为重要，谓今日广播员之发音多有不正确者，此影响于群众之语言甚大，宜加注意。余当为新闻总署中人言之。"（日记）

12月11日　上午九时，人民教育出版社开成立大会。"编审部经理部同人齐集，教育部、出版总署首长咸莅。余以社长致开场白，马老（马叙伦——编者注）、韦老（韦悫——编者注）、愈之、荃麟、云彬、吴研翁（吴研因——编者注）、张宗麟皆讲话。至一时而毕，摄影而散。此是重负，比以前更重，余可谓勉而任之。"（日记）

12月12日　"上午汇报，谈图书期刊司之事。午后看晓先之历史稿，开教育出版社之工会筹备小组会议。"（日记）

12月13日　上午，"修改行将发布之《关于教本采用及售价之决定》。十时，与编审部诸君谈明年之出版计划"。午后，至文委出席委务会议。"听萨空了报告西北访问之感观"、"张铁生报告香港文教情况"、"吴文焘报告在东欧之观感"。（日记）

12月14日　上午，"续与芷芬少甫谈行将发表之决定，修改完毕，送交有关方面研究"。下午，"教部中教司张莘中副司长来，约编辑同人共谈中学史地之课程标准及教本之编撰问题"。（日记）

12月15日　开署务会议，"各单位择要报告。继之讨论明年工作计

划之纲要"。(日记)

12月18日 下午,人民出版社开成立大会。"全体工作人员咸集。王子野以副社长身份先为报告。次之,陆定一演说,旨为新中国确非昔比,在宣教出版工作中,应特别注意坚定全国人民之自信心。次之全体摄影。于是愈之与余相继致辞。"(日记)

12月19日 为朱文叔看所撰杂志文字。"十时汇报,讨论明年工作计划。""午后,与语文组诸君会商明年另编小学语文课本,于旧有者,则加以必要之修改。灯下,观王泗原君之《离骚的语文》原稿。此君于形声义均钻研至深,所得结论皆确切,甚可佩。"(日记)

12月20日 "看语文教材数篇。与灿然谈社事。"午后一时,出席新闻出版印刷工会筹委常会。(日记)

12月21日 "愈之忙于作明年之计划,而所得材料,或颇残缺,或出臆造,统而观之,至难合榫。我国人初无计划化之经验,今始习之,宜多困难。不知行之二三年能有进步否。"(日记)

12月22日 上午开工会研究小组之会议。下午一点半,到教育部,应高教司之招,参加大学理工科教本及设备之座谈会。"大学生今有一种情况,皆不赞同用外国文教本,以故亟须编译。到者多大学教师,各抒所见,未有定论。至于设备,或则全无,或则至不完备,尚待拟订最低限度必备之目录,然后设法致之。"(日记)

12月23日 写信,看语文教材。傍晚,"芷芬少甫来谈社事"。"夜七点,与新华各大行政区总分店负责人及总店经理诸君谈教育出版社与新华之关系。"(日记)

12月25日 上午"与愈之、少甫、芷芬谈社事"。"社中经费甚少,现在资金百四十亿,又向银行贷一百亿,供应华北华东两区明春之书,勉可对付。若欲进而供应全国,则尚须增加甚多。午后,商量教部与我署会衔发布之关于教科书之决定两件,

送文委核定后再发。"(日记)

同日 作《写话》(刊《新观察》第二卷一期,1951年1月10日;又刊1951年1月20日《光明日报》;又刊《进步青年》第二三二期,2月1日;又刊5月6日《文汇报》附刊;后收入《叶圣陶散文乙集》,又收入《叶圣陶集》第十五卷)。文章认为,"作文"就是"写话","写话"就是要用"现代的语言活的语言写文章"。

12月26日 下午,开社务委员会,"讨论明年工作计划,薪金调整问题,进用人员之手续问题等项"。(日记)

12月27日 "上午再度会商,究竟明春之教本是否全国同一售价,缘教部与我署会衔之'决定'即将发布故。共谓纸张虽贵,若提高教本售价,违反我人前数月不复涨价之谈话,殊失政府信用。西北西南区民生艰难,今秋定可以涨价,实未合理。因决定全国同价。此是一大事,向所未有,值得特书者也。其因此而来之亏损,由总署设法,要求国家补贴。"下午,"由灿然汇合编审部、经理部两方面之工作计划,写定全社之工作计划,余与修订之,备交总署"。写复信数通。(日记)

同日 作《致顾颉刚信》(顾颉刚将这封信编入顾颉刚《笔记五·法1》时,题名为《通史编写——叶圣陶来信》。详见《顾颉刚读书笔记》第五卷,台湾联经出版事业公司1990年1月出版)。现转录如下:

"《通史演义》托叶蘖生翻读,今日始写意见一纸交来。其意见甚简略,但亦确有道著处。弟意就一般人而言,今日最需要一本简要而正确之通史。如此巨大篇幅,非第读者无此购买力,亦且无此耐性细读。因此,即将观点修正,出版时恐亦销行不广。……至于普通人需用之通史及学校之历史课本究应如何编撰方合今日人民之用,一时恐尚难说。最近中宣部曾召开座谈会,谈之半日,无甚结果。大约范文澜将自我批评,言其所撰一书之失,于古代统治者不宜一笔抹杀。又有一点,历史不宜与社会发展史混为一谈,历史必须以史实为主,并非史论。于此会中,可觇一般的所谓新历史,以前近于矫枉过正,今后将回复而接近于正矣。弟曾于友朋间闲谈之顷提出,宜由中宣部、教育部、科学院等机关邀集多人,共定纲要,何者须写入,何者不必,何者宜如何看法,务期做到批判的了解而不至一笔抹杀。闻之者俱谓此意甚好,然大家忙甚,不知何日能成事实也。"

12月28日 上午,听版本图书馆汇报工作。午后二时,"开教育出版社工会之筹备小组会议。决改称筹备委员会,共十五人,即着手筹备"。(日记)

12月29日 上午讨论全国之出版计划。下午三时,至政务院,列席政务会议。"首由郭沫若报告,提出对于接收外资经营之学校、医院、教会、救济事业之处理办法。讨论而后,决定先令登记,然后分别情形,或予接管,收回自办,或仍任其存在。……其次,由刘景范报告政院各部门精简节约检查之总结。……后由周总理作结论。"(日记)

12月30日 吕叔湘来访。下午,出席新华印刷厂总管理处之成立大会,致辞。夜,总署与人民出版社、人民教育出版社三单位之同人举行辞岁会餐,"凡六百人,七十五桌"。(日记)

12月31日 出席中央人民政府召集之除夕戏剧晚会。

12月1日、2日、4日至15日、18日至23日、25日至30日的日记收入《叶圣陶集》第二十二卷。

1951 年

（辛卯）　五十七岁

1月　中朝两国军队把美帝国主义侵略军赶到三八线以南。
5月　《人民日报》发表毛泽东的《应当重视电影〈武训传〉的讨论》，全国开始了对电影《武训传》的批判运动。
6月　《人民日报》、《文艺报》分别发表文章，批判萧也牧的《我们夫妇之间》。
7月　朝鲜停战谈判首次会议在开城正式举行。
9月　中共中央召开会议，通过了农业生产互助合作决议草案。
10月　人民出版社出版由中共中央《毛泽东选集》出版委员会主编的《毛泽东选集》第一卷，全党全国掀起学习《毛选》的热潮。
11月　全国文联决定开展关于思想改造的学习运动。
12月1日　中共中央作出《关于实行精兵简政、增产节约、反对贪污、反对浪费和反对官僚主义的决定》。8日，中共中央发出《关于反贪污斗争必须大张旗鼓地去进行的指示》，"三反"运动在全国展开。
同月　北京市人民政府授予老舍"人民艺术家"荣誉称号。

* * *

1月1日　晨六时,"偕愈之、乔峰至中南海勤政殿,参加中央政府之新年团拜聚餐。""席次先经排定,毛主席为主人之第一席居殿之正中。余在第七席,周总理为主人,同座有老舍、萧三、钱三强、陈援庵、振铎、罗隆基、梁漱溟、徐悲鸿。毛主席首举杯,祝贺新年,愿大家多做些工作。既而全堂诸人互找对象敬酒碰杯,颇热闹。余之一席间谈及文字改革,周总理亦颇留恋汉字。八时散,径归。"(日记)

1月2日　看田世英之地理稿。下午,"与语文组诸君共商编辑工作"。(日记)

同日　宋云彬日记:"下午语文组组务会议,由圣陶主席,确定本年第一季工作,甚具体。"(《红尘冷眼——一个文化名人笔下的中国三十年》)

1月3日　续看地理稿。"又看语文教材数篇,选材不易得,往往选翻译文字。以本国语文教本而多用翻译文字,其讽刺性之强可见。余恒欲避免此途,苦于不能。"午后,"与历史组诸君会谈。芝九重编高中外国史,晓先修改其所编之中国近代史,并参考书。又商如何与他处联络,多所请益"。(日记)

1月4日　上午看教育组所编《小学教材教法研究》书稿。"同人中于编辑少经验,文字训练亦差,殊觉看不顺眼。中学教本有六七种尚未发齐稿子,排齐样张,而春季开学即在二月中旬,距今仅一月有余。赶速印制,或者北京上海还可及时,其他地区必已无及。初意教育出版社成立而后,至少可以争取及时供应,今并去秋且不如矣。往者不可谏,唯期今年秋季可以免此病耳。"午后,"与地理组诸君会谈。地理书半数约外间人士编辑,而以田世英为之联络。将来收到来稿,亦倚田君为之整理"。(日记)

1月5日　晨开署务会议，讨论工作计划之修正草案（即《一九五一年出版工作计划大纲》——编者注）。"午后与自然组诸君会谈。"（日记）

同日　宋云彬日记："下午自然组组务会议，余以副总编辑名义出席。余谓自然课本亦须注意语文方面，否则我们辛辛苦苦编语文课本，而其他课本之文字不能与之配合，一齐人傅之，众楚人咻之，不等于白费工夫乎？圣陶颇趣余言。"（《红尘冷眼——一个文化名人笔下的中国三十年》）

1月6日　上午看语文教材。"与建功谈辞书社事。诸君所书之稿，曾以一部分油印本发送各方评论，回来之意见颇多，须汇合而考校之，择其善者，以改良我社之编撰方法。总期将来出书，于一般人之语文学习有所助。"午后，"与教育组诸君会谈。此组编两种书稿，一为《教育年刊》，一为《教育资料丛刊》。诸君皆初业编辑，于业务尚须学习，余拟随时予以助力"。"文物局副局长王冶秋新自苏联归，来我署讲苏联图书馆情形。"（日记）

1月7日　始观审曾次亮所撰初中本国地理稿。（日记）

1月8日　仍看曾次亮所撰初中本国地理稿。（日记）

1月9日　"少甫芷芬来，谈社事甚多。我人于出版界颇为熟习，而环顾能手，实属无多，欲于其中选择适当人物，为我社增进实力，竟难乎其选。本年教科书之供应将顾及全国，苟无长才，殊未易为也。下午，看语文教材数篇。"（日记）

1月10日　二时至新华社，听乔冠华报告"赴联合国控诉美国之经过"。（日记）

1月11日　开工会研究小组之会议。（日记）

1月12日　午后至教育部，"高教司为大学文法学院教材之编辑问题开座谈会。到者多京中各大学教授"。（日记）

1月13日　上午至师大，"为工农中学师训班第二届学员讲话。本届由李何林主持，系李所招邀"。下午，"柳湜邀苏联教育家哥果里为我社同人座谈。哥氏谈苏联教科书编辑出版之认真，系我人所理想而骤未能实现者。此后将陆续请专家来谈，至有所助"。（日记）

1月14日　下午，"偕建功访莘田，三人同应乔木之招，会于中南海"。"同座者尚有胡绳与陈伯达。所谈为编撰文法书籍，供一般人学习，并于中学校加文法功课；以期语言之渐入规范，减少混乱。共议以叔湘主持其事。今日本亦邀叔湘，而渠以母病回沪，俟其来后再当劝驾。乔木主语言文字以毛主席与鲁翁之作为准。……以彼为范式，固可以号召，但举例之时，编辑者不妨斟酌其间，择其纯粹者而用之。会以六点后散。"（日记）

1月15日　孙伏园偕黎季纯来，"黎即将参加我社语文组工作"。"与建功萧家霖谈辞书社事，决加添人员，加劲工作。此于语文运动颇有关涉，辞典确定语汇之意义，并示其用法与限度，当可稍免语文之混乱。""午后三时至外交部，为其工作人员讲语文问题。"（日记）

同日　人民教育出版社内部刊物《出版情况》第一期出版，圣陶先生题写刊名。

1月16日　"午后三时，至怀仁堂，听周总理报告，题目为说明本年概算之意义。周氏从朝鲜战事说起，云今年之概算即据此而定。国防建设置于第一位，经济文教建设，择其要者而为之，次要者则不废弃而延后。如治淮工程，且特定庞大之预算，为自来所未有。末言干部待遇，目前尚谈不到改善，仅能维持生活。然与赴朝志愿部队相比，彼辈以最艰苦之生活，干改造历史之大事，则一般干部再吃苦些时，亦复何足齿数。此一段深足动人，余为之咽涕。""周氏报告以六时半毕。余即往新华书店。彼处开工会筹备会成立大会，余讲工会之意义一小时，深觉疲劳。"（日记）

1月17日　上午至师大,为教师轮训班讲各种文体。

1月18日　"上午,与辞书社同人会谈,商讨小字典之编法。决定此字典以小学教师为对象,使其了解字义,并及用法与限制。逐项讨论,各有解决,谈半日而未完,俟他日续谈。""午后两点半,我署请乔冠华报告代表团赴联合国情形,余主持此会。听者有外客,共千四百人,可谓盛会。……至五点半毕。余略致辞,号召捐助朝鲜难民。"(日记)

1月19日　"上午开学委会,讨论今后之学习问题。总之须酿成空气,期能人人学习。"午后至人民出版社,开历史小丛书座谈会。"以往对于我国历史多取否定态度。毛主席谓我国如无过去之史迹,何来今日之伟大成就。本年且以号召爱国主义为重心,爱国主义自当以历史为重。于是大家珍重历史,报章刊物,均喜谈往迹。人民出版社遂有小丛书之辑。所拟目录,无非人物与史实,由到会者分认,余固未有认定也。"(日记)

1月20日　上午全署集会,转述周总理星期二之报告。"愈之继讲本年出版工作及总署工作之要义。"午后,"与辞书社诸君共谈。据所写稿子为讨论,研究其字之义类与用例,颇有兴味,较之一般开会,意义多矣"。"夜间蠖生来,为余谈编译局之情况。又邀云彬共谈编写高小历史课本。"(日记)

1月22日　开人教社编审部全体会议,讨论工作通则。(日记)

1月23日　"上午编译局汇报,谈两事甚重要。一为由局方与苏联国际出版局订合同,他们提出书籍供我们翻译,我们则分配与各出版家,编译局为包揽承译之机关。一为准备于半年内开翻译工作会议,将全国翻译家组织起来,有系统有重点的翻译外国著作。顺便研究提高翻译技术,使共趋于精密准确。"午后,至新闻总署,主持北京《人民日报》、《光明日报》、《工人日报》、《新民报》副刊座谈会。"此四家各有副刊,多者将近二十种。到十余人,共谈甘苦,颇可听。"(日记)

1月24日　上午给总署及人民出版社、教育出版社同人，以及新华书店北京分店及三联书店、国际书店之代表，讲组织工会之意义，"讲一小时而毕，似尚使人满意"。散会后，"续开教育工会之筹备会"。午后，出席新闻出版印刷工会筹委会。（日记）

同日　宋云彬日记："摘录各方批评语文课本要点，归纳为若干项目，供圣陶参考，因圣陶拟撰文作一总答复也。"（《红尘冷眼——一个文化名人笔下的中国三十年》）

1月25日　"柳湜来，与历史组语文组诸君会谈，商定召开座谈会，为修改历史教本语文教本之依据。"出版总署之业余学校放寒假，致勉励语。应郭沫若招宴，主客为原子能专家赵忠尧。（日记）

1月26日　上午与语文组同人会谈，"修改中学语文课程标准之初稿。谈三小时，仅修改全部之四分之一"。（日记）

1月27日　上午，柳湜来，为同人讲《爱国主义与历史》。午后，"与建功、家霖、灿然开辞书社之社务会议。芷芬来，谈印刷人民地图事。此图由曾世英主持，今年上半年可以出版，将为国内最完备之地图"。（日记）

1月28日　为总署将招待捷克文化代表团作一文，谈我国教科书情况，将翻成英文。（日记）

1月29日　上午，出席教育部之中等教育会议预备会。"马夷老致辞后，由林砺老报告，希望会议就中等教育重点何在及普通中学应如何改进两点有所决定。语毕，即按地区分组讨论会议应如何进行。余在东北、西北、华北之一组，顺便发言，谓语文教学失效，教师无法施教，今后师资愈形缺乏，为严重问题，期于中教会议中有所讨论并决定。"（日记）

同日　宋云彬日记："上午偕圣陶赴教育部出席中等教育会议预备会。九时开会，马夷老致开会辞，林砺儒司长作报告，即宣告散会。归来与圣陶在西总布东口一小饭馆中吃面两碗，饮酒四

两。"(《红尘冷眼——一个文化名人笔下的中国三十年》)

1月30日 与历史组同人开会。"陈哲文介绍张中行来我社,今日见面,请在语文组工作。"午后至文化俱乐部,"编译局邀集翻译界同人六十余人开座谈会,商量如何召开翻译工作会议,会议之重点为何",并"推定十一单位集会筹备"。(日记)

同日 宋云彬日记:"初中语文课本第五册课文三课修改注解完毕,送圣陶复阅。"(《红尘冷眼——一个文化名人笔下的中国三十年》)

1月31日 出席教育部会议。"上午听苏联专家报告,题为苏联之中等教育。谓苏联教育目标为建设共产主义之人。一方精神品质,一方知识技术,俱依此而进行训练。讲至午后一点半而毕。"午后,"听韦老报告教部之意旨。谓三月间之中教会议拟讨论普通中学之方针任务,中学之课程改革,中学生健康之增进,以及如何贯彻爱国主义教育之问题。并谓中小学学业进程拟取一贯,不事重复。中学仍分高初,而一贯之义不改"。(日记)

1月1日至6日、8日至20日、22日至31日的日记收入《叶圣陶集》第二十二卷。

2月1日 作《〈叶圣陶选集〉自序》(刊入《叶圣陶选集》,茅盾主编,新文学选集编辑委员会编辑,开明书店同年7月出版。收入《叶圣陶散文乙集》时题名为《〈叶圣陶选集〉自序》;又收入《叶圣陶集》第十七卷;重复收入《叶圣陶集》第九卷时,题名为《我写小说》)。1951年2月1日日记:"作毕选集之序文,全篇仅三千言耳。对于自己之作未能有所剖析评判,仅略述所以不佳之由,亦借以暗示当世之作者。"

《〈叶圣陶选集〉自序》:

我写小说,并没有师承,十几岁的时候就喜欢自己瞎摸。如果不读英文,不接触那些用英文写的文学作品,我决不会写什么小说。读了些英文的文学作品,英文没有读通,连浅近的文法都没有搞清楚，可是文学的兴趣引起来了。这是意外的收获。当然，看些翻译作品也有关系。翻译作品，在我青年时代看起来，简直在经史百家以外另有一种境界。我羡慕那种境界，常常想，如果表现得出那种境界，多么好。现在想起来，短篇小说这一类东西，我国绝对没有固然不能说，但是，严格的说，确是我国向来没有的，因而叫我感觉新鲜。感觉新鲜，愿意试一试，那是青年们通常的心情。南方的青年冬天跑到北京，看见许多青年人都在北海溜冰，不是急于要搞一双溜冰鞋也去试一试吗？

我不善于分析，说不出凭我这一点浅薄的教养，肤泛的经验，狭窄的交游，为什么写小说会偏于"为人生"的一路。当时仿佛觉得对于不满意不顺眼的现象总得"讽"它一下。讽了这一面，我期望的是在那一面，就可以不言而喻。所以我的期望常常包含在没有说出来的部分里。我不大懂得什么叫做写实主义。假如写实主义是采取纯客观态度的，我敢说我的小说并不怎么纯客观，我很有些主观见解，可是寄托在不着文字的处所。曾经有人批评我厌世，我不同意，可没有写什么文章，只把一本小说集题作《未厌集》，又给并无其处的斋名题作"未厌居"。我是这么样想的：假如我果真厌世，尽可以把一切事情看得马虎，看得稀松平常，还来讽它干吗？何况我的小说不尽是"讽它一下"的东西，明白写出主观见解的也有。

现在回头想一下，我似乎没有写什么自己不怎么清楚的事情。换句话说，空想的东西我写不来，倒不是硬要戒绝空想。我在城市里住，我在乡镇里住，看见一些事情，我就写那些。我当教师，接触一些教育界的情形，我就写那些。中国革命逐渐发展，我粗浅的见到一些，我就写那些。小说里的人物差不多全是知识分子跟小市民，因为我不了解工农大众，也不了解富商巨贾跟官僚，只有知识分子跟小市民比较熟悉。当然，就是比较清楚的事情，比较熟悉的人物，也没有写好。人家问我对于自己的小说哪一篇最满意，我说没有一篇满意的。人家总以为我说客气话，其实决不是客气话。虽说我不善于分析，不会作批评，自己的成就怎么样总还有个数，这是起码的一点儿自知之明。我的小说，如果还有人要看看的话，我希望读者预先存这样一种想法：这是中国社会二三十年来一鳞一爪的写照，是浮面的写照，同时搀杂些作者的粗浅的主观见解，把它当文艺作品看，还不如把它当资料看适当些。……

同日 调张中行来人教社语文组编教科书。时，张中行在贝满中学教语文。

2月2日 晨至教育部，参加讨论。"上午讨论中等教育之方针、任务、目标，下午讨论课程，发言皆不甚深入。如此之会，费时甚多，各人且自远道而来，亦大可不必。五点返署。"（日记）

2月3日 午后，"教育组开会，柳湜亦来"。"决定教育资料年刊不出，以所得资料分成三册出之，一为教育法令汇编，一为教育大事记，一为教育论文索引。柳湜强调学习之重要，谓今日对于教育，正需努力研习，针对实际乃可有用。以前一切，以模仿苏联为宗，今知苏联之实际不同于我国之实际。此一进步，大可记也。"（日记）

同日 调周予同来人教社编历史教科书。

2月4日 范洗人逝世。"闻之伤恻。所患为十二指肠癌。念余与渠相识将二十年，抗战期间尤相亲近，今日死别，如何不咽涕。"（日记）

2月5日 上午，看语文教材。看陈同新所编译之初中物理稿。（日记）

2月6日 今日始春节放假三天。"客陆续至，都四五十人，皆开明系中人。与芷芬至善共饮，谈出版界情况。"（日记）

2月7日 上午往访吕叔湘。"与叔湘谈语法问题。叔湘招江清来，

谈佩弦全集问题。……饭后,往访佩弦夫人(陈竹隐——编者注)。"(日记)

2月9日 在总署"会谈十四日如何招待捷克文化代表团"。(日记)

2月10日 "上午作文,答各方评论教本之文字,将刊于《人民日报》之《图书评论》。所据为语文、历史、地理三组之拟稿,昨已动手,今日续作,未能完篇。""教育部韩幽桐副司长偕部员三人来,托余完成语文课程标准之起草工作。余不得推辞,允以下星期每日开会,至起草完成而止。"出席教育工会常委会。(日记)

2月11日 上午吕叔湘来,"与偕往中南海,晤乔木胡绳,谈语文之事"。"彼二人怂恿叔湘编语法书本,即留饭。两点半应语言研究所之邀,至子民堂作座谈会。就语法及语文教学各抒所见,发言者十余人,谈三小时,并无结论。"(日记)

2月12日 在总署主持工会研究小组集会。会后,"续作答复批评教科书之文"。(日记)

2月13日 "看许南溟所编初中物理,盖与陈同新合编者。二人之作以苏联之书为蓝本,切于实用,余以为颇佳。"午后,"教部汤君,教师三人,来与我语文组同人为会,修订语文课程标准。一谈三小时,仅商定目标项下之一半而已。念杂事纷集,曾无少得空闲之望,不免心烦"。(日记)

2月14日 招待捷克文化代表团,"愈之谈我国出版概况,余谈我国教科书之略史"。下午,"续开会讨论语文课程标准,进展甚缓,仅勉强写定目标一项而已。惫甚惫甚"。(日记)

同日 出版总署《一九五一年出版工作计划大纲》经中央人民政府政务院文化教育委员会批准施行。《大纲》的"总则"及"出版事业目标"如下:

一、总则

1. 一九五一年出版工作,首先应遵照中央人民政府政务院《关于改进和发展全国出版事业的指示》，切实执行第一届全国出版会议的五项决议。主要的是继续贯彻出版、发行、印刷企业的分工专业化，调整公私关系，消除全国出版事业上的无组织无计划现象，加强有组织的领导，走向逐步计划化。在这一过程中，一九五一年应成为具有决定性的一年。

2. 一切出版、发行工作应以扩大爱国主义、国际主义的、反帝、反侵略的宣传教育为中心的政治任务。在目前，尤应加强反对美国侵略、保卫世界和平的宣传，并与国家的国防经济建设的实际需要相结合。

3. 为了配合干部教育和工农兵教育的迫切需要，应大力供应初级的和中级文化政治课本和读物，大量供应人民教育用的通俗读物，并广泛开展读书运动。

4. 本年度出版、发行、印刷企业，一般地应就一九五〇年已获得的成就为基础，加以稳定和巩固，并进行有计划有步骤的兴革，以求加强效率，节省浪费。在西北、西南及偏远地区应有重点地加以发展，以逐渐扭转文化出版事业过分集中沿海大城市的偏向。

二、出版事业目标

甲 出版

5. 做到全年出版新书较一九五〇年增加百分之五十，印行册数增加百分之一百。一般图书、课本和期刊，全年出版以五亿三千万册为总目标。

6. 完成《毛泽东选集》的出版工作，印行大量的普及本、精装本和单行本。

7. 有计划地编刊中国历史地理著作、中国近代科学著作、中国古代文学作品和"五四"以来文学作品。编印注释本的《鲁迅全集》。

8. 出版马克思、恩格斯、列宁、斯大林重要著作的译本，编刊马列主义的各种通俗解释本和政治学习用书。

9. 大量出版宣传爱国主义、国际主义的、反帝、反侵略的通俗读物、时事手册、各种画片、画册、连环图书和画报。

10. 组织全国翻译人才，有计划地翻译世界学术名著。

11. 人民出版社逐渐发展成为专业的国营政治出版社，做到与各地方人民出版社共同供应全国政治时事读物的最大部分。

12. 人民教育出版社开始重编中小学课本，并于本年内建立全国中小学课本由国家统一供应的基础。

13. 巩固并发展已有的公营出版社，特别是工人出版社和青年出版社。建立公营的或公私合营的文学出版社、美术出版社。有重点的建立和发展地方人民出版社，并开始筹建民族语文出版社。

乙 发行

14. 大量地、普遍地、有计划地发行《毛泽东选集》，对于一部分无力购买的机关干部，由国家出版机关酌量予以书价补贴。

15. 改善中小学课本的发行工作，使全国学生普遍地及时地获得所需要的课本。

16. 实现全国新华书店的统一领导和统一管理，使它成为全国公私合营出版书刊的主要发行机关，结合公私合营的中国图书发行公司和全国中小发行机构（并联合邮政局系统、合作社系统等），构成全国书刊发行网。

17. 在农村、工厂、部队、机关、学校中，特别是在偏远地区，逐渐建立各种形式的发行站，组织读者，推进读书活动。（下略）

2月15日 看物理稿。"下午仍与数人商语文课程标准。"（日记）

2月16日 "晨开署务会议，通过本年出书计划。此是全国出版界之计划，而实现此计划，乃出版总署之责也。"十时，开教育出版社社务会议。"讨论下月内开教科书会议，商量有关之各项问题，期实现全国统一供应。柳湜主于会前先解决资金与纸张等关键问题，其他问题则可迎刃而解。柳之气魄甚大，余初不之及，唯有勉力以赴而已。""饭后看我社答各方面批评教本文稿之校样，刊于《人民日报》者。整理昨日谈语文课程标准之稿，清缮一通。今日停开会议，余戏谓放学也。"（日记）

2月17日　至师大，"为工农中学师训班讲《民主党派宣言》，计两小时。此是学员所要求，为将来教学时之范例"。"午后看物理稿数页。二至五时，仍与诸君商量语文课程标准，计通过原稿两页。"（日记）

2月18日　偕傅彬然往开明。"开明以邵力子名义请客，欢宴（周）予同，兼开董事会。商谈结果，总经理由邵力子以董事长暂兼。协理雪山，主营业方面，参加五联。另聘彬然为协理，主生产方面，每周到店三个半天。其外几位襄理仍旧。……饭罢开董事会，余与愈之、均正、调孚诸人旁听。"（日记）

同日　发表《敬答各方面对于教科书的批评》，刊《人民日报·书报评论》第七号，署人民教育出版社。现将文章的前四节抄录如下：

对于一九五〇年秋季的中小学语文、历史、地理教科书的批评和指正，经我们看到的，有以下几类。

第一类是登载在报纸和杂志上的，计有上海《大公报》二十二篇，《光明日报》、《新教育》、《东北教育》各两篇，《人民日报》、《长江日报》、《松江教育》、《湖南教师》各一篇，共三十二篇。

第二类是我们在《人民日报》的《图书评论》刊登了征求批评教科书的启事之后，各方面写给《图书评论》的，共收到三十二件。

第三类是直接把批评的意见寄给我们的,到现在为止,共收到二十三件。

对于所有写文章写信的同志们,我们诚恳的表示感激。我们的工作做得粗疏,由于同志们的帮助,得以纠正一些,改善一些,这应当感激。学生们读的是些距离完善还远的教科书,由于同志们的帮助,得以或多或少的减少那个距离,这尤其应当感激。我们人手少,不能够赶早给同志们去信,除了表示感激而外,再把我们怎样接受批评,怎样另有意见,怎样心有余而力不足,详详细细的说一番。现在先在这篇文章里总说一说,希望同志们都能看到这篇文章,并且能鉴谅我们的不得已。

为求头绪清楚起见,我们分语文、历史、地理三个方面来说。(下略)

2月19日 上午,看物理稿。"午后仍与诸君谈语文课程标准,全稿十一纸,已商至第八页,大约再经四五次集会,即可完稿。"(日记)

2月20日 "上午新华书店汇报,议三事。一、总店于本周内开成立大会,二、改订店中工资标准,三、与邮电部商洽发行问题(邮局一年来亦发行书报,颇有发展)。"下午,"诸君仍来谈语文课程标准,成绩不多,修改原稿不到一页"。(日记)

2月21日 上午,出席教育出版社之工会筹委会。午后,至中央文学研究所演讲。"此是文联所办,专训练各方面原任文艺干部之人,使其深造,为期二年。现有新文学史及文艺学两门功课,馀则请人作专题演讲。余讲三小时。"(日记)

2月22日 上午与胡愈之、黄洛峰(总署出版局局长)、叶蠖生诸君谈教育社资金事。午后,"教部林老、吴老、方老、柳湜诸君来,与我社同人谈中小学教本之修改问题"。"谈三小时,颇有决定。大致为既云修改,即以少所变动为原则。精心为之,如意为之,只得俟之将来之新编本。"(日记)

2月23日 上午,"图书馆、编译局、人民出版社三单位汇报,至十一时毕"。"图书馆将仿苏联中央书库之制,为全国图书馆服务,期节人力。编译局筹备全国翻译工作会议,四五月内,应须进行之事甚多。人民出版社尚未能如计划工作,稿源不丰,干部不足,印刷力不充,皆其原因。"午后,"应中国青年报社之邀,为之讲话"。"听者皆为报社之工作人员。此报系青年团所办,方在试印,尚未发行。余就其试报四份,为言标题、撰文、校对、标点各方面应注意之处,两小时而毕。又答问约一小时。似尚能使听众满意。中午亦怠甚,讲话一通,精神复振。然余实颇怕此等招邀也。"(日记)

2月24日 上午,总署开工会之成立大会。"机关成立工会,以我署为始。选举结果,余被推为十一委员之一。"下午,"我署招待邮电部发行工作会议之全体代表,共为座谈"。"彼等谈发行工作之典型经验,我方由王益发言,谓出版方面如何希望与邮局配合,共同搞好发行工作。五点散会。八家书店招待此辈代表于森隆餐馆,余亦参加,与谷春帆同席。谷在邮界为老辈,邮局发行固由渠策划者也。"(日记)

2月25日 "张允和女士来访,欲在我社工作,谈话甚多。俟与诸友共商后决定。"(日记)

2月26日 下午,"文物局孙家晋、彭处长来,怂恿我署办中央书库,谈一小时。复与泗原汤源二君商谈语文课程标准"。(日记)

2月27日 上午汇报,谈印刷厂工作分配。"目前印刷能力已感不敷,我社教科书需大量运用印刷力,如无补充,顾此即失彼。可能之办法在用卷筒机印教科书,然此亦非急切可以实现者也。"下午,"仍与汤君及泗原谈语文课程标准。至于五时,居然全部完稿。即请汤君带回教部,便尔交卷。此事亦延至半月有余矣"。(日记)

2月28日 上午,看朱文叔所改小学语文课本稿。"午后二时汇报,

谈教育社资金问题。"（日记）

  2月1日至7日、9日至28日的日记收入《叶圣陶集》第二十二卷。

3月1日 "与地理组诸君会议，谈最近期内之工作。""看文叔季纯二位所改小学语文课本，尽两册。写信数通，皆接洽杂事。"（日记）

3月2日 在总署集会，听周建人谈南下见闻，听胡愈之"报告中央决定至明年底止为准备期，自后年起，十年建设。就我署各单位而言，教育出版社供教科书，新华书店主书刊之发行，新华印刷厂领导印刷业，皆关于准备甚巨。故必以今年明年——搞好，乃可与其他方面配合"。出席总署工会委员会初次集会，被推为主席。

3月3日 "上午柳湜来，催灿然、晓先、芝九速拟订中学历史课程标准。又谈社事甚久。""午后三时，至怀仁堂，听周总理报告，题为《目前局势与今后工作》。就抗美援朝、土地改革、镇压反革命等项而为发挥，谓此数者皆为准备时期之主要工作。"

3月4日 上午九时，吕叔湘来访。胡乔木来，"应约与叔湘会晤，请叔湘在《人民日报》刊载文章，谈文法，供干部研习。中共中央已通知各级党委，嘱大家注意文理，并言《人民日报》不日将刊载此类文字，故索之甚急。谈论结果，决先从报纸杂志搜集材料，据材料然后为文，期于二三月内完篇。乔木事甚忙，谈毕即去。叔湘留饭"。下午至青年会，为范洗人举行追悼会，致辞。（日记）

3月5日 下午，总署女同志为预祝三八妇女节，招待同人之家属及保姆，致辞。（日记）

3月6日 郑振铎派孙家晋来，约参与发起筹建中央书库，并定于星期四开座谈会。

3月7日　上午，与总署预备参加"发起筹建中央书库"座谈会之六七人会谈。"共谓中央书库之必要，不须讨论，须讨论者为如何筹建，以何机关为主。共谓需文化部与我署共同任之，筹建图书馆固文物局分内事也。""午后二时，为人教社同人谈《实践论》，以余之所见为阐说，历一点四十分钟。听者似尚以为非瞎说。"晚，全署女同志举行三八节妇女座谈会，致辞。（日记）

同日　宋云彬日记："听圣陶讲毛泽东《实践论》，颇精彩。"（《红尘冷眼——一个文化名人笔下的中国三十年》）

3月8日　上午在总署传达周总理之报告（《目前局势与今后工作》）。"乔峰继之，谈此次南行观感，偏重于浙江土改后之情况。愈之又继之，谈土改情况，抗美宣传，防止匪特，在署内发展各个民主党派，扩大统战工作之效。"冯雪峰来京，将任文学出版社社长。"愈之邀渠会餐于文化俱乐部，余与洛峰蠖生同往。谈次共谓人才难得，成立文学出版社，实颇单薄。"下午，至文物局出席筹建中央书库之座谈会。"共谓此库有意义，宜着手筹建。以独立为妥，不附属于任何部门，而以文化部与出版总署共同领导之。结果推出七人，我署四人，文化部三人，草拟具体之筹建计划，以便提出于文委。"（日记）

3月9日　"晨与语文组诸君开会，谈分配工作，赶于本月内将中小学语文本付印付排。又谈书上使用专名号之问题。此事不可细究，细究实甚繁复。今日共谓只能自定办法，即不甚合理，但有可解释，即亦任之。居然商定条例，今后排书稿便以此为据。""午后一点半，人民出版社工会开成立会，余以全国工会筹委会代表名义致辞。语毕即退出，参加总署工会委员会之会议。商定各种工作委员会之建立，又谈各委员会工作重点。同人俱有搞好工会之决心，余亦深望此愿不虚。"（日记）

3月10日　"上午与建功、家霖、子劲三位共同讨论字典稿，期于讨论中发现必须遵循之体例。"宗亮寰来访，宗"来北京助理本月下旬之教科书出版会议"。新华通讯社韦明来访，"谓彼社因通讯稿文字不佳，发动全体社员为'练笔运动'，邀余为之顾问，并约于下星期六到彼处讲话"。下午二时，人教社之工会开成立会，圣陶先生任工会主席。(日记)

3月12日 "看文叔季纯所改小学语文。又看物理学稿一章。"(日记)

3月13日 "看语文改本一册。"下午，"为同人讲《实践论》，系用语文老师之讲法，连讲三小时"。(日记)

3月14日 "写复信数封，看语文改本一册。午后，与教育组诸君开会，谈工作。"(日记)

3月15日 主持人教社工会基层委员会开第一次会议。

3月16日 看苏联中学教本《自然地理》之译本。柳湜来，谈下周教育部开中等教育会议事。(日记)

3月17日 上午，开辞书社社务会议。下午，至新华通讯社。"为其编辑人员讲语文问题。听者二百余人。余讲老一套两点半钟有余，似颇能引起兴味与注意。又与少数人为座谈会，历一点半钟而毕。"(日记)

3月18日 《人民日报》第六版刊载《〈开明少年〉〈进步青年〉的新栏目》云："从今年一月起，《开明少年》与《进步青年》陆续添了语法学习与文章作法的新栏目。《开明少年》上的'语法学习'，由吕叔湘先生撰写，在一、二月份内已发表了《语言的单位和文字的单位》《一句话和半句话》两篇文章。该刊从二月份起，又增加了'文章诊疗室'，就一般青年、少年朋友作文时所常犯的毛病加以分析、诊治。《进步青年》除在二月份转载了叶圣陶先生发表在《新观察》上的《写话》外，二、三月份还连续登载了《作文指导》。语法与写作的指导，在目前是很重要的。许多人（不只青年、少年朋友）无视中国语文的规律，无视写作的基本修养，以致许多书籍报刊中经常发现不通的句子、凌乱的文章。我们希望这个问题引起一般报刊的注意。"《开明少年》和《进步青年》"陆续添了语法学习与文章作法的新栏目",是受了圣陶先生的影响和指导。

3月19日 "臣赞和尚来访,介董秋斯与谈佛经翻译。"(日记)

3月20日 上午与编译局诸君会谈,"主要谈筹备翻译工作会议"。下午二时,"为毛主席选集刊印事集会"。"《毛选》之正式刊印,筹备已二年,今年七一,中共纪念日必须出版。今年决刊印五十万册,分三次,第一次印成二十万册,分北京、上海、沈阳三地印造。此选集约一千五六百页,洋装穿线订,工作颇不易。各部门如能各不延误,则可以印出不误。《毛选》之正式出版,为今年出版事业之一大事件也。"(日记)

同日 夜七时,至师范大学。"新华书店与师大共办一业余学校。新华出店员二百余人,师大以四年级学生为之教师。今夕开学,双方当众签订合约,一方保证教好,一方保证学好。此场面开新例,为之深感。余讲话约二十分钟。其他讲话均热烈诚挚。十时散。"(日记)

3月21日 下午,出席新闻出版印刷工会筹委会常会。应老舍招宴,谈《方珍珠》、《龙须沟》之观感。

同日 《新闻总署、出版总署关于全国报纸期刊均应建立书报评论工作的指示》,强调必须加强报纸期刊上的书报评论工作的重要性,并作规定如下:

"一、全国各种报纸、期刊,都应当根据具体的需要和可能,增设定期的或不定期的书报评论(或图书评论、出版评论、报纸述评等)一栏或一种专刊,刊载有关出版物的评论和消息。重要的报纸、期刊的编辑部,都应当指定得力的人员或组织社外的评论员或专家,经常地担任出版评论工作,并应发表适当的读者投稿,来吸收大量的读者参加这个工作。

"二、报纸、期刊上对出版物的评论,应当是帮助广大的读者和作者、编辑者、出版者、发行者的严肃而与人为善的益友。书报评论中的任何文字，应当力求认真负责，恰如其分，既不应模棱两可，敷衍了事，或是吹嘘恭维，流为恶俗的广告；也不应粗暴鲁莽，夸大缺点错误，以致打击了正当的作者、编辑者和出版者的积极性。

"三、书报评论的编辑应当与作者、编辑者、出版者和新闻出版行政机关建立应有的联系，并应负责督促被批评者在同一报刊上迅速发表对于批评的认真的答复，使正确的批评得到实际的效果，不正确的批评得到应有的辩正。"（原载文化部出版事业管理局 1982 年编印的《出版工作文件选编（1949～1957）》）

3月22日　上午十时汇报，讨论教育出版社之资金问题。"蠖生表示意见甚得要。渠谓教育社既为企业机构，非保本且赢利不可。如政府不赞同涨价，以为应作何折扣，即当由政府补贴。此意以前未明白认清，盖以今日为始。""傍晚，许广平、高祖文偕来，即共饮。许以政务院副秘书长名义，负责联系文教机关首长，慰其辛劳，问其疾苦。余实无可言，闲谈而已。"（日记）

同日　《人民日报》第三版登载江山野的《加强语文课的爱国主义内容》，批评人民教育出版社出版的中学语文课本。圣陶先生于同月 24 日与语文组同人会谈，托宋云彬起草一文回应。文章最后由圣陶先生改定，题为《语文课本里的爱国主义内容——答江山野先生》，刊 4 月 21 日《人民日报》第三版。

3月23日　上午，主持总署工会研究小组会议。下午，主持总署基层工会会议。

3月24日　"晨到署即与语文组诸君会谈。缘《人民日报》刊载一文，评我社之中学语文课本，谓其爱国主义不足。其言有当者，亦有未当者。因共商定要旨，请云彬起草一文答之。谈毕，与少甫、芷芬等谈下星期一开始开教科书出版会议事。此会将历一星期，各地代表已有报到者。谈毕，人民出版社汇报，子野、应申谈社中近况。午后一时，人民教育出版社社务会议，亦谈教科书出版会议事。""三时，民盟在总署之区分部成立筹备会，邀余以总署行政负责人名义参加。近因中共号召，各民主党派均将谋发展。在政府机关，则各党派分别认定发展对象。我署以民盟及民主促进会之分子较多，故即由此二者在署发展。愈之为民盟之组织部长。乔峰则民盟而兼民进，皆任中委。区分部筹委会之召集人则云彬也。谈话者十余人，余以'组织起来'为题，谈约十分钟。"（日记）

3月26日 全国中等教育工作会议开幕。"晨到署，即与少甫芷芬商谈余之讲话提纲，一部分言教育出版社之概况，一部分言教本供应之未能满人意之情形，最后希望今次教本出版会议获有成果，能使今秋做到'调整生产，准时出版，及时供应'。又至署长室会谈，商定愈之讲话之内容。于资金、书价、版本、发行各方面各有意见，供会众参考。""午后一时半，教部马韦两部长到，又有各大行政区之文教当局数位。出席代表将五十人，来宾十余人。他则我社之全体同人。文化宫居然坐满。两点开会，余以主席致辞，讲四十分钟。继之马部长讲话。愈之又继之。次之为华东沈体兰，东北车向忱……会以五点散，诸人讲话皆切实而紧凑，不流于形式，开端颇好，余为心慰。六时，会餐于萃华楼。"（日记）

同日 在圣陶先生的帮助和支持下，《学习》（初级版）创刊，该刊为半月刊，由学习杂志社编辑出版，中国图书发行公司发行。创刊号《编者的话》云："在本年内，本刊主要的工作是帮助读者学习政治常识。本刊每期将刊登政治常识读本、参考资料、名词解释、问题解答、解释和补充的文章以及讲授法。在'评论'栏中，将经常就学习中的问题发表一些意见，供各地领导学习的机关和参加学习的同志参考。……因为学习政治常识的读者，一般还要同时学习文化，所以本刊也刊载一些文化学习方面的文章，这一期已经登载的有《通俗中国史话》和《语文学习漫谈》。"

3月27日　至教育部，听钱俊瑞副部长报告《中学暂行规程》之修改要旨。主持中学语文课程标准讨论会。（日记）

3月28日　午后一时到教育部，与陈哲文、金魁之诸君会谈，讨论中等教育工作小组会议应如何进行，议定"分目标及教材两项归纳为几个问题，以便据此为讨论"。"两点半，小组会议开始，直至将近六点，仅毕目标一项。一部分会众强调思想政治，谓必须于课程标准中明文规定。草稿以达到〈中学暂行规程〉之第二条各项代之，此辈均嫌其不够。其实思想政治应融化于各科，此一观念为人所共有。而如何融化以期收效，则能言者已无多，能行者尤寥寥。揣主张必须明文规定之诸君之意，似谓写入课程标准，即加一重保证，此则视规定之文为符咒矣。"夜，应中国民主促进会出版总署支会之邀，往贺其会之成立，致辞。（日记）

3月29日　上午到教育部。"续开小组会议，半天工夫仅毕教材一项。原草稿仅就文体而言，许多发言者则主张须规定教材之标准与内容，意若否则颇不能令人放心。又有人主张高中三年级可将课名改为文学，修习文学史及文学理论。对于文言，绝无主张不必学者。但有人谓分量不宜多，原草稿高中三学年，文言教材之篇数占三分之一，嫌其太多。"

　　下午，"继续开会"。"讨论时间、课堂教学、写作指导、课外阅读指导四项，居然至五点将近即毕。原稿于后之三项言之甚周详，皆据优良教师之平日经验。而与会诸君似于原则问题则深感兴趣，于方法问题则意见无多，故每一项经四五人发言，即可不复讨论。""语文课程标准之小组会议至此完毕。"曹葆华来访，谈翻译界情形。（日记）

3月30日　吉少甫、卢芷芬来总署汇报教科书出版情况。"曾世英李旭旦偕来，谈地图制作及印刷之事。曾制《中华人民共和国地图》，凡四十六幅，胜于渠以往所绘之《申报地图》。原定四月底出版，今缘所得纸张不佳，须另行采购适当纸张，恐至六月底尚未能出版。观印厂试印之样张，精美殊甚，可够欧美标准矣。"

"观文叔季纯再度修改之小学国语三册，略提意见。下午写信数封，亦复忙迫。"（日记）

3月31日　上午，在总署集会。"讨论如何定自四月至明年年底所谓准备阶段之计划，以期后年开始，入于所谓十年建设之阶段。又讨论如何作本年第一季之总结。午后，看文叔重改之语文本。"六时，出席教育部与总署之宴会，宴请教科书出版会议之代表，兼宴请教育出版社编审部及经理部同人。（日记）

3月1日至10日、12日至17日、19日至24日、26日至31日的日记收入《叶圣陶集》第二十二卷。

4月1日　晨，总署出席教科书出版会议之全体代表与各大行政区各省之文教当局开座谈会。"意欲促进其注意，使明晓教科书之出版发行皆其分内应顾之事，必须随时督促协助，乃可使学生有书可读，教育得以进行。"（日记）

4月2日　下午，至中央团校，为其宣教人员研究班讲语文问题。"赓续三小时，似尚佳。"（日记）

4月3日　上午，参加教科书出版会议。下午，在人教社集会，听蒋仲仁传达胡乔木所讲《爱国主义的教育》、王芝九传达宋劭文所讲《财经概况与技术人才》、陈侠传达韦副部长所讲《中教会议总结》及钱副部长所讲《反对教育上的客观主义和主观主义》。"所言皆精要，与我社各种工作皆有至深之关系。"（日记）

4月4日　下午，听公安部部长罗瑞卿作报告，题为《关于镇压反革命问题》。"镇压反革命之理由,余皆首肯。今日之会,盖欲使潜伏之反革命分子能自觉醒,坦白自陈,则可免于严惩也。"(日记)

4月5日 上午,人民出版社来汇报。"(王)子野谓乔木评人民出版社之出版物多而不精,为树立风气计,宜斟酌转变方向,做到宁精毋多。余谓此非可骤冀也。"下午,"总编室召集会议,商量今后之校对工作。……余因谈校对之要点在养成敏感与细心,此是习惯上之事,习惯既成,则其事殊不足奇"。散会后,"又参加工会之基委会"。(日记)

4月6日 出席署务会议,各单位作本年第一季之总结报告。"余报告教科书出版会议之收获,大意谓教科书供应情况如何,经此会议而了解,可为面向全国之基础。五三年春季,我社能供应全国。各单位之报告皆有经验教训,可资研究。最后商议作自今至明年年底(即所为准备阶段)之工作计划,决定由各单位出人组小组计议之。"夜,总署及人民出版社、人民教育社开联会庆祝工会成立之会,"余为主席,略言庆祝之由"。(日记)。

4月7日 晨至开明书店,"为其同人讲话,有三联及他处人员参加,题为《关于工会》"。(日记)

4月9日 晨,"编译局汇报"。"下午写复信五六通",休息时,习唱《志愿军进行曲》。近有规定,"五一节共唱五曲,此其一也"。(日记)

4月10日 上午,"与编审部各组组长会谈,商量今后之工作计划"。"本年秋季供应各书,大部分已修改完竣发排,尚余小部分,本月中旬亦可竣事。今日之计划大要,时期至明年年底止,然后于其中划定最近之一段,为第二季度之工作计划。讨论结果,到明年年底止,中学各科新课程标准施后之教本可以全部完成,小学语文课本亦可完成四分之三。粗略估计如是,其具体细目尚待细商,如期实现尚待努力也。"

下午，至午门门楼上，观敦煌壁画摹本之展览。"四时至开明，参加其顾问委员会之会。开明近请青年团之李庚、许立群二君为顾问委员，他则有叔湘，皆店中同人，谈编辑之方针与设计。"（日记）

4月11日　上午，"与历史组诸君会谈，据昨日所谈定此组今后之工作计划"。"余主今后编撰历史教本必须先定大纲，取舍、轻重、详略，皆一一共同商定。然后征求各方意见，再经修改，乃由某人据大纲撰写。如此，方为集体意旨而非个人述作。商定大纲不妨多花时力，推究既详密，著笔则较易，实甚值得。晓先芝九皆以为然。"

下午，"乔峰主持之民主促进会支会主办'新闻出版界控诉大会'，控诉过去反动派之罪行，为近日镇压反革命运动之响应。同人几乎全体参加。控诉者十余人，皆自言身受之迫害。中有羊枣之夫人，《文萃》社之某君，《观察》周刊之储安平，《联合晚报》之陈翰伯，三联之邵公文，其他不悉记。直至六点半散"。（日记）

4月12日　上午，"编译局诸君来汇报，谈召集五四座谈会之问题。此会将就'五四与翻译'之中心意旨，请与会者发表意见，录之而刊于《翻译通报》"。（日记）

4月13日　下午，自然组开会，讨论工作计划。"余劝大家先作详尽之提纲，此法亦未必即可解决写作能力之贫弱也。竟日改稿谈话，到晚辄有颓然之感。"（日记）

4月14日　张允和来访，张将于下星期来教育出版社工作。下午，开教育组会议。"此组同人能力较弱，虽云拟编师范学校用书，恐未必能满人意。所编教育资料丛刊已出二三十种，皆采辑现成文章，目光亦多平常。"（日记）

4月16日　"看字典之缮清稿十余页，一一提出修改意见。辞书社所编字典尚非敷衍之作，一义一例，均用心思。唯不免偏于专家观点,以供一般人应用,或嫌其繁琐而不明快。深入浅出诚大非易事也。

"十一时,语言研究所孙德宣君来谈创办语文杂志事。大家愿其实现,而无此力量与时间。余亦乐观其成,然深知办好此种杂志实非易易,雅不欲揽在身上。仅答孙君不妨姑作座谈会商之。"

午后,"看俄文字典稿"。"三时,柳湜来,邀编审部各组组长共谈。多言我社责任至重,必须增加人力。其道一为由各人就其相识,设法罗致。二则教部决就各大行政区征集强有力之教师二三十人,来为我社编辑上之助力。至于润色文字,使书本可以上口入耳,字斟句酌,则拟另请文字编辑若干人任之。柳约近期内往教部一谈此事云。"(日记)

4月17日 晨,蒋仲仁转述李立三之报告,"谈企业机构之公私关系,谓无论公营私营企业,俱应贯彻'公私兼顾,劳资两利'之方针"。下午,"校高小语文课本"。与"地理组开组会,讨论工作计划"。(日记)

4月18日 晨,"集编审部诸组长等会谈,讨论至教部座谈,如何发言表示我社之工作计划。决定直陈近日情形,大致谓在明年准备直施中学新课程标准之前提下,编辑各科新本子,期于明年秋季均有可供应"。至教育部出席座谈会。"教部有钱、韦、曾三位副部长,中等初等司司长及部中人员多人,又有苏联专家二人。钱俊瑞言以往教部于教科书之事注意不够,今后将以大力关顾及之。诸人陆续发言。钱作结论,同意我社所称致力于新编适应新课程之书。至于增加人力,邀集各方面商定教学提纲,教部均将尽力协助。苏联人亦参加意见。"下午,"看字典稿十余页,批注意见亦有稿子四页。与灿然谈旧日编辑教本之通病。灿然阅读将发排之稿,发现旧日教本之通病甚多,一经说穿,皆绝可笑。余谓宜举以遍告同人,庶几可以不重犯此

病"。(日记)

4月19日 上午,"人民出版社、教育出版社、编译局三单位来汇报,解决若干琐务"。午后,至编译局主持"'五四'谈翻译"座谈会,与会者为曹汀、黎锦熙、潘家洵、顾均正、季羡林、雷海宗、缪朗山、曹靖华、朱光潜、金克木、赵少侯、蔡哲明、孙伏园、张孟恢、曹葆华、郑效洵、高名凯、陈原、罗念生、田德望、李长之、冯至、陈汉章、蒋天佐、杨晦、陶大镛、董秋斯、梁纯夫等。讨论题纲为:(1)"五四"以来的翻译有哪一些优点应当保存?(2)"五四"以来的翻译有哪一些缺点应当革除?(3)从"五四"以来的翻译经验谈今后的翻译计划。(4)从"五四"以来的翻译经验谈今后的翻译标准。(5)从"五四"以来的翻译经验谈今后的翻译组织。"外客到者将四十人,自己同人亦有三四十人。各位外客皆被邀发言。所言有精警者,亦有至平凡者,将录之而刊于《翻译通报》。会以五点过散。竟日时间,大半费于集会,生涯如此,非始料所及也。"(日记)

同日 作《"五四"谈翻译》(刊《翻译通报》第二卷五期,1951年5月5日;后收入《叶圣陶集》第十八卷,题为《建立翻译工作的新标准——在"五四"翻译座谈会上的讲话》)。文章说:

"在'五四'以前,我国翻译工作有一千几百年的历史。佛经的翻译源流很长,到唐朝是集大成的阶段。明清之交,翻译工作又盛起来,译品以天算为主,旁及其他学科。到了清朝末年,适应一般人富国强兵的要求,翻译界的翻译范围更见扩展。'五四'时期又跟清朝末年有所不同。就译品的内容来说,就翻译的技术来说,'五四'时期都有显著的进步。到去年十月,中央人民政府成立,人民政权建立起来了,文化方面跟其他方面一个样,开辟了一个新时代,翻译工作当然也包括在内。这个新时代的特征是国家负起了文化建设的责任。因此,今后我们对于翻译书本的选择，对于翻译技术的评定，必须有个跟'五四'时期不同的新标准。建立这个新标准，是现在从事翻译工作的同志们共同努力的对象。

"年内准备召开全国翻译工作会议，目的在通过一个长期的翻译计划。环绕着这个计划，希望把全国翻译工作者组织起来，朝着共同的方向，也按照一定的标准，共同做好翻译工作。就是说我们的翻译工作，一方面要切合国家的需要，避免不须要的浪费，另一方面要保证一定的水准，革除过去一部分习染的粗制滥造的坏风气。……"

4月20日　　晨，"开署务会议，共商如何配合文教委员会之要求，就出版范围内制定到明年年底之计划。各方面共为配凑，知今日严重问题为印刷能力不足，排字能力除装版工作而外，尚非甚难。印刷能力之加强，固须增加机器。而合理的使用现有机器，调整印刷能力之分配，亦为当务之急。印刷技工不足，则亟须设训练班，期以一二年时间培植熟练工人。诸人谈话甚多，但一时尚不能遽定明确之计划。其次谈我署第二季度之计划。"

下午，"看教育组所编教育大事记。其稿殊无体例，抄辑报纸记事，异常草率。余意此类书稿不宜付印，写千余言意见归之。若未能改使像样，竟可终于搁置。此书之编辑，出于智贤之造意。余一直未加过问，实为过失。及今成稿而不能用，人力浪费，责无可推诿。而同人能力太差，亦属无可奈何之事。

"三点半，工会开会，主要议程为同人借款条例。工会现有新华方面交来之稿费一亿元可资运用，因即以此办贷款，解决同人临时之困难。"（日记）

4月21日　　下午，"为三个工会之联合墙报（迎接'五一'者）作开首之词，仅二百余言耳。大字书之，凡三纸"。（日记）

同日　　发表《语文课本里的爱国主义内容——答江山野先生》，刊《人民日报》第三版，署人民教育出版社。文章摘录如下：

我们很欢迎并且很重视这种批评。我们读了江山野先生的文章，经过讨论，觉得有些地方批评得很对，应该接受，有些地方似乎把怎样加强爱国主义的内容这个问题看得太机械了，太狭隘了，有说明一下的必要。

首先我们承认江先生的语文课必须加强爱国主义的内容，这个原则是完全对的。爱国主义的内容应该包括祖国历史上的英雄人物及其创造，祖国的文化遗产，特别是文学遗产，祖国的大自然，歌颂祖国的新人物、新事物的文章，这个意见，我们也同意。而且，我们的编辑工作就是按照这样的意图来计划来进行的。可是意图只是个预定的目标，要具体实现这个意图，必须考虑一些有关的问题。语文教育的目标是什么，选取的教材怎么样跟目标配合，教材的题材跟主题的关系怎么样，文学遗产在中学阶段怎样接受，必须把这些问题都搞清楚了，才能够实现原来的意思。

语文教育的目标主要是培养学生对于祖国语文规律的理解、掌握、运用的能力。爱国主义的教育，就语文科说，必须通过语文教育来进行。语文科离开了语文教育而空言爱国主义的教育，那是不能想象的。爱国主义的教育也可以通过历史科、地理科、政治科跟其他社会科学来进行，也可以通过自然科学来进行。在进行爱国主义教育的任务上，各学科各按本科的性质来"分工"，各自担任本科的特定的任务。语文科决非其他各科的"综合"。语文课本必须是"语文"课本。把历史科、地理科、政治科跟其他学科的有关爱国主义的教材选出一些来，拼凑成语文课本，那是不应该的。

因此，语文科的爱国主义的教材要在表现这个主题的许多文章当中"审慎选择，一方面求其内容充实，有血有肉，思想的发展正确而且精密，一方面求其文字跟口语一致，真实而且生动"（《初中语文课本编辑大意》）；同时还要"注意到适合学生的程度，让他们领会得到，消化得了"（同上）。这样的教材才能够完成语文教育的任务，才能够从而完成爱国主义教育的任务。歌颂新中国"这一伟大历史时代的开端和中国人民的胜利"的文章，诚如江先生所说的，数量很不少。可是，根据前面说的选材标准，要从那些文章选出适合高中或者初中某一年级程度的教材，就不免大费踌躇。语文教材的选择不能不严守一定的标准。语文课本跟"爱国主义文集"、"历史故事集"该是完全不同的两类东西。

选材既然不容易，是不是可以由编者按照需要自己来写呢？写这么几篇或者还可以，一般的说可就不可以。中学语文课本的作用在使学生阅读各种文章的范例。所谓范例，不但指不同的体裁，也指不同的风格。由少数几个人来写，风格就决不能多种多样。让学生老是读少数几个人写的文章，那是不应该的。语文课本的材料必须"选"，必须依照标准从许多书籍、报纸、杂志里去"选"。我们限于学力和经验，选材的范围不够广，选出的材料不够多，去取的决定不够精当，致使语文课本有许多缺点。我们愿意努力改正这些缺点。我们热切地希望江先生和全国语文教师给我们帮助，遇见合乎选材标准的文章，随时告诉我们。

……江先生说："要使爱祖国的精神像一条红线贯穿在整个课本之中。"贯穿这条"红线"是课本编辑上应该注意的；可是发掘这条"红线"是教学过程中应该注意的。

歌颂我们伟大领袖毛主席，这是一个主题。江先生认为初中语文课本里有关这个主题的文章只有《毛主席和工人》跟《毛泽东同志的青年时代》两篇，另外有一篇是写《毛主席的话》的。其实，有关这个主题的决不止这两篇。随便举一篇来作例子。第四册第九课是束为写的《第一次收获》，写翻身农民对于毛主席的感激、热爱、崇敬，让人读了非常感动。这篇文章虽然没用毛主席的言行做题材，可是写了翻身农民的生活，从这上头引出劳动人民对于毛主席的热爱。进行教学的时候就得加以分析研究，不能够光就它的题材，尤其不能够光就它的题目，就判定这篇文章跟歌颂我们伟大领袖的主题无关。江先生的文章里单从课文的题材和题目上来辨识，开列了几个爱国主义教育的主题，就加上"数量少""只有几篇""寥寥数篇"的断语，这种表面的机械的看法是不很妥当的。我们曾经接到师范大学附中二部一位教师的来信，对于初中语文课本第四册提出批评，说那一册里关于爱国主义的材料太少了，只有第四课《新爱国主义》一篇。那位教师的看法跟江先生相似。在这儿，我们愿意提出主题和题材的问题来，请求教师们考虑。

爱国主义的内容是极其广泛的。共同纲领文化教育政策规定的"肃清封建的、买办的、法西斯主义的思想"，"发展为人民服务的思想"，"提倡爱祖国、爱人民、爱劳动、爱科学、爱护公共财物"的公德，这些个都是爱国主义的内容，都是编选语文教材的时候应该依据的准绳。我们编辑这一套课本，曾经顾到这一点，尽可能搜集表现这些主题思想的各种各样的文章。我们的了解是：爱国主义是个总题，这些个就是总题下的子目。因为它是子目不是总题，就把它划开，认为跟爱国主义无关，这种狭隘的看法也是不很妥当的。

我国几千年来的文学遗产太丰富了。怎么样扼要地介绍给中学生，这是个重要的问题。对于这个问题，我们没有处理得好，是应该检讨的。谢谢江先生提出这个意见，我们一定要深入研究，更好地处理。我国文学遗产中大部分作品使用的语言跟今天我们使用的语言距离很大（即使是白话作品，古白话跟现代口语也有距离，选择的时候很费工夫，好容易选定了，还得作详细的注释），这是阻碍我们自由地选取古代文学作品的主要因素。初中阶段不学文言,这是公认的原则。初中语文课本就很难选入古人的作品。高中阶段开始学习一些文言。既然是开始,学的一定很浅易。选材的时候为了顾到学习程度,就不能不受若干限制。"我们历史上有多少伟大的诗人,创造了多少美丽的诗歌",不错。问题在怎么样从其中挑选出一些篇章,学生凭了初学文言的能力能够了解欣赏的,拿来编入课本。我们曾经看过苏联学校里和我国中学相当年级的文学读本。那些读本选录了普希金、契诃夫、屠格涅夫、托尔斯泰。我们的课本可不能这么办,我们有语言文字上的障碍。

　　这是一个问题。怎么解决,值得研究。江先生提出了"重述"跟"介绍"的方法。我们认为重述的文章不能算是文学作品;介绍只能帮助欣赏文学作品,读介绍的文章不能等于欣赏文学作品。解决这个问题的适当办法该是什么呢?我们热切地希望研究我国古代文学的同志们,中学语文教师们,大家共同研究,展开讨论。江先生又提出了文学史的研究。在中学阶段,过去曾经设过文学史的科目,编过文学史的课本。学生没有读过好多文学作品,空学文学史,结果只知道"汉赋""唐诗""宋词""元曲""建安七子""初唐四杰"一堆名词,没有什么旁的成绩。江先生又提出了"有系统的介绍"。这个办法过去也曾经行过,商务、中华都出版过按文学史系统来编选的高中国文课本。现在如果再来编选,观点立场固然应该改变,但是那种像历史博物馆似的把历代作品罗列起来的"系统",就教学的效果上说,仍然是可以怀疑的。……

4月22日　偕图书期刊司同人游昌平明十三陵。(日记)

4月23日　下午,"邀新华各地来参加管理委员会之诸人开座谈会,谈我署办干部训练班等问题","看语文修改本一册"。(日记)

4月24日　出席总署业余学校之政治常识班开学典礼,致辞。"看陈同新所撰初中物理稿。"(日记)

4月25日 中华书局金子敦、舒新城、罗文迪三位来访。"(宋)云彬已自杭归来,与共小饮。据云杭州举行土产展览,游人甚众,不输于往年之香市。又谓此次浙江省政府委员会开会,主要问题为镇压反革命。反革命分子确然有之,为巩固人民民主专政,自非以全力镇压不可。""灯下校初小语文一册。"(日记)

同日 出版总署发布《印制毛主席像应注意事项》,内容如下:

现在有些印刷品上,对毛主席像的印制,表现着不郑重、不严肃的情形,如:有的印刷非常模糊,有的摹绘失真,有的印在营业广告或招贴上,有的与国内外反动人物像并列。这种情形是很不妥当的,应即加以纠正。兹特规定印制毛主席像应行注意事项如下:

一、摹绘、复制应以人民出版社及人民美术出版社或其他国营出版社最近印行的毛主席图像为标准。

二、印刷必须清晰。

三、不得用作商标。

四、不得印在营业广告、营业招贴和各种装饰品上。

五、不得与反动分子并列在一起。

以上各项,务希通知各出版社及印刷机构遵行。对于我国其他领袖像及别国的革命领袖像的印制也同样应采取郑重和严肃的态度,上列各项规定亦均适用。(下略)

4月26日 晨,胡愈之向全体同人作报告,"题为当前局势。大致谈抗美援朝之意义与成功,今后必须继续努力,加强抗援,保卫世界和平,反对美国武装日本。继之,余朗读和平理事会所发表之主张五大国缔结和平公约之宣言,以及对日本问题之决议(即反对武装日本),全体同人一致举手,表示同意且拥护此两项文件。余谓此一举手,意至庄重,盖表担负起保卫和平之责任矣"。

人教社来汇报,"讨论自今迄明年底工作计划之拟订"。午

后,编译局来汇报。"校对语文课本排样。夜间仍为校对。"(日记)

4月27日　晨,人教社编审部同人共定爱国公约。"稿系汇集各小组之意见而成,今晨再加修改讨论,举手通过,以昭郑重。"下午,参加辞书社之工作会议。"小字典初稿已写成,凡收六千字。今后工作为修订初稿,期其美善。叔湘曾提意见,于稿样批驳颇多,今日即据叔湘之意为讨论。同人之认识各有增进。五点半散。夜间校对中学语文课本之校样,十点歇手。"(日记)

4月28日　上午,"署中邀各地出版行政当局来参加宣传部会议者作座谈","报告各地情况。余坐一时许而退出,返室中治杂事"。(日记)

4月29日　"浙大陈君绘鸟瞰地图,交我社出版。将地面绘成立体的,就各方面表示,附有说明文字及生活之照片,用意甚佳,于观者印象至深。余为校阅其所注文字之错误,并修正其说明文字。"

下午,语文组开组会。"王泗原主编工农中学语文教本,同人于作注及提问题各抒意见。蔡超尘、张中行二位重编高中语文,云彬助之,亦颇有进行编辑之办法谈出。文叔与黎季纯将新编小学语文本,究竟如何着手,尚待与教部诸君共商而后定。今日亦略有所商,决主语文本旨在令小孩学习语言,而不荒弃文学兴趣之培养;语文之规律则于'练习'课中提示之。谈至六点而散。"(日记)

4月30日　晨,"出版总署全体同人通过爱国公约,余略致辞,即朗读条文,然后全体举手,表示认可。九点半,教育社汇报,仍讨论截至明年年底之工作计划"。午后,"看世英自然地理之改本,为之重行修正,以便付排。又看字典稿若干页"。(日记)

4月1日至7日、9日至14日、16日至30日的日记收入

《叶圣陶集》第二十二卷。

5月1日　登天安门城楼观礼。

5月3日　看方宗熙校订田世英之自然地理稿志感："方宗熙君校订世英之自然地理，指出错误数处，为之重写，皆甚切要。世英于天文、物理、生物皆不甚知，抄集而成书，自既不明，下笔当然模糊。其贻误学生，思之实感疚心。以往通过书稿太随便，今后宜取严格。然如何得人审阅，实为最难解决。方君毕业于英国，得博士，系愈之避地南洋时之友人；近来总署，以后将请其转入教育社，主持生物一组。"（日记）

5月4日　晨，开署务会议。"灿然报告宣传部宣传会议之结论，谓各地方报纸必须有供农民阅读者。编撰之际，务须求说法之浅显，语言之上口，以便读与文盲听之。工业集中之地，必须有工人报纸。其他书刊，亦宜力求易晓，注意实用。宣传部注意此事，实为得要。"下午，吴研因来，"与语文组诸君共谈小学语文课程及语文课本"。（日记）

5月5日　与丁晓先共商改其所撰高小历史课本第二册之校样。出席总署及教育出版社、人民出版社三工会联合召开的红五月庆祝晚会，致辞。（日记）

5月7日　与丁晓先共阅高小历史第一册之校样，"仔细为之修润"。"晓先之作大体尚可，加以修润即见清澈。而其他同人之作，则有芜乱至无法修润者。又，余与晓先至熟，见有未妥，可以明白指言。而于比较生疏之同人，余即未能若是，且言之亦未必了解。此所以批评与自我批评虽为今日普遍之口号，而于我社尚未能生效也。"（日记）

5月8日　"上午仍为晓先修润课本，至饭时而毕。"（日记）

5月9日　"晨间写复信数通。"下午，"重看世英自然地理之校订本"，"看工会重拟借款办法草案，提意见数点"。（日记）

同日　作诗《题球赛优胜旗》（收入《箧存集》，又收入《叶圣陶集》第八卷)。

同日　出版总署与中国人民银行总行联合发布《出版总署、中国人民银行总行关于取消商业信用原则的联合指示》,共八条。其中第二条规定:"在不影响业务及有利于经济建设之发展的原则下,本署直属各单位,不得再与任何单位发生赊欠借贷关系,必使信贷集中通过银行。"最后指出:"应该打破不从整个国家经济得失算大账,而单从本身利益或方便出发的思想,必须严格遵行国家法令,认识这一工作对国家整个经济计划关系之重大,并为促进本身经济核算制度的早日完成而努力!"

5月10日　"与工会方面代表协商重点实施劳保办法,主要为疾病之济助。将据今日会谈结果写成合同,双方签订,即便实行。又略谈薪给标准。"(日记)

5月11日　写复信数封。"与各党派中人协商我署往川省参加土改之人选。"(日记)

同日　出版总署发布《关于编印发行1952年历书的指示》,强调:"一切公营及公私合营的发行机构,均不得代售含有封建迷信毒素的旧历书。出版行政机关并应说服私营发行机构及摊贩不代售此种旧历书。对于新历书,各公营、公私合营及私营发行机构(包括摊贩、文具店在内),必须大力推销。"

同日　出版总署发布《关于各出版社印制都市地图的指示》,强调:"凡要塞,部队驻地,军事机关,及其他一切有关国防之机关、工厂、港口、码头、机场等地点",均不得在北京市及其他各省市之市区地图上载明。

5月12日　上午至新闻学校讲语文课三小时。下午,请老干部佟嘉力来总署作报告,致谢语。(日记)

5月14日　晨看陈同新物理学稿。"八时半,开社务会议,通过自今至明年年底之工作计划。柳湜谈日内即将讨论改变学制。本拟小学五年一贯,而各地反映,为配合当前情形及国民经济,

小学五年犹嫌其长，多主四年。"夜在萃华楼宴总署赴四川参加四川土改工作的胡愈之、梁纯甫和温崇实。（日记）

5月16日 "晨六点半，驱车至西郊机场送愈之。此次往四川作土改工作者九十九人，有章乃器、梁漱溟、高名凯、张光宇、陆志韦等。"八时半，"至教育部，参加学制座谈会"。"钱俊瑞先为报告，谓学制必须改革，高等教育各方无多意见，中学教育则视初等教育而定，需考虑者五年抑四年，二者各有利弊。若为五年，中学仍将为三三制。若为四年，则中学则需七年，又有前三后四、前四后三之两途。教部提出此意见，请大家讨论。发言者多人，意皆平常。刘皞风主张小学四年，以国家经济及农村情况为据，谓乡村小学一般的为四年，若加一年，即需增多三十万教师及若干教室，殊难骤办。余则谓吾人计较此一年，盖有一前提，即学生受教育一年，收一年之效。苟收效难验，则多一年不为功，少一年亦无妨。余所担心者为教师之实力差，不能见实效。若于改定学制之顷，于提高教师实力亦有切实办法，则小学四年亦未尝不可也。"（日记）

5月17日 上午往劳动文化宫，观煤矿生产展览会。（日记）

5月18日 上午开署务会议，"专讨论出版行政会议之筹备。此会议将于七月间召开"。

"下午三时，列席政务院之政务会议。马夷老报告教育部过去之工作及今年之计划，其中谈及教科书之出版，由余报告约二十分钟，以后继续讨论。教育之方面太广，各据一二点发言，即占时间甚多，十点半始毕事。饭罢而归，深感疲惫。"（日记）

5月19日 上午至教育部，续开学制改革座谈会，"今日发言者多主张小学五年，殊无赞同四年者"。下午，"为全社同人谈吾社二十个月工作计划之意义，并及吾社之全貌"。（日记）

5月21日 上午，"开翻译工作会议之首次筹备会议，主要商谈此会议之目标"。下午，开临时署务会议，"专讨论管制国外反动刊物及宣传品进口之办法。斟酌三小时，通过管制办法之草案，今后订购国外书刊，统由国际书店独家经营，其他单位皆不得进口。此草案尚须经上级层层研究，最后由政务院发布"。（日记）

5月22日　晨八时，"邀司长局长级同人会谈，动员继往西南参加土改工作之人员"。与自然组诸君会谈，"告以析自然组为二，一为数理化组，陈同新为组长，一为生物组，方宗熙为组长"。下午，"作评文之演讲，署内社内全体同人而外，复有新华社、人民日报、教育部及开明之同人。所评者为五月三日《人民日报》记载天安门庆祝大会之文（即《人民日报》刊载的"五一"天安门庆祝大会的报道——编者注）。此文疵病百出，可谈者甚多，一一举而讲之。历四小时而毕，犹觉发挥未尽。听者似尚满意，余亦欣然"。（日记）

同日　出版总署发布《加强抗美援朝书刊发行工作的指示》，就"新华书店在1951年内应发行抗美援朝书刊一万万册"作具体指示。《指示》后附《新华书店在1951年内应发行抗美援朝书刊一万万册的计划》。

5月24日　下午，辞书社开社务会议。"今年字典编成，继之将续编小学生字典。"（日记）

5月26日　晨，偕宋云彬去天津，应民盟天津支部工会之邀，作关于学习方面之报告。十一时半抵津，即赴开明书店天津分店晤经理沈迪康。中午在开明用餐。晚民盟支部请客。夜宿三五旅社。

同日　宋云彬日记："晨九时偕圣陶乘车赴天津，应民盟天津市支部临工会之招，作关于学习方面之报告。十一时半抵津，乘电车赴开明津分店，适章士敭、张绍同等亦在天津，遂在开明午餐，饮绍酒极佳。赴附近某浴室洗澡，睡两小时，畅快之至。

民盟支部派车来接，下榻三五旅社。晚民盟支部请客，饮葡萄酒。听常书鸿关于敦煌石窟报告。九时半睡。"（《红尘冷眼——一个文化名人笔下的中国三十年》）

5月27日 "晨七点至开明（开明书店天津分店——编者注），中图视导组集参加中图之商务、中华、开明、三联四家之全体同人开会，报告视导沈阳之情形，并谓天津方面条件亦已成熟，可考虑于七月间四家合而为一，成立中图分公司。到会者百许人。余被邀讲话，致鼓励之辞，仍以余前所谈'混合''化合'为言，谓各家同人热望合并，是为已臻化合之征。"八点半赴民政局大礼堂，由宋云彬作报告，题为《怎么样处理文学遗产》。中午，天津市府教育局梁寒冰、何启君两位副局长假周家食堂请客。晤《进步日报》总编辑张琴南。下午二时，作报告，题为《语文教学杂谈》。"听众殆七八百人，楼上下俱满。所讲仍为余之老调，如倾瓶中物，随意倾出若干，未作预先计划。听者初闻，或尚感兴趣，且觉其略可解决问题。四点三刻，以须往车站，不得不停止。车以五点二十分开，到北京为七点四十四分。"（日记）

同日 宋云彬日记："八时半赴民政局大礼堂作报告，题为《怎么样处理文学遗产》，听众约八百人……二时偕圣陶赴民政局，由圣陶作报告，题为《语文教学杂谈》……"（《红尘冷眼——一个文化名人笔下的中国三十年》）

5月28日 上午，"参加文委全体会议之小组会，所谈为学制，集中于小学之年限。一组中全主小学五年一贯，无一人主张小学四年者。余发言十余分钟，仍是前在座谈会上所陈之义"。（日记）

5月29日 上午至教育部，"合数小组而为会，仍谈有关学制之问题"。（日记）

同日 宋云彬日记："上午偕圣陶赴教育部，出席文委会小组会议，今日以人数过少，四、五、六三组并为一组，商讨学制问题。

吴研因对小学教育方面大放厥词，而语多不中肯，圣陶谓此老满脑子糊涂也。"(《红尘冷眼——一个文化名人笔下的中国三十年》)

5月30日 上午仍往教育部，"全日开大会，由沈体兰、韦悫二位综合各组讨论学制之意见，作总结报告"。下午，在总署参加教育组之组会。(日记)

5月31日 与语文组少数同人会谈小学语文课本之问题。下午，仍至教部，"今日为大会，即此次文委全体会议之结束。陆定一作总结，综合连日讨论学制问题之意见"。(日记)

同日 宋云彬日记："下午出席全国文教委员会第四次全体会议。今日为会议之最后一天，由陆定一作总结报告，四时半即告结束。偕圣陶赴中山公园来今雨轩饮茶。今晚文委会主席郭沫若宴请出席代表，即在来今雨轩。六时入席，与丁西林、朱启贤及圣陶等连干数杯，小有醉意。七时半赴民主剧场观剧。童芷苓演《贵妃醉酒》毕，余即雇车返家，剧目尚有《荒山泪》，不足观也。"(《红尘冷眼——一个文化名人笔下的中国三十年》)

5月3日至5、7日至12、14日至19日、21日至31日的日记收入《叶圣陶集》第二十二卷。

6月1日 上午开署务会议，讨论翻译工作会议之筹备情况，以及出版行政会议之筹备汇报。(日记)

6月2日 上午，集总署系统各单位之同人为会，听赴朝慰问团团员艾寒松作报告，"略谓朝鲜战争胜利必属于我，唯困难颇多，胜利非可骤致"。"今日报载抗美援朝总会号召三事。一为普遍开展爱国公约运动。二为捐献飞机大炮等物运动。三为优抚战士家属运动。"下午往教育部，出席小学语文课座谈会，"于选材、语法、语汇、注音根据及符号均有谈及"。(日记)

6月4日 "上午，人民出版社汇报。三联书店将并入此社，对外则仍存其名。书籍质高量充者，人民出版之，较次而亦切合时需者，三联出版之。"午后至外交学会。"新闻出版印刷工会借其处欢迎参加赴朝慰问之新闻界同人。来三十人左右。（范）长江主席，致辞。来客五六人作短篇演说。余谓工会可号召新闻出版印刷三方面至少各捐飞机一架，多则更善，并申增产及持久二义（即指鼓励增产、持久地开展捐献运动——编者注）。新闻界努力鼓吹，集事亦非难。"（日记）

6月5日 下午至文化部，出席人民文学出版社之首次社务会议。"此社由文化部与出版总署共同领导，故来相邀，余固非社务委员也。社长为雪峰，兼总编辑，如余之于教育出版社然。副总编辑为冯至、曹靖华、聂绀弩等。会议讨论组织条例、经费预算等项。至七时而毕。留餐。"（日记）

6月6日 傍晚，至苏联大使馆，"应罗申大使及罗果夫君之邀，为酒会。国人到者三四十人，皆文艺界新闻界诸友。罗果夫任塔斯社社长，又设时代出版社，出版《时代日报》及苏联文艺作品之译本，于我国之革命助益不少。今渠将返国任事，故为此会，与其本国友人及我国友人叙别"。（日记）

同日 《人民日报》接受胡乔木和圣陶先生之建议，发表题为《正确地使用祖国的语言，为语言的纯洁和健康而斗争》的社论，并开始连载吕叔湘、朱德熙合写的《语法修辞讲话》。

同日 宋云彬日记："叔湘撰《语法修辞讲话》自今日起在《人民日报》陆续刊载，《人民日报》且撰社论以张之，即所谓'大张旗鼓'也。"（《红尘冷眼——一个文化名人笔下的中国三十年》）

6月7日 下午至教育部。"文委召集座谈会，于中等教育会议中讨论过之《中学暂行规程》草案再加修订。所根据者为文委诸委员提出之意见。大率于草案小有修改，使设想益周，意思益完。唯高中三年要否学习解析几何，一时尚未解决，须待细商。"（日记）

6月8日 下午，开座谈会，"谈如何使销路甚少之专门著作得以出版。……先谈所谓专门著作之范围,次谈如何评定。评定之后,我署务必为之设法出版。结论则谓此事宜建议文委主持之,不当由我署径自发布"。(日记)

同日 宋云彬日记:"下午二时出席出版总署召集之座谈会,讨论补贴专门著作问题。《新观察》二卷十一期出版,发表余致编者信一件。圣陶阅后,指出某几点语带讽刺,易使读者反感。余细加思索,顿悟昔人所谓'文如其人',实有至理。卖小聪明,说俏皮话,为余一生大病。写文章态度不严肃,不诚恳,即余为人不严肃,不诚恳之表见,今后当痛改之。平生益友,首推圣陶,特记之,以资警惕,以志不忘。"(《红尘冷眼——一个文化名人笔下的中国三十年》)

6月9日 "十二时至《人民日报》社,长江邀工会常委会餐,讨论一通告稿,向全国新闻出版印刷职工号召,实现余所提至少捐献三架飞机之议。据不完全统计,全国新闻出版印刷职工约八万人。一架战斗机值十五亿,三架四十五亿,平均每人不足六万元。分摊于六个月,每人每月不足一万元,此至易集事也。"返署后,"与新闻总署少数同人开会,续商管制国外进口印刷品办法及与此有关之补充办法。此事牵涉方面颇广,条文遂大须斟酌。十余人开会,实则共同造句,至六时半毕。下星期尚须由两署召集有关各机关会商,然后提交文委上呈政务院,俟政务院认可公布后乃可照办也"。(日记)

6月10日 陈叔通来访,"遂邀(宋)云彬来闲谈。谈及政府各机关将重行清查各人之历史。其有隐蔽不实而无作恶行为者,期其坦白自陈。真有存心不良有意捣乱者,则检举而治之。此事余已前闻,并知将以学习会之名义主持之,我署学习委员会名单亦已报告于文委。叔老主以安定人心为要,勿使群相猜疑。余以为然"。(日记)

同日 发表《出版工作者应该认真参加〈武训传〉的讨论》,刊

《人民日报·书报评论》，未署名。

6月11日　上午，"编译局汇报，仍谈翻译工作会议之筹备"。"看张中行、蔡超尘二君汰存之高中语文教本材料，毕。此教本已出齐，而用者谓殊未尽善，因此须重编，汰去若干，另行新选若干。汰去尚容易，新选而得当，大非易易也。下午二时，参加地理组之组会，谈两小时。"（日记）

6月12日　"看物理稿三章。"午后四时，"开工会基层委员会议，专论响应抗美援朝总会之三项号召。于二项增产捐献，决组爱国增产委员会主持之。总署方面能得捐款一亿元，即云不错矣"。（日记）

6月13日　看王泗原所选速成中学语文教材。"开始为《中国青年》写稿，谈作文方面之事。"（日记）

6月14日　"晨间参加语文组之组会"，又"听人民出版社之汇报，王子野谓其社收稿拟极端严格，余大为赞同"。下午，"出版行政会议筹备会之各小组长汇报"。（日记）

6月15日　上午，"邀集有关之十余单位代表，座谈印刷品进口之管制办法"。"他们大体同意我署所拟之办法，而提出修正处亦多。所知不同，观点互异，汇集而补充之，自较合于实际。结论为由我署据今日所谈再加修订，写成草案，分送各单位再行阅看。"傍晚至文化俱乐部，宴请画家数人，"希望他们为我之助，于教科书之绘图工作尽力。到者有王朝闻、王式廓、邵宇、古元诸君，皆今日美术界优秀人才。宴饮至九时散"。（日记）

同日　出版总署与中国人民银行总行联合发布《出版总署、中国人民银行总行关于颁发划拨清算办法及规定自本年七月一日起执行的联合指示》，目的是"使出版总署所属企业单位实行货币管理和推广经济核算，并促进资金运用和书刊产销的计划性"。

6月16日　上午，"全署及有关单位七八百人会坐露天，听王子野关于武训问题之报告。我署我社俱已讨论数星期，今日由子野针对各同志之疑问,予以解答"。

开人教社"编审、经理两部联席会议,估计明年春季供应各书编撰修订之期日",要求编撰修订在"七月底"完毕。(日记)

6月17日　为人教社同人作语文演讲。

6月18日　上午看蒋仲仁文,"谈注意语言文字之要,将付《新观察》。余与对面商量,为之修改。修改处仲仁皆心服。亦唯如仲仁之辈,所为文乃可为之加工。若根本不成样子者,亦无力可为矣"。午后,集全署及直属机构文书工作者开座谈会。"盖依文委之通知,各机关须检查公文稿,视有无毛病,宜如何改进。余已先请文叔、季纯、建功、家霖四君阅看一部分文件,提出意见。今分类而归纳之,择要为同人讲说。同人以上级号召,均重视此事,发表意见,均愿研习。"(日记)

6月19日　主持编审局局务会议,"谈第三季度工作,共谓当以开好翻译工作会议为要"。(日记)

6月20日　"上午看物理稿一章。看蔡张二君所选高中语文教材十余篇,大多数余皆以为不可用。诸君于选择教材皆未有把握,余自谓心知其故,然亦未能为诸君畅言之。午后,为陈驰修改其所为文,将刊于《图书评论》者。此文评三种不甚妥当之地理书,组织不周密,发挥不充畅,语言不干净,实为勉强应用之作。同人中文笔大多如此,思之深怅。"

与蒋仲仁、朱文叔、季纯商谈,"如何为同人组织学习,以叔湘所为刊载于《人民日报》之《语法修辞讲话》为资料。其事颇不易收效,然既为同人所切需,我四人亦只得任之,或须讲解,或须解答,不得辞劳"。(日记)

6月21日　"阅看发出之文史稿,拟为之修润,期使办文书之同人大家用心,所为渐有进步。"(日记)

6月22日　"九点至长安大戏院,全国委员会组织之临时学习委员会邀集各机关负责人为会。此临时学习委员会实即清理委员会……总学委之下有分学委,各机关则有基层学委。总学委之主任为彭真,报告将两小时,阐明此举之意义及其进行步骤。继之有李任潮陈叔老五六人之讲话。"下午,开署务会议。"决定翻译工作会议以九月上旬开。出版行政会议原定七月中旬开,今以所谓临时学习,延至七月杪开。五时,复参加工会基委会之会,讨论借款及补助办法,算是确定,竟日开会,疲甚。"(日记)

6月23日　给人教社编审部同人作演讲。"苏联人凯洛夫之《教育学》一书中谓对于教科书有六个要求,自思想政治、学科系统以至语言文字、排印形式,无不提及,甚为精要。因由灿然、文叔、云彬、季纯、余、仲仁六人各就其一项而发挥之,为同人参考之资。共讲三小时有余。"午后三时,至文委。"文委范围内有一临时学委会之分学委,各部门首长及办公厅主任大多为委员。今日开首次会议;通过各部门基层学委之名单,并定此项学习至迟于下月二日必须发动,为期一个月至一个半月。余于此殊无经验。据延安来之诸君言,曩在延安为此,即所谓'审干运动',起来之后如风卷潮涌,其紧张不下于临阵,掌握不好,易生偏差。今次鉴于前车,或可不至有不良结果。"(日记)

6月24日　作《拿起笔来之前》(刊《中国青年》第七十期,7月14日;又刊《进步青年》第二百三十八期,8月1日;又刊《人民日报通讯》第三十期;后收入《叶圣陶散文乙集》,又收入《叶圣陶集》第十五卷)。文章说:"要文章写得像个样儿,不该在拿起笔来的时候才问该怎么样,应该在拿起笔来之前多做准备工夫。准备工夫不仅是写作方面纯技术的准备,更重要的是实际生活的准备,不从这儿出发就没有根。急躁是不成的,秘诀是没有。实际生活充实了,种种习惯养成了,写文章就会像活水那样自然地流了。"圣陶先生所说的"准备工夫"包括"在实际生活里养成精密观察跟仔细认真的习惯"、"在实际生活里养成推理下判断都有条理的习惯",以及"养成正确的语言习惯"。

6月25日　作书信致胡乔木。"胡乔木作《中共的三十年》,于上星期五刊布于《人民日报》,纪念中共之卅周年。此文剖析情势,与吾人以种种识见,而造语遣词,疏漏颇多。在号召群众留意语文之今日,且为文者为乔木,实不宜有此。因作一书寄之,径达此意,并谓我社同人方将一一举出,由文叔加以整理,送请采纳。此亦发蘙之举也。"

上午,"开基层学委会,商置如何进行我署范围内之学习。决定为期凡五周,以今日为始,迄于七月之杪"。下午,"看种种公文,需发出者则一一为之修改,遂无暇刻。如是办公究竟有无意义,甚难明也"。(日记)

6月26日　上午至长安大戏院,"文委系统之较高级人员咸集,听胡乔木报告"。"乔本既已刊布《中共的三十年》一文,今日即据其文作扼要之说明。此文分为四个时期,说明每一时期解决者为何,未解决者为何,成就者为何,失败者为何。自毛主席处于领导地位,即无一举不正确,其关键在遵义会议。经其阐说返观其文,更可得明确之了解。至午后一时始毕,全场悦服,鼓掌不绝。""明晨将在署作报告,为临时学习之发端。此报告不同于平时关于语文之讲演,不宜信口而言,因执笔起讲稿。"(日记)

6月27日　晨七点半,"向全署及两出版社(出版总署直属的两家出版社人民出版社、人民教育出版社——编者注)同人作报告。以写有底稿,说来颇有条理。以提倡忠诚老实、政治自觉为主旨。……所谓临时学习即自今日始,每日下午四至六时为学习时间,迄于七月底乃止"。

午后,"开出版行政会议筹备会。会议定于下月三十日开幕。推出数人整理各小组所写初步材料而研究之,修订之,期于下月上旬完毕,交筹委会讨论"。

晚七点,至政协全国委员会,讨论郭沫若向政务院所作关于学制问题之报告。"十一点始散,余默听之而已。睡眠少,集会多,惫矣。"(日记)

6月28日 上午,"开翻译工作会议筹备会"。"议定于九月三日开幕……于此会议之目标为何,同人讨论甚多。细节颇有不同意见,而大纲则从同,无非使翻译工作计划化,组织化,且提高其质量。"(日记)

同日 宋云彬日记:"今晨叶师母(胡墨林——编者注)问余杭州开会预备去否(浙江省人民代表大会——编者注),余谓天太热,决定不去。叶师母谓欲去亦不可能,因临时学习正在进行中。余曰:'我要去就去,为什么不可能?'后经反省,此种论调,实为一典型的自由主义者。下午与圣陶等同车回寓,途中晓先谈读毛主席《反对自由主义》一文之感想,圣陶忽谓余曰:'兄今天早上的谈话,实为典型的自由主义者。'余大惭。益友良师,圣陶兼之矣。"(《红尘冷眼——一个文化名人笔下的中国三十年》)

6月29日 "傍晚,偕雪村、薰宇、云彬至中山公园啜茗,与予同、绍虞、光焘晤叙,彼等均来京参加教部召开之高等教育课程改革会议。同坐者尚有振铎、伯祥、彬然、均正、蠖生。旋即会餐,谈杂事,几无止境。"(日记)

6月1日、2日、4日至16日、18日至30日的日记收入《叶圣陶集》第二十二卷。

7月1日 七点半,署中开"七一"庆祝大会,作演讲,题为《对于马列主义者之认识》。夜,至怀仁堂,参加庆祝戏剧晚会。(日记)

7月2日 上午,开"临时学习会"之小组长全体会议,"共谈如何

掌握学习"。(日记)

7月3日　上午,"参加四个小组组长之联席会议。今后每晨有此会谈,各组长报告昨日之学习情形,讨论当日之进行方法。余拟得暇则参加"。下午,"看季纯所改小学语文课本一册"。

晚七点半至中南海宣传部,"参加其宣传会议"。"乔木作报告,谓马立克之提议,预料双方可以接受,颇为合适。美方知难而退,先提停战,实出于其迫切之愿望。我方之表示同意,一因愿望和平,原为我方之标举,二则欲竟全功,尚须大力,一时未易驱美军于朝鲜之外,停战议成,究可节省若干力量用于其他方面。至于抗美援朝,应云收获甚大。支援朝鲜,见其友爱。示美以实力,彼已确知我之不可侮。更就国内而言,缘有此举,人民政治认识提高,爱国热情空前发皇,收获实为无可衡量。停战而成,政治方面尚须作种种斗争,未可稍呈松懈。乔木之言,余大多深以为然。唯于作文宣传将如何着笔,并未有所说明,殆须俟多加研究耳。"(日记)

7月4日　晨仍参加小组长之会谈。"与安平、浩飞谈出版行政会议筹备事。改预备发布之文件。"(日记)

7月5日　看方宗熙所撰生理卫生稿,"改基层学委会向分学委报告一周情形之底稿,乃卜明所拟,不改拿不出去,一改即需两三小时。以前余对于文稿皆马虎处之,看过即签字发还。今为提倡整饬文字,一一为之修订,然实难以周遍也"。(日记)

7月6日　上午开署务会议。"下午看张蔡二君所选语文教材二十余篇,大多不中意,余以为可者三五篇耳。"(日记)

7月7日　"上午参加语文组组会,于中学教材,共叹选择为难,顾无解决之方。"午后,"基层学委会开会"。"学习进行已历旬日,下星期将入第二阶段,重在实践忠诚老实,交代过去之历史。下星期一上午将开小组长会议,布置应如何工作。下午则由余报告,鼓励大家之勇气,并排除其顾虑。余实深觉其疲,

然责任所在，亦未欲卸去也。"（日记）

7月8日 观朱文叔所汇集诸同人校出胡乔木《中共的三十年》语文谬误之本子，"因明日即将送于乔木，供渠作修改时参考"。午后，至民盟总部，参加其座谈会，题为《陶行知与武训精神》。"陶为民盟人物，今日作此讨论亦题中应有之义。余首先被邀发言，稿子系仲仁代拟。大旨谓陶行知精神与武训精神绝不相同，二人亦绝非同型。陶不过借其苦行兴学以自况而已，不足损陶之为人民教育家。末谓陶若尚在，今日必深自检讨其错误矣。继之发言者数人，大体与余所言相近。"傍晚，"至中山公园来今雨轩，应大众书店之邀。此店将出版一种《语文教学》，邀诸人座谈，大半为熟友。共谓此志殊有需要，谈编辑方针，发言颇多"。（日记）

天津大众书店出版之《语文教学》月刊，1951年8月15日创刊，署语文教学社编。创刊号的《编者的话》云："语文课在解放以前，一向不被重视；这种情况，在解放后发生了变化。由于政府的正确领导，大家开始重视语文课的学习。但是问题也就来了，譬如在语文课中如何贯彻政治思想教育，以提高同学们的政治觉悟；如何讲解语文规律，帮助同学们正确地使用祖国的语言；大家虽努力摸索创造了一些经验，但并未能得到及时的交流与推广。此外语文课包罗万象，有许多问题，不是语文教师自己所能解决的，需要各方面专家的帮助。因此，一个系统地帮助语文教师解决问题，及时交流教学经验的'期刊'，就十分需要。这就是我们创办《语文教学》的动机。"

7月9日 上午，开学习小组长全体会议。下午，"至怀仁堂，总学委会邀集各基层学委之主任及办公室主任为会，首由人事部安子文报告各机关学习之概况。次之，重工业部副部长何长工，人民银行行长南汉宸作典型报告。最后由彭真讲话，勉各机关首长亲自动手，庶可致佳果"。夜，"准备明日报告之简稿，取

自己所见与他人之意凑合成之，大旨在鼓励交代问题，解释种种顾虑"。（日记）

7月10日 上午，集全体同人为会，"作临时学习之第二次报告。先阐说此次学习之目的，次言何谓自觉，复次言此次学习盖取对朋友对同志之态度，皆上次报告言及而不详者"。

下午，"苏联驻我国之商务代表及其国际书店驻我国之代表来访，谈苏联所印中文版书籍在我国销售之问题"。（日记）

7月11日 "晨间，参加地理组之组会。灿然细看初中外国地理课本，发现错误及文理不通处甚多，为地理组同人讲之，亦期其提高识力之意。可憾者其书业经销行，方在误人子弟，且使教师增许多麻烦。虽从今尽可能为之修订，过去之失无可追矣。""下午，全体同人均分组学习，余独看文叔季纯二位所改小学语文课本。"（日记）

7月12日 "向各处发出函电"，说明出版行政会议延至下月召开。"下午，教部韦部长来访，谈关于教科书之各项问题。谓教部于我社照顾不足，联络不够，颇致歉意，望以后有所改进。谈两小时而去。"看辞书社写定之字典稿。（日记）

7月13日 上午续看字典稿，"又看文件多种，酌加修改"。（日记）

7月14日 "上午改同人所为书评一篇。"下午，"三个学习小组联合为会，听二同人作忠诚坦白之典型报告"。（日记）

7月16日 开基层学委会第四次会议。"决定自本星期始，于交代问题而其问题并不严重者，加以研究之后，即由行政负责同志与之谈话，告以其所交代自属可信，今后幸努力工作云云。于交代问题而尚须研究者，则致力于调查，稍迟作结论。对于有材料存于人事处，而其人尚不肯忠诚老实者，则多方设法打破其顾虑。"（日记）

7月17日 "邀建功、家霖、季纯、仲仁四人会谈标点符号之用法。缘政务院将发布关于公文之规定，其中有一附件言标点符号用法，他们认为举例不甚合式，又无说明，嘱余为之重行草拟，因请四人会谈，收集意见。谈三小时，余略有把握。因定由余起草，草成后再请诸人提意见修改。午睡起来即开始起草。余认定句号、逗号、顿号、分号、冒号皆表示说时各种之停顿；说时之停顿，书写时即为各种符号。他如问号，余认为一句问话完了之表示。此等意见，一般谈标点符号者皆未尝言也。至于放工，仅将句号写完，得稿两纸有余。夜眠不佳。以余之精力，恐不宜用心作文矣。"（日记）

7月18日 "竟日作稿，仅得四纸，谈逗号、顿号毕。仅抽少量时间看文件而已。"（日记）

7月19日 "续作昨稿，又得四纸，谈分号、冒号毕。为此颇有兴，而疲劳亦难耐。"下午，"苏联商务代表米葛诺夫又来访；谈久而未决之我国翻译苏联书，与其国际图书公司订合同事。我方不拟采此方式，告以此类协议，须循正式外交途径云云"。（日记）

7月20日 "仍续作昨文。竟日亦仅得四纸，谈引号、括号毕。心思集中于此事，头脑昏昏，夜不得安眠。然欲求其安适，须俟全文作毕始可也。"（日记）

同日 宋云彬发表《四个方面》，刊《学习》（初级版）。文章阐释"说话，写文章"可从"词汇"、"语法"、"组织次序"和"效果"四个方面来考察。在文章的"附记"中说："五月二十一日在出版总署听叶圣陶先生关于语文学习的报告。这个报告的前一部分我听得很仔细，就想根据他的报告写成一篇文章。后来他的报告记录整理出来了，我就老实不客气把记录摘下来，稍为补充一点，写成这篇东西。这篇东西只能算是叶先生的报告的传达，不能算作我自己写的文章。如果发见有哪些地方话没有说好，或者说错了，那一定是我补充的部分，跟叶先生无涉。"

7月21日 上午，"开基层学委会，讨论如何深入，如何为已交代问题者作结论"。下午,"文委分学委假政务院会议厅开扩大会议。周扬作报告,叙述三四星期来之学习情况,提出工作大要数点。继之,教育部一人,新华社一人,各言其处布置学习之情形"。"夜间未能续作昨稿,仅就已成之稿加以修改,亦复至十一点后。"(日记)

7月22日 晨,"续作标点符号之说明"。午后,"芷芬来谈。傍晚张贡三来,仲仁来。待九时客去,余重行作稿,至十一时,全稿完毕,凡二十多页,题名《标点符号用例略说》"。(日记)

7月23日 "整理昨夕完成之稿付抄。"九时,开小组长联席会,"由灿然作报告,谓学习宜更求深入,已交代者期其彻底,心存顾虑者期其澈悟而交代。于今后小组长宜如何工作,提出办法颇多。下午,少数人来谈,亦无非关于学习之事"。(日记)

7月24日 "竟日谈关于学习之事。明日余当作报告,下午,灿然为余提供若干意思,蠖生为余写若干讲稿,皆敦促交代不彻底者彻底交代,应交代而尚未交代者尽速交代。夜间即据二人之意以己意排比之,贯穿之。事虽非难,亦迄十二点而始完工。疲惫殊甚。"(日记)

7月25日 上午,在署开全体大会,作临时学习第三次动员报告。"余据昨夕之稿作报告。卜明继之,宣布已作结论之人数及姓名事由。语毕,大家鼓掌,祝贺此辈表现其忠诚老实。……下午各学习小组皆讨论余之报告。"看字典稿若干条。(日记)

7月26日 仍看字典稿。"《标点符号用例略说》托开明同人沈永清缮写蜡纸。沈之写蜡纸可谓圣手,字体端正,行款匀称,观之悦目,故特托之。今日缮印竣事,得二十份……即以两份送政务院秘书厅,并以其余分送社中友好。彬然灿然咸谓盍发表之以供众览,余谓如得政务院同意,自可发表。"(日记)

7月27日 仍看字典稿。(日记)

7月29日 上午顾均正来谈,"言开明人手无多,延人不易,预定之出版字数逐月不逮其半。旧书皆须修改乃可重版，无充分之人力配备。余亦无以慰之"。下午，吕叔湘来，"渠观余所谈标点符号，以为简而赅，切于用。杂谈语文方面事"。(日记)

7月30日 上午，"开第六次基层学委会议。为求深入起见，学习运动决延长一星期，至下星期二止"。"下午，取《标点符号用例略说》酌加修改，缘文叔与叔湘均指出其小疵。高祖文来电话，谓政务院秘书厅于余此稿有所商量，嘱渠来面谈。余请其今夕即来。到家少顷，祖文便至，与共饮。渠述政务院于此稿大体满意，唯为使全国文书人员均能学习，均能应用，希望更求通俗浅显。又谓说明所用例句，有若干须适当更换。余于第一点，答以所叙已甚浅明，习者但能细心观看，必不致弗解。修改工作重在另找例句，虽为数不过七八，而得其当者非仓卒可致。余希望政务院能相助，以期早日定稿"。(日记)

7月31日 晨，在署开全体大会，"报告学习运动延长一周之所以"。十时，"偕沈颖往访米葛诺夫，告以我政府之意，愿与苏联订一双边之协议，凡书籍彼此翻译，同样处理。并谓此意已由外交部副部长伍修权通知苏联大使云"。"下午寻找例句，修改说明之文字。翻检颇多，所获有限。预计本星期内未必能改毕。而政务院需此甚亟，谓将于下星期公布也。"夜，至青年宫，参加人民解放军建军24周年之庆祝大会。(日记)

7月1日至14日、16日至31日的日记收入《叶圣陶集》第二十二卷。

同月 《叶圣陶选集》由北京开明书店出版，为"新文学选集第二辑"，由茅盾主编，新文学选集编辑委员会编辑。书前有《自序》，内收短篇小说28篇：《一生》、《苦菜》、《隔膜》、《阿凤》、《一课》、《晓行》、《饭》、《义儿》、《小铜匠》、《校长》、《马铃瓜》、《金耳环》、《潘先生在难中》、《外国旗》、《前途》、《城中》、《在民间》、《搭班子》、《多收了三五斗》、《一个练习生》、《寒假的一天》、《一篇宣言》、《抗争》、《夜》、《赤着的脚》、《某城纪事》、《我们的骄傲》、《春联儿》；童话九篇：《一粒种子》、《画眉鸟》、《快乐的人》、《稻草人》、《古代英雄的石像》、《皇帝的新衣》、《含羞草》、《蚕儿和蚂蚁》、《绝了种的人》。另附有《过去随谈》和《随便谈谈我的写小说》。

8月1日 "晨与四组之小组长会谈。灿然谈研究各人之材料，须注意若干点。其言可通于一般之知人论世，实为思想方法之经验谈。此君之可佩在此。会谈毕，看文卷杂件。"（日记）

8月2日 晨，至羊市大街三女中为中学语文教师暑期讲习会作演讲。"到五百余人。讲题系文教局中人根据教师之意见而定，谈各种文体之特点，及指导写作与文体之关系。余信口而谈，自觉不甚有条理；而颇有若干见到之言，为听者所欣会，此观听众之面部表情可以知之。一谈历四小时，尚不甚疲。"午后，"仍修改标点符号一稿"。（日记）

8月3日 上午，开署务会议，谈出版行政会议加紧筹备事。又谈翻译工作会议须延期。

下午三时，列席政务院政务会议。公安部罗瑞卿作"关于镇压反革命之总结报告，故各部门首长均来参加"。"报告历两小时许，既而多人发表意见，大家拥护其报告。末了周总理作结论，谓今之革命乃在改造社会，自须消灭一部分绝不可能改造之反革命分子，而后可以改造其外之大部分。所镇压者为土匪、恶霸、反动会道门分子及特务间谍，皆国人皆曰可杀者也，周讲毕已九点，列席者咸退，政务会议尚有他案讨论。"（日记）

8月4日 竟日作修补标点符号一文，"至于傍晚，仅毕半篇"。（日记）

8月6日 仍修改标点符号一文。下午，"偕志远、沈颖、蠖生往外交部，晤伍修权副部长。既而米葛诺夫应外交部之约至，因共谈。三方面言明，为中苏两国互译书籍出版拟专订一协定，不及其他。米表示当向莫斯科请示，俟得回音即来答复。谈约半小时返署，重复伏案"。（日记）

8月7日　仍修改标点符号一文。"九点开基层学委会，大致讨论学习运动至今日结束，而工作未了，应作如何布置，庶几不致草率了事。"下午，"彭子冈以记者名义，来采访关于本届教科书供应情况。……俟其去，重复伏案。夜间亦挥汗执笔，尚有一小段未了"。（日记）

8月8日　"八时以前，将标点符号一文改完，送与高祖文。此事消费余二十天之时间与精力。今日完了，心头一松。"九点，"开小组长联席会议，余宣布学习活动完了而工作尚未了结。……下午三时到政务院，郭沫若召开座谈会，讨论政务院所拟关于学制之决定"。（日记）

8月9日　"上午祝志澄来谈新华印刷厂召开之印刷工作会议，示余以几种调整与扩充之方案，即此次会议之主要议题。又示余以渠之报告底稿，嘱为修润。俟其去，即动手修润，至午刻完毕。"（日记）

8月10日　"晨八点又开全体大会，于此次学习运动作简短结论，又号召大家检举反革命。""下午三时至政务院，列席政务会议。讨论题仍为前日座谈之改革学制决定。文教方面人员多所说明，继之发言者甚众，最后由总理作结通过，已九点过矣。"（日记）

8月11日　晨请楼适夷为全体同人讲志愿军后勤部队之英勇故事。"余为开场白即退出，主持出版行政会议之筹备会，商讨应行提出之文件。原稿颇草草，改之甚费心力。上午四点半钟，下午五点半钟，同于集体作文，尚未能全部改毕也。"（日记）

8月13日　上午，"基层学委会开会"，散后，"续开出版行政会议筹备会，讨论者仅管理出版印刷发行业之条例一件，全部十三

条，亦费时不少，到下午一点半始毕"。下午至新华印刷厂，出席全国新华印刷厂工作会议开幕式，致辞。（日记）

8月14日 "看文叔季纯选辑之高小语文教材十余篇，详细提出意见送还之。午后，看字典稿一大叠，亦提出不少意见。连日开会，今日伏案看稿件，虽亦不闲，颇觉有味，此可见我之性情于编审工作为宜。"（日记）

8月15日 叶蠖生、黄洛峰来谈胡乔木关于出版行政会议的意见。"乔木主张此会欲其开好，宜兼邀各地区之宣传部长以及公营出版社、新华书店总分店之负责人，俾与出版行政机关配合，方可达到推进出版事业之目的。为须添加与会人员，会期又须延后，改于本月二十七日开幕。"看字典稿约两百张，均提意见。（日记）

8月16日 傍晚，总署业余学校假满开学。"为讲依新定之学制，业余学校亦属正规学校之义。……并报告上学期成绩。"（日记）

8月17日 上午，开出版行政会议筹备会。"通过两种条例之草案，商定出席列席名单、主席团名单、会众分组办法。看文叔所撰语文课文数篇。"

"灿然、蠖生、云彬来谈统战部拟请云彬往杭州主持民主同盟事。余谓教育出版社中坚极弱，不宜抽出云彬。以云彬之才能而论，亦未必宜于党派活动，故以婉谢为宜。云彬亦自言不欲往。此事须再与各方面商量。"（日记）

8月18日 看《标点符号用法》最后一次校样本。下午，"集编审部同人及署中少数同人，为讲新定之学制。略谓此是新民主阶段初步之学制，一方面适应现状，一方面规定将来之发展方向。有特点数项：教育为工农开门，尽量顾及国家建设，全面的教育与专业的教育并重，等等。阐发未见透澈"。（日记）

8月20日 "看各种教本之修订本。与仲仁、灿然、云彬谈云彬离此去浙江一事。云彬昨听沈衡老之言，意有所动，颇思易地。

余谓以人民教育出版社之立场言，自不能赞同。以余个人之见而言，仅觉感情上不甚舒服，然不肯谓云彬决不能离去，余固无强制他人之权也。"

下午仍看杂件。"明日又须作报告，名曰《思想总结之启发》，其意盖欲使同人巩固其所得于临时学习者。"（日记）

8月21日　上午在总署作临时学习总结报告，"历两小时而毕"。午后看字典稿一叠。（日记）

8月22日　九时，开人教社社务会议。"少甫报告各地学校将开学，教科书之供应居然及时。此是两年以来第一届之及时，可记也。明年暑后将实施新定之学制，各级之初学年须有新课本，而中学之课程标准未定，小学之课程标准尚未拟议，我社遂无以依据。按印造方面言，此项书本须于明年二月梢发排，距今仅六个月。柳湜亦深感其局促，然谓教部实未能匆遽确定各科之标准云。谈及增加人力，柳湜各处电调，有两人可致，其他则尚渺茫。又谈房屋问题，改进教本之质量问题等。"

下午三点半至怀仁堂，"听周总理报告"。"报告分五个小题：一、停战谈判与美英操持对日和约，二、国防建设为我国头等要务，三、巩固人民民主专政，四、巩固财政，五、新定之学制与培养人才。周氏宏通博识，随意发挥，无不得要。七点四十分毕。"（日记）

8月23日　"晨作一书致教部四位部长，希望其部原办工农速成中学之一所房屋拨于我社。"

看字典稿两叠。"灿然、云彬、仲仁来共商编审部调整薪水，历两小时而毕。教育出版社原与出版总署同，薪水以小米数计算，今改成与一般企业机构同，以折实单位数计算。小米五斤改为一个折实单位，实得货币可以略多。复视工作能力之强者，均予增加，借资鼓励。"

晚七时，署中学习班开学。"今设两班，一为政治经济学班，一为中国革命问题班，报名者各逾一百五十人。每星期讲授一次，余则分组自学讨论。余为讲话，举毛主席之语，期大家'有的放矢'，仅二十分钟而毕。"（日记）

8月24日　看字典稿一叠，看修订发排稿数种。"教部自西北调来我社之刘御同志来访。"（日记）

8月25日　上午开出版行政会议筹备会。下午，开基层学委会，"讨论四十余人处理问题"。（日记）

8月27日　"八点，出版行政会议开幕，假干部学校之礼堂。乔峰作开幕辞，郭沫若以文委主任名义讲话。次之，由余据所改稿子作报告。一讲四小时，至午后一点四十分毕。相当疲劳。"晚八点半，"开主席团会议。各组报告今日下午讨论余之报告之大概情形。诸人多以为将就出版事业作全盘检讨，实则此次会议之主要意图在提高出版物之质量。……会散已十一点矣"。（日记）

8月28日　王泗原来，"谈其所编工农中学语文教本之注释本"。"午后三点半，仍假干部学校礼堂为大会，请乔木作报告，总题为《改进出版工作的几个问题》。分四段：一、宣传马克思主义，二、计划性与一定的质量，三、印刷发行方面之问题，四、党的领导。渠谓提高质量，先宜求之于公营出版社。缘公营出版社之出版物，供应量占百分之八十几，影响特大。且公营者不为表率，亦无以领导私营。此意甚卓。"（日记）

同日　作书信《致吴树德》（收《叶圣陶集》第二十四卷）。信中谈及"缺陷者之教育"时说："缺陷者之教育，目前尚不能多所顾及，但将来必当重视。新近通过而即将发布之学制即特别提及。侄（吴树德——编者注）能在此一方面努力，我意较之担任印刷工作为胜。虽二事同属于文教，而缺陷者教育尤有价值，以侄为之，必能更有实绩。从苏联方面设法弄一批有关声哑教育之书，此意甚善。唯不能立刻办到，须视有适当之机会方可。国际书店未知有此类书籍贩到否,可托华北聋哑学校一往查询。"

8月29日　看《时代》终刊号,"其中译苏联《真理报》严格批评其文艺、戏剧、电影之文章。一切以人民的利益国家的利益为准,大可为我们取法"。

上午,集人教社中各组负责者为会。"讨论教部提出于初等教育会议中之《小学规程》及《小学课程标准》。……下午三时,辞书社开社务会议。小字典初稿早成,现加以修订,进度甚缓,求其加速,拟调整同人之工作。此外讨论事务方面问题,至五点半而毕。余又参加《小学规程》之讨论,于开宗明义数条有所修改。明日将分组讨论语文、算术、自然、地理、历史之课程标准。夜七点半,主席团会议,各组汇报讨论情形,语皆甚长。十点四十分始散。"(日记)

8月30日　上午,"听来会代表之典型报告。中南区二人,一谈其区之出版行政工作,谓重点在教育农民。一谈广州检查进口书刊情形。华东区二人,一谈上海私营出版业情况,云宜重于团结改造,助其发展。一谈通俗读物之编辑"。下午,参加语文组之组会,"讨论《小学语文课程标准草案》"。(日记)

8月31日　与金灿然邀各组组长商量调整薪给。(日记)

　　8月1日至4日、6日至11日、13日至18日、20日至31日的日记收入《叶圣陶集》第二十二卷。

9月1日　观图书馆与图书期刊司布置之小型书展。"此展览陈列各区较好与较坏之书,平平者不列,有说明书予以褒贬,不啻一份书报评论也。"(日记)

9月3日　九时开主席团会议。"明日下午会议闭幕,将由余作结论,今日先讨论结论之提纲。"下午后三点半,"至勤政殿列席政府委员会第十二次会议"。"周总理作外交报告,讲二事。一为朝鲜停战谈判,二为美英召开旧金山会议,操纵对日和约。

陈云副总理作财政报告。陈君理财大有办法，处处顾到，估计审慎，殆可谓精通理论之典型。次之通过关于法院之条例三件。七点散会，会餐于怀仁堂。"（日记）

9月4日　上午仍开主席团会议。"各组汇报讨论各种方案、条例、办法之情况。次讨论结论提纲，诸人均提出修正补充意见。……三点，准时举行出版行政会议闭幕式。先由马夷老以文委副主任名义讲话。次即余之结论。计讲两小时，自觉未能满意，发挥多未畅达。会散，全体照相。"会后往中山公园来今雨轩，"十七个公营出版企业单位宴请全体代表。七时开宴"。（日记）

同日　出版总署发布《对于有关国际、外交和叙述各国情况的书刊应注意审查、处理》，强调："凡是违反国家外交政策的、与友邦各国的历史或现状不符的、影响和平民主阵营的团结的书刊，应分别情形，予以适当处理。同时必须利用各种机会，对作者、出版家进行教育，要求他们对于这方面的写作、出版特别审慎。自己不知道的不要随便乱写，不可靠的资料不要引用；并要注意国家外交政策，以免发生不良影响。"

同日　赴川省参加土改工作的胡愈之回到北京。

9月5日　"午后二时，集全体代表为欢送会，借此可使诸人与愈之会晤。愈之谈话一时许，其中一点甚重要。略谓此次外出，深感国家与人民进步之速。我人从事文教工作，理宜与之俱进，而实际远为落后。是非加紧自己之修炼，多多与群众联系不可。"（日记）

9月6日　续改《标点符号用法》。"星期一（9月3日——编者注）在勤政殿与乔木接席。渠谓余之《标点符号用法》宜发布于报纸，提出小节数端，嘱余考虑修订。今日据其所称究讨，改易增补三四处。即以修订本寄与之。"应老舍、赵树理等之招宴。（日记）

9月7日　拟明日之讲话稿。"明日将与教育社编审部同人讲话,旨在肯定我社所出之书质量不高,错误颇多,思想政治性不强。期望大家想办法,订定切用之制度,养成新鲜之作风,使以后得以逐步改进。今日起讲稿之草,竟日而毕,大约可讲两小时。"(日记)

9月8日　上午,编审部同人为会。"余讲昨日预备之稿,听者似动容。仲仁继之,转述钱俊瑞在初教会议中所讲《教育工作中之思想领导》。所谈与我人在出版行政会议中所说之精神相合,于我社工作人员颇有受用。"下午,"工会基委会开会",作工作报告。(日记)

9月10日　看字典稿。"傍晚,与辞书社全体同人会餐于萃华楼,为此社成立一周年之纪念。"(日记)

9月11日　续改《标点符号用法》。"乔木于《标点符号用法》又提数点意见,今日据以补订,重抄一本付与之。一壁伏案抄写,一壁听历史组同人开组会,稍稍参加讨论。"

"至石驸马大街经理部,为同人讲话,谓我社之书印刷之质量亦差,须共谋订定制度,培养作风,始克有进云云。"(日记)

9月12日　上午,往教育部参加座谈会。"到者皆各地区之教育行政当局,来京参加初等教育、师范教育会议者。首先谈增加我社人力之问题。马部长致辞后,由余略述我社情况,人手不足,改进为难。然后提出最低限度须增若干人。钱部长即请各地区分别担任,从其干部中抽调来京,全力集中于完成教科书。诸人或首先应命,或陈说困难,或则谓尚须回去考虑,对于余所提出人数,一时凑集已足。此为教部关顾我社之重要一举。十一时半,谈此事已毕,先行退出。与灿然仲仁共谈以如此方式集人,是否妥当,大可研讨。各人对于编辑工作,对于胜任编辑之人才,认识未必一致。若来而不适于用,非唯无济于事,且转为负累。灿然主张先研究备调人员之材料,乃作决定,此自是审慎之计。"晤辛安亭,辛原任甘肃教育厅长,由教部调至人教社任副总编辑。李光家来访,李由中宣部自山东调至人教社任语文组编辑。(日记)

9月14日 下午,"至中山公园,人民美术出版社假其地开成立大会"。"人民美术出版社由萨空了、朱丹任正副社长,今年四月初开始筹备,出版各种画刊、画幅及连环图画等。资金由我署与新闻总署拨出;工作人员现有一百十余人。三时开会,愈之、周扬先讲话,次及于我,以下为蠖生及新闻摄影局副局长某君,而终之以空了之概况报告。讲毕已六点半,于是至来今雨轩会餐。客甚众,凡十余席。"(日记)

9月15日 午到至美所小饮,送其赴安徽参加土改。(日记)

9月17日 在署中开会,"讨究出版行政会议中提出之方案、办法、决定等件。当时各组均有意见,或增或删,或为补充,记录之而未加整理。迄乎会毕,乃分别由同人据以修改原草案。今日即讨论此项修改稿,在署中通过而后,即送文委,请其审阅。竟日商谈,各件仍未能遍及也"。

"北大周祖谟君前日索余之《标点符号用法》,今得其复书,感其知音,录之于下。'其中最扼要最中肯綮者为指明句号以下七种符号系根据语言之停顿而设,语言中有种种不同之停顿,则符号亦因之有异。环顾坊间所出论标点符号各书,未有能洞察及此者。尊著首先提出,使人人了此胜义,可谓沾溉无穷矣。'余之稿本印出后,能明乎此者不超过五人也。"(日记)

9月18日 上午开翻译工作会议筹备会。"决定此会于十一月五日开始,为期一周。主要为激励翻译家认真工作,为提高译品之质量而奋斗。制定翻译计划,亦为提高之一因素。"

"下午修改昨日所议之方案数件。看方宗熙所撰植物稿若干页,为之修润。夜八时至怀仁堂。今夕举行'加强国际和平'斯大林奖金授奖典礼。得奖者为宋庆龄,代表委员会授奖

者为苏联作家爱伦堡与智利诗人聂鲁达。"（日记）

9月19日 上午，"集九个出版社之负责人开座谈会，其中七个皆属公营，私营者仅商务、开明两家而已。先由王子野报告人民出版社所出书籍发生种种错误之情形，并谈致之由及以后改辙之方法。次仲仁谈我社之教本，错误亦多，思之不寒而栗。次朱丹谈美术出版社出版之各种美术出版物，亦复时有误谬。余因就我署所拟之规定，与众谈一稿成书之必经程序。末言到场之九家如能大家认真，即可转移风气，导出版界趋于正规"。

下午至北京饭店，"文联欢迎爱伦堡、聂鲁达二人，开座谈会。三时，爱氏先讲话，谓创作非有迫切之要求与成熟之构思，不宜妄作。多知多识，深入生活，实为切要。此亦我人所恒言，唯爱氏表达其意颇有艺术方法耳。聂氏讲话，强调以诗为斗争武器"。（日记）

9月20日 晨，"与编审部同人谈话。明年春季用书，应于七月底发出付排或付印，而至今尚未发齐，恐误造货之期，致明春复不及时，不得不向同人催促"。

九点许，偕胡愈之入中山公园。"新闻出版印刷工会筹委会假其处欢迎爱伦堡，开座谈会。爱氏乐与新闻界人会面，今日到者多新闻界，约一百五十人。十时，范长江迎爱伦堡至。爱氏自动提出题目，言其写报告文学之经验。谈话约一点有半，大致谓言为心声，文宜有其个性，自铸新词，不落陈套；文宜求短，短文视长篇为难写；事非熟知，必难求工等语。意亦并非新鲜，而措辞设想，委宛有致，自是可钦。此等语对我国今日之报章文字可谓针锋相对。我国报章文字殊少能表出作者个性，用词布局俱有程式，喜长不喜短，不熟悉之事物亦强欲挥写。爱氏一席话，听者虽似皆欣赏，恐未必能有些微实效也。"

下午，"邀七八单位开座谈会，讨论资料工作问题。非重在资料之收集与保存,乃欲讨论如何鉴别资料,研究资料,使于运用之时不生谬误,以保证出版物之可靠。其次,讨论各出版单位如何交换资料,凡可靠之资料为众所共享。新华社来人谈最好,言其对于权威资料之觯释,言其社之工作情况,皆于会众有启发"。

夜,"社中编审部全体及经理部少数负责人聚餐,欢迎辛安亭、刘御、李光家三位,并欢送云彬。余致辞之后,此四人以次讲话,语皆朴实。餐后,柳湜、方与岩与余及辛安亭、灿然、仲仁诸人共谈,无非教部与我社如何加强联系,加强教本编辑工作之事"。(日记)

9月21日 上午开署务会议,"讨论结束行政会议未了之事,确定翻译会议日期与办法,决定出版一种《图书评论》,认真编辑,务期可为表率"。(日记)

9月22日 看王泗原所编工农中学语文本第二册之材料。"云彬夫妇以今日离京,待余回家,他们已赴车站。回思一九四九年四月教科书编审会初成立时,人员亦近二十人。至于今日,仍在教育出版社服务者,唯余夫妇及灿然耳。"(日记)

9月24日 上午续看王泗原所编工农中学教材。"泗原适来,与谈良久。编书之事,渠颇专心,且有见地。如此人才如能加多,集事即较易。"

下午,"校《人民日报》送来之《标点符号用法》校样"。"乔木主此文刊登一回,俾全国共守。余以四个小时之时间校毕,可谓甚慢。《人民日报》现方注意于消灭错误,凡党员工作同志,以党之纪律相绳,发见错误有褒奖,贻留错误受惩处。余观此校样,仅发现一字未经校出,可见于校字工作已颇不坏。然于格式尚不能注意,余指出须改正者甚多,皆有关格式之事。因致书其总编辑邓拓,告以此意。目前新闻界出版界追求精审,群相勉励,久之当可蔚成风气,此则余所乐闻也。"

（日记）

9月25日 "集安亭、薰宇、灿然、仲仁为会，讨论张某所编《教育概论》究竟要否出版。此稿以抄集诸书而成，体例不纯，品质凡下。经柳湜匆匆翻过，以为可供师范学校之用，即予收下。社中觉其不妥，由陈侠为之整理，亦不过大略检查其引用出处而已。今清样已成，即可付印，灿然鉴于近方号召提高出版物之质量，乃提出讨论。最后决定再请柳湜详加权衡，如此之书可否流行于社会间，且供师范学生研读。

"薰宇提出近观人民出版社转我社之一稿，系翻译苏联之微积分学，亦已排成清样，页数甚多，而错误百出，非唯不通数学，亦且不谙常识，考其译者，则某大学之数学教授也。如此之译本当然不能出版。察其致此之由，殆是此教授居迻译之名，实际翻译工作则由劣手为之，迻译既成，未加审核即谋出版。科学院第观译者为谁，不察译品如何，贸然介之于编译局，编译局轻信科学院，贸然发交人民出版社。人民出版社见介绍重重，以为可靠，即付排版。

"今日所究二书稿之事，皆见作者之间，各机关之间，于出版一事，态度甚不严肃，大违我人所称提高出版物质量之旨。欲求纠正此风，亦大需斗争也。"

下午，"苏联米葛诺夫来访，仍言两国订立互翻书稿合同事"。夜间与丁晓先共读其重编之小学历史第三册之课文，随即修正其文辞。（日记）

9月26日 "看方宗熙所改写之植物教本一课。看蔡超尘张中行二人注释之高中文选四篇。改晓先之高小历史两课。"

晚七点，至文化宫，"青年团支部欢迎新来我署参加工作之十七人，兼迎往四川参加土改回来之同志数人"，致辞。

"八点至愈之家，十数同人陆续至，漫谈明年出版方面之计划，并及后年为始之五年奋斗目标。我国之建设五年计划大致须于后年始。从无计划而趋于有计划,各方面皆须准备,明年将为准备之时期。今夕所谈,大意为出版计划须数字与质量兼顾。无数字即不能准备物质条件,确定财务开支。单有数字而不及内容与质量,则提高出版物之说无由实现。谈至十二时始散。"(日记)

同日 发表《标点符号用法》,刊《人民日报》(又刊9月29日《光明日报》,又刊《语文学习》第一至三期,10月10日、11月10日、12月10日,又刊《语文教学》第三期,10月15日,均署中央人民政府出版总署,后收入《叶圣陶集》第十七卷)。

萧家霖《我们应该学会正确地使用标点符号》一文云:

《标点符号用法》有三个特点:

第一,它把标点符号分成两类,一类是根据语言而来的,一类是完全属于书面的东西。它指出句号、逗号、顿号等七种符号并非只是书面的东西,而是根据语言而来的。把标点符号的用法和语言的规律结合起来,这还是头一回。过去一般讲标点符号的都只从书面出发,让人觉得标点符号不过是文章的附加品,何妨马虎一点。许多人不重视标点符号,就因为存在着这样的心理。标点符号用得相当混乱,原因也就在此。《标点符号用法》指出了句号、逗号、顿号等七种符号是根据语言而来的,原是语言的有机成分,并非文章的附加品。大家认清了这一点,纠正了过去的错误的想法,才会重视标点符号,认真地使用标点符号。

第二,它指出句号、逗号、顿号等七种标点符号表示语言的种种停顿。停顿就是暂时不说下去,却和说的部分密切相关。语言的意义、组织、情态,靠了停顿才见得显明。一连串说下去、绝不停顿的语言是没法叫人领会的。所以,写文章的时候,必须正确地使用句号、逗号、顿号等七种标点符号来表示语言的种种停顿，才可以让读者一点不走样地了解作者的原意。同时，这才实现了写文章和说话一致的原则。

第三，它规定了标点符号在排版、书写方面的格式。……出版物不但整齐美观，而且使读者群众受到实际的好处。（刊1951年11月22日《人民日报》第三版）

周祖谟《正确地使用标点符号》一文云：

中央人民政府出版总署在九月间公布了《标点符号用法》，这是中国人民文化教育事业上一件重大的事情。对于标点符号的用法，我们有了这一个正确的标准以后，不但目前在运用上混乱的现象可以早日澄清，而且所有从事写作的人也可以由此在书写上求得更精确的途径。因此，我们必须了解其意义，并且普遍地开展学习，正确地使用标点符号。

文章里应用标点符号，自"五四"时期就开始了。……可是，从"五四"到现在已经三十多年了，在用法上始终没有一定的标准。……出版总署所公布的文件恰恰解决了这些困难。这一份文件里根据我们民族语言的形式，经过科学的分析，正确地指出语言和应用符号的关系。那就是：符号是跟着语言的停顿相配合的，有停顿，就要用符号来表示这个停顿。可是语言中有种种不同性质的停顿，因此也就要用不同的符号来代表它。句号、逗号、顿号、分号、冒号、问号、感叹号之类就是配合着这些停顿而设的。如果会正确地应用这些符号，同时也就把语句中的逻辑关系表示清楚了。这是一个重要的发明。过去出版的许多讲标点符号用法的书，还没有联系到语言的声音和意义的内容发挥得这样透辟的。我们应当认清这一点，从这一点入手学习。

除这一点以外，更需要特别指出的是：原件对于标点符号的分类和各种符号用法的指示，是集中过去大家应用的习惯并且结合目前实际的需要而定的。它有广大的群众基础，它符合今日广大人民的要求，跟"五四"时期单由一部分新人物所创始的情形大不相同了。现在及时地公布出来，确实值得我们称赞。同时我们要知道语言是社会上调协共同活动的工具，在当前史无前例的统一局面下，我们不但要谋求发展民族共同语，而且在书写上我们还要要求标点符号的统一：这正是为进一步发展我们文化教育事业所必备的条件。我们应当为这一份文件的公布而欢欣，努力学习，把"正确地应用标点符号"作为我们在写作上应负的责任，为发展伟大祖国的文化而奋斗！（1951年11月23日《人民日报》第三版）

叶至善谈及"标点符号"时说："父亲的《标点符号用法》也有不足之处，例如说'符号是跟着语言的停顿相配合的，有停顿，就要用符号来表示这个停顿'，这话就有点欠周密，省略号、破折号，并不表示停顿。""破折号可以用来表示意思的转折和跃进，提示和总结，也可以用来表示说话的中断和停顿。"（2005年1月16日与编者的谈话）

9月27日 上午，"与洛峰、蝼生重行研讨行政会议中所拟之条例、决定等稿"，再加修润。姚韵漪自松江调至人教社工作。"得《毛泽东选集》精装本第一册。排校、印刷、装帧均讲究，可谓近来出版物中之上品。此书凡四卷，陆续出版，今年未必能出齐也。"（日记）

9月28日 上午，开署务会议，"讨论昨日修改之各项文件"。（日记）

9月29日 晨往中央团校为其训练班讲记叙文写作。"听众逾五百人……讲两小时有余，似颇令听众满意。"下午，蒋仲仁、金灿然来谈，"谓下月须商量整顿组织，订立制度，期检查已出各书之缺点，确保新编各书之有所改进"。夜，出席欢迎来华参加国庆节典礼之外宾招待会。（日记）

9月1日、3日至8日、10日至15日、17日至22日、24

日至29日的日记收入《叶圣陶集》第二十二卷。

10月1日 登天安门城楼庆祝国庆。

10月3日 看字典稿。"往语文组参加其组会。云彬既去，此组以刘御任组长。商量最近期内谋编小学语文本，第一册于明年二月底完成，暑期后供新制小学一年级生之用。以后九册逐次编出，以余估计殆须两年竣事。此一套课本必须有教授书，为小学教师之助，其第一册亦当于明年二月完成。此外则重编高中语文本，修订初中语文本。二者之中，重编高中语文本较难。选材既非易，作注提问亦颇生涩，任其事者，今有蔡超尘、张中行、李光家、姚韵漪四人。四人之想法未趋一致，下手亦精粗不齐。余拙于指说，偶有所见，亦未能倾筐出之。欲求推动而入于轨道，良非易事也。"（日记）

10月4日 "与愈之、洛峰、蠖生共谈，商下星期一往文委，如何作关于出版行政会议之报告。兼谈及本年第四季度之工作要点，约为订种种具体办法以贯彻行政会议之方针，筹备出版《图书评论》，召开少数主要出版社之会议等项。皆环绕提高出版质量之中心也。"

下午，至教育部，听苏联尤金博士演讲，讲题为《斯大林语言学论文与社会科学之关系》。"此论文影响于苏联学术界者甚大，各学科专家皆据以检讨本科之成就与缺失。"（日记）

10月5日 上午，编审部开部务会议。"教部有韦老及中等教育司三位同志来参加，盖关心教科书之情形也。首由余报告出版行政会议中'提高出版物质量'之主要精神。各组组长依次报告明年春季供应各书之编写修改情形，以及秋季供应各书之计划与准备情形。新定学制既经公布，中小学课程标准已有草案，从明年秋季始，各级学校将自一年级始实行新学制、新标准。小学一年级之语文、算术两种非有不可，且均须随出教授书，供教师为教学之依据。初高中则未能各科全有新

本。经与教部诸君商量，力能成新编本，则明秋用新编本；其不及有新编本之学科，则仍用旧本，后年秋季用新编本。"（日记）

10月6日 午后二时，往文委，出席委务会议。"首讨论文委向全国委员会第三次会议所作报告之提纲，盖将于本月中旬开会也。"

"次之，余作关于出版行政工作会议之报告，历一小时。乔木就余之报告而为说明，谓此中有两要点，带有革命性。一为无论何种著作，何人之著作，编辑有提意见与修订之权，编辑向读者负责。一为私人出版家之不负责任、投机取巧者，将设法予以取缔。施行之际必将引起若干风波，故须审慎出之。乔木之言盖引起与会诸人之注意，期大家多所考虑。对于此事之讨论，留待下次会议。"（日记）

10月8日 "与语文组编中学书之诸君会谈。商定高中授文言以一年级始。期其教学有效，每周授文言一节。李光家、姚韵漪皆方离教师岗位者，据云一般中学生皆惮学文言。余谓既规定高中需学文言，即不宜迁就学生，应说服学生使认真学习。此外谈选材之分量，则谓我社旧本分量较多，每学期未能授毕，今后宜减少。又谈语法修辞如何教授，如何编排教材。余谓拟与叔湘一商之，约同人明日共访清华。"（日记）

10月9日 "上午与灿然、仲仁、安亭、薰宇四位谈社务，商量分工与学习两个问题。安亭任副社长，将多顾及各单位之开会，以及同人各方面之情形。编辑方面分科照顾。余为语文，安亭为历史，灿然为地理，薰宇为理科。学习拟求其简化而有效。政治学习，鼓励同人共选中国革命问题。业务学习，拟即开语文一门。至于临时之时事政策学习，视其难易繁简为断，能少花时间为妙。"

下午，偕朱文叔、蒋仲仁、蔡超尘三位往清华园访吕叔湘。"遂共往颐和园，茗于长廊。盖欲请教于叔湘，关于语文本中语法如何编辑。小学教本自可不谈语法，但如何将各种句式循次安排，亦为语法之事。初中高中均有语法，但如何有所区别，大须考虑。谈三小时，五人意见本相近，甚洽。叔湘将于细思之后，略书大纲相示。"（日记）

10月10日 姚绍华来，"谈中华书局一部分编辑人员将迁移来京，几种期刊将在京出版"，又谈《辞海》修改事。与同人商集会庆祝《毛泽东选集》出版。"灿然言《毛泽东选集》定于后日正式出版，此是一大事件，宜为庆祝。经数人共商，决定开一小型之会，凡参加其书之出版工作者与会，共论出版此书方面之事，亦复有提高出版物质量之用意。此书于后日在全国各大城市同时发行，报纸发消息，党报刊载同样之社论。以后殆将有遍及全国之学习运动。唯印刷力量有限，随印随装随发售，恐有供不应求之势。"（日记）

10月11日 上午集会，"讨论翻译会议与会人选"。下午，人教社各负责人开会。"继续讨论上星期五未竟之议题。凡论二事，一为商定检查书稿编写及其质量，二为商定有关编务之各项办法。对于第一题，由仲仁提出，谓检查分定时、定量、定质三个方面为之，具体办法则为商定计划，书之于表格，按项检查。各组组长须注意于初步之审读，然后由副总编辑审读，由专人分别核对所用之材料。对于第二题，组成六个小组，讨论标点符号之用法、同字异体之取舍、书版格式之规定等项，皆于下星期内制定方案，以供应用。我社成立将一年，至于今日方着手制定规制，有草创之象。良以以前但知赶急应付，第期有书可供应，不遑及其他。而余之无为而治之夙习，亦拖延之要因也。"（日记）

10月12日 上午开《图书评论》编委会。"将于明年始，我署出此月刊，指导读书，以书评为主，兼以指导出版工作，提高出版物之质量。共商每期必须有一中心,今须预定全年各期之中心,分别征稿。中心须与明年全国之出版计划与宣传要项相配合。每一文篇须经多人审核,分项检查。我署既提倡期刊之计划化与编辑之严肃作风,自己办期刊固当树之典范。所难于解决者,目前能作书评者无多,欲得有分量之文篇至不易耳。"

下午二时,"开《毛泽东选集》出版庆祝会,到者将二百人。""愈之首致辞,次之编委会田家英报告编辑情形。选集凡四卷,今出版者为第一卷。各篇取舍,经毛氏审慎考虑,存录者复亲加修订校阅,多者六七遍,少者亦两遍。田谓于此第一卷中,可见毛氏思想之发展,及以后种种规划之基础。次由人民出版社中人报告排校此书之经过,新华厂中人报告印刷此书之经过,新华书店中人报告发行此书之种种布置。此三方面皆视此事为重大任务,想尽办法,务期尽善尽美。因而特订若干工作制度,创造若干工作方法,皆可以提高今后之出版工作。今就成品而言,此卷无一错字,唯有三四字前后用字不统一。印成单片皆经检查,故无污页、摺皱页。订成后复经检查,故无缺页错简。邮局以新制邮袋装运,书店人员取携皆戴手套,以保持封面之整洁。凡此种种皆见精到,尤可见对于毛氏之爱戴。此第一卷共印一百零一万册,外精装本(非卖品)六千册。至于外文译本,俄文本拟在莫斯科印,今年或可出版。英文本已有成稿,尚须修订,出版当在明年夏秋矣。会将终时,有人建议以每年十月十二日为出版节。此事当可考虑。"(日记)

10月13日 上午开临时基层学委会末一次之会议(第十次),"讨论蠖生所草拟余所修订之总结报告稿,略有修正。定于下星期一召开大会,由余据此讲述,为此次临时学习之结束"。下午,"我署于露天大广场为大会,欢迎志愿军归国庆祝国庆之代表三人，并请他们作报告。……五时散会。留三人进餐，余作陪"。夜间与丁晓先共校高小历史第四册之校样半册，"而费时三点有半"。（日记）

10月14日 午后，与丁晓先续为校改历史课本，"又经三时有余而毕"。（日记）

10月15日 晨开全体大会，"作临时学习之总结，讲一点有余"。下午，人教社工会开全体大会，改选第二届委员。"余讲话一时许，多勖勉之辞，希望工会发动全体会员作好教科书之出版工作。"

"夜间，墨偶以高小自然校样嘱至善阅看，至善发现其书多粗糙含糊之语，谓实非善本。此稿去年编成，已印过数版，余从未看过。经至善提出，取而观之，开首系讲劳动创造人及米丘林学说，确属不好，非特不能使儿童明晓，恐教师亦无从据以讲说。遂发心与至善共同修改。至于十一时，仅改两课有半。此是第四册，若全书皆为修改，亦不知需花多少时间。"（日记）

10月16日 "夜间仍与至善共改自然课本，至于十点过停手，改得七课。如此灯下打磨，余与至善俱感疲劳殊甚，明日始，拟改在日间为之。"（日记）

10月17日 "晨携至善到署。……与至善续改自然课本。"下午，"周振甫来，前年年初一别，今为初晤。渠以佩弦全集之校样数篇来相商，谓以今日观之，佩弦之某些想法可以无须刊布问世。余以为然，谓可存其目而下注'删'字"。"夜间，与至善续改自然课本，至十点过，毕其第四册。此册凡一十八课，计费三个夜工，半个日工，合两人之力为之。尚有三册，本月内必不克全了。此第四册俟排字房改过打样送来，尚须请自然组、理化组同人审阅，我父子二人所改恐亦不免有误也。"（日记）

10月18日 "大众书店之张君来，告我其店所办之《语文教学》销二万三千份，深感责任之重，编辑人员少，外面领导之依靠亦无自而致，殊嫌力量之单薄云云。开明近亦出《语文学习》一种，主之者为张志公，沛霖、必陶、至善数人辅之，规划与文篇皆比《语文教学》为胜。余谓此恐难以为继，期期费大力为之，少许人未必能济事也。

"刘御来谈语文组诸人分配工作事。周天行来谈翻译会议筹备事。伏园来谈其弟春台来我社任事事。春台原任上海中学校长，已辞职。我社拟请其主持美术工作。"（日记）

同日 出版总署和文化部联合发布《关于加强年画工作的指示》。指示共五条，第二、三、四条内容如下：

（二）新年画应充分利用与发挥民间年画的优良传统。在内容方面，凡有关人民对于幸福生活的希望与追求（如平安、富足、多子、长寿之类），对于美好风物的欣赏与爱好（如山水、风景、人物、花果之类），以及为人民所熟悉的优秀历史故事、民间传说、民间戏曲的故事画等，都可以适当地加以保留。在形式方面，例如四扇屏、农历图、月份牌、中堂屏幅及连续故事画等等，原来就具有民族传统的优良特色，为人民所喜，应该很好地运用与发扬。

（三）改造民间年画是改革旧有文化事业中一个重要的部分。团结民间年画艺人并组织他们进行政治学习和业务学习，又是改造民间年画的重要前提。在年画艺人较多的地区，文教主管机关应举办年画艺人短期学习班。此外，必须组织新的美术工作者与年画艺人合作，重视年画艺人的原有技术，供给他们新的题材和资料，并在创作上对他们作切实和耐心的帮助。

（四）去年年画出版工作中存在着混乱现象，不少内容错误和有害的旧年画尚在继续翻版，对广大群众起有不良影响。在年画出版事业较多的地区（如上海、天津、山东潍县等处），文教主管部门及出版行政机关，应切实调查年画出版情况，召开年画出版工作者的会议，说明年画出版工作者对于广大人民的利害关系，调整他们的出版计划，帮助他们审订旧的画稿和组织新的画稿。对于内容错误的年画，应劝告他们进行修改；对于内容反动和有害的年画，应禁止他们出版。

10月19日 上午参加语文组之组会。"分初中、高中、小学三部分而为讨论。初中方面，彻底修改第一册，余五册则择要而修改之，以后再彻底修改。高中方面亦然。小学方面，力量多用于新编第一册及其教授书，如有余力，酌量修改旧本。即此数点，讨论亦延长至三时有半。"

下午至首都大戏院，参加鲁迅先生逝世15周年纪念大会。会散后仍返署，"与宗熙、同新二位就自然课本之校样再加修改。夜间，与至善共改自然课本第二册。至于十一点过，仅改二十页，尚算顺利也"。（日记）

10月20日 《语文学习》（月刊）创刊，由开明书店出版，语文学习编辑委员会编辑，圣陶先生题写刊名。《发刊词》云：

我们的生活离不了语言文字，生产活动要用着语言文字，社会斗争也要用着语言文字。语言文字是用来表达思想和报道事件的。用得正确，才能把思想表达得一点儿不含胡。把事件报道得一点儿不走样，也才能在生产活动和社会斗争中发挥应有的作用。所以，正确地使用语言文字，不但是生活所必需，而且是具有重大政治意义的。

《人民日报》六月六日的社论，发出了《正确地使用祖国的语言，为语言的纯洁和健康而斗争》的号召，指出了使用语言文字的政治意义，要我们"坚决地学好祖国的语言"。为了响应这个号召，我们创刊《语文学习》，想跟大家一起有系统而深入的学习祖国的语文。……

同日 上午，出席工会会员大会。下午，阅师陀所著之长篇小说

《历史无情》,"不佳"。夜间,仍与至善改自然课本。(日记)
同日 发表评论《谈〈孔乙己〉中的一句话》,刊《语文学习》创刊号,署名翰先。
10月21日 夜间与至善续改自然课本,"改毕第二册"。(日记)
10月22日 上午,"与愈之、洛峰、蠖生会议署务"。夜间,"与至善同改自然课本第一册,三小时工夫改成十五页"。(日记)
10月23日 "政务院秘书厅转来华东军政委员会询问关于标点符号用法之问题,立即答之。翻译会议拟请叔湘来作专题报告,作书邀之。与灿然谈社事数项。"

午后三时到怀仁堂,出席政协全国委员会第三次会议。"此次会议除出席者百数十人而外,列席者甚众,会场七百余座皆满,包含各方面人物至广。毛主席致开幕辞,周总理作政治报告。"

"夜间续改自然课本,进行不顺利,仅得十页而已。"(日记)
10月24日 上午九时到怀仁堂参加小组讨论会,讨论毛主席之开幕辞与周总理之政治报告。下午三时开会,"陈叔老报告全国委员会之工作。彭真报告抗美援朝总会之工作。总会提出由全国委员会作一决定,规定全国人民今后努力之方向,由郭沫若报告,其中以增加生产、厉行节约为主。于是多人相继登台发言,表示对诸人之报告极端拥护。最后通过决定,通过致志愿军及朝鲜人民军之贺电,盖我国抗美援朝,明日届一周年矣"。(日记)
10月25日 九时仍至怀仁堂,开小组会,"讨论昨日之两个报告"。下午三时,"听陈云之财经工作报告,郭沫若之文教工作报告。六时散。夜间续改自然课本。所叙太芜杂,改之使人烦躁。意兴不佳,改两课而搁笔"。(日记)
10月26日 全国委员会休会一天。"晨间与方宗熙等共商自然课本中关于发酵与腐败一段之修改。与愈之、志远等谈翻译会议事。""午后二时，韦老来，即邀语文组全体同人为会。此间以小学语文本之意见送教部，韦老今日即就此而言。渠大致同意我社之意见，唯强调思想性，不宜再取以往'拍拍手''去看花'之老套。注音符号同意用，唯谓拟减少字母数。关于此点，我社同人均不以为然。"

作"语文讲座第一次之讲说"。"此原系教育社之业务学习，外间书店、出版社俱欲有人参加，遂只得扩大，报名者将六百人。此讲座凡八次，每周一次，以叔湘之《语法修辞讲话》为据，扼要而谈，以期有助于自修。"（日记）

10月27日　"修改政务院关于学习标点符号之指示。此指示已发布，余匆匆一观，未多注意。灿然谓其文字与符号俱有毛病，宜为修改而归之，至于如何处理，俟政务院决定之。因为修改一过，由灿然以私人名义寄与齐燕铭。"

下午四时至萃华楼，"出版社联谊会为月会，邀余演说。谈编辑须注重文字"。（日记）

10月28日　"九时仍至怀仁堂开小组会，讨论文教工作之报告。"下午，"为大会发言，以傅作义谈水利工作为最胜"。（日记）

10月29日　"九时仍至怀仁堂开小组会，于教本编辑、文字改革等题彼此随意发言。彭真谓汉字为地球上全人口四分之一的人所习用，谓其不行而欲去之，含有自卑感。其言颇可注意。大致毛主席、周总理及一班注重实际之负责人皆不主张废汉字，而唯欲改繁复笔划之字为简字。""（下午）三时再至怀仁堂出席大会，听多人发言。以李德全谈卫生工作为最切实。"（日记）

10月30日　上午，与内蒙出版局同人17人座谈，谈语文问题。"语文问题，实太广泛，只能谈编辑方面之零星经验。彼处编辑以迻译为主，据汉文书本译为蒙文。小学课本已译齐，此后将译中学课本。通俗读物亦有迻译，其涉及蒙古风俗习惯

者则须新编。并将编汉蒙、蒙汉之字典。谈至十二时而散。"下午三时仍至怀仁堂出席大会。(日记)

10月31日 上午集服务于翻译工作会议之全体工作人员为会，谈即将召开的翻译工作会议之意义。下午三时仍至怀仁堂出席大会。(日记)

  10月3日至6日、8日至31日的日记收入《叶圣陶集》第二十二卷。

11月1日 上午开署务会议，为第四十次。"我署成立迄今日二周年矣。愈之报告全国委员会会议之大要。子野报告人民出版社检查出版物之经过。彼社近发动全体人员为此事，结果发现粗疏错误至多，皆一一书之，陈列为展览会，供社内社外观之。观者已逾二千人，皆从事出版工作者，影响必不小。今后将书其经验，遍告各地出版社，若能各自检查其出版品，于编辑出版必能有所改进。洛峰报告清产核资委员会之工作情况。公营企业须清理资产，核定资金，乃可推行经济核算制，乃可计算盈亏，鼓励增产，厉行节约。出版系统之清核，据云今年年底尚不克完成，须延至明年二月底云。灿然报告所拟学习《毛选》之计划。报告毕讨论二题。一为配合增产节约之号召，各部门就其业务之性质检查其工作，期以本月内专注此事。一为学习《毛选》之计划，由灿然彬然细商后再定。"

"二时仍至怀仁堂。周总理作结论，继之通过各项决议。致电和平理事会，拥护五大国缔结和平公约之建议。最后毛主席致简短之闭幕辞。"(日记)

11月2日 九时至文委，开委务会议。"我署由沈志远报告翻译会议之意义与办法。讨论颇多，或谓所拟明年之翻译计划未切实际，或谓此会议之目的不明确。而会期已定，通知已发出，只得于今后再谋补救。次之，胡绳报告人民出版社之情形，

注重于检查错误及今后之改进方法。……四时又开翻译会议之筹备会,讨论开会之种种部署。长日忙迫,无静定之时。"(日记)

11月3日 "九时开全体大会,兼邀直属企业单位及主要出版家之部分同人参加。意盖纪念我署成立二周年。先由余报告全国委员会会议概要。愈之继之,多谈出版总署及出版界之具体工作,多所检讨。末后号召三事:一、消灭错误,提高质量,二、消灭浪费,提高产量,三、消灭官僚主义,提高工作效率。"下午一点半,语文讲座照例举行,"余据叔湘之作讲词汇,自谓尚清澈"。(日记)

11月4日 午后三时至怀仁堂,听刘少奇报告,题为《共产党员之条件》。(日记)

11月5日 "上午至新闻出版印刷工会开常委会,专谈出版品方面消灭错误之问题。"下午,"辞书社及语文组同人约王了一茶叙……谈约三点钟,多及语法及辞书之编撰。拟请了一相助做些工作,彼允考虑而后决定"。夜间,与至善续改自然课本,至于十点钟,仅改三课而已。(日记)

11月6日 上午九时,出席第一届全国翻译会议开幕式。"首由愈之致开幕辞。继为文委副主任马夷老讲话。继为李达、曾昭抡、陶孟和三位讲话。最后由乔木作报告,阐明译品质量必须提高之义,以及全国翻译工作必须有计划进行之要。"

午后一点半,开主席团会议,讨论分组办法,并推定各组之召集人。两点半复开大会,由沈志远作报告。夜间,"续改自然课本,毕其第一册。至此,全书四册,仅余第三册矣"。(日记)

11月7日 八时,开署务会议,"专论响应增产节约之号召"。(日记)

11月8日 下午,出席翻译大会,听专题报告。"张锡俦君谈苏联翻译界情况，较空疏。樊以楠女士谈人民大学译员之培养，及其校译稿之审读制度，颇为切实。七时，开主席团会议，决定明后两日讨论我署所拟之关于译事之规定，及明年度翻译方面之选题计划。"（日记）

11月9日　"瞿菊农来，以所译批评杜威思想之稿见示，欲谋出版。"（日记）

11月10日　"午后，讲语法两小时，仍谈语汇，听者不衰。长江来，谈新闻、出版两署与工会发出联合指示，号召消灭错误运动之要点。余拟托灿然起初稿，加以修润后送各方研究，大家以为可，乃发出。"（日记）

11月11日　下午，"与至善续改自然课本。……迄于夜九点半，亦不过十余页耳"。李健吾来访。（日记）

11月12日　上午，出席第一届全国翻译会议之大会，"听各分组之代表报告其组讨论之情形。华应申报告提案审查之结果。如此一会，提案亦多至五十余件"。下午，"陶大镛报告各代表对于翻译计划之意见之整理结果，洛峰报告对于两件决定之意见之整理结果。于是全体拍照。余作结论（作《第一届全国翻译工作会议闭幕辞》——编者注），讲一时有余。……至此，一个会议又开过矣。全体会餐。尽欢而散"。（日记）

同日　作《第一届全国翻译工作会议闭幕辞》（刊《翻译通报》第三卷五期，12月15日）。《闭幕辞》云：

"这次会议集合了跟翻译工作有关的各方面的代表，开了一星期的会。经过反复讨论，大家得到一个共同的认识，就是：适应国家建设的需要，翻译工作必须加强领导，当前的中心任务是提高翻译品的质量，使翻译工作走向计划化。该怎么样做呢？我们提出：应该从管理公营出版社和机关团体的翻译机构入手，应该从制定初步的全国全年的翻译计划入手。所以要这样做，为了不仅要顾到客观的需要，还要顾到主观的力量能够办到。如果说把公私营出版家都严格管理起来，并且制定详密的全国全年的翻译计划，那当然更好。可是要求过高，力不从心，反而落空。我们的工作应该有步骤地一步步地做。这样办法也经过各位代表详细讨论，大家同意了。因此，我们可以说这次会议是开得成功的，我们解决了翻译工作当前的主要任务是什么，并且规定了怎样来完成任务的办法。

"关于管理翻译机构和公营出版社翻译书籍两个规定的草案，各位代表在分组讨论中提出了许多修改的意见。经过工作组的整理归纳，大部分意见已经容纳在修改稿里，修改稿由秘书处印发给各位代表了。详细情形已经由工作组报告过，我不多讲。关于计划草案，各位代表提出的修改的意见更多，工作组也报告过了。我们觉得这些意见都是很重要很宝贵的，我们的计划草案的确有许多缺点。为了补救这些缺点，我们准备接受会议的提议，会后马上由编译局分别邀集出版社和翻译机构组成修改计划小组，根据各位代表提出的意见，把原草案彻底加以修改，然后分配给各有关部门执行。"

《闭幕辞》并就如何提高翻译质量，从"集体校订"、"翻译自然科学书籍注意它的阶级性"、"大学用书以编译为宜"、"有计划地培养翻译干部"等方面进行阐释。

11月13日　八时，人教社行政、工会、党派、青年团组成之检查工作会议开会。"春台将以明晨到京，参加我社，主持图画编辑，而寓所无着，只得请其暂居伏老所。春台在上海中学任校长，薪金较丰，与我社不相称，今如何调剂，亦是难题。"（日记）

11月14日　上午九时在人教社作报告。"增产节约运动于此开始，期以四星期。余据所拟计划而阐说。安亭继之，谓运动欲期有效，必须运用自我批评。凡有三要，一为站定立场，二为善于分析，三为勇于说出。"

　　　　下午至文委，出席委务会议，谈简政问题。"文委系统各单位需去人员五分之一，改入文教工作及企业部门。意在使行政人员减至最少限度。第二议题为讨论文化部下各单位之工作报告，甚繁。会以七点散，回家已甚疲，不复能改文。"（日记）

11月15日　晤孙春台。"九点，新闻出版印刷工会召集报社、出版社、印刷厂、书店之工会负责人四十余人，在我署文化宫开座谈会，号召消灭错误。王子野报告人民社检查错误之经过。新华社杨君报告其社之练笔运动。《人民日报》何君报告其社之责任制与检查制。"

　　　　下午，为语文讲习。"讲毕，参加辞书社之工作会议。竟日为会，并看报之时间而无之，疲乏亦复难胜。"（日记）

同日　作书信《致王泗原》（收入《叶圣陶集》第二十四卷）。信中谈及王著《楚辞校释》出版事云："今日文怀沙来访，弟即与谈起大作，文君深研楚辞，亟欲一观。文君主持文学出版社古典部，渠言或由文学社出，或由棠棣社出，均可。因此大稿可径寄文君处，不必由平伯转致。其居址为交道口板厂胡同七号'中德学会'，经常在彼，足下不妨找他一谈。"

11月16日　"灿然代余拟成新闻、出版两署及新闻出版印刷工会准备联合发布之指示，今日加以修改，不为涂乙而另纸书之。十点，总署之增产节约检查工作委员会首次开会，通过计划，并讨论如何进行工作之方。午后，继续修改指示稿，至三点而毕。与图书期刊司诸君观之，期获修正补充，亦使诸君了解作事之不可苟简草率。"

　　　　下午，"与语文组诸君为会，讨论小学语文课本中如何编入注音字母之问题。黎季纯主正规地教，他人嫌其繁，恐儿童未易领受。未作结论。五点过，伏老、朱泽甫来谈图书馆事，因将检查工作，二位谈其致力要点"。（日记）

11月17日 上午，在总署作增产节约检查动员报告。下午，人教社检查委员会首次汇报，"各组组长述其组之检查计划"。（日记）

11月18日 章雪村与章士敭来。"雪村谈此次增产节约运动中，渠拟提出规定全国书版之规格。苏联之书籍，纸张利用率为百分之六十几。我国大抵不到百分之五十。若能使全国出版社依照规格印书，纸张与印刷力之节省将是巨大之数目。余深赞其言。灿然颇欲注意杂志之浪费，凡不必要者，彼此差不多者，尽量设法使其不出，亦是节约纸张及印刷力之一道。此等事皆我署所当特别留心者。"杨之华来访，谈已寻获瞿秋白尸骨，商能否断其非误。（日记）

11月19日 上午看语文组所选教材。"诸君多取材于杂志，而杂志文字往往报道一时一地之事，事过境迁，即感乏味。语文教本并非报章文章之汇辑，此意向不为同人所通晓也。"下午看字典稿。

　　"夜间与至善续改自然课本，至九点半毕。全书四册，至此完工。尝问方宗熙，方谓此书经余修改，科学性较高，文字似修整，然仍为要不得之教本。以其不适于小学高年级生之程度，取材无抉择，样样都有，而叙说不畅，一语之中含义至多，未能使学者彻底领会也。"（日记）

11月20日 上午看字典稿。"近有北京市中学教师数人来社参加工作，系文教局受教育部之命，并经余向吴晗恳商而后成为事实者。此数人每周来我社或以两日，或以三日，余时仍在学校任课。人力逐渐得补充，工作当可开展，唯办公室不敷，亦为难事。"

　　下午，"十数出版社之人员咸集我署，座谈消灭错误"。"诸人各言其社出版物之错误情形，亦谈其已行或拟行之纠错办法。五点半散。如此屡次为会，欲以此意遍布于出版工作者之心，而求发生影响耳。商务有王天一发言，中华有姚绍华发言，开明有均正发言，此三家于消灭错误之旨似尚未抓住要点。"（日记）

11月21日 上午，"与语文组诸君谈高中语文本之编辑"。"下午，修改方宗熙重撰之初中植物学原稿。方君仍据苏联本之体系而加以增损，增者我国之材料，尤注意于我国之特产及我国植物资源之丰富，损者为苏联所重而在我国无足轻重者。方君已撰成生理卫生稿，又修订苏联《达尔文学说基础》之译稿，并将加以改编。继之并将重编动物学教本。渠谓苏联生物部门之各科彼此配合，组织至密，最合科学体统，故欲一手为之，期有利于学生。此种精神大是赞扬也。"（日记）

11月22日 下午续为语文讲习。讲毕，开总署方面之检查工作委员会，各单位汇报其所拟之检查计划，并讨论进行检查之准备。（日记）

11月23日 "看晓先新撰初中历史提纲。此将以应明年暑期后之用。缘较满意之课本一时难就，先不名课本而名提纲，另撰参考书，供教师据以教学。今日观其开头数节，谈古代人类迄于夏商，觉其材料繁富，而条理不清。杂提意见归之。

"与春台谈教本之图画。佳手难得，虽我人颇存奢望，恐亦只得逐步求进。与宗熙谈生物科各书之编撰。看字典稿一叠。至此手头无积事。"（日记）

11月24日 "观地理组检查所得之错误。午后，教育社检查工作委员会开会，各单位汇报。安亭于各组讨论之际皆往参加，能指出做好工作之要点，颇有领导之方。此为余所不逮，且亦无暇为者也。"（日记）

11月25日 "文叔出示其新撰之小学语文课本稿十余课，皆不坏。论思想，论教育意义，视以前教本为胜。文叔于此用力甚勤，不到社工作，在家求其清静，可以凝思，恒深夜不休，在床

上亦复思之念之。余劝其勿过劳致疾，彼之身体实不能堪此也。"（日记）

11月26日 "《翻译通报》欲登载余在翻译会议闭幕时之讲话。此稿系蝼生所拟，草率殊甚，既须刊登，非改不可。余最怕此事，实逼出之，不得不作。原稿仅三千余言，改之半日，仅得其半，视作文更慢矣。"

下午二时至怀仁堂。"宣传部请财委副主任李富春作关于增产节约运动之报告。大旨为新民主主义社会与社会主义社会同，积累资本之要途为增产节约。此并非一时之运动，实为永久之实践纲领。今经号召，明年初试，于其中取得经验，制定制度，想出办法，更开日后之规模。四时半散。夜间继改稿。"（日记）

同日 出版总署发布《关于查禁书刊的规定》，针对各地区"在禁售书刊中的标准与行动不能完全一致"的现象，规定"今后禁售书刊必须经本署批准。但对于政治上反动及有严重错误的书刊，在未经本署批准禁售前，各地可先行封存"。

11月27日 上午，开署务会议。"谈二事。其一，我署与各直属单位报告其检查工作之进行情况。其二，讨论干部训练班之教学计划。我署初成立时即谈起举办出版干部训练班，今房屋已修成，招收学员之通知已发出，明年年初殆必可开学。教学计划分出版政策、出版业务、发行业务等数项，教师以本署及直属单位之人充之。"

下午，"又开我署之检查工作委员会。商定星期五开动员大会，于增产节约之要旨加以详说，并谈检查之法，以及何者为官僚主义。盖此数者尚未为一般人所通晓也。……夜间，改宗熙所撰初中植物稿十数纸"。（日记）

同日 改定《第一届全国翻译工作会议闭幕辞》（刊《翻译通报》第三卷五期）。

11月28日 晨观姚韵漪所搜集之语文教材。"十点,总署召开检查运动各小组组长联席会议,报告各组情况而外,并提二次动员报告之要点。午后接民盟天津市支部来信,邀余于星期日到天津谈语法问题。"(日记)

11月29日 晨看语文组所作注释。十时,"教育社编审部全体为会,听语文组、历史组、辞书社三单位检查工作之典型报告"。"刘御谈其组检查初中语文本第一册之结果,孰不适于用,孰修改得不甚妥,言皆中肯,当初余亦未尝见到。晓先谈其组检查高小历史第一册之情形,提出问题者一百多处,未能扼要综合,言之较琐碎。萧家霖谈其社检查字典原稿之情形,亦有思想性不够、科学性欠缺等弊。诸稿余亦看过,多数毛病亦皆忽过。于此可见作稿必须共同订正,依靠群众确有好处。今日之会,虽所谈三门各不相同,亦足以互相启发,大有益也。"

午后一点半,仍为语文讲习。会散,辞书社开社务会议。"谈事甚多,主要者决定字典以明年六月完稿,年底出版。尚须随时督促,鼓起大家之积极性,方克有济也。"(日记)

同日 宋云彬日记:"(晚)七时半赴东四八条,与圣陶、文叔等谈甚久。"(《红尘冷眼——一个文化名人笔下的中国三十年》)

11月30日 晨看语文组之注释稿。十时至胡愈之室,"一谈调整工资。次谈明日作报告之内容。又次谈今日下午至政务院报告出版行政会议之准备"。

午后三点至政务院。"首由邮电部人员报告中德电讯协定之内容,随即通过。其次,曾昭抡作报告,谈教育部调整工学院之计划。讨论许久,原则通过,再由教育部及有关部门详加计划。于是愈之报告出版行政会议之要点。"(日记)

11月1日至30日的日记收入《叶圣陶集》第二十二卷。

同月 发表《写文章跟说话》,编入叶圣陶、华罗庚等著《怎样学习得好》，由青年出版社出版。文章说："写文章跟说话是一回事儿。用嘴说话叫做说话，用笔说话叫做写文章。嘴里说的是一串包含着种种意思的声音，笔下写的是一串包含种种意思的文字，那些文字就代表说话时候的那些声音。……写文章跟说话是一回事儿。要有意思才有话说。没有意思硬要说，就是瞎说。意思没有想清楚随便说，就是乱说。瞎说乱说都算不得好好的说话。用笔说话，情形也一个样。嘴里该怎么说的，笔下就该怎么写。嘴里不那么说的，笔下就不该那么写。写文章决不是找一些稀奇古怪的话来写在纸上，只不过把要说的话用文字写出来罢了。"

12月1日 上午，集总署、人民社、人教社三单位为会，"讲增产节约之意义"，胡愈之"讲何谓官僚主义及检查运动中应打破顾虑"。

下午，仍开人教社检查工作汇报会。"各组汇报之后，共谈今后检查宜更求深入，应注意教本是否合于教育，适于教学，贯彻思想政治是否足够。"（日记）

12月2日 上午十一时许抵天津。"民盟吴定球、赵伟之二君相迎，共至一俄式西餐馆进餐。遂至民政部礼堂。楼上下满座，据云有千人。一时半开讲，介绍叔湘之《语法修辞讲话》，信口而谈，皆为平日之见。谈至四点十分止，听众似尚满意。至开明小憩，晤沈迪康。开明已改为中图矣。旋至车站，登青岛来之快车，以五点十四分开，八点零四分到北京。"（日记）

12月4日 "看宗熙初中植物稿，为之仔细修改。看李肖白送来人民出版社自述其检查错误之稿，将刊于报纸，作按语。"

下午，胡愈之来谈。"谓我署检查工作，主要之缺点恐非各部门人员所能指出，其病殆在领导思想与领导方法，二者不当，全体人员遂认识不一致，大家照例办事，形成官僚主义。余意此亦不错，但仅此抽象一语，无济于事。如何化为具体行动，使二者各得其当，大值研究。而能否适用马列主义，亦即于此觇之。余固自知甚难有所见也。"

瞿菊农来访。"其所译稿，余托两位同志看过，咸谓译笔生硬。余径告之。菊农言平常译书固亦加以融化，使合我国之语言习惯。今译此稿，以其属于马列主义方面之著作，唯恐立场观点有误，不敢稍事变更，遂成生硬。拟重加修改，再行交来云云。其言至可味。"（日记）

12月5日 "李肖白来谈工会如何推动增产节约。余谓就新闻出版印刷方面而言，无非提高编辑工作，使所出书刊于人有用。可有可无之书刊，尽量少出。他则研究书刊之版式，使在不伤目力、不失美观之条件下，尽纸张之用，以期节约纸张。印刷设备亦宜尽其用，不可仅用百分之数十而止。肖白又谈起我工会可与广播事业局联合发起为语法讲座之广播。余谓此事当然好，但须徐徐图之。广播宜求其精要，选材如何，首须研讨。定其要目而后如何起稿，亦须推敲，此如准备上演之剧本，丝毫马虎不得。俟其去，作一书致叔湘，商量此事。"

五点，听办公室汇报各单位开会检查情况。六点过，与乔峰同至愈之家晚饭。饭罢闲谈署中事，蠖生来加入，"主要谈如何抓住中心，改进以后工作。又谈翻译局之存废，大致须废。缘志远将去华东服务，处长人选甚少，实际上已无由成立也"。（日记）

12月6日 下午一点半至三点半，仍为语法讲习。五点，仍听办公室汇报。六点，人教社开全体大会，欢迎新同志。"三个月以来，自安亭、刘御为始，计有新同志二十四人。"（日记）

12月7日 午后三时，列席政务院会议。"今日仅讨论一题，精简机构，提高效率。此题甚大，关涉全国，中央各部门负责人均到。薄一波作报告，大致谓此次精简，盖据两年来之经验，重作合理之调整。重复者去之,性质相近而不重复者合并之,尚欠充实者充实之。其与我署有关者为新闻总署取消,大部分并入文委,小部分并入我署。大行政区仅东北、华东、中南三区留出版局,其他行政区及省市则视情形设出版专员。余以为此至合理,出版行政机关固不须各地都设,盖出版事业之分布甚不平衡也。薄报告毕,附带谈及目前行政机关贪污情形至严重,亟宜发动反贪污运动,大张旗鼓,以转移风气。周总理继之,于薄之报告详加阐发。次及反贪污,谓宜与反浪费反官僚主义相结合。随即推定节约检查委员会卅五人,由薄一波主之。此检查运动将历四月,至明年三月而止。会散已十点半。"(日记)

12月8日 上午,"与洛峰、蠖生共商,上海、广州、天津三市于出版事业至关重要,宜留出版处,设较多之员额,乃可领导并管理。即以此意告文委,希望补入昨日政务院所谈之决定中"。

下午,人教社检查工作汇报。晚七点,至市文联作讲,"系老舍所约。老舍腿病复发,痛楚殊甚,然犹勉强来主持。听众约一百二三十人。余仍谈有关语文之老一套,历一点半钟而止"。(日记)

12月9日 "九点半,叔湘来,谈广播语文讲座事。如何定题目,选教材,未有决定。渠谓不妨商之于周祖谟。交我以季镇淮所撰佩弦之年谱。佩弦全集一拖再拖,时已三年,思之疚心。总望诸友催促,开明赶紧,能于明年暑前出版。"

下午到愈之家,"我署高级干部及人民社、新华厂、新华书店首脑咸集,漫谈我署缺点之主要原因何在,应如何改善。发言甚多,大致为领导思想不明确,领导作风有问题等等,尚未谈及如何改善"。夜,"看佩弦年谱两遍"。(日记)

12月10日 晨到署与安亭、仲仁、灿然谈社事,改中学语文课程标准说明稿，"系教部恐课程标准发出去，全国教师未能明其用意，托京中若干教师所撰。说明凡三十余纸，殊平平，改之寡趣"。（日记）

12月11日 "改语文课程标准说明数页。原稿甚肤泛，语多抽象。下午讨论文叔所起小学语文本第一册稿。诸人想法不一致，于语言训练之进程，认字数量之多寡，内容方面之选择，皆未能有共同认识。谈三点多钟，仅通过开头之三课而已。"（日记）

12月12日 "看方宗熙生理卫生稿，并修改之。得二十页。"（日记）

12月13日 上午，"改植物稿数页"。下午仍为语文讲习，"讲两小时"。（日记）

12月14日 "为方宗熙改一文，谈苏联中学植物课本之长处，经东北及我社编译而发生之缺点，并言此次重改将弥补其缺点；盖欲刊布于报刊，普告全国学校者。十点至愈之室，共闲谈，蠖生亦来。多谈编译局必须改变，如何安排乃为妥适。"（日记）

12月15日 "看计志中所辑我社各书版式之材料。当初每发一稿，以意为之，不相关顾，今观此材料，五花八门，殊无条理，非求其一致不可。此后当订定若干规格，不属于甲，即属于乙，乃见规模。唯订定亦非易事，须详细商酌乃可。"

十时到十二时，"仍举行检查工作汇报"，"改方君生理卫生稿数页"。（日记）

12月16日 仍改生理卫生稿。

12月17日 "改语文课程标准说明数页，原文甚差，改之乃无劲儿。下午，署中诸人开座谈会，赓续九日在愈之家举行之会。"（日记）

12月18日 看高中语文注释数篇。（日记）

12月19日 "晨至新闻出版印刷工会筹委会，主持座谈会，到会者新闻印刷单位八九个。谈我会所提消灭错误是否可与反贪污、反浪费、反官僚主义相结合。有五六个单位代表发言，大致报告其消灭错误之情况。余末谓此当然可以结合。消灭错误自然可以避免浪费。错误之来源总之为对工作不认真；敷衍了事，马虎过去，正是官僚主义之特性。消灭错误，自然合于反对官僚主义。再者，一个单位之中而有贪污情事，欲求成品之无错误亦复甚难，故亦可结合而检讨。"

下午，"集七八人为会，讨论文叔所拟小学语文稿，通过课文四课。复商定两个单元及其内容，仍请文叔属稿。并商定教授书之进行办法"。（日记）

12月20日　"上午多与同人谈稿件事。陈同新来谈高中化学尚无人担任。田世英来谈师大教授王某所编自然地理稿甚为幼稚芜杂，拟不复托其编写。辛安亭来谈芝九所编高中外国史有二缺点。一为叙事多轻轻表过，有骨架而少血肉。一为过'左'，于史事皆以今日之观点衡之，谓为无甚足道。晓先示我以其所撰一文，言检查高小历史之结果，多摘其缺失。"

下午仍为语文讲习，"谈标点符号用法两小时。王舒冰作我署一年来各种学习之总结，以底稿交余阅看"。（日记）

12月21日　上午开署务会议。"我署与各直属单位各报告其增产节约检查运动之情形。为遵行中央号召，明年尚须作节约运动，为期三月，以反贪污、反浪费、反官僚主义为主。署中又须成立委员会及办公室，随时开会，随时汇报，与以往诸运动同。其次讨论作今年之工作总结。余谓两年以来，我署之总结皆草草为之，写成文字往上一报，自己则归入档案，于实际工作不生关系。若此之总结徒然耗费心思力量，可以不做。必须前一度之总结可以影响后一度之工作，使工作得以改进，总结乃有其意义。众皆以为然，谓以前确有官僚主义作风。此次总结比较认真，逐步自下而上，或可较有实际作

用。……夜看生理卫生稿十页。"（日记）

同日 政务院发布《政务院关于建立全国报纸书刊发行网的决定》，指出："认真动员与组织国家的与社会的各种发行力量，迅速建立全国的广大规模的报纸书刊发行网，广泛深入地发行有利于人民的报纸书刊，是目前亟待进行的一项重大工作"，并作出六个方面的决定。

12月22日 续改生理卫生稿。"校我社所定编辑用字之规定表。如'臺'一律用'台'，'脣'一律用'唇'，'贯彻''彻底'不用'澈'，皆以习用为据，又参以省便之条件，不以文字学为准。姑试用若干时，以后可重加更改。"

下午，在人教社讨论地理组所拟高中外国经济地理之提纲。"此提纲已分发地理学界征求意见，并以示人民大学一位苏联地理学专家。今日之会，以听此专家之发言为主，发言者颇多，于我社拟稿多所指正。会以六点散。灯下仍改生理卫生稿数页。"（日记）

12月24日 晨至中国图书发行公司，为其全体同人谈增产节约，反贪污、反浪费、反官僚主义。返署后，"看新闻总署所拟消灭错误运动之指示稿，略加修润"。

下午，改胡愈之在政务院所作关于出版行政会议之报告一稿。（日记）

12月25日 看王漪所改小学语文四册。"十点后至愈之室杂谈。新华书店存货越积越多，去年约值一千亿，今年又增约一千五百亿，此是惊人之浪费。其原因在群托推销，而书籍或不适于用，或与他种重复，不尽由于新华发行业务之不振作。愈之欲由我署代为审书，区别其可销与不可销。洛峰、灿然皆不以为然，谓此事宜由新华主之，发行家进货与否，固有其自由。余意出版家尽能认真，书必有用，则不致有积存。此所以提高质量，认定对象，为今日出版家急要之务也。明日又须开动员大会，号召三反，由愈之为之。"

午后修改出版行政会议所拟之几个文件。又改生理卫生稿二十余页。（日记）

12月26日 "八时半，开反贪污、反浪费、反官僚主义动员大会。我署及直属单位咸集，估计达千五百人。愈之作报告，言三反之意义，并举出版界之实例，至十一点半乃毕。"

午后一点半至文委，"先讨论成立文字改革委员会，属于教育部，将研究并制定汉语拼音方案及中国拼音字母。继之十余单位汇报三反运动情形，至六点乃毕"。

七点半，至外交学会会所，参加郭沫若获得"加强国际和平"斯大林奖金之庆祝会。（日记）

12月27日 "九时开社务会议。决定年内结束检查运动，转入三反。编审部仍以消灭错误为主，结合三反，学习时间可较短。生产部分则依一般办法，检查贪污浪费，务求深入。次讨论全社明年之工作计划。次讨论更改组织，将原有之两部改为三部，编审部仍旧，经理部专管全社总务，另立出版部，专管出版工作。经理部芷芬主之，出版部少甫主之。又推仲仁任副总编辑，少甫任全社秘书。"

一点半，仍为语法讲习。"此是最后一次，作讲亘两个月，从未间断。余告听众，希望明年重行开始，改进方法，可收较好之效。讲毕，与诸君讨论文叔所写小学语文稿。集体思考，改七八课而已，颇有几句修改得大家称好。"（日记）

12月28日 "九时，在署长室会谈翻译局事。沈志远将调上海任事，编译局已无领导中心。且我署于去年年终变更组织，其他部分均将业务划出，专司行政，而编译局仍混而未分。今一年将尽，必须加以调整。经讨论三小时，决定于出版司中设一小单位，人数不过六七人，专管行政，掌握翻译计划以领导翻译界。局中半数同人（三十个左右）则入人民出版社，一则译成几种好书，以为译界倡，二则借《翻译通报》以传播经验，创立理论，以提高译家之能与识。此外则重点审读译品而评其得失。局中原有七人编译俄文字典，则并入时代出版社，缘彼社亦在作字典工作。所余之人则分配于各出版社。我教育出版社亦分得三人，可代编审部同人看俄文书。"

出席巴基斯坦大使馆首次之招待会。（日记）

12月29日 "上午看高中语文注释稿，于其文言部分颇不满意，同人尚未了解文言应如何指点，方能使学生通晓。虽略为指出，恐亦未易生效也。午后，看新选中学语文教材五篇。"（日记）

12月30日 "十一时至愈之家，愈之与余及乔峰作东，为沈志远夫妇作饯。

《人民日报》送来一函，系新闻总署与我署及新闻出版印刷工会之联合指示稿，发动消灭错误之运动者，并附对此事之社论一篇，嘱为校读。社论颇不简练有劲，然亦不易于匆促间为之删削，略于修正即送回，亦无可奈何之官僚主义也。"（日记）

12月31日 曾世英自南京来访，"商讨地图绘制之疆界问题"。"此事由中缅疆界问题而起，请示政务院。政务院初以为其事简单，后知并不然，中苏疆界有问题，中蒙疆界亦有问题。既为官方发表之地图，必须根据政策，站定立场，不应含胡将事。后定先由我社拟具体意见，与各有关部门会商，最后由政务院决定应取办法。拟请曾君勾留旬日，拟定意见，与他部门会商过，乃云毕事。曾君所绘地图集本定今年出版，四十六幅已印成四十一幅，一切材料已购备，投入资金将十二亿。今因疆界问题，图幅须重印者甚多。积压资金之损失，作废重印之浪费，其数必不在少。在今日反浪费声中，可为一典型之例子矣。"

下午一点半，在人教社集会，作增产节约检查工作总结，及转入三反运动之动员。"余讲话一时有半,次之辛安亭讲编辑部检查情形,芷芬讲经理部检查情形。余结语谓我人应以认真工作迎接一九五二年。"(日记)

12月1日、2日、4日至15日、17日至22日、24日至31日的日记收入《叶圣陶集》第二十二卷。

1952 年

(壬辰) 五十八岁

1月 中共中央发表《在城市中限期开展大规模的坚决彻底的"五反"斗争》。"五反"运动在全国各地展开。

2月 中国文字改革研究委员会在京成立。

3月15日 苏联公布一九五一年文学艺术方面获得斯大林奖金的名单,丁玲的小说《太阳照在桑干河上》和贺敬之、丁毅执笔的歌剧《白毛女》荣获二等奖,周立波的小说《暴风骤雨》荣获三等奖。

3月28日 全国文联在全国范围内组织第一批作家深入生活。巴金、古元等赴朝鲜前线,曹禺、艾芜等去工厂,马加、贺敬之等去农村。

4月 《毛泽东选集》第二卷出版。

5月 《文艺报》开展"关于塑造新英雄人物形象"的讨论。

7月 中华人民共和国公安部公布《管制反革命分子暂行办法》。

8月16日 政务院公布《管理书刊出版业印刷业发行业暂行条例》和《期刊登记暂行办法》。

9月 毛泽东发表题词:"百花齐放,推陈出新。"

10月　中共中央批准了安子文、廖鲁言关于结束"三反"和"五反"运动的两个报告,"三反"、"五反"运动胜利结束。

12月27日　全国文协召开"胡风文艺思想讨论会"。

同日　全国文联组织第二批作家深入生活:周立波、徐迟等去工厂,艾青、秦兆阳等去农村,路翎等去朝鲜前线,李季去矿区。

*　　　*　　　*

1月1日　傍晚至怀仁堂,出席新年团拜聚餐之会。"六点半,毛主席入场,祝今年各方面之胜利,最后祝新的战线上之胜利,即三反运动之胜利,谓必须大张旗鼓,雷厉风行,消灭所反之对象而后已。今夕治馔甚简约,亦不互相敬酒,大约均是节约之道。"(日记)

1月2日　上午,总署节约检查委员会开会。"总署及所属单位汇报动员以后情况,花时甚多。蠖生报告在总委员会之所闻。谓毛主席认三反运动为当前最重要之务,如不贯彻此事,则共产党将不成其为共产党。限令在新年十日之内,未发动者立刻发动,已发动而不深入者立即进求深入。最后愈之作结论,号召各单位加紧动员,其要则在负责人亲自动手,多作自我批评,以启发群众之积极性,打破群众之顾虑。饭罢,灿然、仲仁、安亭来谈,共商我社如何加紧进行三反。"

下午四时,"语文组初中小组诸君来谈,商课文后之提示如何撰写。余略言所见,而诸君未必遽解。余言之未能畅达,而诸君之理解相距较远,亦为要因"。(日记)

1月3日　上午八点半至文委,出版总署系统之各单位汇报"三反"运动进行情况。"马夷老与长江为主持人,马老言毛主席极端重视此举,甚至谓此事如不彻底进行,其不蹈国民党之覆辙者,未之能信。斯言沉痛,亦见决心。愈之报告我署系统各单位之情况，继之共为讨论。结论谓务必加紧发动群众。十二点散。愈之于车中相告，言文委之主意，将派陈克寒（新华社社长）来任我署之第三副署长，加强党之领导。"

午后一时，至愈之室谈，"决于节约检查委员中推出七人为常委，以便随时会商，处理急要问题。余则言处此紧迫事务之中，实觉无能为力，而神思体力俱不济，真有不克追随之势。愈之言深能理解余之怀想，唯恐无由却退耳"。看王漪所改小学语文一册。（日记）

1月4日 上午看王漪所改小学语文课本两册。"看姚韵漪等所集材料，预备改写成语文教材者。又批图书期刊司所提对于余修改通报稿之意见，予以解答，请同人传观。同人愿注意文字语言之修炼，余甚乐为指点，凡有所知，自必倾筐相告。"

午后三点，听各单位办公室及检查组之汇报。（日记）

1月7日 上午八点半开"三反"运动动员大会，全署及直属单位之人均到。"原定程序，蠖生、卜明（出版总署办公厅副主任——编者注）、洛峰、灿然四人各作自我检讨，大致承认其具有官僚主义，然后群众发言。不意蠖生所作检讨流于形式，态度亦不诚恳。乃有人起立叫喊，如此检讨无多意义，应变更程序，先讨论蠖生之报告。愈之作主席，请群众表决，主张变更程序者占多数。于是群众热烈发言，大多指蠖生之失职，并及总务科同人之贪污行为。蠖生任办公厅主任一年有余，由于不甚了解情况，失职实多。较次之毛病则为对人之态度不好，办事无规则等等。余心久不以为然，今日听群众所言，知其招人不满深矣。彼任总支书记，署中党员已向彼批评多次，而彼满不在乎，未能接受。今以反对官僚主义而终于揭露，亦复佳事。"

下午二时续开大会。"坦白贪污者多，亦有批评蠖生者。我署自成立以来，群众大会以今日为最盛。有谓今日乃见共产党之批评精神。"六点，署中党组开会。"陈克寒代蠖生为书记，任主席，余与愈之乔峰应邀列席。共谓今日之大会应算成功，群众真个发动起来。但党组落于群众之后，事前未将蟫生之报告加以研讨，事后亦未能控制，皆属党之领导不强之故。次讨论一周内之运动进行计划，至十二点半始散。"（日记）

1月8日 看王泗原所编工农中学语文课本原稿。"午后与愈之谈一时许。愈之亦不满蟫生之作风，自谓平日未与之直言，致成此日之情势，亦宜检讨。散工时墨未归。渠为社中检查组组员，往经理部开会。夜间总编室又有会。渠现为积极分子，努力参加各种事务，实际不免疲劳。"（日记）

1月9日 续看王泗原所编工农中学语文课本半册。"墨昨夕归来，谓我社将于明日开全体大会，由领导同志作自我检讨。余例宜检讨，且有话一吐为快。夜半醒来想两时许，今日即笔录之，大意分三点。一、余明知我社之教本质量甚低，而因循敷衍，不及时设法，两年以来，此在全国学生之损失不可数计。二、余亦知批评之要，工作集团之间无批评即不能改进工作。而余对己不批评，对人亦知而不言。三、不善领导，而以本不习此自慰。在其位即须谋其政，不习者必须学习，否则为失职，为妨碍工作。针对以上缺点，拟自白自今为始：一、各稿必须仔细看过，必认为可以拿出去然后发稿。二、将试习知而能言，以前亦非无此勇气，徒以贪懒怕事，今后必去此毛病。三、将学习领导之方。"

午后三时至怀仁堂，"赴三反运动报告大会。人数之众逾于往日，两旁休息室及正面堂内咸满。周总理为主席，薄一波作报告。第一部分言情况之严重，列举种种事例。第二部分言此次运动之性质。谓贪污、浪费、官僚主义之危害在两方面，一方面为经济，如任其危害则资金无由积累，工业化即谈不到；一方面为腐蚀干部。故此为有关革命成败之根本问题，必须取得胜利而后已。第三部分言运动之方针与政策，号召坦白检举，立意改悔。第四部分言取得胜利之条件有二：人民与人民政权一致，此其一；干部均动员起来，检讨工作，批评自己，此其二"。

夜偕安亭、灿然至经理部，"会少甫、芷芬谈明日检讨会事。余与芷芬、灿然、少甫各以所拟提纲讲出，互提意见。明日总署方面会场俱不空，只能在经理部开会"。（日记）

1月10日　晨至石驸马经理部。"全社一百数十人，假师大之雨天操场为会场，由安亭为主席。上午，余与芷芬为自我检讨，各讲一点半钟。返经理部午饭，再至师大，由灿然与少甫二人为检讨，亦历时两点又半。少甫讲毕，安亭请群众提意见，则针对少甫者独多，指出其种种缺点，虽未必尽属可信，而亦可见经理部实甚混乱。会至六点而散，复至经理部商明日如何，决定宜复开大会。三反必以反官僚主义为始，此无足奇，但宜迅速转入反贪污反浪费。今日上午我署总委会为会，已指示于此点须特别加意，宜使群众知之。"（日记）

1月11日　上午，"与愈之谈一时许"。午后一点半，在署中文化宫续开我社全体大会，仍由安亭为主席，"群众为坦白检举"。

列席总署党组集会，"讨论蠖生再行写过之检讨稿。蠖生按稿谈毕，十余人各有意见，皆沉重。而蠖生胡涂，允宜受此，受此乃有更新之望。陈克寒归结众意，谓蠖生不是处甚多，宜再加省察，再行修改其稿。原定明日开大会令其检查，改至下星期一"。（日记）

1月12日　"大家已卷入三反之浪潮，经常工作几乎全部停止。十时至愈之室，听愈之转述昨日下午政务会议中薄一波所作关于三反运动之报告，及周总理之结论。薄言工商界腐化干部，几乎无微不至，皆有显例。次言官僚主义之领导实为滋长贪污浪费之源，故必须反对。末言此种运动宜为常规，每年于年终洗刷一回，乃可轻轻松松过年。周之结论词甚多，其有精义者，谓官僚主义实即麻木不仁，不动脑筋。辛辛苦苦忙于事务，为事务所蔽，脑筋亦即胡涂，予资产阶级思想之侵袭以可乘之机。必须理论修养与实际结合，官僚主义乃可根治云云。"

午后一点半，人教社节约委员会开会，"讨论安亭所拟今后七周之工作计划，复决定加强办公室与检查组。墨为积极分子，既为检查组组员，复被推为办公室工作人员。最后由余转述上午闻之于愈之者。会以四点半散"（日记）

1月13日 "傍晚，伯祥应余之邀来小饮。开明亦方进行三反运动。伯祥甚称此举之有意义，互相批评，开未有之前例。余于此运动，初以为与贪污浪费无涉者，意义即较少。及蠖生之遭批评，乃悟官僚主义也者，益非泛泛言之，实与贪污浪费同其可恶，且为贪污浪费之源。而官僚主义实为人人所有之通病，仅程度有深浅耳。此次运动将使人人于思想上洗一回澡，洗濯干净，工作必将改观，故其意义至为深广矣。

"墨既被推为检查组之办公室工作人员，将以明日搬往经理室住。整理铺盖杂物，戏谓往参加土改。此一场斗争固亦不亚于土地改革也。"（日记）

1月14日 "到署即列席党组之会，半小时而散。于是开大会，专为蠖生事。署内同人而外，各单位或全体或一部分人参加。先由署中五大组各推一人，报告组中对蠖生之意见，并分析其思想根源。于是蠖生作第二次之检讨，态度尚诚。继之，工会、青年团、党支、民盟臧克家、九三学社魏建功、党组书记陈克寒相继发言，大致谓此次检讨较好，但究竟能否接受群众之教育，尚须观其能否改正。最后愈之作结论，谓蠖生在工作中造成之损失，渠与余及乔峰亦负责，我三人之官僚主义，助长蠖生之官僚主义。继谓蠖生此次检讨较佳，共愿观其后效。至于如何处理，俟上级决定云。蠖生之事至此告一段落。"

下午，人教社检委会开会。"复召开小组长会议，讨论本周工作,并由安亭宣布今后七周之工作计划。四时散,复与语文组编辑初中教本之诸君为会,大略决定初中第一册之目录。进面一碗为晚餐。灿然来谈署中事社中事,余深感百孔千疮,医治匪易。"

夜,主持总署系统之节约委员全体会议。"首由愈之传达薄一波在上周政务会议所作之报告及总理之结论。次之,陈克寒整理各单位之七周计划,提出意见,大致谓贪污浪费之重大案件,各单位尚未揭露,本周内须各开坦白检举大会,仍须首长带头,层层检讨。到会二十余人均无多意见。散会已十一时,察各人颜色,有不胜负荷之意。"(日记)

1月15日 陈克寒来谈,"谓渠来署一周,深感署内问题严重。高级领导有意见皆存之于心,不肯相互批评,是为不能做好工作之关键。余亦谓两年以来,诸人对于工作无一致认识,出版总署究当如何,无明确之纲领。所定计划,所作总结,类皆以意为之。余虽不敢言应如何才对,而确知所作者为纸上空谈,徒增档卷。余亦时时隐约言之,未能引起大家注意。唯自三反运动以来,批评检讨之空气已造成,或可痛快直言,共为改进。克寒言彼将向诸人摸索一番,如觉时机已至,即可作一回开诚布公之座谈"。

下午三时,节约委员会开小组长联席会议。"综述各组讨论余与灿然、少甫、芷芬四人所作检讨之意见。各组于余,多谓不能总顾全社,所谈仅及编辑。自认不善领导,不能以此自恕。群众观点薄弱,未尝想及有事与群众商量。诸人谈毕,决定明日开编审部大会,由各组代表发言,并欢迎个人发言,范围为对四人提意见。"(日记)

1月16日 "上午,图书期刊司为会,由彬然、灿然二人作自我检讨。彬然之言较平常,灿然则视上星期在教育社所谈深刻多矣。余与灿然相交两年有余,气味甚相投。由今思之,所以相投者,以其有自由主义之作风,正与余相近。而此正为其缺点。以共产党员而言,甚不宜有此作风也。

下午一时半,编审部全体为会,讨论余及金(金灿然——编者注)、吉(吉少甫——编者注)、卢(卢芷芬——编者注)三人之检讨。综合各人之意,共劝余注意全局,不宜局于一隅。于新事物缺乏敏感,此殊妨碍工作之推进。必须加紧学习,改造思想,乃可为适当之领导。余知诸君皆出于诚恳之善意,所言深中余病。然思想改造乃至实践变革,谈何容易,虽欲勉力追随,恐未必能立见功效耳。若能减少兼职,使专于一事,或可略有寸进。而身体亦须足以副之。若长此疲困,亦难乎有望也。"(日记)

1月17日 "晨与语文组高中教本之几位编者会谈。复王了一书,渠在参加土改工作,谓将抽出时间,徐徐为我社撰《语文知识》。余告以我社之意见,表示欢迎。此书系了一来京时谈及,合语法、修辞、文章法则于一,使中等教师吸收之而以哺学生。本拟今夏出书,今渠参加土改,成稿即不能有把握,唯期来岁可以问世。"

午后二时,各单位办公室汇报。"克寒传达中央及文委节委之指示,谓此次运动为激烈之阶级斗争,资产阶级之思想行为向革命阵营侵犯,其具体表现为种种之贪污,今必坚决反攻,克敌而后已。文委谓我署系统运动不甚佳,群众虽已发动,而劲头不大。因议定坦白检举群众大会略延后,星期六先为动员大会。愈之之动员报告须包含自我检讨,庶可使群众奋起,共为击敌之战士。"

"七时,十余人共集,听愈之所拟检讨讲辞,谈两小时,责备自己甚多,散漫而不集中。继之诸人提意见,余先发言。余谓愈之有开创之力,而无致密之思,持续之能。总署两年来之领导,分工专业为出版界之一大变更,但未有以善其后。至于行政工作，如定计划，作总结，皆凭直觉，信笔书之，书就即归档，徒耗人力，无裨实际。又愈之行事往往不与人商量，若余者固无甚主见，然苟愈之明白说明其主见，使余晓然于其所以然，则余亦复有主见矣。凡此皆属官僚主义项下，工作不能作好，或由于此。继之乔峰、蠖生、洛峰、灿然皆发言，平日所不言者，今夕皆直率言之。克寒谓今夕之谈甚好，但尚有未尽，以后须续谈。急要者为后日之会必须开，如此检讨恐难收动员之效果。宜择主要之数点告之于众，随即作鼓动之讲辞。愈之自谓日来情绪激动，必如此琐琐言之，乃觉洗涤一快。重作一稿，必仍落旧套，希他人为之助。最后灿然允为代拟。会散已十二点半。

"今日墨因事来署，观其面容憔悴，疲劳实甚。据云在经理部参加种种之会，多至一日六会，又复与人个别谈话，探问情况。六十之年而有青年精神，余落于其后矣。"（日记）

1月18日 曾世英来谈。"曾缘地图事来京已十余日，尝与边疆地区之行政人员留京者晤谈多次，获得若干资料。又据翻检参考所得，排比而录之。将集有关各部门会商一二次，征求意见，然后写成报告送往政务院。因三反运动正在高潮阶段，此座谈会尚未能召开也。曾询地图社近期内之工作。余告以不妨将行将重印而延搁之大地图认真检查一下。据我人检查教本之经验，检查一过，所见错误必将出乎意料之外。如无疆界问题，此图业已问世，延搁虽云积压资金，实予我人以仔细检查之机会，此机会不宜放过。曾以为然，又谈地图社他事数项。"

下午四时，教育部张萃中来，"询我社编写教本之情形"。夜，观胡愈之自我检讨稿。"稿本由灿然代拟，拟就后共谓不甚合，因令蠖生重拟，已由克寒修改过。余细看后略作删润，大体尚可，唯动员部分力有未足。"（日记）

1月19日 晨与诸人再看胡愈之自我检讨稿。"克寒已另拟后半动员部分,传观后复略有更改。动员大会九点开始,大礼堂满座。愈之依稿作讲,动员部分集中于反贪污。谓今后一星期中将集中火力,向贪污分子进攻。甘愿坦白者勿失其时,否则被人检举而后,难期宽宥。愈之讲两小时而毕。余以主席作结,谓我人于美帝国主义有'三视',今于贪污亦宜'三视'。自今以前,'卑视''鄙视'有之,而'敌视'则未足。今日此会,共坚'敌视'之心。无论已不贪污者,贪污而愿坦白者,本此'敌视'之心,即可团结一致,集中火力,向顽固不化、不惜以身试法者进攻云云。会以十一点半散。共谓今日此会,精神与秩序均较佳。"(日记)

1月20日 "今日(星期日——编者注)不休假,缘此一星期为反贪污之紧张阶段,休假则难免松懈。十时开编审部方面组长会议,讨论今后一周之运动。各组组长既已自我检讨,宜自工作人员中择若干人请其检讨。来社为时较久者,工作关系较重者,缺点较多者,则期其务必检讨。安亭报告其昨参加重要党员之大会,所闻于薄一波者。略谓新年以来,三反运动进展而有获。一般人已信共产党不会腐化,缘其有决心,有办法,又有自我批评之武器。于资产阶级思想之恶劣一面,亦有进一步之认识。国内外反动派本在等待共产党腐化,然后乘机捣鬼,今亦知其无望。由此运动引起机关内之民主改革,视三年来任何一次为深入。此次运动比土改尤为复杂,缘资产阶级之心思技巧胜于地主。移风易俗已见诸事实,铺张浪费之习颇见消退。末谓目前围攻贪污分子之局已成,一星期内集中火力,必将有大贪污犯继续发现云。

"墨捎来一字条,谓星期六晚(1月26日——编者注)乃可回家,是夕盖阴历年之大除夕矣。"(日记)

1月21日 "自今日始,每日上午九时,署长副署长会晤共商公务,有话则长，无话即短。今日……共谈本周内应办事为制定本年之工作计划，送文委，并办妥编译局改制之事。中图公司下午开坦白检举群众大会，邀余往讲话，因草草书一短稿。"

饭后一时至中图，讲半小时，"明言此为斗争之会。坦白者己与己斗，检举者己与人斗，而斗争之对象皆为损国害民之大敌，非仅张三李四私人而已。于是邵公文宣布一轻贪污分子免究，令其当众保证不再犯。次为三个贪污分子坦白，皆为偷盗存书贱卖于同业者。群众纷纷指摘，'坦白要彻底'的呼声时起。所谓集中火力，于此乃有具体之感受。结果公文宣布限此三人于近期内彻底坦白。余以四点返署，估计此会必将开至深夜而后已"。（日记）

同日 出版总署发布《各地出版的画报绘印领袖像有很多缺点应予改进的通报》。《通报》列举的"缺点"有"随意勾画"、"画得不像"、"印反照片"、"用色不当"等，要求"各地画报编辑和美术工作者，提高政治的责任心，认真做好领袖像的编绘工作"。

1月22日 "人民社、人教社、总署三个单位今日下午合开反贪污之坦白检举大会，上午三单位之主要检查委员先作准备，讨论历三小时。克寒言此次必须弹无虚发，集中于主要之贪污分子。然三单位皆未能做到心中有数，意谓今日之会仅能收鼓动之效，以群众之压力促使贪污分子知所恐惧，甘愿坦白。余则作种种布置，云开会必须有所布置，乃可规正方向，不至散漫。此为余所未尝历练者也。

"一点半开大会，先令贪污分子数人坦白，皆前此已经坦白者。宣布其中三人态度老实，坦白较好，可免受法律制裁。次为检举。登台者云检举某人，某人即须登台面众而立，此亦心理作战之一法。一人被检举，即有若干人登台揭发其人之可疑处和不检处。声势殊盛，然所发之弹多未击中要害，迄未有

一人当场彻底坦白者。最后宣布凡坦白者未坦白者，务于廿六日以前交代清楚，过期即以被检举论罪。"（日记）

1月23日 上午八点半，节约检查会常委开会，讨论若干问题。"与贪污分子斗争确如作战，而常委则为出版系统之高级司令部。余固绝无作战方略，唯于其间略获新知而已。"下午，"改植物稿数页，此事搁置久矣"。（日记）

1月24日 上午与出版事业司、图书期刊司少数同人座谈本年之计划。"计划由两司起草，今将合而为一。分如下之部分：一、本年出版工作之方针任务，二、本年出版行政，三、出版、印刷、发行之重点工作，四、配合第三部分之各种表格。文委催此件甚急，谓须于明日交去。余则与诸君言，计划当然不能尽切实际，缘我人未作精确之调查研究，大半出自悬揣；然亦望其比较切合实际，明知办不到之事最好不提。又谓此计划通过于政务院之后，必须使全体同人共知之，深明其所以然，乃有实现之可能。若去年之计划，精印一本分发而后，即复不提，则殊非所宜也。嗣得消息，谓日来反贪污紧张，计划可延至下月交出，大家觉心头一松。然本年之工作计划于二月中方始草成，层层审核，至早须于三月中批准，则一季已去矣。"

下午二时，开总署节约检查委员会，各单位之委员办公室主任咸集。"克寒传达中央节委会之报告，谓目前在中央范围，已发觉贪污一亿元以上之大贪污犯（所谓大老虎）五十余人，估计尚有百许人，故斗争尚须延后，至二月十日止。次言斗争大贪污犯之若干经验。继之，告单位逐一汇报，克寒为解决其难题，指示其重点，俨然大将指挥作战，余唯有心折而已。从旁听各单位内情，知纷乱复杂者多，不纯洁之人所在都有，皆非初料。"（日记）

1月25日 上午，听时代出版社王泰雷之汇报。"时代原为苏联所办,今归我国,列于公营,由我署领导。王谈良久,其社浪费严重,管理松弛,编辑人员之待遇特高,贪污者虽有端倪,群众亦多有指摘,而若辈尚无坦白之意。最后请王于明日约其社领导者陈冰夷一同来署一谈。"

"午后写一短稿,弁于语文组、地理组、生物组三篇检查报告之首,将投登《人民教育》,俾全国教育工作者共观之。此三篇皆自举其谬误。我社之工作期于作好,须作不知若干次之检讨,此第其发端而已。"(日记)

同日 作《人民教育出版社编审部生物组〈初中植物学课本的初步检查〉编者按》(刊《人民教育》1952年三月号,未署名)。《编者按》:"有计划地、系统地批评各级学校的教科书,是当前教育工作中的重大任务。本期发表的对初中植物、高小地理两种课本初步检查,只是这一批评工作的开始。以后本刊将继续发表这方面的文章,同时也希望全国各地教师们注意这项工作,根据教学经验,揭发各种课本中存在的缺点和错误,提出修改的意见。只有这样,完全适合人民教育精神的新的教科书,才可能逐渐出现。对这两篇检讨,还望初中植物教师、高小地理教师踊跃参加讨论。"

同日 作《刘御〈对初中语文课本第一册思想内容的几点意见〉编者按》(刊《人民教育》1952年四月号,未署名)。《编者按》:"语文课本应该贯彻政治思想教育,本文着重对思想内容方面提出了一些意见,是必要的;至于本文意见是否完全正确,还需大家继续展开讨论。批评一套语文课本,除了它的思想政治教育而外,还必须注意到它的编辑原则、语文教学等方面。因此,希望各地教育工作者,尤其是讲授这门课的教师,对这套课本,以及所有对这一课本的批评,展开全面严肃的讨论。只有这样,对今后语文课本的编辑工作,才能真正提高一步。"

1月26日 "愈之昨往列席政务会议,会议决定一事,所有机关生产一律于二月交出。机关生产原由调剂供给制而来,在以往确有作用,今则弊病百出,贪污导源于此者为多。机关生产既废除,于供给制人员则分十等加以补助,负重责者待遇宜高,不采平均主义。亦见实事求是之精神,余故录之。"

上午,时代出版社王泰雷、陈冰夷来。"克寒向彼宣读其社三同人投我署之一书,书中皆言陈有顾虑,不能领导运动之事。克寒继为说明,必须站定立场,投入运动,乃可提高领导之威信。陈颇悦服。"

下午看语文组修改之初中教本稿。"杂事扰之,未能多看。回家,墨已携铺盖归,谓今后不须再去。今日为阴历除夕。"(日记)

1月28日 下午一时后,"偕安亭同往经理部,灿然、仲仁等俱在,开社中之节约检查委员会,商讨至二月十日为止之工作计划。决定小贪污分子须于二月五日扫荡清楚。较大之毛病始在建屋与用纸两方面,必须研究材料,彻底查明其弊为大为小,情节如何。编审部方面则检查人力时间之浪费,制度作风之缺失,继之提出合理化建议"。(日记)

1月30日 上午九时到署,"开节检会常委会。由克寒综合十一单位之工作计划,定于二月十日前必须分别负责,检出各单位中之大贪污分子,明日上午开动员大会"。(日记)

1月31日 上午九时,"再度为反贪污之动员大会。愈之据昨定之稿作讲,言明集中火力打大老虎,比之于战事,今后一战为淮海战役。克寒继之,讲半小时,清楚,切实,听众精神为之一振"。

"下午,社中诸同人来谈各种事,仅以少量时间看语文组之修改教本稿。夜间,看方君植物稿一二十页。与墨谈,社中编辑方面殊多不惬意,而一时又莫能解决,如负夙债,思之将

失眠。余于所负责任,以其未能如愿做好,深有俙惮之意矣。"(日记)

1月1日至5日、7日至26日、28日、29日至31日的日记收入《叶圣陶集》第二十二卷。

2月1日 "晨间会谈我署办干部训练班事。此事言之已两年,去年年底始决定举办,以东城外房屋已落成,有地可容。来学者皆出版、发行及出版行政机关之在职人员,期提高政治思想与业务水平,训练期半年。学员已陆续至。以三反运动紧张,署中尚未作开学准备,学员颇有不满之意。而最难决定者,孰可主持其事,与学员同其生活,相助学习。结果谓明日再商。

"时代出版社总编辑姜椿芳来访。姜自上海来,转入中宣部迻译《斯大林全集》。愈之、克寒与谈务必兼顾时代,使领导人共同协力,搞好三反运动。

"中山公园音乐堂有公审大会,由最高人民法院设临时法庭,审判大贪污分子七人。余与愈之、乔峰以十点半往,登主席台。场中满座,据云在五千人以上。十一点,刘景范致开会辞。于是沈衡老以最高人民法院院长就席,审判开始。贪污犯七人立于台前,面向群众。对于每一贪污犯,由其所属机关之一人控诉其罪行。控诉毕,沈衡老宣判,两人处死刑,曰薛昆山、宋德贵。薛为商人而钻入国家机构盗窃资财者,宋为共产党员而受资产阶级腐蚀以至于犯罪者。以下三人处徒刑十五年、七年、五年,后二人皆暂缓执行,以观后效。末二人坦白彻底,诚心悔改,交出赃款,并愿努力为人民服务,则宣布免于法律处分。此二人一为工程师,经过心理斗争,自动坦白;一为航空方面机械人员,云有小发明,从宽处理,甚得其宜。二人既获宽宥,即令下台入群众席,群众皆鼓掌。宣判毕,法庭散。薄一波作报告,据今日之会而阐发政府之政策,甚畅。场上口号时作,东起西应,声势壮大。座中当不少坦白而未彻底者，或隐匿而未坦白者，谅必有动于中，知唯有彻底坦白乃为生路矣。"

会散返署后"看完方君植物稿"。工余读《高老头》毕，始读《贝姨》。（日记）

2月2日 九时至愈之室，"承告彭真昨夕之报告。彭谈北京市三反运动情形。京市工商界中不作弊者实占少数，此事决非偶然。周总理作总结，断言此次斗争为工人阶级与资产阶级争领导权之斗争。工人阶级而胜，则走社会主义道路；资产阶级而胜，则走资本主义道路。而资本主义为绝路，非随时警惕，使资产阶级驯化，接受工人阶级之领导不可。其言甚精，不能详记，颇为可惜"。下午，看语文组修改之教材。（日记）

2月3日 访郑振铎。"振铎方与文化代表团访印度、缅甸，归来不久。为谈印度风俗习惯。"（日记）

2月4日 上午九时，总署节检会开常务会议。"各单位多呈胶着状态，虽云加紧打大老虎，实则无多大进展。克寒提出可于条件具备时，选定主要对象，开斗争大会'斗'之。愈之转述所闻于政务会议者，谈颇久，十二点半散。"下午看语文组修改之选文稿及注释稿。（日记）

2月5日 "晨与愈之看彬然等所起我署工作计划之稿。草率支离，未合实际。共谓即自己同人据以讨论，亦不够格。愈之因决定自起一稿，明后日再商。所谓工作计划，理应根据对于全盘工作之了解。而欲了解全盘工作，非周知出版工作各方面之实际不可。今同人所知皆甚少，所思所虑，彼此又不一致，欲求订成切合实际之计划，诚难乎其难。愈之自己动手，恐亦不免于悬揣也。"

与金灿然、张萃中等谈小学语文课本事。"教育部于文叔所拟第一册不满意，将重行讨论几个主要问题，求得比较一致之意见，然后规定内容之范围，语言之注意点，另行编撰。约余辈明日往教育部专谈此事。此课本将于暑假后供新学制班级应用，而今尚待讨论如何起草，实觉局促。稿成而后，须经各方研究。最费工夫者为图幅之绘制。若于四月底付印，运送各处已恐难以及时矣。"午后修改语文组之选文及注释稿。(日记)

2月6日 "上午八点半，偕文叔、安亭、刘御驱车至教育部，会谈小学语文课本之编辑。钱、韦两副部长及研因、与岩皆出席，尚有苏联专家一人。钱言今秋开学必须有新教本。缘教部尚未定出小学各科之教学大纲，致编辑部无所依据，形成拖延，教部应负全责。今需于最短时间编成第一册，已不待教学大纲之草定。此第一册决不可能求全，但求大致无误，堪以应用，即为满足。韦提出思想政治方面之要求多项；又言读本与语法分编，诗歌故事应多容纳等项。余谓思想政治之种种要求，决无不以为然者；难在如何贯彻于课本之中，用何种材料何种手法表达之。小学语文本又有一任务，在使非普通话地区之儿童学习普通话，此一点必须注意。在普通话区域，又须使课本之语言不致落后于七岁儿童日常应用之语言。研因反对余学习语言之说，其意大约认为课本只供阅读，学习语言另成一套。文叔言编辑课本之难处，言皆由衷，泪留于眶。渠研究苏联语文课本及读法教学法，颇有心得，主张积极培养儿童之语文能力，必须于旧时之一套办法有所改进，皆为卓见。安亭、刘御、与岩及苏联专家亦各发言。最后钱作结，谓有一原则，必须以工人阶级思想为主导思想。农村中人必使知工人与工业。工人子弟亦必令知农事。其他阶级之儿童亦须了解工农。所言事物不必机械的求普遍性，一地之人从书本知他地之事，乃见中国之大。文叔所讲课数宜多，课文宜长，为阅读教学之重要关键，大可采取。钱此言颇关紧要，在我社中，固尝因普遍不普遍，其事非儿童所亲习，而争辩不休也。最后决定由文叔、刘御二人拟定第一册之目录要旨，下星期再讨论。目录要旨既定，即动手编写，随写随传观，争取于三月底定稿，并画成画幅。余恐未必如愿以偿，然亦不能再延迟矣。"返署后改语文教材一篇。（日记）

2月7日 上午，总署节检会开常委会。陈克寒传达中央节检会报告之会，"大致谓自公审大会而后，打击大贪污分子颇有进展。唯困难亦多，一难在材料不充分，二难在人力不足，不克多方面应付。中央指示大贪污必须全部肃清，不肃清不休止，中小贪污亦须扫清。于所谓大老虎下定义云：一、贪污一亿以上者，二、贪污虽不逮一亿，但使国家损失甚重者，三、一亿以上之集体贪污之主谋者与组织者，四、五千万元以上之贪污，其性质至为严重者，五、窜入之坐探，使国家损失一亿以上者，六、解放初期接收物资及官僚资本，吞没一亿以上者。克寒述中央之旨毕，复言文委昨规定本月十五日以前，我署系统内尚须打到大老虎若干，中小老虎若干，请各单位自认其数目，合足总数乃散会"。

下午，"偕灿然、安亭往经理部，开我社之节检委员会。我社经理新建房屋已经检查，断定其为偷工减料，损失在一亿左右。监工者是否受贿，尚未查明。纸张方面，料知我社前身华北联合出版社时期有毛病，但初组成一年间，并账目而无之，须从外界之材料稽考，乃可探得线索。余告诸君限期已近，总得着力。会散已六点，一天工夫专谈此事，殊觉闷损矣"。（日记）

2月8日 上午与少数人谈工作计划之起草，"分五部分：一、提高质量，二、增产节约，三、加强管理，四、培养干部，五、准备计划化。每一部分提出主要具体工作数项。谈至十二点半，仅毕其三部分，俟明日再谈"。下午"看公事若干件，改语文教材一篇而已"。（日记）

2月9日 晨改语文教材一篇。九时继续讨论计划。下午修润工作计划稿。"此种工作计划仅略举其要,须据以制定细目,逐项专人负责,并定完成之时日,乃可施行,亦有所稽考。此后当努力促成之。"

阅朱文叔、刘御草小学语文第一册目录。"定目录并不难,难在写课文不违要旨,而简短之语句又足以达之。且俟教育部如何推动此项工作耳。"(日记)

2月11日 晨与朱文叔、辛安亭、刘御往教育部,仍开小学语文本编辑准备之座谈会。"诸人谈话甚多。于诗歌一体,文叔主少用,谓诗歌往往违反普通语言之规律。其他数人谓诗歌之规律亦语言之规律,或不同于普通语言之规律耳,同样为儿童所需要。苏联专家谓诗歌甚重要,激动感情,引起想象,大有用处。余知文叔所反对者为不成样之诗歌,诚如苏联专家所言之诗歌,谁复肯反对耶。于用字数目,意见大体一致,小学五年认三千字,初始三年约二千,后两年约一千。开始学注音字母;其次为看图念话,先用简单语句出现若干必要之字汇;然后为正式之课文,在三十课以内。如是则编写课文较易着笔,可驱遣之材料较多。此一办法大家亦同意。后复谈注音字母部分与看图念话部分混合编写,众以为此办法尤佳。次讨论我社所拟目录要点,诸人提出意见,颇有裁减。最后决定仍由文叔、刘御二人据此目录要点排定次序,编定注音字母与看图念话之目次,以一星期为期。"

下午,"与社中各组长为会,谈编辑人员往往应外间要求作文译稿,并代私营出版社审稿组稿,此事亦值检讨"。

"竟日唯务开会,余亦无多意见,而具体工作则搁置,为之怅惘。"(日记)

2月12日 晨至经理部开全体大会,"仍申追究贪污主旨,继续发表小有贪污而坦白彻底之五人免于法律处分。斗争已有所坦白,共认为不彻底之贪污分子一人。末由余以节检会之名义宣布，令其停职反省"。

"会散，与仲仁、灿然谈编辑方面事。发稿期已近，而稿未写就，审稿未能精，提高质量徒成空谈，余殊感不舒……

"安亭参加教育部之工作会议，归来言教育部自知其向日不重视教本之谬误，今后决致力于此。部中设教科书编审委员会，为总领导机关，我社则为业务机关；于人力配备、政治业务训练方面，将尽力相助。部中腾出一部分新建房屋为我社编审部之办公室，供我社迁往，庶几于商谈接洽，布置学习，有种种便利。"（日记）

2月13日　九时至胡愈之室，"共谈工作计划之附件本年图书期刊要目之拟稿。此要目示本年出版工作之重点与方向，凡列人之作，一期其必能出版，二期其必能较为完善"。

午后，作书复胡乔木。"乔木来书劝余写语法作文之书，以启初学，谓必有此类之书，语文可趋于完好，徒为枝节之批评，收效不多。余答言余或能为此，但必有二三人合作。精力渐衰，若今日之忙于杂务，亦未能勉为。复言余为出版总署副署长实同尸位，主教育出版社亦不胜负荷，若得于出版社中任一文字编辑，则尚可任。请渠为余设法，俾如其愿。末言此系出于自知之明，绝无'闹情绪'意味云云。乔木多关心文教界中事，故以此语之。此意固尝以语愈之，愈之亦谓不妨商之于乔木也。"（日记）

2月14日　观图书期刊司修改之书刊要目拟稿。"改语文组所撰教材，又看所修订之旧课本。"（日记）

2月15日　"为语文组同人拟初中语文本中关于语文知识之提示稿数条，希望同人隅反。"

下午，总署节检会常委开会，胡愈之传达中央节检会之报告，谓"半月来反贪污成绩甚大，战况艰苦。近日打获之虎往往成窝，数目逾于先时之估计。惟其成窝，打时不免吃力，因而打虎者难免流于急躁，或致过火。中央之方针，打虎必须彻底，不彻底不止。决定再搞一个月，迄三月十五日尚有可打，则再事延长。各部门领导尚须克服以贪污为未必多、少获即欲休止之右倾思想，以三日为期，总结经验，整饬队伍，深入调查并研究材料。策略方面，今后转为攻心。并交代处理贪污分子之各项政策，赃款赃物之可收回者应立即收回。我署系统决据此意旨，续定今后半月之工作计划"。

人教社历史组与北京市文教局中人讨论王芝九所编撰之外国史课本稿。"据反映，我社之史地教本，学生多不愿买，必教师竭力动员而后买。其原因以教师教授并不依据教本，各地多自编教学提纲。据反映我社之史地教本应有尽有，而浓缩者多，言一事一物均不能说得清楚，即所谓'不能解决问题'。如反映属实，则我社之工作大值得检讨矣。"（日记）

2月16日 参加编译局、图书期刊司各单位之编辑人员会议，听王城、王次青、高尔松三人之检讨。"此三人皆与私营新潮书店有关，或为审稿，或为撰稿，或为组稿，皆自言不自检点，为私营书店所利用，失其革命干部之立场。最后克寒讲话，谓出版总署人员代表国家与人民，对私营书店应有领导管理之观念，若忘此一层而徇私，遂生种种谬误。苟为读者群众之利益，撰稿亦非谬；如纯为稿酬，粗制滥造，即为非宜。或假此而相勾结，则为丧失立场，绝无可恕。此中情形至复杂，尚待节委会研究，不可骤作结论。"

看王泗原所撰工农中学语文课本第二册之语法部分。（日记）

2月17日 上午开人教社之节检会。"以明日须向总署节委会交出工作总结及月底前之工作计划，讨论即据此两点进行。灿然拟一总结提纲，略谓我社以往认识敌情不足，又存早日了结之念，实未认真作战，今既了解此举在反击资产阶级之进攻，自必重作整顿，认真应敌；次举种种缺点。杨定远等五人发言，无非证明灿然之说,或为之补充。次谈止于月底之工作计划,分为两个阶段,以五天整顿内部,认定斗争对象,分工负责,作调查研究。于积极分子加以训练,如何查账,如何访问,如何保密,如何发言,皆须为之指点,务使动必有的,言不虚发。自二十四日起,则集中力量斗争认定之目标,务期水落石出,老虎就擒。余实无能为力,以职务所关,不得不参预其事而已。到家午饭已三点钟。"(日记)

2月18日 晨至胡愈之室会谈,傅彬然同座。"愈之谓经此三反运动,我署与私营书店之关系须重新考虑。以往政策方针不明确,似乎好意加以扶助,总无错误。不悟私营书店为私人资本,其目的务在营利,我署不自坚定,往往予若辈以可乘之机,今后至少须与私营割断关系,服务公家者不能与私营有瓜葛。因言我三人皆为开明股东,此一点首宜使众周知,其次则宜自表如何处置此股份。愈之言拟捐与公家,或则由总署收购作为公股(此点甚不妥),结果未有所决。"

下午,"总署节检会常委开会,各单位均有人来参加,讨论至月底之工作计划,各单位除《毛选》出版,教本工作,工厂印刷,书店门市外,其他次要之工作皆从缓,全部心力专注于打虎"。(日记)

2月19日 "晨至愈之室,仍谈昨日上午所谈之问题。既而洛峰来,克寒来。共谓某一方面之行政部门,必须与某一方之私营企业割断关系,此为今后必循之方针。就出版而言,编辑、出版、印刷、发行,皆与私营企业有千丝万缕之干系。如何使各方面干部交代清楚,如何方为恰如其分,尚须加以研究。"下午,"看语文组送来初中教材之复审稿,仅六篇而已"。(日记)

2月20日 "沈静芷自上海返。渠到沪已月余,专为调查出版系统中之有关材料,为此间三反运动之助,所获颇不少。与各方面核对毕,仍须去上海继续工作。我教育出版社之上海办事处几乎全部垮台,而教本之印造不可间断,必须代之以整套人马,整套人马自何来,实为目前之大难题也。"

下午,看语文组重改之教材数篇。"诸人笔下皆平平,所写所改之文以充范文,实未能满意。余亦无法一一加以润色,使各篇咸成精彩,审读一过,略为改动,只能以不惬意之心情送还之而已。"(日记)

2月21日 "文委于国会街新华社礼堂召开'武松大会'。盖既以贪污分子为老虎,则打虎有功者为武松,会集一堂,共谈经验,将有裨于今后之斗争。余与愈之以八点四十分到,场中已满座。范长江先作报告,大意如前此数日之所闻。继之,一人报告故宫博物院发现贪污分子之经过。其题颇引人兴趣,而余坐于台上,与扩音器放声之方向不顺,大部分未能明晓。下午尚有五六个'武松'作报告,余返署而后不复往听,续看语文课文修改稿。"(日记)

2月22日 上午,教育部"韦老、吴老、方老、萃中偕来,谈小学语文课本编辑事。据谈部中屡与小学教师商谈,教师俱主张注音字母宜教,但仅作汉字注音之用,不宜先教字母,次教汉字。部中又考虑今后不久将制定字母,为拼音文字,若先教注音字母,他日再改,徒多纷扰。故决定注音字母为现时过渡之用,不写入教本,而编入教授法,令教师掌握之,以统一各地之读音。我社同人于此点无意见。此外则唯余着手赶编课文,以应急需。吴老谓我人宜有心理准备,此第一册只为应急,不必求全,可以对付即为了事(易言之,不妨马虎而已)。大家亦无他言。如此态度,余谓实非至当"。

下午复来信数通。看语文组所拟高中课本之例言。"临归与愈之略谈,渠明日将召开署务会议。三反运动恐非仓卒可了,业务延搁颇多,必须确定计划,必要之务仍须按期办了。"(日记)

2月23日　上午开署务会议,决定三四两月重点工作为三事:"一为制定本年工作计划及去年之工作总结,二为《毛泽东选集》第二卷之出版工作,三为中小学教本之编辑出版工作。此外经常业务照例办讫。与此无涉之人皆投入反贪污运动。次之,决定以我署节检会之经验随时通报各地出版行政机关及企业部门,各地之运动迟于北京,有此通报,可节省彼辈之心力。复次,讨论要否号召交代与私营出版业之关系。众谓此事作用不大,牵涉甚广,且足以转移群众之注意力,以从缓为宜。"午后,续看初中语文本之提示稿。(日记)

2月24日　晚,陈侠来访,"商明日开编审部部务会议事。所拟商讨者为定稿、发稿、校稿等等问题。下学期发售之书即将印造,于此商谈此等问题已感其迟。本希望提高质量,从容审订,今以时间匆促,不免如往日一样,唯求对付。究不知至于何日,乃可仔细编审也!"(日记)

2月25日　上午开编审部部务会议。"余报告今届印制秋季用书,新编及改旧凡九十一册。今已发交印刷所者不逮半数,恐今秋及时供应又将感其局促。次讨论四事。其一,定稿发稿之程序,决经各组讨论后再行决定。其二,各书之度量衡用公制抑米制。其实公制与米制均为公制,所不同者名称之表述而已。结果多数主张用公制,唯物理化学组谓物理书用公制有不便处,且俟再商。"

下午续开会,"讨论第三事,书中数目字应用何种字体。大致决定叙述语依照语言,书写汉字,统计数字及计算数字则用阿剌伯字表之,细节俟再商定。第四事为成立检查科,于新编教本须加检查乃可发稿,以期减少错误。已自总署调来朱光暄君主持此科,此外尚有二人,殊嫌单薄。共商再调二人充实之。此事为新创,未必遽收大效,然及今发足,乃可积久成佳绩也"。(日记)

2月26日 看语文组所拟课文后之提示稿。应邀出席印度大使之鸡尾酒会。(日记)

2月27日 金灿然来谈人教社"打虎","尚无克敌致果把握,本月杪恐未能如所预期"。至胡愈之室会谈,今后对出版界如何领导与管理事。(日记)

2月28日 上午,"总署节检会常委集会,讨论克寒之讲稿,于今日总署系统反贪污斗争大会中作报告者"。

与数理化诸位组长讨论度量衡问题,"决定除理化教本外,一律用公制表述。理化教本需用量名甚多,分析至细,苟用公制名称,确易混淆,自以用米制为宜"。

下午,开斗争大会。总署与各直属单位均到,凡二千数百人。"陈克寒作报告,交代政策甚详。其次处理贪污分子四人,三人从宽,一人因态度不好,由公安机关逮捕。又其次各单位检举贪污分子,被检举者立于台上,当众低头。当即有十余人愿彻底坦白,则由各单位带至场外谈话,不必再登台受窘。今日之会成绩大佳,良由布置好,处理好,乃克臻此,皆克寒之劳也。"(日记)

2月29日 "上午在愈之室会谈两时许。今时印刷生产力已有多余。大家少出书,投机书商将受打击,各机关之印刷所皆将交出,宜其有多余。连带及纸张,去年纸张恐慌,今后亦将有过剩。复谈出版业是否宜于私营,今日亦为可加研究之问题。出版不同于造纸织布,纸布私营,其主者唯利是图,受损者不过应用之人,出版家挂文化之招牌,行营利之实事,为害人民不堪设想。克寒尝谓出版业当先他业而社会主义化,确为有见之言。

"下午,看语文组所拟初中课本语法教材之目次,略提意见归之。余于此殊无自信心,可商之人又无有,安得经常会见叔湘,随时商量耶。"(日记)

2月1日至2日、4日至9日、11日至29日的日记收入

《叶圣陶集》第二十二卷。

3月1日　上午，至愈之室会谈打虎事。下午，看语文组交来初中第一册之注释稿，一一为之修改。"同人笔下多用报纸调，句长，句之组织累赘，去语言甚远，唯能'目治'不适于耳受。余亦无法依余之意加以修改，只得任之。"

收到《毛泽东选集》第二卷之精装本。"此卷视第一卷为丰富。中有《矛盾论》一篇，为《实践论》以后之哲学论文，二论实相辅，容细细玩味之。"（日记）

3月2日　上午，开始修改方宗熙所编高中用《达尔文主义基础》之原稿。"此稿本将付排，有同人谓总须一看，乃决意以数日之力毕之。至于五点四十分，仅得二十余页。方君之稿系以苏联教本为蓝本，斟酌我国情况而加以增删，内容颇不弱，然文字方面实多疵病。余为之修改亦不能甚仔细，仅求大体不谬耳。"（日记）

3月3日　续改方君稿，夜间亦续为之。"今日看稿五十页左右。作了些实事，即觉此日并未空过，较为满意。"（日记）

3月4日　续改方君稿。上午，"社中各组组长、检查组员在我室开会，商量编审部之三反运动。编审部有问题者亦有六七人，皆于业余为私营出版社工作，务必彻底究明而后已。据人告余，他们认为我社颇合脾胃，因余事事不大过问，社中政治空气不浓，深合他们自由散漫之习性。余之疏简乃生此不良影响，亦初所未料也。余固自认不宜为领导者，此是又一证明。若谓勉为之而适于为领导者，恐将河清难俟矣"。

"复谈各组教本之编写修改工作，本月与下月为非常紧张之时期。余他无能为，唯愿校读各种新撰本之原稿，亘两个月不间断而已。下午仍改方君稿，迄于夜九点。"（日记）

3月5日　"竟日改方君稿。仲仁来谈，余告以余心头之不快。语文组同人不注意语文，所写所撰教材顾到思想政治一面，忽略艺术一面，致中学教本无异于报道时事时人之杂志，各篇皆不能起感染作用。余自以为颇关心我国语文之前途，而我社之书若是，实使余颇为懊丧。仲仁相慰，谓须求大家想法一致，当可有所改进。余此种意见，唯文叔、仲仁与灿然可以一谈，此外将以'纯技术观点'相讥矣。

"夜九点，改方君《达尔文主义基础》稿上册毕。七八万字，四天而毕，亦云不慢。看稿较用心思，夜眠即不得酣，由此可知体力之衰。若自撰文字，恐疲劳更甚，今后殆不能写作矣！"（日记）

3月6日 "晨间灿然来谈，谓初中语文本第一册之提示多及政治而疏于语文方面，殊非所宜。余告以所选文篇可诵者甚少，仅注意解放以来之新事物，而文皆平平，告诉人家有这么一回事而已，能感动人者、足以生感染作用者不多见，此为最无可奈何事。余若谓此等文篇不佳，同人将谓请以佳者易之，余无以对也。灿然言终当共同讨论。余谓果有可以改善之方，余无不乐从。既而仲仁来，亦谈此事。最后请仲仁先将第一册所收各篇通观一遍再说。"

观中宣部送来《中国文学概说》一篇。"此系聂绀弩、文怀沙、艾青等人所撰，将付苏联百科全书，为书中之一条目。中宣部印发之，请各方面提意见。全文将三万言，自甲骨文字叙至今日。余亦无多意见，仅提出二三小问题耳。"

午后，辛安亭来谈。"昨日教部会谈我社所拟初中历史教材大纲之初稿，嫌其未能贯彻历史唯物论，须得重作。我人大略有些历史唯物论之观念，而与本国历史尚配合不起来。此非特我社同人为然，若干关键问题，史学界亦尚未趋于一致。欲于短期内获得真知灼见，且为初中学生说法，殆为不可能之事。余主与教部再行商酌，如教部能邀集专家，于关键问题能有明确之论断，则不妨努力试为之。"

方宗熙来，"就余所提意见一一答复，谓余之修改渠皆满意，唯有一处误会其原意，改成错误。余为之心慰。心力不虚掷，自是可喜"。（日记）

3月7日 蒋仲仁约语文组编初中教本之诸君来谈，如何于教本中编入有关语法之材料。"决定第一册谈句子之结构，次及词汇之构成，词义之辨析。余主语法教材须顾及学生之实用，不宜出之以专家研究之姿态。共以为然。唯着手编写亦复不易，主意与实做固有距离也。"（日记）

3月8日 上午，总署节检会常委与各单位主委开会。"谈反贪污须于本月完毕，务期发掘净尽。如能早了，即转入处理阶段，对证追赃，按情定罚，其事亦颇繁重。各单位步调不求一致，视其实际情形自定程序。"

午后三点，与乔峰、陈克寒往政务院列席政务会议。"刘景范报告《中央节约检查委员会关于处理贪污、浪费及克服官僚主义之决定》，彭真报告《北京市人民政府建议在'五反'运动中关于工商户分类处理的标准和办法》。此二项办法皆从研究案情得来，斟酌轻重，寓教育之意。有数人发言，谓两个办法用意甚好，但须言明今后从严之旨，并申意在教育改造之要。周总理作结论，分四部分谈三反五反运动之目的与任务：一、改造私营工商业，不容他们向资本主义发展。二、改造国家工作人员，使之树立工人阶级之思想。三、树立社会新风气。四、建立各机构之健全制度。末谓此次运动为统一战线内部之阶级斗争，目的在达到更好的团结。会散已过十点。上下午开会共坐十时，大惫。"（日记）

3月10日 上午至胡愈之室会谈。"十时，总署节检会开会，讨论于下星期复开大会，处理一批较易处理之贪污分子，或示宽大，或示严惩，借以交代政策，俾至今未交代及交代未彻底之贪污分子知所抉择。定名为'第一次处理贪污分子大会'。"

　　　　下午，作书复吕叔湘。"叔湘以教部又有调彼来我社工作之意，不得意则兼任亦好，故述种种困难，嘱余相谅。教部近知注重课本，鉴于语文本之不甚像样，语法教材之无从编成，颇主调叔湘来任其事，实非我社之转托。余书中告以此意，并谓最好脱离清华。任教于清华，受其益者不过学生数十辈，来我社编书，受其益者为无量数之中小学教师及学生。故谓任教于清华为很大之浪费，亦非过甚其辞也。书尚恳切，不知叔湘观之如何作答。"

　　　　四点半，陈克寒来谈。"三反运动如何安排，署中机构如何布置，皆有所及。渠主张各出版社之经理部或可合并，采购与保管统一，一减少漏洞，二节省人力，余深然之。"

　　　　夜间，开始改褚亚平所编之初中自然地理稿，"至于十点半仅改六纸"。（日记）

3月11日　伏案至下午四点，仅改地理稿十余页，平均一小时二页。夜，应邀往苏联大使馆参加电影晚会。（日记）

3月12日　"改稿进行颇不顺利。彬然上下午俱来，杂言开明事。乔峰来告，渠将往东北，参加考察团，调查美日丢下细菌毒虫，不仅行之于朝鲜战场，且及于我东北若干地区一事。乔峰将暂离，愈之又将往印度，于彼国之和平大会为来宾。余守于此，杂事益多，奈何。

　　　　"政务院于上星期六批准之两个文件已刊布于今日报上。余集编审部全体同人一谈，大略举出所定办法之精神；次谓现虽入处理阶段，而并非就此收兵，贪污必须全部肃清固为今次运动之根本方针云云。迄于放工，改稿不及十纸，为之怅怅。

　　　　"夜间伯祥来共饮。开明近作五反运动，渠为资方人物，不免为考察之对象。因谓个人守在开明，为五反之标的，于职工对渠之态度实觉不能忍受。余稍稍慰之。"（日记）

3月13日　"晨间张莘中来，谈部中决意请叔湘来我社，不复与清华用商量方式,而将以命令行之。于北大则调建功,亦用同样方式。复谈及中学语文本,谓于工人阶级思想颇有距离,文字亦差,初高中看不出明确区别,目的性不显。余皆以为然,如何改进,还须究讨。总之,我社各书现状,数理化生物皆尚可观,以其体系皆据苏联,唯据我国实况而损益之。文史及本国地理则皆感无从下手,以其无所依傍,必须自出心裁,而此正非易事。"下午续改地理稿。(日记)

3月14日　与地理组同志谈,"在自然地理课本中插入彩色地形图,俾学生养成看地图之习惯。如制印时间不太久,工价不太重,决试为之"。

"下午,对外文化联络局副局长陈君来,欲请方宗熙为愈之之秘书,随往印度。此事言之已数日,余与方君俱以教本为重,表示不允。陈今日言适当人选难得,不得已相烦方君,余勉强允之。此去大约须一个月。愈之语余,出国前须集署中同人一谈,交代若干事务之纲领。余不善处事,唯有商之克寒,请其从长考虑耳。"(日记)

3月15日　晨,魏建功来谈。"渠以参加北大教师结合三反之思想改造运动,久未来社。为余谈北大同人自我检讨之经过。余告以辞书社须研究整顿,方可做出成绩。"

十时,"总署节检会常委及各单位主委集会,讨论明日第一次处理贪污分子大会之程序"。午后,"集社中编审部组长及检查组组员为会,讨论明日大会前应作之准备工作,争取贪污分子于会前彻底坦白"。

吕叔湘来访,"自言不甚宜于我社之工作,谓较近者为语法研究。科学院语言研究所方拉渠从事于此。若能得一共同认可之体系,则无论编写教材,一般应用,皆可有所依据,故为尤属基本之事。于教部之强迫命令,渠若有所不满。余无以折其言,所言固皆有理,只得再与教部商量耳"。开始改王芝九

所为世界近代史稿。(日记)

3月16日 (星期日)仍到署工作。"改芝九之世界史稿。克寒以十点来谈,谓下午之会假劳动人民文化宫之劳动剧场举行,余亦须略作讲话。于是匆匆起草,成一稿约千余言。"

十二点半至劳动剧场,开处理贪污分子大会。"愈之先讲开会之宗旨。继之克寒作报告,历一时许,即宣布处理贪污百万以下者二百余人,依据新颁布之处理办法,此辈不受任何处分,且可不名为贪污分子。复处理贪污百万以上千万以下者数十人,此辈但受行政处分,酌退或全退赃款。于是余作讲话,谓以上两批人之处理充分表现严肃与宽大相结合之精神。第一段说明何以必须严肃。第二段说明何以可以宽大。第三段劝勉受处理者,谓既趋自新之路,必须努力工作,有良好之表现。末段向群众进言,谓若辈既已悔改,宜视为亲密之同志,欢迎若辈回到革命队伍。休息半小时再行开会,从事坦白与检举。若干贪污分子要求坦白,一一任其当众发言,克寒随即予以处理,或从轻发落,或令其继续交代。最后由北京市人民法院拘捕一坚不坦白之人,会以此最高潮宣布结束。"(日记)

3月17日 晨续改王芝九稿。"九时,与少数同人共谈刘御所撰小学语文第一册之稿。此稿昨由教部邀若干小学老师谈过,今日据若辈所提意见商量如何修改。"

下午,"复取初中自然地理改之。回家晚饭后复伏案,毕一章。诸君下笔均欠精细,然余之改笔亦未必尽可靠,不过较为修整而已"。(日记)

3月18日 "早上仲仁来言,初中语文课本经数人看过,各有修改意见,最好集三位原编者共同通读,定其然否。余以为可,即请三君来余室,外加助编一人,仲仁亦参加。从第一篇起,由余朗读其课文,并及注解、提示。遇有可商处,即停止而细商之。此稿余已看过数回,今在通读中,又颇发现其未安。集思广益之效,诚足深信。

"午后,褚亚平来商余修改之自然地理稿,渠言余精细,若干修改处皆彼组同人所忽略者……。"

"愈之来,言渠将于廿一日动身(去印度——编者注)。署中之事除三反由克寒主持外,拟成立业务办公室,处理调整机构人事、订立合理制度之事,以洛峰主之。渠草就自我检讨一稿,俟重行反官僚主义时向全体同人布之,明日将在署务会议中征求意见,嘱余今晚先看。渠自举其病有如下数点:一、思想政治领导弱;二、不善于依靠共产党,建立坚强领导核心;三、在处理公私关系上有右倾思想;四、主观主义,好大喜功,不切实际;五、不善于走群众路线;六、在任用干部方面有某些不适当的地方,尤其是不重视教育干部。此所举诸点,余与同病者正复不少。"(日记)

3月19日 上午继续通读初中语文本第一册,商量半天工夫,仅修改两篇有余。下午,"至克寒室,愈之洛峰均在。商及今后人事,愈之言不妨让灿然脱离教育出版社,专治总署方面事。余不以为然,谓四九年成立教科书编审委员会,共事十余人,今惟馀余与灿然二人。彼深知余之习性,余亦觉彼最相得,故势不可相离。谈有顷,无明确决定"。

二时开扩大署务会议,讨论三事。"一、成立临时业务办公室,以洛峰主之,如愈之昨日所言。二、编译局于月底撤销;于图书期刊司设翻译处,由周天行主之;于人民出版社设人民编译社,由董秋斯主之。三、以金灿然为干部学校之副校长,以朱泽甫为其教务主任。干部学校学员已来,凡六十余人,究将授以何种训练,殊未有所定。灿然、泽甫之任綦重,不知将何以处之。末为愈之诵其检讨稿,请与会者提意见,子野之意见为最可取。渠谓以机关首长身份作检讨,最须从工作着眼。首长之工作主要者二项,一为执行政策方针,一为任用干部。苟据此二者反省两年以来之工作,并检查所有决议指示执行如何,则思过半矣。其他人多谓必须举出重点事例,乃可使听者得所启发。愈之之稿固约缩实事为抽象之叙述,稔熟如余者诚能明其所以然,一般工作人员难通晓也。愈之记录诸人之意见,谓将据以修改其原稿,于动身前改毕,乃可留于此间,俟反官僚主义阶段由他人代读。渠之行期定于后日夜。

"夜间起一短稿,供明日署中广播,动员全体同人作好春季防疫卫生运动。"(日记)

同日 宋云彬日记:"致圣陶函,为张世禄介绍工作。"(《红尘冷眼——一个文化名人笔下的中国三十年》)

3月20日 "上下午俱修改语文教本,仔细商量,仅毕三篇,皆颇以为可。且如是同斟共酌,凡与其役者皆有进境。提高业务,此为正轨,培养干部,亦有着落。然其事殊为劳累耳。"(日记)

3月21日 改王芝九之世界历史稿,"自晨迄放工,共改四章,尚余两纸。以前亦看过西洋史,于欧洲各国之历史总觉头绪纷繁。今芝九此稿依据苏联教本,叙述固重在人与事,而线索则为社会发展。举此纲领而驭众事,即觉脉络分明,可以理解,可以记忆。此稿较之以往同类教本有所进步,然此进步非我人之成绩,盖以有苏联教本为蓝本也"。夜间打电话至胡愈之家,拟与叙别。"沈兹九接电话,言愈之今夕未能动身,缘印度大使馆尚未签准其护照。"(日记)

3月22日 与语文组数人共同修改语文教本,一天工夫仅得四篇。"夜间开始改颜迺卿所为世界经济地理稿,系高中所用。据苏联课本改写,叙述苏联部分则采集他处材料为之。初稿颇繁富,据外间所提意见加以删削,安亭已略为改过,余复为修润。迄于十一时,共改十二页而已。"(日记)

3月23日 "晨起即续改世界经济地理稿。午后二时,伯祥来商今后行止,坐两时许而止。余复改稿。"

夜，陈克寒来访。"余前致书乔木，谓希望减少头绪，为一编辑人员。乔木以十二指肠溃疡入医院割治，近方休养。余书为陆定一所见，陆遂嘱克寒来问是否工作有困难。余亦无甚困难，唯自知力不胜任，遂存此想云尔。径告克寒此意，继谈署中事。"

"克寒去，余续改地理稿，十点过搁笔。今日共改三十余页耳。"（日记）

3月24日 "上午仍与语文组诸君共读初中语文教材，仅两篇而已。下午三时，张萃中来访，于刘御重改小学语文稿，提出教育部之意见，尚须大加修改。而意见颇矛盾，生字要少，思想政治内容要充实，各种顾忌又甚多，如何凑合，大是难事。张又谓我社中学语文教本颇不佳。思想政治固须顾到，但既为语文本，各篇须是可诵之文，不宜取时间性极短者，总须在数年内可以运用乃为合适。此言甚合余意。余于选文，不满意处甚多。径直言之，今日之语文本为报章杂志文字之选辑，与时事杂志无异。同社诸君乐趋此道，教师复唯此是尚，余亦不复置辩，然余固知语文本非此类也。张君提出选材宜宽，不宜以时事为限，凡入选者必须为佳作，余皆首肯。然此类文字不多觏，确为难事。"夜间续改世界自然地理稿。（日记）

3月25日 "仍商量修改语文教材，至下午四点而止，不过四篇而已。对高中组诸君，余以字条告知，对初中组诸君，则当面言明，皆谓我社之语文本远于理想，不足有助于学生。必须众人共晓，知其所病，乃可渐求改进。

"身体困疲，意兴阑珊，如此辛苦工作，益于人者究有多少乎？"（日记）

3月26日 晨晤胡愈之，"渠谓印度方面尚无消息"。"九点后，韦老张萃中偕来，仍谈小学语文之编辑问题。第一册才四十课，小学生于此开始认字，而论者要求甚多，于此极有限之篇幅，设种种条件,希望无一遗漏,实为难能之事。谈至下午四时,始定仍以刘御稿本为据,酌加修改,以期早日成稿,可以及时供应。复谈中学语文本之编辑,各言其所感觉者,无甚结论。唯今日之杂凑成本,决非办法,则为一致之意见。谈至六点始散。坐谈竟日,所得无多,余意殊不快,体亦疲甚。"(日记)

3月27日　向总署与教育社同人作动员报告,"要大家交代与资产阶级之关系"。"所谓关系,无非社会关系、经济关系、工作关系三方面。交代而后,组织上与同志间同知共晓,即可以互相帮助敦勉,不复受资产阶级思想之玷污。"夜间,改自然地理第五章稿。(日记)

3月28日　上午续改自然地理稿,"先以已改者交还褚亚平君,褚阅后即来共商,意颇认真。余于此等处,稍得乐趣。前数日参加初中语文编辑之梁君语余,谓连日共商改教材,于彼颇有益处,与仅凭稿端批改、字条达意者不同。余闻其言亦复欣然"。

"下午两点半,琢磨文叔复加修改之小学语文本。共谈者六人,余与文叔、仲仁、刘御、王漪及王老师(本京小学之优秀教师,由教部调来,为编辑方面顾问)。除斟酌内容外,余特别嘱王漪与王老师留意课文之语言,务期正确而有神,不违普通话之规律,以二王皆本地人也。一字之增删,一语之改易,遇有佳处,人各会心,亦复有味。迄于放工,仅读十数课,每课自一句话至三四句话而已。"(日记)

3月29日　"上午改毕自然地理之第五章,又改颜迺卿续交来之外国经济地理稿。一点半后仍如昨日模样,六人共商改小学语文本,至六点而罢。褚亚平又交来自然地理第七章,灯下改之,至十一点而休。"(日记)

3月30日　续改自然地理稿。"王泗原来,共谈语文教本之编辑,并及语文混乱。渠有一意甚卓,谓今时《人民日报》之势力极大,而其文字颇草草,混乱情形,每日可睹。苟能使《人民日报》端其趋向，凡其所刊载，绝无疵病，则于文字语言方面可以移风易俗，其收效胜于努力撰语文教本矣。余因戏言，我人舍弃所业，共投《人民日报》如何。"（日记）

3月31日 "上午续看经济地理稿，又与褚亚平商量自然地理稿之修改。午后，续读小学语文本稿，至于六点，全稿读毕。小学教师王女士之修订颇有见地，斟酌内容，改易语调，皆中窍要。我人勉强写北方语，往往有杜撰之说法，经渠说破，不觉失笑。因思文艺作者欲使语言灵活，妙达神趣，必须多方咨询。而一般作者每忽视此事，认为小节，所成作品殊难乎其为文艺矣。"

夜间看王芝九之世界史稿，迄于十点。（日记）

3月1日至8日、10日至31日的日记收入《叶圣陶集》第二十二卷。

4月1日 续改王芝九之世界史稿。"十时，少数同人集会，商量本月上半月之各种会议。表列十五天，分上下午，几乎无日无会。余表示不克一一参加，若逐一参加，唯有舍弃教科书之审订工作耳。愈之重行谈其检讨报告之要点，将另起炉灶云，一方面检讨其领导总署之工作，一方面亦对下级起带头作用，为各单位补作反浪费反官僚主义之倡导。灿然、克寒、浩飞皆有意见为愈之提示，余则胸中并非成竹，无可言者。"

下午续改外国经济地理稿。"王芝九与颜逎卿之稿可谓最粗之毛坯，皆信笔挥洒，后一节未必与前一节连贯，后一句未必与前一句呼应，同类意义，达之以随意变换之句式，同一事物，表之以彼此互异之词汇。余为之修润不能甚细，但求大体可诵而已。待印孔亟，只能草草问世。今后尚须厘定内容，重行编写。"

出版总署设立人民法庭预备庭，处理贪污千万以上之贪污分子。胡愈之为庭长，圣陶先生为副庭长。（日记）

4月2日 晨续改地理稿。"九时，署中党组开会，邀愈之与余参加，议程为各单位负责同志交代问题。交代者为吉少甫、邵公文、李士谷三人，同志各提意见，令彼等重行思索。前曾想，共产党之所以坚强，以有批评与自我批评；就每一党员言之，乃所谓蓬生麻中，不扶自直。今日之讨论又得一证明。"

下午改完经济地理稿，续改外国史稿。应邀往匈牙利驻华使馆，参加匈牙利解放七周年之纪念会。（日记）

4月3日 上午，"集各单位之节检会人员，讨论人民法庭开庭判处贪污分子事。克寒谓反贪污运动成功与否，视人民法庭之工作如何，其言甚确。必须严肃从事，凭确切可靠之材料，作权衡至当之决断，乃可使犯者得所戒，群众亦从而受教育。而各单位已交来之十余份起诉书，大多叙事不精确，行文不严密，颇违斯旨。因讨论起诉书应如何写，动笔之先尚须再行深入研究案情，乃可下笔有据。本定五日开第一次庭，今准备不及，只得后延"。

下午，续与语文组诸君讨论初中一册之教材与提示。晚至乔峰家。"乔峰已于昨日归来。渠言美国飞机投下之物有蝇、蚊、蚯蚓、蟋蟀、蝗虫等，细菌即附于此类身上。据渠在东北调查，传染病已发现者有斑疹伤寒及急性大脑炎，患者不多，是否将蔓延尚不可知，故防疫实为至要。春耕之后，农作物是否将受影响，亦当在考虑之列。"（日记）

4月4日 重看王芝九訔清之世界史稿，"复略加修改"。又补看外国经济地理稿，看补选之初中语文教材两篇。

晚，王伯祥来访，共小饮。"渠发牢骚，谓开明创立二十余年，今将与青年出版社合并，不意残局之收结，责归于其身。在合并机构中任事既勉强，且心意上不安（以薪金特大，与他人不协调），最好别谋他事，嘱余设法。谈至九时而去。"（日记）

4月5日 上午开编审部部务会议。"重要议题为各组于下星期总结编写修改之经验，为今后改进工作之助。秋季供应之课本，除语文、历史尚未悉了以外，其他均已完毕，花一星期之时间总结一下,彼此交流,实大有裨益也。其他议题皆属事务性质,决定后由总编室执行者。"

下午,张萃中来,"谓教部于小学语文课本之三改稿大体同意。着手既迟,为时又促,不能求精,且印出供暂用再说。明年此时,当别有新本问世。于是关于此课本者,为作画问题。先由刘御、文叔写定要求于画之要点,于下星期邀请诸作画者一谈。作画者已由春台约妥,为美术学院之师生。全册图画,须于两周内完成,大是难题。画成时必多可议之处,势必一改再改,即屡改亦未必能满意。唯愿所虑非实耳。"

"夜间开始看方君所撰初中动物学教本"。(日记)

4月6日 上午续改动物学稿。"今之初中学生先习植物学,次习动物学,次习生理卫生。迄于高中,则习达尔文主义基础。生物学课程成一整然之体系,大是胜处。然亦缘依据苏联教程,乃克臻此。""夜续看方君稿。"(日记)

4月7日 "上午讨究小学语文本之排版方式,大费心思。此第一册各课均须附图,图与文字之安排必须相配合。字大,图之地位即无多。一课不能尽于一面,则须占两面。如是则页数增多,书之售价增高,加重学生家长之负担,且增加纸张之用量。此等事在写稿时皆未顾及,今将付排始加考虑。但计议半日,未能有所确定,由文叔逐课考虑后再说。

"下午,与仲仁、计志中、霍德元三人共读小学算术课本,略加修改。此课本系俞子夷与霍德元所编。俞为有名之小学教育家,研究小学算术教学已数十年,近见苏联之小学算术教本,大为心折,来函要求新课本非由渠编不可。我社因派霍往杭州,助俞编写。今读此稿尚有疏略处,非再校读一遍不可,迄于六点始毕。此书亦多图画,排版非易,将托志中主之,而以二三同人为之辅。我人不仅编撰,且须顾及排版,身兼数役,亦复甚劳。夜间,续改方君动物学稿二十余页。"(日记)

同日　宋云彬日记：叶圣陶来信。(《红尘冷眼——一个文化名人笔下的中国三十年》)

4月8日　晨，蒋仲仁来谈小学课本制图排版事。"本月底为发稿之最后期限。秋季开学当在八月下旬，新书必须提前发到全国各地。而如西南各省，寄递之程既远，运输又多困难，五日内如不制成纸型，即不克及时供应。思之甚感困闷。续改方君动物学稿约二十页。"

下午，"开人民法庭预备庭。法庭布置于文化宫。被告不到场，仅各单位之公诉代表与少数积极分子到场。代表人按起诉书陈述，审判长与审判员随时提出询问，历三小时，仅提出公诉九起耳。余虽为副审判长，未提一问。退庭后共商，以后不复有预备庭，只须各单位提出完备之起诉书即可开正式庭"。

"灯下续改方君稿二十余纸。"（日记）

4月9日　上午，"在愈之室谈我署之编制。拟议今后改为一厅三局。厅为办公厅，三局为出版事业管理局、印刷事业管理局、发行事业管理局。全局二百五十人，外加勤杂人员。人数虽未减少，然业务增加，加入原新闻总署一部分之事，故可谓有所精简。至于各局如何分科，须俟明确分工，乃可决定。两年多来，组织已再变矣。但求切合实际，行之有效，不厌其屡变，此固今日之方针也"。

下午写复信五通，"积之已久，迄无遐刻，今日少闲乃清夙债，心头为之一爽"。（日记）

4月11日　上下午俱与语文组编初中课本几位共读补选之两篇教材。"他们眼光较差，看文篇不辨好坏，用力虽勤，而大多归于浪费。余谓可以电影《带枪的人》及《向新中国前进》为喻，同人皆曾往观。前一片凡动作语言，皆有深味，一望而知是佳作；后一片则平庸之极，一言一动，不过告诉观众有那么一回事而已。优劣之判显然可见，文篇亦复如是。彼辈仍觉辨

别殊无把握。余亦未能以言语开示，良感怅然。"（日记）

4月12日　上午看王泗原所选工农中学语文课本第二册之教材。下午看周芬所编高中化学课本稿。"此本取旧日教本杂凑而成，觉其叙述无序，语言不精密。此稿已由薰宇看过，即将付排。薰宇亦太马虎，如确仔细看过，余能看出者，薰宇必能看出也。即与灿然、同新共商，决定请同新细看一遍再说，如无甚出色处，自不必付排付印。"（日记）

4月13日　胡愈之来访，"示余以其重拟之检讨报告稿。又语余上星期五在政务院之所闻。陈云报告经此次三反，财政经济方面得益甚多，继之而来者将为激烈之增产运动。中央方考虑对公教人员照顾两项，一为负责其医药费用，二为负责其子女教育费用。至于受教育者，大学生拟全部公费，中学则增加公费生之名额。此两点如能办到，确为一大改进。愈之又谈及今后署中之人事安排，拟以洛峰主办公厅，程浩飞、谢冰岩副之。以克寒兼主出版管理局，灿然、彬然副之。以卜明主印刷管理局。以伯昕主发行管理局，王益、储安平副之。此尚是初稿，以后或须更动。蟫生与祝志澄将他调"。（日记）

4月14日　"八点半，少数同人会于愈之室，作下午会议之准备。下午二时，举行扩大署务会议，各直属单位负责人均到。先讨论我署组织机构之更改，由洛峰报告。于一厅三局之布置，诸人均同意。次讨论本月下半月之工作，由克寒报告，结束反贪污，进行反浪费反官僚主义。领导于开始时检讨未彻底者，须行补课，由群众作民主鉴定。改定制度，端正思想作风。总之其事甚多，为时甚短，又须认真作去。末了讨论愈之之检讨报告，诸人提意见不少。"（日记）

4月15日　上午九时，开审判委员会。"人民法庭受理之案件，由审判员三人分别负责调查研究。开庭之时，某案由某审判员研究者，即由其人审讯，正副审判长可不出席。今日开第一次庭,以后间日或间两日开庭,本月内未必能将本系统内之案件审毕也。"

"十点半,与安亭、灿然商我社下半月之工作计划。编审部方在总结编辑工作,安亭主张可与反浪费反官僚主义相结合。俟各组作成总结,由我三人中之一人或二人综合为报告,顺便为自我检讨。至于经理部,则浪费与官僚主义大有可反,宜自上而下,发动群众为之。此外则为调整机构人事,改订制度,本月内只能择要为之,未可期其全部了结也。下午一点四十分,集各组组长共谈,即宣布此意,大家无异议。顺便谈发稿校对工作,余唯望大家努力以赴,使今秋课本仍能及时供应。"

下午三时参加党组之会。"会中讨论洛峰之检讨报告稿。诸人于洛峰之思想作风均有所批评,皆较深刻,谓其稿未中要害。克寒请洛峰重行起草,务期比较深入,而后当众讲之,于己于人俱有助益。"(日记)

4月16日　上午,总署开"三反运动建设阶段动员大会"。胡愈之"一面自我检讨,一面动员,请各单位领导同志均作自我检讨,作好反浪费反官僚主义之工作。渠之检讨中有不善于依靠共产党之领导一段,克寒因继之讲话,谓此是愈之之谦词,共产党员诚须深自检讨,协助行政领导,团结党外人士云云"。

下午看蒋仲仁所撰初中语文第一册关于语法之提示。"愈之之稿拟付印,嘱余重看一遍,余为校读,费时两点钟。"(日记)

4月17日　上午为署务会议。"先讨论洛峰据组织系统表所撰之组织条例,逐条斟酌,修改颇多。次由愈之提出厅局级之人事安排,大体与星期日所谈相同。唯谢冰岩为出版管理局副局长,与灿然、彬然并列而为三。印刷管理局正局长虚悬,卜明与沈静芷并列为副局长。将据此呈报政务院批准。"下午,校阅组

织条例。与蒋仲仁、金灿然谈编辑事。"(日记)

4月18日 改初中化学稿。"此稿原由中学教师两人合编，觉其芜乱，由周芬修订，将付排矣，检视仍觉未妥，复请陈同新为之修改。余今改者，盖陈之改本。余不习化学，仅思其所叙，发见欠精密处则改之。余之改笔仍须请陈看过，固不能遽以为是也。"(日记)

4月19日 上午，"编审部与出版部十数负责人开联席会议，讨论如何多方努力，期今秋课本之供应不至后时。今年发稿情形不逮去年，去年四月间，绝大部分课本已制成纸型，而今日为四月十九，尚有十六种未经发出。今年新编稿多，固是一因。同人视去年为精审，一改再改，你看我看，教部复索观原稿，提出校订意见，又为延迟之主因。讨论后商得种种办法，是否可靠实亦难言，余唯有恳大家尽力耳。"

夜间改化学稿本。"化学书叙种种实验之装置，颇噜苏，观之未易遽明。"(日记)

4月20日 改化学稿。"晚饭后，与至善共评小学语文本之图画稿样，共二十余幅，为美术学院诸学生所绘。彼辈亦颇用心，而不熟悉生活，基本训练不充分，几乎幅幅有可议处。然亦有佳者，人物神情绝妙。至善眼光颇敏锐，佐余提出许多意见。余一一书之，准备交回美院诸生，请彼辈据以修改。稿样为铅笔画，较易见好，俟用墨笔勾勒，恐尚须打折扣也。至于十点，二十余幅看毕。"(日记)

4月21日 晨，续改化学稿。"十点半，张萃中来，谈教部审读我社各种教本事。谓于薰宇所编各种数学书稿未能满意，尚须研究。亦杂谈其他课本。又谈编审部迁入教育部事，大约下月可以实现。"

下午三时，改毕化学稿之第四章。"灿然主张托袁翰青审读一过，余以为然，即将四章先行送去。处理稿件认真，已渐

成我社风气，余所心喜也。"（日记）

4月22日 竟日改化学稿四章，"疲甚，有颓然欲仆之感"。（日记）

4月23日 午后二时，至文委，"参加祁建华之受奖典礼。祁建华者，西南军区某部之文化教员，创速成识字法"。"返署，看陈同新交来之化学稿数页。到家，文叔交余美术学院用墨勾勒之画二十余幅，大多均依余之意见修改。虽笔致有稚嫩者，而趣不恶俗，较之以前课本为胜，颇出余之预料。良由美院学生之思想已有所改进，深明其事重要，故尽力为之。而工作皆出于集体，多商量，多批评，亦为见好之主因。于此等处，余深感可喜。"（日记）

4月24日 "上午仲仁来谈，隐示余与语文组少数同人相互不了解，彼辈以余为抱着纯技业观点，余以彼辈为徒知强调思想政治，而不悟内容与形式之必趋于一致。仲仁以为此种不了解由于接触时少，若经常接触，所思即可渐就接近。余谓余实所知不多，偶有所见，自知无术充分表达，即表达之亦恐不能服人，故怠于吐露。余希望大家广其识域，识域广即不至拘墟。然不敢遽以此为号召也。"续改化学稿（日记）

4月25日 与王芝九重订其所编外国史两章。"稿经教育部看过，又经社中检查科看过，皆有修改意见提出，我两人即据以斟酌改定。"午后，"与同人商谈发稿杂事"。工余始读爱伦堡《暴风雨》。（日记）

4月26日 晨间辛安亭、金灿然、蒋仲仁、刘御四人来共谈下月份之工作要项。"九时，开审判委员会，为已审讯完毕之贪污分子十余人量刑，或判有期徒刑而缓刑，或判劳役改造，或判机关管制，或判免刑。审讯皆由三位审判员任之，听彼辈之陈述，均熟悉案情，甚可佩服。"下午，看外国经济地理之补足稿。"原稿中印度与巴基斯坦合叙，外交部提意见谓宜分叙，故为重写。"（日记）

4月27日 观美术学院学生续作之小学语文本图画稿样,逐幅加以批注。(日记)

4月28日 晨间集人教社各组组长为会,"讨论如何交代社会关系及作民主鉴定。二者须于下月五日前作毕,又须以许多时间开会,不无妨碍书稿之编写。因决定手头有急要工作者可不参加开会。又略下月之工作要项"。

"十点至愈之室,谈我署科级人员之名单。今后署中分三级,局以下废处存科。此是精简之道,且可提高工作效率,各机关皆然。"

下午两点开署务会议,"即讨论上午所谈之名单。又谈署中五六两月之计划。既经改制,计划大部分须另起炉灶,亦殊为紧迫"。(日记)

4月29日 看初中历史稿,"大体尚可,而殊粗疏。稿已油印分发各有关机关,如大家以为尚可,余乃为之修改。看办公室所草对贪污犯之判决书十八件,亦只能迁就认可"。(日记)

4月30日 张萃中来,商数学各科及化学用书,拟以东北所译苏联课本代我社所编者。

下午,"愈之招往其室,与中华书局潘达人谈事。中华有印刷设备在香港,已迁回一部分,今日为考虑国内需要,告以尚可迁回一部分。中华整理股份,潘有请求公私合营之意"。(日记)

4月1日至30日的日记收入《叶圣陶集》第二十二卷。

5月1日 登天安门城楼,庆祝劳动节。

5月2日 继看俞子夷、霍德元共撰之小学算术教学法,略作修改。午间"忽身体不舒,气喘甚促。坐沙发上睡一时许。醒来较好,仍勉强看稿"。(日记)

5月3日 "晨与安亭、仲仁谈,薰宇所编各种数学课本究竟优劣如何,其与苏联课本究竟同异如何,我人皆不详悉。教部中人谓之不适用，我人则不知其适用与否。此宜先为研究，乃克有下判断之依据。然数学组除薰宇外仅有三人，能否为此研究，实未可断言。"

请袁翰青审阅之初中化学稿今日送回。"袁言此稿与以前之化学课本比较，殊无出色处，不严密，不切实际，不结合爱国主义，皆其缺点。同人因谓此事可谓严重之教训，编写之前未有计划，盲目施工，盲目修改，结果前功尽弃。责任当由领导者负之，不能责备执笔之人。余为社长兼总编辑，尤当负责，必须检讨也。"

九时，节检会开会，讨论本月三反运动之计划。"本月须作思想建设、制度建设、组织建设三事。以思想建设为基础，重立制度与组织，至月底，三反运动始告结束"。

下午，续看算术教学法两篇。（日记）

5月4日 蒋仲仁来访，共谈社事。下午往怀仁堂参加纪念雨果、果戈理、达·芬奇、阿维森纳文化四大家之集会。

5月5日 与同人谈社事，续看小学算术教学法之各单元教学部分。"虽仅为二十以内之加减法，而编制极有匠心，顾及从具体到抽象，顾及推理方法，顾及已得之知识与新知识之联系，苏联之研究确可钦佩也。"（日记）

5月6日 "晨与安亭、灿然、仲仁谈社事。一为各种书稿之应付排者，如何促其于月内完成。一为普遍交代社会关系，各组组长作鉴定，均须于二三日内结束。"下午二时，总署请祁建华来向全体同人作报告，连讲四点半钟。"渠讲识字何以能速成，谓一由于战士之迫切需要，二由于利用成人之优点，即已有政治与各方面之经验，所差者经验与语言不能结合文字耳。渠先教注音符号以便读者，同时即教文字，用战士常用之语汇为各字之解释，又利用形声字之构造以便记忆，故学员可以一日认数百字。认字之后，令学者相互检查，共同温理，其法有种种，皆切合战士之生活。目前军队中方培养大批速成识字教师，战士脱离文盲为期已甚近。推广至工农方面，其效亦佳。如是则全国文盲之扫除已有把握，盖一绝顶重要之大事件也。祁讲话中谈及其为人民服务之观点。唯其乃心革命，始克有所创造，此于我辈文化工作者大足深省也。"（日记）

5月7日　晨至干部学校讲语文课。"干校学员七十余人，以任发行工作及行政工作者为多，编辑工作者仅数人而已。……今日余之所讲仍为老套，无非思想依靠语言云云。此后尚须讲三四次，拟谈语汇、语法、文章结构等事。"

下午看新出之《翻译通报》。"通报中多载批评、检讨文字，盖翻译界受三反影响之表现。有数篇指摘极端荒唐之译品，竟不成其为语言，观之生恨。"胡墨林因"年老过劳"住入北京医院。（日记）

5月8日　"上午看一投稿，系翻译苏联之幼儿语言教学课程。循序渐进，由接触外界以立其概念，使概念与语言结合，使发展其思想，大有价值。所列方法与教材皆生动，教养员善用之，幼儿之幸福大矣。惜译笔颇差，修改后方可出版。"

下午，"审判员二人来谈人民法庭开庭事。谓明后日又将开庭，中有四人将由余主审。谈一时许而去"。到北京医院，看望胡墨林。

至民主德国使馆，祝贺其国解放七周年。（日记）

5月9日　晨与审判员诸君为会，讨论明日人民法庭开审问庭之准备。"以前开过数庭，案情较简，被告较老实。明日之八起案件中，有两三件则不然，已令外面作证之人说话，而为之录音。据谓虽如是准备，有一二被告或尚须抵赖。"听捷克文化代表团团长之报告。到捷克使馆，祝贺其国解放七周年。夜，至怀仁堂观欢迎来宾及各国使节之歌舞晚会。（日记）

5月10日　上午九时，人民法庭开庭，由胡愈之主审。"被告四人，三人皆承认公诉书所称属实,自己确有罪。唯美术出版社工厂一干部,只承认一部分贪污,于盗窃厂中器材,虽放证人之录音,并由证人到场自白录音所称属实,尚拒不承认。至午后一时半退庭,皆候他日宣判。两点半继续开庭,由余主审,被告亦四人,三人皆无异词。末一人为我社经理部主管修建者,只承认其零星贪污,于其得自营造厂之贿赂两千八百万元则坚不承认,虽放该厂工程师证词之录音,说明屡次行贿之情形。此人狡狯殊甚,仍谓实未得款,只得停止审问,告以听候处理。五点半退庭。"

"审判之事,居然亦须尝试,自觉好笑。而兀坐七时有余,且依法庭规矩,不得喝茶抽烟,殊感疲惫。"(日记)

5月12日 "上午与灿然、仲仁谈社事。所定本月工作计划实际上皆须延缓,一切无由抓紧,亦为难事。"下午,"芝九交来其外国史之订正稿。重看一过,又有若干处须修改。半日仅改一章,仍不惬意,当重写乃可顺适惬当耳"。(日记)

5月13日 晨间,辛安亭为编审部同人作讲,题谓《新道德问题》。"略谓今日之道德有人民之基础,以广大人民之利益为准,注重集体,共求精进,与过去时代之道德迥不相同。末言批评与自我批评不特为进德之方,且为道德之重要构成部分。其言甚是,而阐发不畅,于日来社中进行思想建设学习,自有所助益。"

续看王芝九之稿,仍略为修改。"午后,准备明日之讲稿。明日除俄文编译局而外,上午尚须至干部学校也。晓先辈又印出初中本国史稿数节,匆匆看过一遍。同人笔下均差,随便写下即算数。他日为之修改,尚须大费劲。"(日记)

5月14日 八时后至干部学校演讲。"今日讲述,系据叔湘之书,谈运用语汇应注意之点,随时询问明了与否,则答称明了。讲至十一点二十分毕。"

下午二时至俄文编译局演讲。"听者除其局工作人员外,尚有俄文学校学员及其他机关人员，共七百人左右。余以听众全系文字工作者，仍讲余之老套。盖以为语言既为思想所凭借，则思想之表达与传递，非求语言之正确明白不可。不能谓某人之思想固正确明白，而其语言文字则草率谬误。脱离语言文字，又何从判其思想之正确明白乎。今日之讲词，提出数语为以前未尝说过者。谓'思想拿不出来，而语言为拿得出来之思想'。谓'语言是思想的定型'。谓'我人凭借外国语言之习惯，了解外国人之讲话或著作。凭此了解，以中国语言之习惯思维之，然后述之以笔舌。若此工作，即为翻译'。讲至五点四十分毕，系临时划断，若不顾时间，信口随谈，尚可讲下去也。"

"上下午作讲六时有余，颇感其劳，头脑中岑岑作胀，两腿亦觉其酸。但居然能支持，不露力竭声嘶之态，亦复可以自慰。"（日记）

5月15日 上午十时，审判委员会集会，于上星期六审问之被告七人（我社经理部之一人不在内），为之量刑。

午后写信与宋云彬，"约渠重编高中本国近代史。现用之本系云彬旧著，不甚适宜，外间颇多意见。灿然乃造意，请云彬与蠖生分段合编，自鸦片战争至五四属云彬，五四以后属蠖生。若二人俱答应，于年底完稿，则明年暑假后即可应用。据闻云彬在杭州颇清闲，料必可答应"。

应邀赴外交部宴，主客为将离京往各地参观的印度文化代表团。（日记）

5月16日 上午九时，开署务会议，讨论下半年之出版工作计划。"二时半，至医院视墨，喉间已不复作痛，进食自如，精神亦愉适。医生劝多养几日。谈半时许，仍返署，修润上午通过之工作计划草案。"（日记）

5月17日 上午，"与各组组长会谈，商如何结束本阶段思想检讨之讨论。决定于下周开全编审部之会两次，各组互相交流思想检讨之情形，期彼此有所启发"。

"午后二时，偕彬然至市政府晤吴辰伯，商量佩弦全集之出版问题。参加者尚有平伯、江清、均正、振铎、佩弦夫人。佩弦全集在开明排版，已成大半。而以今日看佩弦之作，有若干篇不合时宜，于读者无裨，因有重加考虑之必要。余前数日与辰伯谈及此事，共谓佩弦若在，自定其文，必将有若干篇须删弃。故我辈为出全集，一必对得起佩弦，不逊其在群众中之印象。二必对得起读者，使读者有所受益。今日辰伯说明此义，讨论许久，决定不出全集而出文集，数人分别重看其文，删去其不适者，所收者以具有进步性为准。余分得三种。月底诸人看完，再集会商量。"（日记）

5月18日　宋云彬日记："圣陶来信，约编写高中近代史教本。"
（《红尘冷眼——一个文化名人笔下的中国三十年》）

5月19日　上午看王芝九重行修订之外国史稿。"下午，愈之来谈署中事，兼及如何配合祁建华之速成识字法，令出版社编写供应识字者阅读之书本。又及字典之排列方法。愈之谓势须分主音主形两道。主音自当依注音符号，但次序之排列可与西洋相同，如是则有种种便利。主形之排列，设计者至众，皆不甚方便，如何乃可，大须研究。"

四点半，偕至美往北京医院迎墨回家。"病痛已除，精神愉适，余为之大慰"。（日记）

5月20日　上午至干部学校上第三次课，仍讲虚字。下午二时，编审部同人全体集会，听田世英、张克强二人谈其思想认识之转变。

晚七时，"邀美术学院同学十人及刘继卣、鲁少飞二君为茶会，谢他们为小学语文课本作画，并望以后经常相助。余谈期望他们者三点，一为更多作基本训练，二为更求熟悉各方面生活，三为揣摩看画者之心理。大家谈话颇多，十时散"。（日记）

同日　发表《介绍祁建华"速成识字法"》(刊《语文学习》五月号，署名秉诚，后收入《叶圣陶集》第十七卷)。文章说："祁建华'速成识字法'，对于扫除文盲，发展工农兵群众文化教育有极大的贡献，这是我国文教事业中一种极有价值的、富于革命性的创造。"号召读者"学习祁建华的精神，打破传统因袭的观念"，来创造"学习祖国语文"的"新的进步的方法"。

5月21日　"上午与安亭、灿然、仲仁谈社中组织及制度事。迄于今，思想检讨已告一段落，至月底为止，须搞好组织建设及制度建设，于是三反运动结束。建设各项仍须经群众讨论，提出合理化建议。凡切实可行者，必采纳而实施之。其意甚善而暂不能行者，必说明其所以。今日讨论我社拟恢复编审经理两部，经理部主在作出版工作。其纸张之采购、保管、支配，已集中于总署印刷管理局之纸张管理处，因此可省大部分之事务。另设办公室性质之机构，掌全社之人事、文书、审计、总务等项。最难处者还在人事调配，有若干人无适当工作可为，又有若干人未安其位，皆须从长计议也。"

下午，偕胡愈之出席文委之委务会议，"议题为讨论科学院筹设东北分院之报告"。(日记)

5月22日　看历史组新写成印发之初中本国史两章。"明日为毛主席作文艺座谈会讲话之十周年纪念日。文联发来通知将于明日举行座谈会，列中心要旨三点。一、如何加强文艺工作者之思想改造，批判并清除资产阶级之思想影响。二、如何克服文艺创作上公式化概念化之倾向，加强作品之思想性及艺术性。三、关于文学艺术的民族化和大众化问题。余未必往参加座谈会。于所提第二点，余以为此全在认识之深。感性理性之认识轮替提高，则佳作不求而自至，思想性与艺术性亦自然提高，二者固不相反而相成也。强欲创作而死啃理论，或往工厂农村

参观，以期有所启发，皆未必有大效。"（日记）
同日 宋云彬日记："复叶圣陶函，允为人民教育出版社约编高中本国史。"（《红尘冷眼——一个文化名人笔下的中国三十年》）
5月23日 "晨间历史组三位与安亭、灿然来余室，以初中本国历史请人家提意见，已有一部分提出意见寄来，其间颇有出入，须商量何去何从。谈未久，愈之邀余至其室，商量祝志澄之工作问题。祝为印刷界之老资格，革命队伍之老干部，实乏现代之知识与技术，管理新华印刷厂不得法，无力求创新之精神。今日邀其副厂长张容、王大任来，商谈祝之去留。张王二人力言愿与合作，各方相助，主仍令祝管厂。二人去，复与少数同人谈署中科级人员之名单，至十二点半散。下午二时开署务会议，通过此名单，任命新华印厂正副厂长。

"前闻蠖生言，新华厂中有人发明在铅版上涂铁，可以增加印刷次数而不损字之轮廓。今日问张王二人，谓确有其事，《毛选》即用此法印刷，印五万次而换版，实则尚可多印。余谓此事宜宣传推广，亦可促进印刷界创新之风气。我署新机构有印刷管理局，尤宜注意此等事，当与其局之主持者卜明、沈静芷言之。"（日记）

5月24日 "晨间略写提纲，准备向编审部同人作组织建设与制度建设之动员报告，经理部方面令少甫为之。报告会以九点半始，提出组织条例草案及组织系统表，制度方面则仅提出要点，不举具体方案。于下星期一二全日讨论此事，务望大家从全局出发，从现状出发，提出合理化建议，使工作得以改进。"

下午，人民法庭又开庭，"继续审讯我社修建中之贪污者"。"看愈之动员报告稿。"

俞平伯来访。"渠看佩弦著作数种已毕，略提意见。谈一时许而去，留赠一诗笺。"（日记）

5月25日 上午，访王伯祥。"渠近来情绪渐转好，五反已过，并作过思想鉴定，言此种种皆为有益之举，无可非议。于其今后之工作，谓愿就能胜任者为之，不存名位观念，待遇亦无妨降低。余因言开明与青年合并之后，宜于编辑部成立一检查机构，检查书稿，消灭错误。如史地材料与引文之检查，彼皆至堪担任。伯祥闻而大喜，嘱余提出此议，期其实现。"（日记）

5月26日 "晨间灿然交来所拟社中自今日到下月五日之工作计划，旨在结束三反，改定组织与制度，确定下一季之工作计划。应办之事甚多，而时间至紧。"

下午，陈之东、吴晓铃来访，"商谈《中国语文》由我社出版。此为科学院语言研究所及文字改革委员会合办之刊物，谈文字改革、语文法则、语文教育方面之问题，务期深入浅出，于一般人俱有助益。余与灿然答应接受"。

魏建功来谈其本人之工作问题。"教部已向北大表示，须调建功专任我社事，编辑辞典。北大亦并非不肯放，唯建功自己迄无表示，亦不好径允。余与灿然因促其明白表示愿为辞典尽力。建功虽应允，而殊不爽快。"（日记）

5月27日 上午开审判委员会。下午"看历史组交来之五胡十六国一段初稿。旋请晓先、李赓序来，共同试改此初中历史稿"。

接宋云彬来信，"答应承编高中本国近代史"。（日记）

5月28日 晨八时，集编审部全体同人为会。"由安亭作报告，动员大家总结工作，偏重于编辑，旁及其他。渠主以编成之书为据，逆溯历次之修改变更，于是看出何者为长，何者为短。并宜检查其业务思想，一视学习苏联之努力如何，二视所受资产阶级影响如何，三视民族化中国化之表现如何。总结工作已屡次言之，迄未完成，此次期以三日完成之，为今后工作依据。"

胡愈之来，邀方宗熙共谈，"劝渠勿作赴山东大学之打算，以留居北京为宜。方在生物学方面造诣颇深，而国内治生物者颇少真切之专家。教部今后将谋改革课程，方留京可以相助策

划也"。下午仍开审判委员会。(日记)

5月29日 上午至干部学校上课,讲句的构造。下午与晓先、芝九、仲行共改历史稿。朱文叔来谈,"渠于社中工作颇有不快处,所见不免拘执,余亦无以慰之"。(日记)

5月30日 上午续改历史稿。"愈之来邀,谈我署五年计划之大略估计,盖财政部门将约计需要之款项,为制订五年计划之准备。五年计划殆将以明年为始矣。"午后仍改历史稿。(日记)

5月31日 晨至北京戏院开总署宣判大会。"由愈之读宣判书。凡二十一案,免刑者十人,机关管制者七人,服劳役者三人,徒刑者一人,其他俟他日宣布。余继之,分析各案判决之所以然,以惩治贪污条例为据,举例说明从轻、从重、减轻、加重之故。克寒继之,说明于受刑之人,旨在管而教;于免刑诸人,则须团结之,使知所勉。"午后续改历史稿。(日记)

5月2日至10日、12日至17日、19日至31日的日记收入《叶圣陶集》第二十二卷。

6月2日 上下午俱改历史稿,"得十余页。甚感疲惫"。(日记)

6月3日 预观总署公文展览会。"此展览会于去年年底即已筹备,为时亦甚久矣。所陈列者皆为处理不当之公文,仅五六十件,而各有代表性。或足以见处理者粗枝大叶,不究实际,或足以见处理者因循敷衍,贻误良多。亦有一事而由数个单位处理,处理结果各不相同;或则公文在署内各单位周游,卒已失时效,不了了之,归档完事。凡此种种,俱见我署办公文不为解决实际问题,而在为有公文而办公文。此为官僚主义之尤,非力戒不可者。今为此展览会,无非提高大家之警惕,劝而欲件件切合实际,未必可以马上做到也。"下午续改历史稿,"四点钟工夫,仅得七纸而已"。(日记)

6月4日 晨间看出版管理局所作一研究报告,"分析上海一百余家私营出版家之情形,作出总结"。"八点半起,续改历史,至午刻毕东汉部分。下午改商朝一章，未毕。统计数日所改，仅得全册三分之一而已。毕此第一册，尚须十天工夫，颇有支持不下之感。然每日勉力为之，终必完工也。我社编教本以此册为最费功力。自制定大纲起，自己斟酌再三，又印发外间提意见。初稿打印之先，已几经改易，其间又经检查科之检查。各处意见交来后，又据以修订更改。迄于入余之手，稿已八九易矣。余改过誊清之后，尚拟由社内数人通读一遍，总希望不至有重大谬误。"（日记）

6月5日 晨看朱文叔小学语文教学法稿。"文叔于概念与词之关系讲得甚多，期教师深明思想与语言之关系，然后施教，用心甚可钦。惜其未能深入浅出，语句繁复冗长，有类译文，恐一般小学教师未必遽能体会也。"

八时后续改历史稿。"于氏族社会转成奴隶社会一段，稿仅五百字，研摩至两点半钟。良由此等道理，余等皆不甚明辨，意念不清，下语联句自困难矣。下午续为之，至武王灭商止，亦不甚顺利。"

五点过，"与安亭、灿然、仲仁共谈，为明日社务会议作准备。我社组织条例与数种重要制度，已由全体同人讨论，提出合理化建议，即据以修改，俟明日社务会议通过，即可实施"。（日记）

6月6日 上午开社务会议。"通过暂行组织条例。去秘书长，增副社长一人，共二人。仍分为三部，唯编审部改名为编辑部，外则出版部与经理部。编辑部下各组改名为编辑室，俾名副其实。总编室改名技术编辑室。又通过会议规则、请假办法、奖惩办法，皆制度方面之重要者。又通过下半年之编辑选题计划。"下午，往干部学校演讲。（日记）

6月7日 晨自七点起即改历史稿。"上午改毕西周部分，为芝九所起之草。下午改春秋战国部分，为李赓序所起之草。今日有数

处改得颇为得意，原稿好，略为改动便见出色，诸人相对欣然。"（日记）

6月8日 "看佩弦遗文。念出版故人之集子，宜分别言之。如为纪念性质，则宜求其全，一鳞一爪，皆搜罗无遗。如为流通以益人之意义，则宜慎为抉择，虽不能以今日之标准为标准，至少亦须以今日观之尚有进步性，于读者多少有用处。自后一点观之，则颇有可删者矣。"

参加文联召集之庆祝会，庆祝丁玲、周立波、贺敬之、丁毅四人荣获斯大林奖金。（日记）

6月9日 晨以七点起即改历史稿，"迄于下午五点，改毕东周一段"。"与刘御、文叔、仲仁商量小学语文参考书之编撰，今日定其纲要。希望能于暑期中印出，俾小学老师先事研摩，及开学教新书，可有恃而无恐。"（日记）

6月10日 "八点开始改历史稿，迄于下午放工，改原稿十纸，已至南北朝。尚有两节，原稿仅五纸，第一册即可完毕。连日伏案，署中会议皆不参加，报纸及来信亦未暇细看。"（日记）

6月11日 晨八时至干部学校。"取前年各民主党派对时局宣言为例，说明文章之脉络，节与节如何承贯，句与句如何连接。讲三小时而毕，似听者颇能领会。"下午续改历史稿本，连续四小时。（日记）

同日 宋云彬日记："写致圣陶长函。"（《红尘冷眼——一个文化名人笔下的中国三十年》）

6月12日 "我社编辑部定于后日迁入教育部。各部分皆整理书物，装入木箱。同人皆自己动手……念日后东西奔跑，虽乘汽车，实感惫累。余之脾气不好动，感情上殊不愉适。"

九时开署务会议。"各厅局报告工作近况。洛峰报告各直属单位调整组织机构事。次讨论重建保密委员会，新建计划小组，研究我署五年计划之大要。"

下午续改历史稿。工余始读保加利亚跋佐夫长篇小说《轭下》（施蛰存译）。（日记）

6月13日　作书信《致叶至美》（收入《叶圣陶集》第二十四卷）。信中谈"中国的文字"和"语法"。

同日　人民教育出版社教科书编辑室迁往教育部办公，以便于统一领导。晨，"集编辑部同人为会，鼓励大家把家搬好，要爱护公共财物，勿使有所损失"。会后"看本年出版工作计划大纲草案之修正稿，为修正其文字"。下午，与辛安亭、蒋仲仁修改人教社下半年之工作计划。（日记）

6月14日　为出版总署即将开幕之公文展览会作"题语"。（日记）

6月15日　"看文叔重写之小学语文教学法之一篇，凡一万五千言。彼力求浅显，尚有未合小学老师程度处。因即告之。"（日记）

6月16日　上午"在愈之室会谈，共商余暂拟每日上午到总署，每日下午赴教部治社事。东西奔跑，虽不劳我步，而亦感其不安定"。

接宋云彬来信，"寄来所拟高中近代史提纲，即作书复之"。

午后，"偕灿然同往教部。我社办公室尚整齐，余之一室窗朝西，书桌即在窗下，布满阳光。凡朝西之各间均须立谋遮阳，否则无法坐下工作"。"与晓先芝九同改初中历史稿。"（日记）

6月17日　晨间听陶大镛报告，"述其在广西参加土改之经验与体会"。下午至人教社，"看文叔所撰说明小学语文本练习课之用意一文，略提出意见"。（日记）

6月18日　"看灿然复看之初中历史稿。午后到社中，与晓先重行研摩，皆就有人提出修正意见之处着力。"

下午，钱俊瑞来谈。"谓我社编辑部迁入部中，今后将逐渐扩展，凡属教科用书，无论何种程度，何种学校所用，皆由我社出版。部中之编审委员会则致力于教学计划、教学大纲之制订。社（人民教育出版社——编者注）与会（教育部教科书编审委员会——编者注）密切配合，随编随审，名义上则以审定之责属之于会。又谓部中之意，今后大学理工方面之书拟径译苏联之本，说明为试用本；未免不切合我国实际，则于试用之际大家提出意见，共同修改，但求积数年而后有适用之本。中学理科方面似亦可同样办理。渠不甚信编译，谓编译者无多把握，于增删之间，或增其所不必增，损其所不宜损，即破坏学科之系统性，损及苏联课本之精神。其言皆有见，当与我社诸君共考虑之。"

　　七点半，教育部开联欢晚会，"欢迎我编辑部全体同人。钱致欢迎辞。余精神不好，答辞颇草率。继之有歌唱及电影，余疲甚，先退"。（日记）

6月20日　到干部学校，讲标点符号用法。"来此凡七次，今日为末一次。"午后往人教社，"与安亭仲仁谈社事。与晓先重为研摩历史，又历两时有余"。（日记）

6月21日　至胡愈之室，与胡愈之、陈克寒会谈署中事。午后偕金灿然到社中，与辛安亭共谈社事。

　　"又与晓先研摩历史稿，至魏晋南北朝止。上星期改毕此稿，本周重读，至此又是一遍。

　　"夜间写意见两纸，预备明日送往民盟市支部之语文教学座谈会。余惮往出席，聊书意见，亦酬雅意。其讨论题为二：一为大学国文选材以何为标准，二为大学如何进行语法教学。写罢已十一时。"（日记）

6月23日　"晨与愈之、乔峰、克寒会谈，以后每星期一均作会谈，为常例。大致为听各局之汇报，如有事可商，不妨为时较长。"

　　下午至人教社，"与安亭仲仁谈事，看语文组重定高中语文第二册文篇"。（日记）

6月24日　"看署中发布之文件，细为修改。"下午到人教社，续看语文教材。（日记）

6月25日　作书信答《人民画报》社所询一句文句。下午到人教社，"修改安亭所修订之编辑工作总结一稿"。"此稿系安亭草拟，经数人看过提意见，渠又重加修订。其中提及领导工作，谓我辈总编辑副总编辑者不能于事先掌握原则，决定方针、规划、办法，唯于编辑中途或成稿之后为商量、检校、修订工作，此是部分的而非全面的。商量、检校、修订之事亦甚劳，且于工作亦至有助，然唯此之务，则不免于辛辛苦苦之官僚主义矣。此言甚得要，我社领导方面之病诚在是。唯余实不能为全面之领导，思与诸君分工，余仍偏重于商量、检校、修订之方面，虽属辛辛苦苦，亦所不辞。此意尝与灿然、仲仁言之，他们以为然。"

与蒋仲仁、李光家、蔡超尘、杜草甬谈高中语文第二册之改编。（日记）

6月26日　晨，丁玲来访。"其所主持中央文学研究所将设我国古代文学之课，由诸友分题讲授，派余'古文'一题，云是振铎所定。余亦不知如何选材立说，当与振铎商之。与丁玲杂谈近来对文艺之感想，历一时许。"

下午到人教社，"仍与晓先商定历史稿本之修改，尚未毕。柳湜来谈重行校正凯洛夫之《教育学》译本，供大学用。建功家霖来谈辞书组拟就教部所定一千五百常用字，拼成词汇，供初识字者之用（此是叔湘创议）"。夜，高祖文来访。（日记）

6月27日　上午开署务会议，讨论办公厅与各局下半年之工作计划。下午至人教社，"续与晓先斟酌历史定稿，至此算是毕事，将付排矣。与安亭仲仁谈明日开全社同人之会，由余与安亭报告有关组织建设、制度建设、工作总结等事"。（日记）

6月28日　上午到人教社，"与安亭、仲仁、史晓风（近任社长室秘书）商置今日下午开全体大会事"。"下午两点半开会，余说明我社之组织机构、人员编制、重要制度，皆经同人反复讨论

而由余等商定者。安亭继之,讲八个月来编辑工作之总结。"(日记)

6月30日 晨参加总署共产党支部开大会,"听程浩飞报告三反运动之初步总结"。九时,听署中厅局汇报。继之,开审判委员会。

下午至人教社开编辑部部务会议。"讨论三事:一、汇报上周工作,确定本月工作。二、汇报各单位研讨薪金及其他制度之情况。三、重行研究下半年之工作计划,如须更动,及早提出。"

竟日开会,共九点有余。(日记)

6月2日至21日、23日至28日,以及30日的日记收入《叶圣陶集》第二十二卷。

7月1日 上午开署务会议,讨论发行管理局下半年之工作计划。"谢冰岩报告出版管理局所拟各国家出版社之领导关系方案。又讨论重组学委会,组织条例中规定署长二人为委员,以余与克寒充之。余实不适于为此,幸有克寒可赖。又议于署中设编译委员会,组织编译力量,俾与出版力量配合。……四点,总署及人民出版社之党支部开大会,庆祝中共建党三十一周年纪念。王子野作报告,一部分言三反运动之成绩,一部分言今后将从事国家建设,各种建设皆有赖于出版工作,又一部分言如何学习马克思列宁主义与毛泽东思想。"(日记)

同日 出版总署发布《关于查禁书刊问题的指示》,"为了防止和克服漫无限制地任意查禁书刊"的做法,对查禁书刊的"标准"作了明确的规定,要求"对于性质不同的书籍有所区分",规定"今后各地出版行政机关查禁书刊,必须于事前得到本署批准,绝对不允许先斩后奏"。

7月2日 上午,王统照来访,"甚见苍老。此次来京,缘听周总理在全国委员会作普遍学习共同纲领之报告(余未往),今晚即回济南。渠任文教厅事,事务亦至繁,下笔写作,亦谓甚为困难,大约与余相同,恐不复有所写作矣"。六时,至萃华楼,应文学研究所之邀,讨论所中开中国文学课之事。"此事由振铎主持,渠讲文学史概要为纲,诸友分讲作家作品以配合之。为时仅四个月,学员又多未尝接触旧文者,只能概略言之,未能详也。谈毕聚餐,九点散。"(日记)

7月3日 晨间改社中所定编校书稿程序及通联工作办法。"此编校顺序相当严格,负责审订者众,随时检查,反复走群众路线,请各方提意见,若能完全照办,书稿自可不致马虎。"

十时开审判委员会,"为最后审讯之三案定刑。至此,贪污案件审毕,人民法院之工作即可结束"。

午后,"至社中,安亭仲仁来谈同人租房事"。"又邀薰宇谈其所编各种数学课本事。缘外间颇有批评,近渠自书检讨,承认下笔草率,而草率之故,在急于供用,且以为临时课本,无须认真。共谈之下,决以社的名义分别答复批判者,并争取刊于报端。"(日记)

7月4日 观中华书局所译苏联中学之外国史教本。"我社编高中外国史,即以此书之原著为蓝本。"(日记)

7月5日 与刘御谈小学语文本之编辑事。(日记)

同日 出版总署发布《对书籍国外发行的指示》,对书籍的国外发行问题作如下原则性指示:

"下列各种书籍一律不准向国外和香港、澳门发行,即:一、具体叙述和分析时事、政策、法令、国内政治运动及其他工作,只宜用于教育国内人民,而不宜用作国外宣传的鼓动性书籍;二、未经中央人民政府教育部和出版总署审定和准许向国外发行的教科书;三、涉及国家机密的书籍,例如政府首长公开发表的军事著作以外的军事书籍,关于财政经济的资料性质的书籍,含有机密性的自然科学、医药卫生、地理、气象、应用技术书籍等;四、毛泽东主席和其他中央人民政府首长著作的非标准本及中央人民政府发布的重要的政策、法令、文件的非标准本；五、非出版社出版的除专供对国外宣传之用以外的一般书籍；六、地方公营或公私合营出版社出版的用作教育当地人民和指导当地工作的地方性书籍；七、含有严重的思想性、政治性、理论性的错误，发往国外足以损害国家威信的书籍；八、其他中央人民政府和大行政区人民政府及其所属出版行政机关临时决定不准出口的书籍。"

7月7日 上午举行署务汇报。"厅局皆叙其上周之工作，并及本周之工作计划。原定于下月开计划会议，为规定明年出版计划之准备。今决定谓与其召集各地人员来京开会，不如由署中派人到各大行政区分别开会，兼可了解各地之情况。回来之后，汇集资料，于十月间开第二届出版行政会议，即于会中制定计划。"（日记）

7月8日 晨参加教育部开工作会议，专讨论人教社之工作。"会以九点始，钱、韦、曾三位副部长咸莅，外则教部同人二十余人，我社同人十余人。余依据安亭所为之总结，谈我社之编辑情况。安亭谈编辑人员情况，总之人数不多，质量亦弱。我社同人亦各有发言。张萃中谈编辑方针，宜以大力注重于新编，文史地采苏联之精神，自然科则径自迻译苏联之本。韦老杂谈颇多，无要义。钱君结论，强调学习苏联。添补人员，部中以大力相助。"午后，"开社务会议"。（日记）

7月9日 上午，开第一次学委会。"商定自八月初至年底，学习《毛选》第一卷。甲组先读《实践论》《矛盾论》两篇，余则按次读各篇。乙组以乔木之《中国共产党之三十年》为纲，选读半数文篇。水平较低者入业余学校学文化。余谓业余学校不能如普通学校，进度宜求其快，欲收实效，宜吸收外面经验，在教法上渐求改进云。"

下午到社，"即有研因、萃中、安亭、文叔、刘御诸位来谈小学语文参考书之几篇文章，系文叔刘御所写"。"萃中述教部之意谓未能满意，钱部长主郑重出之，虽云参考书，拿出去人家即奉为圭臬。安亭仲仁研因皆主张付印，谓多少于小学教师有助，欲求尽善尽美，一时势难办到。最后决定再修改一次，然后决定出版与否。余颇能体会萃中之言，盖朱刘二位皆未免教条。朱谈语文教学应注意之点，采取苏联之书者甚多，未能尽融化，且不顾及今日小学教师之接受能力，故教师读之，未必能知如何为教。刘谈第一册之思想政治内容，未能阐明语文课究为语文课，如何于语文课中贯彻思想政治教学。其文似谓语文课中另有一套思想政治应当发挥，此亦今日一般教师之通病也。余未以此意说出，实余之病。余知朱刘二位今日俱有不快之感矣。谈毕，复与安亭萃中谈调干部。萃中为之计算，指名或不指名，共二十余人。"（日记）

7月10日　上午看辞书编辑室重新改定之字典稿。"此是三反运动开始后经组内同人重定体例而后改定者，看来亦无多长处，不甚解决读者之问题。建功因受同人批评谓其不走群众路线，今乃一变其道，众以为应如何即如何。余则谓博采众意固重要，亦必须有领导乃可。否则大家杂凑，成稿固易，而拿不出去，亦复徒劳。我社经教部与北大商量，请建功专任此间事。两年以来殊无成绩，外间需要字典甚急，迄无以应之。"

　　下午"建功来谈，约略告以余之意见，建功答语不得要领。明后日再细商"。（日记）

7月11日　"晨间建功来谈辞书编辑室事，邀灿然共谈。灿然谓观今次印发之一部分字典稿，仍嫌对象不明确，究竟供何等人翻阅，解决何等人之疑难，殊无所主。体例亦未明定，何取何舍，孰详孰略，皆以意为之，殊无准绳。渠意先就印发之稿修订若干条，共同商定，作为标准，供随后修改定稿之参考。灿然之意固不错，但编辑室十数人，能执笔者实极少，建功与家霖皆不动手，唯事审订，欲求成稿之完善，实甚难。"

下午，"建功家霖来谈字典事，琐琐不集中，同于闲谈。继而仲仁超尘来谈语文课本之编辑，亦复泛滥枝蔓，各抒所感。余手头堆积杂事稍多，而诸君不要不紧，实感头痛。王泗原亦来谈半时许。应看应批之文件俱未了。'辛辛苦苦的官僚主义'亦未易也"。（日记）

7月12日 看蔡超尘交来补选之高中语文教材五篇。（日记）

7月14日 上午，"出版总署系统共产党支部开代表大会。此为第一次，将就三反运动成果之基础，为整党作准备"。"所谓整党，将令党员学习共产党员八个条件，期其更进一步，为真正之工人阶级先锋队。每党员四人选一代表，共六十余名，凤祥（圣陶先生的警卫员——编者注）亦被选为代表。余与愈之乔峰被邀为来宾，因往入座。先由周天行报告党支部过去之工作，及三反后党员之思想情况。次由黄洛峰报告三反运动之总结，颇为周到完密。……下午到社，看灿然所作我社三反总结稿，明日将据以报告于众，报告本应由灿然作，而渠推让，只得由余讲之。"（日记）

同日 宋云彬日记："致叶圣陶函。"（《红尘冷眼——一个文化名人笔下的中国三十年》）

7月15日 晨续改"三反"总结稿。"总结有一定程式，先言成绩，次言缺点，次言所得之经验教训，末言今后应如何改进。此不能谓之公式化，盖作事之情形本来如是。既认真办一事搞一工作，或多或少，必然有成绩。但十分美满完全无缺者亦绝少，或多或少，必然有缺点。忽视成绩，不足以劝勉，忽视缺点，不足以警戒，是故成绩与缺点非并举不可。而所以致此成绩与缺点必有其因，分析而认识之，皆为今后之镜，此即所谓经验教训。据此经验教训，定出具体作法，则以后所作所为，至少推进一步。总结为推进工作之要途，其故在此。然分析综合，抉择判断，其为当与否，固存乎其人。未可谓凡名总结，俱有意义也。"

下午，看高中语文材料一篇。"四点半，集全社同人为会，余据稿作报告，历一点半而毕。又表扬三反运动中工作积极者十一人。此十一人皆经各单位讨论提出，又经行政方面核定者。墨在其内，优点为工作积极，勤于劳动，能关心群众生活云。"

"少甫、芷芬、柳永生（新调来经理部副主任）来谈教科书出版会议筹备情形。又谈估计今年农民课本之需要量将过于小学课本。所以如此，一因全国土改大体完成，二因祁建华速成识字法之大力推行。七点散。余惫甚，只觉颓然欲仆。"（日记）

7月16日 上午看小字典两种，摘记其未妥处，供出版管理局诸君参考。"迩来学文化之风甚盛，农民经土改之后，要求认字，祁建华速成识字法推行，工厂与部队纷纷传习。识字之后，自需看书，看书乃要求字典。部队中尤为急切，东北军中谓但能指出某种小字典较为切用，彼处即需二十万册。出版管理局遂谋挑选较好者二三种，作内部之介绍，俾出版行政管理机关、业余教育机关、发行业机构知之，以便掌握。已选出三种，介绍简文亦已写就。然余观此两册，毛病颇多，或不能予读者明显之概念，或语焉不详，虽不云错，亦未全对，或用语艰深，不易使读者领会。总之，初学者得之，固以为得所依傍，实则未能解决问题，或仅在解决与不解决之间。市上小字典当在百种以上，大家抄来抄去，猜想皆此类耳。出版家喜出小字典，视为商品，未能多为读者着想。我社有鉴于此，故成立辞书社，而编辑将两年，迄未完稿，思之实为焦心。"

下午，"细看高中语文材料一篇有半，摘记其未妥处，备同人修改时参考"。

张萃中来，谓教育部"于刘御所写小学语文本第一册思想内容一文，文叔所写同书之语文教学要旨一文，不拟编入教学参考书。缘二文将思想与语文拆开来讲，恐于小学教师影响不好。又，刘御之文牵扯较远。脱离语文而谈思想内容，正是今日语文教学之弊病，我人不应复为此推波助澜之举。余亦以为然。唯刘朱二君精心起草，费力颇多，今竟不用，恐难免不快矣"。(日记)

7月17日 "晨间彬然来谈小字典事，又谈佩弦文集出版事。佩弦夫人甚盼其早出，致书吴晗；开明方面则有若干顾虑。余谓且于近日会商一次再说。"

看出版管理局送来之《出版通讯》第五期原稿，为之修润。

下午，"与筹备教科书出版会议之诸君为会，商定会议须要讨论的重要事项"。"此会议去年开过一次，今为第二次，集文教机关、出版行政机关、出版社、发行机构之人员于一堂，就教科书供应之诸问题详细讨论，目的在作好此工作，使求书者得书，其书又价廉而质美。主要问题在于资金与纸张。资金由我社通过总署向银行商定货款总数，分区借贷。纸张由我社总筹。目前又一大问题为农民识字课本之供应。据教部较低之估计，今年须印造农民识字课本两亿三千余万册。若以各大行政区、各省市之估计相加，则需四亿册。此数超过小学课本甚多，纸张及印刷能力皆不足以副之，期于此次会议中能得到解决办法。此外，书价谋减低，书本之规格谋明白规定，亦皆为讨论之要项。"(日记)

7月18日 作书信致郑振铎，商至中央文学研究所讲"古文"之事。"余拟视'古文'为古代散文体之书面语言，为知识分子所共习，种种文章皆用之，而描写人物以《史记》为杰出。次述骈文为人工语言，适于玩艺而不切实用，但与时代风尚相应。韩愈之'古文'运动实为回复到散文体之书面语言，其所谓'气'，实即为语气之顺适自然，不若人工语言之全违实际语言。俟振铎复书来，再行深加考虑。"

下午改译稿之序文一篇。"陈侠来谈苏联心理学教本之编译。仲仁来谈渠领导语文编辑室，拟若何徐谋改进。"（日记）

7月19日 上午主持署务会议，专谈评级评薪。下午在人教社开工会全体大会，"选举第三届基委"。会上讲"述工会之要，在推进生产。今经三反，大家认识提高，工作将会发生较多作用云"。会后看语文教材。（日记）

7月20日 晨偕胡墨林至清华访吕叔湘。"缘教部与清华商调叔湘来我社，尚未得确切回音，以为叔湘有所顾虑，故托余说之。坐定即谈此事。叔湘谓个人毫无成见，但视工作需要，悉听调遣。唯大学方调整院系，清华之文科并入北大，尚未及商定人员之安排与去留。又谓就语法工作而言，语言研究所拉渠，盖草定语法之体系，作为供众讨论之草稿。我社则期渠领导语法教材之编制。就先后次第言，必研究有所成绩，乃可用之于教科书。若据一家之言，未能遵共循之轨，殊非所宜。其言皆有理，余不便硬劝，只得据以告教部再说。"

"佩弦夫人来，谓佩弦文集总望其早日出版，嘱余帮忙。江清来，亦谈此事。余答以最近期间再当一谈。王瑶来，杂谈种种。叔湘留饭。闲谈平日杂忆，甚畅，至三时辞出。"（日记）

同日 《中国语文》月刊创刊，由中国语文杂志社编辑，人民教育出版社出版。"《中国语文》月刊是普及中国语文科学知识的大众刊物，一般初中程度以上的干部、学生、工农群众通过这个刊物，可以获得正确的中国语文知识；速成识字法的教学工作者及各学校语文教师可藉以交流教学经验，解决教学上的问题。主要内容包括：推进中国文字改革运动，帮助解决语文教学问题，调查方言及各兄弟民族语言，刊布语文著作的批评介绍。"（见《语文学习》杂志1952年第七期封底）

7月21日 上午在署开评级评薪委员会之会。会后，"与愈之谈农民课本供应问题"。"愈之谓,少甫芷芬等将工农扫盲课本与中小学教本视同一事,担心于资金之统一商借,纸张之统一筹措,印刷力之统一调配,皆难乎其难,此实认识未清。中小学教本由我社统一供应,行之二年,已上轨道。扫盲为群众运动,今各地情绪极高,皆欲从早一扫而空。课本之供应为一全新之事,与中小学教本不同,统一为之殊不易办,宜由各地领导扫盲运动之机构掌握之,彼辈不习于出版,则出版社与书店可为之服务,受其委托而作印造与发行之工作。如此广大之运动殆须采取革命办法,因地制宜,不拘一格。各地有何种纸即用何种纸,有何种印刷设备即用何种印刷方法,不求书本规格之划一,定价亦不须如教本之全国统一。某地农民生活较好,书价不妨照本;某地农民生活尚差,则当抑价出售,其亏损由政府补贴。愈之之意甚善,解去余之忧虑,此事确不应由我社独担。如何作全盘考虑,固是扫盲运动领导方面之事也。"(日记)

同日 第二届全国教科书出版会议开幕,圣陶先生致开幕词,强调"教科书出版的计划化和提高质量"。

7月22日 接郑振铎复信,"于余之意见有所补充,但语焉不详,尚待揣摩"。下午,看语文教材两篇。"张萃中来谈,仍言必欲致叔湘。又谓近期内教部将约集教师与专家,就中小学之语文教学大纲交换意见而制定之。于中学历史亦复如是。彼拉余参加语文方面之工作,余实惮之。"到辞书编辑室,"与家霖、克强、子勤三人谈字典事"。(日记)

同日 宋云彬日记:"致叶至善函,并附函圣陶。"(《红尘冷眼——一个文化名人笔下的中国三十年》)

7月23日 看《出版通讯》第六期原稿全份。"此通讯于出版之政策方针颇多阐明,篇幅虽小,解决问题。同人皆重视之,编辑审阅,不厌其周详也。"(日记)

7月24日 看小册子《我在清水塘》。"此系模范教师史瑞芬自述解放以来办学之经历,他人为之笔录者。史的确解悟何谓'为人民服务',若何乃为'走群众路线',解悟而后能身体力行,故荣誉归之。余告出版管理局此书值得推荐,为教师者,治其他事业者,读之咸可以振奋。"

上午至教育部,参加商定各科教学大纲之筹备座谈会。"教部已召集各地优良教师数十人,益以部中及我社之一部分同人,将以明日为始,在暑期集中力量于教学大纲之研讨与写拟。小学方面为语文、算术两科,中学方面为语文、历史、数学、物理、化学、生物六科。语文、历史较麻烦,期以三个月,其他则期以一个月。他科一以学习苏联为主,非第教学大纲有所依傍,且我社出书亦省事不少,大致为译校之工夫而已。语文、历史大不然,可采者精神,此外均须独创。钱部长谓三个月如不解决,无妨再与延长也。"

下午看朱文叔、刘御二人所收集之小学语文教材。出席文联之集会,纪念保加利亚革命诗人尼古拉·杨柯夫·瓦普查洛夫被迫害逝世十周年。(日记)

7月25日 "晨与浩飞洛峰商我社评级评薪事。"十一时许,"身体发烧,头昏眼倦,不能复坐,因回家休卧"。(日记)

7月26日 晨仍疲倦甚,休卧。(日记)

7月27日 下午,"偕伯祥至中山公园茶叙,讨论佩弦遗文出版事。开明同人、清华同人、吴辰伯、振铎以次至。调孚病休一年有余,今日第二次出门,面色尚可,共为心喜。讨论两小时许,决定定名《朱自清文集》,散文而外,收系统的著作两种,诸人看过主张删去者全删,共余八十至一百万言。序文请王瑶起草,俟大家看过修改过,署辰伯、平伯、振铎及余之名。出版期于十月上旬,缘过此以后,开明将与青年出版社合并,以专业方向言,不宜出此类书矣。佩弦夫人似颇心慰,可于其容色

见之"。(日记)

7月28日 作书复宋云彬。"渠动手写高中本国现代史，余促其勿懈，写成若干，即交来打印，分送诸人阅看。"上午，举行署务汇报。下午，在人教社作评级评薪之动员报告。(日记)

7月29日 上午，"与建功家霖诸君商《常用字用法举例》之初稿"。"教部公布之常用字一千五百，又益以较常用者五百。虽无明文规定，各地推行扫盲往往据之。叔湘因建议不妨以此两千字配合成常用词，供之于初识字者，一为识字之助，二为'写话'之资。叔湘谓一望而知者，但举其词即可；其义较难悟者，其用较难明者，则造成短语或句子以表之。余深然其议，即与诸君共商，大家以为其事应为，即为突击，期以短期完成之。初稿写成已数周，持以与识字班、工会学习组、部队文化班观之，群众颇有修改。……今日共商，以叔湘批评之意见为据。结论为不求完备，最须精当，一为切合初识字者之需要，二为现成、明确，不牵强附会。"

下午开评级评薪委员会，"审谈全署工作人员之等级。以三项材料为依据：一、各部门人事秘书会之初步意见，二、小组评定之意见，三、各部门领导评定之意见。三者相同者，委员会即予同意；三者有所不同，则详加讨论而决定之。最后尚须经署长核定，可谓郑重之至"。(日记)

同日 陈叔通致圣陶信云："圣陶先生：到北戴河已九日，毕竟清凉，八月更佳，闻公有意来此暂息。弟八月七日返京，可能十一再来，愿与公偕。不知能稍待否？"

7月30日 上午，"看杂件与教材"。"下午三点，署中节检会开末了一次之会，讨论三反总结。稿系浩飞所拟，平稳而已，用之他系统亦无不可。子野提补充意见较多。共言须及三反以后之新气象。余谓编辑人员共知认真编撰，须对读者负责，应是新气象之一。明日将开大会，出版系统之人俱来参加，由愈之作

此报告。三反运动亘七个月，至此乃告结束。"（日记）

7月31日 选辛稼轩词数首，为到文学研究所讲课作准备。"十时，与愈之、克寒、洛峰、浩飞四位共谈评级评薪事。"

午后，"文叔来发牢骚。谓热心工作，无非为教育，为学生。而教部领导马虎，于其所为工作有指摘而无指示，实难干下去。言可否调往总署任事，又言不治小学语文而改治中学语文，亦好。余谓不妨商之，文叔又言不必。余谓心有不惬，宜告之于人。文叔又言无须，第欲以语余个人耳。文叔幽郁成性，余殊难为之宽慰，见其泪承于睫，益复无以处之，唯有相对无言而已。既而少甫来言事，局始解"。（日记）

同日 第二届全国教科书出版会议闭幕，致闭幕词。"此次会议主要之决定为改变教科书之经营方式，确定为'统一筹划，分区经营，分区生产，统一定价，分区负责结算盈亏'。于是各地区教科书之生产，系属各地方出版社分内之事，非受我社委托之事。我社与地方出版社仅有业务指导之关系矣。"（日记）

7月1日至5日、7日至12日、14日至31日的日记收入《叶圣陶集》第二十二卷。

8月1日 上午，"与愈之谈评级评薪，次及改进印刷装订技术。我国出版物，与他国之成品相差甚远，分项研究，促使进步，亦我署之分内事也"。

《人民日报》检查组之黄植来访。"此人专检查语言文字之病，嘱余经常为之相助。"（日记）

8月2日 上午，"开扩大署务会议，各单位负责人均参加，专谈评级评薪事。愈之谈此举之意义，主在人员站队，本单位内伦次齐，此单位与彼单位等级齐，此后人员调动即有许多方便。至于薪给，目前因抗美援朝，致力经济建设，尚只能是低薪制。期于数年之内逐步调整，中下级人员能恢复战前之水平。克寒谈我出版系统较诸新华社、人民日报、广播电台，工作较为轻松，人员之水平亦较低，故虽处同下标准，而评级宜稍下。又谓各单位能自谦逊，则其事好办。其言皆有见。末决定成立评级评薪委员会，为各单位之处长级与部室主任排队，兼及编辑人员。委员十余人，又以余为主任，期以本月上半月完事"。

午后，"政务院机关事务管理局通知，余夫妇以明晨往北戴河休养。事殊匆促，安亭适未来，只得向仲仁言之。余离去两星期，一切照常进行，不因余而延搁。到家，略事整理衣物"。（日记）

8月3日至17日 偕胡墨林到北戴河度假。3日夜，陈叔通来访。（日记）

8月4日 访陈叔通。"叔老谓目今人事工作殊有缺陷，致人不能尽其才，才无由显其用。谓须大胆使用，小心鉴剔，乃可丝丝入扣。又谓人事工作者宜抱'一夫不获，皆余之咎'之诚意，乃可做好工作。叔老谈及同载北来，亦既三年，当时海上纵谈，今日方知其皆非实际。我人逐渐学习，稂莠归趋，欲求洞达，则谈何容易。叔老固健谈，且深喜与余谈。惜其今夕即将返京，否则假中共谈若干回，亦为大快。"（日记）

8月16日 政务院公布《管理书刊出版业印刷业发行业暂行条例》（1951年12月21日政务院第一百一十六次政务会议通过）。《条例》共十四条。现将其中的第四、第五、第九条抄录如下：

第四条 凡公营、公私合营之书刊出版业印刷业发行业，均应持其直属上级（机关、团体或企业）之证件及营业申请书，叙明业务范围、设备情况（必要时并应附呈营业计划书及其附件），向当地出版行政机关申请核准营业。

第五条 凡私营之书刊出版业印刷业发行业，均应备具营业申请书，叙明发起缘起、集资方式、业务范围、设备情况（必要时并应附呈营业计划书及其附件）、负责人姓名、简历，觅取铺保两家，向当地出版行政机关申请核准营业。

　　　　第九条　凡经营书刊印刷业者，应遵守下列各款规定：

　　　　一、不得承印政府明令禁止出版之各种书刊；

　　　　二、不得承印违反中国人民政治协商会议共同纲领及政府法令之书刊；

　　　　三、印成之书刊，应于送货时每种送缴当地出版行政机关一份。

同日　政务院公布《期刊登记暂行办法》(1951年12月21日政务院第一百一十六次政务会议通过)。《办法》共八条。现将其中的第二条和第三条抄录如下：

　　　　第二条　本办法所称之期刊，为用文字或图画连续出版公开发行之下列刊物：

　　　　一、除新闻纸外之定期刊物；

　　　　二、虽非定期刊行而以期刊之形式编辑发行者。

　　　　但机关、团体、军队、学校、企业出版之内部期刊，如愿享受新闻纸期刊邮递之待遇者，亦得按本办法办理登记手续。

　　　　第三条　各种期刊发行前，应由主要负责人具函向当地出版行政机关领取申请登记书及申请登记表，逐项据实填明，申请登记；经受理之出版行政机关呈报上级机关核准并发给登记证后，方得发行。

8月17日　傍晚从北戴河回到北京。

8月18日　晨，听电台广播安子文整党学习报告之录音，"讲共产党员八个条件之简要阐说。此次整党学习，固在提高党员，但亦欲增进一般人对共产党之认识，并使明晓社会主义、共产主义之前途，且于其中吸收新党员，故欢迎非党员自愿参加，而非党员亦无不愿参加者。为期两个月，至十月间始毕"。

　　陈克寒、胡愈之来谈署中近事。"萃中安亭来谈社事。教育部方在设计各科教学大纲，萃中言他科尚易集事，唯历史与语文为难。欲求比较妥善，亦不能期成过急，总须广泛征求意见，多所讨论研究，乃克有望耳。"

"与方宗熙一谈，方恒欲离去我社而之山东大学，余劝留之。""墨因此次评级评薪将其校对一科作行政部门论，不作编辑部门论，意颇不快。谓其所以不快，由于全科同志意兴不佳，将妨碍工作，非出名分之私。余为之解慰，谓商量后或当改变。彼终不释然，谓即改变已落痕迹。"（日记）

8月19日 "到署后与浩飞谈我社校对科事，请大家考虑。后浩飞来告，已与洛峰天行讨论，依余之意，仍作编辑部门论。杂阅各件，颇嫌头绪之繁。"

吕叔湘来。"渠已作来我社之打算，唯须余与罗莘田一商，我社与语言研究所合聘乎，抑我社为主而兼研究所之事乎。叔湘主张先由研究所写定我国语法之大概，经广泛讨论而后，再加修订，然后据以编初中教科书，以后年供用。渠谓编写之役须有人共为，颇思拉张志公。然张在开明编《语文学习》，甚忙，且亦未必愿舍彼而为此。余拟一试之。此外共谈目前语文发展情况，彼此所思颇相近。"

"与萧家霖、张克强、杜子勤共谈。彼等已编成《常用字用法举例》，即可付排。辞书社成立已将两载，此为第一种出品也。"（日记）

8月20日 晨听谢冰岩以党支部名义向署中同人所作之整党学习动员报告。午后，"到社开社务会议。为恐妨碍编写工作，决将整党学习阅读文件之时间减至每日两小时，星期六讨论半天"。（日记）

8月21日 晨至文学研究所，"讲辛稼轩词。先讲词之体式，言之甚浅。次略及辛之生平，乃及于词。历时四点钟。"午后，"为文学研究所下星期三讲课作准备"。（日记）

8月22日 上午开署务会议，讨论两事。"一为计划统计科之任务。此科系新近合并而成，由谢冰岩专主之。其任务为设计并制定明年之计划以及五年内之出版计划，又掌握各项统计，附带管理出版系统内之基本建设。又一讨论题为去秋出版行政会议所定之出版、印刷、发行三业之申请营业条例及期刊登记之办法，最近始由政务院公布，须提出具体办法，各地出版行政机关方可着手办理。按一般言，条例与办法而外，具体办法皆在施行细则中。今以凭空定施行细则未必尽当，故先作若干要点之指示供执行者遵循。若辈于执行时必有若干疑难，汇而析之，再逐次挹要作指示。若此，所谓争取主动而不至被动也。会中就拟定之指示稿研究，经修正补充，确较原稿完密。"午后，看语文选稿。（日记）

8月23日 "晨间改定洛峰等修正补充之指示文稿。……下午三点，民盟总署之分部开成立大会。余被邀参加，以行政名义致辞。先由臧克家以筹委名义报告筹备经过。次之吴晗以市支部委员名义作报告，讲民盟之性质，讲民盟为何号召全体盟员参加整党学习。次之余作通常之感想与勖勉语，言非党人员亦可以八个条件衡量自己，缘共产主义之前途系大家之前途，既趋向从同，自可悬以自勉。讲毕先退，驱车至社中，发稿一种。"

应邀到罗马尼亚使馆，出席罗马尼亚解放八周年纪念会。（日记）

8月24日 上午，"访罗莘田，谈叔湘事。言明我社与研究所合聘叔湘，叔湘入城居住，其宿舍双方留意寻找，孰得之即请渠迁入。正事谈妥，即杂谈语文方面问题，颇洽，已而丁西林来，复续谈"。

应郭沫若之宴，欢迎归国文工团与欢送文化考察团。（日记）

8月25日 晨看高中语文第二册之编定稿。"九时，会谈发行问题，为下午与邮电部会商发行问题作准备。报纸之发行原属邮局，期刊有一部分亦由邮局发，今后将明确分工，报纸与期刊全归邮局，书籍则全归书店，但彼此可以互批。尚有辅佐发行之一个系统，为全国之合作社。诸系统配合得好，发行网即可完密，书刊可以无远弗届。至于出版物之生产量，今后须趋向计划化，关顾全局，确定某种书刊印若干，不作无限度之增涨。如是，纸张之生产量与印刷力之扩展亦有计划可定，使于整个经济建设中占适当位置。计划生产以计划发行为条件，今日郑重讨论，即所以期成计划发行也。与邮电部会商须历数日，我署推八人参加，以愈之为首，余不在内。

　　下午续看书稿。"与安亭薰宇再度考虑部室主任及编辑、科长之评级评薪名单。"（日记）

同日　出版总署下发《关于执行〈管理书刊出版业印刷业发行业暂行条例〉和〈期刊登记暂行办法〉的指示》。《指示》云："中央人民政府政务院于1952年8月16日公布了《管理书刊出版业印刷业发行业暂行条例》和《期刊登记暂行办法》两个法令。各地出版行政机关应该认真做好书刊出版业、印刷业、发行业的核准营业和期刊的登记，是我们掌握出版事业的情况，并有效地控制和领导出版事业的重要步骤，因此，必须认真研究《条例》和《办法》所列各项条款，并集中力量办好这次核准营业和登记的工作。"《指示》共有十条，现将第一条抄录如下：

　　"一、这次办理核准营业，由于我们事前的准备工作做得不够，又由于不具备或不完全具备条件的出版业较多，而且估计一时尚难转业，在核准时，尺度不能不放宽一些。凡是真正出了一些有用的书籍的出版社或书店，可以按出版业予以核准。在申请或核准的过程中，可能有一批投机出版商要被淘汰，但现在是首次办理，被淘汰的应该越少越好。其必淘汰者，应该只限于那样的出版商：社（店）不仅没有编辑机构或专职的编辑人员，而且负责人本人原非出版家，既不懂得编辑、出版业务，和社会上的著作、翻译、创作各界也没有任何联系。其中有些所谓"出版商"设有买卖书籍的门市，而毫不具备出版业的条件,可以令他们按发行业申请核准营业。如果社(店)虽然没有编辑机构或专职的编辑人员,而其负责任人却懂得编辑、出版业务,或是和社会上的著作、翻译、创作各界有相当联系,确实尚能出版一些有用书籍者,可以劝告他们自行和其他出版社合并,或是允许他们暂时存在,但应限期建立编辑机构。对于这些不具备或不完全具备条件的出版业,我们准备在1952年第三季进行一次普查,如届时他们仍未具备《条例》第八条规定的条件,即撤销其营业许可证。对于被淘汰的出版业,必须和劳动局、工商局等有关机关,协助他们转业。"

8月26日 晨间续看高中语文第二册之改订稿。"写信介绍瞿菊农经过修改之译稿于人民出版社,介绍不相识者金明德君之《辛弃疾传》于人民文学出版社。此稿历叙稼轩生平,兼及南宋政治经济情况,而以稼轩之词与政论按时期插入,甚觉眉目清楚。"

下午"看王瑶代撰之佩弦文集序文"。"看王漪所修订之小学语文本两册,嫌其粗糙,嘱再加琢磨。"(日记)

8月27日 晨间为朱文叔修改小学课文四课。"九点半,与系统内各单位开评级评薪委员会。"下午开社务会议。"主要讨论二事。一为上半年之结算书。余不谙数字表格,听财务人员详细说明乃知其意。一为基本建设计划,五年内兴建若干,明年需兴建若干。五年内全社将发展到四百二十人,决定按此人数要求分配地皮,明年动工则以三百一十人所需者而为规划。地点大致在城外,城内无空地,旧屋尚可用者又不准拆。我社之计划须与各出版社及书店、印刷厂配合汇总,由总署提出。"(日记)

8月28日 上午,至文学研究所讲《刺客列传》。下午开署内之评级评薪委员会。"张萃中来告各科教学大纲之讨论起草情形。据谓数、理、化、生物四门大致可于九月内写定草案。语文、历史较麻烦。语文之讨论将托余主持。余实未能为此,亦不便

拒却。张去，与安亭重行审核我社助编及科级以下人员之级薪。至此，署中社中评级评薪事完毕，亦拖延一个月矣。"（日记）

8月29日 "晨间分发王瑶所拟佩弦文集之序。看文叔所撰小学语文课初稿。"至胡愈之室，"听王益华应申汇报与邮电部讨论发行工作之情形"。

"晓先为余谈薰宇颇感孤独，似乎大家均不之理，宜有以慰之。余知其所以如此，盖由其数学书数种受人批评，其稿新编者未经印行，且作了检讨之故。大家每日事忙，无闲谈之余裕。若谓有意冷淡，非特余无此心，他人亦无此心也。宜如何慰之，实颇为难。目前除薰宇外，至少尚有文叔与方宗熙二人，皆觉居此未安。人员且将日益增多，团结工作做不好，日常工作亦难有进。余念及此，更觉怅惘矣。"（日记）

8月30日 晨至文学研究所，讲《荆轲传》、《小石潭记》、《伶官传序》。午后，到出版总署主持座谈会，"讨论王瑶所撰之《中国新文学史稿上册》（开明出版）"。"座谈会由我署与《人民日报》共同主持，旨在推动批评风气。而此书为大学所通用，所述又为至关重要之文学，故特取为批评之对象。到者有北大、清华、燕京、师大之文学系教师，外则文联、报社及我署之同人，凡二十余人。诸人皆有准备，携书而来，发言唯恐其不畅不尽。综合诸人之见，大致谓此书立场观点不稳，编撰方法失当，为参考资料尚可，实不合称文学史。此事本未宜以个人之力成之，而王搜辑颇勤，成书甚快，以致种种失误。此书已印八千册，为补救此八千册在社会中造成之不良影响，宜发动批评。先据今日所谈，《人民日报》与《文艺报》各为综合报道。次则发动较有力之批评家，写专篇批评文章。会以七点散，大家谓今日之会甚好，彼此交换意见，彼此有益。唯余兀坐将五小时，注力而听，随时写记，致腰酸背痛，大感疲累。"（日记）

出席座谈会的还有吴组缃、李何林、孙伏园、林庚、李广田、臧克家、钟敬文、黄药眠、孟超、蔡仪、杨晦、袁水拍、王淑明、傅彬然、金灿然、王次青、唐达成等。

同日 发表《在〈中国新文学史稿（上册）〉座谈会上的发言》（题目是编者拟的——编者注），刊《文艺报》第二十号。全文如下：

今天召开这个座谈会，本来由袁水拍先生来主持，他还没有来，暂由我来主持。希望大家对王瑶这本《中国新文学史稿》提出意见。这本书作为中国新文学的"史"是否恰当？是不是达到了必要的水准？请大家评论。

过去对书的评论，有两种偏向：一种是吹毛求疵，一种是捧场。我们的目的，是希望各位先生对这本书提出公正的意见，一一认真、严格地指出它的优点和缺点，这样，对读者、作者将有所帮助。

正确中肯的书评，确是有力量的：它可以提高读者的认识力，并可以提高学术研究的空气。诸位先生自己是从事文学史的研究工作的，一定可以写一些东西来。现在关于文学史的有分量的著作还很少，希望能有内容充实、观点正确的新的著作出现，使关于文学史的出版物丰富起来。

8月1日至3日、17日至30日的日记收入《叶圣陶集》第二十二卷。

9月1日 上午，作署务汇报。下午，"参加教部召开之编撰教学大纲全体人员之联欢会。盖数理化生物各组之人即将散去，尚须留此者仅历史语文两组耳。钱部长讲话，甚得要。略谓三年以来，种种之运动已为经济建设打好基础，今后之教育主要为经济建设服务，培养成各种合格之干部。今日编定教学大纲，写撰教科书，均须在此意义上植其基。次述一切学习苏联之方针。与会人员略有发表意见感想者"。（日记）

9月2日 上午修润生理卫生下册之全稿。午后，"驱车到社。商讨语文教学大纲之主持人韩君郭君来告近日讨论情形。一般意见,小学与中学均分语法与文学,与苏联同。小学入学之初,先注重识字,然后语法、文学分头并进。中学亦然。所谓语法不取其狭义,兼包修辞、逻辑、文章结构之类,以何名为妥,尚未能定。初中阶段读现代文学,高中阶段以文学史编列,亦古亦今。究如何安排,亦尚未定。二君谈两小时而去"。

"芷芬来谈出版方面事,建功家霖来谈字典稿之修订事。字典编辑已两年,尚未能定稿。究较一般小字典为胜否,亦殊无把握。"

出席越南民主共和国成立七周年纪念会。(日记)

9月3日 上午看改编之高中语文课本第四册。午后,"顾炜来访,谈新闻出版工会事"。"今年年初发动三反,会中同志皆参加运动,工作停顿至半载以上。顾谓今后拟致力于印刷方面,交流先进经验,提高工作效率。在印刷一门中,又分装版、印书、装订三目。装版工人颇有新经验,每小时排字之记录已超过三千字。印书与装订两行皆平平,亟须推动,使之改进,此是我工会之事也。顾女士识见甚周密,断事有步骤,切实际,深可佩服。彼以余为副任,向余请示工作次第,余实无可指示也。谈两小时而去,于是看公文,看书稿,一刻不闲,迄于放工。"(日记)

9月4日 上午"看方君生理卫生稿"。午后,"教部高教司派人来谈高等院校教材之翻译"。"今既决定一切学习苏联,教材自须翻译。秋季开学之后,殆只能现翻现用,或仅据教学大纲,教材由教师自己设法。译成以后,校订出书,总须在明年矣。我署新成立编译工作委员会拟配合此事,即以此告教部之来人。"

"芷芬、家霖来谈《常用字用法举例》之版式。"(日记)

9月5日 续看生理卫生稿。下午三点,偕胡愈之列席政务会议。"议题为教育部本年工作要项。马老报告历两小时有余,钱俊瑞补充,多人发言讨论,至八点乃毕。其次议题为各地设文史研究馆,容纳年老失业而较有声望之人。北京已设有中央文史研究馆,符定老、柳亚老、齐白石诸人皆在其中。估计全国若此类者约四千人,赡其生活,且使组织起来,意甚善也。会以九点散,即共晚餐。"(日记)

9月6日 上午仍看生理卫生稿。"下午到社,安亭来谈今秋教科书之供应又不及时,小学已开学,中学于十日开学,而课本之印造尚未完工。印齐而后分发各地,更须时间。新华书店为此要求我社登广告于报端,普告社会,以明责任。我社自当从之。究其病因,一以印造数量增多,二以出版部不能通盘筹算,预为布置。而出版部之疏失,或与芷芬之调离出版部有关。调度筹划方面,芷芬盖胜于少甫也。方今已须筹备明年春季供应之书,而排版校对尚未开始,势将较今年更迟。同时又须大量印造扫盲运动用书,印刷力之调配更见其难。拟于下星期集出版部同人会商,郑重考虑此事,务期布置周妥,乃可安心。"(日记)

9月8日 上午续看生理卫生稿。"午后到社,即与少甫、芷芬、王伟、张景勋、沈德荣五人会谈排、校、印、订之进程。据谓今秋供应不及时,其故有数点:一、印数较多,二、印刷力不足,三、我社布置安排未能有条有理,缓急均匀。须从早警惕,使明年春季勿复蹈覆辙。拟编排完稿、发稿、校对、制型之进程表,各书均限定期限,排定次第。各部门共守勿失,则如期完成可致。至于印刷,京中已感不足,或须令厂中加班,开用闲置之卷筒机。谈至五点方散。"(日记)

9月9日 "上午续看生理卫生稿,至九点半,全稿看毕。此事始于上星期二,除去星期日,共看七日,每日四五小时。"下午,"辛安亭来谈社事。已而建功来,又是领导不起来那一套,屡屡言之,不离故辙,余感其难办。方宗熙来,言余所提意见大多得其要,颇感兴奋。又言外间观其各种初稿者,皆言能为生物教本开一新境界。生理卫生稿中介绍巴甫洛夫学说,为国内著译中最明白畅达之本。余言是固然矣,而欲以示中等学生,尚须更求精确易晓。次之蔡超尘来谈高中语文之修订,仲仁来谈同人间之团结工作"。

至北京饭店,参加庆祝保加利亚国庆之会集。(日记)

9月10日 "上午看建功家霖重复改定之字典稿七页,亦提意见二十余条。编撰之事确亦至难,每改一次,以为无病,而他日重看,又见疵颣,欲求精审,谈何容易。"

看预备发出之召开第二届出版行政会议之通知。"稿系浩飞所拟,有叠用'所以''因此'处。余每改公文稿,遇此辄改去,有时且说明于眉端,而同仁未措意。因写其故告浩飞。浩飞来言余说甚是,将以余之字条请同人传观云。"

下午,"看检查科所检高小语文修订本三册。检查科精细而涉于繁琐,语文编辑室于可此可彼者往往不改,检查科于此感不快。余只得逐条细看,为之裁定。半日工夫,手指目视,心不旁骛,又复困惫"。(日记)

9月11日 始看动物学下册之稿。吕叔湘来访。"渠言既已为我社主持语法教本之编辑,必须有得力之助手,渠属意于张志公,已向张征询,张甚愿合作。唯开明与青年出版社是否放张离去,《语文学习》月刊由张主持,张离去后何以为继,皆成问题。最后决定由余与开明协商,志在必得云。叔湘去,余于是看书稿,看公文,直至放班。"(日记)

9月12日 上午仍看动物学稿。"又看愈之所草三年来出版工作一稿,将付新华社发表者,略为修改。""高祖文送来法令汇编之例言,嘱修改。"(日记)

9月13日 续看动物学稿,"半日仅二十页。用心较细,不能求速。午后到社,看书稿公文稿如常"。(日记)

9月15日 "晨间彬然来谈调动张志公事。谓青年出版社之李庚于此事并不坚持，只须《语文学习》可以出下去，张调出亦可。余因告彬然，且再与叔湘计议，我人欲另谋人力代替张志公，实亦难乎其难也。"

续看动物学稿。看修订之语文稿本一册。"致书叔湘，告以接洽经过。开始改褚亚平所撰之初中自然地理第二册稿。"（日记）

9月16日　上午改动物学稿。下午改自然地理稿。"刘御来谈语文课本之编撰，方宗熙来谈余动物课本之修改。"（日记）

9月17日　晨被邀参加总署党组中心小组之会，"听洛峰检查其思想"。下午续改自然地理稿。（日记）

9月18日　上午看毕动物学稿。"全稿一百五十页，共看六个半天。方君之稿甚好，言动物进化，井井有条，余深感满意。下午到社，续看自然地理稿，毕其第一章。此稿修改较多，故看得较慢。"（日记）

9月19日　看教育部交来之小学算术教学大纲草稿，"为修订其文字，凡二三十处"。又为陈侠改书籍序文一篇。

下午，"与安亭、文叔、刘御诸君为会，谈小学语文本第二册教材之取舍。朱刘二位选定四十八课，共谓其中有八九课不适合，须更换。待选得可取之材，再共商。会散，开始改颜迺卿所为高中外国经济地理第二册之稿，约三千余字"。（日记）

9月20日　续看外国经济地理稿。下午，教育部编委会召开座谈会，讨论中小学语文科中语法之分量、内容、教学时间诸问题。"此次拟订语文科教学大纲，参加者先研究苏联之教学大纲，见其中语法与文学分开，语法所占分量至重，遂信我国亦非如是不可。而今日座谈，凡平日留心语法者，如叔湘、莘田、丁声树诸君，咸谓语法非万应灵药，可以为辅助而不宜独立教学，使学生视为畏途。此大可注意也。座谈半天，各言所见而已，未足谓交换意见也。"（日记）

9月21日　"顾炜来访,以新华印刷厂创互助上版法。印机上版原需四小时以上,今减至一点半,我工会拟发一通报,介绍此经验于各地印刷厂。通报稿系顾所拟,嘱余修改。"(日记)

9月22日　上午看外国经济地理。下午,"被邀开教部教科书编委会之会,到林砺老、吴研老、安亭、萃中诸人,尚有郭霖与马迎秋列席,余与林老等皆为会中之委员也。萃中报告所拟中小学教学计划表,并及拟订各科教学大纲近况。据称各科之中,语文教学大纲最少把握,历史次之,而语文科中,小学尤难。诸人信口而谈,皆无深意,而费时实多。余本拟料理若干实务,乃一无所为"。(日记)

9月23日　上午仍看地理、植物两种稿子。"看检查科检查过的语文课本三册。张萃中来谈关于教学大纲事,要余多顾及此,而余实无此能力与时间。"(日记)

9月24日　晨续改植物学稿。"九点半开署务会议,讨论各地出版行政机关所询关于登记出版印刷发行各业及期刊之问题,为之逐一解答。此事执行起来问题甚多,出乎初料。两点过到社,看小学算术第二册稿,亦略为修润。褚亚平来谈其所撰自然地理课本,约一时许。"(日记)

9月25日　续看植物学稿。"午后三点半,署中为预祝国庆之大会,直属单位人员俱来参加,集二千人。愈之作报告,述我国三年来之成绩,最近中苏会谈成就之意义,以及即将在京举行之亚洲及太平洋地区和平会议之意义。结语为所以致此,皆毛主席之远见卓识也。"(日记)

9月26日　续看植物学稿。"十时,在愈之室会谈,以下午政务会议讨论我署工作计划大纲,同人先就计划草案加以研究,视有无应修正处。磋商两小时,均涉及统计数字。数字时有变更,所据不一,实为难事。下午三时到政务院,愈之报告后,诸委员发言颇多,终获批准。七时散。"(日记)

9月27日 晨间续看植物学稿。"午前叔湘来,谈其入城居住之宿舍问题,以及张志公来我社工作问题,皆无结果。下午二时到社,改经济地理稿。"(日记)

9月28日 访罗莘田,"就询叔湘宿舍事,科学院未能遽作解决。与莘田闲谈语法及文事,至十一点归"。续改经济地理,止于夜间。(日记)

9月29日 上午改毕植物学稿。"九点半举行署务汇报,专谈出版行政会议之种种问题。"下午,"仲仁来谈中学语文教学大纲之大概情形"。夜至萃华楼,"我署宴请苏联商务代表及其国际图书公司中人。此公司最近赠我署书籍六千余册,供翻译之用,今后将陆续相赠,因设宴谢之"。(日记)

9月30日 晨作书复天津市立中学语文老师,答所询关于《古代英雄的石像》之问题。续改经济地理稿南美洲之部分。改自然地理稿二章。"安亭来言,整党学习中党员各自检讨,嘱余为提意见。余答以'随和'二字为其缺点。余于安亭实无可言,非谓其大纯无疵,盖平时涉想甚少,无灼见也。"七时前至怀仁堂,应毛主席之宴。(日记)

9月1日至6日、8日至13日、15日至30日的日记收入《叶圣陶集》第二十二卷。

叶至善《父亲长长的一生》:

"查父亲的日记,一九五二年九月,教育部拟订语文科的教学大纲。在座谈会中,有人提出苏联的教学大纲中,中学是'语法'和'文学'分开的,课本也是分开的,语法教学的分量因而较重,认为我国也该如此。父亲参加了二十日的座谈会回来,在日记中写下了一条备忘:'凡平日留心语法者,如叔湘、莘田、声树诸君,咸谓语法非万应灵药。可以为辅助而不宜独立教学,使学生视为畏途。此大可注意也。'那时向苏联学习的风刮得正猛,如《生理卫生》课本改称《人体解剖生理学》,《生物》课本改称《达尔文主义基础》,改的只是书名,后来大概觉得累赘,改了回来。中学语文科的《语法》跟《文学》分家却是件大事,十二册中学《语文》课本得全部另起炉灶;都一分为二,化为两个十二册。大概是教育部把那天的座谈会汇报到中央,中央派定乔木同志总管这件大事,还定下限期,自一九五五年秋季开始,分了家的新课本得陆续出版,并组织若干学校试用。从我父亲写在日记上的那条备忘来看,他当时心里是不太舒服的;好容易才把小学的'国语'跟中学'国文'串在了一起,'课程标准草案'也才出台,怎么又得变呢?好在他能以大局为重,说决定既然已经作出,就该大家同心协力,把新课本编得像个样子。最后把《语法》改定为《汉语》,是乔木同志的主意。他说这部课本除了讲语法,还得包括语音、正字、词汇、造词、篇章结构,再加点儿语言学的初步常识,为了名副其实,不如称作《汉语》。"(第335~336页)

10月1日 登天安门城楼,庆祝国庆。

10月3日 续看自然地理稿。看初中语文第六册重编稿。(日记)

同日 作《读宋庆龄和平会议开幕辞》(诗,刊10月6日《人民日报》第三版,收入《箧存集》时改题名为《读宋庆龄亚洲及太平洋区域和平会议开幕辞》,后又收入《叶圣陶集》第八卷)。

10月4日 "修润教部交来之中学物理教学大纲,看高中语文本第六册修订稿一册。"

夜七点,借逸仙堂开迎新大会。"六月以后新参加之同志,自张萃中以下凡四十人,今全社同人达一百九十余人矣。余致辞四十分钟。安亭代表党支部,刘御代表工会,王漪代表青年团,皆讲话。萃中则以被欢迎者之身份陈辞。"(日记)

10月6日 上午,"我署与新闻出版印刷工会共同邀请劳动模范杨树彬作报告,听者为印刷界负责人与工友近百人。杨为西安青年印刷厂厂长,以其有所创造,被推为劳动模范,来京参加国庆观礼。所创为'圆架坐排法'"。午间,宴杨君于萃华楼。

下午开署务会议,"继续讨论答复各地出版行政机关所问关于核准营业之问题。又讨论出版行政会议日期,确定为本月二十五日"。

出席捷克斯洛伐克建军节庆祝会。(日记)

10月7日 续改经济地理稿。"叔湘来,又言张志公事,渠意必欲张正名定分,去开明而来我社。饭后,邀张与彬然来共谈。结论为共作如下默契,张主持《语文学习》,至年底为止。在年底以前,大家共谋支持《语文学习》之道,并物色主编之人。"改陈侠所作书稿序文一篇。

至民主德国大使馆,庆祝其国庆。(日记)

10月8日 开始改理化编辑室所译苏联中学化学教本。会见新调至人教社之高云屏。(日记)

10月9日 续看经济地理稿。为陈侠改书稿弁言一篇。(日记)

10月10日 续改经济地理稿。"与文叔、安亭、刘御、季纯、芷芬共同讨论小学语文第二册之稿子。商定仍用印刷体排版(第一册用印刷体,有人反对),'的''地'暂不分化,依北京话分别用'你''您''我们''咱们'。于是逐课讨论,研摩其文字,迄于六时,毕二十八课,尚余二十课。"

10月11日 修润谢冰岩交来之明年出版工作计划大纲。(日记)

同日 宋云彬日记:"圣陶汇来三十万元。"次日日记:"叶圣陶来信,谓所汇三十万元系国文讲义版税。"(《红尘冷眼——一个文化名人笔下的中国三十年》)

10月12日 作《赠和平代表》(诗,刊10月17日《人民日报》,收入《箧存集》,后又收入《叶圣陶集》第八卷)。

同日 应波兰大使馆武官招宴,庆祝其建军节。

10月13日 下午,"世英、亚平、同新、周芬来谈,皆关于改稿之

事。余认真修改，诸君亦认真自订，为之心喜。五点始，改化学译稿第二章，夜间灯下续为之"。(日记)

10月14日　上下午改化学稿，又改经济地理稿。顾炜来谈，"商如何推广杨树彬之先进经验于印刷厂"。出席文联之酒会，宴土耳其诗人希克梅德。(日记)

10月15日　上午改化学稿，"又为教部修润中学数学教学大纲草案一份"。下午"与文叔、刘御、季纯、芷芬、王漪五人继续研摩小学语文第二册稿"。(日记)

10月16日　观谢冰岩所拟一九五三年出版工作计划草稿。"与昨日之五人继续商讨小学语文第二册稿。"应蒙古大使招宴，为其国总理泽登巴尔访华，举行招待会。(日记)

10月17日　"八时集各企业单位之负责人共同为会，商量于最近期内布置学习，选举人民监察通讯员。此项通讯员原有设置，但非经民主选举，且未必各单位都有，一般工作人员亦不知其事。而此监察通讯员如果得力，积极方面可以推进工作，消极方面可以防止贪污、浪费与官僚主义，实大有意义。八月间政务院曾有指示，必须加强。人民监察委员会遂与我署洽商，我署系统内宜各有通讯员，先经群众学习，俾共明其义，然后选举适当之人，乃可收效。我署答应以本月内选出，故急需布置学习计划，讨论一小时余而毕"。

为教育部修改化学教学大纲草案。"与少甫芷芬二人谈编写排印工作，务期节节紧凑，明年春季供应及时。又劝二人去除隔阂，同以工作为重。二人者，皆我社强有力之工作人员，芷芬圆通，少甫急躁，近来颇有隔阂，同人多感觉之，余故以此为言。二人各举所怀而谈，尚能坦白，少甫劝芷芬注意学习，芷芬谓少甫宜去其教条。虽未必即能融洽，似各有撤去障壁之意。以后多多倾谈，当可好转。"(日记)

10月18日　上午改化学稿第。下午，"至和平会议工作委员会会所"。"我国新闻出版工作者与来京之各国同业为座谈会。外国人包括十余国籍，我国人四十左右，大多为熟友。长江致欢迎辞后，即有印度、巴基斯坦数人提出一连串之问题，大要为中国有无新闻自由。此外提问题者尚有六七人。愈之作答，大致谓我人依据者为共同纲领，纲领中载明人民有言论出版之自由。吴冷西作答，说明我人对新闻之看法不同于资本主义国家，有益人民之消息为重要新闻，无益或有害者即在排斥之列。仲华作答，言我国新闻极重批评与自我批评，《读者通讯》有专栏，被批评者必须负责答复。王云生作答，我国有私营报纸，《大公报》即其例。以遵守共同纲领言，无一种报独立，以发挥真知灼见言，无一种报不独立。余略述我国工会之情形。南美洲数国有代表对上述之发问颇感气愤，发言称扬我国报纸之进步，声声致敬。开始发问者似感愧意，亦表示致敬。此亦一场小小斗争也。"（日记）

10月20日 "晨八时，集总署与人民出版社全体同人为会，由余动员学习政务院加强人民监察通讯员之指示，并于最近期内选出通讯员。此义甚明，讲四十分钟而毕。继之由浩飞动员捕鼠，谓本市发动捕鼠运动，每一市民须捕鼠一头。"

会散后续改化学稿。复看颜迺卿周光歧修改之外国经济地理稿。吕叔湘来，"仍谈语法课本编辑工作之如何着手，城内宿舍之如何获致等事。叔湘去，开始改方君所撰《达尔文主义基础》"。（日记）

10月21日 上午开署务会议，"讨论愈之将在第二届出版会议中所作报告，题为《为进一步地实现出版工作的计划化而奋斗》，及一九五三年之出版计划。……继之讨论我署出席会议人员之名单、代表之分组办法，并及会议之日程"。

下午，"刘御来谈小学语文之赓续撰辑，建功来谈辞书编辑室之难于领导。夜间，孙春台夫人携其女来，言春台病、

血压过高已两月，皆由三反期间同人批评失当，工作不能顺利之故。余不善对付，颔之而已"。(日记)

同日　出版总署通知《各地公营或公私合营出版社、书店自动停印停售书刊应向出版行政机关报请备案》，刊《出版通讯》第十三期。

10月22日　上午改化学稿。九点半，党、政、工、团各方面为联席会议，选定监察通讯员。下午续改化学稿。"各审发稿期已迫，而余不能同时兼看数稿，殊为心焦。"出席宋庆龄举行之晚会。(日记)

10月23日　"卜明来谈出版行政会议中印刷组之种种问题。""绘图组以绘成之画稿来请审阅，余为提意见而归之。"重看历史组修改之旧教本。(日记)

10月24日　开出版行政会议之预备会议，通过会议日程与分组讨论办法。会议期定为七天，于月底结束。(日记)

10月25日　上午，出版行政会议开幕，致开幕辞。"今日为我国志愿军赴朝与朝鲜人民军并肩作战之两周年纪念日，余提及此，并谓宜致敬，全场起立鼓掌，久而始歇。余辞毕，即请郭沫若作政治报告。郭叙我国三年来各方面之成就。次叙国际情况，民主阵营日益加强，侵略阵营日益衰弱。末谈亚洲太平洋区域和平会议之成功。语甚长，至午后一点半始毕。三点继开大会，愈之作报告，至六点半散。"(日记)

10月26日　续开全体大会。"华应申作发行方面之中心发言，极强调发行之计划化。……卜明为印刷方面之中心发言，沈静芷为纸张供应方面之中心发言。"(日记)

10月27日　午后三时，偕胡愈之到怀仁堂，出席全国委员会之扩大会议，讨论"中苏友好月"之工作。"首由钱俊瑞报告，谓举行此事盖欲为大规模之宣传教育，俾全国人民知学习苏联之重要，为我国明年开始五年计划作准备。此次苏联将派代表团来，系各方面之专门家，包括各种艺术家演员，合计在二百人以上。来后在京演讲、报告、讨论、表演，约十日，然后分四起往我国各地，与各地人民接触。我国人民必须在此期间认识苏联如何建设，如何走入社会主义云云。俊瑞报告毕，大家发言。因俊瑞谈及清华大学教师突击学习俄文，不半月而成功。大家就学习俄文之难易与重要性发言，几忘所谈之中心题目。最后通过预拟之通知稿而散。"

会中晤郑振铎。郑言"北大新设之文学研究所已成立，渠为主持人（尚有何其芳），伯祥可入所为研究员云。余觉其甚为得所"。（日记）

10月28日 晨八点半开出版行政会议临时全体大会。下午，"开专业大组会，余参加印刷组。听各地介绍情况，大致均言印刷力不足，未能完成计划所定之任务。各地印刷厂多分散，机器小型者，多方不便于大量印造。此外则工厂设备皆差，厂房皆败坏，即不言发展仅言保持，亦须巨款，而明年我署可拨者无多。出版社与印刷厂各从本位出发，难于协调。总之，出版行政机关不甚注意印刷，故问题特多。卜明作结论，谓若干具体问题，拟俟大会闭幕之后召开座谈会，希望能尽量解决。明日续为专业大组会，第致力于印刷潜力之发挥"。（日记）

10月29日 "本当参加专业大组会，以急欲改稿，未出席。改化学稿。"（日记）

10月30日 上午看化学稿之附录实验提示。看毕，续改自然地理稿。"午后二时，偕愈之乔峰至文委，出席委务会议。郭沫若报告文委加强后之阵容，以习仲勋为专任副主任，钱俊瑞脱离教育部，为专任秘书长，其他机构亦有调整，以适应明年开始五年计划之新情况。次言年来文教工作方面之成就，举思想改造、院系调整、爱国卫生运动数项。继之陆定一、胡乔木发言，皆言今后将入于计划化，一切工作必须更求切实。于是钱俊瑞报告研究各机关之计划草案所发现之问题,雁冰报告文化部召开电影行政会议、戏剧观摩大会之情形,愈之报告我署召开第二届出版行政会议之情形。会以七点半散。"(日记)

10月31日 续改自然地理稿。"十一时,在愈之所会谈,克寒出其所拟关于此次会议之结论底稿,请共商。其稿言三年来出版工作有成绩,然缺点亦不少,重要者为盲目性。今将开始五年计划,出版工作自以计划化为重。次言此次会议之成就,大家均有进一步之认识。会议中有若干宜与批评之意见,皆得涣释。次发挥计划化之旨,即以出版工作而言,各方面必须互相配合,共同进展,乃克有成。"

下午出版行政会议闭幕。"克寒报告其所拟之结论。历一星期之会议至此结束,尚须以二三日时间与各地代表开座谈会,解决若干具体问题,并须作实现计划之种种准备,实可谓另一阶段之新工作于此发轫。"(日记)

10月3日、4日、6日至11日、13日至18日、20日至31日的日记收入《叶圣陶集》第二十二卷。

同月 出版总署发布《关于国营出版社编辑机构及工作制度的规定》。《规定》说:为保证国家出版物的政治质量和技术质量,国营出版社必须严格遵守以下规定:

一、必须设立以总编辑为首的、包括若干编辑人员的编辑部,并在总编缉领导下组成编委会;其组成人员除编辑部的主要负责人员外,应吸收社外专家参加;其职责为审查重要书稿,讨论编辑方针和选题计划。

中央和大行政区出版社编辑部,应逐步建立专业的编辑室(科),每一编辑室(科)设编辑主任(科长)一人,编辑若干人。编辑人员中应包括:编辑、文字编辑(从事语言修辞工作)、资料编辑(从事资料、数字和引证的核对工作)、美术编辑、技术编辑和校对编辑。

二、必须作出全年的选题计划、编辑计划、发稿计划和出书计划；并根据全年计划拟定每季每月计划。下年度的全年计划必须在上年度的10月以前作出，下一季度的计划必须在上季的第三个月以前作出，下一月的计划必须在上月20日以前作出。选题计划应尽可能规定书名、作者、篇幅及交稿日期。上述四项计划的全年计划，省一级必须送大行政区批准，大行政区一级必须送中央批准。

三、根据选题计划向著作人约稿，应订立合同。其主要内容应包括原稿字数、交稿日期、稿酬数目等项，并须经社长、总编辑、经理（出版部主任）及著作人签字。

四、一切期刊、丛书的出版，必须有编辑计划，并经出版行政机关审查批准。

五、每一书稿从采用到印制成书，应经下列基本程序（略）。

六、编辑部对每一书稿都应负政治上与技术上的责任。编辑对一般书稿有修改的权利和责任，但修改须征得著作人同意。书籍重版前，应征询著作人有无修改，或提请著作人修改。一般书籍应加编辑说明，需作注释和索引应加注释和索引。

11月1日 上午改自然地理稿。下午，陆定一为参加出版行政会议之代表作报告。"大旨为过去三年工作在于恢复原状，并进行民主改革，今后将开一新局面，入于有计划的建设。并言计划化之必要，语多勖勉。讲两小时。"（日记）

11月2日 往车站欢迎苏联来京之科学艺术代表团及红军文工团。

11月3日 上午举行署务汇报。"于行政会议未了事，如中央级报纸与全国性期刊之印数等，讨论许久。次谈我署范围内之各方面工作如何与'中苏友好月'配合。"

下午,"与芷芬谈发稿方面事,与世英、宗尧谈绘制地图事,与安亭谈社长、秘书长分工事"。(日记)

11月4日 观苏联共产党第十九次代表大会中马林可夫之报告。下午,"开社务会议,谈社长秘书长分工问题,高云屏偏重于行政及干部教育,余与安亭偏于编辑方面,萃中则教部中事忙,未能多及社中事也"。(日记)

11月5日 晨开座谈会,座谈中学语法教学问题。"原约罗莘田、郑介石、丁声树、李荣皆不能来,而来语言研究所其他三位。外则吴研因、张志公、萃中、安亭。讨论提纲由叔湘草拟,并经叔湘当面陈说,大家发言均切实。自晨及暮,谈之竟日,颇有所获,共不以为倦。邀叔湘到我家晚餐。所谈无非有关语文之事,甚快。叔湘尚未在城中觅得宿舍,独自暂居语言研究所云。"(日记)

11月6日 晨始改王芝九所为高中外国史第二册。"九点,开署务会议,讨论出版行政会议未了事项。通过增设财务计划司,以谢冰岩任司长,专司有关整个出版系统财务计划事。次讨论'中苏友好月'之各项工作。"

赴怀仁堂之会,预祝苏联十月社会主义革命35周年以及"中苏友好月"之开始。(日记)

11月7日 上午,"看马林科夫报告,及斯大林之演说辞。饭后偕乔峰至首都影院,出席苏联影片展览之开幕典礼"。(日记)

同日 出版总署发布《关于内部期刊登记办法的补充指示》,对政府机关内部期刊登记作补充说明。

11月8日 上午改外国史稿。下午,"文叔来谈小学语文第二册稿,此册业已付排,因叔湘建功提意见,再作一番研摩。芷芬、李惠乔来商美术出版社同人所画语文第二册之画稿,计十数幅,可修改应用者仅三四幅,余皆不成样子。语文本印数最多,各地须早印,而画稿尚未就,只得嘱图画组同人勉力为之"。

11月10日 晨看斯大林《苏联社会主义经济问题》。九时,总署开庆祝十月革命35周年之会。"首由愈之报告十月革命之意义与中苏友好之意义,历两小时。次由洛峰报告苏联出版方面之情况,述及苏联出版总署之组织以及两个出版社之概况。"

下午,"续改外国历史稿。观美术学院为我社画语文第二册之图画,颇觉满意,胜于美术出版社所作多矣"。(日记)

11月11日 上午改外国史稿及教育部生物科学之教学大纲。"大纲包括植物学、动物学、解剖生理及达尔文主义基础四门。"

下午仍改外国史稿。夜,胡绳来访,"即共饮。余告以语文混乱现象,中宣部宜多加注意。杂谈甚多,意颇畅适"。(日记)

11月12日 晨续改外国史稿。"九时,我署及直属单位一部分人员共集,听冯宾符作马林科夫报告第一部分之阐发。此是我署学委会所布置,以后尚有三次,为诸同志学习之助。"

下午开编辑部部务会议,"讨论总结五月至十月之编辑工作,编制明年之编辑选题计划等项"。(日记)

11月13日 改外国史稿。观小学语文所用画稿。夜,出席总署高级人员学习讨论会,"就马林科夫第一部分国际情况,灿然、愈之、尊棋、克寒诸人皆有所阐发。自己阅读之后,为此一谈,确能融会不少。会以十点半散,夜寒殊厉"。(日记)

11月14日 改外国史稿。"自六日至今日,九天改毕第二册。此册较第一册为胜,条理清楚,文亦畅达,至于内容,固以苏联本为据也。"

"写信一封,勉励社中图画组同人,期其更求进步,自求深造。下午到社,晓先世英二人来谈布置工作。"(日记)

11月15日 文学出版社古典部主持人文怀沙来访,"言社中拟于明年出版古典作家之选集若干种，屈原、李白、杜甫、白居易四家已有人编选，要余选辛稼轩之词。余允之，唯杂事纷集，恐不能从速交卷。文君于旧籍似有研究，因介绍高晋生之《周诗新释》与之，并告以王泗原有《离骚语文释》，亦拟介绍请其一看"。

下午四时至勤政殿，列席政府委员会之第十九次会议。周总理作报告。"大意谓明年将开始建设阶段，政府机构与建制须有所调整，乃可适应。毛主席随时插入阐说，如家人谈话，听者神往。重要决议为大行政区人民政府或军政委员会一律改为行政委员会，为代表中央人民政府在各该地区领导与监督地方政府之机关。其次为调整省区建制，撤销平原与察哈尔两省；成立江苏省人民政府，区划大体上复清代之旧。又其次为增设中央人民政府机构，成立国家计划委员会、高等教育部、扫除文盲工作委员会、体育运动委员会。高等教育部以马夷老为部长，杨秀峰、黄松龄、曾昭抡、刘皑风副之。教育部改以张奚若为部长，韦悫、董纯才、林砺儒、柳湜副之。会议以六点半钟，至怀仁堂进餐。"（日记）

11月17日 上午举行署务汇报。下午，与蔡超尘谈事。"高中语文课本选用余之旧作小说《一篇宣言》，近有人投文于《人民教育》，谓此篇有种种不妥处，不宜为教材。余以为此篇立场如何，涉及文艺与教育两方面，应否作为今日之教材，宜请有识者详为究论。果属要不得，则作者虽可不表示什么，我社却必须承认其谬误。若投文者所言不尽合，则宜为之指点，以期共晓。余拟请雪峰、周扬讨究之，超尘以为然"。

"同社诸人选用余文作教材，余恒言不妥：彼辈以为既然发表于世，即为社会公物，不必有所避忌。余则深怕麻烦，对于己之旧作，实无能力批评剖析，每有人投书来讨论，辄为皱眉，如《蚕儿和蚂蚁》《古代英雄的石像》及此《一篇宣言》。今后语文教学大纲订定,教本须重编,必当坚持初意,请同人勿复选取余之文篇。

"四时后,偕墨至国际俱乐部,我署举行酒会,招待苏联商务代表、大使馆秘书、真理报记者、塔斯社记者、国际图书公司代表、外文辞典出版局代表及我国外文出版社之苏联专家。夫妇并邀,凡四十余人,亦为'中苏友好月'之一个节目。七点散。"(日记)

11月18日 与人教社同人谈杂事,"研究图画组之画稿"。(日记)

11月19日 作书信致潘介泉,询问北大西语系能否为人教社编辑英语、俄语课本。"九点,主持教部召集之座谈会,为草拟语文教学大纲之准备。到者有黄药眠、艾青、叶丁易、蔡仪、老舍、钟敬文及北大两位女教员,教部及我社二十余人旁听。上下午两段开会,大家意见如下。文学课之教材须是文学,政治性科学性之文章亦必有文学性乃可。高中以文学史为线索,仍以作品为主,于作品之选择排列,体现文学内容与形式之变迁。五四以后之文学宜详,五四以前分量宜较少。古典文学语言隔阂,大家未能断言如何使学生通晓。外国文学均主张采取,唯译文必求其纯粹。长篇作品宜取其一段,教师启发剖析得当,于学生阅读全部至有裨益。文学课与语文分开,大家均赞同,唯彼比必须密切连系。老舍发题外之言,谓儿童无优良读物,宜择有写作能力之优秀小学教师,令其脱离教师岗位,培养之使成为儿童读物作家。此言深得人同情。会以五点散。"

下午至署中为学习会,"讨论题为'社会主义经济法则及价值法则在我国营企业内如何具体掌握'。以斯大林著作为据,联系我出版工作,大家发言颇多中肯处"。(日记)

11月20日 上午为出版总署文书作第一次公文讲座。"听者我署人员最多,此外为各直属单位治文稿之人员,凡九十余人。"

写信致龙志霍，劝他自宁来京为人教社编英文俄文课本。

"校对科校对高小算术，发觉其稿体例不纯，语句生硬，来就余商量。此系俞子夷自改其旧稿，余观之，诚不能满人意。其修改殆依靠助手，然渠亦当过目，足见其于编辑之术初未措意。我社同人亦经审读，并未发现不妥，可见亦殊粗疏。余未能就每一书稿而详审之，毛病随时可出，诚为无可奈何。积极办法自当提高全体同人之责任心，磨砺其识力与眼光，然此事谈何容易。因告陈同新君，请其与薰宇共商如何补救。"

夜，仍出席总署学习讨论会，王益作中心发言，"谈国营企业宜如何掌握价值法则，参考详备，解释清楚，大家均感满意"。（日记）

11月21日　下午，"芷芬告余今晨共商算术课本事，决由数学编辑室曹飞羽君重看一过，或删或改，再行排版。此自是不得已之办法，然耽误造货时间已多矣。俞子夷及其助手草率交稿。我社送教育部教材编审委员会阅看，委员会曰可，我社即认为无问题。余为总编辑，仅于发稿时签字，内容绝未一看。此是一连串之官僚主义作风，堪为典型。他日有机会将当众言之。此风不去，出版物之质量何从提高哉"。

"瞿菊农来访，商其就事及译书之事。方宗熙重写动物学课本之一章，为之修改。"（日记）

11月22日　"下午到社，与安亭商谈高小算术课本事。曹飞羽君来告，谓详看其第四册，确属谬误甚多，以国家出版社而出版此等书，实太对不起学生。曹君青年意诚，言次几欲哭泣。共商之后，决由曹君与三位同人各改一册，以三四日为期，改毕而后，由余通体审读一过，以两日为期，争取下星期内完工，然后重排。至于浪费工力财力，耽误造货时间，亦不能说矣。我社同人不加详阅，徒闻教育部认为可用，即以付

排；薰宇主持数学一科，亦未详审；余见大家通过，即签字发排，皆属无可卸责。会当公布于众，以为警戒。"（日记）

11月23日 "向觉明来访，为北大图书馆订购苏联期刊事，托余与国际书店有所商洽。又谈及学术著作虽专门，亦宜少量出版；印刷装订技术宜求改进；于书本成品、纸张种类，宜择要收集，组成小型之博物馆，为出版界供给参考之资云云。凡此皆与我出版总署有关，觉明言之，足见其有心人也。"（日记）

11月24日 上午，"我署全体与各单位之主要人员七八人为会，听周立波作报告。缘马林可夫报告第二部分叙及苏联国内情况，特别详论文学艺术，要求甚高，批评颇严，因请周立波一讲，为众人学习之助。立波讲演分五点，一为苏联文学影响之广，二为苏联文学之特点，三为何谓社会主义现实主义，四为关于典型之问题，五为关于'无矛盾论'之问题。历三小时，听者不倦"。

下午，"与数学编辑室谈修订高小算术。入美术编辑室观诸人之工作情形"。接冯雪峰复信，评论对《一篇宣言》之看法。"以为此亦写当时实况，评论者谓其不够积极，未能多写进步一面，实为过分要求，且有违历史主义云云。又言今日持论若此者甚多，颇须纠正，而纠正须有人写充分而尖锐之驳论，奈无人得闲为之。余即以雪峰信交蔡超尘，请其考虑如何处理。"（日记）

11月25日 上午，与胡愈之闲谈半小时。下午，"与安亭云屏谈社事。少甫来，谈出版方面种种不顺手情形"。（日记）

11月26日 吕叔湘来，谈张志公事。"告以李庚复信，张志公允调，但须将《语文学习》一并转移至我社。"接潘介泉复信，"谓北大西语系能否为我社编辑教本，待研究后正式答复"。接龙志霍复信，"谓甚愿来京参加我社工作，第须妥为设法，俾得调动耳。目前招邀人员，最苦于宿舍无法解决"。（日记）

11月27日 上午为第二次公文讲座,"谈两点,一点为避免公式化概念化,又一点尽量顾及对方,不宜任意为之"。下午,与人教社诸君谈杂事,"《语文学习》势须接过来,当与李庚详商具体办法"。夜,到署为学习会,"讨论价值法则在出版、印刷、发行中之反映"。(日记)

同日 出版总署发布《实行出版计划初步办法》。《办法》共六条,内容如下。

一、各出版单位均应调查国家和人民的需要,组织著作、翻译力量,于每年年度开始前三个月和每季度开始前一个月,分别制定年度和季度出版计划(包括初版、重版),报请当地出版行政机关(中央一级出版社报出版总署;大行政区与省市级出版社分别报大行政区与省市新闻出版局或新闻出版处,同时抄送出版总署;无新闻出版处的省市,报其他主管出版行政部门,下同)批准,按照计划出版书刊。出版计划应包括:(一)书刊名称;(二)内容大要;(三)作者、译者;(四)读者对象和发行地区;(五)发稿时间和出版时间(年度计划可填季或月,季度计划可填月或旬);(六)字数和开本;(七)用纸数量和品种;(八)印刷地点和印厂名称;(九)发行册数;(十)定价。暂时不能拟定名称之书刊,可分类开列种数。……上列项目如有短缺,应说明理由,并于计划实行时补报。出版计划如有变更,应随时报告当地出版行政机关,请求批准或追认。如属分区造货的书刊,应将分区造货的数字列入上项计划。

二、出版行政机关接到出版单位的出版计划后,应根据国家和人民的需要,目前书刊出版发行的实际情况,和该出版社的专业方向,进行认真的审核,并应召集有关出版、印刷、发行单位会商;必要时更应征求有关的政府业务部门和人民团体的意见,估计该计划确实可行,然后予以核准。出版计划核准后，出版行政机关应即批复呈报计划的出版单位，同时通知掌管印刷、发行的部门或单位，并报告当地人民政府和上级出版机关。出版计划内的特殊部分，应于事先请示当地领导机关或上级出版行政机关。出版计划有追补、变更时依同样程序办理。对于已被批准的出版计划，出版行政机关应监督执行，必要时并应尽力协助解决出版单位组稿、审稿中的困难。

三、出版单位接到业经核准的出版计划后，应即编制用纸计划送出版行政机关掌管纸张的部门。……

四、出版计划核准后，出版行政机关掌管印刷的部门应即按照计划调度印刷生产力。……

五、出版计划核准后，出版单位应与承办发行的书店订立年度产销合同与季度产销合同。……

六、出版行政机关有监督合同执行的责任。

11月28日 修改高小算术第一册之修改本。"预约四日改毕，蔡君如期交来。今晨余即为之审读，润其文字，且订其格式。"下午，出席《中国语文》社之座谈会，"谈新闻广播方面之语言问题。盖谓语言不切合一般说法，使读者费解，听者难晓，应谋有以解决之。余略发数言即退出"。三点半，集全社同人为会，"讲出版工作计划化之必要，请大家讨论拟议之选题计划与出版计划"。（日记）

11月29日 上午在总署"商讨下星期普遍学习保密及保卫方面之事"。会散后，"修润高小算术第二册之修改本，下午二时许改毕"。"四点到社，与安亭、云屏谈社事。昨日发布一请假条例，余未详加考虑，即予批准。条例中规定事假逾一日者扣工资，引起同人不满。墨亦极言此事未妥，欲使同人提高积极性，而乞灵于扣工资，实为下策。人事科杨定远与办公室副主任柳永生喜搞章则，以为章则可据，办公少麻烦，不知此实最机械之工作方法也。因招杨定远来，四人共谈。余

主先废除此条例,请假办法以后另拟。知其不妥而立改,亦无所谓威信之不立,大家以为可,决于下星期一出布告撤销之。"(日记)

11月30日 修润算术第三册之改订本。"预计今日看完四册,今尚差一册。"(日记)

　　11月1日、3日、4日至8日、10日至15日、17日至30日的日记收入《叶圣陶集》第二十二卷。

同月 教育部和出版总署联合组织之教科书出版发行委员会成立。

12月1日 修润高小算术第四册之修改本。"晚饭后赓续看之,毕。至此四册通体看过,虽未精纯,已无大谬。然即日发排,已误造货之预期也。"(日记)

12月2日 下午,"与治数学诸君共谈"。"因余读高小算术,屡见'扩大几倍'、'缩小几倍'之语,以为'缩小几倍'之说不妥,说到'倍'只有扩大之意,'缩小几倍'殊难想象。然社会间已经流行,工业部门之报告往往用之,余以为此为破坏我国语言之一例。前月愈之亦谈及,亦认为不妥。此系从俄语译来,余尝问刘泽荣。刘谓俄语中无论扩大若干,缩小若干,同用一字,此字本身并不专含扩大义,如我国之'倍'字然。而我国别无相当之字,只有一个'倍'字,用于缩小实欠妥,亦无法以易之。余遂与曹飞羽谈及,曹解其意,与同人共商之后改为'缩小为几分之一'。而今日薰宇知之,认为不合,因乘余到社时共谈。薰宇之意,谓苏联教本讲乘除,一贯的'扩大''缩小'以明之,说法必须一致,乃可使学生概念明确。若于扩大说'几倍',缩小说'几分之一',即不足以建立明确而一致的概念。薰宇解说谓不宜死看'倍'字,宜将'扩大几倍''缩小几倍'合成一个概念看,'扩大几倍'即乘以几,'缩小几倍'即除以几,只须向学生说明,亦无多妨碍。诸君听薰宇之言以为然,皆主从其说。'倍'字之意义自此变更矣,'缩小几倍'之说恐更益流行,亦属不可抗拒之势。"

"与林老、柳湜、研因、萃中听语文教学大纲小组韩树田君汇报工作及拟具之意见。"(日记)

12月3日 下午二时到怀仁堂,"听苏联专家某君之报告,题为'社会主义经济基本法则之性质',为大家学习斯大林著作之助"。(日记)

12月4日 上午在全署及人民出版社全体人员及直属单位会议上,作动员保密保卫学习之报告。下午,与人教社同人拟选题计划。

夜,到总署参加学习讨论会。"杂谈出版业中价值法则之作用,大家发言甚畅。谈定从下星期起,每星期三星期六下午集中学习三小时,以斯大林《苏联社会主义经济问题》为主,旁及其他参证资料。我国方将开始建设,高级干部学而通之,领导各事必可顺利云云。"(日记)

12月5日 上午开署务会议,"灿然报告明年三月份将大规模宣传婚姻法","王益报告检查新华书店之营业情形,以期改进,又报告消灭发行业方面强迫摊派之计划"。

下午,"萃中约雪峰来谈,请其发表对文学课之意见,余与研因、叔湘、树田参加。雪峰谈文艺界人力薄弱,未及关心教育,难有所贡献。谈其对文学课之看法,谓要求不能太高,宜徐徐而进,意颇平实"。

至青年宫,出席开明与青年出版社举行之合并联欢会。"彬然报告合并之筹备情形。继之余讲话,致勖勉之意,并谓出版物之质量必求其佳。继之,青年团中央某君讲话,李庚宣布合并后之组织机构及人员名单。合并之局,至此乃定。于是为鸡尾酒会,笑呼之声盈耳,继以舞会。八点半演京剧。"(日记)

12月6日 "看方君等所撰小学自然稿十余页。系根据苏联之小学课本,一部分以水为中心,一部分以矿藏为中心,叙述方法甚佳,循序渐进,浅显易晓。余告方君等此稿给小学生读,尤宜注重语言,不可留有文字上之障碍。"(日记)

12月8日 "改陈驰代写之文,言出版界概况,以应新成立之中国新闻社(仲华主之)约。"与胡愈之、陈克寒谈人教社自筹一专属之排字房之事,以使教科书统一规格。

下午,看语文室所选高中教材。"高中语文本尚有数册未齐,故又须选辑。选来选去,无非老花样。诸君知此是临时课本,亦不甚经心。萃中来谈语文教学大纲事,欲余出些主意,余实无甚主意。"(日记)

同日 出版总署发布《关于编写、出版、推荐宣传婚姻法书籍的指示》。《指示》中说:

中央已决定明年三月为宣传贯彻婚姻法的运动月,二月中旬起即开始集中宣传。这是一个大规模的群众运动,其目的在根本摧毁封建主义的婚姻制度,树立男女平等、婚姻自由的新民主主义婚姻制度。要达到此目的,就必须要广泛地、深入地宣传婚姻法,使广大干部和群众能从思想上认清封建的婚姻制度的阶级实质及其对社会对人民的危害性,进而划清新民主主义婚姻制度与封建制度的界限。为此,从现在开始,就应出版和推荐一些优秀的书籍和图片,以供婚姻法宣传运动之用。

中央人民出版社正组织有关方面编写一般对干部、群众宣传婚姻法的书籍,如中华人民共和国婚姻法、婚姻法的政策法令汇编、婚姻法讲话、婚姻法课本、如何宣传与贯彻婚姻法、执行婚姻法的范例、新民主主义婚姻制度的基本精神、婚姻案件处理的经验等书籍。青年出版社准备翻译和编写两本如何正确对待婚姻、恋爱问题的书籍,以供青年阅读。人民美术出版社正拟出版宣传画二幅,挂图一幅,并推广"新娘子讲话"

"结婚登记"两幅较好的旧年画。我署已着手对过去出版的宣传婚姻法的书籍进行审查,准备推荐几本从理论上、道德上论述婚姻与家庭的书籍,并已选出较好的连环画八种、通俗文艺读物(如小二黑结婚、刘巧儿、结婚、新事新办等)二十种和中央青年出版社的《谈谈婚姻法》、华东人民出版社的《婚姻法图解通俗本》等书,推荐到各地普遍发行。

根据以上出版情况,各地出版社可以不必再出上述从理论上宣传婚姻法的书籍,而应着重结合本地实例和群众中存在的思想问题来编写一些具体宣传解释婚姻法和婚姻问题的书籍和图片。例如,描写自由婚姻的美满和好处(如说明自由婚姻使男女双方和爱,成为建立和睦家庭的基础,并推动生产发展和社会风气的改变),揭露和批评虐待妇女(婆婆虐待媳妇、丈夫虐待妻子)或干涉婚姻自由(家长与地方干部)的害处(如说明买卖婚姻使男女双方痛苦,造成家庭不和,影响子女身心健康,阻碍生产等),对于在家庭、恋爱、婚姻、男女关系上存在着的各种错误思想和表现(如片面地说婚姻法是"妇女法"、"闺女生娃娃法"、"离婚法"等等)进行批判和解释等类的书籍和图片。编写这些书的目的在于克服干部、群众思想中关于婚姻问题方面的封建思想意识形态,废除旧社会遗留下来的封建婚姻制度,改善家庭中夫妇、婆媳之间的关系,以树立自由婚姻的新道德、新风气。因此,应以正面描写新婚姻制度的好处为主,同时适当地揭发和批判封建婚姻制度的害处。只有对于那些个别虐待虐杀妇女以及干涉婚姻自由而造成严重恶果以致民愤极大的典型案件,才可以在编辑的书籍中提出予罪犯以刑事处分。这种描写处分在婚姻问题上罪犯的书(种类和篇幅)决不要太多,并且在书中不要太过强调,主要是要采取典型事例,对干部、群众进行思想教育,务必注意防止带有刺激干部、群众在运动中采取阶级斗争方法和粗暴急躁态度的内容的书籍出版。

在选题时,应事先与党政领导部门联系,争取他们的协助与指导。选题不必图多,应注意精选。编写文字要注意通俗,形式要多样化,尽可能采用群众喜见乐闻的形式,使出版的书籍能增加宣传教育效果。

为了配合运动,及时供应宣传、学习需要,各地出版社应抓紧时间,赶快编写,要求这类书稿最好能在明年一月底以前就能编印出来,否则就会落后于运动。(下略)

12月9日 复改陈驰之稿,并重抄寄中国新闻社。"韩树田君来谈中学语文如改为文学课,有若干材料可用。彼与同志们已预为摸底,开一简目。余观之,与从前选本无大差别,尚嫌其多,而难求其精。谈一时许而去。"(日记)

12月10日 晨偕胡墨林至石驸马大街,"与少甫芷芬诸君共谈今后排书,究应如何安排。余主从改进新华厂与我社之关系着手,务使完成我社之排版任务;且质量须符合我社之要求,自筹排字房实非善计"。

九点到文委,"出席委务会议,专讨论我署第二届出版行政会议之报告"。

下午二时又至怀仁堂,"听苏联专家然明之报告,题为《社会主义商品生产与经济法则之问题》"。

夜,设宴款朝鲜方面之代表。朝鲜方面之代表"与我署商订图书期刊报纸贸易合同,已讨论旬日,今日合同签字"。(日记)

12月11日 上午作第三次公文讲座,略谈虚字之要。下午,"邀图画科六人来,勉以更求进步。谓彼等画人形已渐能正确,今后宜求生动,尤宜注意面部之神情。可多为速写,随时见典型性较富之人物,即记之于手册。他若动物植物舟车宫室,必须仔细观察,宜识其真。六人皆年轻,闻余言皆欣然,愿

努力修习云"。(日记)

12月12日 九点开署务会议,"应申报告与朝鲜签订书报贸易合同经过,我国每年约须补贴三十亿光景"。

下午,"刘御以工会主席名义来谈事"。"言近开基委会,讨论我们行政方面措施不当,致同人不满之三件事。一为张允和解职事。允和返沪养病已久,近经行政方面决定,去书令其不必再来。此事违反工会章程,照章程,工人解雇须得工会同意。一为请假办法事。此办法已由行政方面宣布缓行。又一为申请宿舍办法事。此办法曾增补一条,谓须编辑或科长以上始得申请,同人大觉反感。关于张允和事,显因大家未熟悉工会章程,并非有意规避。请假办法于重订时自必考虑周详,经妥善之手续而后公布。申请宿舍办法所以增补此条,实出于目前之窘况。刘御言渠在基委会中一经说明,诸委员即释然,并将传告于群众。刘御如此行事,甚为得要。然我们行政方面处事确有缺失,有机会还得向群众当面言之。"(日记)

12月13日 晨续看动物学修改本。下午"两点半至愈之室,为首次之集中学习,阅读斯氏之作两小时,乃共谈两次听苏联专家报告之观感。中宣部将汇集各单位之意见,求其改进,以期收效"。夜,"均正来共餐,谈张志公及《语文学习》事"。(日记)

12月14日 作《一些简单的意见》(刊《中国语文》1953年一月号,又刊1953年1月24日《光明日报》第三版,《广播事业》1953年第三期刊载时题为《关于广播语言的一些简单的意见》,收入《叶圣陶散文乙集》时题为《一些简单的意见》,收入《叶圣陶集》第十七卷时题名为《为了听众 为了读者》)。文章谈广播和新闻的语言,认为"语言跟内容"不能分开。"咱们不能抛开了意思来谈语言,也就是不能不管内容专谈语言。咱们既然要谈广播和新闻的语言,我就提出写在这篇里的一些简单的意见，一要求其上口顺耳，二要求其不概念化、公式化。"

12月15日 晨作书复王力，"告以中学语文科将分为文学语法两部分，及叔湘担任编语法课本事。又作书复高晋生，于其以新观点释《诗经》，余无能发表意见"。（日记）

12月16日 续看动物学修改稿。下午四时，"集编辑室主任及各科科长为会，由安亭谈张允和解职、请假办法、申请眷属宿舍办法三事，谓皆有粗疏草率之咎，但分析观之，有当有不当。将请大家评其然否，取得一致看法，然后普告同人。有四五人发言，大致赞同其说，唯于申请眷属宿舍事，主张较多，须再加细商"。（日记）

12月17日 晨看韩树田交来一稿，"言其研究小组对于中学文学科之意见，即前此两度听其口述者，将供上级机关考虑。文长万言，而韩君谓犹是简本。因语言芜杂，意念颇朦胧。即书此意告之，恐韩君亦未必能领会也。又续看动物学修改本"。

午，"至愈之室少坐，听史育才调查书店强迫摊派之报告。书店方面混乱殊甚，欲实行发行计划化，于读者有实益，尚须作种种整顿也"。

一点半至怀仁堂，听第三次之苏联专家报告。报告者为包得列夫，题为《从社会主义过渡到共产主义的条件》。（日记）

12月18日 上午为第四次公文讲座，谈"表达"。后"与世英马宗尧谈订正地理课本事。缘行政区划改变，中小学课本皆有需改正处，而书已在各地印造，只得另发改正图文，分送各地。……续看动物学上册修改本，毕，送回方君"。（日记）

12月19日 看世英所拟初中本国地理提纲。"此亦根据苏联之教学大纲及课本。田世英将约社外二人合作编写。余略为修改，并提出少数意见。"

胡愈之来,"谈及去年第一次出版行政会议提出提高质量之口号,今究如何。愈之谓太不成样之书已较少,重复浪费稍减,即为提高之证。余谓此就消极方面言之耳,一年来所出诸书平平者多,则谓无所提高亦可"。

看语文编辑室所选高中教材,"书所见而归之"。(日记)

12月20日 为调用龙志霍事,"写一信致钱俊瑞,钱为中苏友协总会之总干事,宜可与其南京分会讲通"。

下午到署集体学习,"此事已得政务院通知,至明年三月底止"。(日记)

12月21日 在胡墨林写给叶至诚的信上附言,"劝其来京小住"。"三官已往农村'体验生活',今方计划创作剧本,进行未能顺利。此是今日文艺工作者之共同苦恼。若辈初以不了解生活,遂往朝鲜、工厂、农村'体验生活'。但体验归来,或则仍无从下笔,或则写成而仍不像样。余以为'体验生活'而以旁观态度出之,事必无济。体验之时必当忘却写作,及作品之胚胎成熟于胸中,乃考虑创作。而写作之时又必忘却理论,理论牵萦胸中,即不克写作自如,徒成障碍。三官难于创作,或亦正坐此病,拟俟其来与谈。"(日记)

12月22日 作书信《致胡绳》(收入《叶圣陶集》第二十四卷)。信中"谈翻译外国文学作品多不成样,对原作者原作品为贬损其价值,而于读者,一则降低其文学胃口,二则搅乱其语言习惯。我人既欲顾及读者之利益,适应读者之需要,即不能不加意于是。此事余久蓄于心,亦尝为人言之,而人多不甚措意。胡绳居宣传部,有注意此事之责,且其识见通达,当不以余言为杞忧,故书告之,促其考虑"。(日记)

12月23日 在总署作公文讲座,"取叔湘书中文字繁冗之一例,以供听众评论研摩"。"伏园、泽甫、静庐、彬然及印刷管理局三人至余室,商量收集成品,加以研究,然后辟一陈列室,为推进印刷技术之助。此事由余向伏园提起，伏园以为有意义，可由渠之图书馆兼治之，遂约数人作初步商谈。共谓此举亦有助于普及印刷知识，陈列可分排版、印刷、装帧、纸张四个项目，分人负责取材研究，再行共商。十一点散，看发文及杂件。"

下午，"安亭来谈昨与少甫、景勋等人研究各项计划事。文叔来谈，又闹情绪，欲改任他项工作，眼泪盈盈，余无以慰之"。（日记）

12月24日 "张志公事，云屏已与青年出版社接头，志公以一半工夫来助叔湘，以半年为期，我方则以王泗原往，《语文学习》移交事暂且不谈。晓先交来初中本国史第二册稿，已几经修订，嘱余作最后通读。因即看之。"

午后两点至五点，"仍集坐愈之室中，共读斯氏之书"。（日记）

12月25日 续改初中本国史稿。"今日高等教育部成立，有习仲勋、钱俊瑞、马夷老、张奚老四人讲话。"（日记）

12月26日 "续改历史稿，至下午二时许，毕宋元一章。"（日记）

同日 作词《鹧鸪天　廿一日平伯家为曲会。翌日平伯寄示新词，余依韵和之，顺次叙当日所闻诸曲》（见俞平伯《关于昆曲的几首旧诗词》，刊1957年5月11日《文汇报》第三版；收入《箧存集》；又收入《叶圣陶集》第八卷，题为《鹧鸪天　和平伯新词》）。

12月27日 晨"与安亭、云屏、景勋共谈。景勋报告出版计划之大体轮廓，明年我社造货，供应华北区域总数为二十四万令不足，其中中小学课本为十六万令，占三分之二。财务计划即据此制作。今年只余四日，所有计划须于年内制定交总署。商定下星期一与编辑同人会谈，希望保证按计划如期完稿，不复拖延。下星期二开社务会议，于整个计划作最后之研究"。

与朱文叔谈话,"请其任副总编辑,助余审改书稿,于小学语文仍负一部分责任"。下午在总署学习。(日记)

12月28日 "傍晚,伯祥、叔湘、志公三人来共谈。叔湘志公开始商量语法课本之体系与组织,期于叔湘出国前大体拟定。六点共饮,多谈语法方面事。次谈及翻译文学作品及一般书籍不注意语言等问题,彼此所见颇同。"(日记)

同日 邮电部与出版总署联合发布《邮电部、出版总署关于改进出版物发行工作的联合决定》。决定"各种定期出版物,包括报纸和杂志,凡公开发售者,应自1953年1月1日开始,一律实行定期定额计划发行制度";"各种不定期出版物(包括课本、一般图书及图片),也于1953年1月1日开始,进一步推行定额计划发行和预订制度。在1953年内,新华书店应首先将中小学校课本的计划发行和预订制度做好"。

12月29日 上午在人教社开会,"缘教部召开小学语文教学中之语法问题与识字问题",与会者"大多主张初年级在讲课之际顾及语法,但须有重点,有目的,并多所练习。最后一年或二年则规定时间,专授语法,整理前所已知,使成系统之知识,但亦须注重练习"。

圣陶先生最后发言,"谓语法为儿童所已习,非入校而后习之,不过常日由之而不自知。既入小学,则赖教师按种种语法现象,分别列出各项目,适时提出讲授,自知其然而进于知其所以然。叔湘纠正余言,谓所以然甚难知,即专家亦难办,还是说培养并巩固其语法习惯之为得。(事后思之,所以然亦非不易知,不过不应言一切所以然耳。如语句必须有主语有谓语,儿童固幼而习之,于适当之时,不妨令其知非如是不成意义。此即所以然也。唯言所以然诚有流弊,改称法则或规律,即较得当。)"

下午"集编辑室主任为会,重行叮咛,希望所定编辑选

题计划能如期完成，可以提早而不可落后。此一计划为基本环节，苟或脱误，其他相应之计划即皆落空矣"。（日记）

12月30日　改初中本国史隋唐部分。下午，"讨论出版计划与财务计划"，与朱文叔谈小学语文及字典。夜间改历史稿。（日记）

同日　邮电部与出版总署联合发布《邮电部、出版总署关于改进发行工作具体办法的联合决定》。"具体办法"包括：实行定期定额计划发行制度的具体细节；发行工作上的分工合作，"报纸和杂志由邮电局总发行，图书由书店总发行"；以及"发行费率与批销折扣"和"报纸、杂志定价"等。

12月31日　上午，"详改发文稿一件"。下午，"看发文数件"。灯下续改历史稿。（日记）

12月1日至6日、8日至31日的日记收入《叶圣陶集》第二十二卷。

1953 年

(癸巳)　五十九岁

1月1日　《人民日报》发表社论《迎接一九五三年的伟大任务》，宣布我国开始执行发展国民经济的第一个五年计划。

2月22日　北京大学成立文学研究所，郑振铎任所长，何其芳任副所长。该所后改为中国社会科学院文学研究所。

3月5日　苏共中央总书记、苏联部长会议主席斯大林逝世。

6月15日　毛泽东在中共中央政治局会议上提出，党在过渡时期的总路线"要在一个相当长的时期内基本上实现国家工业化和对农业、手工业、资本主义工商业的社会主义改造"。

7月27日　《朝鲜停战协定及其附件和临时补充协议》在板门店正式签字。

9月　毛泽东发动全国文化思想界批判梁漱溟思想。

同月　中国文学艺术工作者第二次代表大会在北京举行。郭沫若致开幕词，周恩来作《为总路线而奋斗的文艺工作者的任务》的报告，周扬作《为创作更多的优秀的文学艺术作品而奋斗》的报告，茅盾作《新的现实和新的任务》的报告。

11月28日　中国文联主席团扩大会议通过了组织推动文艺界认真

学习、努力宣传过渡时期总路线的决议。

12月16日　中共中央通过《关于发展农业生产合作社的决议》。

＊　　＊　　＊

1月1日　晨起续改历史稿。胡愈之来，谈出版社及书店情形。傍晚，至怀仁堂参加团拜会餐。（日记）

1月2日　上午修润中小学地理课本《订正说明书》稿。又续改历史稿数页。下午到社开全体大会。"辛安亭就请假办法一事，张允和被辞一事作说明，大致谓行政方面不得辞咎，确有粗疏草率之过。……刘御以工会主席身份谈请假办法与张允和被辞二事，行政与工会俱暴露其缺点，但亦表示双方之忻合无间，此后宜交相勉励。"夜，续改历史稿。（日记）

1月3日　晨续改历史稿，"看诸人所拟全社工作总结草稿。大家不甚有总体观念（余亦然），对全社工作不能高瞻远瞩，得不到有价值之意见，观之但觉朦胧，似道着，似并未道着。若要余另起炉灶，余亦无能为役，只得就此算数交与总署。然总结之意义已失，仅为报销主义耳。""看我社与新华厂工作联系之协议书草稿，略为修改。"下午在总署集体学习。（日记）

同日　出版总署发布《关于坚决纠正书刊发行工作中强迫摊派错误的指示》，指示共有三条：

一、要克服强迫摊派的错误，首先要求出版发行方面的全体工作人员，在思想上认识强迫摊派根源于发行工作中的单纯任务观点和官僚主义、命令主义作风，同时又是资本主义的经营方法，盲目的和无政府的生产和分配的必然结果，因此要克服强迫摊派就必须真正深切认识到计划出版和计划发行的重要，加强调查研究工作，注重提高出版物的质量和讲求实效，认真执行本署规定的《实行出版计划初步办法》。……

二、1953年第一季内，新华书店在全店范围内组织一次关于强迫摊派错误的检查工作。在发动检查前，领导上应首先进行深刻的自我批评，检查领导思想上及工作布置中所存在的缺点和错误，分析自己所应负的责任。在检查过程中，必须使全店同志彻底认识强迫摊派的危害性，它的产生的根源，澄清各种模糊观念，把所有同志的思想水平提高一步，奠定纠正这种错误做法的思想基础。（下略）

同日 出版总署发布《新闻纸统一分配调拨办法》，该文件包括五个部分：一、分配范围；二、申请程序；三、计划的编制；四、分配手续；五、用纸审核。"分配范围"第一项说："经各级人民政府核准登记的报社，不论国营、地方国营、公私合营和私营，均可提出用纸计划，向当地新闻出版行政机关申请分配纸张。"

1月4日 下午偕胡墨林至青年宫，参加中国青年出版社之新年联欢会。夜，应李庚邀宴于萃华楼。（日记）

1月5日 晨，"人民出版社、文学出版社、新华印刷厂、印刷管理局各出代表一人，与我社芷芬、王伟集于余室，共谈新华厂一字数体之铅字事。此三家皆由新华厂排字，三家用字一致，影响已不小，可以转移其他出版社。讨论结果，由芷芬就各家用字标准加以整理归纳，下星期再共商。又《人民日报》威信颇高，最好与之取得一致"。

"看方君《人体解剖生理学》修改稿。""晓先赓序来商灿然所改中国历史稿。灿然删改皆有见，深可佩服。与语文室同人共读小学语文第三册稿，两小时改毕四课而已。"（日记）

同日 出版总署发布《报社订购轮转印刷机须先呈报我署批准》，"发给证明函件后再向有关部门洽订"。

1月6日 复看金灿然所改历史稿。又看《人体解剖生理学》稿。"与语文室同人续改小学语文稿，仅五六课。"

"今日在讨论小学语文稿时得一新知，稿由王漪朗诵。'月亮掉在井里了'，'小羊儿跑到树林里去了'，她念作'月亮掉井里了'，'小羊儿跑树林里去了'，动词与地位词之间不复用通常所谓之介词。历试许多话皆然，此殆是北京话之规律。教本究以北京话口语为标准否，今尚未明确，大家决定暂用'在'与'到'。"（日记）

1月7日　上午"续与诸君共读小学语文稿"。下午"与建功家霖共谈。字典稿即将付排，为慎重起见，请专家座谈一次，请程度与应用此字典之人相当者座谈一次，取得双方之意见再作必要之修改"。（日记）

1月8日　上午作第五次之公文讲座。"新出版之《中国青年》有伊林一文，批评一般通俗科学读物不善写作，未能深入浅出，吸引人心。此言出之于伊林，决非徒为高调，彼固以另一方法写书而大获成功者也。文中有云：'思想表达得正确不也靠语言运用得正确吗？''恶劣的叙述'往往是'模糊的理解'的直接结果。'又云：'只会用修饰文体的方法来创作文艺性的作品，那是不够的。必须会用艺术家的眼光先去看世界。'皆是精语。"

下午到新闻印刷出版工会筹委会开常委会。"缘三反运动及其他运动故，已一年未开常委会矣。今日有两议程。一讨论两年以来工作之简要报告，二讨论本年之工作计划。筹委会成立之初，以此会兼包脑力劳动者与体力劳动者，拟双方沟通，冶于一炉，故于报社出版社亦做了些工作。嗣知此两方面工作不易，非筹委会现有实力所胜，故今拟工作计划以印刷发行为重点，而尤重于印刷。此亦是实事求是之办法。讨论至六点半，决定再加修正，然后定稿。"（日记）

1月9日　晨徐调孚、顾均正来访，"谓佩弦文集排版已就，即可付印，而序文尚缺。前托王瑶代撰之序文，大家认为夸饰处多，不合用。而评论人物与作品，欲求得当，确亦大难。因商由余作一简短之题记,叙此集拖延至四年以上,几经变更之经过,在最近期内办讫"。

九时开署务会议。"灿然报告三十余种期刊(印数较多者)已核定印数,以免浪费。并排定重要期刊之出版日期,使印刷厂之工作均匀,邮局发行亦不致忙闲失调。叶独青报告核定全国报纸印数之情形。继之讨论我署编制,未有决定。拟增翻译局与报业管理局,皆无适当人选,恐只能各设一科,附于出版管理局内。"下午,"仍至社中与诸君研摩小学语文稿"。(日记)

同日 出版总署发布《关于执行〈新闻纸统一分配调拨办法〉及〈新闻出版单位用纸标准的规定(试行草案)〉的指示》,强调"撙节纸张,力求其用之得当"的重要性,指出"为了加强我们纸张分配工作的计划性,以期推进出版事业的计划化,我们对于文化用纸的用途和支配必需实行严格的审核和监督"。(日记)

1月10日 晨"续与诸君研摩小学语文稿"。下午到署集体学习。(日记)

1月12日 上午开扩大社务会议,"邀请科长及编辑室主任而外,并及民主党派、青年团、工会负责人。安亭报告计划之重要,我社计划之特点,及如何保证计划之完成等项,将以此发动群众,请大家讨论是否适合"。

下午三点至怀仁堂听周总理报告。"此亦中宣部所组织,帮助大家学习马林可夫报告之国际形势部分。听者极众,除会场外,北面大厅及两旁休息室均满座,讲毕已七点。"

八点参加人大扩大常务会议,"讨论中央人民政府委员会之决议草案,关于召开全国人民代表大会及各级地方人民代表大会者。今年将举办乡、县、省之选举,开人民代表会;在此基础上召开全国人民代表大会,将通过宪法及五年建设计划。于是政协仅为一统一战线机构,于政府,于人民代表会,起沟通协商之作用，有建议致意之权（此盖原定于'共同纲领'替）。决议之末尾谓将成立两个委员会，一起草宪法，一起草选举法。周总理作决议草案之说明，他人颇有讨论，最后决定于本月底下月初开第四次全国委员会会议。散会已十一点"。（日记）

1月13日　晨在人教社开动员大会，"讲计划之要……末了云屏作结，告大家以讨论计划须扼住要点，提出'提高质量，降低成本，及时供应'十二字"。

下午三点半至勤政殿，列席政府委员会第二十次会议，"讨论题目即为召开全国人民代表大会，以昨夕所议之草案为据。周总理说明甚详尽，各委员相继发言，皆表示热烈拥护。毛主席作结语，谓办选举固非易事，而较诸其他运动则未见其难。言次提及蒋介石诡言'还政于民'，现在还给我们，总算如了他的意了。此言颇有幽默味。散会已七点过"。（日记）

1月14日　晨"与语文组续改小学语文第三册稿，至十二点，全册读毕。但删去之若干课尚须补充，未安之若干课尚须修改，未可谓通体改完也"。下午在署为学习之会。（日记）

1月15日　始看理化室所译之高中化学课本，略加修润。（日记）

1月16日　"晨写信两封，答复不相识之人询问关于语文之问题。

"文委最近邀各大行政区文教部门人员来京，会商本年之计划，期中央与地方之计划合拍。先在文委开会，然后分别至各部、院、署开会。如是不厌其详，亦以计划方始，慎之于初，必能多获成绩也。九时开署务会议，会商彼等明日来我署，应如何与之讨论，决定先听取彼等意见，然后择要解答。其次讨论我署一二两月之工作计划，决定以结束计划之修订与布置计划之执行为主。"

下午看化学稿，又看小学算术课本第一册之修订稿。（日记）

1月17日　晨改一本通俗读物《卫生常识》。"此是卫生部所编，供扫盲后巩固识字能力之用。内容甚平常，语句多不周密，余为修改，亦未能使臻于充实。编印此类读物之主张出于刘少奇，除卫生外，尚有政治、历史、地理、自然数种。其意甚是，而编辑人才缺乏，实不能成较为满意之稿。"

"九时，各大区文教人员来署开会，并我署人员，合计四十余人。各区人员报告其对于出版建设计划之意见，均同意努力控制，真个走上计划化。末由克寒述我署之想法与做法，并希望彼此协助，执行计划。"

下午复为集体学习。（日记）

同日 出版总署发布《征集翻译书籍样本的通报》，规定："凡全国国营、地方国营、公私合营、私营出版社出版翻译苏联及各人民民主国家（包括波兰、捷克斯洛伐克、匈牙利、阿尔巴尼亚、罗马尼亚、保加利亚、德意志民主共和国、蒙古人民共和国、朝鲜民主主义人民共和国、越南民主共和国等国家）的图书，除按照本署《征集图书、期刊样本暂行办法》规定缴送样书外，不论初版、重版，每种须另行缴送三册（另包注明译本寄本署图书馆征集组）。此项缴送之翻译书籍，我署收到后，当定期转送苏联及各人民民主国家及原著作者。"

1月18日 往访吕叔湘。"与谈字典事，叔湘提出若干意见，谓必再修改，始可问世。次谈及领导方法，断言我人实不善领导。我人之想法不出二途。一为得好手而信赖之，任其自己挥洒。一为任人家写出毛坯，不惮烦劳而为之修订。二者皆非今日应有之作风，或为高拱无为之官僚主义，或为辛辛苦苦之官僚主义而已。余谓余亦深知其弊，但无由转变，将奈何。谈一时许而归。""写佩弦文集之题记。"（日记）

同日 作书信《致顾均正徐调孚》（收入《叶圣陶集》第二十四卷）。请看朱自清文集题记。

1月19日 续改卫生通俗读物。"安亭来谈，告我以各组讨论计划之情况，群众之认真似以此次为最。余又为安亭言，字典总觉拿不出去，尚须修改。渠言当与字典室同人开会商之。昨日邀请可为字典之读者对象者十数人开会，彼辈于字典之评论亦有可采云云。"

续改毕卫生通俗读物。"随写字条告彬然与孟超，谓此稿如采用，尚须作三事。一、请生理卫生方面专家看有无说错处。二、请粗识文字之人看有无看不懂难明白处。三、检查全稿所用字，其不属于常用字者，须注音作注解。"（日记）

1月20日 孙伏园等来，第二次会谈成立印刷展览室事。"共议此事之目的在指示印刷方面之知识，而重要在改进印刷之技术。彬然补充之，谓评论技术之优劣，以表现于印刷品者为主，其他实物及照片为之辅。雪村则言排字宜向机械化方向发展。日本已有排字机与照相排字机，宜就其基础而为改进，俾合于我国之用。今上海有人设计排字机，又有某君创造装订机，其实外国已有，自出心裁，其心思智虑固可嘉，然不顾人家之创造，另起炉灶，实为不经济之办法。会至十二时散。"下午看语文室所为高中语文本之注解及提示。（日记）

1月21日 续看高中语文之注解与提示。下午到署为学习会，讨论社会主义基本经济法则。"余言基本经济法则之目的为'满足不断增长之社会需要'，我署既提出提高质量之口号，必当有切实之办法以实现之。以译品为例，早期译理论书、文学作品，译出即好，人家拿去死啃，亦复满足。今则要求已见增长，不能以是为满足矣。余之意盖感于我们一班人多喜言提高质量，而于具体书本则要求不甚高，标准不甚严，故为此说。"（日记）

1月22日 晨写信二通。往文委听胡乔木向各大区来京开会人员作报告。"乔木谓计划即法律，且是积极的法律，规定必须如何如何做。抓紧计划须兼顾三事。一为数量，可能而必要之数量，务须达到。二为质量，数量必与质量合而言之，乃有意义。三为成本，必求其节约。不讲定员定额，成本之亏耗必多。又谓以往专以签署文件、开会议、作决定指示为领导方法，而一般忽略检查执行情形，此最要不得。今后不应以年终作总结、按季作检查为事，应按旬按周按日随时检查，乃可保证计划之完成。签署文件而为领导之人已属不需，所需者乃业务之专家。领导者须自为专家，又须培养后继之专家。末言宣传问题。谓宣传者，无非提倡什么，反对什么。过去财经方面宣传尚好，文教方面作得甚差。乔木审事周密，能见其大，深为可佩。下午一点讲毕。"

下午看重行发排之小学地理一册。（日记）

1月23日 晨间写信三封。"其中一封答浦江清。江清见余所为题记，以为太简略，主张仍用王瑶所拟序文而由余修改之。察其言外之意，必以为余简率了事，厚负佩弦。因告以王瑶之作不能用之故。又谓余与佩弦亦非泛泛，宁不欲勉成一文以传佩弦之真，以慰读者之望。无如力有不及，良深愧疚。余愿补充题记，俾较为丰盈云云。"

下午在人教社技术编辑室参加小组讨论，"集中于提高质量、精简工作程序两点。发言者颇多，态度皆诚恳。余发言，就检查、校对、编务、图画四科分别言提高之方，非谓意皆至当，以供大家讨论而已"。（日记）

1月24日 晨，总署集会，陈克寒作报告，"动员全署及直属单位讨论计划，并各自制定本单位本人之工作计划。又将如历次学习，成立办公室，掌握各方面之讨论进程"。

偕谢冰岩共往文委，听习仲勋为文教会议之总结。"习之报告分三部分，一为按计划办事，二为文教工作之主要任务，三为调整机构，加强领导。并提出本年文教工作之纲领十六字，'整顿巩固，重点发展，保证质量，稳步前进'。又谓宜注意了解情况，今所了解实甚大概，宜求精确。次言领导方法，大致与乔木前日所言相近。"下午，在署"为学习之会，今日为阅读。将散时，共谈集体学习收获无多，大家忙于工作，竟无从容浏览徐徐思索之时间。以后将就本位工作，结合今日布置之计划学习，讨论若干次云"。（日记）

1月26日 接浦江清复信，"不复提王瑶所作之序文，第就余之题记补充若干语句，谓供余参考。余观其所补充皆记实事，即略为润色，送与均正付排。佩弦文集至此始竣事。文集开端缺一篇传状佩弦、评论其造诣之有力序文，终感不满。余复江清书中有云'此事终觉草率，厚负佩弦'，盖实感也"。

胡愈之来谈，"谓执行计划，首须解决思想问题。吾人习斯氏（斯大林——编者注）书，亦能略述其书之旨，而了解中国现状，究明社会主义基本经济法则已否起作用，良非易事。此而不讲，徒反复述斯氏之语句，即为教条主义。彼将研究此点，提出若干问题供大家讨论云云"。

下午，参加教育部之座谈会，仍谈小学语文教学大纲之内容问题。"提纲中提出生字之多寡、语法与阅读之分合等问题。轮及余发言，余说两点。一点为小学语文课教学生语言，发展学生之语言。其语言为北方大致通行之普通话乎，抑为以北京话为标准之语言乎，首须有所规定。二者中无论取此或彼，非北方话区域之儿童均为新语言，必须舍自己的母语而习之。故语文教学之任务，在非北方语区域为教以北方话，相形之下，其任务比较重。教育大纲应注意此点，作明确有效之指示。又一点为谓儿童掌握若干字，此甚难言。缘字或即词，或为词之组成部分，单以字言，掌握与否不可断定。须言令掌握必需之若干词，乃有确切意义。小学儿童究需多少词，今无人能断言，但必当在此方面作研究工夫，渐求有获也。发言者甚众，最后苏联专家普希金发言，会毕已六点。"（日记）

同日 作毕《〈朱自清文集〉题记》（收入《朱自清文集》第一卷，

开明书店 1953 年 3 月出版,署《朱自清全集》编辑委员会,后收入《叶圣陶集》第十七卷)。《〈朱自清文集〉题记》中说"《朱自清文集》是《朱自清全集》的精简本",并就把"全集"精简为"文集"作了如下的说明:"编委们复看全稿,重新考虑以下几点:在出版工作逐步走向计划化的今天,'全集'是不是可以精简些?有些不很重要的著作,或者是编辑得不够完整的,为了印'全集'都收了进去,是不是对读者负责的态度?朱先生的著述是社会所需要的,这不成问题,可是需要有广狭、缓急的分别,是不是单把需要广的、需要急的出版更好些?大家讨论下来,一致认为这个考虑是不错的,就分别担任删定工作。我们就全稿删去若干种,留下的若干种里头也删去若干文篇,新篇的若干种又改编了一下,重新编定目录,成现在的样子。这里收集的是朱先生的文艺创作、杂文、文学评论和学术研究的精要部分,可以代表他各方面的成就,就分量来说,差不多去了一半。这不是'全集'了,所以改称'文集'。我们相信要是朱先生活着,自己编他的文集,大致也就是这么个样子,或者会删得更多些。"

同日　出版总署发布《报社、杂志社、出版社的创业和停业必须报告我署批准》,"创业报告项目应包括缘起、专业方向、资金数额、领导关系、负责人姓名及组织机构等(书刊出版业即根据我署所发的'书刊出版业营业申请表'认真填写);停业(歇业、转业、合并亦同)报告应详细说明停业理由"。

1月27日　"上午借谢冰岩之笔记本,核对所记习仲勋语。听人演讲作笔记,今已成日常生活中之要项,而其事良不易。聆听不细心,手写追不及,即不能得完整之记录。又加讲演之人思想语言习惯各各不同,完密者易记,散漫者即难办。余见会场中大家执笔疾记,往往想此数百人之所记,不知有几人吻合于演讲者之本意也。"(日记)

1月28日 "上午九点半,偕乔峰至文委。钱俊瑞报告文委之工作,以最近文教会议讨论计划为主,大致与习仲勋所谈相同。唯所谈此次会议中发现文教工作人员之思想情况,甚值注意。一、对此次计划之为根本转变了解不足,以为计划既定即可松一口气,不悟随其后者即须努力作事。二、领导人往往不能抓计划,不悟须发动群众共同为之。三、了解情况不够,讨论时心中无数。四、意气甚盛,所提计划偏高偏大,及明确重点,而未必能抓住。五、不注意财务工作与基本建设。六、对于条件之估计,规格之订定,多据老经验。以余观之,此数点确为一般情形,若不克服,计划化未易奏效也。

"习仲勋发言,谓会议太多,大家疲劳。文委以后拟每两个月讨论每一部门之问题一次,大旨既定,具体工作由各部门自己去管。又谓以后各部门每两个月向文委报告工作一次,送下两月之工作计划一次,此易流于形式,拟即废除。各部门如有可推广之经验,自可作专题报告。习氏此说,可见其确有实事求是之精神,良可佩矣。

"张奚若谈清华大学情形,谓去年招生,程度好者占百分之六十,余皆次者及尤次者。尤次者中之程度极低者,并高小程度而无之。校中且以次等教师教最好之班,最好教师教次等之班,此实为浪费。曾昭抡谈现在教师神经紧张,工作繁重,群趋积极,皆有若将不胜之感,不为设法恐难持久云云。此等情况皆余所未知,听听究有好处。

"十二点半返署,抽暇看方君重改之初中植物学稿数页。三点至怀仁堂,听邓小平报告草拟人民代表大会及各级人民代表大会选举法草案之大旨。此草案昨已发来,仅为呆板之条文;今听邓之报告,乃觉其切合实况,多方顾到,确为煞费苦心之作。明日全国委员会将分组讨论。"(日记)

1月29日 晨到文化俱乐部,"讨论选举法草案。小组长为许德珩。

渠参加起草,据其所知而作解释"。

　　下午在人教社开扩大社务会议,"讨论经过修订之选题计划。余据安亭之报告发言,谓此次修订,具见顾到提高质量与切合需要两点,可断言颇有进步。完成之字数虽减少,但能按此实现,亦复非低估之计划矣"。(日记)

1月30日　上午写信数封。下午看预备付印之初中语文修订本一册,又校读高中化学译稿。(日记)

1月31日　上午续看化学稿,"为修润,并提出可商之处"。午后,"署中高级人员及直属单位负责人会于文化宫。愈之传达乔木报告,余传达习仲勋报告"。

　　"中宣部来电话,谓乔木之意,外文出版社须加聘编辑数人,为修润中文稿,不必通晓外文,要余负责推选一人。余思索久之,无适当之人,以问愈之,愈之亦谓无有。又谓外文出版社专出外文书销往国外,何以须中文编辑,不得其解。今日彼社副社长刘尊棋来,余以是问之。刘言诚有此事。译成外文须据中文稿,所据中文稿多不通顺,致使翻译者无从下手。今欲请中文编辑先为修润,成中文之定稿,然后付诸翻译。余往日言中文之通不通,可以能否翻译检验之(当然非唯一之方法),不能翻译者必为不通之文。今外文出版社之事,良足以证余谈之不谬也。"(日记)

　　1月1日至10日、12日至24日、26日至31日的日记收入《叶圣陶集》第二十二卷。

同日　出版总署发布《各地方国营报社及书版印刷厂订购轮转机和全张印刷机均应事先报署批准》。该文件指出:"为全面控制印刷生产力使其有计划发展,避免盲目扩充","凡地方国营报社及书版印刷厂,订购轮转机和全张、对开印刷机(包括二回转机、一回转机)均应先报当地新闻出版行政机关,经严格审核提出处理具体意见报由我署批,并由我署发给证明函件后,始得向有关部门洽订。"

2月1日 改化学稿。（日记）

2月2日 预览即将召开的政协第一届全国委员会第四次会议的两份文件，"一为陈叔老关于全国委员会之报告"，"一为郭沫若关于全世界人民和平大会之报告"。

下午，"看译稿苏联学前教育一册"，"又看方君修订之《达尔文主义基础》上册稿"。

田世英来谈地理学会最近召开各地地理教师代表会议情形。"地理教师普遍缺乏，改用苏联教材，能纯熟运用者尤少。会议建议于教育部，用短期培训之法养成师资。训练小学教师，俾教初中，训练初中教师，俾教高中，训练高中教师，俾教大学。据云教育部将考虑采纳也。"

夜，金仲华来访。"渠谈出国见闻，甚有味。又谓国外走走，即感我国人之演讲报告不如人，大致毛病为公式化概念化。渠谓今日大家方溺于此中，不欲改辙，将来必有一日深悟其无效，运大力以改之。又谓出国以前，宋庆龄以英语写演讲稿，甚好。翻为中文，送各方提意见，于是颇有增益。而将增益之部分翻为英文，辄觉无从下手，非第公式化概念化，与宋文风格全异，且违乎思维与语言之规律。仲华此说，亦可以证余之说，不成样之中文无从翻译也。九点过，仲华冒雪而去。"（日记）

2月3日 晨看朱文叔所作说明小学语文第二册练习课之文，将刊于《小学教师》。与黄洛峰、陈克寒、胡愈之"共谈署中调整机构之事。拟于各厅局司多设科，每科有限定之任务，范围分明，或可较有佳绩"。

下午偕金灿然会曾世英。"曾略谈地图社之工作，谓人员多望迁徙来京，得所领导。我署正考虑将令地图社不属于我社而属于署。所绘地图，俟疆界问题有所解决，即予出版。该社

之办公室以东城外干部学校之房屋充之,唯宿舍尚待设法。曾似颇满意,即将南下谋北迁。"(日记)

2月4日 上午开署务会议,"各部门报告此次学习计划化中之关键问题"。下午到怀仁堂,"陈叔老与郭沫若之报告已看过,唯看周总理之政治报告。此报告历叙国内外之形势,最后谓今年之主要任务凡三事:一、继续抗美援朝,二、进行五年计划第一年之大规模建设,三、准备召开全国人民代表大会。三点照相……三点半,会议开始。总理、叔老、沫若挨次依刊印本诵读,费时不多,六点即散会"。(日记)

2月5日 上午到怀仁堂大厅,"参加小组讨论,以周总理之政治报告为主,按三大任务之次序先谈抗美援朝。大致谓我操有利条件,可战可和可拖,而美国则反之"。

下午三时再至怀仁堂,"讨论总理报告中所提之第二大任务,大规模经济建设"。

夜,吕叔湘、张志公来访,"遂共饮。所谈者无非语文语法,甚快。叔湘将于十天后启行,留苏十星期"。(日记)

同日 出版总署发布《出版社、杂志社现有或拟建立的对外交换赠送户须报我署核准》,规定:"各地出版社、杂志社通过北京图书馆、对日问题研究联络委员会及以他们的名义送出者,或由出版社、杂志社将译本样本送原出版者或作者,或属于交换样本性质并已经批准出口的书籍,可以自行直接赠送,不必报我署批准,其他一切现有或拟建立对外交换赠送户应即分类开具清单,详细说明交换赠送的国别、单位、书刊名称、册数、通过关系、对方来要还是我方主动赠送、起讫日期、理由等,列表报请我署审查核准。""此项报告须由各单位负责人签名发出。"

2月6日 晨先至人教社,然后到怀仁堂。"讨论第三大任务,召开人民代表大会。吴辰伯转述周总理前此关于人民代表大会之讲话，颇餍众意。代表大会为政权机构，政协为统一战线组织。人民代表大会包含统一战线，而广于统一战线，所有先进分子悉包罗其中，乃可顺利推进工作。今后将定宪法，记载已做到之事项，共同纲领仍须有之，为统一战线努力争取之事项。讨论至十二时，小组会至此结束。"

下午三点至怀仁堂，"今日为大会，发言之人凡十九，讲稿先分发，无非取周陈郭三人报告中语句，作敷演阐说"。（日记）

2月7日 上午至中宣部干部学校演讲。"学员二百余人，有旁听者约百人。余依斯大林之说，讲语言为工具、语言与思维之关系等，一讲三小时，自觉尚满意。以后尚须来讲数次。"

下午三点至怀仁堂，继续大会发言。"发言者仅四人，以安子文所作反对官僚主义、反对命令主义、反对违法乱纪之发言最有价值，最有分量。发言毕，稍事休息，再开会时即通过各项决议。最后毛主席作简要指示，凡三点。第一点为加强抗美援朝之斗争。美扣留战俘，破坏停战谈判，并欲扩大侵朝战争，故抗美援朝必须继续加强。美若不放弃其无理之要求与侵略之阴谋，我方即与朝鲜人民一直战斗下去。彼愿打多少年，我与他打多少年，直到他愿意罢手为止，直到中朝人民完全胜利为止。第二点为学习苏联。我国即将进行大规模之经济建设，种种条件不够，困难甚多。故无论何人，无论作何工作，不仅要学习马恩列斯之理论，且须学习苏联之先进经验与科学技术。第三点为在领导机关领导干部中反对官僚主义。领导方面只知写决议，发指示，只知布置工作，而不注意深入下层，了解情况，检查工作，如是脱离群众，脱离实际，必使工作中发生种种严重问题，如基层机构基层干部之命令主义与违法乱纪。此种官僚主义必须加以反对，彻底纠正。毛病既去，建设必能成功，帝国主义必然失败，我们必将取得完全胜利。毛主

席辞毕，全场鼓掌久之，会议于是结束，时为五点半。六点会餐，八点晚会，至十点方散。"（日记）

2月8日 应朝鲜大使馆招宴，庆祝其建军五周年。

2月9日 修改识字班巩固阶段之读物关于政治之一册。"此册由人民出版社起稿，我社工农教材编辑室鲍永瑞君为之修润，今入余手，为第二次修润矣。"（日记）

2月10日 晨续改通俗读本。九点开署务会议，"愈之传达毛主席于政协会议闭幕时之指示。继谓我署虽经毛主席提及，言略有进步，然决非即无官僚主义。拟于春节后作一次检查，希望各直属单位提出意见，共谋去我署之官僚主义，以期加强领导"。

下午开扩大社务会议，"试作此讨论计划之总结。余略致辞后，由安亭作报告。渠据四周来之反复讨论，归纳群众意见之可取者，分提高质量、及时供应、减低成本三点，言之甚详尽"。（日记）

2月11日 晨到社继续开昨天之会，"云屏报告如何保证计划之完成"，后分组讨论。

下午三点至勤政殿，列席政府委员会之会议。"议程为讨论人民代表大会选举法。首由邓小平说明起草经过与其意义，大致与前在怀仁堂报告者相同。观印发之草案，见第四条加上一句，谓妇女与男子同样有选举权被选举权。前参加政协分组讨论时，沈兹九嘱余在小组内提出加此一句，余谓第四条既有不分性别云云，即包含此意在内，加此一句实为重复。沈谓余乃书生之见，妇女同样有权，必须大书特书，乃可引起全国人民之注意。余从其言，即提出于小组，唯谓此是传述女同志之意。大致妇联方面分别叮嘱各小组成员于会上提出，今乃补入此一句耳。报告毕，发言者甚众，皆谓此草案实事求是，斟酌至当，通过时已八点矣。"（日记）

同日 出版总署发布《关于大区出版行政机关应督促出版社、印刷厂限期签订印刷合同的指示》，要求"各大区新闻出版行政机关应即根据核准的出版计划编制印刷计划，督促各地方国营的出版社和印刷厂限期订立出版合同，以保证完成出版计划和合理地运用印刷生产力"。

2月12日 晨至社中开全体大会，"由安亭作计划讨论之总结报告，渠合自己之报告与云屏之报告为一，连续讲三点半钟。余俟其讲毕，略致数语激勉而已"。

下午两点到勤政殿，讨论本年之国家预算。"入门领得预算表一份，座上置薄一波之报告稿一份。三点开会，先阅读文件一小时，然后由薄作关于国家预算之报告。薄云我国虽在抗美援朝斗争中，去年国家预算之执行情况是好的，不仅收支平衡，且有盈余。我国的财政情况是基础巩固，不断进步的；国家的预算是生产性的，建设性的。今年之预算以发展工业、首先是重工业为中心，说明我国已经开始进入大规模的有计划的经济建设的新阶段。工业化为全国人民百年来的梦想，现在这伟大的梦想开始一步一步地变为现实。末言保证预算之实现是可能的，此须展开斗争，反对建设工作中之盲目性，反对生产中之保守主义，反对企业与行政机关之浪费云云。此报告令人振奋，讨论时发言者甚多，直至九点始表决通过。"（日记）

同日 出版总署发布《关于出版发行单位进行社会调查应报请当地党政领导机关审查批准的指示》，强调"各单位为了作好计划出版和计划发行"，有必要进行"社会调查"。"如果确实必要，须进行个别社会情况调查时，应先拟定调查要点，送当地党政领导机关负责人审查批准，然后才能去作"。

2月13日 上午开署务会议，"讨论组织机构及编制人数，意在分清职责，按责设科，人员则期其精简，不留虚额"。

改通俗读物数篇。"四点半，全署同人及人民出版社同人会餐，春节联欢。余举杯致辞，谓近日来喜事重重，选举法通过，预算通过，皆标志国家之更好发展。末言我署受毛主席表扬，谓有些进步，皆同人努力之果，唯尚须加紧努力，乃可更进一步云云。所饮为二锅头，同人多来对饮，竟醉。"（日记）

同日 出版总署发布《翻译苏联书籍应报送计划和目录，以便征求苏方意见》。该文件说："苏联国际图书公司北京分公司经理克拉希里尼柯夫同志向我署提出如下两项意见：一、苏联方面希望中国翻译的苏联书籍都是最好的书，而不是有错误或缺点的书，因此要求中国方面把各翻译出版单位翻译苏联书籍的计划和目录通知他们，以便转告莫斯科国际图书公司，由该公司征求各书的原著作者和原出版者的意见，提供中国方面参考；二、《苏联社会主义经济问题》发表以后，许多以前出版的关于经济学方面和集体农庄所有制方面的书籍，有些需要修正和补充，请中国出版社翻译单位加以注意。我署认为这两项意见都是正确的。"因此要求各出版社，如需翻译苏联书籍时，"能事前将翻译计划和目录"上报，"待我署征求苏方意见后通知你处再行翻译"。

2月18日 上午，"与安亭云屏等人共商本月内之主要工作。云屏提出三事：一、各部门按全社之计划各自制定其工作计划；二、确定组织机构之调整，并据此安排人事；三、以本届若干书本不能及时供应为中心，彻底检查各个环节，务使今年秋季不复蹈此覆辙。除此三事外，并按选题计划作第一季度之检查，如有不及完成者，赶紧设法补救。云屏所提甚为得要，因推定每事之负责人，分别按事筹划，明日汇报"。

"我社于十四日《人民日报》登一启事，说明今届有中学课本五种不能及时供应，此于教学上损失甚大，无可补救。唯有保证今秋不复如此，庶可稍赎其咎。今特公开叙明，盖望在社会随时督促之下，使保证成为现实云云。载于启事者虽仅五本，各地不能及时供应者实不止此五本。尚有分区造货之书，因我社寄发纸型较迟,不能于开学前分发各地者十余种。此次检查将一并列入,乃可使全社同人明了关系之重,影响之大,大家黾勉努力,作到发型印书无不及时。"

下午到署仍为学习会,"讨论价值法则"。(日记)

2月19日 在人教社"检查延期迟出书限于十一种",并将"延期迟出书"之原因遍告全社,且将通报于有关各单位。(日记)

2月20日 上午看周芬交来之高中化学稿。三点至政务院,列席政务会议。"愈之报告去年第二届出版行政会议之情形。大家注意于书报之强迫摊派。此是出版系统中之命令主义,书店店员,乡村干部,以及邮局邮递员,均不了解书报之用,第以多销为尚,遂使好事成为坏事。若辈所以如此,则以上级领导交代政策不明,指示方针含糊。我署与邮电部已竭力克服,当有见效。总理作结论,谓我署于出版工作有些成绩,但在发展中未有预见,遂有强迫摊派之事,在政治上生不良影响,近来注意发掘缺点毛病,亦是成就,宜更益奋勉云云。散会前提出任免事项,中有任命扫盲委员会委员十人一项,余亦在内。此为事恐不多,第又多一开会之事,余深以为惧。委员会之主任为楚图南。"(日记)

2月21日 续看化学稿。"建功来谈字典事,嘱余于下星期为编辑同人谈话,确定今后修改之办法。在计划中,字典规定于六月内完稿,七月付排。修改之期仅余四月,若不抓紧即难如期。"

下午到署为学习会,阅读马林科夫报告关于党之部分。"四点,科级以上人员共集,愈之传达昨日所闻总理之言。克寒加以补充,谓总理嘱我署以半年工夫作整顿,认真修订出版计划,务求切合实际,适应人民需要。此责颇重,又至迫促,非大家振奋莫能就也。末言署中反官僚主义自下星期始,望大家抓住要点,提出意见云云。"(日记)

同日 出版总署发布《关于翻译苏联书籍征求苏方意见的补充通

知》。《通知》中说:"凡有苏联顾问或专家的机关,在确定翻译计划时,可先征求本机关内苏联顾问或专家的意见。一般地说,凡他们同意翻译的书,就可开始翻译。同时,可将翻译计划告诉我们,由我们转告苏联国际图书公司","然后根据苏方意见及时加以校正"。

2月23日 晨至扫盲工作委员会。"自今日始,将开一个星期之工作会议,与会者除委员外,有各地区担任扫盲之人员。首由楚图南报告开会宗旨与办法,略谓此次会议意在反映情况,了解实际,总结并交流经验,讨论本年扫盲工作之方针任务,制定切实之计划,使工作趋于正常发展。尚须检查过去领导机关之官僚主义,以及推行工作中之命令主义。继之,马夷老以文委副主任名义讲话,谓去年大家热衷扫盲,视其事甚易,全无计划化思想,一时成为高潮。教育部未有预见,至应检讨。后经领导仔细研究,乃决定今年仍为准备阶段云。继之,华东一位代表、山东一位代表各报告其地区之情况。余聆此四人之言,知扫盲亦与他项工作同,本为好事,而以命令主义行之,辄生种种问题。毛主席于此时提出反对命令主义,与去年之提出三反五反同其重要也。"(日记)

2月24日 晨至署中,续看化学稿。"最后看其绪言,此非翻译而系周芬自撰,须改动处甚多,且改动后仍难惬意,尚须设法重作。"

下午,"与辞书室同人共谈,外加文叔、黎季纯二人。余谓编辑字典二年以来,迄今体例未定。当初于工作中找体例,想法原不错,后来未能明确规定若干条,使大家共同遵循,乃领导人之过,余与建功应负其责。次言我人之字典为应读者之需,总得为读者解决问题,虽不能尽善尽美,终当有多少优点。故余主延迟定稿之期,至六月底为止。室中同人近以《工人日报》之一篇文章为例,摘出其中主要用词,视字典中是否都予解决,结果漏列者有之,已列而解释未周者有之。余谓此一工作若从早为之,即于取材大有裨益,今宜限期补作。次叙余对于字典不满意处。大家颇能虚心讨论,于原稿之缺失与改订之方,似有所领会"。(日记)

2月25日 开始改小学自然课本稿。下午开扩大署务会议,"邀直属单位负责人参加,将连续开三个下午,专事检查我署之官僚主义作风。今日由克寒就其所起稿作报告,一谈即三小时。乔峰与戈茅以上午参加文委召集之各部门反官僚主义之汇报会,钱俊瑞、习仲勋并有讲话,戈茅悉转述之。大意为此次反官僚主义不是运动,宜和风细雨的搞,旨在改变领导机关领导干部之认识与作风,故必须与具体业务结合,求得改进方法,解决工作中之问题;并须经常注意,官僚主义乃可渐减,一切工作乃可切实有效云云"。(日记)

2月26日 改小学自然稿。下午续开扩大署务会议,"听各出版社负责人向我署提意见。所提皆实际工作中事,如无明确之方针指示,责办之事多,穷于应付,请示往往延不作答,答亦不解决问题等等。虽未造成严重之事故,但即此各项,已十足表现其官僚主义之作风。克寒主张必须逐一答复,逐一定出解决办法。余于此诸事皆似无关,缘少所参与,多不过问,盖官僚主义之尤也"。(日记)

2月27日 续改小学自然稿。"张萃中来,先谈语文教学大纲事。次谈加强各编辑室之领导人员,务期其有专门研究,有教育学识,而不为编书匠,乃可予学生以货真价实之教材。其言甚是,然余实不胜为领导人员也。每一念及,辄欲离去,乃觉心安。"

偕孙玄常访张志公,"使二人相识。拟令孙助张撰语法课本,此外则参加教部草拟语文教学大纲之工作"。

下午,"看乔木送来《斯大林全集》三篇序文之译稿。乔本尝为此项工作托余物色人才,余无以应。今将译稿送来,要余改定其文字,供译者有所遵循。余因不出席扩大署务会议,专意看之。三篇序文不过三千余言,余看五小时,提出意见六十余条,即便送回。苟译者虚心而且细心,当有若干得益也"。(日记)

2月28日 "晨至社中,诸编辑室纷纷送稿来,初中物理,高中物理,高中语文,小学自然。大家均欲按计划规定时间交稿,而未将余看稿之时间详加估计。余亦甚愿诸稿按期交出,竭力以赴,而劳困甚矣。亦有若干种稿,编者自知不及如期交出,提出改期。此系打破计划之举,最好不多发生。芷芬与晓风正商拟办法,改动日期必须经过何种手续乃可。少甫来亦以此点为言。渠在出版部之立场,改动交稿日期确为其头痛之事。"

邀编撰小学自然之六人共谈,"指出苏联自然课本每课先为观察与实验,或源于或接近日常生活,皆简明易晓。然后得出自然之法则,其法则至单纯,而说明极透彻。同人所撰之补充部分即远不逮。期大家体会苏联课本之精神,将补充部分再加斟酌"。(日记)

2月1日至7日、9日至13日、18日至21日、23日至28日的日记收入《叶圣陶集》第二十二卷。

3月2日 上午专改小学自然稿。下午开署务会议,"就上星期各直属单位所提意见,各厅局司提出答语,或接受批评,或加以解释。语甚繁多,会时遂长。克寒亦提出答语,至为平妥,又各有改善办法"。(日记)

3月3日 改小学自然稿。晚归饮后复改稿。(日记)

3月4日 仍改自然稿。"云屏来谈再设法调龙志霍事。刘御来谈小学语文第三册用词类连书法排版事。绘图组来请看所画画稿。文叔来谈其近日所观苏联论文之心得。建功来谈修改字典稿之进程。"

下午，开扩大署务会议，"邀直属单位负责人参加，由克寒据前日所讨论者答复各单位所提之意见，洛峰、卜明作补充"。（日记）

3月5日 上午改毕小学自然稿，"全一百四十四页，改八日而毕"。

"报纸送来，头条新闻为斯大林病况公报。斯氏于本月一日晚患脑溢血，右腿右臂麻痹，失去知觉与语言之能力，迄四日上午，病情仍极严重。骤睹此新闻，余怅然若失，心绪莫能描叙。"

开始改扫盲巩固阶段用之历史读本，系荣孟源执笔。又看陈同新重编之高中物理。（日记）

同日 出版总署发布《关于进一步检查强迫摊派书刊问题的通报》，要求新华书店不能"随便解雇代销员（专业发行员），更不能因他们摊派过书刊而解雇他们，以免增加社会上的失业人员"；"允许人民群众退还过去被强迫摊派的书刊，并发还摊派的书款"。同时公开新华书店总店初步检查《强迫摊派书刊情况的报告》。

3月6日 上午看毕初中物理稿。又看完荣孟源之历史读本稿。下午到社开编辑部部务会议，议题分两组各两题。"属于执行计划方面者：一、第一季执行计划情况，二、变更编辑计划之手续。属于检查我社官僚主义者：一、如何认真检查供应不及时之详况，且求改进；二、应如何认真对待外界批评我社课本之文字。"

"讨论第一题未竟，忽传来消息，斯大林已逝世。会众即起立，开收音机静听，播音员诵苏联最高机关公告，谓斯氏于昨日夜间逝世。同人有泣下者，余则胸中有一空之感。……教育部为斯氏逝世，于五点半集全体人员于礼堂，听部长传达中央命令。我社须往参加，会议延至下星期继开。余亦随众往礼堂。堂中已满座，寂然无人语声，既而哭声作，殆有数十人。

斯氏感人之深，于此可见。忽总署来电话，愈之召余回署，遂退出。

"匆匆返署，愈之方自政务院归，传达周总理之讲话。周谓中国共产党之成立与发展，中国革命之进行与成功，皆与斯氏分不开。今斯氏逝世，我人宜百倍努力工作，建设新中国，与苏联加强团结，为世界和平与人民民主而奋斗云云。中央政府下令，自明日起，全国下半旗三日，停止一切娱乐宴会三日。

"愈之谈毕，即共往苏联大使馆致唁。同往者尚有乔峰、空了、洛峰三位。路上见群众队伍甚多，皆臂绕黑纱，往苏联大使馆者。我人入大使馆，签名于簿，入一室，中陈油画斯氏立像，向画像三鞠躬而出。"（日记）

同日 出版总署发布《关于新华书店中南总分店及所属分支店收换旧书当作废纸出售的错误事件》。该文件说："新华书店中南总分店及所属分支店从 1951 年 11 月起在农村大批收换旧书（错误地发起'为肃清封建文化遗毒，解决群众购买书刊经济上的困难，在农村广泛深入开展一个以旧书换新书运动'——编者注），至 1952 年止先后收换旧书达十万余斤，并将所收得的旧书大部分当作废纸卖给纸商或国营纸厂作纸浆，损害不少文物古籍，严重违反国家文化政策。"该文件郑重指出："收购的旧书中有经、史、子、集、县志、族谱、明版和殿版书籍、碑帖及其他有参考价值的学术、历史资料。新华书店中南总分店从单纯营业观点出发，错误地认为这样做，既可销书，又可肃清'封建遗毒'，'觉得这一措施在巩固农村新文化阵地，肃清封建文化方面，有其一定作用。'（新华书店中南总分店检讨语）而不认识到这是戕害民族文化的犯罪行为；不了解旧书古籍都是我们先人的文化遗产，都有一定的历史价值，即使是许多封建、落后的旧书古籍也有史料价值，不仅不应销毁，而且应该有计划地保存；更不了解作为一个国家的企业机构，根本无权处理旧书的存废问题。"

3月7日　晨看高中物理稿，毕其第一册。开始看颜迺卿所撰初中外国地理稿，略为修润。

"史晓风来电话，谓教部主张小学语文本须改印刷体为楷体，第三册分量嫌多，须删去若干。我社已将第一册付印，若须改变字体，又浪费，又延时。第三册即当发排，若加更动亦必延迟。我社与教部迄未将关系与手续讲明白，工作实难做。思此殊感闷损。"（日记）

3月8日　续改外国地理稿，毕其第一册。（日记）

同日　作《太阳跟空气》（刊《文艺报》第五号"痛悼我们的导师——伟大的斯大林同志"栏，3月15日）。

3月9日　晨与人教社同人谈语文课本事，"张萃中亦来，经商谈后，得教部同意下一届再改用楷体，本届仍用印刷体。第三册稿酌加删改，不多更动。此亦影响出版时间"。

"余谓萃中，以前教本皆由余认可即付印，此系教部之责，余乃负不应负且亦负不起之责。萃中以部中无人审阅为言。坐谈许久，不甚得要领，余意殊怏怏。及散，安亭为余言，曾有少数人拟议，教科书之编辑机构属于教育部，教育出版社负责出版；出版社之编辑任务则为供应一般教育书籍。此意成熟之后，将提出于文委。余闻之欣然，期其早成事实。安亭谓他日拟将余包容在教部编辑之内。余实不能胜任，必坚决辞去也。"

下午开始改师范学校用之心理学稿。三点半，至天安门，参加首都人民追悼斯大林大会。（日记）

同日　出版总署发布《关于机关、团体学校及私人出版书籍的处理问题》，规定："私人出版其本人编译著作书籍，应劝其交出版社出版。如出版社不愿接受或本人坚持用个人名义出版时，暂时可不限制；但国营、公私合营书店一般地可不予代售，出版行政机关并应加强对此类书籍的事后审读工作。"

3月10日　上午请金灿然来,"与谈教育出版社工作不易,余力实不胜,颇思有机会能舍去。谈约半小时,续改心理学稿"。

下午在社中"续开上星期未完之编辑部部务会议。关于检查出版不及时问题,决先由少数人针对实际情况提出改善办法,然后请全体讨论。关于处理外界批评问题,决由社作检讨,明言以往置之不理,态度不当。各编辑室则各就报刊上评论本科书本之文,扼要作答。此二者皆须于一个月内作毕"。（日记）

3月11日　上午专改心理学稿。"下午续为学习之会。《苏联社会主义经济问题》之学习至此结束,共言其所得。或谓所得不多,或谓学习不宜求速效,认识增多,无形中必有裨于思想行动。决定每人作文一篇,不拘题目之范围大小,以本月底作成。以后不复集体阅读,每星期三讨论一次,以为定制。自明日起至于廿五日,则学习悼念斯大林之重要文字若干篇云。"（日记）

3月12日　上午专改心理学稿。下午,"有人来谈话。陈侠谈心理学稿又据余所改看过,将送教部再看。文叔来谈小学语文亟须商定修改办法与第四册之编撰办法。世英来谈地理室之工作。柳永生、杨定远来谈机构调整后之人员配备。最后与安亭、芷芬商谈明日开全体大会,报告检查今春供应不及时之情况,期本届不蹈故辙。安亭谈其所拟报告之要旨"。（日记）

3月13日　上午续改心理学稿。"克寒来谈,谓不日将偕十数同人至华东检查出版工作。灿然曾以余思摆脱教育出版社之意告渠,渠因询余所感困难者何。余约略言之,总之自知力不胜,又怕烦劳耳。"

下午到社开全体大会,"安亭作报告……余仅报告人事之有更动者"。夜间改心理学稿。（日记）

3月14日　晨间续改心理学稿。"愈之来,余与谈教育出版社事,亦表示如有可能，深愿摆脱。九时开署务会议，讨论中图公司与新华书店合并，俾发行一元化，可有种种便利。原则通过，实行当在下半年。于是书籍发行将由新华书店掌握其绝大部分，此是出版界大可纪念之举也。次之讨论派出检查组到华东检查出版工作之计划，厅局司或在本京或至外地之检查与调查之计划。计划经少数人提意见，略有修改。检查与调查皆须于五月内完成，据所得材料所见情况修改下半年之计划，使更近于实际。次之讨论本月中至五月中两个月内全署之工作大纲，列举将近二十事。"

下午续改心理学稿。看田世英修改之初中本国地理第四册稿。（日记）

同日 胡墨林因上班较远及健康原因辞人民教育出版社校对科科长之职。

3月15日 捷克总统哥特瓦尔德病逝，往捷克使馆吊唁。

3月16日 晨在社中开编辑室负责人之会。"克寒言上星期六在文委与柳湜谈，教部非注意领导我社不可。柳湜表示自当如此，将郑重考虑其方案，提出共商。饭后灿然来谈，谓曾往访萃中，表示不以编辑出版分割为然，果予分割，纠缠必多，如期供应更难。此自是灿然之见。以余私愿，固甚望其能分割，俾余得抽身而去。且教部若领导有方，明乎及时供应之要，则亦不致与出版社脱节也。"（日记）

同日 作《咱们熟悉他》（刊《新观察》1953年第七期，1953年4月1日）。文章悼念斯大林。

3月17日 上午看褚亚平修订之自然地理上册。又看悼念斯大林之若干重要讲话，兼看《斯大林传略》。

下午，改陈侠交来之心理学稿两章。"执笔者皆大学教师，心理专门，而表述不合逻辑，用语随便杂凑，殊觉悲观也。"（日记）

3月18日 续看心理学稿。下午，参加中心学习小组之会，讨论悼念斯大林之文件。

"四九年以三月十八日到京，忽已四年，亦殊不觉其久。"（日记）

3月19日 "余改课本原稿，始于去年上半年，迄今已历三学期。去年三反之时，余作检讨，曾当众明言，新编之稿，将逐一细细看过。三学期之修改稿本，为实践斯言耳。灿然谓此工作若作总结，将有助于同社诸君，至少可资编撰时参考。而余迄未能为总结，并无人助余为之。自知如此下去，影响不大，良非所谓领导之方。因拟嘱陈侠保存余黏于稿上之全部纸条，俟心理学排校完毕，据此比照研究，或可找出些东西以饷同人。"

上午续看心理学稿一章。下午看褚亚平修订之自然地理下册。"集编辑室负责人为会，布置自定任务、订制第二季度工作计划之事。"傍晚到胡愈之家。"愈之作东宴客。客为沈志远，相别已一年多矣。他则恽逸群，新自上海调来我署，拟议中将负责不久拟成立之辞书出版社。而克寒、冰岩将于明日率综合检查组去上海，故为作饯。此外为乔峰、空了、洛峰、灿然诸人。谈饮甚适，十点过散。"（日记）

3月20日 重看斯大林关于语言学问题之著作。午后，"作文就斯大林语，浅释语言与思想之联系，供《语文学习》之用"。（日记）

3月21日 晨，"晓风来谈，语文室答复投稿者，评其语法稿，所言不尽得当，而又延误五个月之久。投稿者各处投书，张我社之失，意颇汹汹。余亦不知应如何处理此棘手事。每至社中，总有或大或小之困难问题入于耳而萦于心，余诚倦矣"。下午到总署复为学习之会，"讨论仍不见踊跃"。（日记）

3月23日 到人教社开社务会议，"通过去年之决算，又讨论我社与各地印造课本之出版社拟订之租型合同底稿"。（日记）

同日 作毕《语言跟思想的联系》（刊《语文学习》1953年第四

期，总第十九期，1953年4月21日，署名仲颖）。文章援引斯大林在《论语言学底几个问题》中阐释语言跟思想的联系的一段话，认为斯大林的"这几句话把语言跟思想的联系说得很清楚明白"，"摆脱了语言就没法思想"。现将斯大林的话抄录如下：

> "有些人说：思想是在它们用言辞表达出来之前在人底头脑中产生的，是没有语言材料、没有语言外衣、可以说是以赤裸裸的形态产生的。这种说法完全不对。不论人底头脑中会产生什么样的思想，以及这些思想在什么时候产生，它们只有在语言的材料的基础上、在语言的术语和词句底基础上才能产生和存在。完全没有语言的材料和完全没有语言的'自然物质'的赤裸裸的思想，是不存在的。'语言是思想底直接现实'（马克思）。思想底真实性是表现在语言之中。……"

3月24日 修改小学自然教学法稿。朱文叔来"絮絮谈现居社中兴趣不佳，希改换工作。彼谈之屡屡，余仍无以慰之"。（日记）

3月25日 续改小学自然教学法稿。复信数通。下午中心小组复为学习会。（日记）

同日 《人民日报》第三版刊登俞平伯的《中学语文教学和古典文学》。文曰：

> 我觉得中国的古典文学在中学语文教学里应该占相当的比重，像现行的中学语文课本，古典文学部分的编选，不论在量上、质上、系统上都嫌很不够。我自己对于中学的语文教学不曾有过很多的经验，依个人所想到的简单地贡献下列的意见。
>
> 很明显的，语文教学应该和爱国主义相结合。爱国也是一种情感。爱国主义不是空泛的、教条的，应有它具体的内容。譬如空空地说，"我爱祖国"，若不知祖国到底有什么可爱的，这句话本身虽是好的，但却缺少了具体、真实的内容。在语文教学的进行中，把本国文学遗产的优点充分发挥出来，这就可

以跟爱国主义的教育结合了。问题在怎样才能充分发挥，怎样才能够很好地结合。我以为要了解本国语文如何优美，离不开它的文学。虽然语言文字的本身的优点，也尽可以发挥；文学却是语文优美的最好的实际范例。有许多话不容易说得明白的，但举了实际的例子自然就明白了。

　　再说，历史传统是不能切断的，况且我们祖国有这样长久的历史。在这样长期的封建社会里创造了十分灿烂的古代文化（当然也有糟粕），这个事实不容我们忽略。发扬优秀的文化遗产，对发展新的文化有很大的作用。所以不论从发扬爱国主义的教育角度来看，或从创造人民的新文化这角度来看，中国古典文学在中学的语文教学里都应受到相当的重视。

　　假如上面的观点不很错的话，中学语文课本如何选用古典文学作教材，我有三点意见：第一，不宜太狭。这并非无批判地兼容并蓄，把那些垃圾糟粕一起弄进去。但像现行课本这样选材实在太狭了。所谓古典文学原包括文言语体两个部分，文言部分或者稍多一些。我以为不妨有原则性地广泛地选录。发扬人民的感情，申诉人民的痛苦，反抗当时封建统治阶级的压迫，这些有人民性的、革命性的当然应该首先入选。即其他具有相当现实主义成分的和健康的抒情作品也可以选。即如表现祖国山河的壮阔，花草的美丽……也未始不可选。这并不是说必须要选，只表示标准不宜过狭罢了。如许我举例作譬喻来讲，选白居易诗，不一定光选新乐府，即《琵琶行》也可以选；选杜甫中年的诗，不一定光选《兵车行》，即《渼陂行》也可以选（在这里我并不主张要选那几篇，仅仅作为比喻）。至于不能过狭的理由，虽不能备举，也稍为说明一下。新的文化不能过于狭小，须从广大的面上孕育出来。从爱国这观点上看，若非锦绣山河，百花齐放，我们怎么能够认识祖国的伟大，油然发生热爱的心情呢。上面已说过无原则、无批判的国粹观点，我们当然反对；但这完全另是一回事。

我还有一个想法，就是所选材不宜过短。伟大原不等于长，短小精悍之作也无妨它的伟大。我并不赞成在中学语文课本里选过于艰深、冗长的作品，但像现在高中的课本，文言部分所选，有些篇幅实在太短。太短的毛病，不仅有时不能表现本国古典文学伟大的形象，而且教学方面也不易搞得好。简单说来，就是更不好教。听讲的学生，没头没脑的，更不大感兴趣，所以也未必好学。不引课本为例，任举些短诗来说明，如《易水歌》两句，《敕勒歌》七句，两歌确是很短而伟大的。像"天苍苍，野茫茫，风吹草低见牛羊"，的确很好；不过依我个人的见解，或者竟是偏见，觉得不大好教，不容易使学生了解这所以伟大来。我认为教材，可以选篇幅适中的，稍长一些也不要紧，短小精悍的也可以酌选；长的短的配合起来，这样比较合式。若净是些短的，一篇有一个头绪，头绪本不容易引，才引出来便又放下，无论在教的方面，在学的方面，都不很经济。

第三个想法，就是不宜太少。我不知道教材的比例上应该怎样分配，方才合理。现在光就古典文学部分来说：(1) 人人都知古典文学在时间上比现代文学长得太多了，约两千年和三十年之比。(2) 现代文学跟古代文学是不能切开来看的，即白话跟文言也是如此。所以古典文学文言作品，如选得太少了，像现行课本的样子，非但使学生不能了解古典文学是什么，也不能了解古代文学和现代文学的关系是什么；这样子就不能完成语文教学应有的使命。下边就"文言"和"白话"两体的关系稍为一谈。

从历史的发展来看，中国的文学确实渐渐地在那边走向白话。所谓文言并非没有变动，也随着时代进展；不过文言自有一定的法则，又写在纸上，比口语变化要少一些，缓慢一些罢了。太远的如《尚书》、《左传》不去讲它。六朝的文章名说骈俪堆砌，实际上比两汉文章流畅优美，进步得多。韩愈他们所提倡的"古文"，名说复古实兼采当时通俗文字传奇小说，创造新体，来反对六朝旧体，所以人说他"文起八代之衰"。"古文"这一体，总比骈文明白晓畅得多，一扫所谓词藻典故对仗等等，实为白话文开辟道路。若词曲小说采用白话或纯用白话，自然更不成问题。明代的小品文，最近不大有人谈，事实上也是一种新式的文言文。拿来抒情写景比骈文古文另有一种长处；我想这也是应该肯定的。以小说而论，白话小说如水浒、红楼固然很好，即聊斋志异有些文字实比唐人传奇尤能活跃传神。晚清的文人，对新的文言、新的文体也有种种的尝试，得到相当的成功。所以"五四"的白话文运动，决非凭空起来，仗着几个文人脑子里的幻想便能够蓬蓬勃勃风行全国，实是上承几千年历史的发展，而大大推进了一步罢了。

上面的话，或嫌离题稍远。不过我想借此说明，假如把古典文学的文言部分紧缩成一个点儿，孤孤另另附在现代文学的后面，如何能表现这个浩浩荡荡的文章流变来，又如何能表现这不断地斗争，不断地发展的文学的革命来。所以即不从古典文学本身来看，改从现代文学、开创新的文学这角度来看，这样过少选材也非常的不妥当。

上面的话，不过就我想到的老实地说出来，可能使读者发生一种错误的感觉（恐怕是当然的），就是我在这里主张多多地、大量地选古代文学作中学语文课本的教材。我的意思却并不是这样。不过认为比现行的课本，选择要宽一些、长一些、多一些罢了。我希望有一个更活泼有生气，亦比较完善妥当的中学语文课本出来使教学两方面进行得更好，大大发扬爱国主义教育的精神。

3月26日　晨，写学习斯大林《苏联社会主义经济问题》之笔记。

是日，"总学委开会，讨论布置《实践论》之学习，以一个半月为期，各单位统一，目的在使大家知晓理论学习之并非艰难。于程度较差者，宜为之讲解，先使明晓文义，然后联系实际，作讨论与研究"。下午，"与安亭、云屏、少甫、芷芬等为会，讨论各科室提出之工作任务"。（日记）

3月27日 晨间续写学习斯大林《苏联社会主义经济问题》之笔记。九点开署务会议，"静芷报告出版用纸问题。灿然报告医卫出版社已可成立，时代出版社以易定三为社长，由中苏友协与我署共同领导，新华地图社已北迁来京，其所绘地图由中华书局出版。此外有浩飞、洛峰等报告他事"。

下午，与方宗熙叙谈。"方决定往山东大学任教，将于下月往青岛。安亭、云屏、晓风来谈社事。既而张萃中来，絮絮谈如何加强人力之事。余实无法可想。"（日记）

3月28日 晨将小学自然教学法看完。"又看方君所作答谢批评介绍其书之文一篇。文叔来谈字典，渠作一'破'字条与余商量。"

下午，续写学习斯大林《苏联社会主义经济问题》之笔记。"两点为学习之会，曾言明可各自阅读，亦可会于署长室阅读。余仍至署长室，来者仅乔峰、戈茅、浩飞、彬然、天行五人而已。余就《实践论》逐段提其要旨，并分为大段落，四小时刚好看完一遍。"（日记）

同日 出版总署发布《关于图书、杂志版本记录的规定》，规定"图书、杂志原未刊载印数者，应增载该次印刷的实际印数；重版书除载明该次印数外，并应载明累计印数"，并且规定了"字数计算方法"。

3月29日 《人民日报》刊登于澄宇、唐初、脩古藩、徐仲华、闻国新、赵晶洁、刘曜昕、向锦江集体讨论，向锦江执笔写的《中学语文课本必须适当地编选古典文学作品》，并加了《编者按》。《编者按》云：

在本报编辑部召开的一次座谈会上，参加会议的北京市若干中学的语文教师对现在的中学语文课本提出了很多意见。本文就是根据教师们的意见写出的。

我们伟大祖国的文学遗产是非常丰富的。在大约三千年的悠久时间里，我们的文学是不断发展着的，几乎每一个时代都产生了为人民喜爱的不朽作品，这些作品各自表现了那个时代人民的生活和斗争，以及人民的思想、感情、愿望和要求。因此，今天的中学语文课程应该适当地编选古典文学作品，以便使语文课程的内容更为充实、更为丰富。通过古典文学作品的教学，能更好地对同学进行爱国主义教育，使同学更深切地认识到中华民族"是一个有光荣的革命传统和优秀的历史遗产的民族"。

为什么要在中学语文课中进行古典文学的教学呢？理由是很显明的。对于小学生来说，由于文字的障碍，进行古典文学的教学是困难的；至于大学，除文学系的同学以外，也没有学习该课程的机会。但是我们应该让年青一代具备古典文学的知识，这样，系统地进行古典文学教学的任务，就落到中学教育的身上了。

过去，中学语文课本的编者往往把古典文学作品和文言文混为一谈，他们按照所谓"国学"的范畴，将文学作品和有关哲学、政治、文字学、考据学等方面的作品混在一起，于是语文课本就从诸子百家到晚明小品，五光十色，无所不包。大多数作品又都是文言，极少宋元以后的口语文学。这说明教科书的编者对口语文学是极不重视的。其次，许多作品内容是含有毒素的。现代青年学生不愿读这些东西是必然的；教师拿着这样的教材去教学，失败也是必然的。

解放以后，教科书出版机关对中学语文课本的编辑工作基本上是重视的，注意了课本内容的思想性。但在编辑古典文学作品上仍然没有跳出前人的圈子，编者的着眼点仍放在文言文上，因此，三年来我们的古典文学教学是失败的。其原因，主要在于编者对于古典文学的教学的目的，缺乏明确的认识。

由于古典文学教学的失败，就产生了另一种现象：教师看看附在课本中的几篇文言文文章，觉得没有多少值得讲的价值，因此一学期中只是选讲一两篇，有的干脆就不讲了。其后果是使同学们完全忽视了对古典文学的学习，连极其普通的有关知识也不能具备。例如一九五一年夏季在某大学入学考试中，有一个学生竟把我国古代伟大诗人屈原当作外国人。这里，我们应向青年学生引咎自责。

为了使中学教师更好地向同学进行古典文学的教学，重新编选古典文学教材是必要的。

现在中学语文课本在古典文学作品的编选上有些什么缺点呢？

首先，编者在中学语文课中没有给予古典文学作品以应有的地位。旧高中语文课本的《编辑大意》说："从第三册起选了若干篇文言。选文言的主要目的，在使学生明确地了解文言跟现代口语的同异，养成阅读文言参考书的初步能力。"一九五二年改编的高中语文课本的《出版者的话》中也说："从第一册起兼选文言文，用以培养学生阅读文言的初步能力。"从这几句话来看，编者的着眼点只在文言上，完全没有考虑到在中学语文课程中也应该让中学生获得关于中国古典文学的起码的知识。例如，对我国古代天才诗人屈原，只有初中语文课本第五册对他作了简单的介绍；至于高中课本，就连他的名字也没有提到，更不必说他的作品了。一九五二年改编的高中课本，虽然选了《诗经》和李白、陆游等人的诗，但对其他重要古典文学作品，如汉、魏、六朝的乐府，以及晋代大诗人陶潜的诗和元曲代表作家的戏曲,就都没有介绍。

编者的目的既然只是要学生读"若干篇文言文",在选材上也就缺乏原则了。编者没有认真地选录各时代最重要作家的作品或有代表意义的作品,反而把一些无关紧要的作品如马端临的《湖田圩田》、唐甄的《权实》和王符的《富者与贫者》等选进去了。

课本虽然也介绍了一些重要作家的作品,可是这些作品有的是缺乏代表性的。例如,高中课本第五册上的《杜甫诗三首》:《遭田父泥饮美严中丞》、《即事》和《又呈吴郎》,都不是杜甫的代表作。

现行中学语文课本还有一个严重缺点,就是在古典文学作品的编选上缺乏系统性,比重也不适当。每一册课本往往错杂地罗列着各时代的作品。以新编高中课本第四册为例,在这一本书里,不仅有战国、汉代的作品,也有唐、宋、清各时代的作品(旧本中还把蔡元培和陈垣等现代人的文言文和古典作品编在一起)。《绝句八首》那一课竟把唐、宋两代诗人们的不同主题、不同风格的作品编在一起,使教师在进行教学时感到很大的困难(因为每首诗都有各自的教学目的)。这种编法对教学是没有好处的。它不能使同学们从古典文学作品的学习中看出我国人民文学的发展过程。课本在古典文学作品的分配比重上,是极不适当的。高中各年级课本中都有古典文学作品,可是初中课本中只选了两篇。在我们的古典文学作品中,有不少优美而又容易阅读的诗歌,以及美丽的传说、民谣,为什么不选一些到课本里来呢?

退一步说,从课本中所选的文章来看,能不能使学生"养成阅读文言文参考书的初步能力"呢?我们认为是不可能的。高中语文课本从第三册起有了文言文,可是从第三册到第六册,编者并没有按照由浅入深、循序渐进的原则来编排,只是第三册上所选的文章较短,其他几册上所选的文章较长而已。从有些课文在改编后的情况来看,足以说明编者在这方面是欠考虑的。例如沈括的《活版》原来放在第六册,现在则放在第一册了;《木兰辞》原来放在第三册,现在也改编在第一册了。如果说现在的改编是恰当的,那就不能不承认,过去的编法是不妥当的了,因为编者没有很好地考虑哪一篇给哪一年级同学读最合适。像这样取材杂乱、编排上有缺点的语文课本,不仅不能引起同学们的学习兴趣,也不能责成语文教师来完成"培养学生阅读文言的初步能力"的教学任务。

为了把中学语文课本的编辑工作做好,我们愿意提出几点意见:第一,希望教科书出版机关组织几位对古典文学有研究的同志来参加编辑工作。第二,在编选古典文学作品时,应特别重视从人民群众中产生的无名作家和杰作;我们要介绍的作家,必须是各时代中最杰出的代表,所选作品也必须是他们的主要代表作。第三,在教材的编排上,可以按照时代排列,以便系统地全面地有重点地向同学介绍古典文学作品,使中学生能够知道我们祖国的伟大作家和伟大作品。第四,为了照顾同学的接受能力,应该多选文字比较浅显的作品(课文后要附必要的注释),按时代组成单元(每个单元前面写一简单的介绍,以说明这时代的文学特征和基本精神)。第五,介绍作家的生平,使教师们可以正确地利用这些教材讲授。第六,编印古代重要作家选集(里面要附详细的注释)和长篇名著的注释本,作为青年学生的补充读物,以便让我们的青年一代更多地了解我们祖国的古代优秀作家。

3月30日　晨间写毕学习斯大林《苏联社会主义经济问题》之笔记。"不过三千余言耳。当然无所发明,然因作笔记而将斯氏此作重读一过,亦增加一些理解。不知他人亦如我之信守约言否。"

下午，看田世英交来高中本国经济地理稿。"此稿系约人民大学教师编撰，在我国为创新之作，而芜乱殊甚。世英与编撰诸君已商改数次，今嘱余看者为其誊清稿。"（日记）

3月31日 上午续看本国经济地理稿。下午，"安亭来谈，言教部将暂行取消小学五年一贯制，乡村小学仍为四年，此事酝酿成熟，不久即须公布。前年讨论此问题，余亦赞成五年一贯。今渐知外间情况，乡村教师程度之低，出乎意料，教法自谈不到。而我社编辑小学课本，主要之语文一种，亦无甚把握。教师、教法、教材三者均差，可知前年决定五年一贯制，实未考虑条件，亦所谓'冒进'也。今为改变，确是实事求是之办法。唯乡村小学仍为四年，程度固降低，而低等之教师未必即能完成其任务。如何提高教师之能力与知识，应为教部之重点工作矣。"（日记）

同月 《朱自清文集》（四卷本）由开明书店出版，这是《朱自清全集》的精简本。《朱自清全集》编委会由叶圣陶、郑振铎、吴晗、俞平伯、浦江清、李广田、王瑶、余冠英、徐调孚、季镇淮、陈竹隐等11人组成。

3月2日至14日、16日至21日、23日至28日、30日和31日的日记收入《叶圣陶集》第二十二卷。

4月1日 晨改经济地理一章。下午到总署仍为学习会，"看《学习译丛》中论述《苏联社会主义经济问题》之文数篇"。（日记）

4月2日 上午，"听王益汇报北京新华书店'试点'情况。此次试点由发行管理局与新华总店组成一工作组，以北京分店为点，试验计划发行与改进门市。为时已三月有余，今告一段落，商定若干制度办法，俟实施后再求改进，将推广于其他各处。余于发行略有所知，故听之甚感兴趣"。

下午三点至北京饭店，"全国委员会之学委会请艾思奇报告《斯大林之学说与事业对中国之关系》，所论颇扼要"。（日记）

同日　出版总署发布《重新明确各地出版行政机关办理核准营业、核准登记及颁发许可证、登记证的职责》，规定"大区级以上的期刊（办理核准营业、核准登记——编者注）一律由我署批准；省级及省级以下的期刊由大行政区出版机关批准"。"省级以下的期刊须予淘汰者，或核准后又申请停刊者，仍须报经大区出版行政机关转报我署批准。""私人出版其本人编译之著作，应劝告其交出版社出版，倘本人坚持用个人名义出版，可暂不办理出版业申请手续。""但在出版后应按规定向我署及当地出版行政机关和北京图书馆缴送样书。印刷厂并于书籍印成送货时向当地出版行政机关缴送样本一份。"

4月3日　晨，总署青年团总支开第一届代表大会，致辞。下午，重看辛安亭修改之经济地理稿。（日记）

4月4日　上午，看《联共党史》中之《辩证唯物论与历史唯物论》一章。下午，"复为集体阅读"。"愈之谈昨日周总理在政务会议中谈及朝鲜战事，谓各国无不欢迎我方、朝方、苏方之声明，美方甚为狼狈，而我方取得主动。目前先谈交换伤病战俘，停战谈判当可重开，唯亦不宜过于乐观云云。"（日记）

4月6日　晨往总署所办业余学校参观。"拟学习《实践论》之提纲"，"将发与我署系统之各个单位"。

下午，"看静芷交余修改之《平行交叉上版法》小册子。此法系北京国营青年印刷厂工人所创造。原来停机上版，须四小时，此法改为机下上版，停机十二分钟，换上新版即可。上版时间大减，即机器之利用率大增，自属大宜推广之事也"。（日记）

4月7日　晨至署中所办业余学校听算术课。九点，出席总署集各厅局司负责人会议。夜间，"为署中检查公文之内部刊物作一发刊辞，仅六百多字"。（日记）

同日　出版总署发布《关于提高书刊印刷质量的指示》，强调"消灭差错和废品、提高书刊印刷质量，乃是各厂的一件极端重要的政治任务"。要求各印刷厂，"通过总结工作，发动群众认真进行一次质量检查，定出改进办法，健全各种责任制度，加强技术教育，并在生产竞赛中强调以提高质量为主，使差错和废品逐渐减少以至消灭"。

4月8日　晨偕胡墨林往探望朱文叔夫人。看本国经济地理稿。下午，"两点为学习会，大家漫谈，以《实践论》之理省察过去之工作，各有抒发，而并不集中"。（日记）

4月9日　晨至署中所办业余学校初中二年级教室听语文课。重写学习《实践论》提纲。修改本国经济自然地理稿。

　　傍晚到萃华楼，"与来京出席中国青年出版社董事会的章育文、傅耕莘二位晤。他为开明（开明书店——编者注）方面青年（青年出版社——编者注）方面同人，凡二十余人。会饮毕，开明方面诸人会谈开明事，为后日参加新机构董事会之准备。余非董事，旁坐而已"。（日记）

4月10日　晨到署中所办业余学校初中二年级教室听代数课。"九点开署务会议。武行生报告增加若干期刊之印数。今年实行计划化，我署核定期刊印数甚紧，邮局于发行中分配未能尽善，以是读者纷纷反映期刊缺少。我署遂出此因势制宜之举。王仿子报告批复各区出版计划之情形。"下午续看经济地理稿。（日记）

4月11日　续看本国经济地理稿。"此稿之芜杂，实无可修改。余主张重写，若他人以为无关紧要，有些内容即可，则亦任之。颇有人认为内容与文理为无甚干系之两件事也。"

　　下午，"仍为集体阅读，到者仅六人，此会大有支持不下去之势。余看《联共党史》第九第十两章。以前亦曾看过，不甚了了，今观之颇觉亲切，良以我国三年来之事，与彼国当时颇多相通耳"。（日记）

4月13日 晨到署中所办业余学校初小教室听语文课，教应用文。"观建功交余之字典最后修订稿'ㄅ'母'ㄆ'母两部分。"

下午，"安亭、薰宇、云屏、芷芬、永生集余室，与方崇熙叙别"。

夜，宴杜守宪夫妇及傅耕莘，"并邀雪村、伯祥、彬然、龙文，共饮醇酒"。（日记）

4月14日 晨到署中所办业余学校初小教室，听上算术课。"为刘直奉改其所译植物学教学法。""为陈同新改其所作批判其初中物理学一书之稿，将刊于刊物，为自我批判之例。"（日记）

4月15日 写信数封。"文学出版社方白来访，谓彼社将重印余之《倪焕之》，建议删去其第二十章及第二十四章起至末尾之数章。余谓此书无多价值，可以不印。方嘱余考虑，留书而去。余略一翻观，即写信与雪峰、方白，首先不主张重印。若他们从客观需要考虑，认为宜出，余亦不反对，同意方白之建议。"

"午后仍为学习会，发言者颇踊跃，纠缠于何为'概念'，如何'飞跃'。余觉大家求之过深，转成阻碍，拟于下次讨论时详谈之。"（日记）

同日 中国青年出版社正式成立。《中国青年出版社成立通知》中说："本社由原青年出版社与开明书店合并组织，为国家出版青年、少年儿童读物的专业机构，归中国新民主主义青年团中央委员会直接领导。"《青年出版社·开明书店结束启事》云："本社、店自四月十五日起合并成'中国青年出版社'，原机构自即日起结束，关于双方原有一切债权债务以及其他未了事项，另成立'青年出版社清理委员会'及'开明书店清理委员会'分别处理。"（见《语文学习》杂志1953年第五期封底）《语文学习》自5月始，改由中国青年出版社出版。

4月16日 晨到署中所办业余学校给学员作关于作文之演讲。"看字典'ㄇ'母修正稿。""为《小学教师》写答问稿五六百字。"

"安亭、萃中偕来，交余看语文教学大纲拟订小组所拟之高初中文选目录。此目按照教学大纲草稿之宗旨，全选文学作品。高中阶段自古迄今，兼收旧俄及苏联作品，余谓大致可以。初中阶段有民间文学、有现代短篇创作。内容主题且不论，其间语言文字未尽纯，若以授初中学生，始基恐将不克稳固。因谓内容尚可取，加工殆属必要。略经商量而后，决定此日先由教部讨论，或再提出于文委，请其决其大体妥否。至于各篇之取舍，须经缮录印出，分发各方共论。"（日记）

4月17日 晨到署中所办业余学校观上算术课。"写一稿谈《实践论》，准备在学习会中发言，请同人评议。"

下午，看人教社与书店拟订之产销合同稿，为之修改。"曾世英来访，其新华地图社脱离我社而直属我署，为一事业机关，所绘地图交中华书局出版。今已迁来，居我署东城外干部学校屋中。"（日记）

4月18日 晨"看字典'ㄖ'母全份"。下午仍为学习会。"余据昨所写稿发言，大意为学《实践论》不宜求之过深，举论中几个名词解释之。同人于余所称颇有纠正，论辩直至六时。余自省诚有失当处。"（日记）

4月20日 仍写关于《实践论》之发言稿。"建功来商'奈'字，此字甚古，而解其意揣摩其语气不易。"（日记）

4月21日 晨间写信两封，"皆回答不相识者之询问。余未作统计，大约平均每天一封"。

"至愈之处，愈之告余最近中央各部门各级负责人往各地检查工作，其中一部分人又趋于官僚主义，各地对于彼等有十二字评，曰'到了就问，问了就写，写了就走'，盖谓其不能解决问题也。任何良法美意，执行者不得其当，固皆可以为官僚主义也。"午后，"看总编室所拟约稿合同草案。看字典'ㄖ'母稿数页"。（日记）

4月22日　晨看字典稿。下午仍为学习会，学习列宁《唯物论与经验批判论》。"余据所草底稿发言一时许。主要意思为马克思主义之认识论发见人类认识过程之真，人类认识过程为客观之真理，非能以意志转移之。唯必社会发展到现阶段，乃能有马克思主义，乃能有合于真理之认识论。谈毕，诸友发言指正，有足使余心服者，亦有断章取义，不明余言之要点者，亦由于余思之未谛，言之未明。六点散。"（日记）

同日　公安部与出版总署联合发布《公安部、出版总署关于印刷业核准营业的补充通知》。《通知》规定："书刊印刷业和制本业（即装订作），由当地新闻出版行政机关核准营业，发给许可证，公安机关不再发许可证。承印簿册、证券、商标等类物品的杂件印刷业和铸字业、制版业等，概由当地公安机关核准营业发给许可证，新闻出版行政机关不再发许可证。"

4月23日　上午出席总署系统内学习《实践论》交流会。下午，"与安亭、云屏谈社事。薰宇任工会生产委员会主任，来谈今秋课本及时供应问题。工会颇关心此事，今知尚有书六册必须努力争取"。（日记）

4月24日　晨间始观列宁之《唯物论与经验批判论》。"午后到社。陈侠告余以教育部请苏联专家每周一次讲教育之情形，将继续四十余次，部中及我社人员均大部往听。与丁酉成谈，丁现主我社俄文翻译科，余告以余虽不懂俄文，但可为诸同人之顾问，共商译事。与建功商字典稿之修订。余近于此事颇感兴趣，两人共商尤有味。作书致柳湜，催促其所主编之师范学校用教育学稿。少甫自上海归来，告余以我社之上海办事处并入华东人民出版社。"（日记）

4月25日　晨续看《唯物主义与经验批判论》。下午为学习会。"余重读《马克思主义与语言学问题》一遍。斯氏之作，言简而含意深广，余重读一遍，辄增加若干新的体会。"

夜，"偕愈之、洛峰、灿然等人应苏联商务代表古米诺夫、国际图书公司经理兹米乌尔之邀，赴苏联大使馆宴会"。（日记）

4月26日　晨至北海公园，"与志公、泗原、均正、振甫、沛霖茗于双虹轩，闲谈《语文学习》约稿觅题等事。余以为正式开座谈会，往往无多结果，随便闲谈，转多触发。志公以为然，因约茗叙"。应陈叔通招，与1949年初由香港同舟北上诸友开"同舟会"。（日记）

4月27日　看总署同人所译马尔珂斯关于出版事业之著作。（日记）

同日　出版总署发布《出版工作如何配合普选宣传的指示》，就"有关于人民代表大会和普选宣传的出版物"的编写、编审、出版质量和"控制种数"等项作出明确的规定。

4月28日　续改总署同人所译马尔珂斯关于出版事业之译稿。"苏联出版工作有一套完密之制度，其目的无非提高全民之文化水平。三年来我国出版工作大体上效法之，而得其精神，尚非易致。"（日记）

4月29日　开始改新编初中本国地理。"克寒昨夕归来，今日来谈，谓至华东华中一看，深觉我人居北京不了解外间情况，所思所行往往近于高调。今知今年之计划势必削减，重要之点还在着实整顿。问题以新华书店系统为最大。人员复杂，不识其任务为何，旧时书业之习气，几乎无不有之。书店进货，私营出版社之书占一半以上，此大大引起投机出版者之贪欲。若辈粗制滥造，出书交与新华即本利俱收，转比以前省事。今后整顿新华书店与投机出版业，其事即不简单云云。"

下午，"偕伏老至国际俱乐部，参加文联邀请芬兰瑞典两国文化代表团之座谈会"。（日记）

4月30日　改地理稿，仅得两章。（日记）

4月1日至4日、6日至11日、13日至18日、20日至30日的日记收入《叶圣陶集》第二十二卷。

5月1日　登天安门城楼,庆祝劳动节。

5月2日　改地理稿,迄于下午二时,共改毕两章。(日记)

5月3日　改地理稿。下午开署务扩大会议。"由克寒报告检查华东、中南两区之所得。报告历四小时,其结论为本年计划必须修改,主要着力于整顿与巩固。所谓整顿,一改善供需关系,二改善公私关系,三改善地方关系。供需关系,农民尚无力购书读书,多量供应,以致强迫摊派,此为必须制止者。在城市则为不能满足各方面之需要,新书少,有价值之旧书售缺,均非善为服务之道。公私关系为发行方面必须有所警惕,勿使投机出版家有隙可乘,以劣质书籍贻误读者。其出版物优良者,当一视同仁。地方关系为各地出版发行机构必须受地方党委之领导,乃可办好其事。克寒所述甚细,听者皆餍心。"

夜至胡愈之家。"党组开会,讨论克寒之报告,并讨论今后工作目标,邀余与愈之、乔峰、空了参加。十一点半始散。"(日记)

5月4日　看人民出版社之《斯大林全集》第一卷校样,"其式与《毛泽东选集》相似。余翻阅一过,指出其应注意者数处,交还之"。开始看初中本国史第三册原稿。修改地理稿。(日记)

5月5日　修改地理稿,"上册十二章已改十章"。改初中本国史稿两节,至放工时完毕。"此稿先由张中行改过,余几乎不需动手,故看之甚速。"(日记)

5月6日　上午开汇报会,"华应申报告至河北一县检查书店之所得。……戈茅报告检查美术出版社之所得。此社多美术家,政治水平不甚高,所出《人民画报》追求形式之美,有时且伪造景象。非设法整顿不可"。下午,仍为学习之会,"看关于斯大林语言学问题之译文两篇"。(日记)

5月7日　改地理稿。"谢冰岩已归来,谓此次检查到南京扬州无锡等处。各地看看,方知一切发展皆热情太甚,求之过急。今后

须改为稳步,乃可踏实。"(日记)

5月8日 "上午看完地理稿,凡十二章,共历十日改毕,此是第一册。续改本国史稿。"(日记)

5月9日 续改历史稿。又开始改师范学校用之教育学稿。"此稿系教育部所组织,分约数人编写。今日交来之一章又属毛坯模样,执笔者殊无体例之观念,达意措词亦不求明确。余仅能略为修整,非可根本改善。"下午仍为学习,"到愈之室,他人均不来。大约所谓集体阅读即此取消矣。余遂亦返已室,仍改教育学稿"。(日记)

5月11日 续改教育学稿。写信。下午改中国历史第三册稿。"夜间看苏联儿童小说《古丽雅的道路》之译本,原名《第四高度》。署中同人嘱余看之,希望余能为介绍文字,为儿童节之点缀。"(日记)

5月12日 上午,至新闻出版印刷工会开会,欢迎来京参加第七次全国劳动大会之新闻出版工会之五位代表。"五位代表略述各地工会之情况,多言编辑部人员组工会,殊无办法,工作颇不明确。谈至十二点,共趋森隆餐馆会餐。俟客去,范长江言今后工会须实事求是,我会当初条件未成熟而急于成立筹委会,故工作殊难展开,此后内部为总工会之一个研究部门,过一年或数年,再行正式成立云云。"下午,看翻译稿《初级教育学》。(日记)

5月13日 改朱智贤所写教育学稿一章。"九点半,偕乔峰、克寒、洛峰到文委,参加其常务会议。克寒报告我署派出调查组检查出版工作所获情况,末言今后拟即修改计划,注重于整顿巩固方面。与会者略有询问与讨论,末后习仲勋作结语。略谓我署获悉情况,据以改革工作,自属至佳。继即转而谈及一般方面,谓三年来打垮国民党,推翻封建地主,各方面有种种建设,此为绝大成功。唯我国家底为农业,而农民至穷,故家底殊非丰厚。目前最须休养生息，不宜增加农民之负担。因而除必办之事以外，可不办者不办，如强销书刊，虽似属好意，实非农民所需，即宜制止。今日首要宜注意工农联盟，农不得其所，为绝对不容许之事。余闻习氏此言，颇联想及历代开国后之重农之规模，虽未能全相比附，而意义有相通处。"下午，续改教育学稿。（日记）

同日 出版总署发布《关于内部期刊的几个问题的解释》，指出："所谓内部刊物，主要是指党派、机关、军队、学校、企业、团体所办的指导业务刊物，具有机密性质，有一定的阅读范围，或为了业务指导、参考，只限于在本部门内发行，读报不是一般群众，不公开发行者。"

5月14日 晨看《唯物论与经验批判论》。"九点开汇报会，卜明至华东、中南、西南三区了解印刷方面情况，据其所得作汇报。大致就现况论，印刷力虽尚有多余，不须遽求发展，重要在提高工作质量，改进技术。"午后到社，"安亭、云屏二人来谈社事。写复信数封"。（日记）

5月15日 "晨看字典'力'母稿。"九点开署务会议。"克寒谈昨日政务会议略况。谓财政经济委员会之各部由若干人分别负责领导，俾责有所专，系统分明。总理又谈及朝鲜停战谈判虽续开，而美方于战俘问题多方刁难，谈判仍有停顿之可能，今日从事建设必将有所准备，即准备一方面建设，一方面作战云。"

"克寒谈毕，讨论第一议题，《人民画报》由人民美术出版社改隶外文出版社。此画报以中文版为主，据中文版翻译英文、俄文等版，行销国外，其事本由外文出版社为之。又译为蒙文、藏文、维吾尔文等版，行销于少数民族地区，其事则由民族出版社为之。此画报编辑人员水平不高，于宣传工作未能作深刻体会，编排亦大须改进。欲其像个样子，固大须努力也。

"次一议题为各单位积压物资资金问题，由浩飞报告检查之结果。"

下午开社务会议。"章士敏报告到上海参加新华书店华北总分店教科书发行会议之情况。遂讨论如何提出切实之办法，建议于各地造货部门、新华书店以及教育行政机关，以保证今秋之及时供应。据芷芬少甫等人谈，今因小学教育方在整顿，学生数目难定，故我社之编辑出版虽已提早，而今秋供应上之毛病仍不可免，或且将更大。于是决定分人想办法，于明日写出讨论，为各方面之督促呼吁，务期毛病出得最小。末后，安亭作第一季度执行计划第二季度修改计划之报告，此报告将于明日向全体同人言之。"（日记）

5月16日 上午"在署专看字典稿，看完'ㄅ'母，又看'ㄊ'母之一半"。

下午学习会，"克寒自言今重读《实践论》，同时反省过去之工作及最近检查之所得，深觉主观主义之严重"。

观人民出版社之《斯大林全集》第一卷大样，"确然有可商处。因稍用心思，夜眠未酣"。（日记）

5月17日 将即出《斯大林全集》第一卷原本请张志公观之，"俾决余对译文之所疑。志公谓凡余所指，确皆有问题，讨论良久，余得一结论，译者只顾俄文之语法而未能体会汉语之语法，遂有此弊。如何使译者精究语法，比较于汉语俄语之间，此为要事，余以为叔湘与志公二人可以胜任也"。

下午，与黄洛峰、沈颖往颐和园，"缘苏联国际图书公司兹米乌尔将于明日归国，我署为之作饯"。

吊丁玲母亲之丧。（日记）

5月18日 "上午专看斯氏全集校样，凡译文有可商处，皆为提出意见，供编译局同人考虑修改。"下午，"晓风以所拟向教部及总署陈述教科书及时供应问题之报告交余过目，即为之修改。

我社务期真能及时,而欲达此目的,非多方努力不办"。夜间,"看斯氏集校样数面"。(日记)

5月19日 "晨间仍看斯氏集校样。九时开署务会议。首先讨论各部门六月底以前之工作计划。克寒提出应贯彻反官僚主义之精神,并贯彻修改年度工作计划之精神。其次讨论本月下旬(廿七日始)邀集大区人员开修订计划之会议,旨在切合实况,仔细核算。其次讨论检查公文。

"检查公文乃毛主席之指示。毛主席以为反官僚主义为经常之工作,必抓住关键事项——反之,务期切合实际。前既提出各财经部门检查物资积压,并研究如何避免,今又提出检查公文,视三年来所作决议、决定、指示等项究有若干确为切实可行者,其不合实际者,径即废除。此是求实简政之要义也。讨论之后,我署决成立综合、出版、发行、统计报表四小组,取油印铅印之文件逐一详加研究,期于六月底作出总结。克寒谓欲就文件中发现问题,必有自我批评之精神,否则件件皆可无问题。余平日不甚作主张,随意发号施令之病自然不犯,并于他人作决定,下断语,往往怀疑其是否确实可靠。唯此态度亦非是,此是消极的不动天君也。"(日记)

同日 民族事务委员会和出版总署联合发布《民族事务委员会、出版总署关于从汉文书籍译成少数民族文字的图书可免付著译者稿酬的联合通报》。《通报》中说:"为促进少数民族文化的迅速发展,凡从汉文编著的图书和从外文译成汉文的图书,翻译成少数民族文字时,目前对汉文编著者和翻译者应免付著作权报酬。"

5月20日 上午看教育学稿一章。"下午仍开学习会,叶籁士作中心发言,他人继而随谈。旋谈及如此学习,究竟有多少意义。学习为必要的,此是肯定之点。然限定时刻,强而为之,集坐一起而心不在焉,实非顺应自然之道。大家说于六月初就此点

讨论一次，或须改变方式，即向政府党委提意见云。"（日记）

5月21日 "上午校斯氏全集，半日工夫仅得二十面。"下午，"看字典'ㄋ'母之稿"。（日记）

同日 作书信《致范用》（收《叶圣陶集》第二十四卷）。谈对《斯大林全集》校样稿文字之改动。

5月22日 "上午续校斯氏集，得二十余面。"下午，为刘直奉看其所译植物学教学法。魏建功来商量字典稿。（日记）

5月23日 "续校斯氏集二十面。"与署中少数同人及时代出版社二人共谈《古丽雅的道路》。下午开署务会议，"讨论经过修改之本年计划草案"。（日记）

同日 作书信《致范用》（收《叶圣陶集》第二十四卷）。谈对《斯大林全集》校样稿格式之改动。

5月24日 "为世英修润其检讨地理课本答复《人民日报》批评之文，稿仅五页，亦花费两小时有余。"（日记）

5月25日 "上午校读斯氏集三十面。"下午，"安亭相告，毛主席近询教育工作，知我社编辑人员稀少，谓此事至要，宜大量增加人员，自各方面调集。因定增加百人之打算。余意此固大佳，然一时要调集百人，大非易事。萃中来谈，仍言语文、历史两科方面之事。建功来商量字典稿。为刘直奉看完其译稿之一章"。（日记）

同日 胡墨林到离家较近之人民文学出版社工作，任校对科科长。

5月26日 "上午校斯氏集二十面。开总学委会，讨论结束《实践论》之学习，于六月上旬布置选举法之学习一星期，为七月开始学习《联共党史》第四章作准备。"下午，"仍校斯氏集，迄于六点，得三十面"。（日记）

同日 出版总署发布《关于学习文件印行的规定》。"为了既保证中央文件出版的高度严肃性，又能照顾各地干部的学习需要"，规定"中央人民政府和中国共产党中央委员会公布的政策、法令、公告、指示、声明及中央党政首长和各国兄弟党领袖的论文、报告、演说、通电等全国性文件，由中央人民出版社随时印行活页文选，并视需要及时编印成书。大行政区人民出版社得视需要，就上述文件印行活页文选，一般不得编辑成书"；"严格禁止私营出版社将中央文件编印成书，如有发现，即予取缔"。

5月27日 "晨间续校斯氏集十余面。"九时参加计划会议。"除各大区新闻出版行政机构人员而外，有各直属单位之人员及署中同人参加，在座者凡百人左右。余首为致辞约一刻钟，继为克寒之长篇发言，将四小时。所谈系渠历次报告之内容，明辨实况，分析精细，提出修改计划之要点，扼要而照顾甚周，料听者必能深有所会。"下午，"续校斯氏集十余面"。（日记）

5月28日 "晨间校斯氏集约二十面。写一我社自己检讨其不重视批评之短文，答复《人民日报》对我社之《简评》，谓今后将改变此风，于批评必须作答，并欢迎更多之批评，以期编好课文。俟社中同人看过后，将与田世英检讨地理课本之文同投《人民日报》。"

下午，"芷芬晓风来请看应发文件，一一为之修改"，"余时仍校斯氏集"。（日记）

同日 出版总署发布《关于报纸的创业、停业必须报署批核的补充指示》，规定在出版总署《报社、杂志社、出版社的创业和停业必须报署批核》（1953年1月26日）的通报下达后，"创业或停业（歇业、转业、合并亦有）的报纸"，必须严格遵守批核的规定，"根据所附表式事先报请所在地新闻出版行政机关核转我署批准或由我署转报政务院文化教育委员会批准后始得营业、发行或停刊"。

5月29日 "晨续校斯氏集若干面。邀人民出版社出版部三位同志来谈斯氏集之排版校对问题。此次初校样于格式字体皆未多注意，而此书既须郑重出版，自必求其严格。三位同志皆以为然，谓将与翻译此书之编译局联络，彼此加意，多为商讨，多校几次，以期尽善。"午后，"仍校斯氏集"。（日记）

5月30日 晨"续校斯氏集十余面"。"九点开编辑部部务会议，讨论三事。一为布置下半年之编辑计划。二为稿酬标准。议定一般书稿每千字七万元至十一万元，定额自一万册起至八万册，视印数之多少而定。教科书稿自十五万元至卅万元，一次付讫，不计印数。三为翻译科拟定定额翻译，超额另致稿费。大家认为此事牵涉颇广，未易遽行，且待再加研究。"下午，"续校斯氏集，至六点半，全册校毕，凡三百六十九面，每面七百余字，共二十余万字。余细心看过，译文方面，校对方面，兼为留意。然未能遽以此为定，编译局尚须复看，人民出版社尚须细校也。今日居然了脱一事，亦为一快"。（日记）

5月2日至9日、11日至30日的日记收入《叶圣陶集》第二十二卷。

6月1日 "今日为始，机关办公时间改为每日八小时，上下午各四小时。学习及党团活动每周可占用办公时间七八小时。原定每晨一小时半之学习取消。据云此一改变意在关顾干部之健康。唯夏令以八点始办公，转觉其晚。……余仍以七点到署。署中一室颇安静，早晨伏案，意至爽适。"写复信数封，继之看字典'巛'母稿。看教育学之第一章。（日记）

同日 作书信《致范用》（收《叶圣陶集》第二十四卷）。请保存《斯大林全集》之校样。

6月2日 "人民文学出版社送来整理过之《倪焕之》一本，于不甚妥适之语句，故意用古写之字体，皆提出意见，嘱余自己定之。余十之八九从之。以今日视二十余年前之旧作，实觉粗陋草率，细改亦殊为难，只得仍之。送回时附一短书，谓重翻一过，复感愧恧。务希尽量少印，聊资点缀即可矣。"

下午，朱文叔来谈其夫人之病。魏建功来商谈字典。晚七点，宴请参加计划会谈之人员于文化宫。(日记)

6月5日 上午开署务会议。"叶独青报告其在华东检查新闻事业之所得。次之，程浩飞报告北京私营出版业发行业之概况，亦检查之所得。述三家私营出版社甚详，其中五十年代出版社与宝文堂书肆，为具有基础而改进未尽善者，尚须积极予以领导。"应文联宴，为芬兰文化代表团作饯。(日记)

6月6日 何公敢来访。"所谈甚多，皆系其所编字典及所创检字法之事。以字典之一部分交余，托我署为之提意见。"

出席教育部之教育工作会议，钱俊瑞作报告，"谈过去教部工作之缺点与错误，约为三端，即主观主义、官僚主义、分散主义。所谈事例甚多，自今日听之，确为不合。分散主义，意即领导出于多门，非属集中统一也。此毛病教部甚重，余亦觉察之"。(日记)

6月8日 作评论《读〈古丽雅的道路〉》(刊《中国青年》第十三期，总一一六期；后收入《叶圣陶散文乙集》，又收入《叶圣陶集》第十卷)。文章介绍说：《古丽雅的道路》是俄国作家伊林娜的传记文学。书名《古丽雅的道路》是译者给取的。"什么道路呢？是生命的道路。古丽雅短短的一生，她的道路可不简单，不寻常。不简单就是丰富，不寻常就是有意义。读罢这本书谁都会觉得古丽雅的一生是丰富的，有意义的。这本书原名叫《第四高度》。据通晓俄语的朋友说，解作'高度'的那个字又解作'高地'，古丽雅跟她的战友拿下来的'五六·八高地'的'高地'就是那个字。她在这一次战斗里牺牲了，五六·八高地'是古丽雅生命中的最后一个高度'，也可以说是最后一个高地吧。在这以前她爬上过三回生命中的高地，论高度是一回比一回高，这最后的第四回最高。"

同日 晚，卢鸣谷来访。"卢新从上海调来，任新华总店副经理。"

(日记)

6月9日 晨间校阅修订后之出版工作计划校样。"作书复编译局，告以愿从其请，继续看斯氏全集译稿，并拟约叔湘、志公、文叔诸人，为其局之顾问。"

开始看周芬所译高中化学第二册稿。赴外交学会宴，送瑞典文化代表团归国。（日记）

6月10日 上午续看高中化学稿。下午，编译局与人民出版社人偕来，"共商用字、用标点、排版格式诸问题。余告以深愿相助，望以后随时来商量"。（日记）

6月11日 "看字典'厂'母稿。""戈茅、周天行来谈，政府党委表示，今后学习须出自觉自动，方式可以多种多样，宜求实益，不事勉强。余觉今年之一切措施有一贯之精神，自广义言之，可包括以'休养生息'四字。以往三年成绩不少，而不免有强迫命令之处，今纠之而返于正，稳步从事建设，固其所宜。"

下午，修润卢芷芬代教育部所拟之教育工作会议之建议件稿。看幼儿园游戏之译本一种。（日记）

6月12日 看教育学稿一章，"于不妥适处一一为之眉批，希社中同人仔细参详，固不求写稿人亦知之也。写稿者强调思想政治，而不求言之明确周密。此病犯之者多，一时恐难改变"。看教育学稿。魏建功来谈字典稿之修改。（日记）

同日 出版总署发布《关于中央一级出版社委托北京以外地区印刷厂造货问题的几项规定》。规定共四条：

一、中央一级出版社凡需委托外地印刷的印刷任务，均应于事先向我署印刷管理局提出印刷计划，并由该局指定承印地区，开具介绍函件，前往印制。

二、中央一级出版社派员持我署介绍函件前往印制地区时，应先与当地出版行政机关接洽，由后者分配承印的印刷厂

并介绍承印的办法,各出版单位应遵照执行。(下略)

6月13日　上午续改教育学稿。下午,"续看字典'厂'母稿,毕"。(日记)

6月15日　"编译局送来斯氏全集第二卷译稿四十篇,开始看之。何公敢来访,谈其字典或将交与五十年代社出版。"下午,"萧家霖以字典之排版样张见示"。参加文联举行的屈原逝世2 230周年纪念会。(日记)

6月16日　"续看斯氏全集稿。"下午,"除发稿两种外,看字典'丩'母稿"。(日记)

6月17日　晨至妇联会所开儿童文艺评奖委员会,"此评奖之举,意在鼓励作者多为儿童写作"。下午,"看斯氏集译稿"。(日记)

6月18日　上午"看斯氏集译稿"。下午,"看完字典'丩'母稿。夜间叔湘夫妇来访。叔湘于昨日回京。谈少顷即去"。(日记)

6月19日　总署邀请回国参加青年代表大会之战斗英雄作报告。"来者三人,为特等功臣一级爆破英雄黄家富,特等功臣检定时炸弹能手李德学,二等功臣优秀医务工作者宁吉芝。各直属单位皆有一部分同志来听。"致欢迎辞。

　　下午,"芷芬来商一件文稿,系代教部、总署所拟,关于教科书之印造发行者。余为之修改,历时一点多。建功来商字典稿","余时改斯氏集译稿"。(日记)

6月20日　"上午续看斯氏集译稿"。下午三时至北京饭店,"政协全国委员会请习仲勋作报告,谈文教工作。习谓三年来之文教工作,有成绩是基本的,但亦有严重之缺点。缺点在盲目冒进,与经济建设不相配合。今后应克服主观主义、官僚主义、分散主义云云"。(日记)

6月21日　"伏案看斯氏集译稿。"(日记)

6月22日　"晨看斯氏集译稿一篇。既而看字典'ㄑ'母稿。下午到社,看毕'ㄑ'母稿。""安亭来谈,教部已提出四十余人之名单，请人事部门调来我社任编辑工作。教部开教育工作会议历时二十余日，今日方闭幕。旨在纠正盲目冒进，转而趋向整顿巩固云。"（日记）

6月23日　上午看《斯大林全集》译稿。下午，"看字典'丁'稿"。夜间看《钢铁是怎样炼成的》之节缩本。"此类节缩本颇多，以其易于销行，出版界竞相出版，工力自有高低，品类恐大不齐。出版管理局因而托人分别看之，希望得出一总印象。"（日记）

6月24日　竟日看斯氏集译稿。"为彬然改一书评稿，评论投机性之语文书籍。"（日记）

6月25日　"续看斯氏集译稿，与前昨所看合计之，又得十篇，即送回编译局。如是送回者三次矣。看字典稿，毕'丁'母，又看完'日'母。"

下午，"叔湘、志公二位来，因与萃中共谈语法课本之编撰。谈甚枝蔓，至六点而毕。邀叔湘、志公到余家晚餐，闲谈为乐，至十点"。（日记）

6月26日　上午，"讨论印刷管理局所拟在印刷厂厂长会议上之报告"。下午，看《斯大林全集》译稿。"与芷芬谈社事。与建功谈字典。"（日记）

6月27日　上下午看《斯大林全集》译稿，"旋即送回一批与编译局。第二卷凡五十篇，已看四十八篇，尚余较长之两篇矣。即看字典'虫'母稿，至放工时止。竟日集中心思，头脑又复昏昏"。（日记）

6月28日　晨偕胡墨林与傅彬然至科学院，"听叔湘作报告，谈苏联语言学界情形。此次科学院访苏团归来，分科作报告，以所见所闻告知国人，并将分科开座谈会。叔湘讲至十二点半毕，余颇广知闻"。（日记）

6月29日　"上午看毕字典'虫'母稿，接看斯氏集译稿。"下午，与人教社"字典室、总编辑室、出版部十余人为会，商量字典之排印出版问题。此虽一小字典,而为之将三年,今年第四季必可出版。于版式、装帧、校对、宣传各方面皆有所计划。少甫之意,将以此书试验出版计划之成绩,于此获得经验。会毕已六点"。(日记)

6月30日 看《斯大林全集》译稿。"署中陈列将往德国莱比锡博览会展览之出版物,彬然邀往观之。我国书籍较有分量者极少,印刷装帧均不讲究,仅线装书与木刻旧版画较为精美,堪以示人。美术出版社之画幅甚多,思想艺术皆差,余以为少拿出去为妙。"(日记)

6月1日至6日、8日至13、15日至31日的日记收入《叶圣陶集》第二十二卷。

7月1日 续看《斯大林全集》译稿。下午,往大华观电影《伟大的公民》上下集。"此片确佳。"(日记)

7月2日 看《斯大林全集》译稿。"余凡有改动,必说明其所以然,亦希于译者有所影响。译者之病,多违背我国语言习惯。又写成之后不复诵读一过,致语句多拗强不顺。凡此毛病,余时时为之提醒,录于小纸片。"与魏建功商量文法稿。(日记)

7月3日 上午看完《斯大林全集》译稿《马克思主义与民族问题》。"至此,第二卷之五十篇全已看过,其事可告一段落,即送回编译局。"

下午,"看字典'彳'母稿,毕之。至建功、家霖所,谈一时许。龙志霍由我社调来任俄文编辑,已接洽妥当,今日来信,谓不日即可来京"。(日记)

7月4日 "上午看高教部交来审阅之一稿,系北京大学所编,教东欧留华学生学中国话者。高教部拟以此稿发往东欧各国,供彼国学习中国话者作参考。余观其稿颇觉满意,不为琐屑之语法研究,而注意汉语之特点,言其应如何而外,复言其反面,谓不应如何。苟教者善于掌握,确可使学者学而能通。稿几二百数十面，余仅翻阅一过，未能逐页细看也。"

下午三点至怀仁堂，"听钱三强作科学院访苏团之综合报告，钱盖访苏团之团长也。其词甚长，内容丰富，至八点半始毕"。（日记）

7月6日 上午，作复信数通。"子恺发起于虎跑建塔纪念弘一法师，余捐一百万元。不相识之钱伯诚去年以辛稼轩评传寄示，余为介绍于文学出版社，雪峰因邀渠到社任事，今钱君有脱离原单位之可能，余答书表欣慰。并致书雪峰促成其事。"下午，"为芷芬改一答复《人民日报》读者投函之稿件，关于课本供应者，费时一点半钟。辞书室与出版部诸君谋订联系合同，余参加其间。联系合同订明各小单位各个人于总的工作中应负之责，实为公约之意。工厂中有此制度，我社则于今次发排字典开始试行。今日尚是预商，正式签订将在下星期六"。（日记）

7月7日 "晨看字典'尸'母稿。"下午，到印管局召集之印刷厂厂长会议上讲话，"就平日所见作讲话底稿，偏重于印刷品之质量。质实言之，今日印刷品之质量殊未能满人意，苟欲研求改进，头绪甚多。余所知太少，只能约略言之耳。……历一时有半而毕"。夜，宴与会者于文化宫。何公敢来访，谈其字典与检字法。（日记）

同日 出版总署发布《对国际书店总店所拟向资本主义国家进口书刊几项原则的意见》，共五条：

一、接受读者委托进口书刊，可不只限于科学技术一类，凡按照《国外印刷品进口暂行办法》规定的批准手续者，其他书刊均可代办。

二、第二条所指的古典文学、艺术作品，为满足大城市中的部分读者需要可以主动少量进货，放在大城市国际书店分店及新华书店外文部发售。国际书店应经常检查和协助检查大城市国际书店分店及新华书店外文部备货情况，既要避免积压，也要防止各货太过贫乏,予国际友人以中国不注意文化交流的不良印象。例如,古典文艺作品,上述门市就应该各保持二三本。如个别读者,有一定机关团体介绍,要求代办这种古典文艺名著,也可以考虑接受。

三、第四条所述的进步权威报刊所提到的反动书刊,其中如确有重要参考价值者,如某些官方文件、年鉴及著名反动理论家的著作,仍应参照《国外印刷品进口暂行办法》,如有一定级机关负责首长批准,可以为之代办进货。(下略)

7月8日 "晨间看罢字典'尸'母稿。"九点半,出席文委常会。"文委计划财务局作关于编制全国文教事业计划工作之报告。分三部分:一为编制今年计划之主要经验;二为综合各部所提出之五年计划纲要草案,提出初步意见及其中之问题;三为五年计划与一九五四年计划工作之布置。习仲勋作结语,希望明年之计划胜于今年,且能及早提出。"下午,"芷芬来谈事。与陈侠谈约外间译稿"。(日记)

7月9日 上午开署务会议,"讨论明年出版建设计划之各项指标数字","为草拟明年计划作准备"。下午到人教社,审阅新出之《小学教师》,检查校对工作之质量。魏建功来谈字典。(日记)

7月10日 上午看陈侠交来之教育学稿。"又看字典'尸'母稿","看字典所有诸韵母之稿"。"出版部汇印外间来信,言及我社之书装订错误甚多。此事殊不可恕,须设法克服,作书与少甫谈此事。"

辛安亭来谈,"言大批调用编辑人员,其名单虽经教部开出,而管理人事之系统不一,公文辗转需时,今尚无眉目。又谓日内拟开全社代表会议,期能巩固今年上半年及时供应之成绩而转入提高质量"。(日记)

7月11日 看教育学稿。"此书由教育部约多人分章写述,有较好者,亦有甚差者。教育部要求不高,第观其讲及什么,而不问其怎么讲什么，故模糊笼统之病，所在都有。以此为师范学校课本，教者实难掌握，学者亦如在雾中。余固深不满意此类书之刊行，然若提出此意，彼必将以今日水平只能如此，无法作过高之要求为言。故亦只得任之。"

下午开总学委会，"宣布依政府党委之指示，各单位高级组中级组悉学《联共党史》，初级组学经济建设常识。并讨论领导组织之方"。始修润丁酉成译之小学俄语教学法一稿。（日记）

7月12日　下午到科学院，"语言所既由叔湘作报告，今日遂开座谈会，到者二十余人，多熟友。诸人发言，皆谓有关语文之事宜由语言所出而领导。余谈语言混乱之象为害甚大，宜共努力研究，设法消解"。（日记）

7月13日　上午续观俄语教学法译稿。下午，"接龙志霍信，谓今晚到京，嘱人事科派人往候。建功来商量字典稿"。

"叔湘来，谓参加《中国语文》社之座谈会，讨论译名问题。到家与至善谈。渠谓我国化学名词之制造据形声字之例，甚有系统，视而可知，学者称便。语文家以其为单音词而欲改用音译，实无裨于化学界云。"（日记）

7月14日　上午仍改丁酉成译稿。下午开扩大社务会议，"宣布将开全社代表会议，由安亭说明其意趣及办法，然后大家讨论。决定成立一筹备委员会，推定七人，即着手筹备"。（日记）

7月15日　看"建功家霖草成一关于字典之宣传件"，"为逐句推敲，加以润饰，费一时许而毕"。

接王力来信，"有来京之意。即作书复之，告以毛主席指示增加我社之人力，教部方开列名单调人，其名字亦在名单之中云云。了一之意在科学院语言研究所，我社之编辑工作，或非其所希，姑告之，事成与否，因素甚多，且观其结果耳。仍续看丁酉成译稿"。

会见新自福州来我人教社之洪心衡，"今后将请其佐叔湘编撰语法课本"。（日记）

7月16日 "晨续看丁君译稿。"上午出席人教社出版部与新华厂工友之座谈会，谈字典排版之事，"凡与此事有关之人咸集。讨论集中于版面格式，此字典有图三百余幅，排版殊麻烦"。晤龙志霍，"略与谈编辑中学俄文课本至为急需"。工余始看《猎人笔记》。（日记）

同日 作书信《致梁承先》（收《叶圣陶集》第二十四卷）。请保存《斯大林全集》第一卷之校样。

7月17日 "晨续看丁君译搞。八点半开署务会议，应申报告新华书店会议之结果，于注意供需关系，区别城市与乡村之发行情况，与会者取得一致之认识。卜明报告印刷厂厂长会议之情形。"吕叔湘来谈，"欲调本市中学女教员一人为志公编语法课本之助手。顺便谈及我社之字典，谓其质量不高，以国家出版社出此字典，恐难餍外间之要求。余闻而怅然，但势已至此，非发排不可，而以今日编辑部同人之水平，即再加修改亦莫能更臻美善"。下午与魏建功等"商量字典之排版格式，复告以叔湘之言。建功意谓此字典仅属草创，总算脱了窠臼，不如其他字典之抄来抄去。至于求其精纯正确，无懈可击，只得俟诸异日"。（日记）

7月18日 晨看毕丁君译稿。"又看叔湘昨交余志公所写初中语法稿将二十页。此是叔湘回国后再经商量，重起头绪者，务求其浅，每课注意一二点，说明甚详，余以为可以满意。又看新出版之重订小学语文本第一册，专注意校对，将视校对科之精确程度如何，发现错误不多，错字竟绝无。以后尚须看他书，多中为综合，乃可见其平均数。"下午，"看字典稿'ㄅ''ㄙ'二母"。（日记）

7月20日 晨间校阅高小地理课本之成品，检查校对工作。九时至文协,"开扩大常务会议并代表大会筹备会。下月下旬,文联将开代表大会,继之各协亦开代表大会。文协于其时将改为作家协会,整顿组织,期于创作方面多起推动作用"。下午,龙志霍来访。魏建功来商字典稿。(日记)

7月21日 晨间看完地理课本。"又看《光明日报》交来之外间投稿两篇。一篇论文章体裁之分析,大致谓从前丏翁、望道与余之分法未免机械,与今日各体文章不能相应。一篇讨论文章作法之书,谓余与丏翁之《文心》当时虽稍有进步作用,今日观之已嫌不够。而其影响尚在,一般谈文事者,往往袭其绪余发为论著,实于初学者无多助益。余觉此两文皆有道着处,然批判不深刻,发挥不畅达,刊布于报刊,未必即有裨于一般人之深入思考。余于此两事,尚未能有正确深辟之见解,不足以揭昨非而标其今是。《光明日报》嘱余裁决,余不能作有决断之处理也。"

"文学出版社以《倪焕之》之校样来,于校对提出若干问题,一一为之解决。"

下午,"校读高小算术课本之成品。丁酉成来,就余于其译稿所提意见与余商量,谈一时许。丁君能用心研究,就余所改处一一揣摩,余深慰"。(日记)

7月22日 写复信数封。"其中一封回答询问《古代英雄的石像》之意旨。此篇选用于初中课本,问者时时而有,实为麻烦。一般教师皆求之过深,以为必有所影射。实则余当时不过瞧不起所谓英雄,又略有为大众服务之想头,以为唯有如石块铺路,供人行走,乃为有意义之生活。故此篇盖发挥余当时之人生观耳。余惮于作答,答之又说不清楚,甚欲删去此篇,以图省事。而同社诸君以为不须删去,于是询问之函陆续而来,亦有投书者谓此系非无产阶级思想,不宜为教材者。究竟如何,惜无明识者为之下断。"

续看高小算术课本之成品。"算术不若文科书籍之易校，迄于下午放工，尚未看完一册。错字未有发现，唯发现使用标点符号体例不一致之例十数处，校对工作不错，可慰也。"赴中国人民保卫世界和平委员会之宴，欢迎印度艺术代表团。（日记）

7月23日 校毕高小地理课本。"又看字典'丨'母稿。"（日记）

7月24日 看陈侠昨日交余之教育学稿之又一章。看丁西成续交来之译稿数页。又看语文室改订错误之中学语文课本三册。（日记）

7月25日 改"地理室诸君撰文三篇，叙新编三种地理课本之意图与编写经过，将刊于《地理知识》"。"至文化宫为茶会，招待即将赴苏留学之我署系统派遣之学生七人。今届派遣之留学生共七百余人……（我署七人）其中五人学新闻学，一人学书籍贸易，一人学印刷企业管理，均为期四年。余略致勉励之辞。洛峰到过苏联，为言留苏应注意事项。谈叙两小时而散。"

金灿然来谈，"言今日与安亭共往人事部，商我社调用编辑人员事。灿然之意，以为徒然增人，未必即能编好课本。如历史一科，若干根本问题未得解决，教学大纲未能写定，增人亦复奚益。渠谓此可托付之于科学院历史研究所。其他如语文，如辞书，亦可以同样方法行之。编辑方面既有专门之领导，我社只须负出版之责。余谓此意甚善。安亭当能提出于教部，由教部向文委作报告。此未辜毛主席编好课本之旨也"。

周振甫来谈，"渠不欲居中国青年出版社。余介绍渠于文学出版社，雪峰适夷俱欣然，将托渠整理稿件。但调动不易，余告适夷径与中国青年出版社商量"。（日记）

7月27日 晨间续看地理室介绍新课本之文。"与愈之、戈茅、浩飞、天行商量高级班之学习事宜，决于下月为始，学习《联共党史》。"

下午，"出版部来商量字典之版式问题。又看发排之校正书一种"。夜，顾均正来，"谈周振甫调动工作事。顺及中国青年出版社人员不少，而能力不齐，殊难作好工作"。（日记）

7月28日　改毕地理新课本介绍文之第三篇。继之改丁酉成绩交来之译稿。"叔湘送来其新撰之《语法三问》一稿，将付《语文学习》者；细看一过，略提意见送回。陈侠来谈译事，并及教育学方面之译名尚不统一，但亟须统一。"出席文协之茶话会，欢迎冰心、巴金、萧三三人。（日记）

7月29日　看陈侠交来之教育学稿。"又看字典稿'ㄨ''ㄩ'二母。至此，字典稿全部看毕。此稿经同人屡次改易，最后由建功与余校阅，复作修改，用力不为不多。然下断多凭直观，未作深入之研究，错误处不当处必不少。且俟问世而后，经比较多数人之批评，再作改订耳。"下午，"看《联共党史》第九章，即规定自下月始须学习者"。参加首都各界庆祝朝鲜停战协定签字大会。（日记）

7月30日　看陈同新之高中物理稿。"此是明春供应之书，又是一个开端矣。周而复始，甚为迅速，亦殊不觉。彬然灿然合作一文，评数种劣等之语文书，嘱余改之，费时两点有余。"下午，看王芝九所修改高中外国史第二册。"安亭来谈，调人之事尚无眉目，前与宣传部、组织部之人为会，原开五十余人剔去必不能致者三十余人，仅余二十余人。而此二十余人何日可来亦复难知。又云高云屏将调往国家计划委员会任事，而代之者尚无着落。"（日记）

同日　出版总署发布《出版社、杂志社不得直接向外国驻中国外交机构或个人索取材料》，规定："如有特殊需要，须取得大行政区以上的有关宣传部门及各地外事机构审核批准。"

7月31日　上午看许南明重编之初中物理稿。又续看陈同新之高中物理稿。下午，"少甫、芷芬、张景勋来谈版式规格。彼三人

欲提高印订方面之质量,并及插图之位置与美观。谈两小时有余而散。又略看发排之教育书稿两种"。(日记)

  7月1日至18日、20日至25日、27日至31日的日记收入《叶圣陶集》第二十三卷。

8月1日 "看教育学稿德育一章","看周芬所编译之化学稿五章"。(日记)

8月2日 下午,"与墨及卢鸣谷、杨庚共载,至颐和园"。"迩来署中及直属单位之高级人员颇有新来者,为此游园会聊表欢迎之意。所谓新来者,除卢、杨二君外,有常紫钟(出版局副局长)、易定三(时代出版社社长)、吴文焘(外文出版社副社长)、恽逸群(地图绘绘社副总编辑)数人。共游者有署中局长以上诸人。或携眷属,或带小孩,凡三十余人。天阴,湖波平静,西山沉翠,游人已渐散。雇舟四艘,分乘之,进冷饮冷餐,自前湖而后湖。荷花盛期已过,然尚有可观。后湖至幽静,如在苏杭溪涧中行。既而舍舟登陆,入谐趣园,复绕至湖滨,散坐闲谈。无月色,景物悉沉于昏暗中,而仍依约可辨。湖波微动,鱼跃水面,声宛然可闻。如是夜游,亦殊赏心。到家已九点半矣。"(日记)

8月3日 "上午为彬然改一文,介绍语文书籍,将刊于《图书评论》者。"下午,"芷芬来谈事。明年之选题计划无由遽定,有关各方不甚能配合,闻之愁虑。为曹飞羽看初小算术补充教材一册。与建功、家霖重行讨论字典之'所'字条。半日工夫,殊无暇刻"。(日记)

8月4日 上午看许南明之初中物理下册稿,又看教育学稿。下午,"开小型茶会,送高云屏离社,渠将往计委之文教局任事"。(日记)

8月5日 改丁酉成等译《真理报》社论一篇,论苏联教科书之出版发行工作者,将分发同人参览。"此文言有若干教科书已不及现时之科学水平，编制未尽精善，致使学生增不必要之负担。他则美术装帧不佳，形式不美观。供应未能及时，未能于开学之前悉送达学校。凡此种种，皆应归咎于出版社与教育部。此宛如我国之情形，唯其所谓质量不高，犹高于我国之质量，此殆可断言也。复为出版局同志改书评一篇。"

下午，"开总学委扩大会议，商定自下星期起，高级组、初级组皆开始学《联共党史》第九章。高级组负研究解答之责。集体学习改定为每星期三下午，文教单位皆然。会至五点散，改陈同新之高中物理稿一小时"。工余始读《父与子》。（日记）

8月6日 续改陈同新稿。又看小学语文修改本。又为沈兹九看交来之童话投稿一篇。

下午，"江季云来商量昨日所改《真理报》社论，迻译盖出其手。渠近突击学俄文，居然能迻译，余为之指点，皆能领会，为之心慰"。（日记）

8月7日 作书信致习仲勋，"请渠设法补一相当之人"，到人民出版社接替高云屏任秘书长。上午开署务会议，"浩飞报告一年来核准出版、印刷、发行三业营业之工作情况。常紫钟报告近日方在开会之报社座谈会情况。彬然报告我署参加外国展览会之筹备情况。此事今后将日益增多，不宜取应付态度，应知其为国际宣传之利器，应专力为之"。

下午，"与芷芬安亭谈小学语文课本事，甚久。缘五年一贯制之缓行，春季始业班之取消，小学语文课本只能就旧本重为编排，勉强杂凑，几不成样子。既大家以为只得如此，余亦无异议，然实非所宜也"。（日记）

8月8日 晨间又为《图书评论》改稿一篇。看辛安亭所拟《巩固及时供应，提高课本质量》之报告稿，大体无误，然不精警。（日记）

8月9日　晨间开始看《牛虻》。"此系英国女小说家之作。我国青年见奥斯特洛夫斯基与卓娅皆盛称此书，又见高尔基亦加赞赏，乃投函各方面，希望迻译印行，余处亦收到投函。余与雪峰商之，雪峰云待觅原本。而中国青年出版社先得之，即托人迻译。因闻余言此类书既必风行，不第影响青年之思想，亦复影响青年之语言，译事不可草率，逐屡改译稿，审校再三，延至今日方出版。"（日记）

8月10日　上午改丁酉成译稿。"署中又拟举办公文讲座，浩飞拟一计划，余看之改之。余言个人任此，力所不胜，多人共商，由余讲之，乃或可就。盖办理公文，实即处事决策，余于此良非所长。余所能为者，处事决策已有成竹，如何表之以文字，使明白清楚耳。"

"复傅雷一书，较长。傅君以我社教本不用人名地名号，来书表异议。余答以此事甚难，迄无善法解决，故索性不用。傅再来一书论之，因复作答。"

下午，看教育学论美学一章。（日记）

8月11日　晨续看陈同新高中物理学稿。"看历史编辑室说明新编苏联现代史之稿，将刊于《人民教育》。"夜，宴请报社座谈会与会者。"此次座谈会开会八日，省级以上报社均有人参加。主要解决发行问题，次则为企业经营问题。"（日记）

8月12日　人教社开全社工作人员代表会议。"余首致辞，甚简短。安亭继之，据其日来所拟之稿作报告。……安亭讲毕，筹委会李赓序讲讨论安亭报告之要项，又说明选举代表之办法。"

下午，总署高级组诸人为会，商量学习事宜。"约定每月讨论一次。分四小组，由浩飞、彬然、邵公文、常紫钟为组长，负组织督促之责。"夜，高祖文来访。（日记）

8月13日　改许南明所撰高中物理稿。（日记）

8月14日　胡愈之将往青岛休养，"聚十数人谈最近期内之工作，

有拟订计划，编制财务计划、建筑计划等项"。（日记）

8月15日　续看初中物理印本。赴朝鲜大使馆之招待会，庆祝朝鲜解放八周年。（日记）

8月17日　看颜迺卿、周光岐所撰初中本国史地理下册稿。续看初中物理印本。（日记）

8月18日　续改初中外国地理稿。续看物理学之印本。下午，"萃中来谈中学语文教学事"。"一青年文艺工作者来访，谓入工厂体验生活三个月，回来后犹不知如何下笔。此在老作家亦复如此，可谓普遍现象。因两人来谈，下午遂未看什么。"（日记）

8月19日　看高中物理稿。"周振甫来，约明日下午会于中山公园，谈《语文学习》编辑事。下午为学习时间，重看《联共党史》第九章及斯大林之长篇报告。"（日记）

8月20日　上午将初中物理学上册之印本校阅毕。下午，"偕彬然至中山公园来今雨轩茶座，《语文学习》社诸君已先到，既而叔湘亦至。共谈《语文学习》如何持论，助教师致力于作文教学。座皆稔友，随谈无拘束，至七点过乃散"。（日记）

8月21日　上午，人教社工作人员第一次代表会议开幕，致辞。"此次会议之中心题目，即巩固及时供应，提高课本质量。"下午开署务会议，"讨论通俗出版社之筹备方案"。（日记）

8月22日　"晨间看建功家霖二位所编之检字表，将刊于字典者。缘字典按声音次第排列，故须附检字表，供不谙拼音字母之人翻阅。此检字表分点划直撇四类，每类之字之排列，亦依笔顺之点划直撇为序，翻检手续麻烦；又以仍顾及部首，属彼属此不易遽定，须碰机会。说明亦甚噜苏，恐为读者所不耐。只得搁置一旁，俟与二位面商后再说。改初中外国地理稿，未竟一章。"

胡乔本送来一稿，"系所拟将在文代大会讲说之报告，嘱为之润色。文甚长，殆在二万言以上，粗略翻看一过，觉其甚佳，政治性极强，于文艺界痛下针砭，思致极深，即执笔改之"。

下午，"看语文室重订之小学语文第四册全稿"。(日记)

8月23日 改胡乔木之文。"至晚餐时，全篇仅改三分之一，而余颇疲累矣。"(日记)

8月24日 上午专改胡乔木之文。下午，仍复改之，"至散班时，尚余全篇之六分之一"。工余始读《远离莫斯科的地方》。(日记)

8月25日 上午九点，"将乔木之文改毕，即与送去。余致乔木短简谓'此作深、强、透辟，心折之至'"。继之改初中外国地理稿。(日记)

8月26日 上午改王芝九所撰世界史之导言。又看高中物理学稿。下午学习前一天《人民日报》论文，论述列宁、斯大林新经济政策各方面之意义。(日记)

8月27日 看初中外国地理稿。继看高中化学稿。(日记)

8月28日 "取浩飞光暄交来之存档发文观之。我署又将举办公文讲座，拟分公文为五类，逐类讲之。二君为余收集资料，佳者不佳者兼收，以为讲说之例子。此不仅关乎文章，尤须明白其事之全貌，颇非易易，观览有顷，未能确定如何开讲。

"外文出版社二君来访，一为荒芜，通信已久而初识面，又一人未及记其名。二君谓外文社已译若干作品为英文，行销国外，最近将译余之童话，嘱余自选。余之童话殊平常，彼社既觉需要翻译，亦复不之拒。余意既需翻译，即当译得好些，为纯粹之英文，因谓如有必要，余可托熟友数人校读译稿，如孟实、介泉、叔湘诸人。二君谈半时许而去。"

下午，"与安亭、薰宇及工会委员二人为会，讨论将提出于代表会议之奖励名单"。"会毕，至建功家霖所，商量字典检字表之编排问题。二君因余提出意见，谓所编排法不便，已商量改进办法。大致仍依笔形按笔顺次第编排，唯一律从左上算起，取消以前间或从右上算起之办法。某易于致惑者，则取互见之办法。谈一时许，余觉较胜于前，因请再作研究，务以便于读者为主。建功谓我辈固觉其不太方便，初识文字者习染不深，殆无所谓。余谓恐未必然。"（日记）

8月29日 上午改初中外国地理稿，至此全部改毕。"此书揣摩苏联课本之精神，以自然地理为主，兼及必要之政治经济方面事项，较之以前陈原所编一种，自见进步。至于叙述生动，引人入胜，殊谈不到。余为修改，仅能去其不适切之词与不通之语句而已。"下午，作书复朱文叔与宋云彬。至绘图科，与同人谈画。（日记）

同日 作书信《致梁承先》（收《叶圣陶集》第二十四卷）。希望借用《斯大林全集》第一卷之清样，为教育出版社校对科作业务学习之用。

同日 出版总署发布《关于处理私营出版商出版领导像的通报》，对"上海等地私营出版商出版的各种形式的领袖像，大都粗制滥造，极不严肃"的行为，予以批判，规定"私营图片出版业"不得出版领袖像（包括我国党政首长、各国共产党领袖及各兄弟国家政府首长）。

8月31日 下午到人教社，"开代表会议之全体会，讨论八项提案。……谈及最多者为保证计划之执行，加强检查审查以提高质量，加强翻译工作以保证吸收苏联经验等项"。（日记）

8月1日至15日，17日至29日和31日的日记收入《叶圣陶集》第二十三卷。

9月1日 "从人民出版社取来《斯大林全集》第一卷之清样，与余所校一份校样对勘，观编译局从余之修润者凡有多少。对勘半本，依余改动者十之八九。其不依余改动者，有一部分系彼辈未明余意，或于词意句式较疏，以为不必改。此外一部分，则诚为余之穿凿。"上午开署务会议，"讨论明年计划之三项指标数字：一为出版计划指标，报志图书之种数份数；二为基本建设指标，均属修建房屋之数字；三为财务计划指标，即国家用于出版事业之钱数，明年与今年相近，实际支出者仅三千亿有余耳。此三项尚未为定论，第据以编制计划，经文委、政务院、国家计划委员会层层核定，尚须许多工夫也"。(日记)

9月2日 上午专看高中物理学稿。观张献之所撰《诗词曲语辞汇释》。"前尝观其原稿，匆匆未及详；今日细看，觉各条无不允当，可与《经传释词》《助字辨略》比美。"下午学习，"看列宁之《论粮食税》"。傍晚，汪静之来访。"渠去冬来文学出版社，为古典文学部之编辑。留渠晚餐，谈至七点半而去。"(日记)

9月3日 晨至人教社开代表会议之全体会。"先由提案整理委员会报告主席团根据大会讨论，对决议案作修订之情形，提付全体表决，一致通过。此八项决议为此次会议之收获，亦即今后全体同人努力之方针。于是会众自由发言，皆谓此次会议开得好，发扬民主，集中认识，于巩固及时、提高质量确有益处。又谓于会议期间学习所得不少，认识显有进步。最后余致闭幕辞。"下午写文介绍《诗词曲语辞汇释》。夜，"方宗熙来访，渠以科学院召集开会来京。留渠晚餐。所谈多涉生物科学，甚有兴。渠在青岛教课作实验，较之在我社任编辑，匆忙写稿，自觉佳胜。九点去"。(日记)

9月4日 上午续成介绍《诗词曲语辞汇释》之文。夜，总署开会欢迎往朝鲜任发行工作近方归国之同人二十余人，致辞。(日记)

9月5日 "上午继续对勘斯氏全集之清样与余之校样。"下午，改"世英交初中本国地理第二册之稿……约历三小时，仅毕其一章，原稿十五页耳"。

"至诚来信，言结婚期定在本月中旬，邀我们去南京，墨本拟去，余以事牵，只得不去。其对象名姚澄，为锡剧之名演员。至诚为之助研演技，相爱已有时，议婚之前，尝致书其母转探余意。余并无不同意之想，议遂定。"（日记）

9月7日 "上午作书致编译局诸君，缘对勘斯氏全集第一卷之清样与初校样，有余认为不易通晓之处，经提出请再为斟酌者，而彼等未加考虑，仍其原译。余以为此是不甚负责之态度，故作书直陈余意。余谓翻译之事，首在为读者服务，尤宜顾及者，为不通外国文之读者，必不能责读者以明晓外国之语法表达法而后读译文。言外之意，译文不第须对原作者负责，并须对读者负责也。

"作书致荒芜，选定童话十一篇，交与翻译。又致书《人民日报》，缘报社明日开座谈会，讨论儿童文学方面之问题，余不克往，遂书意见数条送去。"

下午到人教社，"与五六人谈事。书稿有逾期未定者，已开会设法补救，所谓及时供应，大约今后真可以巩固矣"。改初中本国地理稿。（日记）

同日 作书信《致师哲陈昌浩姜椿芳陈山》（收《叶圣陶集》第二十四卷）。信云：

"近日以公等校定之《斯大林全集》第一卷清样与我之校样对勘一过，藉悉所贡意见，大部已蒙采纳，良为欣慰——非欣慰个人之见获申，盖以读者理解较便为欣慰耳。其未蒙采纳者，一部分以我浅识拘墟，所陈失当。亦有一部分改其文字而未陈其意旨，或语焉不详，遂令公等莫察，置之未理。此皆不论，今唯欲奉白一事。末篇有一处（页数及语句书于别纸）我标注谓其语不克晓，意盖欲乞公等再为斟酌，重定其文。而定本仍如原样，未见有所改易。岂公等以为其文已甚明畅，不须改易耶？抑我实愚陋，厚诬此已甚明畅之文耶？夫迻译之事，首在为读者服务，而尤宜顾及者，为不通原文之读者，必不能责读者以通晓原文之语法表达而后展读译文。暇尝涉想，翻译工作者必当持此态度，努力以赴，乃为克尽厥职。我诚愚陋，第恐愚陋如我者未必更无他人，则此集之行世而后，将有若干人于此语不克畅晓其义，是岂迻译斯氏全集之初意欤？方今鼓励批评，已蔚成风气，言者无罪，闻者足戒，用敢不惮烦渎，率直陈其所怀，幸垂鉴焉。"

同日 作《对改进今后儿童文学提出了五点希望》（刊10月6日《人民日报》第三版的综合报道《关于改进儿童文艺读物方面之意见》）。

9月8日 上午改本国地理稿一章。"彼辈以余最后须修饰，存依赖心理，草草完稿，即以交来，故余之办法实亦非妥。然若径任彼辈修饰，不复插手，事实上亦难大体无误也。"

"下午两点，至全国委员会，系召开常务委员会扩大会议，一般委员均被邀参加。周总理报告过渡时期之总路线，陈云副总理报告财经情况与存在之问题。所谓过渡时期，其总路线为在相当长之时期内，基本上实现国家工业化，农业、手工业合作化，基本上实现私营工商业之社会主义改造，又必须随时顾及国防建设。……陈云报告毕已八点。"（日记）

9月9日 上午至怀仁堂，参加小组会，"讨论周陈二位之报告"。下午，"李富春报告苏联对我之援助。继为讨论"。夜，卢芷芬来谈人教社事。（日记）

9月10日 开始看宋云彬所撰之高中近代史稿。"此稿始于鸦片战争，云彬为初稿，李赓序助之校核，已送与各方面提意见，又由李为之整理。俟余看过，即为定稿矣。自晨至晚，不过看万数千字。用心稍专，头脑昏昏。"（日记）

9月11日 上午续改宋云彬之稿。"下午仍至怀仁堂，全国委员会常务扩大会议本定三日，以发言者众，延长一天。今日发言者有陈嘉庚、梁漱溟、邵力子、章伯钧、侯德榜诸人。休息而后，周总理作补充说明，答复讨论之际大家提出之问题，首段重申工业化之必要，次段言私营工商业主之前途。此问题在民族资产阶级自当极为关心。会毕已过八点。"（日记）

9月12日 上午，复观梁建新所译中学文学教学法之稿，"朦胧含糊，意皆非明确。因不复观，作书劝梁君改变作法，先求了解，然后动笔。"

下午三点到怀仁堂。"今日为政府委员会第二十四次会议，被邀列席者视前为众，殆有二三百人，故会场不在勤政殿而在怀仁堂。彭德怀作关于中国人民志愿军抗美援朝工作之报告，继之有三数人发言，皆盛赞毛主席之领导，志愿军之英勇。最后毛主席讲话，略谓朝鲜停战，战争告一段落。所以致此，虽于领导有关，主要为我人民军队之功绩。美国方面不得不协议停战，非算有军事上之原因，且有政治上经济上之原因。我方付出之代价与美方相比，彼多我少，相差颇远，而所得主要有三：一、扼住三八线，二、取得军事经验，三、全国人民之政治觉悟。得此三者，遂推迟美帝对我之侵略行动，推迟第三次大战之爆发。彼苟欲蛮干，则我已得之三者仍在，足以应付也。末言有人鉴于农民生活尚差，希望多顾及农民。人民生活自必逐步改善，但若以为此即'仁政'，实非根本。最根本之仁政为抗美援朝，今后为经济建设。全场鼓掌久之。七时散会。"

夜间王力来访。"高等教育部召各地大学校长及主要教授来京开会，熟友来者甚多。了一欲晤志公，因邀志公来同谈。谈甚畅，二君十点半去。"（日记）

9月13日 晨送胡墨林往车站赴南京参加至诚婚礼。后至中山公园来今雨轩，"应伯祥之约，晤绍虞、予同。少顷诸人咸集，尚有芷芬、士敫、振甫、振铎及其子。绍虞容色依然，绝无老态，腰背挺拔。予同亦不坏。杂谈京沪情形，颇为愉快"。

(日记)

9月14日 上午改中国地理稿。"下午仍至怀仁堂，列席政府委员会第二十五次会议。陈云副总理作财经工作之报告，与前在全国委员会所闻者相同。继之发言者皆甚长。粮食部部长章乃器谈粮食供应工作尚切实。渠主张米面不必求其过白，多留维他命B于身体有益，而自总体观之，即可节省粮食。又主张各地宜就地取食，产什么吃什么，勿使粮食到处旅行，亦节约之道。"夜，在署中，为徐伯昕作饯。徐伯昕患神经衰弱，"将于明日赴苏治疗"。开史平治治丧委员会之会。史氏为英国共产党建党人之一，时任我国外文出版社顾问。（日记）

9月15日 晨间改中国地理稿。"下午三时仍至怀仁堂，列席政府委员会第二十六次会议。李富春报告苏联援助我进行经济建设之情形，视前在全国委员会所谈加详。继之发言者数人。最后高岗副主席讲话，反复阐明工业化之必要与可能。综观此次开会，包括全国委员会与政府委员会，几位负责人之报告与讲话，无非说明工业化为首要之图。此理亦甚易明，而不惮反复叮咛，始以主张民生尚艰困，致疑于工业建设者不乏其人之故。今日会场中分发毛主席旧作《抗日时期的经济问题和财政问题》，供大家参考。其中即有谈到'仁政'处，与毛主席上星期六所谈意旨全同。易言之，工业建设为永久之利益，此所以为大仁政也。"（日记）

9月16日 晤昨自青岛回来之胡愈之。上午改宋云彬之历史稿。下午仍至怀仁堂，列席政府委员会第二十七次会议。彭真作政法工作之报告，郭沫若作文教工作之报告（即《四年来的文化教育工作和今后的任务》——编者注）。（日记）

郭沫若《四年来的文化教育工作和今后的任务》（刊《人民日报》10月1日第五版）云："四年来，全国人民出版事业……有了很大的发展和改进。在书刊出版方面，建立了国营各级出版事业,发展了书刊发行网,实行了出版、印刷、发行的专业分工,并局部进行了私营出版社的调整。全国各种出版社和新华书店的分支店都有增加。所有书刊、杂志、图片、画册的内容已有改进,发行数量已有增加。"

9月17日 上午续改宋云彬之稿。下午三时仍至怀仁堂。"章伯钧周总理发言历三小时,皆集中力量批驳梁漱溟之言论。梁于全国委员会之小组与大会中均发言,昨日亦尝发言。其大致谓总路线无问题,唯行之好不好,颇须注意。渠希望于经济计划之外,更知其他方面之计划,俾大家研究讨论。渠希望建国之业成为伟大之运动,而目前所有之组织团体及种种工作尚不足以副之。渠谓共产党入城而后似乎已遗弃农民,于农民之关顾不够,农民之生活与工人之生活相衡,一在九地,一在九天。此外尚多。周总理一一驳斥之,用词吐音至严厉。毛主席时于其间插数语,或为周之言作申说,或径直斥梁之非,而往往以笑颜出之;然谓'讲老实话,梁之路线我们决不采取',颇为斩钉截铁。"休息时分发梁在一九四九年二月所为一文,题为《敬告中国共产党》供大家参看。其文主旨为两点,一为必须容纳异已,一为不要用武力。会议本定于今日结束,因今日之发言,明日仍须续开。"

夜,朱文叔来访。朱夫人刚病逝,"余恐其多为哀愁语,而实际不然,多谈近日所观之翻译小说。唯谓余曰:'暮年孤独生活是难受的呢。'"(日记)

9月18日 上午仍改宋云彬之稿。下午三时仍至怀仁堂。"梁漱溟发言,语气高傲。谈仅十分钟,即有人喝住。多人谓如此反动言论,不宜容彼在此乱说。毛主席希望梁以较短之时间毕其辞,但群众不以为然。结果举手表决,赞成不容其发言者占绝大多数,梁遂归座。于是多数人相继发言,或谈梁之思想,或谈梁之往事。总之此人犹是旧日之士大夫,自以为可以治天下,实则思想行动,无不具封建地主之意识。即使此次渠之发言别无坏意,而客观上确有反对总路线、挑拨离间工农联盟之嫌。最后高岗副主席谓梁之问题,归全国委员会处理。继之通过决议,人民代表基层选举延至明春完成。"(日记)

同日 出版总署发布《对河北人民出版社修订出版计划的意见的批复》。河北人民出版社修订出版计划的意见认为:"目前要求省级综合性出版社按书名做全年的出版计划实难执行。理由是地方出版社出什么书要根据当地政治任务及中心工作的具体情况随时决定。同时他们又认为配合中心的临时性的书籍出版的用纸,不应在常年用纸计划内,而应在每季终了之后,按实用数报请追加。"《批复》指出:"这是一种否定计划化的思想,因而是不正确的","这实际上是要求使我们的出版工作处于自流的盲目状态,显然是不对的",并予以批驳。

9月19日 晨间续看宋云彬之稿。九时,集出版系统之人员将八百人于礼堂,传达周总理在全国委员会扩大常委会上之报告。下午,与丁晓先谈历史编辑事。

"周扬送来在文代会上之报告草稿,嘱阅看提意见。文甚长,看三小时而毕,意与乔木之稿相近,而表达远不逮乔木。余仅为改尤为别扭之少数语句而已。前日在怀仁堂遇乔木,渠谓渠所拟稿不欲在会上讲。余言如此报告,听者有益,不讲可惜。今日顺便告周扬,重申此意。"夜,王统照来访,"渠来参加文代会"。(日记)

9月20日 拟在文代会筹备会上发言稿,谈语言问题。"午间愈之作东,宴老友于全聚德。余以外,到者有予同、望道、绍虞、光燊、振铎、剑三、雪村、伏园、薰宇九人。纵谈为快,亦殊难得。餐毕游颐和园,步行过长廊,然后雇舟行后山涧中,于谐趣园登岸,即出。园中木樨盛开,浓香四溢。复游西郊公园,出园已六点。"夜,邀王统照到家小饮。谈文艺界情形,

谈青岛解放以前情形。(日记)

同日 次子至诚与姚澄在南京结婚,胡墨林出席婚礼并致贺辞。

9月21日 金灿然、傅彬然来闲谈,"皆及文叔,谓不妨更其工作,请渠改稿而不复参加小学语文之编辑,缘渠实惮之。二君并劝余减少办公时间,多事休息。余看稿改稿已成习惯,休息无所事事,亦甚无聊也"。(日记)

9月22日 朱文叔来,"谈不愿复为小学语文,余告以大家同意,今后请与余分任改稿之事"。出席文联全国委员会预备会。周扬"报告此次开文代大会之意义,继之通过主席团名单,文联与作协章程之草案,预备在大会提出者。大会以明日始,至下月六日结束,中间各协会分别开会。会期如此之长,实觉可畏"。(日记)

9月23日 晨九时至怀仁堂,出席文联全国委员会开幕式。"出席者列席者将八百人,此外尚有旁听者,余认识之人不满一百。郭沫若致开幕辞,继之工会方面之赖若愚,解放军方面之傅钟,民主青联方面之胡耀邦相继讲话,最后为德国来宾某君讲话。"下午三点再至怀仁堂,"听周总理报告。主要部分即为过渡时期之总路线及据此总路线应有之方针任务,与前此所闻大略相同,最后一部分述其对文艺界之个人意见。散会已七时半"。(日记)

9月24日 "今日未往开会,缘周扬之报告已观其原稿,可不听矣。"八点半开署务会议,讨论明年财务计划及基本建设计划。继之讨论各单位增产节约问题。(日记)

9月25日 九时至怀仁堂,仍为文联之大会,梅兰芳、老舍、陈沂、蔡楚生、马思聪、黑丁诸人发言。"下午再至怀仁堂,文协代表大会开幕。丁玲致开幕辞,意颇激动,谓种种学习种种集会,目的唯一,即要求产生作品,其作品为较好之作品。来宾有一德国朋友讲话。以下即雁冰之长篇报告。其稿已看过,内容与周扬大致相同，表达方式视周扬为胜。"夜，"偕至善凤祥至车站迎墨。……即偕归。墨谈三官结婚情况，又谈姚澄品质颇佳，毫无习气，演艺甚不坏，本不识字，现已能看书写短文云。墨于剧团中看他们过集体生活，排练演戏，深感兴趣。于婚宴中墨为致辞，谓大儿子结婚之时亦有许多青年在一起，而欢快远不逮今时。今时有此欢快，不能不感激党与毛主席。此诚实感，深受来宾赞许"。（日记）

9月26日 "今日开小组会，地点在贡院直街党校，距我署甚近，步行而往。共分十组，余被编入第三组，组长为靳以与沙汀。上午为阅读文件，余乃重看雁冰之报告一遍，觉此稿于文学创作文学批评各方面谈之甚周密，亦复可佩。魏金枝王剑三同组，偶与闲谈。下午不拟再往，即向沙汀请假。"回出版总署，陈克寒来谈。"谓董纯才托其转询，教育部有意调余为副部长，主持教材之编辑工作。如余同意，再设法谋其实现。余即表示不欲。余主教育出版社，实感为力不及，深冀其移归教育部主管。今彼无其人选，乃思移余入教部。余不能因名义之变更，实力即见充盈。余固无完全脱离教育出版社之想，第求缩小工作范围，限于看稿改稿，社长与总编辑之名义雅不欲居，至于改入教育部，更非所愿。余自知与出版工作尚相近，颇思于各个出版社在编辑工作上略有所助，他亦无甚可为。余请克寒以此意答谢董纯才，克寒谓且转告再说云。"（日记）

9月27日 作《语言和语言教育》（系9月30日在中国文学艺术工作者第二次代表大会上的发言，刊《光明日报》10月11日第三版，后收入《叶圣陶语文教育论集》）。

同日 晚，往怀仁堂出席我国保卫世界和平委员会等五团体举办的纪念四位世界文化名人之盛会，纪念中国爱国诗人屈原、波兰天文学家哥白尼、法国作家拉伯雷、古巴作家和民族运动领袖马蒂。

9月28日 上午改本国地理稿。下午，偕胡愈之至美术学院，吊徐悲鸿之丧（徐患中风，于26日逝世——编者注）。"一堂殆三四百人，仪式简单而庄严。余念此人于廿三日参加文代大会，与社会关系甚密，两日而后，即与此世无关。此际大家集会公祭，与彼毫不相干矣。此是生物之悲哀，殆永远无法可解者。"（日记）

9月29日 续改本国地理稿。高觉敷、许杰来访。"二人系来教部参加师范教育会议者。高近见我社新出之师范学校用心理学教本，谓甚不合用。余询以是否谬误甚多，渠则谓多人分编，全书无体例，又不顾学生之年龄特点，强拉苏联书中材料以予之，学生读之势必茫然，教师恐亦难于讲授。高之言甚是。余前为此稿修润，总觉其说不明白，令人似懂非懂。而教部主有胜于无说，定欲出版，实则有等于无耳。此类事所见不同，亦余惮于此事之一因。"（日记）

9月30日 作《语言和语言教育》（收入《叶圣陶集》第十七卷，题名为《文学工作和语言教育——在第二次文代大会上的发言》）。当天日记云："九点至党校，今日开文协大会，代表发言。上午发言者七人。老舍呼吁大家多为通俗文艺，天翼呼吁大家多为儿童文艺，皆切时要。余希望大家多多注意语言，虽亦切要，恐影响不大，唯希转变观念而已。其外为振铎、柯仲平诸君。"下午三点复开大会，"发言者冯至、何其芳、胡风、黄药眠、曹禺五人。何胡二人信口而谈，占时颇长。后闻代表中有人谓，发言固为与会者之权利，然亦当顾及听者之利益，此言可觇群众之反映"。夜，至青年宫，"音协举行观摩会，专请文代大会代表"。（日记）

在第二次文代会上被推选为文联第二届全国委员会委员、中国作协理事。

9月1日至5日、7日至30日的日记收入《叶圣陶集》第二十三卷。

同月 《倪焕之》删节本由人民文学出版社出版。

方白《从空想走向现实》:"我以为作者删去这一部分在当时不能不含混其词的文章是对的。现在的结尾无损于小说的完整,它说明主人公终于找到了自己的队伍,或者说他已找到一个新的学校。那么,如果他要改造社会,当然不会依靠他的老学校,而就一定要依靠这个新学校了。"(1954年6月9日《大公报》)

方白《读叶圣陶的〈倪焕之〉》:"作品本来的结尾还要多些,它写到一九二七年大革命,写到蒋老虎盗窃革命果实,迫害蒋冰如,也写到上海工人遭受反动派屠杀,王乐山牺牲,倪焕之在这样一个革命低潮的时候,极端愤激、犹豫,终于生病死去。按主人公的性格发展来说,这样的结局也是自然而并不勉强的。其中写蒋老虎父子如何在那个小城镇上,摇身一变而为国民党人,也是典型的刻画,写得相当深刻。但有很多地方没有明确交待,都只能含混其词地写一写。这些部分在人民文学出版社出版的《倪焕之》里,就由作者自己删去。

"我认为现在这样的结尾无损于小说的完整。因为就现在的版本看来,作者已经给我们创造了一个小资产阶级知识分子的形象,而且在一定程度上反映了从辛亥革命到五卅运动的历史面貌。"(《文艺报》第十五号,1954年8月15日)

10月1日 登天安门城楼,庆祝国庆。

同日 作《"干杯!"——赠国际友人》(诗,刊《人民文学》第十一月号,收入《箧存集》,又收入《叶圣陶集》第八卷)。

10月3日 上午,参加文协大会。"丁玲首先发言,谈'体验生活'。渠谓此语已为文艺界所习用,然须究明其义。非缘作家于生活初无所知,于是投入生活,酌取一些,以为写作之本钱,且将由此而成书,而立作家之名。据渠之见,作家固宜'落籍'于生活之中,与群众同其呼吸,同其脉搏,初无著书立说之意,而有坚决斗争、争取美好生活之心。夫是之谓体验。能若是体验者,当必有较好之作品出其笔下。又谓时至今日,群众对于作家之尊重,为古所未有,作家创作之条件,亦古所未有,诚宜各自奋勉。丁玲感情甚充富,其思致亦不落套,余所深佩也。次之陈荒煤发言。陈主文化部电影局,极言电影之重要,电影剧本之缺乏,请文学作家共同关心此事,试为电影剧本。次之为萧三、章靳以发言。"(日记)

10月4日 上午,仍开文协大会。"荃麟作总结,大致谓今后文学活动将环绕着总路线,为实现社会主义而奋斗。所标举之社会主义现实主义,固不自今日始,盖于五四时期已有萌芽,而现实主义且为我国传统之主流。……荃麟讲毕,通过作家协会章程,又按章程选举理事。"下午两点至怀仁堂,开文代大会。"中共中央农村工作部廖鲁言作报告。三点许报告中止,共至后园照相。排列既定,毛主席与朱、刘副主席,周总理、陈云副总理、习仲勋、陆定一、胡乔木、陈伯达诸人偕来。一时掌声大作,欢呼如潮。诸人坐居中,共照相片。毛主席与诸人徐徐离去,掌声呼声又久久不绝。于是廖君继续作报告。"(日记)

同日 至善参加民主青联赴朝慰问团赴朝鲜,为期两个月。胡墨林到车站送行。

10月5日 上午至怀仁堂,开文代大会。丁玲以作协代表之资格发言,"劝大家改变生活方式,勿拘拘于小圈子,又谓文艺首在创造人物,使人物活在读者心中。又谓作者恐受人批评,不敢于作品中泄露其感情,实则苟与群众打成一片,个人之感情即人民之感情,则随意倾泻,必无错失。此言良是。丁玲能有灼见,又勇于披露其意见,良可激赏"。

继之,波兰、捷克、罗马尼亚来我国之文化代表团团长演说。继之,"振铎代表古典文学艺术研究者,曹禺代表话剧作者，田汉代表剧协，吕骥代表音协，汪锋代表美协，王尊三代表曲艺界，戴爱莲代表舞蹈家，相继发言，各有中肯语"。

下午，续改中国地理稿，迄于六点全部改毕。"此稿叙述实甚粗糙，余未能细改。此后尚须反复修订也。"（日记）

10月6日 上午至怀仁堂，仍开大会。"中苏友协代表李君讲话，述文化交流之现况，希望文艺界注意于此，文艺团体俱加入中苏友协。于是通过两个决议，一为此次大会对于文艺工作目标之决议，一即所有文艺团体加入中苏友协之决议。继之通过新改定之会章，又照章选举全国委员，凡一百零三人。"

休会时到署中，观出版局交来《图书评论》将发之文稿六篇。

下午两点，再至怀仁堂开会。"先由古巴作家某君讲话，次则乔木作报告。其报告非复前此所示内容，大概因其意已由雁冰、周扬谈及，不需重复之故。今日所谈专及文学艺术团体之任务，分如下数点：一、鼓励创作，二、鼓励批评与研究，三、注意编辑出版工作，四、从事普及工作及教育训练工作，五、组织政治学习理论学习。末言党必督促党员正其作风，与非党员团结，务使文学艺术趋于繁荣。乔木思事能深入，不为浮泛之辞，朴素而严密，使人心折。于是雁冰致闭幕辞，大会遂告结束，时为六点。数百人开会十余日，实甚劳累。然大家收获不浅。于国家之前途，文艺之趋向，颇有所会，且创作之兴致亦颇提高，此后之事唯在实践耳。"（日记）

10月7日 上午，出席文委常会，"体育委员会作汇报"。下午至国际俱乐部，"外文出版社邀文代大会代表二三十人为茶话，意欲与作家多联系，使介绍工作臻于美善。师哲报告社中略况，周扬萧三发表演说。余被迫说话，一时无话可说，仅勉说五

分钟耳。与萧乾杨显益同座,杂谈译事,甚快"。(日记)

10月8日 下午,"偕伏园至北京剧场看川戏,亦招待文代会代表者。散场即至北京饭店,全体会众会餐"。

今日《人民日报》社论以《努力发展文学艺术的创作》为题,"专就此次文代大会立论。观其大意,即乔木首次报告草稿之数点"。(日记)

10月9日 上午开署务会议。"先讨论《颁发一九五四年度出版事业计划控制数字的指示》。此指示将派人分往各大区传达布置,俟各大区筹划停当,再集会于北京,开计划会议。议定克寒、冰岩往华东,应申往中南,浩飞往西南,卜明往东北,而余与灿然往西北。余本拟私人旅行,今亦以公事出门。大家均谅解,余实为休假旅行也。次讨论第四季度之工作计划,自以出版事业计划为中心。复次讨论精简人员。中央之方针,行政机构用人须至简,移其多余者于其他方面,今年须减去百分之二十。我署已有拟议,可精简者六七十人,估计其去路凡三:一为本系统内之企业单位,二为教育单位,三为工矿企业。"

下午,"与建功谈字典之校对,大约须于十二月间问世。与芷芬谈教本之排印情形,据云可保证及时供应,自是可慰"。夜,应郭沫若招宴,主客为罗马尼亚、捷克斯洛伐克、波兰三国文化代表团及民主德国科学考察团。(日记)

10月10日 下午晤吉少甫,"与余谈教本之装订尚多错误,正设法改进"。夜赴上海少年儿童出版社森隆之宴。"客约四十人,半相识,多儿童读物作者,彼社意在约稿。"(日记)

10月12日 萧家霖交来字典之凡例。(日记)

10月13日 上午看两种文稿。"一为孙功炎之讲稿。翻译科同人为业务学习,请孙讲说,孙因取彼辈所译之有疵病者,分类归纳而写成此稿。余谓第就译文而评其妥否,恐于原文有出入,最好兼顾原文，告彼以如何乃为善译。""一为《新华字典》之凡例，出于建功之手笔。条数颇多，每条又言之琐琐，道编辑之甘苦，而达意不甚明畅，将使读者望而却步。余为签注意见十余处，希望扼要从简，针对读者立言，不须语读者之意即不必说。"

下午，"叔湘志公来，即邀安亭文叔及中学语文室四位同人为会，讨论其所拟《汉语课本》之编辑计划。缘中央前曾有指示，语文课程之事由乔木领导，乔木遂邀社中同人商谈此事。渠以为语法课程范围太狭，学生习之为用不广，谓宜涉及正音正字、构词用词、句法段落等项，并授以语言学之初步常识。叔湘志公于是弃其前定之语法计划，重拟一稿，书名《汉语课本》，亦姑且书之，未必即此为定也。讨论历三小时，大家无甚修正意见，均谓计划极佳。课本凡三册，教师参考书亦三册，全体约四十万字以上，何日完成不能预言也"。（日记）

10月14日 "雪峰来电话，言细看余之《倪焕之》（近已出版，印二万五千册），此是写生活，颇不错，劝余赓续执笔写小说。余告以明年当试为之，拟供青少年读。"（日记）

10月15日至11月14日 偕金灿然往西北大区传达国家文委之决议，15日，与金灿然登车去西安，传达"出版总署1954年出版事业计划控制数字之指示"。车以上午十一点三十五分开，途中看《钢铁是怎样炼成的》。（日记）

10月16日 夜十一点半抵西安。"西北新闻出版局金照同志与其他三位候于站，迎至其局中留住。"（日记）

10月17日 晨，"印刷管理局唐泽霖与其他二位来访"。九时，由金照、张性初导往参观历史博物馆。"晚六时，西北文委主任杨明轩先生来访，邀宴于西京招待所。杨为薰宇、予同之师大同学，尝为开明编数学教本。"（日记）

10月18日　上午"十一时再至博物馆，离馆已一点半。于是闲行东大街，为西安最热闹之街市。过中图及新华书店，入而视之，皆拥挤不堪。……进食于一清真馆，吃炒面"。

下午，"往访西北局宣传部长赵伯平，谈出版方面情况约一时许。于隔舍访张仲实。张新近调来，任宣传部副部长。坐半时许而归"。(日记)

10月19日　上午，听金灿然与出版局同人座谈，讨论工作。"西北区多民族，新疆地方辽阔而交通不便，因而有若干事项与他区不同。灿然皆记之于簿，徐谋解决。"

黄洛峰打来长途电话，"言文委以各部门皆派人至各地区传达方针，了解情况，使地方分别应付，良非便捷之道。因决定组成工作组，集体到各地。西北区之工作组以余与灿然为正副组长，高教部、教育部、文化部之人员日内即将到来云云。既如此，余等在西安势必多留几日"。下午两点半，给西北新闻出版局"传达明年出版工作之方针与各项控制数字"。(日记)

10月20日　晨间黄洛峰又来电话，"系告文委所嘱向大区传达之要点，关于财务计划及其他者。又言他部分之人大约于廿二日动身"。上午，游临潼。(日记)

10月21日　上午，与西北人民出版社同人座谈。下午，"与新疆来之同志谈新疆之出版工作"。(日记)

10月22日　写信致胡墨林，又写信寄出版总署，"略告近况"。下午，"至文委访杨明轩，略谈工作组事，共谓俟教部、文化部之人员到后再作商量"。观南院街之旧书肆。(日记)

10月23日　上午，"西北大学派傅庚生来访，谓文学系同人邀余会面，并作座谈。余与傅已数年未晤，据谈渠近教现代文学与古典文学，出讲授杜诗之提纲相示。余谓可与文学系同人一晤，但不能作讲，实无所有，不宜空说。傅允之，由余定期然后通知"。

下午，金照陪往广播电台会场，"为新闻出版系统作讲"。"会场只容三百人。尚有未得票而来者，则集于另外两室，通话筒于其处俾听之。讲两点四十分，自觉尚可。郑伯奇亦来听，渠为此间文联负责人之一，邀余与文艺界同人作讲，余谢之。"（日记）

10月24日　"文化部派来之同志二人以今日来访，而教育部之人尚未到。灿然与洛峰通电话，言文委之意图已交我署，邮寄来此。而信尚未到。为此，我人势须等待。"（日记）

同日　出版总署发布《防止盲目发展书刊印刷力办法》，针对当时"全国书刊印刷生产力全年平均剩余约百分之三十以上"的状况，就印刷机的购置、新厂的建立作出严格的规定，从根本上"防止盲目发展书刊印刷力"。

10月25日　上午访慈恩寺，观大雁塔和曲江故址。下午，"教育部派来之同志四人来访"。（日记）

10月26日　"出携来之斯氏全集译稿改之。此是第九卷之稿。编译局为配合我国经济建设之需要，一方面一二三四卷顺次出版，一方面另起一端，自九卷起顺次迻译。迄于饭时，携来之三篇毕其两篇。"（日记）

10月27日　"上午看毕斯集译文一篇，即与昨日看过之两篇一同寄还编译局。"下午，至西北文委开座谈会。"西北各局之负责人与教育部、文化部、扫盲会来此之人共谈。先由文委秘书长亚马同志报告西北之文教工作概况，继由余转述中央文委关于计划工作之要点，于是各部门来人自述其调查检查之要求。我人于所谓工作组，初以为仅求了解情况而已。今知各部之要求在检查工作，西北文委亦如此认为。检查工作必须发现问题，解决问题，而以余为之首，实不胜任，灿然纵能干，然不悉其他部门之情形；且其他部门来者均非精干之人，势难实现检查之任务。可见中央文委作此布置，未免有草率之嫌。我人在此既不能有所作为，又不能早日离去……实有无聊之感矣。灿然谓将与北京通电语，说明此情形，且看答复如何。"夜，张仲实来访。（日记）

10月28日　上午，"灿然与洛峰通电话，请其与文委商量我人在此任务如何，行止如何，大约明日可得回话"。往西北文联访郑伯奇。又到博物馆参观。夜，观皮影戏。（日记）

10月30日　"上午听灿然为西北人民出版社编辑同人谈选题计划。"作书信致傅庚生，告以明日动身去宝鸡，"往访西北大学且待重来时再说"。下午五点，出版社、新华书店、新华印刷厂邀宴于西安旅社。餐毕至香玉剧团看戏。（日记）

10月31日　夜七点十余分到宝鸡。"以长途电话联络缠误，累新华书店经理程锋同志未能接着我人，及我人雇人力车而往，始于途中遇见。到其店小坐，由程君陪同出街，进食于小馄饨铺。听程君谈其经营书店之情况，知为一能干之经理。返店，余与凤祥睡程君夫妇之床，灿然与店员同室。"（日记）

10月3日至31日的日记收入《叶圣陶集》第二十三卷。

11月1日　"程君预为我人买软席卧票三张，晨八时，送我人至车站。俟我人食豆浆油条毕，送进候车室，即谓渠将上班，径自回去。青年人爽直，未学客套，又看重其工作，大可称美。车以九点四十分开。"（日记）

11月2日　上午十一时许到兰州。"新华书店经理马照岐登车相迎。新闻出版处兼处长阮迪民（任宣传部副部长）及人民出版社同人相候于站上，皆初见。乘汽车至新闻出版处少休。"宴于陶乐春。

"我人本拟住新闻出版处，而阮君谓邓宝珊主席已关照，留我人于其私人之园中，邓公好客，不宜违其意。我人只得从之，驱车至东门外邓家花园，见邓公。余与渠在政协会议中同堂开会，而未尝交谈，今日为初识。渠于各方面均有识见，尤熟西北情形。室为土屋，白墙纸窗，雅洁脱俗。询年岁，亦为甲午，与余同庚。导观其留客之居，在其室之后。室中庭中，菊花罗列。土屋三间，修整殊甚，有炕有榻，任我人自择。

"阮君托新闻出版处之井秘书陪我人。并携铺盖来，居于他屋。晚餐甚精，邓之秘书窦君相陪。九时许，邓君归来，来余室谈颇久，兴致甚高。及就寝，灿然睡于炕，余睡于榻。"（日记）

11月3日 "上午由井君导游五泉山。十二点回邓园，邓主席同进餐。不为筵席之格式，精品数色，无不可口。此公盖深通生活之艺术者。一公营剧团来访，中多青年。邓公请彼辈清唱，邀我人往听，系秦腔。"

下午，"井君陪同观黄河，乘羊皮筏游雁滩。晚饭后至文化会堂观京剧"。（日记）。

11月4日 上午，访民族学院。民院"在皋兰山麓，占地甚多，长一公里有半。……于全院游行一周，礼堂、教室、宿舍、建筑之工地，分族之厨房，一一观之。时已及午，全体学生会集于露天，按民族分区进餐，食品即陈于地上。至藏族进食区，余尝奶茶，灿然兼尝其糌粑"。午，至《甘肃日报》社，听社中同人谈报社经营情况，参观编辑部及印刷所。"四点辞出，至文教馆。原为庄严寺，有三绝，书绝、画绝、塑绝。……又至城隍庙。"（日记）

11月5日 听新华书店和人民出版社谈工作情况。"省文委谢秘书长来访，云今夕特为我人组织一联欢晚会，演河南梆子，辞之不获。文化事业管理局马局长来访，略谈甘肃省文化事业之现状。""晚餐时，邓主席宴请来省开会之各地党委书记，凡两席，肴甚丰。"将八点至戏馆，散场已十二点。（日记）

11月6日 上午,"井君为谈新闻出版处之工作情况"。下午,"至《甘肃日报》社作演讲。系文委所召集,听者除新闻、出版、广播方面之工作人员而外,又有党政军三方面之人,凡三百人以上。余只能将在西安所讲者重复一次。一讲三小时"。"归园中又与邓主席闲谈。邓闻我人将以明日动身,坚称务望多留一日。"(日记)

同日 作诗《赠邓宝珊》(收入《箧存集》,又收入《叶圣陶集》第八卷)。

11月7日 上午,西北出版局派来甘肃布置计划之同志来访。又有《甘肃日报》社两位同志来谈《甘肃画报》之试版。邓宝珊"要我人再留一日,参加十月革命之宴会。此亦无可奈何,只得任之"。午餐后,"在邓室中长谈近三小时。邓欲观余写字。因即篆书昨夕之诗"。夜至西北大厦,"赴招待苏联友人之宴会。苏联专家凡数十人,任务在规划市政建设与勘定炼油厂地址也"。(日记)

11月8日 上午为兰州大学文学系同学作演讲。"学生听者二百人以上,尚有教师十数人。余随口谈文学系学生之前途,谓可为者有四事:中学教师、编辑工作者、文学研究者、作家。此四者均值得做,以其同为人民服务之要项。谈一点半钟而毕。于是学生蜂拥以来,围余于中心,要求签名。"

"午餐时邓谈及灯谜,兴致大好。餐毕续谈,至于三点半犹未倦。所谈颇有佳者。晚餐后复长谈,较午间为有味。谈梁漱溟问题,谈此间之建设,谈黄河上游水力之开发,谈西北军区之马政,至十一点半方散。"(日记)

11月9日 午间与金灿然设宴谢邓宝珊。"邓出一诗相赠,步余诗原韵。邓之喜为风雅,于此亦可见。"夜,赴宝鸡。邓宝珊及文委之谢君与阮迪民到车站送别,途中看《奥斯特洛夫斯基传》。(日记)

11月10日 作一书寄胡墨林,"告以十五日大约可以到家"。下午六点到宝鸡,仍宿程君之新华书店。(日记)

11月11日 "清早与程君别,以人力车抵车站。车以八点五分开,十二点四十余分到西安",住出版局。"饭后,灿然往文委探听布置计划中有何问题。归来相告,谓文教方面之主要问题有二。一为小学发展太大,经费无由分配。西北拟提出方案请上级考虑,将乡村之一部分小学仍归民办,乃可抓住重点,以办好若干完全小学与中学。余谓此亦是办法,但如何与民众说明,使不致发生怨望,此大须研究者也。又一问题为新疆方面尚存冒进之倾向,须与说通,共趋稳步前进之途。"(日记)

11月12日 上午,向西北局宣传部副部长张仲实、赵守一辞别。又至西北文委主任杨明轩处辞别,未遇。

"下午,灿然至文委,听文化部派来之同志汇报其检查工作之意见。余则往游莲湖公园、革命公园。六点过,灿然归来,谓文化部之同志检查当地各方面工作,列举琐碎之不甚妥当处,咸谓其方针不明,原则有违。于当地之领导与措施,甚乏尊重之意。且已向各机关表示其意见,恐使闻之者发生反感。余辈既为工作组之组长,未能预与讨论以避免发生此类弊端,实亦有责。灿然谓此事尚须与西北文委一谈,而教育部派来之同志工作进行如何,亦不能不一为顾问。明晨启程回京之议只能作罢,得之非易之车票只得退去。"(日记)

同日 出版总署发布《关于纠正任意翻印图书现象的规定》。《规定》指出:"一切机关团体不得擅自翻印出版社出版的书籍、图片,以重版权,而免浪费,并便利出版发行的有计划的管理与改进。""各地机关团体一般不得翻印私营出版社的出版物,如因特殊需要而必须翻印者,在征求原出版单位同意时应通过所在新闻出版行政机关进行。"

11月13日 晚,杨明轩来送行。夜,与金照、王乃夫二君谈,就出版工作各方面交换意见。(日记)

同日 出版总署发布《关于学习文件印行规定的一些补充说明》,对学习文件作出明确的界定,即指"中国共产党中央、中央人民政府委员会、政务院公布的政策、法令、公告、声明及中国共产党中央各部部长以上、中央人民政府政务院各委副主任以上和各国兄弟党领袖的论文、报告、演说等全国性的文件","这些文件材料,除了其上级已有规定者外,一般可允许各地区各单位编印活页文选或干部学习资料供内部业务学习之用,但不得公开发售"。同时规定"中央文件的翻印或编印仍应严格控制",须经"省以上的党政领导机关批准后"才能"印行活页文选","活页文选篇名、印数及自印理由简报大行政区出版行政机关和抄告当地新华书店"。

11月14日 晨离西安返京,"车以六点三刻开"。(日记)

11月15日 下午五点半到北京站。"驱车到家。家中老小无恙,见余归,皆大喜。至善仅有一信自朝鲜寄回,尚无回国之期。""(墨)告余京中近事,面粉悉归公卖,私营粮店改为零售店。市民买面粉每人每月八斤,意在令大家搀食杂粮。此办法施行之日,市民安然,一可见对政府信赖之深,二可见于大局了解之切,大是可慰事。"(日记)

11月17日 "晨至署中,与诸同人晤,述出游所见。克寒为言上海市况,谓物资供应赶不上人民需要,市场时有波动,今党政方面致力于粮食,必使供应无缺,限制购粮数量,私商不得经营粮食生意,皆为此故。"看《斯大林全集》第九卷译稿四短篇。(日记)

11月18日 上午,"改斯氏集译稿四篇"。下午学习,漫谈过渡时期之总路线。"今日谈及者,为现阶段革命之性质问题。""夜间芷芬来,谈社中近况。"(日记)

11月19日　上午，改《斯大林全集》译稿三篇。下午到人教社，"晤安定、芷芬、晓先诸君"。（日记）

11月20日　上午开署务会议。"先由外出者报告至各地了解之情况，次讨论我署之编制。编制本精简精神，须缩减百分之二十，全署人员定额为二百八十人，如何分科任事，再由各部门详细考虑，闻明年尚须缩减云。""午后改斯集译稿，迄于五点半，改两篇有半。"（日记）

11月21日　上午看译稿。下午到人教社开社务会议，"讨论明年之财务计划"。

董纯才来，"谈调用干部尚无多眉目，拟向组织部人事部催询。不得已而思其次，所调人员仍留原单位，但原单位必须谅解，减少其一部分工作而为教育出版社工作。又谈访问东欧各国时所闻关于教科书出版之情形，谓日内将商谈编辑教本之制度与办法，期所成之书比较固定，不须每个学期改动"。"建功家霖亦来谈。"（日记）

11月22日　往北京饭店，出席政协全国委员会和抗美援朝总会为招待以金日成元帅为首的朝鲜政府代表团举行的宴会。郭沫若致辞，金日成致答辞。

11月23日　终日改译稿。工余始读车尔尼雪夫斯基之《怎么办》。（日记）

11月24日　续改译稿。（日记）

11月25日　上午续改译稿，写信数通。下午，游故宫博物院，观其绘画馆。接至善来信。"信中叙及朝鲜人民之困苦。当此时令，犹穿二三件单衣。小学生来欢迎慰问团，团员与握手，小手皆冰冷，深感难受。"（日记）

11月26日　上午参加文委常委会。"今日为听取派往各大区检查工作之组长汇报。刘皑风报告东北情况，余报告西北情况，杨秀峰报告中南情况，克寒报告华东情况。余之报告由灿然起草，简要而不甚有原则性之见。我人本非专意检查工作，只能如此。"下午，"与少甫芷芬商谈出版方面事，余则续看译稿"。(日记)

11月27日 "上午看完斯集译稿较长之一篇，即便送去。"傅彬然来谈，"谓近来各方面均学习总路线，有人概括成四语云：'普渡众生，同登役岸（社会主义），阶级消灭，个人愉快。'"下午，人教社"绘图组同志以写生画稿相示，余略表意见。渠等近在美术学院听课，一为中国美术史，一为创作理论。每星期以两个半天练习人像写生。渠等均为青年，有朝气，能共学，余经常鼓励之"。看周芬之高中化学稿。(日记)

11月28日 上午，续看周芬之高中化学稿。下午，"集全体同人为报告会，由愈之传达所闻于政务会议之二事。其一为周总理所谈资助朝鲜之意义。其二为关于粮食问题之认识"。夜，会餐于文化宫，"缘储安平将脱离我署之发行管理局，而往《新观察》杂志社任事，故与一叙"。(日记)

11月29日 上午，约吕叔湘、朱文叔、王伯祥、卢芷芬、丁晓先、傅彬然、刘薰宇、龙志霍小叙，"而昌群适在京中，往访伯祥，伯祥邀之偕来，为不速之客"。午餐后闲谈至四点。(日记)

11月30日 上午，"看克寒交来之党组向中央报告我署工作之文一件，略提小修改意见交还之"。下午至怀仁堂，"参加全国委员会之常委扩大会议，讨论发行一九五四年国家经济建设公债"。邓小平副总理报告。邓报告毕，发言者甚多，皆表赞同，仅讨论其细节。末后周总理为结语，散会已七点。(日记)

　　11月1日至21日、23日至30日的日记收入《叶圣陶集》第二十三卷。

同日 出版总署发布《关于中央出版物扩大分区造货的原则规定》。《规定》说："为了使中央一级出版社出版的为广大读者所欢迎的读物能比较及时地合理地供应，并适当地调剂全国印刷生产力使用状况，有必要扩大中央一级有关出版社出版物的分区造货范围。""除人民出版社、人民教育出版社已分区造货外，其他如人民文学出版社、中国青年出版社、工人出版社、通俗读物出版社、时代出版社等均应适当地组织分区造货。"并就分区造货的书籍、期刊，以及分区造货的地点和定价，作出规定。

12月2日 上午，"补看离署期间比较重要之出入文件"。下午，"为学习会，于过渡时期之'过渡'辩论甚久。以经济言，自当为由多种成分之经济过渡到单一社会主义经济。以社会言，则由新民主主义社会过渡到社会主义社会。自开国之日始，即宣告民主革命结束，社会主义革命方开头。自此而迄于社会主义改造基本完成，社会主义工业化基本实现，皆过渡时期也。同人谈一阵，亦无一致之结论。余书其所见，未知切当与否"。（日记）

12月3日 上午，在总署讨论"出版管理局今年工作情况与明年工作计划之报告"。下午，"孙功炎来告其工作情形，方助叔湘志公准备材料。萃中来谈，教部教学指导司二十位同人以本月始并入我社，须分配于各编辑室。重编中学小学语文课本拟以近期开始。久久未定之教学大纲宜先求草成"。（日记）

12月4日 "上午开署务会议，主要讨论商务、中华、龙门三家之公私合营问题。此三家早有此要求，总路线提出以后，认为时机已至，复来商量。而我署亦应根据政策方针，导彼等入于此途。故先令彼等算清家底，提出材料供我署详细考虑。一方面与高教部商谈，彼部拟成立高等学校教科书出版社，即将由商务改充。又与财经方面各部门接触，请彼等各抽出著译人员，组织财经出版社，而以中华为底子。又与科学院商谈，提出编辑人选，改龙门为科学出版社。此三事皆尚未作定论，但明年必须办，至少商务、中华两家，须于明年上半年定局。"

下午至人教社，与金灿然、恽逸群偕。"辞书编辑室之《新华字典》已完工，即将出版，今方总结工作，准备明年之工作计划。而建功在北大事忙，未能以全力领导（渠实亦不善于领导），故拟以恽逸群为副室主任助之。恽在地图编绘社为副总编辑，尚有余力可分担辞书室事。今日邀彼到社，与室中同人见面并座谈。下星期起，渠即可每周到社三四次矣。"

出席保加利亚电影周开映式。（日记）

12月5日 下午在总署作报告，动员同人参加总署所在东单区的基层选举，推选人民代表。接顾颉刚来信，"谓偕丁君匋、蔡漱六来京，将以明日来看我，意在谈几家书店公私合营之事。余因与克寒、洛峰、灿然预商应对之辞"。（日记）

12月6日 上午，"颉刚偕丁、蔡来，尚有丁之夫人"。"三年不见，颉刚头发已全白，精神尚佳，谓犹能走五十里路。为余谈广益、北新、人间世、大中国之一部分，已商定联营，改名四联出版社，专营通俗读物。大中国之另一部分将专营教育图片，已出图片若干组。此次来京，意在向我署报告情况，争取早日公私合营。余略谈我署之方针，唯一切具体商洽，应与地方新闻出版行政机关联系云云。"（日记）

12月7日 下午，出版总署党组开会。"讨论发行管理局明年工作方针任务之请示报告，余与愈之乔峰均参加。发言颇多，皆有所见。有一点为余之新观念，特记之。国家有新华书店，发行网已掌握百分之八十。此可以对私营出版家起作用，或向批贷，或为总经营，视情形不同而分别其条件，可达利用、限制、改造之目的。往日新华书店多注意营业，多为经济工作，此诚重要，但今后应兼及营业以外，兼为政治工作。至于我署之发行管理局，既为行政部门，尤宜经济政治兼顾也。"（日记）

12月11日　上午开署务会议,"讨论中图并入新华之方案。此事将在明年一月实现"。下午到人教社开迎新大会。"计自五月迄今,新来之同志凡五十七人,编辑部方面卅九人,出版部办公室方面十八人,可谓不少。现全社有二百六十余人矣,余致辞一小时有余,薰宇以工会名义致辞。有新同志二人演说。安亭最后演说。"(日记)

12月12日　下午,"改稿两篇,系社中内部刊物《编辑工作》之稿。此为不定期刊,专谈编辑。余意可布之于兄弟出版社,起提高质量之作用也"。(日记)

12月15日　下午,续看未看完之《编辑工作》之稿子。(日记)

12月16日　下午,在总署开学习会,"讨论现阶段中资产阶级为敌为友之问题,今后统一战线扩大抑缩小之问题,辩论颇甚。余听之,未有所言"。(日记)

同日　作《从西安到兰州》(刊12月25日《人民日报》第三版,收入《小记十篇》,又收入《叶圣陶集》第七卷)。

12月17日　上午,"作复信数封"。"其中一封复吴奔星。吴在苏州江苏师范学院任教,取余之小说《一篇宣言》说明而剖析之,写成稿以授学生,另作一文言余之生平及创作,作为附件。两文印成小册子,寄来示余。其中多过誉,余复信请渠删汰其过誉之部分,乃可不致学生得误解。"下午,"与孙功炎说定,请其担任燃料工业出版社专业训练班之语法修辞课。芷芬李惠乔来谈,谓拟改变中学课本封面之式样,原只排书名,拟加绘适合内容之图画或图案。余言能为之固甚好,唯须具有意义,又须美观大方,整幅调和"。(日记)

12月18日　上午开署务会议,讨论印刷管理关于纸张配给之种种问题。"现在凡书报用纸,公营公私合营者皆由我署统购统配,以尽量用自产纸为原则。……今拟以管理之责属诸我署财务计划司,购纸配纸之业务别设一营业机构司之,专为报社、出版社、杂志社服务。缘此变更，须定一套制度办法。文件草案四五种，一一研究，费时甚多。"

作书复郭绍虞。"绍虞以所撰语法论文示，余先送叔湘看过，今日看之，作书寄回。傅雷寄赠所译《邦斯舅舅》一册。傅雷认真翻译，所译已多，其译品异于恒译，而大家不甚提及之。余思作文鼓吹，而识力不足，未易着笔也。"（日记）

12月20日 作词《菩萨蛮　寄题邓园》（收入《箧存集》；后收入《叶圣陶集》第八卷，题为《菩萨蛮　寄题邓氏园》）。

12月21日 上午，专复公信。（日记）

12月22日 "愈之交来其所拟报告稿，谈中图并入新华事，将以明日向两店干部讲之。余为看过一遍，略作修改交还。"傍晚，邀王伯祥来小饮，"与谈颉刚今后之工作，共谓若今之搞私营出版社，殊非所宜。伯祥谓科学院古代历史研究所有意招之，振铎并告以我署将设古籍出版社，亦拟请共参加。据云颉刚曾表示明年暑中可择一而任之。谈至八点半，伯祥去"。（日记）

12月24日 夜书双喜字张贴于门，为普选申庆。

12月25日 胡愈之来谈，"嘱余与颉刚一谈，劝其立意作研究撰述之事"。（日记）

12月26日 上午在总署礼堂作报告，鼓励机关干部重视普选。"听者我署及人民出版社之全体人员。余解说提出名单之办法，为贯彻民主集中制之最好表现；鼓励干部必须带头，积极参加讨论，作好酝酿候选人之工作。"（日记）

同日 出版总署发布《关于出版以各国革命领袖传记为题材的书籍、画册的规定》，针对有些公营和私营出版社出版的一些以世界和各国革命领袖为题材的书籍存在的不同程度的缺点和错误，规定：

一、私营出版社一律不得出版以世界各国革命领袖传记为题材的书籍、画册。其已出版者，除明令取缔者外，其余一律售完为止，不得再版。

二、地方国营和地方公私合营出版社以不出版世界和各国革命领袖传记为宜。如要出版介绍世界和各国革命领袖的通俗小册子，必须根据中央国营出版社出版的可靠版本改编，并须于出版前将原稿交由省级以上党政领导机关审查后，方可出版。……

三、今后中央级的国营出版社和私营出版社出版世界和各国革命领袖传记，必须根据各国工人阶级政党的出版社或苏联和人民民主国家的国家出版社最新可靠的版本翻译或改编，凡改编者应经上级领导机关审查批准。……

四、三联书店出版《胡志明》一书应予停售。通俗文化出版社出版《马克思故事》《恩格斯故事》《列宁故事》《斯大林故事》，商务印书馆出版《胡志明》，太平洋出版社出版《胡志明传》《金日成传》，以及星星出版社出版《永垂不朽的斯大林》等四书应停止再版。除商务印书馆出版《胡志明》一书由我署直接通知商务印书馆外，其余三书请华东新闻出版局分别劝令各该书出版社停止再版。

12月27日 至善赴朝慰问结束回家，"颇有远客归来之景象"。（日记）

同日 作毕《游临潼》（刊《新观察》第二期，1954年1月16日；后收入《小记十篇》，又收入《叶圣陶集》第七卷）。

12月28日 上午，与"辞书编辑室讨论《新华通俗小字典》之编辑计划。明年彼室拟致力于此，供具有小学程度之人使用。鉴于《新华字典》之计划未前定，随时变更，耗力甚多，而又未能作好，此番拟多为事先之准备工夫。各人就所拟之草案提意见，谈至十二时散"。

下午，"作书复胡绳。彼来书鼓励余多作游记。又填写作家协会所发明年创作计划表。余谓明年必作供青少年阅读之作一种,主题、题材、体裁皆未有所定,先提出此一语,欲以督促自己,俾不能不兑现耳"。(日记)

12月29日 作家协会韦君宜来访,"言将出一种指导文艺阅读创作之浅近杂志,于明年四月出版,以计划相示,嘱提意见"。下午,至天坛疗养院慰蒋仲仁。夜,出席政协全国委员会预祝元旦之晚会。(日记)

12月30日 下午为学习讨论会,听王益在总署转述廖鲁言言农业社会主义改造之报告。(日记)

12月31日 上午开署务会议,"修改明年之出版建设计划草案"。下午,参观东单新近增设之新华书店古典门市部。该门市部"开岁即将营业。所陈多商务中华之出品,书籍而外,兼售影印石印之碑帖书画。他日更将收卖木版书云"。听刘御谈昆明、重庆、武汉三处参观小学语文教学情形。(日记)

  12月1日至12日、14日至19日、21日至31日的日记收入《叶圣陶集》第二十三卷。

同月 《寒假的一天》由人民文学出版社出版,"为文学初步读物"之一,1957年10月再版。

本年 圣陶先生主持编辑出版的新中国第一部语文工具书《新华字典》由人民教育出版社出版。

1954 年

(甲午)　六十岁

2月6日　中国共产党召开七届四中全会,批判高岗、饶漱石。

6月15日　中央人民政府通过《中华人民共和国宪法草案》和关于公布宪法草案的决议。

7月　胡风向中共中央提出关于文艺问题的三十万言意见书。

8月18日至25日　中国作协在北京举行全国文学翻译工作会议,茅盾在会上作了《为发展文学翻译事业和提高翻译质量而奋斗》的报告。

9月1日　《文史哲》月刊第九期发表李希凡、蓝翎的文章《关于〈红楼梦简论〉及其他》,批评俞平伯在《红楼梦》研究中的唯心主义观点。10月16日毛泽东给中央政治局和其他有关同志写了《关于"红楼梦研究"问题的一封信》,在全国展开了对《红楼梦》研究中的资产阶级立场、观点、方法的批判,展开了对胡适思想的批判。

9月15日至28日　第一届全国人民代表大会在北京举行。大会通过了周恩来的《政府工作报告》、《中华人民共和国宪法》,选举毛泽东为中华人民共和国主席、朱德为副主席、刘少奇为全国人大常委会委员长，决定任命周恩来为国务院总理。

11月15日　中国文联、对外文协等团体联合在京举行纪念世界文化名人、古希腊喜剧家阿里斯托芬诞生2 400周年大会。

*　　*　　*

1月1日　参加团拜聚餐会。

1月2日　看《编辑工作》之稿数篇。"又看发文稿一批。"(日记)

1月3日　"约颉刚、伯祥、元善小叙。伯祥先到，谈其校注《史记》工作。""与颉刚谈，请其考虑工作，为公家多尽力，不必再管私营出版社。渠言甚愿如此，唯开销月须五百万，又家中人口多，有书五万册须集中一处供用，希公家为解决房屋。余想此亦甚难。渠欲再与愈之畅谈一回。余又知其此次来京，看人甚广遍，尝托邵力子欲见周总理。不知其有何重要意见。"夜，"看明年出版建设计划之排样"。(日记)

1月4日　作《在西安看的戏》(刊《戏剧报》月刊二月号，收入《小记十篇》，又收入《叶圣陶集》第七卷)。

1月5日　上午，在署看丁西成所译小学文学教学法稿。"午刻，偕愈之、洛峰、灿然至文化俱乐部，会晤陈叔通、俞寰澄二老，共聚餐。二老皆商务印书馆之董事，与谈商务公私合营事。初步交换意见。俟其他董事来京之后，再正式协商。"下午，在社"看我社新出各种书籍，检查其印刷装订"。傍晚，朱文叔来访，留之晚餐闲谈。(日记)

1月6日　上午续看丁西成译稿。"下午之学习会仍为漫谈。总路线之学习将延长至二月底而止。"(日记)

1月7日　东单区之选民小组代表三人来访问。"盖东单区小组中亦有提出余名者。访问为求得认识更明白，此法固至周密也。"(日记)

同日　出版总署发布《关于统一规定各级报纸、杂志的创刊、停刊和改变刊期、刊名、开张、定价等事项批准、备案及登记的呈报程序的通报》,关于"报纸、杂志的创刊、停刊和改变刊期、刊名、开张",按以下规定办理:

  1. 中央级、大区级、省(市)级报纸、杂志,应经大区新闻出版行政机关审核,并经当地党政领导机关同意后,报经我署转报上级党政机关批准;

  2. 省属市及专署报纸、杂志,应经省新闻出版行政机关审核,并经当地党政领导机关同意后,报经大区新闻出版行政机关转报大区党政领导机关批准。(下略)

1月8日 上午开署务会议,"讨论本年第一季度工作要点,偏重于计划之修订核定,外则完成商务、中华两家公私合营之手续"。下午,"孙玄常、卢芷芬来谈事。写信两封复投书问事者"。(日记)

同日 出版总署发布《关于加强纸张管理工作的通知》,要求"对配纸用户,实行严格的监督和检查,认真审核其用纸计划","防止浪费或挪用、转卖等情事"。

1月9日 "报上发表关于发展农业生产合作社之决定,详密周至。三官来信言松江农村情况,土改以来不到二年,农村两极分化已甚显著,有购地至百亩以上者。若不合作化,走上老路固至易也。"(日记)

1月10日 作毕《坐羊皮筏到雁滩》(刊《新观察》第三期,1954年2月1日;后收入《小记十篇》,又收入《叶圣陶集》第七卷)。

1月11日 开始校改《斯大林全集》第八卷译稿,"其较长之一篇为《论列宁主义的几个问题》,大足细究"。下午,"与辛安亭谈事。萃中来长谈,直至六点。调用人员陆续而来,今后将重行规划编辑工作,重点在文史"。(日记)

1月12日 "续看斯氏集译稿。"(日记)

1月13日 "续看斯氏集译稿。"下午开学习会,"据近日党中央所

布之学习总路线提纲"。(日记)

1月14日 上午,看丁酉成译稿。接宋云彬信,"抗议我社改其史稿而致误。即与晓先商量,觉所谓错误处并不若云彬所想之严重。余先作一简信复之。安亭来谈社事,兼及同人情况"。(日记)

1月15日 上午开署务会议,"讨论新华书店于北京设发行所事。发行所为进货及内部批发之机构"。午后在总署开公债推销委员会。"公教人员认购公债数平均只须全年薪金之百分之一点五,估计大家之政治觉悟与经济情况,定可超额完成,定明日动员,由余作报告。"(日记)

同日 出版总署发布《关于停止出版文学名著改写本或通俗本的规定》。《规定》中所说的"文学名著"专据苏联文学名著,强调:"今后除个别书籍,确有改编的必要和可能,经出版总署或大区出版行政机关特许,并取得原出版者和原作者或原译者同意外,一般地不得出版苏联文学名著通俗本、改写本及其他篡改文学名著的书籍","所有已出版的各种苏联文学作品的改写本或通俗本一律不准再行出版"。

1月16日 上午准备动员认购公债之报告。下午四点作报告,"听者总署、人民出版社而外,尚有附近几个单位之同人。五十分钟而毕"。(日记)

1月17日 晚,"与伯祥、晓先、芷芬共饮。晓先来商云彬史稿之修改,芷芬杂谈社事,伯祥则闲谈而已"。接丰子恺来信,"告杭州虎跑建弘一法师纪念塔已落成"。(日记)

1月18日 下午,"与安亭、萃中谈事。教部调吴伯箫来我社编辑中学之文学课本。吴自东北来京先了解一下,再回东北师院交代,解副院长之职"。(日记)

1月20日 下午开学习会,"讨论生产关系与生产力目前是否适应之问题。余听诸君发言,名词与概念皆距实际较远,为抽象之

辩难。至于余自己，固亦莫明究竟也"。（日记）

1月21日 作毕《登雁塔》（刊《新观察》第四期，1954年2月16日；后收入《小记十篇》，又收入《叶圣陶集》第七卷）。

同日 "致书安亭、萃中，谈数学课本事。薰宇、蔡德祉等按计划编三种数学课本，而教部调来之吴君谓不宜用，可用东北译本。同人中亦以为吴言可据。余意则以为此是变更计划，宜经详商，何去何从，则最后当由教部决定之。又作书致建功家霖，告以灿然自字典中看出毛病，颇严重，宜急谋补救，作勘误。"午后，"看斯氏集译稿"。（日记）

1月22日 上年开署务会议。"卜明报告北京印刷生产力之情形。灿然报告出版局所拟管理报社、出版社、杂志社企业经营之办法。洛峰报告与商务、中华谈公私合营之经过，此事于第一季度内将办完。"

至人教社，"萃中、安亭来谈。介新调来之巩君、李君与余见面。谈数学课本事，定于明日由数学编辑室集会讨论"。

至辞书编辑室，"与魏、萧、恽三君商补救错误之办法。尚有二百万册未印，可以改版。已印之三百万册只得刊误矣。所谓错误，系于'国民'下解作'人民民主专政的对象'。当时油印分发原稿，多数人看过，余亦看过，未经发觉，仅恽一人曾标明应改动，而萧君等未之改"。

"薰宇、文叔候于余室。薰宇为数学课本事颇牢骚，余劝其平心静气。而余觉事多麻烦，实未能平心静气。自己实力既不充，同人又甚力弱，复萌退缩之想矣。入睡后于一点半醒来，又念念于日间之事，因而不复安眠。"（日记）

1月23日 为傅彬然将刊于《翻译通报》之译文润色，"内容为马恩二氏对于翻译工作之意见"。（日记）

1月24日 "作一书致董纯才，表示两点意见。一点为教育出版社之选题编辑计划与出版计划宜经教部之审核与批准。又一点为各种教本原稿之最后决定,宜出之于教部,不宜由余签字付排。往者皆由余签字,以个人而代教部之职权,大非所宜。书末谓此二点希教部商论,有所决定,即定为制度。教部作事拖沓,不示人以明确之办法,余故促之。"(日记)

1月25日　自晨迄晚校读外国经济地理稿苏联之部分。"外国经济地理已编成一部行用,今又依据各方面所提意见而改编,名曰改编,实为重编。"(日记)

同日　人民教育出版社编辑工作委员会编印的内部刊物《编辑工作》第一期发行,刊名"编辑工作"由圣陶先生题写。

1月26日　"作一书致胡绳、乔木,希望他们同情与支持,俾余得解除人民教育出版社社长与总编辑之名义。理由之主要者为余不善组织与领导,不胜此任。外则此事宜由教部中人主之,乃可顺理成章,一气呵成。次要之理由为余身体不佳,欲减轻责任,俾心头稍松。今年拟写作十万字,故欲缩小任务之范围。署中亦有若干事,更难兼顾其他。余怀此意甚久,尝与愈之、灿然诸君言之,皆以为余随便说说。今商之于乔木,或可得适当之解决。"(日记)

1月27日　"上午续看外国经济地理稿,将交来之稿看毕送回。附一书致芷芬,请渠转告各编辑室主任,说明教科书不应由余负最后决定之责之故,以后编成新稿,须俟教育部批准可用,余乃签名于发批单云云。

"下午仍为学习会,愈之提出之问题值得细论。渠谓一般言之,经济在先,文化在后。而出版工作负宣传教育之责,培养干部,提高科学技术,均须出版方面供给书刊。故于此过渡时期中,出版工作究居何等地位,必如何认识之乃为恰如其分,此一点也。又,对于私营工商业,今之方针为逐步利用、限制、改造。而出版之事不同于一般工商,私营出版业之改造将与其他工商同其速度乎,抑当先于其他工商业乎?此又一点也。出版工作包括出版、印刷、发行三项,是三项者,将同时改造纳入国家计划轨道欤,抑应有所先后欤?此又一点也。大家以为其言触及我人之工作实际,下次学习会将专讨论之。"(日记)

1月28日 续看外国地理稿。下午,"我署与高等教育部会同商务董事会代表讨论商务公私合营事。此为末了一次会谈。据前数次会谈结果,写成会谈纪要,将来即按此办事。愈之宣读纪要,大家略有修订,即复通过。于是组织高等教育出版社筹备处,公方私方各出六人,以洛峰为主任。筹备处下分设北京、上海两个工作组,期于三月底筹备完毕"。

五点半,"齐至萃华楼聚餐。尚有中华方面董事会之代表。中华以今日上午谈妥,同样写成会谈纪要,组成财政经济出版社筹备处"。(日记)

1月29日 "上午署务会议,议题为整理上海私营出版业之方案。我只得缺席,缘世英催促甚急,续看外国经济地理稿。"

下午,"与芷芬、晓先、孙玄常闲谈"。"芷芬告余教部已决定初中不读外国语,高中有条件则开办外语课程,无条件亦不读。此决定甚好。外国语实无大家学习之必要,第须认真培养翻译人才,则少数人可以代表多数人服劳,而多数人诵览译文,亦可以吸收各种新知,绝不吃亏。百年以来,我国人学习英语,所费心力未可计数,耐通晓英语者殊无多人。今后固不宜易英语而为俄语再蹈覆辙也。"(日记)

1月30日 上午,看丁酉成所译语文教学法稿。下午到人教社,"萃中告余数学教本事已商得解决办法,修改旧本应用,新编稿则俟细磨细琢而后问世"。董纯才来访,"口头答余上星期日致渠之书。谓将以吴伯箫、巩绍英、戴伯韬(将自上海调来)三人为副社长,本年度之计划及五年计划纲要俟三人来齐后共商,然后由教育部讨论而决定之。至于每种教科书之最后决

定，教育部可以如余之所请办理，原则上固应尔也"。(日记)

　　1月2日至30日的日记收入《叶圣陶集》第二十三卷。

2月1日　竟日看丁酉成语文教学法译稿。"午前愈之来谈，谓有若干文字改革方面事皆与出版有关，如拼音字、简笔字、异体字、排列方式（横行直行，自左至右、自右至左）等项，我署宜集数人研究之，自出版之观点，根据切实之考察，得若干结论，以与各方研究此事者共商榷之。余以为然。谈及印刷书报用楷体字，愈之与余意见相同，皆以为不若宋体字。宋体字形式方正，排植可以整齐，笔画有粗细，辨认比较方便。一般人多有成见，以为楷体字便于儿童及初识字之成人，实则说不出若干道理也。愈之谓我国刻书，相传用宋体，各国文字，印刷皆有印刷体，其中必有道理，盖合于人之心理也。"

　　晚，在人教社开为春节联欢会，致辞。(日记)

2月2日　农历大年三十。仍看丁酉成译稿。(日记)

同日　出版总署发布《翻译出版外国著作对原著作人是否支付稿酬的意见》。《意见》说："在我们对国际版税问题没有统一规定前，翻译出版外国作家书籍，如外国出版家和作者不来索取稿酬，暂时不必付给，即来索取稿酬，也须视具体情况决定"，"以按每册售价的百分之五左右作标准为宜"。

2月3日　午后到署中文化宫，"为新春小集"。(日记)

2月6日　"上午到署，续看丁酉成译稿，全稿以今日看毕。此书印行而后，当于小学语文教学有所助。然必须教师能力较强，乃有益也。"(日记)

2月8日　上午看保卫儿童委员会送来之被推选之儿童读物。共有六册。下午到人教社，"芷芬、孙功炎来谈。上月廿六致书胡绳，未接回音，本月一日又致一书，今日再致一书。殆以渠觉余之所求未易遽答，故延缓至半月之久，想不致别有他故也"。(日记)

2月9日　上午写昨日所看儿童读物之简单意见,将书本送回保卫儿童委员会。三十四中学初中三年级一小队同学来访,随谈一时许。下午到人教社,"为小字典之编辑大纲召开座谈会。外间来者仅五人,他皆社中人。各就大纲发言,颇有修正补充处。余殊少信心,即大纲定得完善,恐实践亦未必佳"。(日记)

2月10日　上午出席文委委务会议,"规定今后之方针任务在配合总路线之精神。思想政治教育特别注重爱国主义教育、劳动教育、集体主义教育。对毕业生不宜强调升学,宜兼顾参加劳动生产。以余观之,今日教育尚有旧日之遗留,未能布置环境,使学生浸渍于劳动之空气中,徒为口说,单讲道理,收效自少。宜从此一方面多所留意也"。

接胡绳复书,"言余之所愿,自可考虑,唯最好能减轻行政工作而不脱离人教社云云。其实余在社中行政工作并不多,只因无能力组织编辑工作,领导编辑工作,故有知难而退之想耳"。

下午开学习会,"愈之提出其意见,一部分为出版工作如何为总路线服务,一部分为出版业之社会主义改造问题"。(日记)

2月11日　出席"印管局召开直属六个印厂(新华、美术、外交、民族、人民日报、光明日报)劳动模范之座谈会",致辞,"谓所谈充分表现劳动精神、集体精神、爱国主义精神云云。于是赠以锦旗而散"。(日记)

2月12日　开署务会议,"讨论五年(五三至五七)出版工作之主要指标数字。余对此一大叠表格实无从下心思,只有听人讲说而已"。(日记)

2月13日　上午开署务会议,"讨论发行管理局准备在新华书店管委会上之报告"。下午,"偕灿然、邹雅至琉璃厂荣宝斋,参观木刻彩色套印制作过程"。"此一艺甚为国内外所珍重,所印画幅几与真迹无异。余拟写一记叙文刊于《新观察》，为之宣传，故必须观其工厂。经其处负责人讲说，又观其刻版、印刷、调色之各室，大约领会。执笔时如有疑问，再当设法打听。负责人出所藏日本之彩色套印画相示，工作之繁细胜于我国，一画有用几百块木版套印者（荣宝斋所制新罗山人花鸟画共印四十九次），而比较呆板，终觉与真画有别。"（日记）

2月14日 作一小文，"记至善所谈在朝鲜之一种观感。渠言每日清早，青年音乐家与技艺家皆从事练习，极为认真，至可感动"。

晚，赴苏联大使馆之酒会，纪念《中苏友好同盟条约》签订四周年。

2月15日 下午，晤吴伯箫。"吴今后主持语文室编辑文学课本之工作，聆其所谈似颇有办法。余老实告以余之短处即在不会组织力量，不善作领导。"孙功炎、丁晓先来谈工作。（日记）

2月16日 作《在朝鲜慰问期间的早晨》（刊《中学生》四月号，收入《叶圣陶散文乙集》，又收入《叶圣陶集》第七卷）。

同日 北京图书馆冯宝琳女士来访。"彼馆辟新善本室，收藏现代书籍之稀有本，并及作家之原稿。欲余与开明旧友相商，将开明所有作家原稿交与。余一口应承，谓凡有所藏，必可办到。余有《倪焕之》原稿装订成册，自四川回沪时尝取归置寓所中，今不知在何处，若能检得，即可交赠。于是陪冯女士参观我署之图书馆。及冯去，即作书致均正、调孚、锡光，专谈此一事。"

"愈之来，谈苏联专家之在京者邀我国各方面人物报告我国情形，我署有应任之一题为出版事业之沿革，将由愈之往讲，因谈应讲之要项。我国木刻书自大可一讲，及于维新而后，学校创立，教科书流行，乃转入现代之出版事业。唯目前出版事业尚未有大进步，如何展望前途，非可草率臆断。"（日记）

2月17日 下午为学习会。"谈出版工作为总路线服务主要在思想方面,务宜传布社会主义思想,排斥封建思想与资产阶级思想。目前此一方面甚为薄弱,检查批评,殊少致力。其次则选题虽善,而如何写成尽量好之书本,尚少所研究。于是就选题而言,似为人民所需要,而就内容实质而言,多一种书与少一种书无甚差别。此亦应努力改进之点。又谈私营出版业之改造,编辑出版方面总当于第一五年计划完成前后消灭私营,发行业当在其后,印刷业尤当在后,缘此二者与他种工商业相比较,究为次要之事。"夜,至作家协会,参加元宵节晚会,兼欢迎自印度回国之文化代表团丁西林、夏衍、谢冰心诸人。(日记)

2月18日 上午看保卫儿童委员会送来之儿童文学数种。"张天翼之作较近于儿童之生活性习。作家协会儿童文学组一位同志来访,邀余参加其组之讨论会,应之。看愈之所草将在政务会议提出之报告,又看人民出版社之报告一份。"

下午到人教社,"仅与芷芬、晓先二人谈事而已。小学语文室无人负责,仅王绮一人在那里作编辑工作,余无能为力,安亭萃中亦不措意,思之甚难过。芷芬言民进会议中曾提此点,并告党组,甚望党组助行政解决此事"。(日记)

2月19日 上午开署务会议。"先讨论财政经济出版社之方针任务、组织机构、与其他出版社之分工。此社缘原有中华书局之底子,尚须出文史方面书籍,则以中华书局名义出版之。"

其次讨论保障著作权之规定。"此事甚有事实上之需要,缘一般投机出版家,其出版物往往侵害他人之著作权,若有所规定,即可以限制此辈之投机行为。规定由出版管理局草拟,署内已几经研究,余亦提出若干意见。今日讨论之后,尚须送各方面征求意见,如无问题,再经政务院批准,乃可发布。"(日记)

2月20日 改小学地理第一册原稿。"此稿从地球构造讲起,亦为

自然地理，盖据苏联之课本。"（日记）

2月21日　中国人民慰问解放军代表团于怀仁堂慰问解放军高级将领，圣陶先生参加慰问会。

2月22日　上午续改小学地理稿。决定出版龙志霍所写俄语读音研究之稿，"供俄语教师参考"。"渠之研究注重在中国人读俄语之音，并顾及我国各地区之人。编列若干供练习之单字，单字之后按发音之难易为次，学生能正确读出此若干单字，即于发音无大问题矣。龙之研究精神，可于其治英文文法知之，预料此稿必能精到。苏联人不能编如此之稿，我国人亦未有编者。或可成为共誉之作，非臆断也。"吴伯箫领导中学语文室，"似颇有办法，亦复可慰"。（日记）

2月23日　续看小学地理第一册稿。（日记）

2月24日　"上午改《图书评论》刊用稿一篇。""愈之来谈，谓文改会已拟定统一异体字与规定简笔字之方案，其简笔字拟采用草书笔势。此颇成问题，草书笔势固简，然几微相差，即为另一字，辨认至难。印刷体能否杂以草书笔势，亦未可知。自学习心理言之，草书之价值又复如何。余谓统一异体规定简体，其事皆易办，今若搀入草书笔势，则大须商究，不易骤决矣。"

　　下午为学习会，"发行局诸君谈改造私营发行业。夜间，看斯氏集第八卷之长篇译稿"。（日记）

2月25日　续改小学地理。"愈之、祝志澄、卜明来谈，商量试制草体简体字之报页样张，供各方观览，是否合用。余猜草体笔势与正体混和，必甚难看；难看且不说，学习、辨认、书写皆必有困难。又谈及机器排版。目前在此方面用心者颇有人，苏联、德国亦有研究中国排字机者，日本前已有机器，利用光学之理排汉文书版，可供胶印。我署既为出版总署，注意既不足，研究更谈不到。"

　　续改小学地理。"夜间改斯氏集译稿。"（日记）

2月26日 "上午开署务会，讨论时代出版社与新华地图社之工作及今后方针任务。时代出版社之专业为出版介绍苏联建设成绩及社会生活之书、各种有关学习俄语之书，次及有关中苏友好之书。专业以此为限，即不与其他出版社重复。余猜此社向只从事迻译，今后以学习俄语之书为重点，尚须下功夫多为业务学习也。地图社在最近期间先学校用后一般用，先普通图后专门图。但建设事业发展至速，专门图之需要自必迫切，宜有所准备。"夜，"续改小学地理稿毕，续改斯氏集之长篇毕，皆即送出"。（日记）

同日 出版总署发布《图书报刊进出口的几个问题》，就"贸易性书报刊进出口管理"、"关于旅客携带或邮寄报刊进出口的问题"等作出规定。

2月27日 陈克寒、胡愈之来谈工作。"克寒谈出版社陆续有新成立者，编辑干部只能向各方呼吁，要求调配；经理部门干部自应由我署解决，我署唯有从新华书店抽调。但新华方面有本位主义，不肯调出干部，须改变其思想乃可解决。又谈时代与通俗两出版社皆不甚健全，大需致力予以协助。"

"愈之谈昨日参加文改会，逐字研究如何简化之情形。多造新字，以'忈'易'感'，以'比'代'辟'，造成'迚''肯'等字形。正体无法可想，则济它以草书笔势，第求其笔划之少，不顾笔势之难。且逐字解决，遂无条例。又以为只须政府颁布，即可全国通行。余谓若出此必天下大乱，我署当提出意见，期其改弦易辙。文改会诸君如此研究，亦可谓钻牛角之尖也。"

夜至萃华楼，应中国青年出版社之招宴。（日记）

2月28日 下午，甥女江亦多邀其同班同学十人来，"为余谈帮助受伤同学补课事，供余作小说之参考。所谈虽不多，颇有真情实感"。夜，宴"雪村、雪山兄弟，守宪、耕莘、伯祥、彬然、

均正、调孚、锡光、祖璋,凡十人。谈叙甚欢"。(日记)

2月1日至3日、6日、8日至20日、22日至28日的日记收入《叶圣陶集》第二十三卷。

3月1日 下午,与隋树森、张中行"谈文笔及文字改革"。夜,至森隆餐馆,"邵老、雪村、伯祥、彬然四人作东,宴请守宪、耕莘、雪山。余则愈之、伏园、士敩与余。八时半散。守宪明日回上海矣"。(日记)

3月3日 下午为学习会。"题为出版工作与国际宣传工作如何学习苏联先进经验。王子野谈前一题,略谓出版工作亦已一鳞一爪地学习苏联,然大嫌不够。就其人民出版社而言,于编制选题计划,联络作家,培养编辑干部,订定制度,改进企业经营,注意装帧设计诸方面,以后尚须分别致力学习。刘尊棋谈后一题。彼去岁曾游苏联,与其作国际宣传工作者交接。据言苏联之国际宣传,非于国内宣传之外另有一套,唯针对国内外读者之需要而轻重有所区别。总之以平实易明为事,不为新奇偏颇之论。次谈其外文出版社条件尚差,学习苏联暂非易易。"(日记)

同日 作《荣宝斋的彩色木刻画》(刊《新观察》第十期,1954年5月16日,又刊《人民中国》第十七期;后收入《小记十篇》,又收入《叶圣陶集》第七卷)。

同日 出版总署发布文件,题为《必须重视中越边疆人民的小额书刊贸易》,强调中越书刊贸易工作中为越南人民服务的政治意义、供应越南的书刊应该经过慎重的选择,以及必须限制私商的投机活动等。

3月4日 听西北出版局王乃夫之工作汇报。"龙志霍来,商定其书之名称为《俄语语言教程及其教法》。"至中山公园,观捷克斯洛伐克之版画展览。(日记)

同日 作一短文纪念斯大林逝世一周年,刊署中黑板报。(日记)

3月5日　上午开署务会议,"新华、美术两印刷厂报告去年之工作总结,提出今年之工作计划"。下午,胡绳来。"谓宪法初稿已草成,将邀叔湘与余为斟酌其文字,即以明日为始。允之。看毕斯氏全集八卷之注释部分,即送回编译局。"(日记)

3月6日　上午,偕吕叔湘"往北京市委之会所,作修润宪法草稿之事"。"邀集者凡六人。余与叔湘、胡绳为一组,注意文字之修正。钱端升、周鲠生、张友渔为一组,注意条文之实质。中午,董老来招呼,共午餐。董盖实际主持此事之人也。自上午十点至下午五点半,中间午餐并休息二十分钟,计修正条文二十余条,颇有几条,斟酌大费时间。大约连作三日,其事可毕。"(日记)

3月7日　上午偕吕叔湘至市委,与胡绳三人继续研读条文。"至十二点,读至第五十条,进程亦殊不快。午饭时彭真来。彭亦主持起稿之人。渠谓毛主席之意,宪法须全国人民共晓,务求其明白浅显,宜尽量用白语。余谓全体读过而后,再通读一遍,期其更与语言接近。餐毕,茗坐,周鲠生、钱端升多谈内容方面之意见,听之亦有味。"(日记)

3月8日　上午,"仍与叔湘、胡绳斟酌条文"。"下午将九十余条研摩完毕。重又从头起读一遍,改去文言用法之'以''其'等字。于国徽之形式,余之改语为'齿轮和麦穗稻穗环绕着五星照耀下的北京天安门',自以为颇得意,不知大家讨论后结果如何。六点过读毕,两天半之工作到此结束。"(日记)

3月9日　"上午看斯氏全集第八卷之年表译稿,看毕即送回。又看《翻译通报》准备刊用之译稿一篇,为之修润。此文论列宁极重视翻译,自己实践并劝他人实践,先将外国文翻为本国文,又据翻出之本国文翻为外国文,以此试验自己之外文造诣。又谓列宁极不赞同破坏俄语之纯洁。此皆大可注意者也。"

与胡愈之闲谈,"余告以颇思脱离教育出版社之意愿"。看

《编辑工作》第二期之原稿。写壁报之题辞。（日记）

3月10日 看编译局交来列宁文章之译稿一篇。"彼局本要余看《斯大林全集》，今扩而充之，并及其他译稿。余固亦不以为忤，然若今日之一篇，谈市场问题，所据皆《资本论》之公式，近于数学书，余实未能全晓。看毕后因致书编译局，谓希望勿将此一类文章送余。"（日记）

3月11日 上午听中南、东北出版行政机关之负责人之汇报。"于听话之际，带看斯氏集第八卷之译稿。"下午三点至政务院，列席政务会议。"愈之报告我署去年之工作及今年之方针任务。周总理插语颇多。其中有一义，谓宜多写以往之历史，文艺作品宜多写旧社会之情况。周意以为青年不甚知旧时之种种，而旧时之影响则将及于若干代，不知其故，即无从警惕。又言写新时代新经验，此后必大有人在，而知旧时代者则越后越少，宜从早注意。此可谓有心人之言也。愈之报告历三小时半以上，有五六人发言讨论，最后批准此报告已八点半。"（日记）

3月12日 晨偕印管局之张榕至军委印刷厂，"观杨秀芝创制之配页机"。后"至新华印刷厂，观购自东德之配页机，以资比较。……又观购自东德之巨型自动印机"。

下午三点至文委。"文教会议开幕。会场设于紫光阁。郭沫若致开幕辞……明日起大会小会每日都有，须至下星期六（实延至23日——编者注）闭幕也。"夜，"续看斯氏集译稿"。（日记）

3月13日 出席文教工作会议。"上午，习仲勋报告今年文教工作之方针任务。下午，钱俊瑞报告一九五四年文教事业计划和五年文教事业之主要指标。二人之报告均贯彻总路线之精神，以服务于经济建设为主，与此相应，逐步满足人民之文化要求。"（日记）

3月15日 文教会议今日仍为大会。"余与乔峰相约，上午由渠往，下午由余往，轮流出席，可留出时间作事。"

上午，"听内蒙出版行政机关来京同志汇报，并讨论西南、东北两同志提出之问题"。中午，"张友渔方面来电话，邀往市委再读宪法初稿，于是文教会议下午之会不克参加"。

"两点至市委，与叔湘处一室，共同研究本月九日之四读初稿。胡绳因事未来。研讨至六点廿分，读毕六十余条，写修改意见三纸交与张友渔而归。就语文而言，起草者颇不注意于精密，往往说出即算数，不顾其达意与否。余与叔湘语感较灵敏，一看即感知毛病所在。修改意见虽说明所以然，自忽视此事者观之，或尚以为系属吹求。究竟被采用至若干程度，且待他日定稿出来时观之乃可知也。"（日记）

3月16日　晨"写若干复信"。下午到人教社开扩大社务会议，"一题为我社之组织机构及人员编制"，"又一题为报告并通过去年之决算"。（日记）

3月17日　晨看《斯大林全集》译稿。"听华东区周新武之汇报，多言改造私营出版业发行业之事。"（日记）

3月18日　"晨间克寒来谈，谓教育部方面已知余有离去出版社之意，托渠劝余勿存此想。克寒谓大家可以分工，余可只管一部分之书稿，他皆不管。余答以如此亦所愿，唯名为社长兼总编辑，总觉于心未安云云。"上午仍至市委，"与叔湘共读宪法之后半部分修改稿，提出文字方面之意见颇不少。十一点半完毕"。（日记）

3月19日　上午开署务会议，"外文印刷厂报告去年之工作及今年之方针任务"。午后两点半至紫光阁，"今日为大会发言。余或听或不听，以其时间看完斯氏集译稿一篇"。（日记）

3月20日　上午看完儿童文学评选委员送来被推荐之作品十余篇，"皆无甚意趣，书简短之评语送回"。午间，至国际俱乐部，"文联邀朝鲜来华访问代表团之文学艺术家举行座谈会"。"我国方面到者殆百人，朝鲜代表将二十人。由雁冰致欢迎辞，周扬继之发言，朝鲜代表一人亦致辞。于是分组座谈，余在文学组。所谈为接受古典文学遗产问题，俄国与苏联文学影响及于我国问题，儿童文学问题，作家体验生活问题，我国作家参加抗美援朝斗争问题。余于前两题略谈数语。其他发言者为周立波、沙汀、萧三、刘白羽、白朗、冰心。"（日记）

3月21日 开始作短篇小说《友谊》，"即写亦多校中同学友爱互助之故事。得二千言，成绩可谓不坏"。"余尝令亦多请受伤之同学写其病中经过，渠书三纸交来，能自叙其心情，语言亦生动顺适。余据其稿抒写，有如为之润色，得稿较多，即由于此。此篇小说估计可有万言，不知须写几日方能完成也。"（日记）

3月22日 上午续作小说，约得一千字。下午，"吴伯箫以编辑文学课本之要点一稿交余。余即修改此稿，约花一点半钟而毕"。

"洛峰、灿然在高教部开会，与同载而归，留共餐。谈及余拟退出教育出版社，二人均言退出恐办不到，但须建立集体领导之制度，其事当较易办。"（日记）

3月23日 上午至紫光阁出席文教会闭幕式。陆定一讲话，郭沫若作总结报告。

中午至市委，"彭真设宴酬数日斟酌宪法草稿之劳"。"据云中共中央今日将以此草稿提供于宪法起草委员会。此后将在京中发动多数人士讨论，以四五两月为期。然后综合各方面意见而修正之，通过于中央人民政府委员会，成为正式之宪法草案。于是广泛讨论于全国范围内，以六、七、八三个月为期。再作修正，乃交全国人民代表大会通过。如此周详，亦学习苏联之经验也。酒罢，闲谈一小时而散。"

偕吕叔湘至语言研究所，"与张志公、张中行共谈语文问题"。（日记）

3月24日 上午仍至紫光阁，习仲勋邀集党外人士座谈党员与非党人士之团结问题。三点，至紫光阁后之武成殿，李维汉召集分组讨论宪法初稿之问题。"宪法起草委员会以昨日开会，由毛主席向会中提出中共中央之初稿。今后在京中请各方人士五百零四人分十七小组讨论，各地方分四十七个单位讨论，随时汇报其意见于宪法起草委员会。大家商定今后各组每周讨论三次，期于五月中旬完毕。余与叔湘由起草委员会请为语文顾问，周鲠生、钱端升被请为法律顾问，仍先时之旧。五时散会。讨论时余在第十组，雁冰为召集人。组中皆文艺界人士也。"（日记）

3月25日 "上午继作小说，心思不贯，仅得千字而已。"下午，"安亭、薰宇来共谈，商量如何重订今年之编辑计划，及明后两年编辑计划之大体轮廓。据教育部之要求，迄于一九五七年（第一个五年计划完成时），中学、小学、工农中学、师范学校，须各有新教本，与教本相应，又须有教师用之教学参考书。此大非轻易也"。（日记）

3月26日 "上午开署务会议，讨论新华书店会议之总结报告草稿。""于改造私营发行业，大家意见发挥颇多。又讨论版本记录之规定。"下午，向出版系统之人员传达习仲勋在文教工作会议上之报告《一九五四年文教工作方针任务》——编者注）。（日记）

3月27日 下午至文化部，"开第一次之宪法座谈会"。是日，叶至诚创作的群众歌曲《啥人养活啥人》获文化部二等奖。（日记）

3月28日 王泗原来访，"以所作《离骚语文疏解》之清样交余，嘱为阅看，能提修改意见最妙。余只得允之"。"既而蠖生至美来，既而元善来，遂共饮，所谈多及宪法。""续作小说，得一千三百余言。"（日记）

3月29日 上午续开传达报告大会，传达郭沫若之总结报告。下午仍至文化部，"漫谈读过宪法草案后之印象"。夜间续作小说，得千字。（日记）

3月30日 "上午开署务会议,先讨论我署第二季度之工作要点。其次讨论人民美术出版社之方针任务。"(日记)

3月31日 上午续作小说,得一千余言。下午仍至文化部讨论宪法。"夜间王泗原来谈,谓上海棠棣出版社来信云渠之《离骚语文疏解》不久即可出版。此作于《离骚》之研究工作大有助益。谈及声音训诂之学现已很少人注意,泗原殆当世人物,似亦无可举者。"(日记)

  3月1日至13日、15日至31日的日记收入《叶圣陶集》第二十三卷。

4月1日 上午仍作小说,仅得千字。午后至和平宾馆,"教育部与我社邀请文艺界同人开座谈会,讨论编辑中学文学课本之问题。此是吴伯箫所主张。邀请五十余人,而到者三十余人。董纯才与余致辞一时许,余则大家发言,至六点半而毕。期以此会为始,以后在编辑过程中,请大家随时相助"。(日记)

4月2日 上午开署务会议,讨论"北京市改造私营出版业之计划,由北京市新闻出版处之同志报告"。又讨论"关于教材、教科书、教学参考书之规定,大致谓私家不得出版此类书籍"。下午"仍至文化部座谈宪草"。(日记)

同日 出版总署发布《国内影印外文书籍一般不向国外发行》,规定"影印外文书籍原则上限在国外发行,对香港及其他资本主义国家一律不供应"。

同日 出版总署发布《关于建立或健全基层部门、基层单位计划机构的通知》。《通知》说:"为了适应计划经济建设的需要","要把计划机构逐级建立到基层工作部门及基层企业单位",并作出五项规定。

4月3日 "上午重行传达习仲勋、郭沫若二人在文教工作会议上之报告,听者为非直属出版社及杂志社之人员。余既任讲说,必求清楚响亮,使听者领会,且不厌倦。然吃力实甚,讲毕之

时，身子似有坍下来之感。"(日记)

4月4日 分别与四十一中、女一中同学座谈。

4月5日 上午续作小说，得一千余言。下午三点仍至文化部座谈宪法。"雁冰转述田家英答复各组所提疑问，说明起草时之用意，凡数十处。此亦甚有用，可省却各组之乱猜一阵。雁冰谈一点半有余，继之讨论，迄六点，尚未将《总纲》看毕。"

至善赴河北、山东等地调查归来。"渠谓德州、石家庄一带之中学生年龄较大，若以儿童适用之书刊与之，彼辈将觉其幼稚无聊，又谓此辈有劳动习惯，但入校目的则为脱离农村之劳动。此是历来之传统观念，排而除之，使明学习即所以为劳动，尤须宣传教育也。"(日记)

4月6日 上午续作小说，所得不足千字。"广播电台来人，言儿童节目之大半为文艺，而适当之材料难得，请余作稿。新创刊之《文艺学习》来催稿，请作文谈如何写通文章。《人民日报》之艺术组来信，言图片之说明甚难办，请余作文说如何作说明文字。彼辈属望甚殷，余亦深愿为之助，然时力俱不敷，不克静心思索，颇难酬彼辈之愿望也。"

下午，"集各出版社座谈提高纸张利用率。到者二十五社，由人民出版社赵晓恩谈其社之经验，甚详尽。大家即据以讨论。大致皆同意淘汰不合理之二十五开，改为大三十二开。白页空行，宜尽量节省，在不损美观与实用之条件下，达到节约纸张之目的。大家言此等座谈会大有益处，可经常举行"。(日记)

4月7日 上午开署务会议，"讨论高教出版社、财经出版社之组织机构。又讨论两社近期内之工作计划。继又讨论新华总店有关教科书发行之通知"。下午"仍至文化部讨论宪草，始将《总纲》讨论完毕"。(日记)

4月8日 上午续作小说，仅得六七百字。下午到人教社，"芷芬、安亭来谈社事，吴伯箫亦来。五点至叔湘所。渠无暇主持汉语课本之编辑，我社拟以托志公，俾志公脱离《语文学习》之编辑工作。此事尚须与中国青年出版社商量"。(日记)

4月9日 "上午开署务会议，讨论人民出版社今年之方针任务。彼社去年工作有进步，然组稿不易，编辑亦有未尽善处。今后二三两季将总结几方面之经验，一以改进自身之工作，二为其他国营出版社之倡。在所有国营出版社中，人民出版社固是优良者也。"

下午，"仍至文化部讨论宪草，讨论者为全国人民代表大会一节之十余条也"。(日记)

同日 出版总署发布《关于在杂志和书籍上发表国民经济数字的若干规定》，强调："凡刊载或引用全国性的对国民经济有重要意义的数字，应以中央人民政府、中央人民政府国务院及国家统计局所发布者为准"，"凡刊载或引用各大区、各省（市）的重要经济统计数字，应以有关大区行政委员会、省（市）人民政府发布者为准"。

4月10日 续作小说。访徐伯昕，徐因神经衰弱赴苏联疗养归来。晚至萃华楼，为伯昕接风。工余始读巴尔扎克《夏倍上校》。(日记)

4月12日 上午续作小说《友谊》。"此篇历二十三日，共一万五千字以上。自觉只算平平，不知他人观之如何。拟付油印，请亦多之同班同学观之，她们或许有意见可提也。写复信数封。"下午三点"仍至文化部讨论宪草"。傍晚，王伯祥来共饮，"商量如何招待少量之友朋，为我母亲祝寿"。(日记)

同日 作毕小说《友谊》(刊《中国青年》第十一期，1954年6月1日；收入《叶圣陶文集》第三卷，人民文学出版社1958年10月初版；后收入《叶圣陶集》第四卷）。

同日 发表《〈课本中的数字使用问题〉的按语》(刊《编辑工作》

第二期，收入《叶圣陶集》第十八卷）。按语说："辛安亭先生这篇文章（《课本中的数字使用问题》——编者注）大有意义，咱们应该仔细的读。""书本里列入一些数字，一要正确可靠，二要体例一致，三要想清楚为什么要这些数字。这几点其实是编辑工作方面的一般要求，不是什么太高的要求。唯有做到了这几点，数字对读者才有用处，否则就是徒乱人意，甚至是让人上当。……咱们往后再不能看见数字就抄……别处的数字只是咱们的原料，咱们对这一堆原料必须先作一番审查、整理、选择的工夫，把它化为当前合用的材料，然后写在咱们的书里。编课本应该如此，写旁的书也应该如此。"

4月13日 改《斯大林全集》第十卷之译文。晚，到作家协会，出席儿童文学组之座谈会。"随谈所见，历两小时。到者将三十人，为报社、出版社、广播电台、小学校之人员，皆与儿童文学有关者。"（日记）

4月14日 主持座谈会，"邀各出版社谈纸张利用率之问题。我社与机械工业出版社各有一同志作报告，余最后略致数语而散，以后将汇集较好之经验，写成文字，通报各社"。下午仍至文化部"讨论宪草"。（日记）

4月15日 写复信数封。看《斯大林全集》译稿一篇。（日记）

4月16日 上午开署务会议，"讨论通俗读物出版社之方针任务与工作计划"。下午仍至文化部"讨论宪草。今日为第十次矣。此草成之颇仓卒，未及周密审虑，大体不错而疏漏颇多。起草委员会据各方面繁多之意见为之修整，其事亦非易"。（日记）

4月17日 下午至中山公园，"观唐花坞，陈列品以海棠为主。三时至来今雨轩，系萧乾相约，谓十余人共坐闲谈翻译。不意到则见四十余人，计有《译文》社、《文艺报》社、《人民文学》社、《文艺学习》社四单位之同志。设曲折形之桌子，宛如开会形式。余居中坐，信口而谈，诸人提问，余据所见作答。一

谈竟历三小时。彼此颇不嫌勉强"。(日记)

4月18日　为母亲作九十大寿。"至午刻，统计来客及我家老幼共六十六人。设六席，开筵会餐。我母七十岁在上海汾安坊，亦尝宴客，大半皆今日在坐之人，然作古者亦有数人。八十岁生日在成都陕西街，客为另外一批。今九十岁则在北京。二十年间，我国变化綦大。共谓至于一百岁则已在第三个五年计划时期，景象之光辉灿然必更有不同。宴毕已两点过，坐于庭中闲谈。招摄影师来，与诸客合摄一影。四点，客始去。"(日记)

4月19日　《人民中国》之编辑二人来谈。"缘余以记荣宝斋一文寄刘尊棋，谓可刊于对外宣传之外文杂志。彼等研究后以为可用，但供外人阅览，繁简之间宜有所更改，故来相商。彼等已提出修改意见，余允照改。俟二人去，即动笔改之，至午后二时而毕，即送去。此文将译成英、俄、日三种文字也。"下午"仍至文化部讨论宪草"。

　　夜，辛安亭偕戴伯韬来访。"戴久任上海市教育局长，今调来我社为骨干人员。吴伯箫、巩绍英、戴伯韬三人究负何种名义，尚未确定。二君谈一时许而去。"(日记)

同日　出版总署发布《应该组织重印一些有价值有内容的近代学术著译、文化知识读物》，指出："当前出版工作中一个很重要的缺点是书籍的品种太少，许多过去出版的有价值的译著没有重印，不能满足人民日益增长着的文化知识各方面的需要"，为"保存一部分中国文化遗产"、"刺激学术界与著作界的写作"，提倡"应该组织重印一些有价值有内容的近代学术著译，文化知识读物"，并作出相关规定。

同日　出版总署发布《各出版社应注意宣传和介绍所出版的好书》，要求对出版的好书，要进行"正确的宣传和评介"。

同日　出版总署发布《颁发"关于图书版本记录的规定"的通报》，后附《出版总署关于图书版本记录的规定》(1954年4月1日修订)。《规定》说:"为便于检查出版计划的执行情况,提高图书出版的严肃性,并便于图书馆、发行机构及读者的查考,特就书籍图片版本记录项目作如下规定:

一、书名(或图片名)

二、著作者(或绘制者)、编辑者、翻译者的姓名(或笔名)

三、出版者和印刷者的名称及所在地、发行者的名称

四、书刊出版营业许可证号码

五、版次、印次、印数

六、出版年月

七、开本(或开张)

八、字数

九、定价

十、内容提要

以上第一项至第九项,一般应记载在一处。

除以上规定各项外,得记载书号、分类等项目。"

《规定》在谈及翻译书籍时说:

"翻译书籍,应加载下列各项:

1. 原著者的国籍

2. 原书名、原著作者姓名及原出版者名称的原文

3. 所据译本的出版年月及版次

4. 转译书籍应记载:所据译本的书名、著作者和翻译者姓名、出版者名称的原文及出版年月、版次,为排版便利,原文可另载在适当地位,不一定要与其他各项载在一起。

由外文书籍、报章、杂志选译短篇文字成书者,不必在版本记录中列举原著作人原名及出处,而应在每篇译文之后注明原著作人译名及出处,或由译者、编者另加总的说明。

马克思列宁主义经典著作及文件性书籍,原著者国籍、翻译者、编辑者等项目可不载。"(下略)

4月20日 看《斯大林全集》第三卷之译稿。"外文出版社荒芜来访,约余于星期四到彼社,为其同人谈编辑之事,勉允之。"(日记)

同日 出版总署发布《关于出版物应注意保密的通知》。《通知》规定:"各地出版社、杂志社及报社未经一定的、有关的负责部门审核和批准,一律不得引用或发表任何部门的内部材料,机密性的不应公开发表的资料则绝对不准采用或发表。"

4月21日 写信数封,续看《斯大林全集》译稿数篇。下午,胡乔木约晤谈。"乔木在北京医院治目疾,所谈为余欲摆脱人教社之事。渠亦无甚表示,仅询余之所怀如何而已。旁及字典、古籍出版等项,谈一点半而出。至中山公园散步,墨在音乐堂听邓拓时事报告,俟其散出,同归。"(日记)

4月22日 上午"偕叔湘至政务院,开讨论宪法各小组之召集人会议。李维汉言召集人可先讨论各组提出之意见(意见甚多),帮助起草委员会做工作。办公室亦当加紧工作。继之,田家英就问题最多之各条,据起草之初意作解释"。下午,至外文出版社,"为其图书编辑部之同人杂谈编辑工作"。(日记)

4月23日 上午开署务会议,"讨论重行修正之保障著作权暂行规定草案。又讨论与他国互译书稿之办法"。下午三点仍至文化部,"雁冰转达昨日上午之所闻,历三小时,未复讨论宪草"。夜间董纯才来,"言余必仍主持人教社,今后教部方面当作具体领导云云,谈一时许乃去"。(日记)

4月24日 上午,"愈之邀往文化俱乐部,与叶遐翁会谈,并邀建功。叶遐翁在文字工作委员会工作二年有余,主持整理汉字之一组,热心甚盛,而会中领导不强,组织不健全,渠颇有不申其意之感,缘愈之与余皆新被此会聘为委员(建功原为此会委员),故以相语,并谈如何可以改善。愈之慰勉之,余则无甚意见"。

午间,"愈之预约之振铎、储安平、张明养、邵宗汉四人来,遂共餐。安平将远游新疆,即为作饯。两点半散,余至社中,与伯韬、安亭、萃中、伯箫、芷芬、少甫诸人谈社事。皆所谓交换意见而已"。(日记)

同日 出版总署发布《赠送苏联等国的翻译书籍改为五册》的通知,在这之前只"送三册"。

4月26日 上午写回信数封。"下午仍至文化部讨论宪草。全部已毕,回头重看,亦无多可谈。因议小组会到此为止,此后如有需讨论者,再行召集。"(日记)

4月27日 "看斯氏集译稿数篇,复邓宝珊一信。"(日记)

4月28日 "洪深送来其所拟英译本《长生殿》导言之提纲。今年我国文学界将纪念洪昉思,故以《长生殿》译为英文。洪之导言提纲太繁富,恐于外国读者不甚相宜,即以此意函告之。"傍晚至萃华楼,"财经出版社开首次董事会,故宴客"。(日记)

同日 作书信《致人民出版社》(收入《叶圣陶集》第二十四卷)。信中于《谭嗣同全集》的版本设计提出意见。

4月29日 修改4月13日在作家协会儿童文学座谈会上讲话之记录稿。于5月3日改毕,送回作家协会。(日记)

4月30日 "上午开署务会议,讨论外文出版社、民族出版社之工作与今年之方针任务。两社之出版物皆未能摸清读者之需要。发行方面皆有问题,而问题不相同。讨论毕,克寒报告与科学院会商改龙门书局为公私合营,组成科学出版社之情形。议定先与科学院各推出数人,作筹备工作。"

下午,赴财经出版社之成立大会,致辞。"高等教育出版社亦以今日成立。于是商务、中华两家俱为国家资本主义之企业矣。"(日记)

4月1日至3日、5日至10日、12日至30日的日记收入《叶圣陶集》第二十三卷。

5月1日　登天安门城楼,庆祝劳动节。

5月2日　上午,与胡愈之、金灿然共往访吕叔湘,谈语文书籍之出版事。"至叔湘所,复邀莘田,往中山公园。坐憩于河旁石凳上闲谈。遇振铎父子。即共至国际俱乐部午餐,谈及辞书、语文书、古籍之出版工作,颇有味。"(日记)

5月3日　"叶籁士来谈简笔字问题,渠亦以为文字改革委员会之方案行不大通。叶近兼任宣传部事,专管语言文字方面,又兼科学院语言研究所事,与叔湘同为副所长。叶去,看斯氏集译稿一篇。"下午到人教社,"芷芬来嘱改一文稿"。夜,王伯祥来访,"遂共饮。伯祥在文学研究所之工作为选注《史记》,以已成之稿交余看,嘱提意见云"。(日记)

5月4日　看王伯祥所注《孙子吴起传》一篇。"伯祥作注,周密妥帖无问题,而用语多近文言,恐不为一般读者所晓。向尝与言之,今观斯注,确有此感,提意见若干条归之。又看斯氏集译稿数篇。"(日记)

5月5日　"晨间续看斯氏集译稿。十点,偕叔湘至政务院,应齐燕铭约晤。缘法律、语文顾问将增加人员,为两小组,佐召集人讨论会工作,整理宪草。余与叔湘提出钟敬文、冯至二人,再加通俄文之一人,五人为语文小组。据知宪草期于月底完稿,中下旬恐须加力工作也。谈一小时而散,余仍返署,看译稿。"

下午到文化部,"讨论宪草之小组拍全体照为纪念。今日到者特多,有三十余人。从未出席之丁西林、老舍、程砚秋、齐白石皆至"。(日记)

5月6日　上午"偕叔湘至紫光阁,参加十七组召集人讨论宪草之第一次会。先就全部结构讨论。各组所提意见中颇有主张更动次第、增加内容者。今日会中多数主悉仍原文,不力改变。次讨论《序言》之结构,结果亦复如是。此一会议之性质系帮助起草委员会工作,究竟如何决定,自当定之于起草委员会。语文小组定为余与叔湘、敬文、冯至、尊棋、椿芳六人，定明日开会，先就《序言》之文字研摩，备后日召集第二次会中随时提供大家考虑。午餐毕到署。"

下午开署务会议，讨论外文出版社苏联专家工作之报告。"我国请苏联专家颇多，而各机关有不重视此事者，以为徒供顾问，不存向彼学习之诚意。周总理察此情形，谓急宜改善，否则影响我之建设。于是各机关皆就此事为检查。在我署系统中，仅外文出版社有专家五人。检查结果虽无大谬，亦颇有未要处，遂定今后改进之方。其次讨论报纸减价问题。全国性之报纸可减，地方报纸极应减价以利推广，而事实上不能减。讨论无结果，再作调查研究，然后再论。"（日记）

5月7日 上午写信，看文件。"愈之来谈宪草，谓将于公民之自由条提出修改意见。"下午，在总署开（宪草）语文小组之讨论会。"三个半小时，仅毕《序言》之三段文字而已，可谓迟缓之至。"（日记）

5月8日 上午仍至紫光阁。"恐未能于十余日内将宪草讨论完毕，商定增加时间，每星期一、三、五上下午俱开会。今日以四小时讨论《序言》部分，亦仅至第三段而已。"

下午，"教育部来电话，董纯才欲来看余，余乃往访董。渠所谈为人事安排。谓我社以戴伯韬、辛安亭、吴伯箫三人为副社长，萃中不复为副社长。至于副总编辑，则戴、辛、吴三人而外，又有萃中、薰宇、文叔及巩绍英四人。余谓悉可同意，无他意见。至社中与安亭、文叔谈少顷而归"（日记）

5月9日 上午至劳动文化宫，"我署直属十个单位假其处举行春季球类比赛大会。参加篮球、排球、乒乓球比赛者四百余人。……余与戈茅均略致数语"。后偕傅彬然至中山公园，与"文叔、薰宇、伏园、寿白、伯祥"茗聚，"遇熟人有元善、邵老、陈调甫、平伯、李儒勉诸人"。（日记）

5月10日　上下午俱至紫光阁。"上午讨论完《序言》之后三段，下午讨论完《总纲》之六条。尚有未尽妥贴之处，除由法律、语言两小组研究外，复由民族事务委员会邀集若干人商量，缘牵涉少数民族问题之事项至多也。"（日记）

5月11日　上午至文化俱乐部，"语文小组五人集会，就前两次召集人讨论商定之《序言》及《总纲》六条，再加研摩。亦颇有修改意见，往往提出两种方案，供会众选择"。下午到总署，看《斯大林全集》译稿。"三点半，戈茅、天行、牛平青、伏园、彬然来我室，讨论干部语文补习班之事。议定于本星期六开学。"（日记）

5月12日　上午仍至紫光阁，"讨论《总纲》之条文。……至于六点四十分，《总纲》部分讨论毕"。

应老舍之约，"即趋其寓所，余心清、洪深、振铎、曹禺、白尘、沙汀诸人先在。酒系余所携，大家称赏，饮约十斤。老舍夫妇治花木颇称能手，庭中品种至多，皆修洁壮健。散归已将十点矣"。（日记）

5月13日　上午仍往紫光阁。"三点钟工夫，仅再度讨论《总纲》之各条。《序言》第六稿已重拟，尚未讨论。第二章前三节由原起草小组依据各方面意见重写。"下午至文化俱乐部，"开语文小组之会，就《总纲》各条再加研摩，略有修改意见。六点散"。（日记）

5月14日　上下午俱在紫光阁。"上午重行研摩《总纲》，又有所改动。下午讨论第二章之第一节'全国人民代表大会'，初步通读一过。自三点至十一点，中间仅进晚餐半小时而已。"（日记）

5月15日　上午，"语文补习班开学，余讲话一小时。报名者五十一人，闻上课时将有旁听者。余时则校读编译局译稿"。下午仍至文化俱乐部，"开语文小组之会。历三小时而散"。（日记）

5月17日　上午仍至紫光阁，"讨论'中华人民共和国主席'一节"。"下午三点复往，讨论'中央人民政府'一节。此节原名'国务院'，中共中央再度提出之修改稿易为今名。晚饭后讨论'自治机关'一节，九点散。一天开会九小时，疲惫殊甚。"（日记）

5月18日 上午至文化俱乐部，"开语文组之会，研摩昨日通过之各条"。

下午在社开扩大社务会议，"由余宣布副社长、副总编辑之人选与分工。至此，副社长有三人，副总编辑有七人，阵容较前为强，而主要倚靠戴伯韬。伯韬、安亭俱发表谈话"。（日记）

5月19日 晨至紫光阁。"上午九至十二点，下午三至九点，计讨论第二章第四节'地方人民代表大会和地方人民政府'、第六节'法院和检察署'两节。深感疲乏。"（日记）

同日 出版总署发布《关于都市地图刊载内容范围的问题》，强调政权机关、军事和军医学校等不必在地图上载明。

5月20日 胡愈之来谈，"共谓宪草经补充与修改，采纳各方面意见而未暇顾及体例与逻辑，转较当初讨论时为乱。如何再作整理，大须工夫"。

下午仍至文化俱乐部，"谈昨日所讨论之两节。若干内容俱未得解决，我语文组亦无能为力也"。（日记）

5月21日 晨至紫光阁，"开会九小时余，将'公民的基本权利和义务'一章、'国徽国旗首都'一章讨论完毕，仅是初读而已。讨论'公民'一名费时颇久，而概念已明，大家认识一致。先时多数人以为'公民'之中，地主、官僚资本家等不在其内。今日讨论结果，凡有中国国籍之人俱为公民，地主、官僚资本家等人为被剥夺政治权利之公民。彼辈除政治权利外，其他权利仍然享有，公民义务均当担负。如是，'公民'并无特殊含意。颇有人谓先时之解释今须放弃，不无可惜云"。午间，"抄

写语文组讨论之结果"。(日记)

5月22日 仍在紫光阁讨论，至八点半乃散。"今日系解决前此未解决之各项问题，解决者仅为大意，如何写定，留于法律组语文组为之。召集人会至此告一段落，而余辈于下星期仍须开会也。"(日记)

5月23日 在家洗澡时因中煤气晕倒。醒后，"令至善往访叔湘，告以关于修改《序言》第六段之意见"。(日记)

5月24日 竟日休卧。(日记)

5月25日 仍在家休卧。"晨间浩飞来探访。既而叔湘来，言昨日至紫光阁，于各条次第有所更动，体例稍觉整饬。据召集人会讨论结果之印刷本已印成，今日下午尚须碰头一次。起草委员会日内即开会，开四次或五次，余辈须往列席云。"

午间，许广平、高祖文二位来探访。晚，周振甫来。"田家英来，言宪草之修整须仗叔湘与余。此君年才三十有余，从毛主席十余年，头脑清澈，见理甚明，谦谦其得，大可钦。"(日记)

5月27日 上午，"至文化俱乐部为语文组之会。就召集人会讨论所得之稿检读，提出可商之处，并商定修改意见"。

下午四时至勤政殿。"宪法起草委员会开会于东大厅，余与叔湘及周钱二位以顾问名义参加。此外参加者尚有政府委员十余人，起草会办公人员十余人。刘少奇为主席，据召集人会之修改意见讨论，大多通过，有所更改者仅数条而已。至六点三刻，讨论《序言》与《总纲》毕。"(日记)

5月28日 "上午就昨日讨论之部分，提出若干条修改建议，写稿得三纸。""四时仍至勤政殿。晚餐而外，皆兀坐讨论，至于九点。初步通过第二章之前三节。第三节又回复原草稿，称为'国务院'，不称为'中央人民政府'，仅于条文中说明国务院为中央人民政府。希望以明夕通体通过，然后再开会一次，复

读一遍，其事甚匆急矣。"（日记）

5月29日 上午，开署务会议，"讨论上半年完成计划之情形"。"四时仍至勤政殿，至九点半，讨论至第三章毕。"（日记）

5月30日 "晨间伯祥、雪村来访，叔湘、了一继至，志公亦由叔湘邀来。六人同至中山公园，茗于柏树林。灿然、愈之以余之电邀来会。所谈无非辞典、字典、语文书籍之编辑与出版。虽曰漫谈，而殊非言不及义。至十二点，共至全聚德吃烤鸭，饮酒适量，谈叙称心。两点半散。"（日记）

5月31日 上午，写复信数通。"下午四点仍至勤政殿。讨论第四章既毕，从头复读，解决悬而未决之若干处。《序言》第六段末一句以余之修改方案通过，为之心慰。会散已十一点，余事尚未了，越二三日尚须作整理工作。"（日记）

　　5月2日至15日、17日至31日的日记收入《叶圣陶集》第二十三卷。

6月1日 作书信《致至美》（收入《叶圣陶集》第二十五卷）。信中谈家务事。

同日 上午，在总署，"与彬然谈语文补习班上课情形"。下午，"吴伯箫来谈，中学文学课本编辑提纲又经修改，将据以开座谈会，谓余必当参加。文叔来谈其近日所修订之书稿。仲仁来谈，渠病愈回社，半日工作，主持小学语文编辑室，将研究着手另编小学语文课本。芷芬来谈编辑部近况"。（日记）

6月2日 "下午三点重为学习之会。此事久已搁置，今重行振作，自下周起，每星期三下午集体阅读《联共党史》，或共为讨论。"（日记）

6月3日 看《斯大林全集》译稿。田家英来访，"谓明日或将邀数人为会，再将宪草整理一过"。（日记）

6月4日 晨开署务会议。"卜明报告往上海调查印刷界之所得。次之，讨论改进《图书评论》之工作。""下午三点至紫光阁，与

李维汉、叔湘、周钱二公、田家英、屈武六人为会,就重印之宪草再加研摩。至于六点,依次看到第二十九条。晚饭而归。"(日记)

同日　《全国各地中等学校对编辑文学课本的意见——人民教育出版社中学语文编辑室集录》印成。《意见》云:"为广泛听取群众意见,为编好中学文学课本作准备,我室于1954年3月底,通过教育部向全国各地中等学校征询他们对文学课本的选材标准、编辑系统、编辑体例这些方面的要求。到五月底为止,收到回信二百四十多件。""现把这些回信中所提的意见分类集中",列为"文学课的目的任务"、"选材的标准、范围、分量和比重"、"教材的编辑系统"、"教材的编辑体例"、"教学参考书"、"其他"等六个方面。

6月5日　"仍至紫光阁,续为研读与修改。上午多邓小平一人来参加。午饭后稍休即工作,至于六点,全文研摩毕。初不意修改之处若是之多。多数人在一起讨论,往往注意其大者,不免流于粗疏。少数人仔细考虑,粗疏之处乃见,非为之修补改动不可。此后再经起草委员会开会,据我人之修改意见讨论一次,起草之事即告完成矣。晚饭设酒,菜特精,缘今日为端午也。"(日记)

6月6日　上午,丁晓先偕巩绍英来,"商量邀请史学家为座谈会,讨论编辑历史课本之若干重要问题,并希诸家随时相助。议定座谈会将于中旬举行"。"午刻,偕伯祥至萃华楼,《光明日报》之副刊《文学遗产》之编辑委员会宴客,到者六十余人,一半为熟人。此刊实际负编辑之责者为陈翔鹤。振铎发言,谓此刊不宜多载考证文章,宜解决当前若干关于古典文学之重要问题,其言殊中肯。"席散后"至叔湘所,田家英旋至,三人相约为会,讨论宪草尚有未安之语句,又拟定鼓励各种文教工作者之条文一条。即此小事,亦费两点钟有余"。(日记)

6月7日　"晨间晓先来署，与余共商巩绍英昨日交余之历史教本、编辑座谈会讨论举要，预备印发者。……直至午后二时始改毕，全稿不过六七纸耳。"（日记）

6月8日　"上午清缮宪草之修改部分。始看伯祥所作之《史记》注解。伯祥习于文言，其注文往往未必为今时青年所晓，余为指出，俟其自作修改。"

　　下午三点又至勤政殿，"起草委员会开会，据上星期五六两日我人所拟修改之点——研读通过，至九点乃散。闻起草委员会尚须开一次会也"。（日记）

6月9日　"晨间安亭伯箫两位来谈社事。续看伯祥之注释稿。"下午在总署，"与诸君同坐学习，阅斯大林在第一个五年计划期间之演讲两篇。夜间答陈叔老一信。叔老就宪草中提出三点与余商榷，可见其认真"。（日记）

6月10日　"续看伯祥所作注释，至于下午三点，将《项羽本纪》看毕，先送还之。"看文学出版社油印送发之傅雷之意见，关于提高翻译工作者。"傅君甚有见地，于译事要求颇严。自余观之，皆表同意。"（日记）

6月11日　"续观伯祥之注释，毕《陈涉世家》一篇。看新到之《人民文学》，中有介泉所译英国小说一篇，其译笔深可佩。惜如此译笔，国内甚少。一般译品，皆仅能晓其事，未能领其味也。"

　　"下午五点至勤政殿，宪法起草委员会开末次之会，毛主席出席。就宪草通读一过，诸委员举手表决，全体通过。于是起草之事终了，此历史大事也。会毕会餐，设酒。"（日记）

6月12日　下午至天桥剧场，"儿童保卫会举行儿童文艺作品授奖大会。余以参与评选，被邀参加"。（日记）

6月13日　王伯祥来访，"留之共饮，谈《史记》之注释。既而文叔来，闲谈至九时，二人乃去"。（日记）

同日　作《宪法草案管窥》(刊 6 月 22 日《光明日报》第二版，后收入《叶圣陶集》第七卷)。

6 月 14 日　晨间写信数通。"十点，为语文补习班上课，讲余之小说《夜》。又讲语法、标点半小时。共讲两小时。"

"五点至勤政殿，列席政府委员会之会议，议程为讨论并通过宪法草案。宣读而后，发言者至多，皆言宪草之精善，其言或有当，或无当，或有味，或无味。至九点，毛主席作结论，主要谓此宪草结合历史之经验与建国以来之经验，结合我国之经验与国际之经验，结合原则性与灵活性，故深得人心，大家称誉。"(日记)

6 月 15 日　作《讨论为的实行》(刊《文艺报》半月刊第十二号，"拥护中华人民共和国宪法草案"专栏，1954 年 6 月 30 日；后收入《叶圣陶集》第七卷)。

6 月 16 日　下午学习，"看斯大林之报告"。"五点至勤政殿，列席政府委员会会议。今明两日之议程为一九五四年之预算。邓小平首作报告，先言去年执行预算之情形，语颇不错，次言今年之预算，以发展工业，尤其是重工业为主，所列皆可靠，其准确性有进于去年。次由李富春报告工业建设之情况，陈云报告商业建设之情况。会散已九点半。"(日记)

6 月 17 日　上午看王伯祥注释《留侯传》一篇。"下午三点半至和平宾馆，教部与我社邀集座谈会，讨论历史教本之编辑问题。董纯才与余先致辞，来客发言者十人，皆言历史教学至关重要，愿尽力相助，使新教本提高一步云云。六点半会餐，八点散。"(日记)

同日　胡墨林被确诊为肠癌。"余闻之凄然，初冀非是，而竟是，奈何奈何！至美蠂生接满子电话而来，大家商议决定开割。唯不直言以告墨，第言盲肠部分有肿胀，据医生言其物诚在盲肠之外也。动手术需作若干准备，当于下星期行之。手术固可

靠，而是否能根治，实难断言。吉凶未卜，中心悬悬。"（日记）

6月18日 上午"看翻译局列宁集之译稿"。"下午三点，各出版社人员来署，开装帧设计座谈会。前已开过展览会，大家甚注意。今日由人民、美术、外文、机械工业、青年、文学六个出版社之同志发言，各有所见，各有所得，而皆不自满，觉缺点甚多，提出问题，愿与众讨论。会以六点半散，下周将再开一次。"

"明日又将举行政府委员会议，余不拟往列席。会议之议程为撤销大区一级行政机构，合并若干省市之建制。此事甚关重要，预发之文件略谓自建国以来，大区一级行政机构代表中央人民政府领导并监督地方政府，于各方面均起重要作用。今国家入于计划经济建设之时期，中央须加强集中统一之领导，缘此撤销大区一级之行政机构，为因时制宜之道也。又为减少中央直接领导之行政单位，合并若干省市之建制如下：一、辽东、辽西两省撤销，合并为辽宁省；二、松江省撤销，并入黑龙江省；三、宁夏省撤销，并入甘肃省；四、沈阳、旅大、鞍山、抚顺、本溪、哈尔滨、长春、武汉、广州、西安、重庆十一个中央直辖市改为省辖市；五、绥远省撤销，划归内蒙古自治区。"（日记）

6月19日 上午开署务会议，议第三季度工作要项，又议年画发行工作之改进问题。

"看张中行为余重写之《稻草人》一篇。中国青年出版社欲重印余之童话集，余勉应之，拟不改其内容而改其语言，当时所用之语言，自今日视之实多别扭。余商之于张中行，承渠代余重写，此为其第一篇。看过而后提出少量意见，将与彼再为商酌云。"

夜，出席总署系统职工球类比赛与文艺会演之授奖大会，致辞，并授奖品。（日记）

6月20日　因胡墨林将做肠癌切割手术，不能安宁。"昨睡未帖，念墨之病，时时不能放开。开割而后如并非毒瘤而为他症，且割去甚轻易，自属至佳。如为毒瘤，能一割而根治，亦尚不坏。最坏之情形为开割而识为毒瘤，而察其不能割除，只得仍与缝合，勉以他法医治，医生言此亦非不可能。则今后岁月，将无时不战战兢兢矣。"

"今日往医院者有我妹、满子、至美、至诚。归来告余谓明日动手术为上午，由一苏联大夫主之，历时须两三小时，家属可于午后往听消息。又谓墨甚放心，确为意识上之镇定而非故作乐观。此甚关重要。"

6月21日　"到署后心不宁帖，时时念及开剖之事。九时以后，想墨当已在手术室中，悬想其情形如何，又想不清楚。聊为排遣，取黄绍湘所著《美国简明史》观之，迄午刻居然看一百余面。饭毕就睡，竟未成眠。将近两点，至诚来，首言开割情形好。医生谓确是毒瘤，无流窜之痕迹，今并盲肠一同割去，但愿其悉已根除。仅麻醉局部，墨稍觉痛，且见割出之物甚大，颇受惊恐。不知此于休养有妨否。墨此次吃苦甚重，凡此等事，至亲亦莫能代也。

"四时后，满子来电话，谓领得特别探视证一纸，可随时入院，嘱余往视。余遂往。墨移于一单人房间，方在注射盐水，针插于脚背。见余至，能作数语，谓吃苦太甚，谓何受苦至于斯。烦躁，时作恶心。面色尚不难看，体温则较余为凉。余为轻轻按摩肘部，能入睡，但未久即醒，不得安眠。

"晤外科主任王历耕，据谓割去之肠不少，方在切片检验，但已可断定为癌症无疑。癌而自能觉察，已非初期。输血输盐水之量颇不少，皆以年事较高之故。须经四昼夜无恙，乃可脱离危险期。余闻之悬悬，恍如无依。

"七点半离院回家……就睡后与至诚闲谈，谈戏剧，谈农

村情况，甚久，而余意实不属。唯冀能安然度过此数昼夜耳。"（日记）

同日 出版总署发布《关于在中越、中缅边境供应书刊问题的意见》。《意见》对供应越南的书刊相当宽松，"中央一级国营、公私合营出版社和在上海的地方国营、公私合营出版社公开发行的书籍，包括人民教育出版社出版的教科书在内，均可以向越南出口。"对于缅甸，则规定："供应的书刊应严格地限于国际书店的书刊出口目录范围以内，人民教育出版社出版的教科书不得对缅甸出口。"

6月22日 上午到署，"浩飞、伏园、彬然皆殷勤来相问。既而安亭、仲仁来谈社事，并言拟往探墨，余谢之"。（日记）

6月23日 上午，致吴伯箫一书，"答以中学文学教材编辑计划可送于乔木看后再说"。下午，到医院探望胡墨林。（日记）

6月24日 上午到署，"看发文稿若干件，神思困倦，他无所作"。下午三点到医院探视胡墨林，"坐至五点半出"。（日记）

6月25日 上午到署，"为社中之墙报写一有关宪法之短稿"。下午三点，"续开装帧设计座谈会，至六点四十分散。此后将请各出版社之较有经验与研究者，向各社设计人员作专题报告数次"。（日记）

6月26日 午后三点至医院探视胡墨林，"坐两点半钟"。（日记）

6月27日 晚，至统战部，"为全国人代大会代表提名事"。"会中推定愈之、长江、戈茅、邵宗汉、王芸生与余六人为一小组，提出新闻出版界之初步名单。今夕愈之未到，五人坐谈两小时有余，提出三十余人。尚须仔细研讨，期明日再为一会。"（日记）

6月28日 上午在署"杂看书志及发文"。午后两点到医院探视胡墨林，"坐一点有余而出"。至人教社，"与文叔、伯箫、芷芬、晓先、刘御五位谈话"。晚饭后仍至统战部，"继昨日之会，谈

一点有余而散。初步决定提出二十二人，算是六人小组之拟稿，尚须经多次之反复研讨磋商也。"（日记）

同日　出版总署发布《限制私商出版图书的通报》。《通报》规定："凡国营、地方国营、公私合营（包括杂件印刷厂）遇有私人委托印制图书时，应首先索阅其出版业许可证，凡未经核准为出版业者，不得接受其印件。"

6月29日　"到署后看斯氏集译稿。此为第三卷，多短篇，皆十月革命以前宣传鼓动之作。下午五时至统战部，新闻出版界十余人为会，统战部副部长于毅夫亦出席。范长江报告六人小组提出之名单，略加说明，到会者俱以为善。此项名单由统战部汇交政协全国委员会，全国委员会则下达于各地方，编入候选人名单，提出于各地方人民代表大会；果获省选与否，则决之于地方人民代表大会。如此选举方式，旧民主思想之人实不易理会，究其实际，则为高度之民主与精审之选举也。"（日记）

6月30日　作书信《致至美》（收入《叶圣陶集》第二十五卷）。信中谈及胡墨林的健康情况。

同日　续看《斯大林全集》译稿。下午，"至医院视墨"。"翻阅有关宪法草案之文件，为明日之报告作准备。各机关定于七八两月讨论宪法草案，署中派余作报告也。"（日记）

同日　丰子恺自上海来信，"知墨开割后安然，亦以注意休养为言"。（日记）

　　　　6月1日至30日的日记收入《叶圣陶集》第二十三卷。

7月1日　上午至文化俱乐部，"统战部李维汉邀集文教方面参加拟人大代表名单之人约三十余人为会。李谓此范围内之各方面所提名单，统战部研究一过，认为比较适当。提名与选举为严肃之事，既经提名，自当保证其选出云云。次复询有无意见，尚可修正补充，审慎周详之意甚至"。下午，在出版总署作关于宪法草案之学习辅导报告，"听者逾一千人。仅就宪草各条看下去，有可疏解者即为疏解，无之则跳过。至六点半而毕"。

"为墨开刀之苏联医生即将回国。余曾言赠以齐白石之画一幅，并致书申谢。墨促余速办此事。灯下，起一信稿谢苏联医生叶米利亚诺夫副教授，齐白石画俟明日置之。"（日记）

7月2日 上午开署务会议，"讨论大区撤销时，我署有关各单位交接之方针与办法。次由王益报告工矿区发行工作会议、新华书店经理会议、年画发行工作会议之经过与收获"。

"下午到社，先与安亭、伯韬谈，次与数人谈《新华字典》修订再版之事。此字典实不能令人满意，而销行将尽，势须再版。不能别编满意之本，只得酌量修订。今日讨论者为改按音序排列为按部首排列。缘非北方话地区反映，以音序排列实难检查。建功之意，既按部首则悉照《康熙字典》，余则坚主稍加改动，如'玉'部之改为'王'部，'月'与'月'、'阜'与'邑'之并家，'水'与'氵'、'火'与'灬'之分家。总之，我人可不顾造字之本意，唯以便利初学为尚。余又主酌用互见，以便读者，如'和'字互见于'禾'部'口'部，'问'字互见于'门'部'口'部。同人多以为然，决照此编排。此次修订稿之最后审读以建功、逸群二公任之，余则不过问矣。"

至荣宝斋，"选定白石老人所画雄鸡一幅，旁有鸡冠花一株，意甚雄健，色亦灿烂，以赠苏联友人，颇为适宜。镶配楠木镜框，而值仅二十万元，盖荣宝斋收入人家之旧藏也"。（日记）

同日 出版总署发布《关于私营出版社"买版权"书移转出版后的稿酬处理意见》。《意见》说："国营出版社及公私合营出版社接受出版私营出版社过去的'买版权'书时，应按本社的稿酬办法向著作人（翻译人，下同）支付稿酬。某些书如著作人过去曾取得相当多的稿酬时则可作重印书处理，其稿酬额予以适当减低（正式的稿酬办法决定后，可按规定办法递减）。"

7月3日 "晨间送满子往医院,渠以白石老人之画及余所作一信交医院,托转致叶米利亚诺夫。"下午三点"至医院视墨。渠于白石老人之画殊满意"。(日记)

同日 教育部、出版总署联合发布《〈关于出版中学、小学、师范、幼儿园课本、教材、教学参考书和工农兵妇女课本、教材的规定〉的指示》,针对"某些私营出版社,特别是上海的某些私营出版社,大量地粗制滥造地出版了一些所谓'教材'和一些所谓供中学小学用的'教学参考书'",产生了很坏的后果的现象,指示"中小学课本和教学用书理应由国家统一出版,由政府教育行政机关统一审定"。

教育部、出版总署《关于出版中学、小学、师范、幼儿园课本、教材、教学参考书和工农兵妇女课本、教材的规定》,共有四项:

一、凡中学、师范学校、小学、幼儿园的课本、教材,一律由国家指定的出版社出版,其他出版社不得出版,已出版者售完为止,不得再版。

二、凡根据现行中学、小学、师范学校、幼儿园课本、教材内容和进度进行解答、注释和提供教学方法的参考书,一律由国营(包括地方国营)出版社出版,私营出版社不得出版。私营出版社已出版者售完为止,不得再版。……

三、今后任何出版社出版的图书,未经中央人民政府教育部审核批准,一律不得使用"高中适用""初中适用""师范学校适用""小学适用""幼儿园适用""×学×年级适用"的"课本""读本""教材""教程""教科书""教科图书"等名称。……

四、职工业余学校课本、教材,各种扫盲识字课本、教材、工农兵妇女课本、教材,及根据这些课本、教材编写的教学参考书,今年均由国营(包括地方国营)出版社出版,国营

（包括地方国营）出版社出版这些课本、教材时，应取得省（市）以上教育行政部门或有关党政领导机关审查批准。"

7月5日 傍晚，"至医院探墨。墨今日曾走出室门，坐于走廊之椅上。躺于床上时亦常坐起，以活动腹部，使切开复缝合之肌肉习于种种姿势与动作"。至文化俱乐部，"我署与《光明日报》社邀开座谈会，旨在展开书评工作，重点在推荐好书。今日所请者为文学与语文两方面之友人，计孟实、萧乾、王任叔、李长之、叔湘、志公、文叔七人而已。我署则余与彬然、王城。《光明日报》有谢公望。客皆至熟，谈甚畅适，会餐而散"。（日记）

7月6日 午后至机场，"迎周总理回京。周出席日内瓦会议，使我国之影响及于全世界，其功甚伟，自宜盛大欢迎，到机场者不知其几何人也。两点四十分，飞机穿云层而降。周与随行者下机，一片鼓掌声。周与站在前列者握手，并未讲话"。（日记）

同日 作《文艺写作必须依靠语言》（刊《文艺学习》第四期，1954年7月27日；后收入《叶圣陶语文教育论集》，又收入《叶圣陶集》第九卷）。

7月7日 上午，看《斯大林全集》译稿。"愈之、彬然来谈著作权问题、简笔字问题。"下午到人教社，"假座师大女附中，由余谈宪草。听者为我社同人及教育部同人。自两点半至七点，中间休息一刻钟，谈《序言》《总纲》较详，后见时间不够，即开快车，讲得极略。若详细讲之，须历八小时矣"。（日记）

7月8日 晨，为沈兹九改《新中国妇女》之短稿一篇。看《斯大林全集》译文两篇。下午，"至医院视墨"。"至勤政殿，全国委员会常委会开扩大会议，周总理作报告，言日内瓦会议事。……周报告历两小时，继之发言者甚众，历两小时有半。最后毛主席作结语，要点如下：一、印度支那殆可恢复和平；二、在东南亚建立区域和平；三、与英改善关系，争取建立邦交；四、与法亦然；五、我于一切和平力量均须争取，国家建设首宜有此条件，但今后与资本主义国家打交道，首须国内团结与提高警惕；六、加强外交方面之力量，外交工作极重要，必须努力去做云云。"（日记）

同日 发表《应当写入世界史的伟大事件》，刊《人民日报》。

7月9日 上午，改《斯大林全集》译稿。"愈之来谈，谓昨日所闻之外交策略，可见马列主义之妙用。建国之初，我不与资本主义国家往来，缘彼仍以对旧中国之态度对我。今者我已显示其实力，我之和平共处之方针已普示天下，与彼接触，其局势全异。故转而争取联法联英，此所谓彼一时此一时也。愈之又谓原云两大阵营，今则统一战线及于彼方阵营之中，此又为全新之局。"

下午，"各出版社之出版部、编辑部同人一百五六十人来署，由邹雅报告装帧设计之事，盖继此前之两次座谈会而谈一般之原理。余听邹雅之言颇有见地，于各社同人当有所启发"。（日记）

7月10日 下午，"特约叔湘、志公来社谈汉语课本之编辑问题。此事困难至多，进程甚缓，而明年秋后必当有课本行世。即未必普遍推行于初中，亦将重点试用。一谈三小时有半，颇有商定"。（日记）

7月12日 晨间改《斯大林全集》译文。"十点为语文补习班上课，以宪草之《序文》为例，示分析句子之方法：认清骨干，然后看附加部分与骨干之间的关系。讲说两小时，尚自觉惬意。"

下午"至医院视墨，谈一时许。……言出院而后决往至美所休养一个月，以免应酬多累。次问及家中榴树开花多少，结实与否，荷缸中有无花蕾。意兴颇好，余为之心慰"。（日记）

7月13日 看《斯大林全集》译稿。与"愈之、洛峰诸君谈为邹韬奋逝世十周年举行纪念会事"。（日记）

7月14日 看《斯大林全集》译稿。"第三卷大概至此已全看过。自去年上半年迄今，盖已看六卷矣（一、二、三、八、九、十）。"

"明日文字改革委员会将开全体会议，因看准备讨论之件，拼音字母方案及简体汉字之字表。简体字有将近二百之数为新创，又多通假之字（如以'付'代'傅''副''腐'，以'叶'代'葉''業'）。余自感情上言甚不赞成，然自不识字之人而言，则一名可以代数名，究为方便。唯其简体字仅限于常用字，其他之字未加注意，自出版界之观点观之，固当全面解决，凡异体必取其一而舍其他，使所用之字定于一，乃为方便也。"

下午"至医院视墨，闲谈一小时有余而归"。（日记）

7月15日 "九点至教部，文字改革委员会开全体大会。韦老报告工作。讨论简体字，再经一度修订之后，将先行宣布一批，凡五百余字，供社会讨论。愈之提出修订标准字体之意见，皆云赞同，但谓不可仓卒即就。自出版界而言，自读者之方便言，标准字固甚切需也。"

下午在社"开社务会议，讨论我社之方针任务。此经教部之党组、社中之党支部讨论过，意见较成熟。到会之十余人均发言，余略作结论"。

晚，往青年宫出席契诃夫逝世五十周年纪念会。（日记）

同日 出版总署发布《关于部队翻印图书的规定》。《规定》指出："部队文化机关需要公开出版发行的图书，原则上应和新华书店接洽订货，由书店有计划地供应。""有特殊必要翻印某些图书时，如这些图书系国营、地方国营、公私合营出版社出版者，应事先征求原出版者意见，以便原出版者考虑这些图书是否适合翻印并供给妥善版本；但一般仍以不翻印为好。"

7月16日 上午开署务会议，"讨论新华书店因雨损失两亿以上之存货一事。又讨论调整工资之方针与办法"。

看蒋仲仁所起之一长稿,"谈小学语文教学之若干重要问题,甚详密,识见亦清澈"。(日记)

7月17日　上午在署看发文。午后至医院,"与墨闲谈一小时"。四点应市政府之邀,参加教学纲要编辑工作座谈会。"参加者有大学教师及中小学教师约六十多人。北京市最近开人民代表会议,提出提高教学质量之议。党与政府据此作若干决定,其中一项为以集体力量编辑若干丛书,为教师之助力。期以暑假期内赶为之,教学纲要而外,尚有各科之参考资料。我社义不容辞,已推出数人参加此项工作。余于谈话之顷即表此意。"(日记)

同日　出版总署发布《关于查禁、停售图书应通知各地图书馆、文化馆、站的通报》,规定内容有错误的书籍停止陈列。

7月18日　王伯祥来,"其夫人之病已甚危……毒瘤蔓延已广,致无法医治。伯祥尚能镇定,谓唯有设法减轻其痛苦,以好言好语慰病人之心耳"。(日记)

7月19日　上午为语文补习班上课,"讲诸子寓言四则,偏重于文言虚字及文言与口语之语法异同"。下午"到医院视墨"。(日记)

7月20日　上午为胡愈之修润其所作纪念韬奋之文,"又为荣宝斋修润其目录上之说明文字数短篇。"下午,"与伯韬、安亭、伯箫、文叔、仲仁、超尘、王微诸君为会,讨论仲仁所提小学语文教学之诸问题。三小时有半,仅及目的任务与识字教学两问题耳,后一问题且未曾终结,后日将续为讨论"。出席波兰电影周开幕礼。(日记)

7月21日　上午至语言研究所,"文改会之临时七人小组为会,讨论如何将整理汉字之方案公之于社会,俾大家提意见。决定将简化之汉字与选定其一之异体字同时发表,字数约三千,为期在全国人民代表大会以前。推定由叶遐庵、丁西林、魏建功三

位主其事。回家午饭。四时后到医院，与墨闲谈一小时"。出席庆祝波兰成立十周年之庆祝会。（日记）

7月22日 上午看刘御谈小学语文课本之文一篇，"系针对吴研因之文而为辩难者。与愈之谈昨日文改会所谈之事"。下午至人教社，"继续讨论小学语文方面之问题。所谈为识字教学之改革及识字量之多寡。仲仁准备充分，大家亦尽所欲言，比上一次谈得酣畅"。（日记）

同日 出版总署发布《改造木刻书业问题》，就如何处理木刻书业的方针和办法作出规定。处理木刻书业的方针为："根据该行业的不同情况，稳步地贯彻利用、限制、改造的方针，限制其发展，改造或转变其业务内容，达到逐步淘汰的目的，但必须反对急躁粗暴的办法。"该文件后附《四川省人民政府新闻出版处关于改造木刻书业的计划初步方案（草案）》。

7月23日 "上午开署务会议，戈茅报告往东北处理交接事宜之情形。又讨论企业单位之奖励金问题。洛峰转述中央对于中医之方针，谓以往卫生部门不重视中医，名为团结，实有宗派思想。中医中药久已为人治病，见效者不鲜，必须加以研究，使成科学。今后将翻印、翻译（译为今语）中医旧籍，又于医院中增设中医治疗部，西医宜研究中医之理论与经验云云。"修润保障著作权之文件，历三小时而毕。

下午至总工会礼堂，"参加纪念韬奋十周年纪念之会。愈之、雁冰、刘导生三人讲话，胡绳报告韬奋之生平"。工余读《水浒》。（日记）

7月24日 上午继续讨论小学语文教学之问题。下午，"至医院视墨，坐一小时。预计八月一日出院，径往至美所静养若干日然后回家"。（日记）

7月26日 上午杂看书志及发文稿，"改毕荣宝斋目录所用之文稿"。下午，"偕愈之、洛峰、浩飞至外文出版社，与彼社之外国专家十四人会面叙谈。此亦所谓专家工作之一项，向不加意而今后应加意者。十四人之中，苏联占六人，外则为英、奥、西班牙、印尼四国之人。愈之为谈今年出版建设工作之方针任务，即据前在政务院通过之文件。诸专家略有所询问，愈之一一答之。六点散"。（日记）

7月27日 上午，"与愈之、彬然、雪村、芷芬及其他三人为会，讨论部首之异体，如'示'之与'礻'，'糸'之与'糹'等，凡三十七类。此皆印刷体中所有，将来须趋一致。最后提出我署之意见，供文字改革委员会参考"。

下午至人教社，"续谈小学语文教学方面之问题。中心为如何发展小学生之思维"。

夜，至萃华楼，"科学出版社筹备处宴客。此社系科学院编译局与龙门书局合成，经我署接头，龙门即改为公私合营。到者科学院与我署之同人，龙门方面之董事。九时散"。（日记）

7月28日 "修润昨日上午会议之记录，将分送有关人员与单位。"看《斯大林全集》第三卷注释。下午为学习之会，"漫谈宪草"。四点后至医院，"与墨闲谈一小时有余"。（日记）

7月29日 续看《斯大林全集》第三卷注释。下午至作家协会参加座谈会，"商量提倡于文艺刊物中刊载文艺性之政论。听大家所谈，即指所谓杂文，缘时代之需要，尤须注重于国际问题方面。最后归结到此须大家动手，有人试作若干篇以后，乃可有所依据，研究如何改进与提高。"（日记）

同日 出版总署发布《一些手册、笔记本等均不准附印领袖像、国旗、国徽、名人语录、文件》。

7月30日 上午，续开小学语文之座谈会。"论题为阅读教材编辑方面之诸问题。诸人各有所见，皆颇实际。"（日记）

7月31日 上午，续谈小学语文问题。"今日谈语汇方面之事，须建立词的观念，排版主张用词类连书，实词虚词之出现，须按教育之需要与学生之年龄特征云云。"

　　下午,"适夷来访,以所译小林多喜二《蟹工船》之稿嘱余修润。谈及傅雷翻译之郑重其事,闻之大为佩服"。(日记)

　　7月1日至24日、26日至31日的日记收入《叶圣陶集》第二十三卷。

8月1日　晨至医院,"迎墨出院",送到至美家休养。(日记)

8月2日　上午写复信数封。傅东华来访。"因其女婿在京,故来游观。谓近致力于文字学,据形体与声音究各个字之源,其事同于消遣。余谓将来编辑大字典,此项成绩当有用处。余劝其再从事翻译,可与文学出版社商之。"

　　下午,"续行讨论小学语文之事,所谈为改革教法与改进课本中之图画两项。至此,应谈之问题俱已谈到。即请仲仁据所谈之结果写出,社内再讨论一二次,即作为小学语文教学大纲之底稿,提出于教育部"。

　　应周总理招宴,主宾为越南副总理范文同。(日记)

8月3日　"署内同人学习宪草,提出若干问题,将由余解答,今日一一看之。"下午到人教社,开编辑部部务会议。"论题为如何完成今年之计划与拟定明年之计划。问题甚多,仅能扼要解决。"(日记)

8月4日　"上午,与愈之、洛峰、彬然及其他数人谈话,商量筹备古籍出版社事。所谓古籍不限于旧籍,研究旧籍之著作亦包括在内。木版书已无新印者,旧存之书渐就损耗。铅印之书不为重版,亦同于珍本。研究参考需要之时往往求索不得,遂有重印一批旧籍之必要。讨论结果,谓此出版社可与拟议中之语文出版社、辞书出版社为一个机构,即一个出版社分设三个编辑室。将来力量充实,再为划分。今先筹备古籍与语文之部分,辞书暂缓。拟定余与彬然、伯昕数人为委员云。"

　　下午为学习之会,"漫谈日内瓦会议以后之国际局势",

"漫谈宪草"。(日记)

8月5日 "看适夷所译《蟹工船》。译笔颇有问题,少数部分可为改动,大部分余无能为役,即书之于纸,俟适夷自己解决。小林多喜二之作同于粗线条之绘画,描写海洋甚有出色处。迄于下午四点,仅看一万字而已。

"田家英来,谓宪草经全国讨论,汇集到之意见已甚多。将以本月下半月统行看过,讨论之后,决定取舍。渠正在拟各项组织法云"。(日记)

同日 出版总署发布《出版机关不得出版大于百分之一比例尺的地图》。

8月6日 上午开署务会议,"沈静芷汇报视察江苏、浙江、湖南、广西四省出版行政机关之所得。次之讨论本年下半年就出版工作对群众宣传之事项"。

下午在人教社召开座谈会,讨论中学文学及历史课本之编辑问题。"参加者为各大学来高教部开会之文学、历史教师,有予同、光煮、了一及其他熟友多人。余略致辞,即分两组座谈,余参加文学之一组。诸人皆甚热心,各抒其见,不待催促。至七点半毕。实则如此题目,谈一天两天亦难谈完也。于教育部食堂宴与会者,谈饮甚欢。"(日记)

同日 出版总署发布《改造木刻书业的补充通知》,将四川省新闻出版处所提有关木刻书铺中经售经史子集、中国古典文学、中医医书等类书籍"予以坚决取缔的意见",改为"暂不处理","并请四川省新闻出版处对这一部分木刻书铺的情况作进一步的调查研究后再提意见报署"。

8月7日 "上午续看适夷译稿。"下午至人教社开社务会议,"讨论下半年全社工作计划"。(日记)

8月8日 到至美家看望胡墨林。(日记)

8月9日 "竟日看适夷之译稿,仅得六十余页。此译之病在语汇枯

窘，语言单调。欲求其精，唯有另起炉灶重译耳。"（日记）
8月10日 "续看适夷之译稿，毕。写一信送还之。作复信数通。看译本《苏联宪法通论》。"（日记）
8月11日 上午，应市教育局教育参考材料编辑会之邀，到八一小学暨中学语文教师约二十人。"彼辈就编辑时有所怀疑之点相问，余据能答者答之。"下午，"向署中同人及直属单位同人再度讲宪草"。（日记）
8月12日 "又看《逻辑问题讨论集》。此集各篇皆苏联学者所作。苏联初年曾有不正确之看法，以为逻辑与辩证法相违，学校弃而不教。列宁、斯大林极言逻辑之要，而定课程者与写课本者仍复摸不清头路。自斯大林之语言学之著作出，一般人乃有清楚之认识。逻辑与语言相类，并无阶级性。逻辑之规律非由人造，盖客观现实之规律之反映。以数学相比，逻辑如初等数学，辩证法如高等数学也。"

下午五时到政协礼堂，听周总理讲话。"周讲今后我之对外方针为保障印度支那协议之实施，解放台湾，建立集体和平。日内英国工党代表团将到京访问，周详言与彼交谈时应取之态度，主要为实事求是，不夸饰，不虚假，接之以诚以礼，而不失我人之立场。其言入情入理，和平中正，令人心折。场中设晚餐，餐后复谈至九点半乃散。"（日记）
8月13日 当选为江苏省全国人大代表。修润蒋仲仁根据讨论意见整理的小学语文教学之意见稿。午间，"为方宗熙作饯。方以暑假期间来京，修改其所编之教本，明日将回青岛，故与一叙"。四点，"邀我署及直属单位之主要人员来署，转述周总理昨日之言"。

晚，往萃华楼，"出版管理局邀少数学人，请从事书评工作。到向达、邓广铭、杨人楩、陈翰笙、马特、朱智贤六位。余与灿然、彬然、王城为主人。彼此至熟，谈甚欢"。（日记）

8月14日　上午续看仲仁所拟小学语文教学改进意见稿。午后到人教社开社务会议，讨论上半年之工作总结。四点许，至紫光阁，出席外交学会张奚若为英国工党代表团访华举行之欢迎酒会。(日记)

8月16日　上午至民革总部，参加小组讨论会，讨论五个组织条例，即"全国人民代表大会者、国务院者、人民法院者、检察机关者、地方各级人民代表大会与人民委员会者"。"皆系初稿，据云此初稿已反复修改多次。须以两个星期讨论完毕，故每日上午均须讨论。此次讨论仅有六个小组，共百余人。余之一组共十六人，以李济深、章乃器、李德全为召集人。今日讨论人代大会之组织条例，至十余条而止。"

下午至人教社，"讨论仲仁所拟改进小学语文教学之意见，此后一二月内，将多外务，本位工作不得不争取时间赶为之。结果大体依余之修改本改定，文叔亦有若干重要意见。尚有数点未决，俟仲仁再作考虑"。

晚，至怀仁堂，"周总理以政府名义宴请英工党代表团。周讲话强调和平共处。艾德礼答词亦表示此意。席间，周以种种理由劝众干杯，多及日内瓦会议之成就，最后为英国女皇干杯。艾德礼亦起立，为毛主席干杯。九时席散，继有京剧晚会，散场到家已逾十二点"。(日记)

8月17日　上午仍至民革总部参加小组讨论，"至十二时，人代大会组织条例讨论完毕"。下午，"写复信数封"。(日记)

8月18日　上午仍参加小组讨论，"国务院组织条例讨论完毕"。下午往文化部出席作家协会召开之文学翻译工作会议。"会众约一百五十人，其中熟友约二十人。讲话者五人，郭沫若、丁西林、余、振铎、老舍。余所讲即平日常为朋友谈起者，以时间无多，语焉不畅。"

晚赴北京饭店之宴，政协全国委员会欢迎英工党代表团。

郭沫若致欢迎辞。(日记)

8月19日 上午,出席统战部在紫光阁召开之茶话会。"李维汉报告今后将开种种之会,直至九月底无虚日。年老力衰者可量力而行,不必每会必到。分发两种文件,一为各党派各团体为解放台湾联合宣言,一为财委所拟公私合营企业条例,皆将于日内举行之政协全国委员会扩大会议中讨论者。"

下午四点至文化俱乐部,"彭真报告法院与检察机关两个组织条例之起草意旨,供大家讨论时参考。报告历两小时半而毕。余邀云彬同归,闲谈共饮。既而王泗原来。三人共取解放台湾联合宣言稿观之,斟酌其词句"。(日记)

同日 宋云彬日记:"下午四时,彭真作关于《法院组织条例》草案及《检察署组织条例》草案起草之说明……至六时二十分始毕。圣陶邀赴其寓所饮酒清谈。王泗原适来圣陶所,相见甚欢。酒后与圣陶、王泗原商改《联合宣言》(即《中华人民共和国各民主党派各人民团体为解放台湾联合宣言》——编者注)文句。坐三轮车归寓,已十时半矣。"(《红尘冷眼——一个文化名人笔下的中国三十年》)

8月20日 上午至民革会所,讨论法院组织条例。下午三点至紫光阁,"参加政协全委会扩大会议,讨论为解放台湾之宣言稿。周总理作报告两小时,申言我之解放台湾乃解决我之内政。继之多人发言,至七时犹未毕,延至明日再为之。于是会餐"。

"餐毕,李维汉邀余与起草宣言之诸君共同修改此草稿。第二段中有一处依余之意修改,甚为重要。其余则他们或接受或不接受。今记其人如下:李维汉、陆定一、邵力子、张奚若、沫若、雁冰、罗隆基、许德珩。外有乔冠华、陈家康二君。余觉他们之语感较敏锐,与余最接近。"(日记)

同日 宋云彬日记:"会中备晚餐,有绍酒,与振铎、圣陶同席,余心清、陈其瑗等来敬酒,干杯者四五次。"(《红尘冷眼——

个文化名人笔下的中国三十年》）

同日 邮电部和出版总署联合发布《邮电部、出版总署〈关于改进出版物发行工作的联合决定〉及〈关于改进发行工作具体办法的联合决定〉的修正补充指示》，指出当前的报纸、杂志发行工作的首要任务是"积极地增加发行量，更充分地发挥报刊的宣传力量和作用"，并提出"保证完成和超额完成发行计划"的"执行办法"。

8月21日 晨间开署务会议，"决定接受私营地图出版社之申请，改为公私合营，与地图编绘社合而为一。又讨论社中处科级个别人员调整级别工资之方案，讨论报社、出版社之工资标准"。

"下午三点再至紫光阁，听多人发言。宣言之稿今日又发一次，据昨日之改稿印刷。第二段中余所谓甚关重要之改动，昨夕经大家同意者，此本仍未改。陆定一相告，谓毛主席以为原文无病，故不改。余则以为尚可商。其原文如下：

"'六十年前，日本帝国主义强占了台湾。中国人民进行了长期的斗争，终于在伟大抗日战争的胜利中，使台湾同胞在一九四五年十月二十五日回到了祖国的怀抱……'

"余觉'中国人民进行了长期斗争'，自当包括台湾同胞在内，不宜谓'使台湾同胞……'。因拟修改

"'中国人民进行了长期的斗争，在伟大抗日战争胜利中，台湾同胞终于在……回到了祖国的怀抱……'

"后经乔冠华提议，又改成

"'中国人民进行了长期的斗争，台湾同胞终于在……回到了祖国的怀抱……'

"乔之改法余不甚同意，以'台湾同胞'紧接在'中国人民'之后，主语重出，意不明显。然避免用'使'字，尚较胜于原文也。"（日记）

8月22日 晨"至至美所视墨"。晚，出席我国政府庆祝罗马尼亚

解放十周年大会。(日记)

8月23日 上午仍至民革总部,讨论检察署条例。下午,"与伯昕、灿然、彬然、戈茅、逸群五人共谈古籍出版社事。决定先于下月集少数人成立编辑室,然后讨究工作之计划与方法"。夜,应人民文学出版社之邀,"与翻译会议诸君会餐。来京旧友有李青崖、施蛰存、罗玉君、伍蠡甫等,谈饮甚欢"。(日记)

8月24日 上午仍参加小组讨论,"迄于十二点,地方各级人民代表大会及人民委员会组织条例已讨论逾大半"。夜,顾颉刚来访。"渠已移家来京,八万册藏书悉数运来,工作于科学院第一历史研究所。"(日记)

8月25日 晨到署中,"与愈之、乔峰、克寒、洛峰、戈茅商量司局级人员调整级别问题"。至民革总部,开第九次小组讨论会,"讨论五种条例,至今日十一点半,功德圆满矣"。

午后,"写一说明,自叙《古代英雄的石像》之作意"。"此篇收入语文课本,来问者甚多,社中及余个人写复信不胜其烦。今北京市中学教学参考资料编委会嘱余自写一通,交彼编入参考资料,自为余所乐从。写成约一千字,即寄去。"

夜,至中山公园中山堂。"彭真市长设酒会,欢送英工党代表团离京。遇陈家康。陈力言宜整顿文风,开国已五年,总须有若干可诵可传之文。渠主张办一散文杂志以为提倡,余深表赞同。如此意见,似尚少人提出也。"(日记)

8月26日 上午,出席总署系统之青年团第二届代表大会,致辞,"言今日之青年宜求全面发展,智育方面须设法补修,达于高中毕业之程度。又言体力劳动宜养成习惯,须于极琐细之事随时关心别人"。

"与愈之、彬然、灿然、欧建新座谈。愈之将向苏联专家谈我国出版事业之历史及现状,写一简要提纲,请大家讨论,谈一小时而毕。又邀祝志澄来,商谈新铸铜模之事。整理过之若干汉字有尚无铜模者,须即补铸,备决定通过后使用。全部铜模亦须重铸,以求字体之划一与美观。手工刻模甚迟缓,闻国外有刻铜模之机器,请祝志澄打听之。"

下午至语言研究所,"文改会之七人小组开会,叶遐庵、丁西林、魏建功三位报告一个月来之工作,然后就他们整理之字表再加斟酌,于字体之取舍颇有改动。至六点三刻乃毕事"。(日记)

8月28日 为胡墨林明日将回家感到欣慰。"身患重病,幸得康复,自属大可欣慰。此三月间,余独居室中,辄觉不自在,有逆旅寄居之感。综计六十年间,与墨共处之岁月乃占大半,短期暂别,便觉怅怅,固宜有此不习惯之感觉也。"(日记)

同日 作《唯有努力》(刊《新观察》第十八期"庆祝中华人民共和国第一届全国人民代表大会"专栏,1954年9月16日;后收入《叶圣陶集》第七卷)。日记云:"《新观察》社来征文,嘱就当选为全国人大代表书其所感。此题较易作,即执笔属草,就认真讨论宪草、全力支持解放台湾联合宣言两点立言。迄于夜间完稿,不过一千一百余字耳。"

8月29日 晨至至美处"迎墨回家"。《新观察》社夏宗禹来,"谈彼志经毛主席指示,将力谋改进"。(日记)

8月30日 上午九点至紫光阁。"小组讨论召集人、少数宪法起草委员、起草会办公室同人共二十余人,商量修订全国人大之组织条例。所据为修改稿,又按各组提出之意见酌加改动。"(日记)

8月31日 上午九点至紫光阁,"讨论国务院组织条例"。(日记)

8月1日至31日的日记收入《叶圣陶集》第二十三卷。

9月1日 上午九点仍至紫光阁,"讨论法院组织条例"。下午至北京饭店,办理全国人大代表报到手续。"四点再至紫光阁,讨论法院组织条例毕,又讨论检察机关组织条例。至七点而止。"

(日记)

同日 宋云彬日记："赴东四八条看圣陶，其夫人已出院，健康如常。在圣陶家小酌晚餐，九时回寓。"《红尘冷眼——一个文化名人笔下的中国三十年》)

9月2日 "九点至紫光阁，讨论地方人代会人民委员会组织条例，十二点半毕。至此，五个条例又经一回讨论修改，余等之整理工作于是须开始，就五个条例为之调整，使无矛盾，语句说法略趋一致。缘为时迫促，约定下午即动手。

"三点再至紫光阁，开始整理工作。参加者为余与叔湘、周鲠生、田家英、屈武、陶希晋、张苏，尚有法院方面之三位同志。自三点至十一点过，整理完毕全国人代会、国务院、地方人代会人民委员会三个组织条例，中间仅晚餐约半小时耳。余大惫，夜眠遂不佳。"（日记）

9月3日 "自上午九时至下午十一时半，除饭后两小时外，俱在文化俱乐部作讨论修改工作。法院与检察机关之组织条例俱毕，五个条例之不统一处亦略予整理，工夫之细致不如宪草。余大疲。明日可休息一日，后日起又须根据全国讨论之意见修改宪草矣。"（日记）

同日 出版总署发布《关于限制私营发行业任意抬高图书售价的通知》，要求各地出版行政机关对私营出版业"进行必要的监督"，"凡公开发售的书籍、画册、图片均须载明定价，并不得附印'邮运费另加'字样"。

9月4日 晨间辛安亭来访，谈社事。"晓先在社中与同事之关系搞不好，历史室新来者渐多，史学知识较强，渠亦无从领导，安亭与伯韬商量，拟将晓先调出，由教育部介绍至河北师范任教。余表同意。"到总署，与胡愈之、叶籁士谈文字改革。（日记）

9月5日 上午九点至文化部，"重行修订宪草"。"参加者周鲠生、钱端升、楼邦彦、王铁崖、梅汝璈、费孝通、田家英与余,尚有青年同志五六人。午后休息二小时,晚饭后休息一小时,余时皆坐而谈论,直至夜十二点半,通体讨论一过。各地提出之意见可采者不多,以宪草公布已久,先入人心,能不改处即不改。然尚有欠周密之处,前后不合拍处,大家有此感觉,亦颇难于仓卒之间修补也。今日又大惫。"(日记)

9月6日 晨间丁晓先来,"言安亭已以调职事与渠商谈,渠不愿任高等学校之教师,愿任中学教师,或仍在出版界工作"。九点至北京饭店,与江苏代表组诸人讨论宪草的《序言》与《总纲》。(日记)

同日 作《融合起来了》(刊《文艺报》半月刊第十八号,1954年9月30日;后收入《叶圣陶散文乙集》,又收入《叶圣陶集》第七卷)。

同日 出版总署发布《关于调整部分农民报纸和少数民族报纸定价的规定》。

9月7日 上午九点仍至北京饭店,与江苏代表组诸人讨论宪草第二章四、五、六三节。下午至总署,"与彬然谈有顷,与戈茅、牛平青谈语文补习班事。此补习班举办已三月,学员尚觉满意,唯嫌余辈选材讲授均无计划。余谓此一点极当承认,今后宜商订计划,并与学习之小组长共定之。又写复信数通"。(日记)

9月8日 头脑昏沉,"必须扶墙摸壁而行,独立似将倒仆"。往北京医院检查,医师谓"殆由疲劳所致。嘱余在家休息三天,勿往开会"。(日记)

9月9日 吕叔湘夫妇来探视。(日记)

9月10日 夜,章元善夫妇来访。"既而愈之来,谈及全国人代会进行之程序,又言我出版总署不列于国务院各部之林,如为国务院之直属机构,无从对各地方发号施令,缘据地方各级人民

委员会之组织，其所属机构并无新闻出版一项也。愈之谓日内将好好商量，提出如何处理之意见云。"（日记）
同日 出版总署发布《关于发布〈对于私营图书发行业进行社会主义改造的方针、步骤、办法和1954年工作要点〉的指示》。

《对于私营图书发行业进行社会主义改造的方针、步骤、办法和1954年工作要点》分三个部分：一、私营图书发行业概况；二、改造私营图书发行业的方针、步骤和办法；三、1954年工作要点。"1954年工作要点"共有八项，包括新华书店建立发行所；"完成对上海联通、连联、童联和重庆新渝图书公司的公私合营工作"；"与私营年画庄建立联合市场，共同发展年画"，以及 "书刊必须标明定价并按定价出售" 等。

同日 出版总署发布《关于统一加强国营、地方国营、公私合营报社、杂志社、出版社企业管理的通报》，规定"全国国营、地方国营、公私合营报社、杂志社、出版社的企业经营，原则上均由我署和各地新闻出版行政机关（或兼管新闻出版行政事务的文教机关）统一管理"。

9月11日 上午九点至北京饭店，出席江苏代表组会议，"先讨论大会主席团之拟议名单"，"继之讨论法院与检察院之组织法。原名'组织条例'，八日起草委员会中始一律改为'组织法'。总检察长原由人代大会任命，此是苏联之办法，而各地讨论中提出意见者甚多，八日乃改为由人代大会选举，与最高法院院长同，名称则改为最高人民检察院检察长。至于法院上检察院上原不用'人民'二字，各地意见主张用'人民'者多，遂皆加上。大家于法律方面知见不多，讨论遂少，至十二点，两份组织法循诵完毕"。

下午至署中，"愈之约乔峰、克寒、空了、洛峰、戈茅数人谈我署之归属问题。大家意见，似以并入文化部为宜，谓日内且与文委负责人一谈，不知文委有何打算"。

人民出版社赵晓恩来,"以宪法即将通过,商量各种印本与排版格式。至六点始谈毕"。(日记)

9月12日 "文叔、伯祥、雪村、调孚、晓先、芷芬六位来访,皆因闻余不适之故。雪村、调孚、晓先三位均由灿然、彬然调至古籍编辑室,晓先之问题遂得解决。"(日记)

9月13日 上午九点至北京饭店,"将宪法起草会重行修改之宪草复阅一过","仅就改动之处略加讨论"。

下午三点再至北京饭店,"组长报告上午会商会议之日程,及提案审查委员会、代表资格审查委员会之名单"。(日记)

9月14日 上午十点,偕吕叔湘"往中南海修润刘少奇关于宪法起草之报告"。"至则鲠生、端升、乔木、陈伯达、胡绳,尚有两位不相识者已先在,刘少奇后至。此报告叔湘、鲠生诸君者商讨过一回,恐余困疲,未邀余参加,故余为初睹。稿凡三万余言,余先通读一遍,然后加入讨论。改动处颇不少,要皆增删三数字或改换句读符号。此稿内容充实,大见分量。既已通过于宪法起草会,又复屡次研摩斟酌,足见领导同志深明内容与形式之不可分,必须语言明确乃足以畅达思想。此在我辈固当深表赞同也。迄于下午六点半,全篇完毕。"(日记)

9月15日 "九点至北京饭店。组长报告昨日中央人民政府委员会开临时会议,于宪草之两处又作修改。一处为《序言》第三段之'庄严地通过我国第一个宪法',改为'庄严地通过中华人民共和国宪法'。此处余在初见草稿时即如是提出,今竟照此修改。唯余之初意,以为今后社会主义实现,宪法自当另有一个,但不须于今日提明'第一个',暗示将来还有第二个。而领导方面所以修改,则缘自今以前已有过若干宪法,虽性质与今之宪法完全不同,而今之宪法不得谓第一个已甚明。又一处修改为宪草第三条。原文为'各民族……都有保持或者改革自己的风俗习惯和宗教信仰的自由',今删去'和宗教信仰'五字。理由为'公民有宗教信仰的自由'已见于第八十八条，不必再在第三条重出。其实原文亦有语病，苟舍此种信仰而取彼种信仰，或自信仰而转为不信仰，皆只能谓之'改变'，不能谓之'改革'也。

"组长又述毛主席之语，谓宪法草案大体无疵即可，不宜过事精求。毛谓恒言云'天衣无缝'，天衣初未之见，而寻常衣服则未有无缝者。此可谓妙语。

"下午两点半，趋怀仁堂。全国人民代表大会开幕，此我国历史上之大事也。三点，毛主席宣布开会。开幕辞简短有力。于是奏国歌，为所有为革命而牺牲之烈士默哀。继之通过主席团名单，通过议事日程。四点，刘少奇作关于宪草之报告。全篇至七点半读毕。"（日记）

同日 被推选为全国人民代表大会主席团成员。

9月16日 上午九点至北京饭店。"小组讨论刘少奇之报告。报告阐发甚详尽透辟，实亦无甚可以讨论。黄任老闲谈辛亥当时情形"。下午三点仍至怀仁堂，"听代表就宪草及刘之报告发言。发言者三十人，中间休息两次，各十五分钟。听诸人之发言虽未免公式化，而亦有真切、实抒己见之部分"。（日记）

9月17日 下午仍至怀仁堂听发言。至诚偕其新妇姚澄来京。"他们在京有二十日之留，将演戏八九场。"（日记）

9月18日 上午九点至北京饭店。"讨论集中于资产阶级之改造。下午三点仍至怀仁堂听发言，计二十五人。余思诸人如删去套语，不说与人重复之语，则可省去一半时间。丁玲之发言不同寻常，以散文之调子出之。然不尽为口头语言，听之不觉明快爽利。"（日记）

9月19日 上午九点仍至北京饭店。"缘明日将通过宪草，小组长报告应用无记名投票方式及投票之程序。"（日记）

9月20日 上午九点仍至北京饭店。"组长又谈关于投票之事"。散后，回总署"看书志，写复信"。下午三点至怀仁堂。"周总理作主席。令一工作人员宣读宪草。于是投票表决。开票结果，出席者一千一百九十七人，全体可决。于是宪法成立，全体大鼓掌，历时五分钟以上，欢呼毛主席与中华人民共和国者杂作。此历史大事也。"又举手表决，"通过人代大会组织法"。（日记）

同日　教育部在给各省市教育（文教）厅局及北京师范大学的通知中说："中学语文科，将来拟分设为汉语和文学两科进行教学，我部已通知人民教育出版社编辑教材。其中关于文学课本，系学习苏联经验，在我国初次编选，必须充分准备，才能着手进行。为了使这项工作做得更好，希望中学语文教师把教学效果最好和对学生帮助最大的作品多加介绍，对文学课的要求（如何选材，如何编辑）及一般学生阅读的要求（如喜爱那些作品与那些作家）等，提出意见，以供编辑同志参考。（下略）"

9月21日　下午仍至怀仁堂。"全体代表先集于大厅后之草坪拍照。毛主席最后至，鼓掌之声骤涌。摄影毕，然后开会，议程为逐一通过四个组织法。皆先通读一过，次则举手表决，无不全体通过。通读者为男女二人，念字准确，送音稳重，调子亦悉达文意。"

"休息之顷，钱俊瑞找余谈，谓拟以余入教育部为副部长，主要在领导教育出版社。此是旧话重提。余最望不入行政部门，教育出版社则不居社长之名，为一编辑，因此得暇可写些文字。即以此意语之，谓容徐徐考虑。在政府方面，出版总署既将归并，作如是安排，自是最力顺当之事。"（日记）

同日　作《我打上个圈》（刊9月22日《北京日报》第三版，后收入《叶圣陶集》第七卷）。

9月22日　人大会议休会。上午，晤曹孚。"曹系新调来我社，以其于教育学有研究,特请其离去华东师大之教职,来任我社教育编辑室之编辑。""至文叔之室,与安亭、伯箫、仲仁共谈中小学语文编辑事。最困难者仍为选材。得可诵之文篇供学生阅读,为语文编辑首要之事,而其难得实非局外人所能意料。"(日记)

9月23日 上午在总署,"写复信。看陈元晖所著《实用主义批判》"。下午三点至怀仁堂。"周总理作政府工作报告。全文长二万余言,历列五年来之工作,而以社会主义工业化及外交政策为重点。报告历两小时有余。继之陈云发言,就若干物资之计划购销作说明。郭沫若发言,补述文化工作方面之成绩。邓子恢发言,就农业发展前途有所发挥。又有程潜之发言。七点散"。

"到家,总理办公室送来周之报告稿,嘱于文字方面琢磨一过,须于十点前送回。于是匆匆进食,食毕即重读此稿。既而至善回来,即与共读,有所更改即书于印本之上。读至九点五十分始毕,皆小修改,亦有数十处。急令凤祥(警卫员——编者注)送回。此等稿件皆嫌出之仓卒,若提早属稿,从容研摩,必能使文质相符也。"(日记)

9月24日 晨至总署,人民出版社"出三种宪法本子,皆附毛之开幕辞,刘之报告。其小型之一种排横行,拟以此为横行之提倡。余为看其校样,使格式美观些,于读者易生好感"。下午仍至怀仁堂,"听二十余人之发言。发言者多政府中人,于周之报告作补充。大多先叙五年来之成绩,次则实言工作中之缺点,颇有可听者"。

"七点半散,于是发各项人选之名单草案,嘱各小组于明日上午讨论。名单中毛为主席,朱为副主席。刘为人大常务委员会之委员长,副委员长若干人,委员若干人。凡列名于常务委员者,即不入政府部门。愈之、乔峰皆为委员,盖以愈之为

民盟要员，乔峰为民进要员之故。他则有政府各部门负责人之名单，周仍为总理云。"（日记）

9月25日 上午九点至北京饭店，"小组讨论昨日所发之各项名单"。中午到总署，"与浩飞、刘敏如商量邀请姚澄等之锡剧团来署表演一场之事。其期定于二十八。署中会场之台太浅太狭，于布景之剧不相宜，可演《罗汉钱》"。

午后两点三十分到怀仁堂，"彭真相约，于法院检察院两个组织法之标点拟有所修改，意见为张奚老所提出。结果改动六处，皆易分号为逗号。入会场听发言，至于七点一刻，发言者十九人"。

到家后，"周总理之报告校样文送来，谓前夕所改者送到已迟，故发表于报上者均未据改，今将重印一本布发，嘱余再为校改。余重校一过送回，费时一点有半，计改动六十余处"。（日记）

9月26日 全天在怀仁堂听发言，"发言者三十余人。于是通过决议，批准周总理之报告。此外又通过两个决议，一为同意提案审查委员会之审查报告，二为宣布以前之法律除与宪法相违者外一律继续有效"。夜，赴外贸部之宴，主客为苏联展览馆之工作人员。（日记）

9月27日 上午十一点至北京饭店，"小组长就选举事再有所传达"。"下午三点，大会开会，专事选举。凡投票三次，一次选中华人民共和国主席、副主席，一次选常务委员会组成人员，一次选最高法院院长、最高检察院院长，并表决国务院总理人选。……五点半，主席、副主席开票结果揭晓，毛主席、朱总司令当选，一时全场欢腾，鼓掌至十余分钟。"

"七点休会，将于十点钟续会，揭晓其他项投票结果。归途经天安门，群众拥挤，打锣鼓擎旗帜结队而来者无数。汽车行于人众之狭巷中，知我人为代表，皆拍手相迎。

"十点半再至怀仁堂,揭晓刘少奇为人大常委会委员长,欢腾不减于日间。董必武当选为最高人民法院院长,张鼎成为最高人民检察院院长。主席提名以周恩来为总理,全体同意。开会仅二十五分钟。归途绕道西交民巷东交民巷,以避开天安门之拥挤。"

"今夕心情激动,身体疲乏,久久不能成睡。"(日记)

9月28日 上午与胡愈之往观古籍编辑室。下午三点至怀仁堂。"外国来我国庆祝国庆之代表团团长俱来旁听。毛主席任执行主席之首。通过周总理提出之国务院组织人员名单。通过国防委员会副主席及委员之名单。通过人大民族委员会、法案委员会、预算委员会之名单。于是毛主席宣布首届全国人大第一次会议已胜利的完成其任务,随即奏国歌闭幕。全场鼓掌欢呼,不欲遽散,历时逾五分钟。"

"六点至北京饭店,全体代表会餐,凡一百数十席。六点半,毛主席到,乐声欢呼声大作。盛况空前。七点五十分散,怀仁堂有晚会。"

"余以署中有晚会,则赶往署中。八点开始,余言今夕晚会为预祝国庆,今年之国庆,较之往年,意义尤为重大云云。赠锡剧团以锦旗。于是开始表演。首为《双推磨》,次则姚澄主演之《罗汉钱》。演罢已十一点半。至后台向团员致谢,团员欢甚。观者皆称满意,认为逾于预料。余觉锡剧与越剧同类,唱调较越剧为动听。音乐伴奏能助成效果,亦为可取。……唯锡剧之唱与越剧同,皆平平而下,无抑扬之致。此则限于吴语区之语言,系此二种剧种之先天之弱点也。"(日记)

9月29日 上午,"偕洛峰、灿然等十余人驰往西直门外,应苏联国际图书公司马卡洛夫之约,观苏联展览馆之文化馆……书籍、绘画、工艺美术品、文化生活用品,皆分部陈列。书籍仅能观其外表,赏其门类之繁多,装帧之精美。余最赏其绘画之

部门,展览者皆原作而非复制品,有若干幅皆为我人所熟知,今见其原作,自与观复制品有所不同。……历两小时乃看毕"。(日记)

9月30日 午间偕胡墨林至国际俱乐部。"我署以国庆之名义,宴请外文出版社之外籍专家,及苏联国际图书公司之人员,为展览事宜来我国之出版行政人员。兼宴各出版社之负责人。与署内同人合计,凡百有余人。三点散,宾主尽欢。"

"六点后至怀仁堂,周总理召开庆祝国庆大会。外宾甚多,我辈人大代表皆坐于后座。七点过开会,来我国之各国代表团长皆与我高级人员同坐于主席台。周总理作简短之报告,次则各国代表团团长讲话,皆盛称我国人民革命之胜利,共产党之领导有力,我国在世界地位中之力量,解放台湾之全属正义等等。明日传播于世界,其意义迥非寻常也。散会已逾十点。"(日记)

9月1日至30日的日记收入《叶圣陶集》第二十三卷。

10月1日 登天安门城楼,出席庆祝中华人民共和国建国五周年盛典,观阅兵式和游行队伍。

10月2日 出席苏联展览馆之开幕典礼。

10月4日 上午,"灿然邀往古籍编辑室,共谈者为郭敬、曾次亮、叔明、晓先、调孚。先定今年可以付刊之选题,从商务、中华、世界各家之书存有纸型者而为选择。然后定明年之选题。旧书种类繁多,亦不能断定何者首要,何者次要,仅能就便印出,以供各界之需耳"。午后到人教社,"芷芬为余言讨论明年选题计划、发稿计划之大要。两点开扩大社务会议,即讨论此两个计划。结论为再由各编辑室考虑修订,即作为通过。次谈如何保证此两个计划之执行,于选题计划为认真组稿,于出版计划为详定施工计划"。(日记)

10月5日 上午至文联会所,文联全国委员会自今日始开会三日。

"周扬先讲话,大旨为一年来文艺各方面俱有成绩,唯推动创作颇嫌不够,次则言批评尚未能展开,因而收获不大。继之各协报告工作,计有作协、剧协、美协、音协四单位,阳翰笙则报告文联之工作。"下午开小组会,讨论各个报告。"余未往。在署中续看萧乾所译小说(斐尔丁之《大伟人魏尔德传》,刊《译文》杂志——编者注),至五点而毕,所提意见亦有数十处,即将印本送与萧乾。"

晚赴北京饭店之宴,"中苏友好协会宴请苏联文化代表团。尚有歌舞晚会"。(日记)

同日 出版总署发布《取消读者集体购书优待折扣的通知》。

10月6日 上午开署务会议。"讨论第四季度之工作要项,归结为制定检查计划、作各项总结、作我署改制之各项有关工作。其次,杨赓报告宝文堂公私合营,为通俗出版社之附属单位之情形。其次,讨论我署为人大代表之诸人为全体同志作传达之办法,决定作三次报告,余任报告刘少奇宪法报告之要旨"。下午,至文联参加小组讨论。(日记)

10月7日 全天在文联参加全体大会。"听诸人发言,或谈自己业务方面之问题,或就推动创作、展开批评为言。余与外间接触无多,闻之亦长知识。余则就教育出版社要求文艺界相助发言……最后周扬作一小时有余之发言,大好。渠谓此次会中,大家同意于创作方面为自由竞赛,竞赛乃能逐步提高,产生社会主义现实主义之作品。批评方面则宜自由辩论,正反面互表意见,乃可以归于至当。过去批评太少,今后宜求其多,多则于创作有助,于读者界亦有助。最后言党与非党向系团结的,今后宜加强团结,共认文学艺术为共同之事业云云。周扬谈毕,三日之会告结束,至新侨饭店聚餐,八点归。"(日记)

10月8日 上午偕金灿然至北京饭店访邓宝珊。"总署邀各出版社同志为座谈会,讨论书刊文学横行排版之事。我署欲推动此举。来者表赞成者居多,仅《人民文学》之编者不欲改。但望横排者越来越多,蔚成风气。"应洪深之宴,主客为捷克艺术代表团。(日记)

叶圣陶《习惯可以改变》:从元旦起,《光明日报》改为横行编排。"书籍可以横排,期刊可以横排,报没有理由不可以横排。我们好些朋友认为报应该横排,横排有种种好处,种种便利,盼望有几家报社先来倡导。横排有种种好处跟便利……为了减少他们(读者——编者注)眼睛的疲劳,应该横排。为了让他们看体式一致的书报,使他们的心思不致因体式混乱而受纷扰,应该横排。为了节约他们的购买力,应该横排。""中国文字横排横写是和人民的生活习惯相符合的。"

10月9日 因本月14日要在总署作宪法报告,全天预备报告提纲。"重将刘(刘少奇——编者注)之宪法报告翻阅,欲作重点发挥,殊为不易。仅能就各章节述要旨,且未能毕事。"(日记)

10月11日 续作报告提纲,至下午三时写毕,"托克寒看看,请提示意见"。(日记)

10月12日 "晨间克寒以提纲交还,所提意见不多。作书数封,所谈皆人家托看原稿之事。"中午至丰泽园宴邓宝珊,"同座者振铎、空了、安亭、洛峰、戈茅、浩飞、灿然、彬然。菜不坏,大家尤赞余携往之绍酒"。(日记)

10月13日 下午,"至北京饭店晤捷克广播工作人员三人,系作家协会所约,与贺宜同往。三人中二人为作家,其中一人治儿童文学,欲知我国儿童文学简况。我二人谈亦不能深刻。经三度迻译,华语由女译员译为俄语,捷克之一人又译为捷克语,殊不能畅言。坐三小时而出"。

"傍晚高祖文来,嘱修改宪法起草办公室同志所拟《宪法之全民讨论》一文。与至善、祖文修改之,草草而过,至九

点而毕……计删去三分之一。余又表示此文章不痛不痒，能不发表为佳。"（日记）

10月14日 上午开署务会议，讨论三个议程。"一为王益卜明二位往西北西南办交接工作之报告，一为明年出版事业之方针任务，一为新闻出版系统配纸之改革办法。"下午在总署作宪法报告。

文学出版社送来《叶圣陶短篇小说选集》校样，"拟自校一过。余本不欲出，而雪峰、适夷屡言之，遂从其请。余以往所作短篇究竟如何，余亦不自知，中肯之评论似亦未见也"。（日记）

10月15日 上午续开署务会议，讨论两个议程。"一为关于重印古籍及近代著作之请示报告。实即古籍编辑室之方针任务。此室掌握方针任务，出版则由有关出版社分任之。诸人发言甚多，涉及标准问题、分工问题、发行问题，均极复杂。其次讨论书刊横行排印之通报。"

下午到人教社，"全体同志为会，由余与安亭二人讲出席人代大会之感想。余谈二小时有余"。（日记）

10月16日 上午在总署，"修改关于推行横排书籍之通知"。下午，陈克寒来访。"渠言文委通知我署并入文化部，已可向全体同人宣布。余意仅宣布此点，同人情绪未免不安，不如先商量并入文化部后此局之大体机构如何，粗有计议乃为宣布。至于人事调整，可缓一步再宣布。克寒言渠意亦复如是，将于下星期开署务会议讨论之。又谈此局局长人选，洛峰灿然二人以谁为宜。余言今后此局宜注意出版，自以灿然为宜，但在出版界之声望，洛峰较高，尚以洛峰为宜。克寒坐一小时而去。"（日记）

10月16日至11月4日 偕胡墨林南游。10月16日，夜，偕胡墨林登车作南下休养旅行。

10月4日至9日、11日至16日的日记收入《叶圣陶集》第二十三卷。

10月18日　抵上海，访夏丏尊夫人、丰子恺、郭绍虞、周予同、吴文祺诸亲友。

10月20日　出版总署发布《解释〈关于出版中学、小学、师范、幼儿园课本、教材、教学参考书和工农兵妇女课本、教材的规定〉的某些问题》，解释的问题为"公私合营出版社是否可根据现行中学、小学、师范、幼儿园课本、教材内容和进度编写教学参考书，以及编写工农兵妇女识字课本、教材、教法、教学参考书的问题"、"关于私营出版社出版翻译教材、教学参考书的处理问题"等。

10月21日　抵南京，见至诚夫妇。游玄武湖。

10月22日　由至诚夫妇相伴至无锡旅游，游太湖、鼋头渚。晤无锡市文教局正副局长孙荆楚、赵沅。

同日　出版总署发布《颁发〈关于1955年新闻出版用纸的申请、分配和储备办法〉的通知》。

10月27日　抵杭州，晤宋云彬。

同日　宋云彬日记："叶圣陶夫妇自无锡来，寓南山招待所，下午六时偕妻赴招待所看他们，同往楼外楼聚餐，由圣陶作东，因无锡有人陪送他们坐小汽车来，圣陶特请他们吃饭，以示感谢也。"（《红尘冷眼——一个文化名人笔下的中国三十年》）

10月28日　游西湖。

10月29日　观钱塘大桥。至虎跑，仰弘一法师塔。

同日　宋云彬日记："九时许，章雪山来。本已约定雪山去看圣陶，同游虎跑，以上午还须陪尼赫鲁等午餐，遂不果。……二时半偕妻坐汽车赴清河坊买火腿送圣陶，圣陶送来高丽参及其他名贵食品。顺道约雪山同坐汽车赴南山招待所。六时偕同圣陶夫妇及程浩飞、洪永华（上海新闻出版局办公室副主任）等赴楼外楼聚餐，余与雪山作东，未几雪山夫人携其长孙来，而月涓亦挈其子女来，一时大为热闹。"(《红尘冷眼——一个文化名人笔下的中国三十年》)

10月30日 赴浙江省政府宴。

同日 宋云彬日记："中午省府宴请叶圣陶，召余作陪。地点亦在楼外楼，所谓名菜仍不外'叫化鸡'、'鱼头汤'及'西湖醋鱼'之类。"(《红尘冷眼——一个文化名人笔下的中国三十年》)

同日 受国务院任命，任教育部副部长，兼任人民教育出版社社长、总编辑。

10月31日 晤浙江省教育厅副厅长俞子夷。夜，返上海。

同日 宋云彬日记："两时许，圣陶夫妇来，谈至四时许始去。圣陶定今晚夜车赴沪也。"(《红尘冷眼——一个文化名人笔下的中国三十年》)

11月1日 访巴金、丰子恺，晤夏衍、田汉、张庚。次日，观观摩演出。夜，应陈望道招宴。

11月2日 "今日报载任命国务院内各部分人员及各部副职之名单。余列在教育部。自此即为决定矣。教部副职有七人，董（董纯才——编者注）、韦（韦悫——编者注）、林砺儒、柳湜、林汉达而外，尚有陈曾固为余所不识。"(日记)

11月3日 人民出版社、新闻出版局在沪召集座谈会，圣陶先生到会谈人代大会情形。应丰子恺宴，钱君匋作陪。观夏衍所撰话剧《考验》之演出。次日，返京。

11月6日 上午九时许到京，"在站相候者有洛峰、戈茅、吴伯箫、白文彬、黄啸曾（教部办公室主任）五位"。"午后两点，董纯才来访，为余谈教育部之编制。并言知余于行政兴趣不多，不强余管部中之司，唯嘱主持教育出版社，此于余心稍慰。复谓下星期一将举行部长副部长碰头会，讨论分工问题云。"

统战部副部长于毅夫来，"谓任命余为教部工作，本当先来商量，以余出外，遂未及商量而先任命。今日知余回京，亟来访问，有无意见，尽可畅言。余实无意见，径答之"。

到总署，"与克寒、灿然诸君晤。知改制筹备大略就绪。总署并入文化部，成立出版事业管理局，拟以洛峰为局长，灿然、应申、卜明、志澄为副局长。其他同志或在文化部之其他单位工作，或转入其他部门，皆磋商妥帖，无大波折"。

下午四点，"开最末一次之署务会议，大家谈五年来之感想，今后之瞻望。五点半散"。参加中苏友协召开之庆祝十月革命37周年大会。（日记）

11月2日和6日的日记收入《叶圣陶集》第二十三卷。

11月8日 至出版总署，看印刷厂所刻简化体之铅字。文化部集会欢迎新并入文化部之出版总署同志，圣陶先生到会致辞。

11月9日 与徐调孚谈重印《资治通鉴》事。在人教社开编辑部部务会议，讨论编辑施工计划办法和约稿办法等。

11月11日 始校阅《苏联社会主义经济问题》一书的译文稿。参加教育部会议。贺昌群来访。

11月12日 参加高教部、教育部会议，协商人民政协第二届委员会教育界方面之人选。夜，应教育部中两位苏联专家招宴。

11月15日 晚，出席北京纪念世界文化名人——古希腊伟大喜剧家阿里斯托芬诞生2 400周年之集会。

11月19日 出席《中国语文》编辑会议，讨论明年编辑之方针，圣陶先生为《中国语文》编委。

11月21日 章雪村、吕叔湘来访。

11月22日 审阅初中文学课本的选材。

11月23日 到北京师大附中演讲。

11月24日 与人教社同人评论所绘小学语文的插图。

11月26日 开部务会议，讨论五年计划内教育建议计划纲要；出席语文界的茶话会，商量以后每两月为会一次，互通声气，自由辩论，使语文之学术研究推进一步。出席蒙古大使之招待会，庆祝蒙古共和国成立30周年。

11月27日 与傅彬然等谈明年古籍出版社的选题和出版计划。

11月28日 会见上海春明书店孔另境，谈将教育书籍统归教育出版社出版事。

同日 作《从〈语法修辞讲话〉谈起》（刊1955年1月15日《人民日报》第三版，后收入《叶圣陶集》第十五卷）。在为祖国语言的纯洁和健康而进行的斗争中，汉语语法体系的科学化和统一就显得格外重要。汉语语法体系的过分分歧，的确给学语法的和教语法的带来很多的困难和很大的损失。各种语法书的讲法不同，术语不同，给学的人和教的人增加了不少负担，使他们无所适从，甚至影响了他们教和学的信心。叶圣陶先生在文章中说："由于从事语文工作，我常常跟教师、编辑同志接触，彼此一谈起来，就不免诉说，体系不一，术语分歧，大是苦事。教师采用甲的体系讲授，学生提出乙的体系来问难，怎么办？同一学校里，一班的教师采用甲的体系讲授，另一班的教师采用乙的体系讲授，旁的功课都有固定的教材，唯有语法不然，怎么办？编辑课本，既不能罗列诸家之说让学生自己去斟酌，又没法糅合诸家之说成为一说，怎么办？用强迫命令的手段'定于一'，固然不应该，事实上也办不到，但是能不能充分协商，先提出个在教学上可以试用的纲领来呢？有些人对于语法学家的争辩起反感，认为他们争他们的，跟大伙儿毫不相干。我倒不那么想。真理应该是愈辩愈明，语法学家争辩的对象正是咱们大伙儿头等重要的工具——语言的问题。必须从各个不同的角度看，然后看得全，看全之后，也许各种说法都有一部分对，一部分不对。但是哪一部分对，哪一部分不对，就非讨论不可。很希望'学'和'思'并重，一面调查研究，一面认真争辩，这样才能够早有结果。"

11月29日　与标点《资治通鉴》之诸君为会,共商有关问题,时,以毛泽东意,成立标点《资治通鉴》工作委员会,王崇武为召集人,顾颉刚任总校对,参加标点者有聂崇岐、齐思和、张政烺、周一良、邓广铭、贺昌群、容肇祖、何兹全。

11月30日　在人教社开座谈会,讨论编辑教学参考书的工作。

12月1日　出席北京师范学校经验交流座谈会开幕式。

12月2日　周总理设宴款待缅甸总理吴努,圣陶先生作陪。

12月3日　开部务会议,讨论创办教育行政学院事。

12月4日　古籍出版社之古籍编辑室、辞书编辑室正式成立,致辞。

12月7日　与中国青年出版社洽谈将《语文学习》杂志移交人民教育出版社出版事。

12月8日　作诗赠苏联展览馆。与胡愈之谈文字改革工作。

12月9日　与有关人员谈中小学语文课本编撰事。应邀出席吴努总理答宴。

12月11日　与顾颉刚谈《资治通鉴》的标点问题。与胡愈之等谈统一全国铅字的问题。

12月12日　出席《中学生》杂志25周年纪念座谈会,致辞。致辞刊12月14日《人民日报》第三版,又刊《中学生》1955年一月号。

12月13日　审改高中外国近代现代史教学大纲之说明稿。

12月14日　为林达汉审阅完其所译狄更斯《大卫·考伯非》书稿。

12月16日　宋云彬日记:写信给圣陶。(《红尘冷眼——一个文化名人笔下的中国三十年》)

12月18日　作《游了三个湖》(刊《旅行家》1955年第一期,后收入《小记十篇》,又收入《叶圣陶集》第七卷)。"三个湖"为玄武湖、西湖和太湖。

12月21日　在教育部开常务会议,讨论《小学生守则》以及《教育部关于实施〈小学生守则〉的指示》之草稿。列席政协第二届全国委员会第一次全体会议开幕式。

12月22日 与吴伯箫谈中学语文课本编辑事。

12月23日 出席文字改革委员会第一次会议,通过汉字简化方案。

12月24日 出席人教社中学语文编辑室座谈会,讨论汉语和文学课本的编写大纲以及文学课本选目;与小学语文编辑室谈小学语文中语法部分的编辑问题。

12月27日 修润教育部拟发布的《小学生守则》及《教育部关于实施〈小学生守则〉的指示》稿。

12月28日 出席文改会座谈会,讨论文字改革及汉字简化问题。

12月29日 开部务会议,讨论明年普通教育与师范教育之计划。

同日 作诗《文叔六十初度》(收入《箧存集》,又收入《叶圣陶集》第八卷)。

同日 作诗《薰宇六十初度》(收入《箧存集》,又收入《叶圣陶集》第八卷)。

12月31日 集老友聚餐,为朱文叔、刘薰宇祝六十寿。

同日 宋云彬日记:"十二时半赴煤市街丰泽园宴饮,同座有圣陶、墨林、雪村、伯祥、彬然、晓先、灿然、芷芬及文叔、薰宇。文叔、薰宇六十初度,圣陶各赋五言一绝以赠。其赠文叔诗云:旧学蜂成蜜,新知鲸吸川。祝公持一语,六十尚青年。赠薰宇诗云:青年心所系,白发兴犹豪。六十逢初度,疾书未惮劳。"(《红尘冷眼——一个文化名人笔下的中国三十年》)

同月 《叶圣陶短篇小说选集》(作者自选集)由人民文学出版社出版,1955年4月三版,内收短篇小说《一生》、《隔膜》、《阿凤》、《一课》、《晓行》、《饭》、《义儿》、《小铜匠》、《校长》、《金耳环》、《潘先生在难中》、《外国旗》、《前途》、《城中》、《搭班子》、《抗争》、《夜》、《多收了三五斗》、《一个练习生》、《寒假的一天》、《一篇宣言》、《我们的骄傲》、《春联儿》等共

23篇。圣陶先生编选时,对作品作了语言上的打磨。

本年 圣陶先生主持编写新中国第二套全国通用之中小学教材。1956年开始出版发行。

1955年

（乙未）　六十一岁

1月　中共中央批转中宣部《关于开展批判胡风思想的报告》。《人民日报》、《光明日报》开始刊载批判胡风文艺思想的文章。

2月5日至7日　中国作协主席团召开扩大会议，决定开展对胡风资产阶级唯心主义文艺思想的批判。

2月10日　教育部公布《小学生守则》，共20条。同日，教育部发出《关于实施〈小学生守则〉的指示》。

3月10日　中国文联主席团召开扩大会议，决定在文艺领域内开展反对资产阶级唯心主义思想的斗争，开展在社会主义现实主义原则指导下的创作竞赛活动。

3月21日至31日　中国共产党召开全国代表会议。会上通过《关于中华人民共和国发展国民经济的第一个五年计划草案的决议》、《关于高岗、饶漱石反党联盟的决议》、《关于成立党的中央和地方监察委员会的决议》。根据决议将高岗、饶漱石开除出党，并撤销其一切职务；同时选举董必武为中央监察委员会书记。

4月　《民间文学》在北京创刊。

5月13日　教育部公布《中学生守则》，共18条。同日，教育部发出《关于实施〈中学生守则〉的指示》。

7月1日　教育部发出《关于减轻中小学学生过重负担的指示》。

9月　《人民日报》、《文艺报》为提倡大量创作儿童文学，分别发表社论《大量创作、出版、发行少年儿童读物》和专论《多多地为少年儿童们写作》。

10月　中共中央七届六中全会扩大会议上通过了《关于农业合作化问题的决议》。

12月27日至30日　中宣部召开关于"丁陈事件"传达报告会，报告本年度作协党组扩大会议对丁玲、陈企霞的"批判帮助"活动。

本年　全国推广普通话工作委员会成立，陈毅任主任，郭沫若、康生、吴玉章、陆定一、林枫、张奚若、老舍担任副主任，丁西林、丁声树、王力、王芸生、朱学范、刘春、吕叔湘、沈雁冰、吴冷西、邵力子、周有光、周建人、周扬、周新民、罗常培、林汉达、胡乔木、胡愈之、胡绳、胡耀邦、范长江、夏衍、韦悫、陈克寒、曾昭抡、梅益、梅兰芳、黄松龄、董纯才、叶恭绰、叶圣陶、叶籁士、邓拓、蔡畅、黎锦熙、赖若愚、钱俊瑞、戴伯韬、萧三、萧华、谢觉哉、萨空了、魏建功等为委员。

* * *

1月1日　参加国务院大团拜会餐。

1月3日　作《习惯可以改变》（刊1月5日《光明日报》第二版，又刊《语文知识》二月号，后收入《叶圣陶散文乙集》，又收入《叶圣陶集》第十八卷）。

1月7日　作《牛郎织女》（编入初级中学课本《文学》第一册，人民教育出版社1955年第一版，未署名，后收入《叶圣陶集》

第四卷)。

1月8日 出席文字改革委员会常务委员扩大会议。时圣陶先生任文改会语文教育部主任。与古籍出版社同人商谈社事。

1月13日 改定《小学生守则》。

1月14日 作《孟姜女》(编入初级中学课本《文学》第一册,人民教育出版社1955年第一版,未署名,后收入《叶圣陶集》第四卷)。

1月15日 人教社设立工农教材编辑室,圣陶先生与此编辑室诸位座谈。

1月18日 作《"六亿人民的意志"》(评论,刊《大众电影》第三期,后收入《叶圣陶集》第四卷)。评1954年第一届全国人民代表大会第一次会议之纪录片《六亿人民的意志》。

1月20日 在教育部开座谈会,请华东师院之苏联女专家谈其在上海之所见,及提高教学质量之意见。在人教社开社务会议,通过本年度事业计划与财务计划,以及书籍的排印和装帧的规定。

1月21日 受全国人代会常务委员会委托,参与修润兵役法、解放军军官服役条例,以及关于勋章和奖章的文件稿。次日,修润毕。

1月27日 始校改恩格斯《英国工人阶级状况》一文的译稿,至3月14日校改完毕。

1月28日 开部务会议,讨论职工业余教育会议报告之草稿。与胡愈之谈拟设立语文出版社事。

1月29日 与古籍出版社同人商谈社事。

同月 《集邮》杂志创刊,刊名由圣陶先生题写。

2月3日 至怀仁堂,听周总理报告。

2月4日 在教育部开办公会议,讨论高等师范教育15年远景规划。又讨论与内政部、卫生部联合发布之有关托儿所、幼儿园之通知稿。与中国青年出版社谈《语文学习》转交人教社出版事。

2月5日 访俞平伯，谈其"初步检查"稿。与傅彬然、魏建功等谈辞书编辑事。至国务院礼堂，听钱三强报告。

2月8日 至怀仁堂，听李富春报告。

2月12日 与傅彬然谈古籍出版事。与吕叔湘谈语法课本事。

2月13日 出席首都各界庆祝《中苏友好同盟互助条约》签订五周年大会。

2月15日 参加全国大城市少年儿童音乐表演成绩评选委员会会议。

2月17日 至出版局，观日本制造之照相排字机。在人教社开社务会议，谈秋季教科书及今年的出版计划。

2月19日 出席国务院第二办公室（主管文教）会议，讨论教育部即将举行之业余教育会议之报告稿。

2月21日 出席国务院第二办公室（主管文教）会议。

2月22日 教育部召集的职工业余教育会议开幕，圣陶先生致开幕辞。

同日 作《编辑施工计划》（刊《编辑工作》第六期，后收入《叶圣陶集》第十八卷）。

2月26日 至广播事业局，参加全国大城市少年儿童音乐表演成绩评选委员会第二次会议。至文改会，开第二次全委会。

2月27日 参加公祭史东山仪式。

3月1日 在教育部开部务会议，讨论本年之教育工作计划。将《苏联社会主义经济问题》一书的译文校改完毕，历时三月有余。

3月3日 作文说明语文课本在语言教育方面的作用，供人教社小学语文编辑室同人传观。

3月4日 出席文联举办之辩证唯物主义与历史唯物主义讲座，杨献珍作报告。

3月6日 与萧乾来访,与潘介泉共商萧乾之译稿《伟人江奈生传》。

3月10日 作《用笔说话》(刊《学文化》第七本,后收入《叶圣陶集》第十五卷)。

3月12日 作《照着话写》(刊《学文化》第八本,后收入《叶圣陶集》第十五卷)。

3月14日 将《英国工人阶级状况》译文校改完毕。在教育部开部务会议,讨论今年专家工作计划。出席政协全国委员会为文字改革举行的报告会,胡乔木报告文字改革问题。

3月17日 在人教社传达胡乔木关于文字改革问题的报告。

3月18日 与吴伯箫、朱文叔、张毕来、蔡超尘、王微、刘国正等人集会,开始审读中学文学课本之文稿(包括课文、教学大纲、参考资料及作业题目)。次日,姚韵漪加入审读文学课本。

3月19日 应胡愈之招相聚,谈自3月22日始政协全国委员会将分十组讨论汉字简化方案。教育部语文学习处与文改会语文教育部合编为第七组,圣陶先生任组长。

3月22日 主持政协全国委员会第七组之座谈会,讨论汉字简化方案。

同日 发表《景泰蓝的制作》(刊《旅行家》第三期,后收入《小记十篇》,又收入《叶圣陶集》第七卷)。

3月25日 作《〈绝句四首〉教学参考资料》(刊《语文学习》六月号,署人民教育出版社中学文学编辑室;后收入《叶圣陶集》第十六卷,题名为《语文教学参考资料示例》)。《绝句四首》即:李白《望庐山瀑布》、《早发白帝城》,杜甫《绝句四首之一——两个黄鹂鸣翠柳》,王之涣《登鹳鹊楼》。同日日记:"因中学文学编辑室草拟之绝句四首之分析不惬意,为之重写。"

3月28日　与蒋仲仁等谈小学语文之编辑事。

3月29日　在教育部开部务会议,讨论减轻中学生负担之指示稿。

4月2日　人教社之汉语课本编辑室成立,圣陶先生参加第一次室务会议。

4月3日　作《实施小学生守则,教师必须以身作则》(刊《小学教师》第四期,又刊《教育工作》第六期,收入《叶圣陶散文乙集》时改题名为《教师必须以身作则》,又收入《叶圣陶集》第十一卷)。

同日　出席匈牙利解放十周年庆祝大会。

4月5日　作《写加工了的话》(刊《学文化》第九本,后收入《叶圣陶集》第十五卷)。

4月6日　观第二届全国美术展览会。

4月9日　出席语文工作者第二次茶话会,讨论标准语之语音问题。

4月11日　出席文改会常务会议,讨论标准音及推行汉字简化方案。出席文化部、文联、剧联举行的梅兰芳、周信芳舞台生活50年纪念会。

4月13日　在教育部开办公会议,讨论成立语文教学机构事。

4月16日　与吴伯箫等人谈《语文学习》杂志的编辑方针。出席语言规范化会议的第二次筹备会。

4月17日　作《写作要有中心》(刊《学文化》第十本,后收入《叶圣陶集》第十五卷)。

4月18日　与古籍出版社负责人谈出版的方针任务,以及选题出版计划。

4月19日　自即日始,上午审读文学课本稿,下午讨论新编小学语文课本稿。

4月21日　参加列宁诞辰85周年纪念大会。

4月24日　为萧乾看译稿《好兵帅克》。

同月　人民教育出版社中学文学编辑室作《叶绍钧〈多收了三五

斗〉教学参考资料》，刊《语文学习》1955年四月号。自本月始，《语文学习》改由人民教育出版社出版。

5月3日 作《升学和从事劳动——答初中毕业生问》（收入《叶圣陶集》第十一卷时题名为《有关升学和劳动的几个问题》）。

同日 与北京三十四中学初三学生座谈。

5月5日 参加纪念四大文化名人大会，纪念席勒、密茨凯维支、安徒生、孟德斯鸠。

5月6日 将初中文学课本第一册审读完毕，历时50天。

5月7日 与吕叔湘谈调查方言事。时，文改会为了推行标准语，拟请教育部于各地抽调人员，来京受训。

5月9日 参加文改会常务扩大会议，讨论圣陶先生关于推行标准语之意见书。

同日 作《用全国人通用的话写》（刊《学文化》第十一本，后收入《叶圣陶集》第十五卷）。

同日 作《小小的船》（儿歌，刊入小学语文课本，收入《箧存集》，又收入《叶圣陶集》第四卷）。同日日记云："小学课本中缺韵文，作诗《小小的船》编入小学课本。自以为得意。"歌云："弯弯的月儿小小的船，小小的船儿两头尖。我在小小的船里坐，只看见闪闪的星星蓝蓝的天。"

5月10日 参加司徒美堂追悼会。

5月12日 与蒋仲仁、朱文叔审阅小学语文的插图稿。傅彬然来访，谈古籍出版社近况。

5月13日 上午在教育部开办公会议，讨论精简中学教材。下午，听周总理报告亚非会议之成果。

5月14日 召集座谈会，讨论汉语教学大纲。

5月15日 作《看了五月十三日〈人民日报〉关于胡风的材料》（刊《文艺报》第九、十号合刊"提高警惕，揭露胡风"专栏）。文章开头说："我看不懂胡风的文章"，"他的哲学和文学理论也就完全不了解",看了《五月十三日〈人民日报〉关于胡风的材料》,才知道胡风是一个"狂妄虚伪的人"。

5月17日　听朝鲜教育考察团团长报告朝鲜教育概况。

5月19日　全国文教会议开幕。集小学教师座谈,讨论小学语文第一册之稿本。在教育部开办公会议,讨论教育部提高教育质量之指示稿。

5月21日　始与历史编辑室编辑审读小学历史课本稿。至本月30日,将小学历史课本第一册稿改毕。

5月25日　出席全国文联主席团、作协主席团联席扩大会议,讨论"胡风集团"问题。

5月27日　周总理宴印尼总理阿里·沙斯特罗阿米佐约,作陪。

同日　发表《在中国文联和作家协会主席团扩大会议上的发言》,刊《人民日报》,又刊《北京日报》第二版。

5月28日　始与吕叔湘、吴伯箫等讨论初中汉语课本稿。

同月　短篇《一个练习生》由通俗读物出版社出版。

6月1日　与蒋仲仁、朱文叔商量小学语文稿。

6月5日　作《广播工作跟语言规范化》(刊《广播爱好者》创刊号,后收入《叶圣陶散文乙集》,又收入《叶圣陶集》第十七卷)。

6月6日　宴蒙古人民共和国教育文化代表团团长马什拉伊。向来京参加文教会议的各省市教育行政干部谈教育部举办标准语训练班的目的与办法。

6月11日　出席文教会议闭幕式。在人教社开发奖大会,致辞。

6月12日　将初中汉语课本第一册稿修改完毕。

6月13日　至怀仁堂,听李富春和陈毅报告。

6月14日　始与历史编辑室编辑讨论初中历史课本稿。

6月15日　作《文字改革和语言规范化》(刊《文艺报》第十四号,又刊《语文知识》九月号,后收入《叶圣陶集》第十七卷)。

6月18日　到八宝山革命公墓,参加瞿秋白骨灰安葬仪式。参加沈志远追悼会。

6月23日　修改教育部关于举办正音训练班的通知稿。

6月26日　与王伯祥、顾颉刚话旧,劝顾颉刚撙节费用,免为经济烦心。

7月1日　在人教社与小学语文编辑室同人讨论小学语文第一册之参考书稿本。赴北京市委之园艺会,庆祝中国共产党成立34周年并欢迎胡志明主席。

7月2日　出席第一届全国人民代表大会第二次会议的预备会。

7月3日　宋云彬日记:"八时半,赴东四八条三十五号看叶圣陶,即在叶家午餐。丁晓先夫妇、叶至美及其爱人叶蠖生都来叶家,徐铸成亦来,热闹之至。剧谈至下午四时余,丁、叶、徐等先后告退。六时,胡愈之夫妇坐汽车来接,同赴愈之家。即在愈之家晚餐。"(《红尘冷眼——一个文化名人笔下的中国三十年》)

7月4日　出席人代会江苏代表团第一次小组会。

7月5日　人代会第二次会议开幕,为大会主席团成员,出席主席团会议。

7月8日　与同人座谈,商如何制定教育部关于推行标准语之计划。

7月12日　开文字改革会议的筹备会。

7月14日　至广播事业局,审查由若干演员朗读的文学课本的录音,以便制成留声片,供教学之用。次日,再至广播事业局,与朗诵者会面。

7月17日　到教师进修学院为中学语文教师作演讲。

7月19日　在教育部开部务会议,讨论艺术师范专科的教学计划。

同日　作《河清可俟》(刊8月2日《北京日报》第二版,后收入《叶圣陶集》第七卷)。文章开头说:"第一届全国人民代表大会第二次会议,批准了国务院提出的关于根治黄河水害和开发黄河水利的综合规划的原则和基本内容,同意了邓子恢副总理关于根治黄河水害和开发黄河水利的综合规划的报告。自从有了历史记载，黄河水害的次数，大大小小的，数也数不清。现在说，要把它'根治'了，意思就是要根本治理黄河，使黄河不再为害。……现在却要开发黄河的水利，而且是大规模地多方面地开发，要靠它灌溉，靠它发电，靠它通航，促进农业、工业、运输业的发展。再看，这是个综合规划，意思就是把两个方面合在一块儿考虑，黄河的害，要彻底地去掉它，黄河的利，要尽量地利用它，目的只有一个——使黄河在现在的社会主义建设时代和将来的共产主义建设时代发挥它在国民经济上的最大作用。单就报告的题目想想，就够叫人兴奋的了。毛主席说：'我们正在做我们的前人从来没有做过的极其光荣伟大的事业。'这个根治黄河水害和开发黄河水利的综合规划，正是'我们的前人从来没有做过的极其光荣伟大的事业'之一。"

7月22日 在人代会发言，谈学习五年计划的感想。

7月23日 修润人代会提案审查委员会的审查报告稿。

同日 发表《在第一届全国人民代表大会第二次会议上的发言》，刊《人民日报》第五版，又刊《光明日报》、《北京日报》等报刊，收入《叶圣陶集》第七卷时题名为《非学透不可——在第一届全国人民代表大会第二次会议上的发言》。《发言》强调学透"李富春副总理关于第一个五年计划的报告"。

7月25日 作诗《观开发黄河规划欣然有作》（刊8月20日《光明日报》第三版，后收入《箧存集》）。

7月28日 与人教社同人谈初中汉语课本第二册之编撰。应胡乔木之约，谈中学语文汉语、文学分科问题。应廖承志、许德珩之邀，参与修润"中华人民共和国参加各国议会联盟的人民代表团"的章程与决案之草稿。次日，"中华人民共和国参加各国议会联盟的人民代表团"正式成立。

7月30日 作《关于语言文学分科问题》（刊《人民教育》八月号，

1955年8月9日；又刊《语文学习》八月号，1955年8月21日）。

同日 与人大代表参观官厅水库。

8月1日 始观审人民文学出版社撰写的鲁迅著作的注释稿。出席文联与作协召集的座谈会。

8月2日 在教育部开部务会议，讨论高等师范学校培养研究生之计划与中等师范学校规程。

8月3日 在教育部开部务会议，讨论高等师范学校培养研究生的办法与中等师范学校规程。

8月4日 在人教社讨论文学课本第二册之原文、注释及参考资料等项。至古籍出版社，与编辑谈古籍出版事。

8月6日 作《跟高小和初中毕业同学的家长谈谈》（收入《叶圣陶集》第十一卷）。文章恳切地希望没能升学的学生的家长，"第一，千万不要责怪孩子……第二，千万不要埋怨政府"。"国家办学校招学生都有计划，这些计划既照顾了人民眼前的利益，又照顾了人民长远的利益；既考虑了人民的要求，又考虑了目前的条件。那么，说为什么不多办些学校，就有点儿无理埋怨的意味了。谁要是不明白道理，随便说这种无理埋怨的话，就会对革命事业造成不利，而且，很容易为暗藏的反革命分子所利用。试想这不该特别警惕吗？所以说，每一个好家长都应该跟人民政府一条心，共同为孩子克服困难，帮助他们走上正确的道路。"

同日 与中学教师座谈文学大纲之草稿。

8月9日 将鲁迅《呐喊》、《彷徨》、《热风》、《坟》的注释稿审观完毕。同日日记云："自谓尚仔细，虽无重要之订正，小改处亦不少。"

8月11日 与汉语编辑室同人谈汉语课本第二册之编撰提纲。

8月12日 在教育部开部务会议，讨论小学教育计划。与同人修改初中文学教学大纲之说明部分。出席文化部之电影晚会,庆祝朝鲜解放十周年。

8月16日 参加印尼工艺美术及图片展览会之开幕式。

8月18日 观全国少年儿童科学技术和工艺作品展览会。

8月19日 作《重视书籍的绘画工作》(刊《编辑工作》第九期,后收入《叶圣陶集》第十八卷)。文章说:"书籍里有些图画,决不是装饰和点缀,虽然每一幅画都要求它美。图画跟写在书里的书面语言有同等的重要意义。书面语言缺乏思想性,写得不正确,不周密,对读者就没有多大好处,有时甚至有害处。图画也一样。书籍里的图画又跟单幅的图画不一样。书籍里的图画是跟书面语言配合起来交给读者的,读者从书面语言同时从图画得到理解和领会,因而提高他的知识技能,深化他的思想感情。只要那本书里应该有图画,那本书里的图画就得跟书面语言合成有机体。怎么样才算合成有机体,说起来可以说得很多,抽象地说说,借用'相辅相成''相得益彰'两个成语也就够了。再说,咱们社里出版的主要是课本,课本是国家对学生进行教育的主要的工具,是学生受教育时期的主要的精神食粮。因此,课本的绘图工作尤其要认真,图画跟书面语言尤其要做到有机的配合——当然,我并不是说其他书籍里的图画就不妨马虎随便。"

8月23日至9月5日 赴杭州、黄山、南京旅行。23日,应宋云彬邀请,离京赴杭州旅游。次日,抵沪。次日,抵杭。

8月24日 作《新的学年》(刊9月4日《光明日报》第二版,后收入《叶圣陶集》第十一卷)。文章强调"今后教育的中心任务是提高教育质量"。

8月25日 宋云彬日记:"昨接圣陶来信,今日下午八时二十九分到杭州,当即通知交际处赵处长。……下午八时赴车站接圣陶,教育厅刘奕夫、李微冬副厅长及省府办公厅阎康侯副主任

赴车站迎接，同赴南山路'红房子'招待所。"（《红尘冷眼——一个文化名人笔下的中国三十年》）

8月26日 宋云彬日记："九时，赴南山招待所看圣陶，又同圣陶看包达三。十时，同圣陶坐划艇游西湖至三潭印月、湖心亭，由平湖秋月登岸，即赴楼外楼吃饭，又赴灵隐。下午三时回招待所。招待所某同志谓已与黄山招待所联系，定明日七时由大华饭店出发，坐旅行车赴黄山。即赴文管会看张惠衣，商谈游黄山日程。以惠衣去年此时曾游黄山也。"（《红尘冷眼——一个文化名人笔下的中国三十年》）

8月27日 宋云彬日记："上午六时三刻赴南山招待所。七时一刻，与圣陶同坐交际处之旅行车出发赴黄山。圣陶带来警卫员鄂凤祥，交际处又派警卫员张继仁、沈大根，连同司机某同志，一行六人。九时半抵于潜，十时半抵昌化，即在昌化县委午餐，委员秘书程某殷勤招待，政委刘某亦来招呼一番。十一时半车复开行，下午二时抵安徽歙县，摄影一帧。五时抵黄山招待所。招待所□科长等招呼极周到。与圣陶、鄂凤祥同浴温泉。浴温泉，余平生第一次也。余等之住所乃今年新盖者，离温泉较远，拾级而上，颇感费力。安徽省委农村工作部杜部长在此养病，闻余等来，亟出迎见。黄山管理处处长沙处长亦来周旋一番，其人年已六十，为一老干部，颇健谈。与圣陶同饮白兰地。十时睡。"（《红尘冷眼——一个文化名人笔下的中国三十年》）

8月28日 宋云彬日记："晨八时从黄山招待所出发，坐汽车至苦竹溪。由苦竹溪登轿上山。余与圣陶坐轿，警卫员等步行。抬轿者、挑行李者，共七人，轮流替换。九时许过九龙瀑，摄一影。十时五十五分抵云谷寺，小憩，即在云谷寺午餐。寺僧宝山，年七十余。自言来此三十年，已二十年不下山矣。畜一猫，甚肥，日给鸡子一枚，以山中无鱼也。寺前有一树，名之曰'异罗松'，实则柏之异种也，为摄一影。由云谷寺东北行，下午三时许抵狮子林。沿途忽阴忽晴,有时似有细雨。昔黄晓汀为余绘山水,题句谓'山路原无雨,空翠湿人衣',今始有此体会也。一路风景,美不胜收。有所谓'喜鹊登梅'者,不知其意,为摄一影。望五指峰,五指宛然,修短亦相称。大拇指微屈。将到狮子林时,满山云雾,咫尺不辨人。住招待所,周为云雾所蔽,闭户读《黄山志》油印本,多前人游记及诗文。晚与圣陶对酌。田科长来谈,谓明早为天晴,可看日出云云。今日余等上山者凡十五人:轿夫、挑夫七人,鄂凤祥及杭州随来之两警卫,凡三人,黄山招待所又派警卫三人,而田科长与干部小王从别路先来狮子林。昔谢灵运游山有此气派,余等亦仿佛似之矣,思之失笑。狮子林高千六百八十二公尺。今日温度为华氏六十四度,加毛线衫一件犹感单薄也。"(《红尘冷眼——一个文化名人笔下的中国三十年》)

8月29日 宋云彬日记:"早起雨声淅沥,满山云雾笼罩。招待所干部汪某谓今日无放晴之望。又谓今日雨天,如有西南风作,则明日可放晴矣。问之抬轿者,或谓秋天无长雨,明日必晴,或谓不发西南风便无放晴希望,人言人殊。雨整日未停,无聊已极。看《黄山志》,看《新观察》、《文艺月报》、《语文学习》,与圣陶闲谈,中晚饭均饮白兰地。晚,沈大根来谈,谓明日如不放晴,只好依原路回黄山招待所。余谓来此不易,明日如仍下雨,决再等一天,圣陶亦以为然。晚九时许忽见月光,大喜。然山中晴雨无定,不知明日果能放晴否也。"(《红尘冷眼——一个文化名人笔下的中国三十年》)

8月30日 宋云彬日记:"六时起床,看天,云雾迷漫,不免焦急,然招待所同志皆喜形色,谓天放晴矣。七时许,招待所汪同志在门外高呼,谓北边已见晴天,遂登清凉台观云海,此景不易得也。急呼圣陶等同登清凉台,果见云海茫茫,一望无际,山峰露出云端,宛若海岛。此景余于一九四五年四月自重庆乘飞机赴柳州时曾见之。为摄数影。复回寓所早餐。餐毕,乘兴登始信峰。始信峰高千七百四十八尺。峰巅有石突出,可容五六人。余与圣陶等立而眺望,两旁悬崖一落千丈,股为之慄。此峰之名甚奇,殆游客至此,始信黄山之高之险也。归至狮林精舍小憩,再看云海,摄影。狮林精舍在修葺中,去年作家丁玲曾在此避暑也。出狮林精舍,乘轿登光明顶。光明顶高千九百四十三尺。南望天都、莲花两峰,为摄一影。天都峰高千九百十尺,莲花峰高千九百四十八尺。此系一九三六年南京大学教授费孟所测者。或谓光明顶实高于莲花峰。恐未必然也。光明顶将设气象测验所,房屋在建筑中。立光明顶回望,黄山诸峰皆在其下,云海迷茫,诸峰忽隐忽现,蔚为奇观。前晚黄山管理处处长沙君为余言,游黄山当体会大自然气象万千,以拓我胸襟。其言甚有见地也。下光明顶,绕道莲花、莲蕊两峰之间,达鳌鱼背,下舆步行,出鳌鱼洞,上百步云梯。复登舆,过莲花沟,石级甚陡,欲下舆步行,舆夫力言不必,乃以两手撑住轿前把手,舆行甚逸,手不敢稍松,紧张极矣。中午抵文殊院。此处高千七百六十八公尺。文殊院于一九五二年毁于火,黄山管理处于原址建两层楼屋;以石代瓦,弥觉坚固,尚未完工也。文殊院之左有松名'迎客松'。前年上海交通大学一教师领学生数人来此,出快刀刮去树皮一尺见方,准备刻字题名,为寺僧所见,报告公安部后,令教师学生当众作检讨。然树皮刮去,不能复生矣。大学师生无道德、无常识一至于此,亦可叹也。自文殊院望天都峰甚清楚,上海某影片公司在此摄五彩风景。在文殊院煮饭作午餐。出文殊院,绕天都峰麓至半山寺。遇险峻窄路皆下舆步行。看天都峰石级历历可数。石级甚陡,谓之天梯,名副其实矣。梯旁有铁索。舆夫宋梅祥为余言,一九三六年汪精卫妻陈璧君来游黄山,建议政府于石梯旁加铁索,便利游客攀登。又谓登天都峰巅过所谓鲫鱼背，仅数尺宽，下临深壑，往者游客至此，多裹足不敢前，自加铁索后，游人称便矣。余自文殊院以望远镜看天都峰，所谓鲫鱼背者隐见之，旁有铁索也。又谓前日上狮子林，沿途石级皆抗战时期以工代赈筑成者。余笑语圣陶，国民党坏事做尽，独此二事尚差强人意耳。宋梅祥者，不仅与余同姓，且同年，彼于一八九七年四月生，长余四个月。彼呼余为'老先生'，余则称之'老大哥'。憩半山寺约半小时，复登舆下山，至慈仁寺小憩。慈仁寺原来规模甚大，今仅存天王殿及佛殿，佛殿且系新修者。寺甚荒芜，惟玉簪花盛开，小作点缀耳。返黄山招待所，已下午四时矣。浴温泉。拾级赴宿舍，中途为圣陶摄一影，时已薄暮，恐感光不足也。在此休养之杜部长闻余等归来，亟出相迎，并致慰劳之意。余面部经日晒风吹，既热且红，然犹与圣陶共饮白兰地。今日天公作美，使余等能尽游兴。在文殊院摄风景片之工作同志为余言，在此已等候五天，今日始完成任务，公等诚有幸哉。圣陶亦大乐，谓不虚此一行也。"（《红尘冷眼——一个文化名人笔下的中国三十年》）

8月31日　宋云彬日记："六时即起。前日托招待所买茶叶十斤，今晨送来，余与圣陶各买五斤。膳宿费亦由沈大根结清，余负担十三元余。轿夫七名，每人每日两元八角，前后共三天，余与圣陶各负担二十八元九角。在黄山休养之杜部长名野坪，自言患羊癫疯。余忆邹韬奋之女儿患羊癫疯，经上海某医院治愈，为作函致金仲华，请向韬奋夫人了解。七时五十分坐原来汽车返杭州，杜野坪特来相送，颇有惜别之意。车抵歙县。加汽油。十二时半抵昌化。昌化县委未接到长途电话，不为余等备午餐，遂至汽车站觅一饭馆，与警卫员、司机等同吃午饭，共六人只费二元六毛。下午四时三刻同圣陶等返至武林路寓所。五时半，同圣陶赴大街买火腿、檀香扇，妻及京奕随往，赴楼外楼小吃。交际处派车接圣陶返南山路招待所。余同妻、京奕返寓，颇感疲倦，九时即睡。"（《红尘冷眼——一个文化名人笔下的中国三十年》）

9月1日　宋云彬日记："晚饭后偕妻及京奕赴南山招待所看圣陶。圣陶定明晨三时五分南昌（至）上海客车赴上海，即转乘上海九点五十九分开之京沪通车赴北京。圣陶谓过南京须下车看小三官，在南京勾留两天云。"（《红尘冷眼——一个文化名人笔下的中国三十年》）

9月2日　抵南京游览。次日，游玄武湖。次日，离宁返京。

9月5日　回到北京。

同日　作《黄山三天》（刊《旅行家》第九期，后收入《小记十篇》，又收入《叶圣陶集》第七卷）。文章记同年8月28日至30日三天的黄山之游。

9月8日　与同人讨论文学课本。

9月9日　在人教社开社务会议，讨论明年的选题计划。观文字改革资料展览会之预展。

9月11日　作《青年们——庆祝"全国青年社会主义建设积极分子大会"》（刊9月17日《光明日报》"文艺生活"版，后收入《叶圣陶散文乙集》，又收入《叶圣陶集》第七卷）。祝语阐述"我们正在做我们的前人从来没有做过的极其光荣伟大的事业"这个"庄严响亮的提示"。

同日　到美术馆，观印度阿旃壁画1500年纪念展览。

9月14日　与人教社同人讨论本年下半年度至1957年人教社编撰教学大纲与教科书之计划。

9月15日　作《就整体着想》（刊《文艺学习》第十期，后收入《叶圣陶散文乙集》，又收入《叶圣陶集》第七卷）。文章强调为完全实现第一个五年计划，必须"尽心竭力做好本岗位的工作"。

同日　在教育部讨论师范与幼儿师范的教学计划。出席汉字简化方案审订委员会的首次会议。

9月19日　作《教师怎么样尽责任》（刊10月1日《文汇报》第二版，后收入《叶圣陶散文乙集》，又收入《叶圣陶集》第十一卷）。文章强调教师要为实现五年计划尽责任，培养大批实现五年计划的人。

9月23日　作《荣宝斋的贡献》（刊10月5日《光明日报》第二版，后收入《叶圣陶散文乙集》，又收入《叶圣陶集》第七卷）。文章说："荣宝斋以前大都印画笺和笺谱，近几年来，向大幅发展，向工细的画发展。新中国的艺术差不多样样推陈出新，荣宝斋木版水印画，取的正是这个方向，而且成绩挺好，因而受人们的重视。"

9月24日　至文改会，重行讨论汉字简化方案。

9月25日　至怀仁堂，观波兰军队歌舞团表演。

9月27日　至怀仁堂，观毛主席授军衔勋章的典礼。

9月28日　出席汉字简化方案审订委员会第二次会议。

同日　作《响应号召》（刊《人民文学》十一月号，后收入《叶圣陶集》第九卷）。所谓"响应号召"，即响应郭沫若的建议："在一二年内，每个作家都要为少年儿童至少写一篇东西。"

9月29日　出席周总理举行之酒会，宴外国来宾。

10月1日　登天安门观礼台观礼。

10月2日　始阅鲁迅《朝花夕拾》之注释稿。

10月5日　出席文联与作协之集会，苏联文化代表团团长苏尔科夫谈去年苏联第二次作家大会之情形。

10月6日　看毕鲁迅《故事新编》之注释稿。晤印度访华师生代表团团长。

10月10日　始阅览傅雷译的巴尔扎克《于絮尔·弥罗埃》之书稿。

10月11日　在文改会与报社、杂志社负责人座谈文字改革和汉语规范化问题。

10月15日　全国文字改革会议开幕,圣陶先生任常务主席。会议作出推广普通话之决议,并讨论汉语之规范化。

10月22日　作《什么叫汉语规范化》(刊10月28日《人民日报》第二版,又刊《语文知识》十二月号,后收入《叶圣陶散文乙集》,又收入《叶圣陶集》第十七卷)。文章说:"汉语规范化就是普通话的规范化。"

同日　与董纯才等草拟文改会对于推广普通话的决议稿。

10月23日　应彭真招,参与修润即将发布之《〈农业合作社章程〉草案》。12月3日,修润完毕。

10月27日　中国社科院语言研究所学术委员会成立,圣陶先生为学术委员。

10月28日　观小学历史课本第二册书稿。

10月29日　作《汉字的简化和整理》(刊《学文化》第二十一本,后收入《叶圣陶集》第十七卷)。文章讲"简化汉字,整理异体字"的意义。

10月30日　《中国语文》和《语文学习》杂志联合举行座谈会,招待出席现代汉语规范问题学术会议的各地代表。圣陶先生在会上报告了两个杂志之简况。

10月31日　出席现代汉语规范问题学术会议闭幕式。

11月1日　在教育部开部务会议,讨论关于基本生产技术教育之指示稿。

11月3日　在人教社开社务会议,讨论铸简化字铜模,用于各种课本。

11月5日　与同人谈教育部将举办北京语言研讨班之事,训练各省专管此事之干部。

11月6日　参加中苏友协庆祝苏联十月革命38年纪念大会。

11月7日　列席国务院全体会议。

11月8日　在教育部开部务会议，讨论推广普通话的指示稿。

11月9日　出席芬兰版画展览会开幕式。

同日　作《风景片〈黄山〉解说词》（收入《叶圣陶集》第七卷）。这是圣陶先生为记录影片《黄山》写的解说词。

11月10日　发表《有关升学和从事劳动的几个问题》，刊《江苏教育》第十一期。

同日　作《大家都来学习普通话》（刊《中学生》十二月号，后收入《叶圣陶散文乙集》，又收入《叶圣陶集》第十七卷）。

11月11日　至文改会开会，与同人谈铸造简化字铜模与今后全盘整理所有铜模，使出版界所用铅字完全划一等问题。

11月12日　出席在京人大代表与政协委员之集会，彭真作报告。

11月15日　在教育部开部务会议，讨论教育部远景规划草案。至国际俱乐部，高教部与教育部联合宴请日本教职员工会教育参观团。

11月16日　与有关人员讨论语音挂图绘制之事。审阅工农速成中学的语文教学大纲。

11月17日至12月7日　参加人大、政协之视察活动。17日，偕至善等赴江苏视察。18日，抵宁。19日，观南京博物馆。20日，游栖霞山。21日，在省政府听报告。22日，参观工厂。

11月23日至26日　23日，到苏州视察。24日，听苏州市手工业局干部报告，参观檀香扇合作社和刺绣小组。25日，访江苏师院、省立苏州高级中学、实验小学、文化馆。26日，观怡园、义庄、沧浪亭，晤范烟桥、周瘦鹃，以及苏州市青年团、青联和自学小组之负责人。

11月27日至12月1日　11月27日，游寒山寺，访白羊村大众农业生产合作社；游虎丘，访群力生产合作社。28日，抵东山，听震泽县县长咸同德的汇报。29日，至龙头山，访莳山禅院；

参观涧桥乡杨家弄迎庆农业生产合作社。30日，访渡席乡光明渔业合作社。12月1日，游西山。

12月2日至5日 2日，访浦庄乡。3日，仍在浦庄乡访问。4日，访周瘦鹃，访苏州血吸虫病防治所。5日，访苏州市第一初级中学和省立苏州高级中学。

12月6日 代表来苏视察组向苏州专区和苏州市负责同志谈视察的观感，与江苏师院教师座谈。

12月7日 抵南京。夜乘车返北京。

12月16日 与同人谈筹备北京语音研究班事。

12月19日 与同人谈高中文学课本之编辑问题。

12月21日 在教育部开部务会议，讨论我国与外国互派参观团、代表团之事。

12月24日 发表《大家拿起笔来》（刊《读书月报》第四期"给孩子们更多的好书"专栏，后收入《叶圣陶集》第九卷）。

同日 向人教社同人谈视察江苏之观感。

12月25日 出席民主德国大使馆因格罗提渥总理访华举行之招待会。

12月26日 出席语言研究所学术委员会第三次会议。

12月27日 看毕新编高小历史课本第二册之全份样稿。次日，始观初中历史课本稿。

12月29日 与有关人员谈工农业余教育大纲与教科书问题。

12月30日 在教育部开部务会议，讨论十二年教育工作规划。

12月31日 与同人谈初、高中文学课本之选材问题。人教社与文改会举办联欢晚会迎岁，致辞。

本年 初级中学课本《文学》第一册出版，人民教育出版社1955年出第一版，至1958年1月共印八次。署张毕来、王微、蔡超尘主编，冯钟芸、李光家、董秋芳、刘国正、韩书田、余文、姚韵漪、张传宗、梁伯行、周同德编，叶圣陶、吴伯箫、朱文叔校订。

初级中学课本《文学》第一册目录

一、民歌四首
  口唱山歌手插秧
  泥瓦匠
  一个巧皮匠
  永远跟着毛泽东

二、孟姜女

三、牛郎织女

四、民歌和民间故事（文学常识一）

五、寓言四则
  刻舟求剑
  井蛙和海鳖
  狼和小羊
  池子和河流

六、寓言（文学常识二）

七、唐诗十首
  登鹳鹊楼　　　　　　　　　　　　　王之涣
  塞下曲　　　　　　　　　　　　　　卢　纶
  九月九日忆山东兄弟　　　　　　　　王　维
  从军行　　　　　　　　　　　　　　王昌龄
  望庐山瀑布　　　　　　　　　　　　李　白
  早发白帝城　　　　　　　　　　　　李　白
  绝句　　　　　　　　　　　　　　　杜　甫
  山行　　　　　　　　　　　　　　　杜　牧
  夜雨寄北　　　　　　　　　　　　　李商隐
  社日　　　　　　　　　　　　　　　王　驾

八、鲁提辖拳打镇关西　　　　　　　　　施耐庵

九、岳飞枪挑小梁王　　　　　　　　　钱　彩
一〇、王冕　　　　　　　　　　　　　吴敬梓
一一、最后一课　　　　　　　　　　　都　德
一二、凡卡　　　　　　　　　　　　　契诃夫
一三、叙述和描写（文学常识三）
一四、社戏　　　　　　　　　　　　　鲁　迅
一五、一件小事　　　　　　　　　　　鲁　迅
一六、天上的街市　　　　　　　　　　郭沫若
一七、多收了三五斗　　　　　　　　　叶圣陶
一八、母亲的回忆　　　　　　　　　　朱　德
一九、老山界　　　　　　　　　　　　陆定一
二〇、小英雄雨来　　　　　　　　　　管　桦
二一、无线电话机旁　　　　　　　　　刘白羽
二二、三千里江山（节选）　　　　　　杨　朔
二三、对话（文学常识四）
二四、一架弹花机　　　　　　　　　　马　烽
二五、三里湾（节选）　　　　　　　　赵树理
二六、屋里的春天　　　　　　　　　　艾　芜
二七、他们和我们　　　　　　　　　　张天翼
二八、保价邮包　　　　　　　　　　　波列沃伊
二九、文学作品是写人的（文学常识五）

　　初级中学课本文学第一册《教学参考书》，人民教育出版社1955年出第一版，1956年出第二版，1958年2月出第三版。署张毕来、王微、蔡超尘主编，冯钟芸、李光家、董秋芳、刘国正、韩书田、余文、姚韵漪、张传宗、梁伯行、周同德编，叶圣陶、吴伯箫、朱文叔校订。《教学参考书》有《编者的话》、《初级中学课本文学第一册说明》、《初级中学课本文

学第一册各课教学参考》。《编者的话》云：

初级中学文学课本共六册，每册都配备教学参考书一册。

教学参考书的编写，目的在帮助教师研究和掌握教材，提高教学质量，不是代替教师备课。教师应当参考教学参考书，体会教学大纲的精神，深入钻研教材，改进教学方法，更好地完成教学任务。

教学参考书的内容，除了一些同本学期文学教学有关的说明以外，主要是依据课文逐课编写的教学参考。

初级中学文学课本第一册的课文有两类，一类是文学作品，一类是文学常识。两类课文的教学参考不一样。

文学作品的教学参考一般包括"关于课文和作者"、"课文分析"、"教学注意事项"三项。

"关于课文和作者"给教师提供一些掌握课文必需的参考资料。这项资料或有或无，或详或简，根据课文的特点和教学的需要来决定。但是不一定全部给学生讲，哪些要讲，哪些不讲，应该根据教学大纲。

"课文分析"给教师提供一些对课文应有的认识，也就是对教学大纲所列各点的具体发挥。这是教学参考的主要部分，教师参考这一部分备课的时候，应该先研究教学大纲。分析的深度和广度是根据教学目的、课文特点和教学原则来确定的。为了照顾各年级学生的接受能力和前后课文的联系配合，分析有一定的计划和重点，不一般地要求全面详尽。并且这些分析力求适应全部中学一般的需要，不一定完全适用于每个学校，只要符合教学大纲的精神，各地教师可以根据具体情况作适当的增减。

"教学注意事项"指出教学上应该注意的事项，有的是为了帮助教师解决具体问题，有的是为了防止可能发生的偏向，教师应该适当掌握。

为了便于教师研究课文,有些教学参考的后面还有必要的附录。

文学常识的教学参考,只是供教师研究这些课文参考的,不是给学生讲的。文学常识的教学参考,都是引用有关的文章。这些文章里,有些说法可能同课文有出入,教学的时候应该根据课文。

教学参考不是授课计划。教学参考所提供的材料,应该经过很好的组织教给学生。这一个工作,要由教师发挥创造性编好授课计划来完成。(下略)

初级中学课本《文学》第二册,人民教育出版社1955年出第一版,1957年8月出第四版。署张毕来、王微、蔡超尘主编,冯钟芸、李光家、董秋芳、刘国正、韩书田、余文、姚韵漪、张传宗、梁伯行、周同德编,叶圣陶、吴伯箫、朱文叔校订。

初级中学课本《文学》第二册目录

一、民歌四首

　　汉末童谣

　　敕勒歌

　　红旗一展天下都红遍

　　洪湖渔歌

二、谚语和谜语

三、民间口头文学(文学常识六)

四、蚕和蚂蚁　　　　　　　　　　　　叶圣陶

五、卖火柴的女孩　　　　　　　　　　安徒生

六、渔夫和金鱼的故事　　　　　　　　普希金

七、童话(文学常识七)

八、词和曲六首

　　忆江南(二首)　　　　　　　　　　白居易

　　　　鹧鸪天　西江月　　　　　　　　　　辛弃疾
　　　　朝天子（二首）　　　　　　　　　　王　磐
　九、群英会蒋干中计　　　　　　　　　　　罗贯中
一〇、促织（现代汉语译文）　　　　　　　　蒲松龄
一一、人物（文学常识八）
一二、从百草园到三味书屋　　　　　　　　　鲁　迅
一三、当铺前　　　　　　　　　　　　　　　茅　盾
一四、在烈日和暴雨下　　　　　　　　　　　老　舍
一五、诗二首
　　　　母亲　　　　　　　　　　　　　　　殷　夫
　　　　春　　　　　　　　　　　　　　　　艾　青
一六、平原烈火（节选）　　　　　　　　　　徐光耀
一七、谁是最可爱的人　　　　　　　　　　　魏　巍
一八、作品的思想内容（文学常识九）
一九、制造枪榴弹　　　　　　　　　　　　　吴运铎
二〇、最高兴的时候　　　　　　　　　　　　康　濯
二一、不能走那条路　　　　　　　　　　　　李　准
二二、宋老大进城　　　　　　　　　　　　　西　戎
二三、"石油城"　　　　　　　　　　　　　　杨　朔
二四、信　　　　　　　　　　　　　　　　　安东诺夫
二五、怎样看作品的好坏（文学常识一〇）

　　初级中学课本文学第二册《教学参考书》，人民教育出版社1955年出第一版，1957年出第四版。署张毕来、王微、蔡超尘主编，冯钟芸、李光家、董秋芳、韩书田、余文、姚韵漪、张传宗、梁伯行、周同德编辑，叶圣陶、吴伯箫、朱文叔校订。《教学参考书》有《编者的话》、《初级中学课本文学第二册说明》、《初级中学课本文学第二册各课教学参考》。

初级中学课本《文学》第三册,人民教育出版社 1956 年出第一版,1957 年 6 月出第三版。署张毕来、蔡超尘主编,冯钟芸、李光家、董秋芳、韩书田、余文、姚韵漪、张传宗、梁伯行、周同德编辑,叶圣陶、吴伯箫、朱文叔校订。

初级中学课本《文学》第三册目录

一、诗经三篇
  木瓜
  采葛
  君子于役

二、廉颇蔺相如列传(现代汉语译文) 司马迁

三、杜甫诗四首
  石壕吏
  茅屋为秋风所破歌
  客至
  春夜喜雨

四、杜甫(作家介绍一)

五、白居易诗三首
  观刈麦
  卖炭翁
  有木名凌霄

六、岳阳楼记 范仲淹

七、苏轼词二首
  西江月并序
  浣溪沙

八、错斩崔宁 宋人平话

九、解珍解宝 施耐庵

一〇、范进中举 吴敬梓

一一、制台见洋人 李宝嘉

一二、孔乙己 　　　　　　　　　　　　鲁　迅
一三、故乡 　　　　　　　　　　　　　鲁　迅
一四、论雷峰塔的倒掉 　　　　　　　　鲁　迅
一五、我们不再受骗了 　　　　　　　　鲁　迅
一六、鲁迅（作家介绍二）
一七、郭沫若诗二首
　　　　诗的宣言
　　　　我想起了陈涉吴广
一八、乡情 　　　　　　　　　　　　　蒋光慈
一九、华威先生 　　　　　　　　　　　张天翼
二〇、在其香居茶馆里 　　　　　　　　沙　汀
二一、文学作品的结构分析（文学常识一一）
二二、黎明的通知 　　　　　　　　　　艾　青
二三、臧克家诗二首
　　　　老马
　　　　春鸟
二四、小二黑结婚 　　　　　　　　　　赵树理
二五、分马 　　　　　　　　　　　　　周立波
二六、铜墙铁壁（节选） 　　　　　　　柳　青
二七、王永淮 　　　　　　　　　　　　秦兆阳
二八、纠纷 　　　　　　　　　　　　　西　戎
二九、童话的时代 　　　　　　　　　　华　山
三〇、文学作品的语言（文学常识一二）

　　初级中学课本文学第三册《教学参考书》，人民教育出版社1956年出第一版，1957年出第二版。《教学参考书》有《编者的话》、《初级中学课本文学第三册说明》《本学期第一堂文学课的谈话要点》、《初级中学课本文学第三册各课教学参考》。

初级中学课本《文学》第四册,人民教育出版社 1956 年出第一版,1957 年 9 月出第二版。署张毕来、蔡超尘主编,冯钟芸、李光家、董秋芳、韩书田、余文、姚韵漪、张传宗、梁伯行、周同德编辑,叶圣陶、吴伯箫、朱文叔校订。

初级中学课本《文学》第四册目录

一、论语和孟子五章
　　学而时习之
　　吾日三省吾身
　　君子食无求饱
　　子路人告之以有过则喜
　　今夫弈之为数
二、公输(现代汉语译文)　　　　　　　　墨　子
三、楚辞二篇
　　惜诵(现代汉语译文)渔父　　　　　　屈　原
四、屈原(作家介绍三)
五、晏子将使楚　　　　　　　　　　　《晏子春秋》
六、归园田居二首
　　少无适俗韵
　　种豆南山下　　　　　　　　　　　　　陶渊明
七、木兰诗
八、李白诗三首
　　经下邳圯桥怀张子房
　　黄鹤楼送孟浩然之广陵
　　闻王昌龄左迁龙标遥有此寄
九、陆游诗三首
　　秋夜将晓出篱门迎凉有感
　　十一月四日风雨大作
　　示儿

一〇、辛弃疾词二首
　　　　破阵子　为陈同甫赋壮词以寄之
　　　　南乡子　登京口北固亭有怀
一一、刘玄德三顾草庐　　　　　　　　　　罗贯中
一二、刘老老一进荣国府　　　　　　　　　曹雪芹
一三、我国的古典文学（文学常识一三）
一四、风波　　　　　　　　　　　　　　　鲁　迅
一五、聪明人和傻子和奴才　　　　　　　　鲁　迅
一六、为了忘却的记念　　　　　　　　　　鲁　迅
一七、闻一多诗二首
　　　　发现
　　　　一句话
一八、一种云　　　　　　　　　　　　　　瞿秋白
一九、美国的真正悲剧　　　　　　　　　　瞿秋白
二〇、瞿秋白（作家介绍四）
二一、春蚕　　　　　　　　　　　　　　　茅　盾
二二、王贵与李香香（节选）　　　　　　　李季
二三、果树园　　　　　　　　　　　　　　丁　玲
二四、我们会见了彭德怀司令员　　　　　　巴　金
二五、夜归　　　　　　　　　　　　　　　艾　芜
二六、在田野上，前进！（节选）　　　　　秦兆阳
二七、我国的现代文学（文学常识一四）

　　初级中学课本文学第四册《教学参考书》，人民教育出版社1956年出第一版。《教学参考书》有《出版者的话》、《初级中学课本文学第四册说明》、《初级中学课本文学第四册各课教学参考》。

初级中学课本《文学》第五册,人民教育出版社1957年出第一版。署张毕来、王微、蔡超尘主编,冯钟芸、李光家、姚韵漪、董秋芳、张传宗、梁伯行、刘国正、韩书田、余文、周同德编,叶圣陶、吴伯箫、朱文叔校订。

初级中学课本《文学》第五册目录

诗　歌

一、长征　　　　　　　　　　　　　　　　毛泽东
二、"延安与中国青年"等三首
　　延安与中国青年　　　　　　　　　　　柯仲平
　　寄给顿河上的向日葵　　　　　　　　　袁水拍
　　我为少男少女们歌唱　　　　　　　　　何其芳
三、"杜少府之任蜀州"等四首
　　杜少府之任蜀州　　　　　　　　　　　王　勃
　　古从军行　　　　　　　　　　　　　　李　颀
　　渔歌子　　　　　　　　　　　　　　　张志和
　　天净纱　秋思　　　　　　　　　　　　马致远
四、"寄西伯利亚"等三首
　　寄西伯利亚　　　　　　　　　　　　　普希金
　　西利西亚的纺织工人　　　　　　　　　海　涅
　　为了你,啊,民主!　　　　　　　　　　惠特曼
五、百鸟衣(节选)　　　　　　　　　　　　章其麟
六、两亩地　　　　　　　　　　　　　　　泰戈尔
七、诗歌的一般特点(文学常识一五)

散　文

八、黄花冈烈士事略序　　　　　　　　　　孙　文
九、纪念白求恩　　　　　　　　　　　　　毛泽东
一〇、列宁的性格　　　　　　　　　　　　高尔基
一一、二六七号牢房　　　　　　　　　　　伏契克

一二、三峡　　　　　　　　　　　　　郦道元
一三、白杨礼赞　　　　　　　　　　　茅　盾
一四、老羊工　　　　　　　　　　　　秦兆阳
一五、五亿农民的方向　　　　　　李　凯　庆　琛
一六、散文的一般特点（文学常识一六）

小　说

一七、祝福　　　　　　　　　　　　　鲁　迅
一八、项链　　　　　　　　　　　　　莫泊桑
一九、尸魔三戏唐三藏　圣僧恨逐美猴王　　吴承恩
二〇、周大勇和他的连队　　　　　　　杜鹏程
二一、保尔·柯察金　　　　　　　奥斯特洛夫斯基
二二、小说的一般特点（文学常识一七）

剧　本

二三、白毛女（节选）　　　　　　贺敬之　丁　毅等
二四、新局长到来之前　　　　　　　　何　求
二五、柔蜜欧与幽丽叶（第五幕第三景）　莎士比亚
二六、剧本的一般特点（文学常识一八）

初级中学课本文学第五册《教学参考书》，人民教育出版社1957年出第一版。《教学参考书》有《编者的话》、《初级中学课本文学第五册说明》、《本学期第一堂文学课的谈话要点》、《初级中学课本文学第五册各课教学参考》。

初级中学课本《文学》第六册，1957年第一版。署张毕来、王微、蔡超尘主编，隋树森、李光家、姚韵漪、董秋芳、张传宗、梁伯行、刘国正、韩书田、余文、周同德编，叶圣陶、吴伯箫、朱文叔校订。

初级中学课本《文学》第六册目录

诗 歌

一、清平乐 六盘山 　　　　　　　　　　毛泽东
二、闻官军收河南河北 　　　　　　　　　杜　甫
三、回延安 　　　　　　　　　　　　　　贺敬之
四、党和列宁 　　　　　　　　　　　马雅可夫斯基

散 文

五、庄周家贫 　　　　　　　　　　　　　庄　子
六、扁鹊见蔡桓公 　　　　　　　　　　　韩非子
七、捕蛇者说 　　　　　　　　　　　　　柳宗元
八、核舟记 　　　　　　　　　　　　　　魏学洢
九、藤野先生 　　　　　　　　　　　　　鲁　迅
一〇、最后一次的讲演 　　　　　　　　　闻一多
一一、说"怕" 　　　　　　　　　　　　谢觉哉
一二、王家斌 　　　　　　　　　　　　　柳　青
一三、到佛子岭去 　　　　　　　　　　　靳　以
一四、给青年们的一封信 　　　　　　　巴甫洛夫
一五、从文学获得的知识（文学常识一九）

小 说

一六、灌园叟晚逢仙女
一七、荷花淀 　　　　　　　　　　　　　孙　犁
一八、传家宝 　　　　　　　　　　　　　赵树理
一九、小公务员的死 　　　　　　　　　　契诃夫
二〇、母亲 　　　　　　　　　　　　　小林多喜二

剧 本

二一、打鱼杀家
二二、考验（节选） 　　　　　　　　　　夏　衍
二三、从文学受到的陶冶（文学常识二〇）

初级中学课本文学第六册《教学参考书》，1957年第一版。《教学参考书》有《编者的话》、《初级中学课本文学第六册说明》、《初级中学课本文学第六册各课教学参考》。

高级中学课本《文学》第一册，人民教育出版社1956年出第一版。署张毕来、蔡超尘主编，冯钟芸、李光家、董秋芳、韩书田、余文、姚韵漪、张传宗、梁伯行、周同德编辑，叶圣陶、吴伯箫、朱文叔校订。

高级中学课本《文学》第一册目录

一、诗经

  关雎

  氓

  黍离

  伐檀

  蒹葭

  无衣

二、论语

  颜渊季路侍等九章

三、左传

  晋公子重耳出亡

四、孟子

  庄暴见孟子

  孟子谓戴不胜曰

五、屈原

  国殇

  涉江

六、战国策

  触詟说赵太后

　　　　冯谖客孟尝君
七、文学史概述（一）
　　　　秦代以前的文学
八、司马迁
　　　　信陵君列传
　　　　荆轲传
九、汉乐府
　　　　陌上桑
　　　　羽林郎
　　　　十五从军征
　　　　孔雀东南飞
一〇、古诗十九首
　　　　行行重行行
　　　　青青陵上柏
　　　　庭中有奇树
　　　　迢迢牵牛星
一一、曹植
　　　　白马篇
　　　　野田黄雀行
　　　　七步诗
一二、陶渊明
　　　　归去来辞
　　　　饮酒（二首）
　　　　移居（二首）
　　　　咏荆轲
一三、搜神记
　　　　李寄
　　　　干将莫邪

> 　　一四、世说新语
> 　　　　荀巨伯
> 　　　　管宁
> 　　　　郗超
> 　　　　周处
> 　　一五、南北朝乐府
> 　　　　子夜歌（四首）
> 　　　　华山畿（四首）
> 　　　　陇头歌辞（三首）
> 　　　　李波小妹歌
> 　　一六、文学史概述（二）
> 　　　　两汉魏晋南北朝的文学

高级中学课本文学第一册《教学参考书》，人民教育出版社1956年8月出版。目录包括《编者的话》、《高级中学课本文学第一册说明》、《本学期第一堂文学课的谈话要点》和《高级中学课本文学第一册各课教学参考》。《编者的话》云：

　　高级中学文学课本共六册，每册都配备教学参考书一册。

　　教学参考书的编写，目的在帮助教师研究和掌握教材，贯彻教学大纲的精神，提高教学质量，不是代替教师备课。教师应当参考教学参考书，体会教学大纲的精神，深入钻研教材，改进教学方法，更好地完成教学任务。

　　教学参考书的内容，主要是逐课编写的教学参考。此外还有一些同本学期的文学教学有关的说明。

　　高级中学课本文学第一册的课文有两类，一类是文学作品，一类是文学史概述。

　　根据教学大纲的规定，每课文学作品，是某一专题的教学内容的一部分，应该当作专题的一部分进行教学，首先介绍或评述有关的文学史常识,然后具体地分析作品。因此,每课的教学参考主要是"专题讲授内容",有时候附有"教学注意事项"。

"专题讲授内容"给教师提供同专题有关的材料和对这些材料的评述,给教师提供对列入专题的作品应有的认识,也就是教学大纲有关各点的发挥。只要符合教学大纲精神,各地教师可以根据具体情况作适当的增减。

"教学注意事项"指出教学上应该注意的事项,有的是为了帮助教师解决具体问题,有的是为了防止可能发生的偏向,教师应该适当地掌握。

为了便利教师研究课文,有些教学参考后面还有必要的附录。

文学史概述的教学参考,都是转录的课文中引述的作品的原文。这些资料,只供教师研究课文的时候作参考。(下略)

高级中学课本《文学》第二册,人民教育出版社1956年12月第一版第一次印刷。署张毕来、蔡超尘主编,冯钟芸、李光家、董秋芳、韩书田、余文、姚韵漪、张传宗、梁伯行、周同德编辑,叶圣陶、吴伯箫、朱文叔校订。

高级中学课本《文学》第二册目录

一、李白

　　梦游天姥吟留别

　　子夜吴歌(二首)

　　送友人

　　登金陵凤凰台

二、杜甫

　　兵车行

　　羌村三首

　　旅夜书怀

　　　　登高
三、王　维　孟浩然
　　　　辋川闲居赠裴秀才迪　　　　　　　　　　王　维
　　　　观猎　　　　　　　　　　　　　　　　　王　维
　　　　过故人庄　　　　　　　　　　　　　　　孟浩然
四、高　适　岑　参
　　　　燕歌行　　　　　　　　　　　　　　　　高　适
　　　　白雪歌送武判官归京　　　　　　　　　　岑　参
五、白居易
　　　　琵琶行（并序）
　　　　买花
六、韩　愈　柳宗元
　　　　原毁　　　　　　　　　　　　　　　　　韩　愈
　　　　钴鉧潭记　　　　　　　　　　　　　　　柳宗元
　　　　小石潭记　　　　　　　　　　　　　　　柳宗元
七、唐人传奇
　　　　柳毅传（原文和现代汉语译文）　　　　　李朝威
八、欧阳修
　　　　醉翁亭记
九、司马光
　　　　赤壁之战
一〇、苏　轼
　　　　前赤壁赋
　　　　念奴娇
　　　　水调歌头
一一、王安石
　　　　答司马谏议书
一二、柳永

　　　　雨霖铃
　　　　八声甘州
　一三、李清照
　　　　如梦令（二首）
　　　　醉花阴
　一四、辛弃疾
　　　　摸鱼儿
　　　　永遇乐
　　　　菩萨蛮
　一五、陆　游
　　　　关山月
　　　　金错刀行
　　　　书愤
　一六、宋人平话
　　　　碾玉观音
　一七、文学史概述（三）
　　　　唐代文学
　一八、文学史概述（四）
　　　　宋代文学

　　高级中学课本文学第二册《教学参考书》，人民教育出版社1957年1月出版。目录包括《出版者的话》、《高级中学课本文学第二册说明》和《高级中学课本文学第二册各课教学参考》。

　　高级中学课本《文学》第三册，人民教育出版社1957年7月第一版第一次印刷。署张毕来、王微、蔡超尘主编，冯钟芸、李光家、姚韵漪、董秋芳、张传宗、梁伯行、刘国正、韩书田、余文、周同德编辑，叶圣陶、吴伯箫、朱文叔校订。

高级中学课本《文学》第三册目录

一、法场	关汉卿
二、秋思	马致远
三、林冲发配	施耐庵
四、失街亭	罗贯中
五、项脊轩志	归有光
六、大闹天宫	吴承恩
七、杜十娘怒沉百宝箱	冯梦龙
八、原君	黄宗羲
九、哀江南	孔尚任
一〇、狱中杂记	方　苞
一一、严贡生和严监生	吴敬梓
一二、诉肺腑	曹雪芹
一三、登泰山记	姚　鼐
一四、草木皆兵	吴沃尧
一五、谭嗣同传	梁启超
一、什么是知识	毛泽东
二、个人和集体	刘少奇
三、伟大的创举	列　宁
四、论新人	高尔基

高级中学课本文学第三册《教学参考书》，人民教育出版社1957年8月出版。目录包括《出版者的话》、《高级中学课本文学第二学年第一学期教学大纲》、《高级中学课本文学第三册说明》、《高级中学课本文学第三册各课教学参考》。附录：一、元代文学；二、明代文学；三、清代文学。

高级中学课本《文学》第四册，人民教育出版社1957年第一版，1958年1月第一版第二次印刷。署张毕来、王微、蔡超尘主编，隋树森、李光家、姚韵漪、董秋芳、张传宗、梁伯行、刘国正、韩书田、余文、周同德编辑，叶圣陶、吴伯箫、朱文叔校订。

高级中学课本《文学》第四册目录

一、"农村调查"的序言	毛泽东
二、我们的文艺是为人民的	毛泽东
三、药	鲁　迅
四、对于左翼作家联盟的意见	鲁　迅
五、鲁迅的精神	瞿秋白
六、林家铺子（节选）	茅　盾
七、一篇宣言	叶圣陶
八、祥子	老　舍
九、《日出》第二幕（节选）	曹　禺
一〇、包身工	夏　衍
一一、屈原第五幕	郭沫若
一二、老杨同志	赵树理
一三、参考	周立波
一四、马铃响来玉鸟叫	黄　铁等整理
一五、检验工叶英	南　丁
一六、大渡河畔英雄多	杨得志
一七、不平常的春天	《人民日报》社论

高级中学课本《文学》第四册《教学参考书》，人民教育出版社1958年1月出版。目录包括《出版者的话》、《高级中学课本文学第二学年第二学期教学大纲》、《高级中学课本文学第四册说明》、《高级中学课本文学第四册各课教学参考》。附录：现代文学。

初级中学课本《汉语》第一册,人民教育出版社1955年1月出版,1957年6月出第三版。署张志公主编,吕冀平、孙功炎、洪心衡、郭翼舟、张中行编,叶圣陶、吕叔湘、吴伯箫、朱文叔校订。

初级中学课本《汉语》第一册目录
第一编　绪论
第一章　可爱的祖国语言(细目略)
第二章　语言　文字(细目略)
第三章　词汇　语法　修辞(细目略)
第二编　绪论
第一章　发音的基本知识(细目略)
第二章　元音(细目略)
第三章　辅音(细目略)
第四章　音节——声母和韵母(细目略)
第五章　方音辨正(一)(细目略)
第六章　方音辨正(二)(细目略)
第七章　字调(细目略)
第八章　语调(细目略)

初级中学课本《汉语》第一册《教学参考书》,人民教育出版社1955年1月出版,1957年6月出第三版。署张志公主编,吕冀平、孙功炎、洪心衡、郭翼舟、张中行编,叶圣陶、吕叔湘、吴伯箫、朱文叔校订。《前言》云:

(一)汉语教学参考书是跟初级中学汉语课本相辅而行的、专供汉语科教师应用的参考书。

(二)关于汉语课的总的教学任务,教学内容,教材的编排系统,教学法的基本原则,《初级中学汉语教学大纲(草案)》里有规定。研究教学大纲,充分掌握它的精神实质,是作好汉语教学工作的首要基础。参考书的主要目的在说明各编各章的教学目的和要求以及教学上应注意之点，提供一些有关课本内容的必要参考材料，提供课本练习的答案，从而帮助教师研究和掌握教材，提高教学质量。参考书不是代替教师备课的，也不是规定汉语课的教学方法的。教学工作是一门科学，也是一种艺术。教学过程是教育科学的实践过程，也是艺术的创造过程。汉语课的教学工作自然也不例外。很好地完成教学任务的首要工作是认真地钻研教材，在掌握教材的基础上相应地改进教学方法。参考书主要就是在钻研教材这一方面协助教师，为教师服务的。

（三）课本是按教材内容分为编、章、节编写的，没有分课。每一章用多少时间教完，参考书里根据教学大纲关于课时分配的规定提出了建议。建议的时间，多少是否恰当，分配是否合适，教研组可以根据教学的实际经验作必要的调整……

（四）参考书里逐编逐章地说明了教学目的和要求，对于课文的某些章节和某些练习，还说明了编配的意图。这一切说明也都只是参考性的，提出这些说明仍然是为了便于教师了解教材，掌握教材。我国方言相当复杂，各地小学毕业生的程度不齐，课本内容和教学要求不可能完全符合每个地方的实际情况。因此，根据当地的具体情况，经过教研组慎重研究和领导上同意之后，适当地提高或是降低教学要求，或者适当地增减教学内容，不仅是许可的，在某些地区甚至是必要的。如果这样作了，希望随时把详细情形告知，这对于考虑改进教材和参考书的工作是很有帮助的。

（五）参考书里的每一章里提供了一些参考材料，这是协助教师研究教材用的。这些材料基本上不必，甚至不宜于向学生讲。不适当地多讲补充材料不但不能帮助学生理解课文，反而会加重他们的负担，影响他们对课文的理解。

（六）汉语教学特别重视练习。希望教师同志通过教学实践在练习的性质、方式、编排等方面多多提供意见，如果有补充练习，并请附寄练习的具体材料。此外，对教学参考书有什么意见，也希望尽量提出。

（七）已编的课本和参考书有的是根据教学大纲草案的初稿编写的，跟现在修订的教学大纲的规定可能略有出入，准备在整套编完后再作全面的修订。

人民教育出版社中学汉语编辑室《介绍〈初级中学课本汉语第一册〉》：

《初级中学课本〈汉语〉第一册》将在今年秋季开始在全国选定的若干学校进行试教。用一定的教学时间和一定的教材来教汉语，在我们是第一次。因此，所谓试教，也就必然包括着两方面的意义。一方面是试教材：看它是否能够完成规定的教学任务；它的内容有哪些偏深或偏浅的地方；分量有哪些偏多或偏少的地方；要求有哪些偏高或偏低的地方；编排的方法、例词例句的选择、练习的编配是否生动鲜明，是否符合学生的实际；等等。另一方面是试教法。试教法的目的在于取得经验，为明年的全面推行准备条件。《语文学习》1955年第九期，9月22日出版）

初级中学课本《汉语》第二册，人民教育出版社1956年1月出版，1957年6月出第三版。署张志公主编，吕冀平、洪心衡、郭翼舟、张中行、陈治文编，叶圣陶、吕叔湘、吴伯箫、朱文叔校订。

初级中学课本《汉语》第二册目录
第三编 文字
第一章 汉字（细目略）

第二章　认字和写字（细目略）
第三章　汉字改革（细目略）
　　　　第四编　词汇
第一章　词（细目略）
第二章　词义（细目略）
第三章　词汇（细目略）
第四章　字典（细目略）

初级中学课本《汉语》第二册《教学参考书》，人民教育出版社1956年1月出版，1958年1月第三版。署张志公主编，吕冀平、洪心衡、郭翼舟、张中行、陈治文编，叶圣陶、吕叔湘、吴伯箫、朱文叔校订。

初级中学课本《汉语》第三册，人民教育出版社1956年4月第一版，1956年9月第二版。署张志公主编，吕冀平、洪心衡、张中行、郭翼舟编，叶圣陶、吕叔湘、吴伯箫、朱文叔校订。

初级中学课本《汉语》第三册目录
　　　　第五编　语法
第一章　词类概要（细目略）
第二章　句法概要（细目略）
第三章　名词（细目略）
第四章　动词（一）（细目略）
第五章　动词（二）（细目略）
第六章　形容词（细目略）
第七章　数词和量词（细目略）
第八章　代词（细目略）
第九章　副词（细目略）

第十章　介词（细目略）
第十一章　连词（细目略）
第十二章　助词（细目略）
第十三章　叹词（细目略）

初级中学课本《汉语》第三册《教学参考书》，人民教育出版社1956年6月第一版，1956年9月第二版。署张志公主编，吕冀平、洪心衡、张中行、郭翼舟编，叶圣陶、吕叔湘、吴伯箫、朱文叔校订。

初级中学课本《汉语》第四册，人民教育出版社1955年1月出版，1957年6月第三版。署张志公主编，吕冀平、张中行、郭翼舟编，叶圣陶、吕叔湘、吴伯箫、朱文叔校订。

初级中学课本《汉语》第四册目录
第五编　语法
第十四章　主语和谓语（细目略）
第十五章　宾语（细目略）
第十六章　补语（细目略）
第十七章　定语（细目略）
第十八章　状语（细目略）
第十九章　一般单句的基本结构（细目略）
第二十章　联合结构作句子成分（细目略）
第二十一章　主谓语结构句子成分（细目略）
第二十二章　复杂的谓语（细目略）
第二十三章　复说和插说（细目略）
第二十四章　简略句、无主句、独词句（细目略）

初级中学课本《汉语》第四册《教学参考书》，人民教育出版社1956年第一版，1957年第二版。署张志公主编，吕冀平、张中行、郭翼舟编，叶圣陶、吕叔湘、吴伯箫、朱文叔校订。

初级中学课本《汉语》第五册，人民教育出版社1957年6月第一版。署张志公主编，吕冀平、徐箫斧、张中行、郭翼舟编，叶圣陶、吕叔湘、吴伯箫、朱文叔校订。

初级中学课本《汉语》第五册目录
第五编　语法

第二十五章　复句（细目略）

第二十六章　联合复句（细目略）

第二十七章　偏正复句（细目略）

第二十八章　复句的变化和紧缩（细目略）

第二十九章　多重的复句（细目略）

第三十章　陈述句、疑问句、祈使句、感叹句（细目略）

第三十一章　一般的规律和特殊的习惯（细目略）

第三十二章　标点符号（细目略）

初级中学课本《汉语》第五册《教学参考书》，人民教育出版社1957年7月第一版。署张志公主编，吕冀平、徐箫斧、张中行、郭翼舟编，叶圣陶、吕叔湘、吴伯箫、朱文叔校订。

初级中学课本《汉语》第六册，人民教育出版社1957年12月第一版。署张志公主编，周振甫、张中行、郭翼舟、吕冀平编，叶圣陶、吕叔湘、吴伯箫、朱文叔校订。

初级中学课本《汉语》第六册目录
第六编　修辞

第一章　修辞（细目略）

第二章　用语（细目略）

第三章　造句（细目略）

第四章　描写（细目略）

第五章　篇章（细目略）

初级中学课本《汉语》第六册《教学参考书》，人民教育出版社1958年1月第一版。署张志公主编，周振甫、张中行、郭翼舟、吕冀平编，叶圣陶、吕叔湘、吴伯箫、朱文叔校订。

1956 年

(丙申)　六十二岁

1月11日　教育部印发《十二年国民教育事业规划纲要》(草稿)。
1月14日　中共中央召开关于知识分子问题的会议。周恩来作《关于知识分子问题的报告》，指出"我国的知识界的面貌在过去三年来已经发生了根本变化"，并提出"向科学进军"的口号。
同月　北京市宣布全市提前一年完成了社会主义改造任务。
1月28日　国务院全体会议通过了《关于公布汉字简化方案的决议》和《关于推广普通话的指示》。
4月2日　教育部发出《关于中学、中等师范学校的语文科分汉语、文学两科教学并使用新课本的通知》。
5月2日　毛泽东在最高国务会议上提出，在文艺和学术研究中应该实行"百花齐放，百家争鸣"的方针。
5月29日　教育部公布《师范学校规程》(试行)及《关于试行师范学校规程的指示》。
7月21日　教育部发出《关于语文教学的几个临时办法的通知》，"从1956年秋季起，中学、师范开始分设汉语、文学两科，小学也在低年级使用新课本"。

8月24日　毛泽东对音乐工作者发表谈话，进一步阐明了古为今用、洋为中用、推陈出新的方针。

9月15日至27日　中国共产党第八次全国代表大会在北京举行。会议号召团结全党及国内外一切可能团结的力量，尽可能迅速地把我国建设成为一个伟大的社会主义国家。

10月19日　北京隆重举行纪念鲁迅逝世20周年大会。郭沫若致开幕词，陆定一讲话，茅盾作了题为《鲁迅——从革命民主主义到共产主义》的报告。

同月　鲁迅的新墓和新的纪念馆在上海落成。鲁迅迁葬仪式在上海举行。

11月15日　毛泽东在中共八届二中全会上讲话，批判以赫鲁晓夫为首的苏共领导把列宁和斯大林这两把"刀子"丢掉了。

11月21日　作协召开全国文学期刊编辑会，讨论贯彻"双百"方针问题。

本年　北京鲁迅博物馆开放。

*　　*　　*

1月1日　出席北京市少年宫开幕式。

1月2日　与教育部同人款苏联专家。

1月3日　与有关人士谈普遍调查全国方言，以推动北京语音之传播工作。

1月6日　与蒋仲仁谈小学语文课本如何采用拼音字母正音之问题。与北京三十三中学文艺小组座谈。

1月7日　作《文艺作者怎样看现代汉语规范化问题》（刊《文艺月报》三月号，后收入《叶圣陶散文乙集》，又收入《叶圣陶集》第九卷）。

同日　在教育部开部务会议，讨论中学语文汉语、文学分科事。

1月10日　赴文改会之会，通过《汉语拼音方案草案》。应周总理招会,谈三个五年计划期内所需要之高级知识分子之数量与培养问题。

1月13日 与同人谈中小学文学课本之衔接、初高中文学课本之目的、任务及高中汉语课本之教材问题。

1月14日 至语言研究所开学术委员会会议。

1月15日 登天安门城楼,参加庆祝工商业社会主义改造胜利联欢大会。

1月21日 因患肝炎,住进北京医院治疗。2月8日出院。

2月11日 作《关于使用语言》(刊《人民文学》三月号,后收入《叶圣陶散文乙集》,又收入《叶圣陶集》第九卷)。

2月16日 作书信《致姚澄》(收入《叶圣陶集》第二十四卷)。信中谈锡剧《红楼梦》、《罗汉钱》,兼及锡剧、越剧、京剧、昆曲的唱调。

2月18日 为中华书局修润《〈十三经索引〉重印说明》稿。

2月22日 作书信《致叶蠖生叶至美》(收入《叶圣陶集》第二十四卷)。信中谈胡墨林的健康情况。

2月24日 始修改小学语文第三册书稿。

2月26日 写对王昌龄诗《秦时明月汉时关》之看法,交语文编辑室同人传观。

2月27日 看完小学语文第三册书稿,始观审初中文学课本之常识稿。

2月29日 看俞平伯所撰其所校点之《〈红楼梦〉序》。

3月5日 胡墨林做第二次肠癌割治手术。

3月7日 与胡愈之谈汉语拼音方案及筹组语文、辞书出版社事。

3月8日 在教育部与同人谈秋季课本供应事。

3月9日 高祖文来访,"谈国务院深感公文之拙劣,拟取不妥之公文数篇,仿文章病院之例为之批改,发与各机关学习,以求改进公文",特邀圣陶先生参加批改。

3月11日　观初中文学课本第一册之修改本。

3月12日　出席国务院推广普通话工作委员会首次会议，汇报教育部推广普通话的初次总结，修润国务院关于开展扫盲工作的决定和扫盲协会章程初稿，以及《人民日报》关于扫盲工作的社论稿。

3月16日　再次修改文学课本注释和参考资料稿。

3月19日　与同人谈语文教学改革会议之筹备工作。

3月25日　与胡愈之、刘薰宇、周予同等谈文字改革和词典编撰事。

3月27日　至出版管理局，出席语言问题报告会第一次会议，致辞。观日本赠我国新出版书籍之展览。

3月29日　在教育部开办公会议，讨论接待苏联教育代表团之计划。与人教社编辑讨论高中文学课本的注释稿。

3月30日　在教育部讨论汉语拼音方案草案。

3月31日　至文改会，开词典计划委员会会议。与同人商文学课本中选用古代作品应否用简化字排印之问题。

4月2日　在教育部开语文教学改革会议筹备会议。同日，教育部发出《关于中学、中等师范学校的语文科分汉语、文学两科教学并使用新课本的通知》，抄录如下：

　　为了改革语文教学，提高语文教学的质量，我部决定从1956年秋季起，中学、中等师范学校的语文分汉语、文学两科进行教学，并且使用新编的汉语课本和文学课本。但是，一方面，全部新课本不可能同时都编印出来，另方面，有几个年级的学生还要补课（因为新课本的体系跟旧课本不同，必须补课才能衔接），因此，使用新课本就要有一个过渡的办法。现在把已经出版和正在编辑中的内容，使用新课本过渡办法等通知如下：

　　甲、汉语科

（一）初中汉语课本共分六册，第一册第一编"绪论"和第二编"语音"；第二册第三编"文字"和第四编"词汇"；第三册第五编"语法"（上）；第四册至第六册包括"语法"（下）和第六编"修辞"。（附注）汉语拼音方案正待公布，语音编须于方案公布后作必要的修订。因此，今年秋季暂将第一、二册的绪论、文字、词汇三编合订为一册，先行出版，称为"汉语课本第一、二册合编"（以下简称合编）；语音编随后单独出版；称为"汉语课本语音编"（以下简称"语音编"）。

（二）1956～1960四个学年度内中学及中等师范学校用书表（略）。

（三）关于初中（初师）二、三年级和高中（师范）各年级补课的说明：

初中（初师）二、三年级和高中（师范）各年级依次由初中第一册学起，这有两个原因：

（1）汉语是一门科学，有一定的系统性。没学过初一的功课，不能很好地学习初二、初三的功课；没学过初中的功课，也不能很好地学习高中的功课。

（2）为了推广普通话，各年级学习初中第一册的语音编是必要的。

不过为了及早使各年级的汉语教学正规化，补课的班次，在教材上需要作必要的调整和精简（详见以下各点）。

（四）各年级使用"合编"和"语音编"的说明：

（1）初中（初师）一年级，第一学期教绪论编和词汇编，第二学期教语音编和文字编，完全按照课本进行教学，不作任何增减。

（2）初中（初师）二、三年级，师范各年级，将绪论编和文字编作大的精简，词汇编和语音编基本上不精简，按照课本进行教学〔这是为了使初中（初师）和师范的学生完整地学好语音、词汇、语法三个重点部分〕。

（3）高中各年级将绪论编和文字编作大的精简，词汇编基本上不精简，按照课本进行教学。语音编不作汉语课的课堂教学用书，而作为集中学习拼音字母时的必备的参考资料（高中汉语，课时很少，这样作可使 1956～1957 学年度的高中一、二年级学生在高中阶段完整地学好词汇、语法两部分；语音部分另以集中的方式学习）。

（五）绪论编、文字编和修辞编的精简办法，高中和师范使用初中课本的办法，高中运用语音编集中学习拼音字母的办法，我部已责成人民教育出版社通过教学参考书或其他方式提出原则性的说明。各地教育行政机关和学校教研组应根据说明，结合当地具体情况，详加研究，于开学前作出详细的教学计划。

乙、文学科

（一）中学文学课本的册次和各大册内容如下：

（1）初中

第一册——民间口头文学作品，体裁适合一年级讲授的作品（如寓言、童话等），按作品所反映的社会生活的时代顺序排列的一系列作品。

第二册——结构同第一册。

第三册——从诗经起，以下顺次编选汉、唐、宋、元、明、清和"五四"以来到最近的作品。

第四册——结构同第三册。

第五册——按诗歌、小说、戏剧、散文等体裁组织单元，依次排列的作品。

第六册——结构同第五册。

（2）高中

第一册——编选从诗经到唐的作品。

第二册——编选唐和宋的作品。

第三册——编选元、明、清到"五四"的作品。

第四册——编选"五四"以来的作品。

第五册——编选世界上某些批判的现实主义的作品。

第六册——编选苏联文学作品和某些人民民主国家的作品。

(二) 1956～1959三个学年度内中学及中等师范学校用书表（略）。

(三) 关于1956～1957和1957～1958两个学年度用书办法的说明：

照上表所列的办法做，1956年秋季入学的初中（初师）和高中（师范）的一年级新生都使用新课本，就不需要说明；这里只说这时升入二年级和三年级的班次的用书情形。

1956～1957学年度的初中（初师）二年级用课本第三、四册，这班学生1957～1958学年度升入三年级的时候，接学第五、六册。全部课本中，这班学生只少学第一、二册，基本上无损于语法系统的完整性。1956～1957学年度的初中（初师）三年级，在校只有一年，让他们学习新课本第三、四册比学习旧的语文课本第五、六册好些，理由如下：（一）新课本第三、四册，就质和量说，都比语文课本第五、六册强，而且，这两册在全部初中课本中有一定的独立性。（二）毕业后升入高中（师范）的学生用高中课本第一册时，比较容易跟上。（三）毕业后参加工作的学生，到底多读了一些文学作品，对中国文学的历史，对文学理论，也多得一些知识。

1956～1957学年度的高中（师范）二、三年级都同一年级新生一样用高中课本第一、二册。二年级升入三年级的时候，继续用第三、四册。这一班学生可以系统地获得中国文学史的基本知识。全部课本中他们只有第五、六册未学。这两册都是外国文学,既然不可能学到,就只好不学(用旧的语文课本,也学不到这些)。高中(师范)三年级在校只有一年了,让他们学习新课本第一、二册,比学习旧的语文课本第五、六册好些,理由如下:(一)新课本第一、二册是从古代学到宋的文学作品,这些古典作品,这班学生过去学得太少,而且没有系统,现在虽然不能系统地从古代学到现代,总也系统地从古代学到了宋。第三、四册是从元到现在的作品,文字上的困难比较小些,他们毕业以后,还可以自学。(二)新课本第一、二册,就质和量说,都比旧课本第五、六册强。

(四)关于中等师范学校语文科教学时数的调整问题,另行通知。

以上通知,请即转知所属各校,早作准备。至于如何培养教师改进语文教学的问题,我部准备在今年6月间召开的语文教学改革会议上讨论。关于供应新课本的时间和办法,在今后我部和文化部联合发布的有关各学期教学用书的决定中有所规定。新课本的具体内容和编辑意图等,我部已责成人民教育出版社用集体或个人名义撰文,在《人民教育》《语文学习》《教师报》等报刊上发表。希一并转知各校。

4月10日 作《〈叶圣陶童话选〉后记》(收入《叶圣陶童话选》,中国少年儿童出版社出版5月版);后收入《叶圣陶序跋集》,又收入《叶圣陶集》第十七卷)。

4月17日 审阅小学语文教学大纲和中学语文教学大纲稿。至文化部出版局,主持语言问题报告会第四次会议。

4月18日 与同人讨论语文教学会议报告之提纲。

4月23日 与同人讨论小学试用拼音字母注音正音之事。

4月24日 访来京之济南酒精厂技术员苏进国。

4月25日 与同人商在小学一年级试教拼音字母之方法。

4月26日 修改《〈教师报〉发刊词》,该报于5月1日创刊。次日，访来京之山东平度小学教师任瑞卿。

4月28日　作《任瑞卿老先生》（刊5月1日《教师报》第二版；编入《师范课本》第一册，人民教育出版社1958年版；又收入《叶圣陶集》第七卷）。文章介绍山东平度县马瞳完全小学校长任瑞卿的事迹。

同日　在教育部主持报告会，苏联教育代表团作报告。

4月30日　访来京之江苏话剧团演员张辉。参加全国先进生产者代表会议开幕式。

5月1日　列入学生队伍参加游行，庆祝劳动节。

5月2日　至勤政殿，出席最高国务会议。

5月4日　在教育部开座谈会，商如何统一语音方面之名称术语与讲法，以及统一规划语音方面之教材教具之问题。

5月5日　在人教社开社务会议，拟定与北京市第一中学合办地理园。

5月7日　上午接见出席全国先进生产者代表内蒙古呼伦贝尔盟扎赉特旗音德尔小学教师那嘎格斯尔、朝鲜族模范教师崔润福、吉林榆林县保寿区中心小学模范教师张玉琴。下午，赴统战部会，座谈毛主席提出的十大关系。

5月8日　作《优秀的青年演员张辉同志》（刊5月12日《光明日报》第三版，收入《叶圣陶集》第七卷）。张辉是江苏省话剧团的演员。

5月9日　赴统战部座谈会。

5月11日　审阅教育科学院研究规划，与参加全国先进生产者代表会议的中小学教师座谈。

5月12日　作《增产酒精能手——记苏进国同志用黑霉菌制曲》（刊6月8日《人民日报》第二版，后收入《叶圣陶集》第七卷）。苏进国是济南酒精厂制曲车间的技术员。

同日　与同人谈小学语文教学大纲，及拼音字母教学问题。

5月15日　观《初中本国史》第一册之校样。

5月16日　与同人谈小学一年级标音符号之问题。

5月17日　观《初中汉语》第一册之校样。

5月18日　与同人谈小学一年级是否要教拼音字母之问题。晤傅东华。

5月19日　出席北京市政府召集之会议。

5月21日　偕叶至善等到良乡视察，观良乡中学之生物实验园地，访东羊庄农业合作社。

5月22日　在教育部与有关人士共商儿童文学教学大纲。

5月23日　与苏联教育代表团座谈。观《初中汉语》第三册之校样。

5月24日　为苏联教育代表团饯别。

5月26日　晚，到首都剧场出席文化部、中国人民保卫世界和平委员会等单位联合举办的世界文化名人纪念会，纪念迦梨陀娑、海涅、陀思妥耶夫斯基三人。

5月27日　应郑振铎招宴，为昆苏剧团之领导人作饯。

5月28日　与同人讨论初中第四册、高中第二册文学课本之选目。

5月30日　在教育部开语文教学改革会议的筹备会。

5月31日　在文化部出版局作演讲，谈修辞。

　　　　5月13日、15日、27日三天的日记以《日记抄》为题，刊《新观察》半月刊第十九期（10月1日）。

同月　《叶圣陶童话选》（作者自选集），由中国少年儿童出版社出版，内收《一粒种子》、《画眉》、《稻草人》、《聪明的野牛》、《古代英雄的石像》、《皇帝的新衣》、《含羞草》、《蚕和蚂蚁》、《"鸟言兽语"》和《火车头的经历》等十篇童话和作者写的《后记》。

同月　中华人民共和国教育部编订《高级中学文学的教学大纲（草案）——说明和第一学年第一学期部分》，由人民教育出版社出版。内容如下。

一、高级中学文学的教学任务

文学反映社会生活,是帮助年青一代认识社会生活的重要手段,是对年青一代进行社会主义教育的有力工具。高级中学的学生,身心发展已接近成熟时期,世界观逐渐形成,逻辑思维能力和理解复杂现象的能力不断提高,要求扩大对社会生活的认识,为人民为祖国服务的高尚愿望不断增长。因此,高级中学要在初级中学文学教学的基础上进行知识更为系统化、阅读范围更为广泛的文学教学。

高级中学文学的教养任务是:(一)指导学生依据文学史的系统学习中国文学史上的重要作品,指导学生学习外国的某些重要作家的作品;(二)指导学生学习经典性的文学论文,结合所有的文学作品的教学讲授系统的中国文学史基本知识;(三)在指导学生学习文学作品和文学论文的时候,指导学生熟悉文学作品的语言,使学生初步认识文学史各主要阶段的作品的语言特点,指导学生学习用口头语言和书面语言明确地描述客观事物和表达比较复杂细致的思想感情。

通过这样的教学,进一步提高学生阅读、理解和欣赏文学作品的能力,培养学生阅读文言著作的初步能力,提高他们运用语言的能力,巩固学生经常阅读文学作品的兴趣和习惯,进一步扩大学生对社会生活的认识。

高级中学文学教学的任务也就在完成上述教养任务的过程中完成。

高级中学文学的教育任务是:在初级中学的基础上继续帮助学生树立社会主义政治方向;培养辩证唯物主义世界观;培养共产主义道德,特别是爱国主义精神,共产主义劳动态度,集体主义精神;自觉地遵守纪律的精神,爱护公共财物和坚韧、勇敢、谦逊、诚实、俭朴等品德,热爱祖国的语言和文学的感情;提高学生的认识能力和发展他们的想像的能力;培养正确的审美观点,特别是对于社会生活的明确的是非、善恶观念和热烈的爱憎感情。

高级中学文学教学完成上述的教养任务和教育任务,就能在初级中学的基础上,继续同别的学科互相配合,达到"以社会主义思想教育学生,培养他们成为社会主义社会全面发展的成员"的教学目的。

二、高级中学文学教学大纲规定的教学内容和教材编排体系

高级中学文学教学大纲规定的教学内容,有中国文学作品(包括少数民族的文学作品)和结合作品讲授的系统的中国文学史基本知识,有外国文学作品,有文学理论的基本知识。文学作品包括各种体裁,有诗歌、小说和戏剧,有各种形式的散文:书信、游记、传记、随笔、杂文和富有文学风趣的论文等。(下略)

6月1日　参加庆祝儿童节大会。

6月2日　与同人讨论成立教育科学研究处之筹备机构。

6月7日　在文化部出版局作演讲,谈修辞。

6月9日　到北京植物园视察。

6月10日　到东四区中心小学演讲。

6月11日　参与修订《一九五六年至一九六七年哲学社会科学规划草案(初稿)》。

6月13日　王统照来访。

6月14日　参加全国人大一届三次会议预备会。

6月15日　在教育部开办的语音研究班演讲,谈推广普通话的意义。时,圣陶先生任语音研究班主任。第一届全国人民代表大

会第三次会议开幕，圣陶先生为大会主席团成员，出席主席团会议。

6月25日 与周鲠生、钱瑞升、武新宇、廖鲁言四人修润《高级农业生产合作社示范章程》稿。

同日 宋云彬日记："下午出席大会。圣陶约好在会场相见，散会后坐他的汽车到他家里吃夜饭。可是今天休息的时候找不到圣陶，问振铎，说今天圣陶没有出席。散会后，我回到新侨饭店，打电话问阿满（圣陶先生的儿媳夏满子——编者注），阿满说，叶先生因为参加修改高级农业生产合作社示范章程，没有出席大会，但他有信通知你，请你坐邵力子先生汽车到我家，云云。我就坐车到叶家，在叶家吃夜饭。小三官（叶至诚）和他的爱人姚澄，都到北京来看他的母亲。叶师母癌病复发，在医院里。叶至善他们告诉我，在天津搞到一个单方，是一种胎盘制剂，因为叶师母还没知道自己的病是癌症，所以没有法子把这种胎盘制剂拿来叫她吃。他们要求我在叶师母面前说个谎，说是我从杭州带来的治肠结核的单方，我说，只要对病有利，说个谎也无所谓。圣陶一直到十一点钟才回来，连说对不起。跟圣陶略谈十多分钟，回新侨已近十二点了。"（《红尘冷眼——一个文化名人笔下的中国三十年》）

6月29日 开语文教学会议预备会，晤周扬，谈语文教学方面事。时，周扬接替胡乔木，主管语文教学。出席中印、中缅友好协会举行的酒会，纪念中印、中缅总理签订五项原则之联合宣言二周年。

6月30日 宋云彬日记："上午叶至诚来，请叶熙春去为他妈看病。九时半，我同了叶熙春到叶家。叶太太睡在床上，见了我们很高兴。叶熙春给她开了个药方，好好地安慰她一番。并且告诉她，宋先生介绍的胎盘制剂是可以吃的，她也非常相信。"（《红尘冷眼——一个文化名人笔下的中国三十年》）

7月1日 全国语文教学工作会议开幕,作报告,题为《改进语文教学,提高语文教学的质量——在全国语文教学工作会议上的报告》(刊7月3日《教师报》第一版,又刊《人民教育》和《语文学习》第八期)。现根据教育部文件抄录于下:

语文教学会议的任务是提出改进中小学语文教学的一些办法,经过大家充分地研究讨论之后,达到思想认识的一致,以便从今年秋季起,逐步实行这些办法。然后在教学实践中取得经验,总结经验,步步前进。这样就能不断地提高中小学语文教学的质量,完成中小学语文教学在全面发展的教育中应该担负的任务。

一、中小学语文教学改进的必要

中小学教育的总目的是以社会主义思想教育学生,培养他们成为社会主义全面发展的成员。要达到这样的目的,学校里就必须设置各自独立而又互相联系的各种学科。在许多学科之中,语文科是带有综合性和基础性的一门。语文科的教学包括三个方面。

(一)指导学生阅读有典范性的文章——特别是文学作品。这有极大的教育意义。文学作品反映过去和现在的人们的生活,反映他们的社会关系。这是通过形象来反映的,所以不但能使人认识那些生活,而且能使人深切地受到感动,仿佛自己也参加到那些生活里去。因此,文学作品以形象的力量,以它所反映的真实,培养学生的世界观,培养学生的生活能力,陶冶学生忠于祖国和人民的情感。文学作品又可以使学生领会什么是美:花木山川的美,城市乡镇的美,道德品质的美,广大群众为伟大目标而斗争的美,都可以从文学作品中得到深切的领会。这就把美育跟德育紧密地结合起来。

(二)指导学生学习语言。这也有极大的教育意义。语言跟认识事物有密切的关系。传授知识的教学过程是一种认识过程,是通过语言来实现的;学生对于语言理解得越精确,就越能顺利地掌握各种知识。语言是进行思维和表达思想的工具。思维必须依傍语言,离开语言就不能进行思维。思维的结果又要靠语言固定下来,把语言说出来,就表达了思想。语言教学担负着发展学生的语言的任务,也就是担负着发展学生的思维能力的任务。语言是学习一切学科必需的工具。阅读,听讲,观察,参观,这些活动都必须依傍语言进行思维,靠语言把认识的结果固定下来。

学习祖国的文学和语言,可以逐步认识祖国文学和语言的丰富优美,从而热爱祖国文化,热爱祖国人民。

(三) 培养学生运用语言——包括口头语言和书面语言——表达思想的能力,也就是培养学生作文的能力。这在中小学教育中也是非常重要的。说得清楚,写得明白,是做好任何工作的重要条件之一。说得含糊,写得马虎,就会给工作带来损失。因为任何工作都不是一个人做的,必须跟别人合起来做,这就必须跟别人交流思想。同时,提高作文能力,也就是提高学生运用语言把认识的结果表达出来的能力,这对于任何工作都是有好处的。因此,中小学毕业生,无论升学或参加各项建设工作,都需要一定的作文能力。

包括以上三个方面的语文教学,在中小学教育中负有非常重大的任务,占着特别重要的地位。语文科在中小学的教学计划中分配到最多的教学时间,就是为此。

我们过去的中小学语文教学的情况怎样呢?是不是能够很好地完成它的任务呢?

若干年来在解放区里,解放以来在全国范围里,语文教学不断地改进。语文教材在思想内容方面的提高是特别显著的。拿今天使用的中小学语文课本跟解放初期的课本作比较,就可以看得很清楚。教学方法上有不少改进。今天,我们的中小学语文教师已经能够比过去更多地根据教学理论考虑自己的教学工作,已经在教学实践中摸索出不少有用的经验。因此,可以肯定地说,我们以往的语文教学,在培养学生的思想品德,培养学生理解语言和运用语言的能力各方面都有一定的成绩。

但是,我们的语文教学还有重大的缺点。缺点表现在三个方面。

首先是目的和任务不够明确。以往我们的小学里设一门语文科,初中和高中也各设一门语文科,试问,阅读教学的目的和任务是什么?课本里附了些有关汉语知识的练习,近几年来大家也比较重视在语文教学中进行汉语教学工作,试问,汉语教学的目的和任务是什么?小学和中学都要学生作文,试问,作文教学的目的和任务是什么?这一连串的问题不是没有答案,可是那些答案往往是比较笼统比较模糊的,而不是十分明确十分具体的。

从这里就产生了第二个缺点:缺乏系统性和计划性。在阅读教材方面,思想内容是顾到的,程度深浅也大致顾到的,此外就很难看出有什么系统和计划了。为什么一年级读这几篇,二年级读那几篇,三年级又读另外几篇呢?除了说二三年级的几篇比一年级的几篇内容深些,很难说出别的叫人信服的理由了。汉语教学依附在阅读教学之中,没有系统,没有计划。作文教学的基本方式是命题作文,教师批改。出些什么题,没有计划,怎样指导学生作文,更没有计划。总的表现是:中小学都有一门语文科,语文科样样都管,管阅读,管汉语,管作文,可是缺少计划,样样都管得不成系统。

从这里又必然引出第三个缺点:缺乏科学的教学方法。指导学生阅读作品,作品该怎么分析?让学生作什么作业,怎样作?该怎样教汉语知识?该怎样指导学生作文?对于这些问题,我们的语文教师不是没有经验,然而经验只是点点滴滴的,零零碎碎的,没有很好地整理,没有全面地总结,因而提不出成套的语文教学方法。在这中间,不可避免地还会发生一些错误。

上述三方面的缺点,主要原因在于历史条件的限制,在于领导思想不明确。有了这三方面的缺点,中小学语文教学的效果自然就不会很好。语文科在培养学生的思想品德方面起了一定的作用,然而这种作用远不能达到应有的要求。不少学生从语文科里得到的是一些空洞的道理,那些道理不能渗透到思想感情的深处,化为立身行事的动力。课内的工作既然不够,课外的工作更差了。学生自己在课外读了不少作品,可是很少得到有关课外阅读的指导。因此,他们从作品中得到的启发就不够,有时候还会选一些坏的或者不适合自己年龄的作品来读,因而使自己受到不好的影响。至于文学知识(文学理论知识和文学史知识),我们的中学毕业生一般是缺乏的,文学欣赏能力一般也不够高。

汉语的知识,作文的能力,我们的中小学毕业生是很不够的。语音、语法方面的基本规律不能够掌握。口头上和书面上运用语言的技能,一般很差。甚至高中毕业生写的文章,也往往内容贫乏,条理不清,结构混乱,逻辑上有错误,并且有不少错字和用错的标点符号。

教学效果如此,可见语文教学的任务没有很好地完成。必须采取一些改进的办法,提高语文教学的质量,完成它的任务。

祖国的社会主义建设和社会主义改造以飞跃的速度前进,已经达到了新的高潮。这就对中小学教育提出了要求:要求迅速而有效地向学生进行全面发展的教育;要求中小学学生的思想品德教育迅速提高,以适应社会主义建设的需要;要求中小学学生的语言能力迅速提高，以便更有效地学习科学技术，参加各项建设工作。而且，推广普通话和促进汉语规范化的任务，根据社会发展的要求提出来了。为了完成这个任务，要求学生具备足够的有关汉语的知识和技能。以往的语文教学有前边所说的那些缺点，显然不足以适应今天这样的要求。社会的发展要求我们进一步改进我们的中小学语文教学。

近几年来在马克思列宁主义指导下，教育学、文学和语言科学都有了新的进展，教师们对这些方面的学习有了一定的成绩。教师们工作也很努力，在自己的教学实践中积累了不少好的经验。最近一年间，小学的语文课本，中学的文学课本和汉语课本又进行了试教工作。这一切，都为语文教学的改进提供了条件。

二、中小学语文教学怎样改进

以往语文教学的缺点既然是目的和任务不够明确，缺乏系统性和计划性，缺乏科学的语文教学方法，那么，要改进语文教学就得针对这些缺点下手。首先要根据当前社会发展的要求和中小学的任务，明确语文教学的目的和其中每个部分（阅读、汉语、作文）的任务，然后根据目的和任务建立完善的学科系统，根据学科系统制定相应的教学大纲，编成相应的教材。同时，根据教学理论、教学大纲和教材，有效地改进教学方法。具体地说，语文教学的改进包括下边三个方面。

（一）学科方面：首先是文学和汉语的分科。这是许多国家的先进经验。文学是艺术，汉语是科学。两者性质不同，各有特点，各有系统，应该根据各自的特点和系统，确定教学内容，制定教学大纲。其次要在文学教学和汉语教学的基础上进行作文教学。

分科，并不是从小学一年级起就把语文科分成文学和汉语两科。这里应该考虑到两点：一点是学生的年龄特征；又一点是汉语和汉字的特点。就年龄特征说，学生对于知识的要求和接受知识的能力是逐步发展的，大体说来，是从感性到理性，从具体到抽象，从综合到分门别类。就汉语的特点——特别是汉语语法的特点说，偏重于要求记忆的东西（例如词形变化）比较少，偏重于要求理解的东西（例如词和词的组合关系）比较多。就汉字的特点说，现在用的方块汉字学起来比较困难，识字教学需要比较长的时间。

根据阅读教学——特别是文学教学——和汉语教学的性质和任务，根据学生的年龄特征和汉语汉字的特点，分科教学应该采取下边的几项办法。

从小学到中学，阅读教学应该从综合性的逐步发展到纯粹文学的。小学一至四年级的阅读教材应该是综合性的，有文学作品，也有科学知识的文章。五六年级自然、地理、历史分科教学了，阅读教材以文学作品为主。从初中一年级起，才是纯粹的系统的文学教学。

从小学到中学，阅读教学和汉语教学应该逐步地从合到分。小学设语文科。一二年级汉语教学结合着阅读教学进行，三四年级在阅读教学之外，用固定的时间作汉语方面的练习，五六年级阅读和汉语分开教学。从初中一年级起，分设文学、汉语两科。

其次是作文教学的加强。小学一二年级应该特别注重口头的练习，还要作一些简单的书面作业。从三年级起，要用固定的时间进行作文教学，有计划地从用词造句的练习逐步发展为成段成篇的练习。从初中一年级起，应该更加注重作文方法和技巧的指导，进一步提高学生的作文能力。

（二）**教材方面**：先说小学的语文教材。小学一二年级用综合性的语文课本，包括阅读、汉语和作文的教材。从三年级起,用两种课本,一种是阅读的课本,一种是汉语的课本,作文教材分别编在这两种课本里。再说中学的语文教材。从初中一年级起,应该有两种主要教材:文学课本和汉语课本。文学课本根据文学的系统编排;汉语课本根据语言科学的系统编排。此外,还应该有供作文教学用的作文教材。

教材的编辑要根据教学理论,要根据文学和语言科学的系统,小学一至四年级还要根据自然、地理、历史三科的系统。教材的编辑要充分地考虑到我国的具体情况。例如,在文学教材方面,考虑到我国文学历史悠久,内容丰富,形式多种多样,就得精选若干古典文学作品和富有文学风趣的各种体裁的文章;同时考虑到古今语言的差异很大,古典文学作品就得用现代语言翻译注解。在汉语教材方面,应该充分考虑到推广普通话、促进汉语规范化和推行文字改革的要求。

(三)教学法方面:教学方法和教学内容应该是统一的,不同的教学内容要有不同的教学方法。另一方面,正确地运用教材,要依靠好的教学法。没有好的教学法,教材就不能充分地发挥它的作用。教材和教学法是互相依存,相辅相成的。以往由于教材缺乏系统性,完整的语文教学法自然建立不起来。教师们努力改进教学工作,积累了一些经验,但是没有很好地整理和总结。另外,对于教学法还有不正确的认识。不从掌握教材入手,只在教法上找窍门,这种偏向是有过的。只管研究教材和有关的知识,不考虑用什么样的教法才能有效地把知识传授给学生,才能把教材的内容化为学生受用的知识和技能,这种偏向也是有过的,就某些时候某些地方说,甚至是严重的。

由于教材缺乏系统性,由于对教学法认识不正确,以往的语文教学法有过不少的缺点。例如,在小学阅读教学中,适当地运用谈话法是正确的;然而,不提出合于学生实际的含有启发性的问题，只是任意向学生问一些不假思索就能回答的问题，问一些没有意义、不起作用的问题，结果问答一通，学生一无所得。这是一种缺点。又如，在文学教学中，不从作品的语言来分析形象，不从形象的分析来领会作品的思想内容，只是抽出几条教条，离开作品的具体分析，任意附会，发挥微言大义；或者反过来，只管对作品的词句作一些解释，甚至旁征博引，反复考证，全不管作品的思想内容。这也是一种缺点。又如，在汉语教学中，不依靠具体的语言材料的观察和分析，不密切地结合语言实践，只管空口讲解术语和定义。这显然也是一种缺点。脱离教学的目的，脱离教材的内容，脱离学生的实际，这样的教学法当然不可能收到好的教学效果。相反地，这样的教学法会在学生的思想方法方面发生很不好的影响。

研究科学的语文教学法，是改进语文教学的重要工作。但是，学科系统是新的，教材也是新的，完整的语文教学法系统，不是短时间能建立起来的。为了尽快地完成这项工作，我们应该在教学实践中创造经验，总结经验，学习和参考别的国家的先进经验，发掘整理我国历代语文教学的优点，加强语文教学法的科学研究工作，这就要靠我们全体语文教师、高等学校的中国语文系科、有关的科学研究机关和教育行政机关通力合作。

在改进语文教学的工作中，语文教师担负着非常重大的任务。正确地认识学科的目的和任务，充分地发挥教材的作用，特别是有效地改进教学方法，提高教学质量，都得靠教师的努力。这就要求教师具备足够的文学修养，语言科学和教育科学的修养，尤其重要的是要具有足为学生模范的道德品质。这是很好地进行教学工作、完成教学任务的根本。教师们必须积极地学习，顽强地锻炼，教育行政部门必须在这方面加强领导，给教师以应有的帮助。

三、小学的语文教学

小学语文科的基本任务是发展儿童的语言，提高儿童理解语言和运用语言的能力。要完成这样的任务，教学工作应该从两方面进行：第一，教儿童从语言的丰富多样的表现方面学习；第二，教儿童从语言的规律方面学习。因此，小学语文科就得有阅读课和汉语课。阅读课教儿童阅读文学作品和科学知识的文章，让他们从语言的丰富多样的表现上学习语言，不仅能够理解，而且能够运用。汉语课教儿童初步掌握汉语的最基本的规律，让他们靠这些规律的帮助，知道话为什么该这样说，并且能够把这些规律运用在自己的语言里。此外，还得有作文课。作文课在阅读课和汉语课的基础上进行一系列的工作，更有系统更有计划地提高儿童运用语言的能力。

以往的小学语文教学，就学科的内容说，事实上只有阅读课一项。汉语的材料有时也有一点儿，可都是零碎的，没有系统。作文虽然是语文科的一个项目，可是怎样进行教学，怎样跟阅读课和汉语课联系，都没有计划，大多是自流状态。今后阅读、汉语、作文都必须有应有的地位，都必须内容完备，有足够的、可接受的、基本的东西，都能够给儿童以理解语言运用语言的严格训练。

无论阅读课、汉语课、作文课，都需要使儿童学习并掌握语言书面化的工具——文字。在这方面，有识字教学和写字教学两项工作。识字教学在阅读课内进行。写字教学以养成书写的技巧为主，除了跟阅读课、汉语课、作文课的书面作业结合，还得有专设的写字课。

小学一二年级的语文教学应该以识字为重点，在两年里集中地使儿童认识必要数量的常用汉字。识字是阅读的基础。儿童识了多少字，只能给他们阅读用这多少字写成的材料。儿童识的字越少,给他们阅读的材料就越贫乏;儿童识的字越多,给他们阅读的材料就越有可能做到丰富、精确、生动。以往小学语文教学就因为识字的问题没有妥当地解决,受到很大的影响。就教材说,一篇东西,为了迁就生字,该用的词不能用,虽然这个词很精确很贴切,也只好忍痛割爱;该有的内容也不能有,一看生字多了,只好一再削减,结果血肉都去掉了,只剩下几根骨头。就教学过程说,没有必要数量的汉字作基础,就不得不花大部分的工夫来教识字,把别的教学活动,如朗读、分析、复述、练习等等都挤掉了。教学质量不高,这是一个重要的原因。必须采取上边说的办法,在一二年级打好基础,阅读教学、汉语教学、作文教学才不至于处处受到生字的限制,才有可能顺利地有效地进行。

识字教学和写字教学都要结合汉字的特点,要有系统,要有计划,才能够帮助儿童掌握字形,减少他们学习的困难。因为汉字不是拼音文字,所以在汉语拼音方案公布以前,小学语文教学中要用注音字母给汉字注音,在汉语拼音方案公布以后,要用拼音字母给汉字注音,让儿童一看见字就能读出音来,并且合乎普通话的语音标准。

根据上边说的学科内容,教材需要作相应的改进。教材的改进有两个方面:一方面要改进阅读教材;一方面要新编汉语教材、作文教材和写字教材。阅读教材的多少应该适合儿童的接受能力,多了不好,消化不了,少了也不好,不够营养。我们的新生一代在掌握文化财富的道路上前进的第一步,就是在教师的教导下学会读书,养成读书的爱好。假如阅读教材分量单薄,内容贫乏,决不能养成儿童独立的阅读能力。所以改进阅读教材,首先要让它丰富起来。

文学是语言的艺术,因而是儿童学习语言的最好的教材。同时,指导儿童阅读文学作品,能够教儿童开始认识社会,认识生活。因此，小学阅读教材必须有较多的文学作品。小学一至四年级的阅读教材还有一部分是科学知识的文章。这一部分教材是根据小学自然、地理、历史三科的教学大纲编的。指导儿童阅读科学知识的文章，能够让他们初步掌握这三科的一些基本知识，为五六年级自然、地理、历史分科教学做准备。科学知识的文章有的也可以用文学的手法写。汉语教材过去没有系统地编过，作文教材可以说没有。小学阶段各学科有个特点，就是具有综合性。根据这个特点，阅读教材、汉语教材和作文教材，一方面要各有独立的系统性，一方面又必须相互联系，密切配合。因此，一二年级的语文课本除了阅读教材，还要编入有关汉语和作文的练习；从三年级起，有阅读的课本，有汉语的课本，两种课本都包含作文教材。汉语教材必须富有指导语言实践的作用。编辑汉语教材，应该抓住汉语汉字的特点，应该充分采用练习的方式。汉语教材包括语音、词汇、语法、文字、标点符号五项。这五项内容，《小学语文教学大纲草案（初稿）》里有详细的说明。作文教学要在阅读教学和汉语教学的基础上进行。作文教材应该根据这个原则来编写。作文教材应该包括口头语言的练习和书面语言的练习，应该包括用词遣句的练习和篇章结构的知识，还要包括一般的文件格式方面的知识——如书信的格式。

写字教材过去也没有系统地编过。写字教材必须结合汉字的特点，这是最主要的。从二年级起，要把儿童已经认识的字，依据字形结构，按从简到繁、从易到难的原则适当安排，编成有计划有系统的写字教材，帮助儿童掌握字形，养成书写的技巧。

学科既然改革了，教材也有了改进，教学方法当然要跟着改进。阅读，汉语，作文，写字，各项教学方法的改进在《小学语文教学大纲草案（初稿）》里有详细的说明，这里只提出主要的几点。

第一,要把客观事物、思维、语言三者紧紧结合在一起。无论阅读课、汉语课、作文课都应该遵守这个原则。譬如,让儿童通过直观,认识一样新事物,同时就给他们一个新词,让他们把认识的结果用这个新词固定下来,并且让这个新词加入他们的词汇里,以后他们碰到这事物,想到这事物,这个新词就会出现在他们的思想里,出现在他们的语言里。这是根据这个原则进行词汇教学的例子。又如,先让儿童到野外去观察自然,让他们看到一些自然现象,知道了这些现象里最重要的东西,知道了这些现象彼此间的关系,然后出一个题目,指导他们有选择有次序地把观察所得说出来,写下来。这是根据这个原则进行作文教学的例子。这样教作文,儿童就能言之有物,不至于面对题目,无话可说。

第二,不同的教材要有不同的教学方法,教学方法要跟教材相适应。这就是教学内容与教学方法统一的原则。根据这个原则,我们钻研教材,同时就要考虑用什么教学方法才适应这个教学内容。例如,文学作品和科学知识的文章各有特点,应该各有不同的教学方法;同是文学作品,同是科学知识的文章,也由于内容不同,表达方法不同,教学方法也不能完全一样。要是不考虑教材的特点,采取千篇一律的教学方法,那就不能提高教学质量。例如,不考虑字的结构特点,容易写的字跟难写的字一样看待,也要求儿童用同样多的时间反复练习书写,这就造成教学上的浪费。又如,不考虑教材特点,每一篇课文都用串讲办法,句句讲解;每一堂课都要求具备各个教学环节,不会斟酌取舍。这也是教学上的浪费。

第三,光有教师的活动,没有儿童的活动,或者教师的活动太多,儿童的活动极少,这种情况现在还有,应该改变,应该使儿童在教师的指导下积极活动起来。更进一步,所谓儿童的活动必须是真正的活动,自觉地动脑筋,用思想,而不是表面的、机械的活动。千篇一律的教学会养成一种惰性,使儿童只是表面上动,机械地动,并不真正动脑筋,用思想。这种情况现在也还有,也应该改变。

第四,语言的学习,语言能力的提高,总得从口头语言开始。把语文教学看成只是识字读书的事,忽略了口头语言的教学,这是不对的。把作文教学的内容看成只有书面作业,这是不对的。就生活方面说,使用口头语言,一般比使用书面语言更频繁。语文负有训练语言能力的任务,要是忽略了口头语言,就使儿童吃亏不小,甚至于终身没法弥补。就学习书面语言说,书面语言必须有口头语言的底子,口头语言说不好,书面语言怎么写得好?不教说话,光教作文,不要求说话好,光要求作文好,一定办不到。先要做到"出口成章",才能做到"下笔成文",这是自然的程序。教师训练儿童的口头语言,首先要以身作则,自己的口头语言要能作儿童的榜样。当然,不仅是语文教师应该这样,但是语文教师更应该这样,因为他担任的是语文课。

以上是针对以往教学方法上的缺点提出的改进办法。为了适应学科和教材的改进,教学方法的改进还有以下几点。

第一,改进识字教学是改进整个语文教学的前提。前边提出过,小学一二年级的语文教学应该以识字为重点,在两年里集中地使儿童认识必要数量的常用汉字。这样办是必要的。新编小学语文课本第一二册试教的结果证明,这样办是可能的。识字教学的方法最重要的是抓住汉字的特点,用标记语音的字母帮助读音,根据汉字的结构分析字形,结合词汇教学理解它的意义,然后不断反复,常常运用,求得巩固。为了突出识字这个重点,小学一二年级语文教学的一切活动都应该围绕识字这个中心,时时都顾到。在新编课本的试教工作中,许多教师创造了不少识字教学的经验，两年内教儿童认识1 500个常用汉字是完全可能的。全国都用了新课本，新的经验还会不断地创造出来。今后一二年级识字的数量还可以增加，那就更能够提高儿童的阅读能力了。

第二，阅读教材既然要求丰富，阅读的教学方法要针对这一点来改进。阅读教学的基本要求是理解教材的内容。对于理解有帮助的教学活动，应该加强；对于理解没有帮助的教学活动，应该避免。注意了前者，才有可能提高教学的质量；注意了后者，才有可能避免浪费，腾出工夫来教丰富的教材。不做不必要的工作，才能做好必要的工作。以往教学上的浪费是不小的，该讲的讲，不该讲的也讲，儿童不懂的要讲，懂了的还要讲，问不必要的问题，作不必要的作业，一篇教材，短的要教3～4课时，长的要教7～8课时，一个学期读不了多少篇。老在这几篇教材上兜圈子，儿童的阅读能力这就受了限制，得不到提高。改变这种情况是改进教学方法的第一步。

第三，汉语是小学语文科一个新的教学内容。汉语教学的经验目前还很缺乏。怎样把汉语教好，有些教师觉得没有把握。汉语教学的任务是教儿童初步掌握汉语的一些基本规律。教学的时候，主要是采取练习的方式，拿儿童熟悉的语句做材料，让儿童观察，比较，得出规律，然后让儿童把这规律运用在自己的语言里。总之，汉语的教法，要多举具体的实例，不要用繁琐而抽象的话来解释。掌握了这个原则，汉语教学是可以收到好效果的。

第四，作文教学应该采取多种多样的方式。用几句话说一件事，讲个故事，打个电话，传达个通知，描述自然景物或劳动场面，复述一篇作品，把一篇文章改写、缩写或扩展，介绍一本课外读物，说明一幅图画，看了电影或戏剧说出故事的大概，作会议记录或听讲笔记，一直到独立地写创造性的文章，为壁报或儿童报刊写稿等等,这些都是作文的方式。以往作文教学的主要缺点是不加指导,毫无准备,让儿童凭空找些话来说。更坏的是不顾儿童的年龄特征,让他们学着说大人口气的话,学着写八股式的文章。这些缺点必须纠正。作文之前,应该做一系列的准备工作。指导儿童观察事物,启发儿童的想象,帮助儿童安排材料,帮助儿童选择要用的词语等等,都是准备工作中的重要项目。这样做,儿童的作文能力就可以逐渐提高。

关于小学语文教学,还有不少困难和问题。希望广大教师在教学实践中根据教学理论,结合汉语汉字特点,深入研究,创造经验,克服困难,解决问题,共同努力,把科学的小学语文教学法建立起来。

四、中学的语文教学

中学的语文教学是小学语文教学的发展和提高。从小学的语文教学进到中学的语文教学,在学科上就提出一个要求:文学和汉语应该分科教学。

文学和汉语应该分科教学,首先是文学和汉语本身的性质所决定的。文学是艺术,汉语是科学。组成学科的时候,就知识说,文学有文学的系统,例如依据文学作品内容和形式的特点构成的系统、依据文学史构成的系统等;汉语有汉语的系统,例如语音的系统、词汇的系统、语法的系统等。就教学任务说,文学教学和汉语教学虽然有共同之点,例如提高学生的语言能力、培养学生的科学的世界观和爱国主义思想等,但是又各有各的独特的任务,这一点前边已经说过。再就教学方法说,文学教学和汉语教学相通的只是教学方法的一般原则,至于教学方法原则的具体运用,就有很大的区别,因为它们的教学内容是迥不相同的。例如,文学教学的主要方法是作品形象的分析,而汉语教学的主要方法是语言材料的观察比较,语言规律的概括和运用:一是艺术欣赏的性质,一是科学研究的性质,彼此的差别显然是很大的。

中学里文学和汉语应该分科教学,还由于学生年龄特征的要求。中学正当身心发展最迅速的阶段。他们对于认识生活、认识世界,比较小学生有更广泛更深入的要求,中学生广泛地阅读文学作品的兴趣就充分证明了这一点;满足他们这种要求,就必须设置文学科。另一方面,中学生也有了比较全面地认识祖国语言并且掌握它的基本规律的要求;满足他们这种要求,就必须设置汉语科。而且,分设文学科和汉语科,提高了语文教学的质量,才更能适应社会发展和国家建设的需要。

中学里文学、汉语分科教学的必要性是很明显的,前边说过的小学语文教学的基础也造成了分科的条件。所以从初中一年级起,就要分设文学、汉语两科,各有各的教学大纲,各有各的教材。下边就分文学教学和汉语教学两部分来说,最后还要说一说建立在这两科教学基础上的作文教学。

(一) 文学教学

文学教学的目的和任务,文学单独设科的必要性,前边都已经说过,这里要说的是学科、教材和教学方法方面的一些问题。

中学的文学课是以小学的阅读课为基础的。中学的文学课,教材的范围扩大了,内容也加深了,不但有古今中外的各种体裁的作品,还有文学理论和文学史的基本知识。教材的安排也完全依据文学的系统。

初级中学和高级中学的文学教学,必须具有完整的系统。高中的文学教学必须以初中的文学教学为基础。初中的文学教学应该指导学生阅读各种各样的文学作品,并且结合作品讲授文学理论知识和文学史知识,而以前者为主。高中应该依据文学史系统选读中国文学作品，另外还应该选读一些外国文学作品，并且讲授文学理论知识和系统的中国文学史知识，而以后者为主。

中学的文学教材应该根据上边说的学科内容编排。初中的教材应该编选各种各样的文学作品，包括民间文学作品，"五四"以前的古典文学作品，"五四"以来的现代文学作品，以及外国的文学作品。在这些作品中，应该以我国现代文学作品为主。教材里还应该编入文学理论知识和文学史知识的课文。高中的教材应该依据文学史的系统编选从古到今的中国文学作品——包括少数民族的作品，还要编选外国的——特别是苏联的文学作品。此外还应该编入中国文学史各阶段的概述和一些文学论文，特别是经典性的文学论文，如《在延安文艺座谈会上的讲话》。

中学里讲授的文学作品，无论是古代的，现代的，中国的，外国的，都必须具有典范性；中学里讲授的文学理论知识和文学史知识，必须自成系统。

关于学科和教材，还有几点需要说明。

第一，初中和高中都要读古典文学作品，对于这一点，需要有正确的认识。中学生不仅需要通过文学形象认识现在的社会、现在的生活，也需要通过文学形象认识过去的社会、过去的生活。我国优秀的古典文学作品反映了祖国山川的壮丽，历史的悠久，文化的灿烂，人民的勤劳，勇敢，富于智慧，爱好和平，相互之间的团结友爱，对敌斗争的坚强不屈；也反映了旧社会的黑暗，剥削阶级的残酷，人民生活的悲惨。培养学生的爱国主义思想感情，应该使学生充分了解祖国的过去，否则扎根就不深。虽然古典文学作品所写的生活跟今天的生活不完全相同，但是使学生了解那种生活是必要的；虽然古典文学作品的语言跟今天的语言不完全相同，我们也不需要用那种语言来写文章，但是优秀的古典文学作品的现实主义写作方法，塑造形象的技巧，运用语言的艺术，都是现代人应该知道、应该学习的。熟悉祖国优秀的文学传统，从而继承它，发扬它，这是全面发展的社会主义社会成员必须具备的一种修养。可见阅读古典文学作品是有重大意义的。当然，由于古今语言的差异，教学古典文学作品有一定的困难。编选文学教材和编写教学参考书的时候，应该想一些切实可行的办法来帮助教师和学生克服这些困难。教师也应该努力提高古典文学的修养。

第二，初中和高中的文学教材里不能只选短篇的作品，还需要编入一部分长篇的作品，对于这一点也要有正确的认识。以往的语文教学只讲授短篇的文章，在课堂上讲授长篇作品，我们是不大习惯的。选些短小精悍的文章，详讲精读，这样的工作当然需要，可是文学教学不能只做这么一种工作。文学教学的任务之一是使学生通过文学作品的阅读认识生活，认识世界。像以往那样，一个学期念20来篇短文，学生从这里边能够认识多少生活，认识多大的世界呢？文学教学的另一个任务是使学生从文学作品的阅读中接触丰富多样的语言形式，学习运用语言的技巧。一个学期念20来篇短文，学生能够接触到多少语言形式，学到多少运用语言的技巧呢？要提高阅读能力，不仅要读得精，还要读得多，这个道理是很容易明白的。事实上中学生是有能力多读并且要求多读的。在课堂上讲授长篇作品，规定的时间不多，可要讲得好，讲得透，这就需要有好的教学方法。研究这样的教学方法是我们今后一项重要工作。

第三，初中和高中，指导学生阅读课本以外的文学作品是文学教学的一部分，这一点必须明确。前边说过，中学生的阅读兴趣是非常广泛的。这里举出几个统计数字来看看广泛到什么程度。南京一中1955年第一学期的学生总数是2 236人，从

9月22日到12月13日这两个半月的时间内，学生课外所读的书总共15 549本（连环画不计算在内），平均每人每月读3本左右。两个半月里完全没读课外书的学生只有88人，占学生总数的4%弱。在各个年级里，初中一年级学生课外所读的书并不比别的年级少。在这两个半月里，读书最多的班级正是初中一年级的一班（第七班），平均每人读11本。同一个时期，苏州高中的统计数字跟南京一中相近。据苏州高中的统计，学生借阅次数最多的书是《水浒传》《保卫延安》《铁道游击队》《西游记》《海鸥》《三国演义》《红楼梦》《青年近卫军》《儒林外史》《勇敢》《镜花缘》《白桦》《铁水奔流》等。如果我们把上边的统计数字打个对折，或者打个更大的折扣，来估计全国中学生的课外所读的书的数量，那个数字还是很可观的。学生实际上在那里大量地阅读文学作品，而这种阅读兴趣又是完全正当的，我们就不能视而不见，袖手旁观。让学生自流地阅读，他们得到的益处就会比较少，如果选择不当，还会发生不好的影响。至于那些完全没读课外书的学生，教师尤其要给他们启发诱导，培养他们的阅读兴趣。因此，有计划地指导学生的课外阅读，应该是文学教学的不容推卸的责任。有效地指导课外阅读也要有好的方法。我们应该研究这方面的方法，交流彼此的经验。

　　文学教学的方法有跟别的学科相同的地方，也有它独特的地方。讲述，谈话，指导学生阅读，指导学生作练习，考查和评定学生的成绩，等等，这是各种学科所用的一般的教学方法，同样适用于文学教学。但是，文学教学的特点还要求运用这些方法的时候采取一些特殊的方式，例如朗读和默读，编提纲，叙述，背诵。各种方法和方式的运用，应该视年级和教材的不同而有所不同。例如，谈话法，初中应该比高中用得多；讲述法，高中应该比初中用得多。又如，感情丰富、语言优美的诗歌,应该着重指导学生反复朗读和背诵;人物形象鲜明、情节曲折的小说,应该着重指导学生编提纲和叙述。

特别值得提出来说一说的是关于作品分析的问题。

文学教学的主要内容是指导学生阅读文学作品。因此,分析作品,认识作品的思想内容和艺术形式的特征,是文学教学的主要部分。

分析作品的最重要的目的,在于使学生领会作品的思想内容,从中受到感染,受到教育。但是文学是艺术,它的思想内容是通过艺术形象来表达的,不是通过逻辑的论证来表达的。因此,要领会作品的思想内容,就必须从分析艺术形象入手。又因为文学是语言的艺术,要认识作品中的艺术形象,就不能不理解作品的语言。不能正确地理解作品的语言,就很难正确地分析作品中的艺术形象;不能充分地认识作品中的艺术形象,也就很难深刻地领会作品的思想内容。这个道理是很明白的。可是以往的语文教学中有过跟这个道理相抵触的现象。不从正确地理解作品的语言来分析艺术形象,不通过艺术形象的分析来阐明作品的思想内容,而只是离开作品中的艺术形象,空发议论,讲些教条。结果是把文学课讲成了政治课,而且是极不高明的政治课。应该对作品的艺术形象作透彻细致的分析,让学生从艺术形象的分析了解作品的思想内容,自然而然地受到感染和启迪,从而在感情深处受到陶冶,又把感情化为具体的行动,这样才能完成作品分析的任务。

(二)汉语教学

语言教学的任务,在第一部分里说过;小学汉语教学的任务,在"小学的语文教学"那一部分里说过,那两部分里说的那些基本任务,完全适用于中学的汉语教学。中学的汉语教学是小学汉语教学的继续和提高。

在汉语的教学过程中，重要的工作是提出丰富多样的语言材料，让学生观察、比较、分析、归纳，从中作出概括，得出规律，并且凭这规律来更好地理解语言，运用语言。这是学生掌握语言规律的必经的途径。这样的汉语教学，对于提高学生的逻辑思维能力，提高学生观察事物、认识事物的能力，有重大的作用。同时，在汉语教学过程中，要通过具体的语言材料的分析，使学生知道语言是交际的工具，语言必须规范化，知道语言是随社会的产生而产生，随社会的发展而发展的，从而建立他们的正确的语言观点。这样，汉语教学就分担了建立学生的辩证唯物主义世界观的任务。

在学科内容方面，中学的汉语教学应该包括语音、词汇、语法、文字、标点符号、修辞和篇章结构的系统的基本知识。在初中，只教现代汉语。在高中，除了重点地加深现代汉语的知识之外，还要重点地提供古代汉语的基本知识，把古代汉语跟现代汉语作一些比较，目的在使学生初步得到阅读古典书籍的能力。

汉语教学的学科内容应该按照语言科学的系统——语音、词汇、语法、修辞——安排。文字教学可以安排在语音教学之后；标点符号教学应该跟语法教学结合起来进行，在语法课结束的时候作一次整理和补充；修辞知识之后可以讲一点关于篇章结构的一般性的知识。语法应该占最大的比重，大致估计，需要用全部汉语教学时间的一半。

汉语教学负有推广普通话、促进汉语规范化的责任。教语音，应该要学生学会北京语音，知道北京语音跟自己的方音的重要的对应关系。教词汇，应该以现代普通话的词汇为准，并且要学生明了普通话的词汇跟方言词汇、文言词汇的关系。教语法，应该以普通话的语法为准，特别应该重视在现代白话文典范著作里固定下来明确起来的语法规范。在语音、词汇、语法的教学中，都应该重视语言的规范性。忽视语言的规范性，毫无选择地肯定一切语言现象，忽视促进汉语规范化的工作，袖手旁观，任其自流，这种态度是不对的。当然，忽视语言事实，忽视语言习惯，片面地武断地讲规范，这种作法也是不对的。使学生能够正确地使用祖国语言，自觉地促进语言的纯洁和健康，应该是中学汉语教学的一项重要任务。在文字教学中，一方面要培养学生正确地对待汉字的态度和正确地使用汉字的技能，一方面要使学生认识汉字必须改革的道理和改革的途径。在全部汉语教学中应该使用中国文字改革委员会拟定的汉语拼音方案的拼音字母。开始的时候可以跟注音字母对照着用，但是两种并用的时间要尽量缩短。

关于中学汉语的教材和教法，需要说明以下几点。

汉语教学有重大的教育意义。在教材的编辑和教法的运用两方面，都要打破汉语教学仅仅是传授知识、技能的看法和作法。汉语教学必须注重培养学生的思维能力，教学过程必须符合从感性到理性、从具体到抽象的认识过程。只是罗列语言现象，不能概括出规律的教学方法，或者是只由教师灌输规律而不引导学生主动地观察分析语言现象，自己进行归纳概括的教学方法，都是应该纠正的。此外，在举例和练习中引用语言材料，必须充分注意到思想教育的要求。但是，不要把这句话理解为所有的例句都得是标语口号式的句子。所谓注意例句的思想性，包括的方面是很广的。思想健康的句子，意境优美的句子，活泼有生气的句子，等等，都是富有思想性的。

汉语教学必须是有系统的。在编辑教材和运用教法两方面，都要打破狭隘地追求实用的看法和作法。汉语教学要能指导语言实践，要有实用意义，这样说是完全正确的，而且不这样就不是成功的汉语教学。然而所谓有实用意义，不能狭隘地看。从表面上看来，知道不知道"学习"的"习"是一个词或者不是一个词,跟语言实践中运用"学习"这个词有多大关系呢?知道不知道"书"是一个名词,又跟能不能用"书"这个词作一个正确的句子有多大关系呢?我们不能这样看。为了正确地认识语言,为了系统地掌握语言的规律,一些基本的概念,例如什么是词,什么是词类,等等,是必须建立,必须明确的。一门学科是一个有机的整体,我们不能肤浅地去挑选我们认为有用的东西,剔除我们认为无用的东西。

以上说的是一个方面。应该说的还有更重要的一个方面,那就是:中学的汉语教学必须能够充分地指导语言实践。在编辑教材和运用教法两方面,都要坚决地打破在汉语课上只要提供理论知识,只要教给学生术语和定义的看法和作法。这种看法和作法在以往的语文教学中是有过的,可能比前边说的那种态度还要普遍些。在汉语教学中,阐明一些重要的术语和定义,讲授一些基础知识,都是必要的。可是这一切都应该指向一个目标,使学生能够掌握汉语的基本规律,从而提高运用汉语的能力。要汉语教学能够充分地指导语言实践,提高运用语言的能力,在教材的编辑工作中和教学实践中,就得把最大的注意放在练习作业上。说练习作业是汉语教学的核心,这句话并不是过分夸大的。怎样编配练习作业,怎样指导学生作练习作业,这是汉语教学中的大事,我们要用大力去作。练习作业必须是丰富多样的,生动活泼的。练习作业要能启发学生的思想,巩固学生的知识,锻炼学生随时运用学得的知识的本领。汉语教学效果的好坏,在很大的程度上取决于练习作业的运用是否充分,是否得当。

中学里进行系统的汉语教学是个创举。汉语教学的经验非常缺乏。汉语教学方法,特别是它在汉语教学的每个项目中的具体运用,例如在语音教学、词汇教学、语法教学中怎样指导练习作业等等,是亟待深入研究的问题。

(三) 作文教学

作文不是一个独立的学科，但是应该有作文的教材和固定的教学时间，也应该有作文的教学方法。

作文教学是建立在文学教学和汉语教学的基础上的。文学教学培养学生的品德，丰富学生的生活知识，提高学生的想象能力，并且扩大学生的词汇，对学生提供运用语言的范例；汉语教学使学生掌握语言的基本规律，培养学生的逻辑思维能力，锻炼学生运用语言的技能和技巧。这样，文学教学和汉语教学就为作文教学打好了基础。同时，作文教学本身又可以巩固和提高上边说的这些教学效果。这就是文学教学、汉语教学和作文教学的相互关系。尽管如此，学生学了文学和汉语并不一定就能写好文章。要提高学生的作文能力，应该联系着文学和汉语的教学进行系统的作文教学。

作文教学要指导学生作两种练习。一种是培养观察和思维能力的练习，一种是提高作文技能和技巧的练习。

要学生观察一样事物，然后把观察所得叙述出来，这种练习是很有用的。练习的要求可以由低而高。例如初步只要求观察简单的事物，作如实的叙述，逐渐可以要求观察比较复杂的事物，作有选择的、重点的叙述，再进一步可以要求同时观察多种事物，作比较的、有联系的叙述。要学生理解事物与事物之间的关系，并且说明这些关系，这对于培养学生的思维能力是很有作用的。事物与事物之间的关系有种种，有简单的，有复杂的，有内在的，有外在的，要说明这些关系，必须先了解这些关系，这就要求作一些比较、分析的工作，而比较、分析必须以周密细致的观察为基础。以上说的这些练习，是作文的基础训练。这种训练可以使学生逐渐养成习惯，要求自己说的话、写的文章有条理，有层次，有清晰的逻辑联系。

作文的技能和技巧的训练是很重要的。为了说明一个中心思想，对于观察所得的材料需要作必要的选择，还需要作适当的安排。在某一个特定的题目之下，考虑哪些应该说，哪些不应该说，哪些应该先说，哪些应该后说，哪些应该详细地说，哪些应该简略地说，等等；这种训练可以使学生逐渐养成习惯，根据自己要表达的中心思想来处理材料，不会犯想到哪里说到哪里的毛病。

除了以上两种练习之外，还可以作一些技术性的练习，例如怎样引用别人的话，怎样写标题，怎样作附注，等等。

作文教学的方式，应该是灵活多样的。以往只习惯于一种方式：命题作文，教师批改，课堂讲评。这种方式当然必须用，可是作文教学不应该只有这么一种方式。如果统计一下每个语文教师在一个学期里用在批改作文上的时间，再考察一下学生作文能力提高的程度，我们就会发现，所用的力量太多了，所收的效果太少了，彼此对比，太不相称了。

用自己的话叙述读过的小说的故事情节，用散文写出读过的诗歌的内容，把长文章缩写成比较短的文章，把对话改写成叙述，把第一人称的叙述改写成第三人称的叙述，或者把第三人称的叙述改写成第一人称的叙述，等等，都是很有用的练习方式。作这一类的练习，可以训练学生细心地阅读，正确地理解作品的内容，灵活地运用作品的语言，熟悉语言的各种不同的表现形式，熟悉各种表现形式的不同的表达效果。

在各种方式中，口头叙述是应该重视的。对于口头叙述的作用，我们以往没有足够的估计。作文和说话虽然不是一回事，可是两者有密切的关系。说话是作文的基础，作文又反过来提高说话的能力。练习口头叙述，要求叙述得简洁生动，条理清楚，这对于作文能力的提高有很大的作用，因为练习说话同时就练习了周密地敏捷地思维，练习了语言的运用。需要说明，这里说的口头叙述是广义的，不单指叙述所闻所见，也包括其他的内容，例如讨论一个问题，提出一个要求，提出一个建议，等等。

　　文章写得好不好，决定于准备工作做得够不够。在作文教学中，教师事前要给学生辅导，辅导他们做好准备工作。选材料，拟提纲，预备必要的词汇，认清该怎么写，不该怎么写：这些都是准备工作。准备工作做得越好，作文的质量越高。

　　要求学生在动手作文之前编提纲，是一种非常有用的训练。编提纲的过程就是进行思维、组织材料的过程。养成学生善于迅速地写出提纲并且根据提纲作文的习惯，不仅可以提高作文的质量，对于学生思维能力的提高也有很大的作用。

　　批改是作文教学中一项重要工作。怎样批改，是一个值得研究的问题。其中一个重要的原则是批改作文必须有重点。每一次作文的主要要求是什么，某个阶段在语言上的学习重点是什么，批改就应该集中在这上头。像以往那样，或者是逐字逐句地改，或者是兴之所至地改，效果都是不好的。作文的批语必须有启发性，要实事求是地肯定优点，指出缺点，这样作，对学生才有帮助。不切实际的称赞，过分挑剔的指责，都是没有好处的。

　　在作文教学中经常作一些统计和分析的工作是必要的。例如统计某一班学生在写字、用词、造句等方面常见的错误，或者分析某一班学生在作文上用词的情况，等等，对于掌握学生的情况，拟订授课计划，是非常有用的材料。

　　作文本上的字迹、标点必须要求整齐，清楚，美观。养成学生细心负责的态度和爱美的习惯，有非常重大的意义。不要把这些事情看成细节。

　　以往的作文教学基本上是处于无计划的自流状态。近来有不少的学校和教师已经注意纠正，并且有了一定的成绩。可是要提高学生的作文能力，还得作进一步的改进工作。以上说的只是几个要点，怎样有效地改进作文教学，还需要大家作深入的研究。

以上分别说明了中学文学教学、汉语教学和作文教学的几个要点。最后必须明确一点：文学教学和汉语教学虽然是分科进行的，但是必须密切配合。配合表现在几个方面。在教材上，文学课本的选文除了考虑到文学系统的要求之外，必须充分注意到选文语言的规范性；汉语课本里用作例证的材料应该尽可能从文学课本里取来。在教学过程中，文学课和汉语课都要充分注意到提高学生作文能力的要求，为作文教学打好基础。在教学组织上，应该设置综合的语文教研组，共同研究文学和汉语的教学工作，以及作文的教学工作。每班的文学课、汉语课、作文课原则上应该由一个教师担任。目前有些学校这样作有困难，暂时可以由两个教师分别担任文学课和汉语课，作文课由文学教师担任还是由汉语教师担任，看具体情况决定。

师范学校的语文教学，除了课程方面要增设"儿童文学"和"语文教学法"以外，在目的和任务、学科内容、教学方法等方面基本上跟中学相同。因此，前边说的改进中学语文教学的办法同样适用于师范学校，目前师范学校应该使用中学的教材实行分科教学。制定师范学校的文学和儿童文学、汉语、语文教学法的教学大纲，编出师范学校专用的课本，研究师范学校语文教学的特点，这些工作应该争取尽快地完成。

五、民族中小学的本民族语文教学和汉语文教学

民族学校用本民族语文进行教学。民族中小学的语文科，要对年青一代进行本民族语言的教学和文学的教学。民族中小学的语文科在目的和任务上跟全国汉民族中小学语文科是一致的；但是，因为各民族的语言不同，记录语言的文字也不同，在教学要求和教学方法上跟汉民族中小学的语文科并不完全一

样。各民族在社会、政治、经济、文化各方面发展的程度不同，各民族的语言文字也处在不同的发展阶段上。大部分的民族还没有本民族语言文字或者有文字而不通用，也还没有完全确立自己的标准语；有的民族，书面语言跟口头语言之间还有若干距离；有的民族，文字正在改进或改革。这些情况，进行本民族语文教学的时候应该充分顾到。各民族的文字是拼音文字或者是音节文字，在教学上，比起汉字来，有许多便利的条件。这些条件，进行本民族语文教学的时候应该很好地利用。

民族小学的语文科，由于本民族的文字是拼音文字或音节文字，因此识字教学的时间比汉民族小学要短，可以提早开始阅读的教学。阅读教学的教材，应该多采用本民族的文学作品，如民间创作、童话、故事、歌谣等。阅读教学之外，还要进行本民族语言的教学，并且适当增加教学的分量，比起汉民族小学的汉语教学来，分量还可以重些。

民族中学的语文科，应该跟汉民族中学的语文科一样，文学和语言分科教学。由于小学阶段的语言教学分量已经加多，中学语言教学的任务应该在初中阶段完成，高中阶段就只有文学一科了。可是，在高中的文学教学中作一些语言的分析研究还是必要的。初中和高中的文学教材应该以本民族的文学作品为主，当然，在本民族文学作品之外，还应该选一些用本民族文字翻译的祖国的文学作品和世界各国的文学作品。翻译的作品要避免跟汉语文科的篇目重复。

民族中小学语文科的作文教学，目前很多地区重视不够，有的学校作文次数太少，没有系统，没有计划。有的学校甚至没有作文课。应该采取汉民族中小学作文教学的原则，结合本民族的具体情况，创造经验，努力改进。

汉语是中国的主要语言，也是世界上最重要的语言之一。它是汉民族共同使用的语言，也是国内各兄弟民族间互相交际的时候使用的语言。因此在民族中小学应设置汉语文科。在汉语拼音方案确定之后，应该充分利用它来进行汉语口头语言和书面语言的教学。

民族中小学汉语文科的教学，应当着重汉语语法和词汇两方面。初次设置汉语文科的班级在学习汉语文课本之前，应该依照具体条件划出一定时间进行口头语言的初步教学，为学习书面汉语创造条件。

汉语文科的教学，应该跟本民族语文教学密切联系，对两种语言的语法和词汇加以比较是必要的。

有些民族，本民族的文字还没有创立，暂时仍以习用的语言文字进行教学，并且应该用本民族的口头语言辅助讲解。

民族中小学的语文教学，我们了解的情况不多，只提出上述的初步意见，希望在这次会议中充分讨论。

六、为改进语文教学而努力

几年来广大的语文教师认真教学，努力学习，在教学和学习的过程中积累了教学经验，提高了业务能力。各地学校加强语文科教研组的工作，举行观摩教学和教学评议。各省市教育行政部门召集语文教学会议，成立语文教研室（组），举办语音训练班。高等师范学校中文系设置文学教学法和汉语教学法的科目。教师进修学院开设文学、汉语讲座。函授师范学校设置小学语文教学法的科目。各方面在语文教学的研究和领导上做了很多工作，取得了好些经验。这是我们能够进一步改进语文教学的一个极其重要的条件。

一年来部分地区小学一年级和初中一年级进行了新课本的试教工作。试教的结果，证明了小学一二年级以识字为教学重点，用标记语音的字母帮助识字等等办法是正确的，中学文学、汉语分科教学的办法也是正确的。试教的结果，又证明了新教材基本上是适合进一步改进语文教学的要求的，使用新教材的一些困难是可以克服的。例如小学一年级和初中一年级要教语音，起初不少人怕方言区有困难，怕教师教不了，学生学不了，可是试教的结果证明不是这样。教师的努力克服了困难。学生学普通话的标准音很有热情，而且一般都学得很好。又如初中一年级的文学课本篇幅比原来的语文课本多，文章也比较长，并且包括一些古典文学作品，起初不少人感到困难；可是经过一段实践的过程，由于教师的努力，已经取得了一些经验。这些经验说明教材并不过深过长，只要改进教学方法，就可以收到很好的教学效果。试教工作不仅取得了上述的成绩，而且推动了整个的语文教学工作。其他年级的许多教师研究和运用了试教的经验，改进了自己的教学。此外，高等师范学校毕业班研究了中学文学教学大纲（草案）和文学课本、汉语课本，师范学校毕业班学习了汉语课本，为进一步改进中小学的语文教学准备了条件。

教学大纲（草案）已经拟出来，新课本已经编成一部分。为了帮助教师掌握教材，每一册课本还编了教学参考书。以往只有课本，没有教学大纲，教学上就不免有许多问题和困难。后来由于各地的努力，才编出一些参考资料来。现在有了教学大纲（草案），有了跟课本同时编出的教学参考书，就使教师有所依据，减少许多困难。

当然，这并不是说语文教学改进的工作就没有问题和困难了。

第一，语文教学的改进，虽然有了这些办法，但是有些人对某些具体问题还有疑问，譬如教材的分量是不是过重？为什么教材里要有长文章？为什么要教古典文学？等等。这些疑问反映了对于语文教学的目的和任务，对于改进语文教学的意义，还没有充分认识。我们这一次会议主要就是要解决这个认识问题。希望大家对这个问题充分地讨论,达到思想上的一致。

第二,教材是新的,许多教师过去没有系统地研究过,掌握起来可能有些困难。我们估计到这种困难,所以为每一册课本编辑了教学参考书,其中比较难的教材,如古典文学作品,还在课本里作了很详细的注释。此外,还准备了挂图、留声机片等教具。希望这些办法能够给教师一些帮助。

不论关于文学或是关于汉语,在学术界都有一些争论未决的问题。小的如古典文学作品中某些字句的解释,大的如文学的典型问题,汉语的语法体系问题,都有很不相同的见解。见解的不同在学术研究上是自然的,正应该展开讨论。但是,如果把这些不同的见解带到教学中去,就会引起教学上的混乱。因此,课本和教学参考书只能采用一般认为比较妥当的说法,教师就可以按照这种说法进行教学。要是教师有不同的见解,可以向负责编审教材的部门提出,共同商量;同时,深入研究,参加有关的学术讨论,把自己在教学实践中的收获,贡献给学术界,推动学校工作。有些基本问题,希望学术界的争论早日得到解决,使我们能够把教材编得更好。

第三,教材是新的,过去没有教过,在教学方法上就会产生一些新的问题。这主要得靠教师们在教学实践中解决。过去的教学经验,有许多很值得采取和参考。特别是一年来新课本的试教经验,能够给我们不少帮助。此外,还得积极地创造经验,集思广益地研究教学方法,学习和参考别的国家的先进经验。

以上说的是语文教学改进工作中存在的问题和困难,以及解决这些问题和克服这些困难的几点办法。当然,问题不是一下子可以完全解决的,困难也不是一下子可以完全克服的,为了迅速而有效地改进语文教学,使语文教学的质量能够不断提高,我们还必须在各方面作坚持不懈的努力。其中最主要的是教师的学习问题。

我们的教师十分努力，日益进步，迫切地要求提高自己。随着语文教学工作中各种新办法的实行，语文教师需要学习的东西更多了。这里包括教育科学的知识、文学理论的知识、文学史的知识、语音学的知识、语法的知识，等等。要学习这许多东西，必须很好地计划安排，否则就会劳而无功。过去有些地区的教师反映，"学习乱，头绪多，无计划，无系统"，这种毛病必须避免。目前，首先应该学习教学大纲，钻研教材，阅览教学参考书和介绍各种先进经验的书籍。在这个基础上，再根据不同的情况和条件，进行深入一步的学习。关于教师的工作和学习的时间问题，各地教育厅局和学校领导必须认真研究，适当解决。

最后，希望各个有关方面一致行动起来。

教育部的各有关部门应该加强语文教学指导工作，制定教学大纲，编好课本和教学参考书。

各地教育厅局和学校应该加强语文教学的领导，帮助教师解决困难，组织教师学习，组织各种方式的经验交流。

各地教师进修学院、教师进修学校和函授师范学校应该配合语文教学的改进，做好教师进修的教学工作。

各个高等师范学校和师范学校应该加强文学教学法、汉语教学法、小学语文教学法的教学和研究，并给各地学校以具体帮助。

希望中国科学院的文学研究所、语言研究所和各个综合大学的中国语文系，在解决有关文学和语言的学术问题上给我们必要的协助。

《人民教育》、《教师报》、《语文学习》、《文艺学习》和其他有关的报纸杂志也要研究语文教学问题，加强跟学校的联系，有计划地帮助教师的工作和学习。

祖国的社会主义建设向我们提出迫切的要求，党和政府给我们正确的领导，各方面给我们有力的支持和协助，广大的语文教师努力学习，努力工作，我们完全有信心和决心作好改进语文教学的工作。

叶至善《父亲长长的一生》：

"转眼到了一九五五年暑假，开始试用新课本的中学已选定了七十多所。《汉语》才出了初中一册，还没涉及语法；高一只好暂缓试用。《文学》总算出齐了高初中各一册，可以按计划在高一、初一同时开始试用了。好在并不需要把两个十二册全部端出来，只要往后每学期以不低于四册的速度跟上就成。语文科又开始了一次革新的尝试，总得有人向语文教育界作个报告，说清楚这样的改革是必要的，而且是办得到的；并扼要介绍'汉语'和'文学'各包含哪些内容。报告由谁做呢？既可以代表教育部，又可以代表人教社，我父亲是最佳人选了。为了完成这一任务，我父亲只好把任务带回人教社，请朋友们帮忙：先商量主要讲什么，请中语室汇总列个提纲；提纲经过一再讨论，敲定之后，分段请几位朋友起草；初稿齐了又一起讨论，或修改，或重写。我父亲把各段串起来写了一遍，又跟大家讨论并修改了多回才定稿，约两万字，题作《改进语文教学，提高教学质量》。报告是七月一日作的，听众近千人，绝大多数是中学语文教员。又把讲稿分送给乔木同志和教育部党组审阅，等意见送回来了，我父亲作了最后一次定稿，让《人民教育》和《语文学习》两种月刊登载。

"工夫真个花了不少，高中和初中，《汉语》和《文学》课本各六册，倒是出齐了，还按册编写了教学参考材料。可是使人沮丧的是，试用效果大不理想，反馈回来的意见负面的居多，教师和学生都说负担太重，既难教，又难学。按惯例，被选作试点的中学都是拔尖的,看着语文科成绩下降,怎能不着急。新课本结果只试用了两年半,一九五八年三月由国务院作决定,仍把'汉语'和'文学'合在一起,称作'语文'。这场尝试性的改革就草草收场,留下的只是那两套分了家的课本,使当时出过力的人难免惆怅怀念。一九八〇年,蒋仲仁、杜草甬两位先生选编《叶圣陶语文教育论集》,没有收入我父亲的那个报告。他们说,那个报告是当时大家凑起来的,编在个人的论文集里不太合适。"(第337页~338页)

7月2日 听取参加语文教学工作会议的代表的汇报,谈文学、汉语分科问题。

7月3日 与与会代表讨论教学大纲与教材。到新侨饭店,看宋云彬。

7月4日 与与会代表讨论中学文学课本的选目、中学汉语教材问题、中学作文具体办法概要。夜应彭真招宴,主客为芬兰议会代表团。

7月6日 晤周扬,谈语文教学问题。

7月7日 语文教育工作会议闭幕。

7月9日 在人教社开社务会议,讨论教育图片社之选题计划、师范学校和师范速成班之教科书编辑问题,以及人教社与上海新知识出版社之分工与联系问题。

7月12日 与有关人士共商作文教学纲要。

同日 人教社举行授奖仪式,致辞。

7月15日 作《"老爷"说的准没错》(刊7月20日《人民日报》第八版,署名秉丞)。文章抨击"偶像崇拜"、"个人崇拜",要人们不要"无条件地肯定某某的话必有道理"。

7月16日 与同人讨论高中语文第二册各篇之教学大纲。次日,续会。

7月18日 与同人讨论高中语文第四册各篇之教学大纲。

7月21日　教育部发出《教育部关于语文教学的几个临时办法的通知》，全文如下：

　　为了提高语文教学质量，从1956年秋季起，中学、师范开始分设汉语、文学两科，小学也在低年级使用新课本（关于语文教学的整个问题本部将另有指示）。新编的中小学的课本质量虽较旧课本好，但一般说，分量较重，内容较深，为了适应教师的水平和学生的接受能力，特提出以下的临时变通办法，请各地按照具体情况，研究执行。

　　（一）中学各年级的文学课本和初小第三册语文课本，高小第一、三册语文课本都将作必要的精简。精简目录另发。

　　（二）高中一年级和师范一年级，因高中第一册文学课本全部为古典文学，内容较深，今年秋季除条件较好的学校可以采用外，或者用初中文学课本第三册，或者用高中一年级旧语文课本。由厅、局根据当地情况并和教师研究自行决定。其余各年级均按我部"（56）部编字第1056号通知"办理（工农速成中学课本的采用仍按我部"中速林字第59号"电办理）。望即将高中一年级、师范一年级采用初中文学课本第三册与高中文学课本第一册或旧语文课本高中第一册的学生数目各多少，以电报分别报部，以便确定课本的印刷数量。

　　（三）关于一些中学高年级学生用低年级课本的问题，应向教师和学生作深入的解释，以解除某些可能产生的误解。解释的办法，可将所使用的新课本与旧课本对照说明，例如高中一年级用初中第三册文学课本的问题，教师可将初中第三册和旧语文课本高中第一册加以比较研究，再向学生说明新课本的质量和系统性都较旧课本好，也适合学生的接受能力。

　　（四）小学一年级的教师凡学过注音字母的，今年秋季开学后，用四周时间教注音字母（另有附册，可在教完准备课以后教）；如教师不会注音字母，可直接教汉字，不教注音字母。

（五）在秋季正式上课前，应组织中学和师范教师学习新编教学大纲和课本，小学教师学习课本和参考资料。如果开学前不可能组织学习，就要在开学后用两月左右的时间进行学习，在此期间可组织学生课外阅读。

（六）各类工农业余学校高中二、三年级语文科用书将稍有变更（另行通知）。其余各年级仍按过去规定。

此外，初中、初师一、二年文学课授课时数，都改为每周五节。汉语仍为三节。各年级语文教师如有不能教汉语或来不及准备者，经教育厅、局批准后，可暂时不教或精简教材。其剩余时间可组织学生进行文学的课外阅读。

7月23日 作评论《从"己所不欲"着想》（刊8月6日《人民日报》第七版；后收入《叶圣陶散文乙集》，又收入《叶圣陶集》第九卷）。文章说："写文章的人必是读文章的人。……要是写文章的能够反求诸己，想一想自己不满意什么样的文章，对于改进文风多少会有点儿办法。"

同日 在教育部讨论教育部将发出的关于改进语文教学的指示，此件由圣陶先生拟稿。

7月25日 作《利用广播发表作品》（刊《广播爱好者》九月号，后收入《叶圣陶集》第九卷）。

7月26日 到出版局演讲，谈修辞，旁及作文改文。宋云彬来访。

7月27日 在人教社与同人谈古文之翻译。

7月30日 作评论《表达的方式》（刊8月16日《人民日报》第八版，署名秉丞；后收入《叶圣陶集》第十七卷）。文章认为表达的方式单纯呆板，不光是语言方面的事，"从这上头，不是也可以约略探知思想内容方面和思想方法方面的消息吗？这一方面单纯呆板，那一方面倒丰富灵活，恐怕不大可能吧？""想到这儿，就可以知道文风该怎样改进了。"

7月31日 在人教社与小学语文编辑室同人共读小学语文课本第四

册之备选课文。出席墨西哥全国造形艺术阵线油画、版画展览会之开幕式。

8月2日　与同人议高中文学课本第二册之注解。

8月4日　应彭真招宴，主客为印尼议会代表团。

8月8日　与小学语文编辑室同人将小学语文第四册备选课文读毕。宴请来教育部讨论师范之各科教学大纲的许杰、施蛰存、徐中玉等。

8月9日　作评论《谈〈小石潭记〉里的几句话》（刊《人民文学》十月号，后收入《叶圣陶论创作》，又收入《叶圣陶集》第十卷）。这"几句话"是："潭中鱼可百许头，皆若空游无所依。日光下澈，影布石上，佁然不动。俶尔远逝，往来翕忽，似与游者相乐。潭西南而望，斗折蛇行，明灭可见。其岸势犬牙差互，不可知其源。"

8月16日　作《排除"空瓶子观点"》（刊《中国青年》第十七期，署名秉丞；后收入《叶圣陶散文乙集》，又收入《叶圣陶集》第十一卷）。文章批评填鸭式的教育，教师把学生"看成空瓶子"，把该装的"东西"装进来，后果是"瓶子归瓶子，东西归东西，彼此不起什么作用"。

8月22日　在人教社开编辑会议，讨论明年之选题计划。

8月23日　与有关人士讨论音乐、图画各类学校的教学大纲。

8月29日　作《带点儿教育意味的事都一样》（刊《中国青年》第十八期，署名秉丞；后收入《叶圣陶散文乙集》，又收入《叶圣陶集》第十一卷）。文章强调最重要的是"身教"，指出："凡是带点儿教育意味的事都一样：自己做不到的，别教人家做，自己教人家，要想收到效果，就得自己做出榜样来。"

9月1日　出席教育部第二届普通话语音研究班开学典礼，致辞。

9月13日　应邀出席青年出版社董事会。

9月16日　作诗《寿张菊老九十》（收入《箧存集》，又收入《叶圣陶集》第八卷)。
9月18日　至广播事业局，听小学语文课文之朗诵录音。
9月19日　修润茅盾草拟之在鲁迅纪念会上之报告稿。
9月20日　出席人大常委会第四十六次会议，听周总理关于苏伊士运河问题的报告。
9月23日　始看小学历史课本第四册之校样。
9月25日　在人教社与同人讨论明年的选题和出版计划。
9月27日　作《也要说说乐趣》(刊《中国青年》第二十一期，署名秉丞；后收入《叶圣陶散文乙集》，又收入《叶圣陶集》第七卷)。文章述说"向科学进军"的"乐趣"。
同日　参加周总理招待尼泊尔首相之宴。
9月28日　应萧乾之托，观其译稿《莎氏乐府本事》。
同月　作诗《奉题蜜公先生诗卷》(七绝二首)，见金蜜公著《诗三百》(铅印本)。
10月1日　至天安门观礼。
10月4日　出席人大常委会与政协常委会联合招集之扩大会议，听印尼总统苏加诺演说。
10月8日　观高中文学课本中之作家传记稿。与同人重行斟酌小学语文教学大纲。
10月9日　出席埃及艺术展览会开幕式。
10月13日　修润《教师报》即将刊载之谈试行小学语文教学大纲草案之社论稿。
同日　作《一个少年的笔记〈爬山虎的脚〉》(刊11月1日《中国少年报》第三版，后收入《叶圣陶集》第七卷)。
10月17日　出席国务院汉语拼音方案审订委员会首次会议，圣陶先生任汉语拼音方案审订委员会委员。应埃及大使馆招宴，庆祝其国艺术展览会在北京举行。
10月19日　参加鲁迅逝世20周年纪念会。

10月21日　赴文联、作协等团体之宴,招待来我国参加鲁迅纪念会之外宾。

10月23日　与画家和幼儿教育工作者座谈,共商绘制一套"认识自然与发展语言"之图片,供幼儿园教学采用。

10月25日　出席拼音方案审订委员会第二次会议。

10月31日　出席拼音方案审订委员会座谈会。

11月1日　出席苏联大马戏团来华演出之开幕式。

11月2日　作《一定要回答这个挑战》(刊《文艺报》第二十一号"埃及兄弟们,全世界和你们站在一起!"专栏,后收入《叶圣陶集》第七卷)。文章抗议英、法军队入侵埃及。

同日　至语言研究所,开拼音方案座谈会。

11月6日　在文化俱乐部续开拼音方案之座谈会。

11月7日　与教育部同人宴请教育部系统的苏联专家,庆祝十月革命39周年。

11月8日　在人教社讨论明年之选题、出版计划。

11月9日　出席拼音方案座谈会之各组召集人会议。

11月10日　出席拼音方案审订委员会第三次会议。

11月11日　出席孙中山先生诞生90周年纪念大会。

11月13日　作《谈谈语法修辞》(刊《新闻与出版》第十二期,1957年3月31日;后由复旦大学新闻系编入《中国报刊研究文集》,上海人民出版社1959年出版;收入《叶圣陶语文教育论集》时改题为《谈语法修辞》;收入《叶圣陶集》第十七卷时题名为《跟新闻工作者谈语法修辞——在中央党校新闻班的讲话》)。

11月14日　出席拼音方案审订委员会会议。

11月17日　在教育部开办公会议,修改教学计划,缘学生负担过重。

11月19日　访叶籁士,谈拼音方案。始修润小学语文第三册书稿。

11月21日　出席拼音方案审订委员会第四次会议，通过拼音方案。

11月22日　发表《一个少年的笔记〈诗的材料〉》，刊《旅行家》十一月号（收入《叶圣陶集》第七卷）。

同日　发表《一个少年的笔记〈三棵老银杏〉》，刊《旅行家》十一月号（收入《叶圣陶集》第七卷）。

同日　在作协召开的文艺刊物编辑工作会议上演讲，谈编辑经验。

11月23日　作《记录片〈荣宝斋〉解说词》（见上海科学制片厂拍摄之记录片《荣宝斋》）。

11月24日　始观高中本国史课本第二册之校样。

11月27日　始修润将携往印度亚洲作家会议上之讲稿五篇：《中国文学现状》、《中国文学中的优良传统》、《作家及其事业》、《自由与作家》和《加强亚洲各国的文化交流》。

11月29日　在人教社开编辑会议，讨论教育部对于各种学校教学计划之意见，讨论出课本使用简体字问题。

11月30日　至作家协会，与参加亚洲作家会议的茅盾、老舍、周扬、萧三、王任叔、余冠英、叶君健、杨朔、白朗、孜亚聚会。

12月1日　普通音研究班第二批学员毕业，集会授毕业文凭。

12月8日　赴作协宴，宴朝鲜出席亚洲作家代表会议的韩雪野、徐万一、金奉相一行。

同日　作《一个少年的笔记〈"你们幸福了"〉》（刊《雨花》1957年第二期，后收入《叶圣陶集》第七卷）。

同日　作《一个少年的笔记〈小弟弟的三句话〉》（刊《雨花》1957年第二期，后收入《叶圣陶集》第七卷）。

12月14日　在人教社开社务会议，讨论明年之工作。

12月18日至次年1月10日　出席亚洲作家代表会议。18日，中国作家代表团一行12人赴印度出席亚洲作家代表会议，飞机在昆明停留。李广田到机场相迎，夜宿翠湖宾馆，"书一短简

寄至善"。(日记)

12月19日 九时离昆明,飞机在曼德勒机场加油复飞,于下午三时余抵仰光。适周总理正在仰光访问,出席周总理招待缅甸各界之宴会。夜观我国艺术代表团的表演,与老舍同宿大使公馆。(日记)

12月20日 晨到机场送周总理赴巴基斯坦访问,后登机赴印度,飞机在加尔各答停留一时许复飞,于下午六时半抵新德里。(日记)

12月21日 至甘地墓献花圈,偕白朗、王任叔、孜亚出席全印妇女食品委员会的茶会。(日记)

12月22日 上午应邀列席全印作家协会的会议,下午参观红堡。(日记)

12月23日 亚洲作家会议开幕。(日记)

12月24日 在大会作题为《中国文学中的优良传统》的演讲。(日记)

同日 演讲稿《中国文学中的优良传统》刊《人民中国通讯》1957年第四期(2月10日)。

12月25日 上午开大会。下午开座谈会。傍晚出席旁遮普省俱乐部的茶会。夜,我作家代表团宴请巴基斯坦代表团。"寄至善之第二封信,今日发出。"(日记)

12月26日 上午,偕茅盾拜访印度教育部部长。中午,我作家代表团宴锡兰代表团。(日记)

12月27日 下午至总统府,出席印度总统之招宴。夜,出席印度文学会之招待会。

同日 作《"以文会友"——记亚洲作家会议》(刊12月30日《人民日报》第五版,后收入《叶圣陶散文乙集》,又收入《叶圣陶集》第七卷)。

12月28日 亚洲作家会议闭幕,列席世界作家圆桌会议。中午,我作家代表团宴请印度朋友。傍晚，出席苏联使馆招待会。
12月29日　晨，我作家代表团与我国在印留学生座谈。下午，聆印度副总统与尼赫鲁总理的演说。夜，应我驻印使馆潘大使夫妇之宴。"写信寄至善。"（日记）
12月30日　游泰姬陵，"为世界七奇迹之一"。（日记）
12月31日　参观"泰妃庙之修建者之行宫"，"观弄蛇"，又观"为建筑德里红堡之王所建"的故宫。夜看美国电影《情网》。（日记）

　　12月18日至31日的日记及次年1月1日至10日的日记，题名为《片断之四》，收入《叶圣陶集》第二十三卷。《叶圣陶集》再版时改题名为《片断之四：旅印日记》。
本年　《叶圣陶〈小学教师"倪焕之"和其他小说〉》由莫斯科国家艺术文学出版社出版。内收长篇小说《倪焕之》和短篇小说《阿凤》、《一课》、《饭》、《小铜匠》、《校长》、《前途》、《在城中》、《在民间》、《夜》、《春联儿》。由С.霍赫洛娃、舒拉文、普莉谢茨卡等人翻译，书前有索洛金写的《前言》。
本年　《一个少年的笔记〈爬山虎的脚〉》，以及《一个少年的笔记〈诗的材料〉》和《一个少年的笔记〈三棵老银杏〉》，以《一个少年的笔记》为题，收入冰心编选的《一九五六年儿童文学选》，由人民文学出版社出版。

1957 年

（丁酉） 六十三岁

1月25日 《诗刊》在北京创刊。创刊号发表了毛泽东1月12日致该刊主编臧克家等人的信及旧体诗词18首。

2月27日 毛泽东在第十一次扩大的最高国务会议上作《关于正确处理人民内部矛盾的报告》。

3月12日 毛泽东作《在中国共产党全国宣传工作会议上的讲话》。

3月5日至20日 全国政协第二届全国委员会第三次全体会议在北京举行。

4月27日 中共中央发布《关于整风运动的指示》，决定在全党开展一次普遍、深入的反对官僚主义、宗派主义、主观主义的整风运动。

6月8日 中共中央发出《关于组织力量准备反击右派分子进攻的指示》。《人民日报》发表题为《这是为什么?》的社论。在全国陆续开展了扩大化的反右派斗争。

8月29日 《人民日报》发表社论《各民主党派的严重任务》，指出："就现状说，各民主党派在总的方面还是资产阶级性质的政党，还没有成为真正为社会主义服务的政治力量。"各民主党派在京召开整风工作会议。
9月18日 教育部发出《关于加强中学、小学、师范文学课的反右派斗争的思想政治教育的通知》规定:"各地自行增选的'应用文'","应该注意选择反右派斗争的文章,如《人民日报》和当地报刊上关于反击右派的社论、杂文、通讯、报导等";"文学课本中,已经见诸报刊的右派分子××、××等的作品,应该由厅、局统一通知各校一律暂予停授,而由各地自行补选有关反右派斗争的作品"。
11月1日 国务院全体会议第60次会议通过《汉语拼音方案草案》及《国务院关于公布汉语拼音方案草案的决议》。
本年底 我国发展国民经济的第一个五年计划胜利超额完成。

*　　*　　*

1月1日 观阿克白(Akbar)陵,观旧德里。夜,赴《新世纪》记者之招待会。(日记)
1月2日 下午,偕白朗、余冠英、杨朔、孜亚出游市肆。夜,与茅盾、老舍、周扬会见印度驻我国大使尼赫鲁。(日记)
1月3日 中午偕茅盾、老舍至我驻印使馆文化处看《人民日报》,并宴请印度友人。"发一电与至善,告以八日可抵仰光,希望在仰光接其第四个电报。"(日记)
1月4日 与茅盾、老舍、萧三等抵加尔各答。夜,看电影。(日记)
1月5日 晨偕茅盾逛街,又参观博物馆。下午游植物园。夜,看电影《山》。(日记)
1月6日 上午游动物园。午后应加尔各答之邀,共进茶点。(日记)
1月7日 晨与茅盾、萧三出游市肆。晚餐后,仍游市肆。(日记)
1月8日 抵仰光。宿柬埔寨旅馆。"全体同人共坐,商量作参加此次亚洲作家会议之总结。"
1月9日 与周扬先行,午后二时抵昆明,"作协送来家中一电一

信"。独游翠湖公园。夜，昆明中苏友协在翠湖宾馆宴苏联文化代表团，"邀周扬与余作陪"。(日记)

1月10日 飞机在重庆机场停留后复飞，于下午四时许抵北京。

1月1日至10日的日记，收入《叶圣陶集》第二十三卷。

叶至善《〈旅印日记〉按语》：

这段日记自父亲离开北京开始，到返回北京为止，前后二十四天。母亲那时病得很重，父亲在日记中随处记下了忡忡不安的心情。母亲患的是癌症，五四年六月动过手术，割除了病灶；五五年秋复发，五六年三月再动手术，癌症已扩散，无法再割除。这无异于宣判死刑。医院和家属相约，编了些谎话瞒住病人。看来母亲也猜到了自己的病，只是不说穿罢了；要不然，她不会把照料祖母的事嘱咐给我姑母，照料父亲的事嘱咐给满子的。死刑已经判定，大家互不说穿，都盼着缓刑期尽量延长。母亲承受着病痛折磨，家里人除了祖母（祖母老得糊涂了），都愁得不得了，尤其是父亲。

那年十二月，作协要组织一个代表团，去印度参加亚洲作家会议，问我父亲愿不愿去。我们都怂恿父亲去。他这样日夜犯愁，我们看着都不忍，让他离开二十来天，同行的又大多是熟人，也好稍稍摆脱点儿；看母亲的病况，暂时还不会出事。母亲也怂恿父亲去，看来跟我们一个想法。父亲对生活上的事一向不大有主见，母亲和我们都这样劝他，他勉强答应了，极其勉强地答应了。于是跟我们说定，哪一天向他报告母亲的病况，电报打到哪儿，信寄到哪儿。我们按说定的办，一天不差，日记中都有记载。

父亲从印度回来，母亲的病况跟他离开的时候差不很多，这次远游，总算没造成终身遗恨。隔了五十天，三月二日下午，母亲终于永远离开我们了。

1月12日 朱文叔来访，谈修正汉字之简化办法。

1月16日　与同人谈高中文学教学。

1月18日　在人教社开社务会议，谈《教育译报》和《语文学习》编辑之事，拟议编制教学幻灯片的办法。

1月19日　至语言所，出席学术委员会扩大会议，讨论构词法之报告稿。

1月21日　与茅盾等讨论印度之行的总结报告。

1月25日　始与小学语文编辑室人员讨论小学课本稿。

2月4日　始与中学文学编辑室人员讨论高中文学课本注释稿。

2月15日　作书信《致吴树德》（收入《叶圣陶集》第二十四卷）。信中说："我于盲聋哑教育情况殊无所知，但观来信所提，觉其甚有见地。即将原信交部中盲聋哑教育处，请其郑重考虑，直接答复。盲聋哑教育虽非今日之重点，而必须力求改进，则与他项教育同。足下注重于改进，自当引起重视也。"又说："我与前数年同，专负责人民教育出版社之事，编辑中小学工农速成中学师范学校之教材。此事方面甚广，颇非轻易，亦唯有与工作同志共同努力，以期无负国家与人民耳。"

2月20日　作诗《檃括墨病革时语》（收入《箧存集》，又收入《叶圣陶集》第八卷）。语云："人情实太好，与我大有缘。一切皆可舍，人情良难捐。"

3月2日　胡墨林病逝，享年64岁。"墨以今日逝世；悲痛之极……永不忘此惨痛之日。……自午刻始，墨呼吸益艰，目更不能大张开，吐痰亦渐少。……余按其脉益微。……至五点三十七分而墨气绝。仅张目一次，作甚艰之呼吸约四五次，脉搏即停止跳动。余四十年来相依为命之人至此舍我而去矣。……墨患恶病三年，我竭力隐瞒，'癌'之一字，始终未扰其神思。"（日记）

　　叶至善《父亲长长的一生》："（夜，我和满子、至诚从医院回到家里）芷芬、晓风两位早已赶来了。父亲已经跟他们商量定当,明天下午在嘉兴寺入殓;跟我们三个说:'想来你们三个不会反对。医生说你们母亲症状特殊,希望家属都能同意,让他们作剖腹检查。我代你们都签了字。明天中午,去接母亲出院吧。'说完掩面回房,一个人坐在书桌前发呆。台灯亮了一个通宵。"(第351页)

3月3日 作诗《墨亡》(收入《箧存集》,又收入《叶圣陶集》第八卷)。诗云:"同命四十载,此别乃无期。永劫君孤往,余年我独支。出门唯怅怅,入室故迟迟。历历良非梦,犹希梦醒时。"次日日记:"复有一五律,思之已多日,今亦确定。……渠已'孤往',而余弄笔墨自抒其哀,亦无可奈何之举措耳。"

俞平伯评《墨亡》云:"一屏浮词,独见至情,不仅如古人所谓情文相生。览之凄然增伉俪之重者。诗中五六句,淡而愈悲,复出之自然,殆必传之名隽也。"

同日 作词《扬州慢 略叙偕墨同游踪迹,伤怀曷已》(收入《箧存集》,又收入《叶圣陶集》第八卷)。词云:"山翠联肩,湖光并影,游踪初印杭州。怅江声岸火,记惜别通州。惯来去淞波卅六,篷窗双倚,甫里苏州。蓦胡尘纷扑,西趋廑寄渝州。丹崖碧巘,共登临、差喜嘉州。又买棹还乡,歇风宿雨,东出夔州。乐赞旧邦新命,图南复北道青州。坐南山冬旭,终缘仍在杭州。"(词中写他们婚后"初游"杭州,"终缘"仍在杭州,似有误。叶胡"初游"应为"通州"。1916年新婚后叶送胡到南通教书,1917年才陪胡到杭州,看望继母,给父亲扫墓。——编者注)

同日 "昨夕睡不能安。明知墨之逝世已为必然,心理上早有准备,而及事到眼前,复觉非常难安。于是思虑近日屡经想及而未完之一首词,调用《扬州慢》,系略叙四十年来与墨之游踪者。及乎全首想定,已将明之时矣。"又云:"伯祥先生首先来相慰,继则雪村、元善、晓先……诸君俱来。诸君皆不以姑作达观相慰,盖深知余之脾气者。"是晨,王伯祥读此词,沉吟久

之，怅然曰："可称为《八州慢》矣！"此词以同一字为韵，称"独木桥"体。(日记）

同日 茅盾、郑振铎等前来吊胡墨林丧。

3月5日 有关部门举行胡墨林追悼会，吴玉章、许广平、杨之华到会志哀。胡墨林安葬于北京西郊福田公墓。圣陶先生为墓碑题写碑文："我妻胡墨林墓　人情实太好　与我大有缘　一切皆可舍　人情良难捐　墨以一九五七年三月二日谢世　先十日为余说此意　呜呼　心系人间　骨归泉壤　用铭其墓　来者鉴之　叶圣陶"。

叶至善《父亲长长的一生》："上午十点开追悼会。那时候好像还不大作兴遗体告别。会后送灵柩到福田公墓的有七八十人。砖圹已赶砌竣工，灵柩吊进圹中，盖上石条，抹上三合土。父亲说大家厚情相送，与其鞠躬作礼，不如在墓上撒一把土。他自己先流着泪，铲一铲土抛向穴中。大家轮着抛了土，才'各自归其家'。"(第352页）

3月6日 下午看英国电影《孤星血泪》，至诚陪。

3月7日 邀王伯祥小饮，又一同看川剧《拉郎配》。

3月10日 出席全国宣传工作会议。12日，毛主席到会讲话，继续强调贯彻"百花齐放，百家争鸣"的方针。

3月16日 至文改会，出席拼音方案审订委员会的座谈会。到政协礼堂，听周总理报告。

3月18日 作词《鹧鸪天》(收入《箧存集》，又收入《叶圣陶集》第八卷)。词云："暝色无端侵小斋，是耶非耶起徘徊：迟归行附三轮至，暂别将驰一简回。徒设想，更伤怀。往时相候候终来。如今已作西山土，暮暮朝朝有独哀。"同日日记云："昨夜醒来，完成近日构思之《鹧鸪天》一首。其第三四句盖写实况。迟归盼归，暂别盼书，候望之切，四十年如一。近日设想，苟亦若是，岂不善欤。然此只痴想而已。"

3月20日 为排遣悼亡之哀愁,与王伯祥结伴南行到外地休养,秘书史晓风随。次日,抵武汉,游东湖。23日,到武汉长江大桥工地访问。

3月24日 离武昌赴广州。27日,游粤秀山。28日,观广州公社烈士墓园和广州公社纪念馆。29日,至从化温泉。30日,观温泉蓄水库。

4月1日 访流溪河水电站工地。次日,返广州,访黄花岗。

4月3日 离广州赴杭州。6日,谒张若水、章太炎之墓。

4月7日 作词《水调歌头 从化温泉》(收入《箧存集》,又收入《叶圣陶集》第八卷)。日记云:"数日来未完成之《水调歌头》以今晨完成,记从化温泉之游,悉系实录也。"

同日 由宋云彬导游灵隐寺,参观弘一法师舍利塔。

叶至善《父亲长长的一生》:"父亲和伯祥先生结伴南游,只在杭州足成了一首《水调歌头 从化温泉》,后半阕有一句:'排遣哀愁无计,姑作南州游旅,愁尚损春眠。'可是哀愁不时来袭,总不能像徐霞客似的寄情山水,浪迹天涯。在父亲的日记中,我发现他有个无可奈何的办法:母亲过世后的第四天下午,他就让至诚陪着,去电影院看了英国片子《孤星血泪》;根据狄更斯的长篇改编的,说不错。第五天夜里,邀伯祥先生小饮,同去戏院看了川剧《拉郎配》。日记上说剧本写得好,通俗诙谐而不恶俗,表演颇佳;还扼要地记下了剧情,好像特地供我今日检阅似的。再一想我就明白了:日记的唯一读者一向是我母亲,因而父亲养成了这样的习惯,总是把母亲喜欢知道的交代得一清二楚。父亲在日记上说:'依旧时见解,方有丧事,不宜作乐,固属无须拘拘。而旧时之义亦本人情,逝者如斯,存者念之不暇,复何心娱乐耶?设墨健在,今夕必同观!奈何不深感怅恻也。'我作了个初步统计,在母亲过世后的一年里,父亲看了二十五部电影,戏剧话剧共二十四场,都

为的排遣哀愁,可是回家来仍是'入室故迟迟',不知到底如何是好。"(第355页)

4月8日 瞻仰包达三遗容。

4月10日 访岳王庙。

同日 作诗《挽包达三》(收入《箧存集》,又收入《叶圣陶集》第八卷)。

4月10日 访岳王庙。

4月12日至5月17日 参加人大、政协之视察活动。12日,偕宋云彬到金华视察。13日,到金华市一中听高三年级上文学课,与师生座谈,并作演讲。14日,游北山,晤金华第二中学校长楼静远。15日,访金华师范附小,与金华地区中学语文教师代表座谈。

4月16日至22日 16日,抵温州视察。17日,访文物保管会,与市政府干部和《温州日报》记者会谈。18日,观特种工艺合作社。19日,访温州第二中学,与全市中学语文教师代表座谈。20日,晤温州市师专校长陈逸尘及教师,与专署语文教研室成员谈中学文学教学问题。21日,观西山农业合作社,与专署文艺作者和研究者座谈。22日,观双桥集体农庄,向温州党政干部谈视察的观感。

4月21日 《温州日报》第一版刊《教育部叶圣陶副部长昨对本报记者谈中小学毕业生参加劳动大有出息》。

同日 发表《给温州中小学毕业生的致辞》,刊《温州日报》第二版(本文发表时无标题,标题是编者拟的——编者注)。

4月23日 赴雁荡山视察。

4月25日 与雁荡山管理委员会干部座谈,至雁荡中学演讲,为烈士墓篆书"烈士精神不朽,雁山灵秀所钟"。

同日 作诗《雁荡赠乡支书郑定枝》(收入《箧存集》,又收入《叶圣陶集》第八卷)。

4月26日 至黄岩县视察。

4月27日 至天台县,访国清寺,由澹云方丈导观寺内文物。返杭州。

4月28日 作《收集本地的文物》(刊5月17日《浙江日报》第四版,后收入《叶圣陶散文乙集》,又收入《叶圣陶集》第七卷)。

同日 作书信《致人民教育出版社工会全体会员》。信云:

工会全体会员惠鉴:

昨天从黄岩回到杭州,细读你们给我的信,又感激,又欣喜。

来信告诉我北京欢迎伏老的情形,使我宛然如见(是指1957年4月,苏联最高苏维埃主席团主席伏罗希洛夫应邀来中国访问,在北京机场上受到毛泽东、朱德、周恩来等国家领导人隆重欢迎的事。——编者注)。我在旅途中随时看看地方报,也大略知道一些。昨天到杭州已是傍晚,西湖上特地装起来的许多彩色电灯,从旅馆里望出去全部在目。伏老就住在我们右边的那个大饭店里。今天早晨,他离开杭州了。

来信又告诉我编辑出版工作的简况,文娱体育活动的情形。从这些叙述里,我能推想而知许多事情。

我这次休假旅行,在武昌东湖住了几天,参观了长江大桥的工程。到广州住了几天,转往从化。从化以温泉著名,山水清幽,树木森茂。我洗了四回澡,每天一回。风湿痛当然没有好,洗四回澡就能治好风湿痛,我本来也不作此想。于是来杭州。正碰上清明时节,游人极多。西湖是旧游之地,但是我像初来的游客一样,该去的地方都去看看。可惜的是灵隐寺前的三四十棵高树,让去年的那一阵大台风吹倒了,这是没法补偿的。

那时得到视察工作开始的信息,我就从本月十二日起视察。跟宋云彬先生结伴，史晓风同志做我们的秘书。我们在半个浙江省转了一圈，经过十几个县市。停留较久的是金华、温州两市，共十天。此外，游了雁荡，看大龙湫。游了金华的两个洞，非常奇妙，简单叙述说不清。又访问了黄岩的柑桔试验场、佛教天台宗的发源地国清寺。

在金华和温州，我们到了几所中学和小学，都听了语文课。教学都还可以。普通话的推广成绩，小学比较好。应两个市中学语文老师的要求，开了两次座谈会。老师们踊跃发言，把我们看成熟朋友，这是很可感动的。他们的话，史晓风同志都记了下来，这里不细说。我只说我的感想。他们对大纲、课本、参考书都有许多意见，或是不了解用意何在，或是不赞同咱们的看法和说法，或是觉得咱们的工作太粗疏了。但是他们尊重大纲、课本、参考书，意见只在教研组里谈谈，或是干脆藏在肚里，教学的时候还是按照咱们的。咱们的影响这么广，咱们的责任这么重，非极端郑重仔细，考虑周详，研究透彻，然后定稿，决不能做好咱们的工作。

视察中所见所闻的其他方面，以及我们想到的意见，还有风景区的山色波光，初花新绿，恕我不一一叙述。只把从化温泉记游的一首词抄在这里，你们看了，可以约略想见从化的景色，还可以知道我的近怀。

水调歌头

山叠黛深浅，新绿判浓鲜。朱英高树初试，今始识红棉。弥望荔枝嫩蕊，想象遍山丹实，累累压枝圆。径畔野花发，香袭氅腮边。　众峰云，一宵雨，百重泉。洞流忽变激怒，幽谷响訇然。排遣哀愁无计，姑作南州游旅，愁尚损春眠。灯灭帘栊黑，听水复听鹃。

今日起在这里整理视察中的记录，据此写成视察报告，讨论和改定，大约得两三天工夫。然后离开杭州，在上海，在南京，都要耽搁几天，回京大约在下月十日左右。

其他容面谈。

敬礼。

叶圣陶
四月二十八日下午六点

4月29日　作《临摹与写生》（刊《东海》六月号，后收入《叶圣陶论创作》，又收入《叶圣陶集》第九卷）。谈写文章以"写生为主临摹为辅"。

同日　邵荃麟、葛琴夫妇来访。

4月30日　出席杭州文艺界座谈会。

5月2日　与浙江省政府干部谈视察的观感。

5月3日　抵上海视察。

5月6日　与上海教育图片出版社成员叙谈。

5月7日　与《文汇报》社的记者和编辑座谈。

5月8日　抵南京视察，列席江苏省人民代表大会。

5月10日　参加江苏省中小学毕业生安排问题指导委员会之成立会，致辞。

5月12日　访方光焘。

5月13日　参加南京市语文教师座谈会。

5月15日　作《学习与劳动》（刊5月16日《新华日报》第三版，后收入《叶圣陶散文乙集》，又收入《叶圣陶集》第十一卷）。

5月16日　离宁。次日，回到北京。

叶至善《父亲长长的一生》："我想最让父亲受不了的，是南游归来的那天夜晚。书桌上，柜子上，床上，都归置得整齐干净，母亲遗像前的花瓶里，放了三支绯色的苍兰。才沏的茶端了进去，还不是等于暗示父亲：'我们要睡了，你一个人就这么耽着吧。'第二天客人不断，'人情实太好'，都是来探望阔别将达两个月的老朋友。第三天于是起了个早，父亲姑母由我和至美陪着,去福田公墓看了看。母亲坟上的石工才竣事。碑身厚实方正,碑文安排独出心裁,让人觉得既稳重又亲切,父亲自己似乎也很欣赏,绕着圈子看了两遍,自言自语说:'该把那三支苍兰带了来的,正好平放在篆字下面。可是风这样大,只怕一放手就给刮跑了。'野地里风真大,白杨的叶子才萌发,在呼呼地叫。我们没向母亲的墓鞠躬,就乘汽车回城了。"(第355～356页)

5月18日　与人教社同人谈语文教学之感想。

5月22日　出席作协座谈会,谈整风问题。

5月24日　作《"瓶子观点"》(刊6月3日《文汇报》第三版,后收入《叶圣陶散文乙集》,又收入《叶圣陶集》第十一卷)。文章批评"爱把受教育的人看成瓶子"的观点。

5月25日　与有关人士讨论初中文学课本第六册的选目和教学大纲。

5月26日　作《"领导"这个词儿·个人自己的哲学——在作协党组召开的座谈会上的发言》(刊《文艺报》第十号)。

5月30日　作书信《致康光翟》(收入《叶圣陶集》第二十四卷)。信中答复童话《稻草人》出版年份及刊载处。

6月1日　与蒋仲仁谈今后小学语文课本之编辑工作。又与有关人员商量高中第四册文学课本之选目。

6月3日　与文改会同人谈简化字事。

6月4日　作词《踏莎行　北方昆曲剧院成立》(收入《箧存集》,又收入《叶圣陶集》第八卷)。

6月9日　与北京市五女中文学小组同学座谈。

6月12日　与中学语文编辑室同人谈中学文学课本今后之续编与修订工作。

6月14日　作《公文写得含糊草率的现象应当改变——第一届人民代表大会第四次会议上的发言》(刊7月8日《人民日报》第

八版,又刊《新华半月刊》第十五号,后收入《叶圣陶集》第七卷)。

同日 萧乾来访,谈翻译工作。

6月16日 宋云彬日记:傍晚,"振铎邀赴北京饭店之川菜馆,饮绍兴酒,甚佳。同座有圣陶、伯祥、萨空了"。(《红尘冷眼——一个文化名人笔下的中国三十年》)

6月17日 与中学语文编辑室同人讨论中学文学课本之注释。工余读《斯巴达克思》。

6月20日 出席第一届全国人代大会第四次会议的预备会。

6月21日 宋云彬日记:"晚偕王国松赴文化俱乐部看昆剧。遇圣陶、小墨及郑缤。"(《红尘冷眼——一个文化名人笔下的中国三十年》)

同日 出席人代会江苏省小组之集会。次日,仍出席江苏省小组之集会。24日、25日,仍出席江苏省小组之集会。

6月26日 第一届全国人民代表大会第四次会议开幕,圣陶先生为主席团成员,出席主席团首次会议。

6月27日 老友宋云彬在民盟中央常委会扩大座谈会上受到批判,极表同情。

叶至善《父亲长长的一生》:"(反右)我父亲的老朋友中头一个见报的是云彬先生。他调到杭州已六个年头,是民盟中央让他主持浙江的工作的,被安排在省人大的领导岗位上;兼职的头衔可不少,好像有关文化方面的都占全了,我记得的如省文联主席、省体委主任。总之在杭州成了红人。从旧报纸上可以查到,反右是六月上旬在北京开的端,到下旬就在各省市铺开,浙江省是头一个见报的,揭出了沙文汉宋云彬等人。其时,云彬先生在北京参加一届全国人大四次会议,住在前门饭店,来京之前并未有所察觉。父亲在六月廿七日日记上写下了一段话,'云彬近为杭州报纸所攻击,谓其亦有右派分子倾向。

云彬平日语言随便,喜发无谓之牢骚,诚属有之。若谓其反对共产党,反对社会主义,则决无其事。云彬遇此,意兴自不甚佳。'第三天,父亲约云彬先生同去至美家小饮,又同去看汉剧《二度梅》。云彬先生对陈伯华的演技唱工,已没心思作甚褒贬了。人大会上的所有发言,当时一字不落地刊登在《人民日报》上。发言可分作两类,斥责右派的居多,另一类是已被点名的人作初步检查。会议延长了两天,就因为报名发言的人多。云彬先生报名迟了,尚未轮上,只好改作书面发言,回杭州再说了。我父亲的本是书面发言,题目是《公文写得含糊草率的现象应当改变》,稿子在大会上印发了;奈何言不及'右',没得到与会者应有的重视。后来的研究者因惊诧于我父亲的不合时宜,产生了不切实际的推想。"(第354页)

宋云彬6月9日日记:"昨日《人民日报》发表社论,题为《这是为什么?》,全文皆驳斥写匿名信恐吓卢郁文(民革中央委员、国务院秘书长助理)者,结论谓'那些威胁和辱骂,只是提醒我们,在我们的国家里阶级斗争还在进行着'。《浙江日报》今日以头条新闻刊出,而以大字标题曰'阶级斗争还未熄灭'。读者为之悚然,谓'放''鸣'自此收矣。余勉励出席座谈会之青年,仍应畅所欲言,不必有所顾虑,并说明反党反社会主义之谬论必须驳斥,但正确的意见、正确的批评必须任其继续鸣放也。"(《红尘冷眼——一个文化名人笔下的中国三十年》)

宋云彬6月10日日记:"下午二时出席省统战部召开之座谈会。余首先发言,谓对八日《人民日报》社论不甚赞同,以《人民日报》社论针对卢郁文接到之恐吓信发议论,初不知写恐吓信者决非人民内部的人,不必予以重视,一重视适堕其术中也。"(《红尘冷眼——一个文化名人笔下的中国三十年》)

宋云彬6月11日日记:"《浙江日报》以头条新闻刊载昨日统战部召开之座谈会消息,而加以小标题曰'宋云彬不同意

《人民日报》《这是为什么?》的社论',其为善意宣传邪,抑恶意挑拨邪,不得而知矣。"(《红尘冷眼——一个文化名人笔下的中国三十年》)

7月2日 在人大会发言。

7月8日 作《右派分子与人民为敌》(刊《人民文学》八月号,1957年8月8日)。

7月12日 出席人代大会主席团会议。

7月14日 出席中宣部、文化部、全国文联邀集之在京文艺界人士座谈会,周总理到会演讲。

7月15日 出席人代大会主席团会议,人代大会闭幕。

7月16日 与张毕来、蔡超尘谈中学文学课本续编与修订之事。

7月17日 始审阅初小和高小语文课本第六册书稿。

7月18日 "前在《文艺报》刊登之发言稿一篇,有若干读者寄稿《文艺报》,批驳余之意见。今日《文艺报》选其中两篇送来,谓请余一观,但不拟发表。两稿皆驳斥甚严,余谓'领导'一词可商,彼即指为不要共产党领导文艺,虽未斥余为右派分子,然言外颇有此意。余言文学理论于创作无多裨益,彼即谓此近虚无主义。余自觉思想诚有未通之处,而前言之未畅,亦为一病。余之简单思想,无非谓作者'自己之哲学'(包括立场、观点、生活实践)如不提高,真有所得,则领导亦枉然,理论亦枉然。然真能提高,盖作者自己之事,非他人所能代谋。"(日记)

同日 作《反右派斗争和思想改造》(刊7月22日《文汇报》第一版)。

7月19日 参加文化部召集之出版界反右斗争大会。

7月22日 出席文改会之会。

7月25日 至广播事业局,听小学语文第五册课文之朗读录音。工余始读《安娜·卡列尼娜》。

7月26日　在人教社演讲，漫谈作文教学问题。

7月27日　出席文改会常委扩大会议，讨论修改汉字简化方案之原则。

8月2日　在教育部开办公会议，讨论精简小学语文、历史、地理三科课本之指示和进一步推广普通话之指示稿。

8月3日　在人教社演讲，漫谈作文教学。

8月4日　作评论《介绍〈斯巴达克思〉》（刊《读书月报》第九期，1957年9月12日；后收入《叶圣陶论创作》，又收入《叶圣陶集》第十卷）。文章论述意大利拉法埃洛·乔万尼奥里之长篇小说《斯巴达克思》。

8月5日　审阅初小和高小语文课本第二册文稿。

8月10日　参加统战部邀集的整风问题座谈会。

8月12日　发表《出版工作有方针有成绩》，刊《光明日报》第三版。

8月14日　出席文化部召集的整风问题座谈会。

8月17日　在教育部开办公会议，讨论小学语文之精简办法。

8月19日　作《关于中国文字改革问题的一些争论》（刊《文字改革》第九期，署名叶圣陶等）。

8月26日　与有关人士斟酌初中文学课本第六册的文学常识稿。

9月8日　至嘉兴寺，吊浦江清之丧。

9月12日　到中山公园，吊蓝公武之丧。

9月14日　在人教社召开作文教学座谈会。

9月16日　发表《解放前后的出版自由》，刊《新观察》第十八期，1957年9月16日（后收入"青年共产主义者"丛刊第一集《民主与自由》，又收入《叶圣陶集》第十八卷）。

9月19日　出席人大常委会扩大会议。

9月21日　参加文化部之座谈会。

9月23日　作《今年的国庆节》（刊10月1日《文汇报》第三版）。

9月27日 修润教育部代党中央与国务院草拟的指示稿一份,内容为中学生与师范学生俱须参加各种体力劳动,教育行政部门与学校必须加以组织。

9月28日 在人教社开扩大社务会议,讨论明年的编辑出版计划。出席纪念世界文化名人意大利戏剧家卡尔罗·哥尔多尼诞生250周年之集会。

10月1日 到天安门观礼。

同日 作《〈叶圣陶文集〉第一卷〈前记〉》(刊《叶圣陶文集》第一卷,后收入《叶圣陶序跋集》,又收入《叶圣陶集》第八卷)。

10月2日 赴南斯拉夫大使馆之招宴。

10月4日 作诗《国际主义》(刊10月20日《人民日报》第八版,收入《箧存集》时改题名为《国际主义——祝苏联十月社会主义革命四十周年》)。

同日 在人教社与同人谈作文教学。次日,仍与同人谈作文教学。

10月8日 始审阅汉语课本第六册书稿。

10月11日 在人教社与同人谈作文教学。

10月12日 在教育部讨论教育科学研究所今后五年的工作计划。至文改会,讨论少数民族文字方案中设计字母的几项原则。

10月16日 出席人大常委会扩大会议。出席文改会全会,讨论并通过汉语拼音方案。工余始看《战争与和平》。

10月22日 作评论《苏联的教育影片〈天职〉》(刊11月4日《大公报》第三版,后收入《叶圣陶散文乙集》,又收入《叶圣陶集》第十一卷)。

10月24日 在人教社开编务会议,讨论教育图片社出版选题计划草案。

同日 作《人造卫星》(诗,收入《箧存集》)。

10月25日 作《记金华的两个岩洞》(刊《旅行家》第十一期,后收入《小记十篇》,又收入《叶圣陶集》第七卷)。"两个岩洞"即双龙洞和冰壶洞。

10月31日 与同人讨论拼音方案如何用于小学、中学、师范之教学问题。

同月 至诚因年初与江苏作家方之、高晓声、陆文夫等人热心于文艺创作,策划出版同人刊物《探求者》,犯了"严重之自由主义","留党察看两年",没有定为"右派",但这"右派"的"帽子拿在群众手里",随时都可以给戴上。

11月1日 在人教社与同人谈作文教学。

11月6日 出席北京文艺界之集会和北京市之集会,庆祝苏联十月革命40周年。在人教社主持庆祝苏联十月革命40周年的集会,致辞。

11月7日 出席苏联使馆之招宴。

11月8日 参加苏联国民教育展览会开幕式。晤日本作家堀田善衞。

11月11日 与同人讨论语文学科教学纲要。

11月14日 往捷克斯洛伐克驻华使馆,吊唁捷总统萨波托斯基逝世。

11月15日 出席纪念捷克教育家夸美纽斯教育论著全集出版300周年之集会。

11月20日 作诗《题薛佛影象玉雕刻摄影》(收入《箧存集》,又收入《叶圣陶集》第八卷)。

11月23日 作《〈叶圣陶文集〉第二卷〈前记〉》(刊《叶圣陶文集》第二卷,后收入《叶圣陶序跋集》,又收入《叶圣陶集》第十七卷)。

11月25日 教育部发出"特急"通知,强调为"加强反右斗争和劳动教育",重新调整全国中学和师范学校课本和文学课本篇目。附发《课本保留篇目》和《文学课本补充教材篇目》。

附件一 《课本保留篇目》（未实行"文学"、"汉语"分科的学校）：规定自11月起讲如下课文：

（一）初中课本第一册：1.多收了三五斗，2.母亲的回忆，3.老山界，4.屋里的春天。

（二）初中课本第三册：1.分马，2.王永淮，3.纠纷，4.童话的时代。

（三）初中课本第五册：1.老羊工，2.五亿农民的方向，3.周大勇和他的连队。

（四）高中课本第三册：1.什么是知识，2.个人和集体，3.伟大的创举，4.论新人。

（附注：高初中各年级保留一定课时，讲授一两篇有关中苏关系及其他文章）

附件二 《文学课本补充教材篇目》

（一）初中部分

初一上学期

1. 毛主席给徐特立的一封信

2. 真正勇敢的行为 　　　　　　　　　聂铁钢

3. 回忆 　　　　　　　　　　　　　　郝建秀

4. 一壶河水 　　　　　　　　　　　　寿　儒

5. 第二次考试 　　　　　　　　　　　何　为

初二上学期

1. 农业合作化问题（节选《关于正确处理人民内部矛盾的问题》）

　　　　　　　　　　　　　　　　　　毛泽东

2. 工人说话了（1957年6月10日《人民日报》社论）

3. 邓小平同志在全国青年积极分子大会闭幕式上的讲话（1955年5月29日《人民日报》）

4. 毛主席的炊事员李开文 　　　　　　周兴美

5. 毛主席会见留苏学生（1957年11月19日《人民日报》）

初三上学期

1. 为人民服务　　　　　　　　　　　　　　毛泽东
2. 让年轻一代发出更多的光和热（1955年9月20日《人民日报》）
3. 知识青年参加体力劳动问题　　　　　　　谢觉哉
4. 革命长辈谈劳动——访曾山同志
5. 知识青年在农村大有可为（1957年8月14日《人民日报》）
6. 卢家秀　　　　　　　　　　　　　　　　沙汀

（二）高中部分

高一上学期

1. 中国人民政协第一届全国会议开幕词　　　毛泽东
2. 谁说鸡毛不能上天（《农村社会主义高潮》中册）
3. 谁是农民利益的代表者（1957年7月11日《人民日报》）
4. 伟大的理想实现了（1957年10月15日《人民日报》社论）

高二上学期

1. 中国共产党第八次全国代表大会开幕词　　毛泽东
2. 再论无产阶级专政的历史经验（一）（1956年12月29日《人民日报》）
3. 青年知识分子必须进行思想改造　　　　　安子文
4. 加里宁在莫斯科列宁区中学8、9、10年级学生大会上的讲话（加里宁《论共产主义教育》）

高三上学期

1. 反对自由主义　　　　　　　　　　　　　毛泽东
2. 朱德同志在中国共产党第八次全国代表大会上的发言
3. 伟大光荣的三十年（1957年9月18日《人民日报》

社论）

11月26日 作《祝贺新年》（刊1958年1月1日香港《大公报·大公园》，后收入《叶圣陶集》第七卷）。

同日 作《大公报元旦题词》（刊1958年1月1日香港《大公报·大公园》）。词曰："拥护和平共处五项原则，增进亚非各国友好关系。"

11月27日 与同人座谈作文教学之性质、目的、要求、教材等。29日，续会。

11月29日 王统照在济南病逝，作文悼念。

同月 发表《〈十三经索引〉述例》，刊叶绍钧编撰的《十三经索引》，由中华书局再版。

12月1日 出席北京昆曲社社员大会，修改社章，致辞。

12月2日 作《悼剑三》（刊12月5日《人民日报》第八版，后收入《叶圣陶散文乙集》，又收入《叶圣陶集》第七卷）。

12月3日 至陶然亭殡仪馆，参加印度爱德华博士追悼会。爱氏为前印度抗日援华医疗队队长，全印和平理事会副主席。

12月4日 作《绍虞先生作整风一律步其韵》（刊12月9日《文汇报》第三版，收入《箧存集》时题为《整风和绍虞韵》）。

12月7日 作诗《悼王剑三（统照）先生二十四韵》（刊《人民文学》1958年第一期，收入《箧存集》时改题名为《悼剑三》，又收入《叶圣陶集》第八卷）。

12月10日 在教育部开办公会议，讨论1958年至1959年之中学教学计划。

12月11日 国务院公布《汉语拼音方案草案》，中央文字改革委员会发刊《关于汉语拼音方案草案的说明》。次日，到中央广播电台，审听教学拼音字母留声片录音。

同日 与同人座谈作文教学参考书之提纲。

12月13日 与有关人士讨论编辑工农业余学校教材之事。

12月18日　至文改会，共商外出宣传拼音方案事。

12月19日　到北京师范学院，与中文系专修科毕业生座谈专业思想。

12月20日　与有关人士讨论修改初中文学课本事。

12月25日　与有关人士讨论作文教学参考书的提纲。

12月26日　列席教育部党组会议，讨论工农知识分子培养之教育纲要草稿。

12月27日　出席文联主席团扩大会议。

12月28日　在教育部开办公会议，讨论明年工作之方针、任务。

12月31日　在教育部开办公会议，讨论工矿办学问题，拟一通知，令各地编撰乡土教材，启发爱国主义思想。

本年　全国中学都实行了汉语、文学分科教学。由于很多学校采取了一个教师兼教汉语、文学两科的办法，由于新的文学教材内容比较深，分量比较多，进度比较快，很多教师感到沉重，再加上对于汉语教学的意义认识不足，于是大部分教师把绝大部分精力用在文学课上，不能很好地顾到汉语。结果使汉语教学受到很大的损失。（详见刘学仁《教好汉语课必须有充分的准备》，《语文学习》1957年第一期）

人民教育出版社中学文学编辑室《1957～1958年度文学课本使用办法及初中第五册、高中第三册目录》：

（一）最近教育部部务会议决定，1957～1958年度，高中一年级新生一律用初中第五、六册文学课本，升入二年级时才用高中课本。因为本届高一新生在初中三年级的时候学的是初中第三、四册，入了高中继续学完第五、六册，然后再学高中第一、二、三、四册，这样循序渐进，可以减少学习上的困难。高中二、三年级，仍照原定计划用高中第三、四册。初中一、二、三年级，各用各本年级的课本。

（二）文学课本中的课文，按照教学大纲"补充说明"的办法，应分必讲、机动、参考三类。今年秋季用的几册课（初中第一、三、五册，高中第三册）的分类目录，早经教育部分发各省、市征求意见，现在已有不少省、市的意见送到了，将于六月初整理，讨论决定，然后通知各地。

（三）今年秋季用的文学课本和教学参考书，初中第一、三册已于三月出版；初中第五册和高中第三册已经付印，不久就可以供应。

（四）初中第五册和高中第三册的教学大纲，为了节约纸张，暂时不编入已经出版的大纲单位本，就印在即将出版的初中第五册和高中第三册教学参考书里。《语文学习》1957年第一期》

1958 年

（戊戌）　六十四岁

2月28日　周扬在《人民日报》发表《文艺战线上的一场大辩论》，总结文艺战线上的"反右"斗争。
3月8日至9日　《人民日报》连续发表《中国作家协会发出响亮号召，作家们！跃进，大跃进！》
3月13日　教育部发出《关于在中小学和各级师范学校教学拼音字母的通知》。通知说："《汉语拼音方案》已经于1957年11月1日国务院全体会议第60次会议通过，并在报纸上公布；又于1958年2月11日，经第一届全国人民代表大会第五次会议批准"，要求中小学和各级师范学校"从1958年秋季起教学拼音字母"。
4月14日　《人民日报》发表《大规模地收集全国民歌》的社论。26日，全国文联、作协、民间文学研究会举行民歌座谈会。《民间文学》陆续选登各地大跃进民歌。
同月　《茅盾文集》、《巴金文集》和《叶圣陶文集》始由人民文学出版社分卷出版。
5月5日至23日　中国共产党第八届全国代表大会第二次会议在北

京举行。大会通过了毛泽东提出的"鼓足干劲，力争上游，多快好省地建设社会主义"的总路线。

8月29日　中共中央扩大会议通过了《关于在农村建立人民公社问题的决议》。

9月29日　教育部发出《关于检查纠正儿童上课时背着手听讲现象的通知》，指出："经常叫儿童背着手听课，使儿童精神处于紧张状态，很容易疲劳。""双手背着听课""是日本统治东北时期留下的对小学生的一种不合理的管理办法"，"希望各厅、局注意检查纠正这种现象"。

＊　　＊　　＊

1月2日　作《题汉语拼音方案》（诗，刊《文字改革》一月号"笔谈"栏）。（诗发表时无题名，题名是编者拟的——编者注）

1月4日　在教育部开办公会议，讨论中学文学课本、汉语课本之修订改编。

1月10日　至政协礼堂听周总理报告，说明文字改革工作之方针任务。听胡乔木报告，谈汉语拼音方案。

1月12日至25日　赴太原等地宣传《汉语拼音方案草案》。12日，偕周有光携周总理和胡乔木报告之录音胶带，飞往成都宣传汉语拼音方案，因天气原因留滞太原。

1月13日　向山西省有关人士宣讲汉语拼音方案。

1月14日　抵成都宣讲汉语拼音方案。

叶圣陶《〈旅川日记〉小记》：

解放以后三十多年间，我入川已经四次，每次像回到了故乡一样，处处感到亲切。

头一次是一九五八年一月间，与周有光先生结伴。其时《汉语拼音方案》刚通过，周总理作了关于文字改革的方针任务的报告，胡乔木同志也作了报告，就《汉语拼音方案》设七问，逐个予以解答。为了赶快传达，立即分几路派出人员，有光先生和我被派往西南一路。我们带着周胡二位报告的录音带在成都重庆两地传达，逗留了一个星期。到成都乘的是飞机，离开重庆往昆明也乘飞机，跟抗战时期的旅行相比，真可谓"不亦快哉！"但是究竟太匆促，旧地不能畅游，反而增添了留恋。(《叶圣陶集》第二十四卷)

1月15日 召集座谈会，谈汉语拼音方案。次日，集大会宣讲拼音方案。

1月16日 作诗《题杜甫草堂》(刊《星星》八月号，1958年8月1日)。

1月17日 抵重庆，召开座谈会，谈汉语拼音方案。次日，集大会宣讲拼音方案。

1月18日 教育部发出《关于编写中小学师范学校乡土教材的通知》。

同日 教育部给各省、直辖市、自治区教育厅、局发文。全文如下：

根据毛主席指出的把学生培养成为有社会主义觉悟的有文化的劳动者的方针，本应把现行文学课本很好的加以修订，完成提高学生思想政治觉悟与写作、阅读能力的任务。但是时间仓促，来不及作比较全面的修订。因此，教育部决定1958年春季开学后的文学教材，仍采取临时性办法解决：

1. 确定初高中文学课本保留篇目，其他篇可不教。

2. 推荐初高中文学课本补充篇目。其中除高三有三篇必讲课文外，其他篇各地方可自行变通(如补选乡土教材)。变动的结果，应随时报部备查。补充教材的印刷、发行与规定每篇教学时数等问题，均由各地自行解决。

各地对这些"保留"与"补充"篇目，如果有不同意见，希迅速报部，以便在开学前作些修正。

附件一：文学课本保留篇目

初中第二册（初一下学期）

1. 民歌三首（汉末童谣　敕勒歌　红旗一展天下都红遍）
2. 谚语和谜语
3. 卖火柴的女孩
4. 渔夫和金鱼的故事
5. 词和曲六首
6. 从百草园到三味书屋
7. 在烈日和暴雨下
8. 平原烈火
9. 谁是最可爱的人
10. 制造枪榴弹
11. 最高兴的时候
12. 不能走那条路
13. 宋老大进城
14. "石油城"
15. 信

初中第四册（初二下学期）

1. 《论语》和《孟子》五章（现代汉语译文）
2. 公输（现代汉语译文）
3. 晏子将使楚
4. 李白诗二首（经下邳圯桥怀张子房　黄鹤楼送孟浩然之广陵）
5. 陆游诗三首
6. 辛弃疾词二首
7. 风波
8. 聪明人和傻子和奴才
9. 闻一多诗二首（发现　一句话）
10. 一种云

11. 美国真正的悲剧
12. 王贵与李香香(节选)
13. 我们会见了彭德怀司令员
14. 夜归

初中第六册(初三、高一下学期)

1. 清平乐　六盘山
2. 闻官军收河南河北
3. 回延安
4. 党和列宁
5. 捕蛇者说
6. 藤野先生
7. 最后一次的讲演
8. 说"怕"
9. 王家斌
10. 到佛子岭去
11. 给青年们的一封信
12. 灌园叟晚逢仙女
13. 母亲
14. 考验(节选)

高中第六册(高二、高三下学期)

1. "农村调查"的序言
2. 我们的文艺是为人民的
3. 药
4. 对于左翼作家联盟的意见
5. 鲁迅的精神
6. 林家铺子(节选)
7. 一篇宣言
8. 日出第二幕(节选)

9. 老杨同志

10. 参军

11. 检验工叶英

12. 大渡河畔英雄多

13. 不平常的春天

附件二：文学课本补充篇目

（一）初中部分

初一下学期

1. 在巴黎和平大会上的演说（科斯摩捷勉斯卡娅）

2. 把西南西北和全国连接起来了（1958年1月2日《人民日报》社论）

3. 农业社里的好姑娘——李银屏（胡彩林，1957年3月26日《教师报》）

4. 生动、活泼、有力！（古维进，1957年10月16日《人民日报》）

5. 猛回头，永远跟党走！（聂铁钢，1957年10月1日《中国青年报》）

6. 十月北京城（杨朔，1957年10月1日《中国青年报》）

初二下学期

7. 在青年团第三次全国代表大会上的祝词（邓小平，1957年5月16日《人民日报》）

8. 跟随毛主席长征（陈昌奉，1957年7月29日《人民日报》）

9. 朱总司令的话（何其芳）

10. 六亿人民心花开（袁水拍，1954年9月16日《人民日报》）

11. 愿你当一个有文化的青年社员（赵树理，1957年11月14日《人民日报》）

12. 老杨云（袁兵，1957年9月7日《中国青年报》）

初三下学期

1. 为着社会主义而劳动（1957年4月5日《人民日报》社论）

2. 勤劳俭朴是新中国青年的美德（1957年12月5日《中国青年报》）

3. 和少奇同志度过了一个美好的下午（徐才、王玉如，1957年5月19日《中国青年报》）

4. 徐老新年前夕谈幸福（范泛红、石良耘，1957年12月31日《中国青年报》）

5. 回忆斯维尔德洛夫——斯维尔德洛娃访问记（戴枫，1957年10月16日《人民日报》）

6. 在农业劳动中锻炼成为一个坚强的人——复焦洪瑞同志（中共山东省委书记谭启龙，1958年第一期《中国青年》）

（注：原载在这封信之前的"焦洪瑞同志给刘永学老师的信的摘录"，不作为教材的一部分，只作为教师的教学参考材料，亦不必印发给学生）

（二）高中部分

高一下学期

1. 刘介梅啊，刘介梅！（燕凌，1958年第一期《人民文学》）

2. 建设繁荣幸福的新山区（邓子恢，1957年11月29日《人民日报》）

3. 依靠群众力量，排除万难，大兴水利（中共湖北省委，1958年1月12日《人民日报》）

4. 为谁而学（冯定，1957年9月26日《中国青年报》）

（注：高一下学期除以上四篇外，还可以采用初三下学期的部分补充教材）

高二、三下学期

  1. 毛主席在苏联最高苏维埃庆祝十月革命四十周年会议上的讲话（1957年11月7日《人民日报》社论）

  2. 共产主义事业是人类历史上空前伟大而艰难的事业——刘少奇《论共产党员的修养》第二章第一节

  3. 我们的口号是又"红"又"专"（1957年11月1日《人民日报》）

  4. "下乡上山"的深刻革命意义（迟蓼洲，1957年11月25日《人民日报》）

  5. 刘少奇同志在北京各界庆祝十月社会主义革命四十周年大会上的讲话（1957年11月7日《人民日报》）

  6. 伟大的革命宣言（1957年11月25日《人民日报》社论）

  7. 青年运动的方向——《毛泽东选集》第二卷

（注：最后三篇，高三必讲）

1月19日　抵北碚，集西南师院、农学院等院校教师座谈汉语拼音方案。访巴蜀学校。

1月20日至24日　20日，抵昆明。21日，召集座谈会。22日，集大会宣讲拼音方案，访云南大学。23日，召集座谈会，谈拼音方案制定之过程。与云南科学院少数民族语文工作者为会，谈拼音方案与少数民族之关系。24日，往温泉疗养院，访正在疗养的李广田，谈语文教学工作。游西山。

1月25日　回到北京。

1月26日　应印度大使馆之邀，参加其国国庆招待会。

1月27日　参加人大江苏省小组会议。

1月28日　作诗《赠下乡劳动锻炼诸同志》（刊2月12日《人民日报》第八版，收入《箧存集》时题名为《送下乡诸位同志》，收入《叶圣陶集》第八卷时题名为《赠下乡劳动锻炼诸同志》）。

同日 在人教社开社务会议，谈文学课本与作文教学参考书之事。

2月1日 第一届全国人民代表大会第五次会议开幕，圣陶先生为大会主席团成员。

2月2日 往十三陵观挖掘定陵的情形。

2月4日 作书信《致宁宁》（收入《叶圣陶集》第二十五卷）。

同日 中华人民共和国教育部发出《关于1958年春文学课本篇目的问题的复信》[(58)教指中彭字第16号]云：

福建省教育厅：

1月20日来信收悉。

文学课本篇目，教育部于1月15日以"（教）指文字第17号"函与"(58)教指中林字第8号"文两次通知你们了，谅早收见。现在另有两件事，希望你们注意：

1. 教育部"(58)教指中林字第8号"通知的附件之一"文学课本补充篇目"中，有两篇作品应删掉：1."和少奇同志度过了一个美好的下午"，因作者有问题。2."老杨云"，因作者与作品都有些问题。

此外，有的教育厅、局报部的文学课篇目中仍有秦兆阳的作品，均应删去，因为这位作者有问题。

2. 对教育部采取"保留"与"补充"的办法解决1958年春季开学后用的文学教材问题，大家有什么看法和意见，以及在教学中可能遇见一些什么问题和困难等方面的重要情况，请早日来信告诉我们。

以往，在文学课补充教材的教学上，你们有过哪些经验、教训和问题，请亦早日报部。

2月6日 出席最高国务会议。出席人代大会主席团会议。

2月7日 文改会为人民代表主办讲解会，圣陶先生到会解答人民代表的提问。

同日 发表《大家都来做文字改革的促进派——在全国人大一届五

次会议上的发言》，刊《人民日报》第二版，署名叶圣陶、胡愈之、罗常培、韦悫（收入《叶圣陶集》第十七卷）。

2月9日　全国古籍整理出版规划小组成立，圣陶先生为领导小组成员之一。次日，出席古籍出版规划小组会议。次日，仍出席古籍出版规划小组会议。

2月10日　作诗《赠还乡生产诸同志》（收入《箧存集》，又收入《叶圣陶集》第八卷）。

同日　作诗《赠下放基层诸同志》（收入《箧存集》，又收入《叶圣陶集》第八卷）。

2月12日　出席文化教育座谈会，周总理到会讲话。

2月13日　至文化部，座谈辞书的修订和新编工作。出席文联主席团扩大会议。

2月14日　在教育部传达周总理在文化教育座谈会上的讲话。

2月15日　出席《文艺报》召集之文风问题座谈会。

同日　作诗《新春赠教师同志》（刊2月17日《教师报》，收入《箧存集》时改题名为《新春诗为〈教师报〉作》）。

2月16日　作《英译本〈倪焕之〉序》（刊英译本《倪焕之》，收入《叶圣陶散文乙集》）。

2月17日　作《在〈文艺报〉改变文风座谈会上的发言》（刊《文艺报》第四期"反对八股腔，文风要解放！"专栏，1958年2月24日；收入《叶圣陶散文乙集》时改题名为《反对八股腔形成新文风》）。

2月21日　作《愚公移山小论》（刊《文艺月报》第四期，1958年4月5日；后收入《叶圣陶散文乙集》，又收入《叶圣陶集》第七卷）。文章宣扬用愚公精神"兴水利和除四害"。

2月25日　中华人民共和国教育部发出《关于高中第四册文学课本保留篇目中有五课已列入高考大纲的复习课文问题给各地的通知》[(58)教指中彭字第26号]云：

各省、自治区、直辖市教育厅、局：

　　58年春季开学后中学文学课本保留篇目与补充篇目，我部前已用"（58）教指中彭字第8号"通知发给各地。在高中第四册文学课本保留篇目中有五课（《农村调查的序言》、《我们的文艺是为什么人的》、《药》、《鲁迅的精神》、《不平常的春天》）已列入高考大纲的复习课文中，希各地在确定高中三年级的文学教材篇目时考虑这一问题。

2月26日　作《从语言教育的角度看》（刊《新闻战线》月刊第三期，后收入《叶圣陶语文教育论集》，又收入《叶圣陶集》第十七卷）。文章"从语言教育的角度看"改进文风的意义。

同月　发表诗《送给孩子的礼物》，刊《学前教育》第二期。

3月3日　始观审中学汉语课本第五册之修改稿。

3月4日　宋云彬日记："致王伯祥长函，以不知其门牌号数，托圣陶转交。寄发《编纂〈史记集注〉计划》共十六份，叶圣陶、王伯祥……马一浮各得一份。"（《红尘冷眼——一个文化名人笔下的中国三十年》）

3月7日　作评论《不仅此也》（刊3月11日《人民日报》第八版，后收入《叶圣陶散文乙集》，又收入《叶圣陶集》第九卷）。文章说："咱们要改进文风，不能光注意语言方面，尤其要着重认识、理解、考虑等等方面，那是根本。"

3月8日　到国务院二办，讨论中学汉语课本之修改问题。出席古籍整理出版规划小组文学分组之会。

3月9日　作评论《可写可不写，不写》（刊3月15日《人民日报》第八版，后收入《叶圣陶集》第九卷）。文章说："'要言不烦'是好文风。"

3月10日　作评论《谈谈翻译》（刊4月14日《人民日报》第八版，后收入《叶圣陶语文教育论集》，又收入《叶圣陶集》第十七卷）。文章谈"译风和文风大有关系"。

3月11日　宋云彬日记:"上午十时接圣陶函。词意恳挚,雒诵再四,为之泪下。当作复函,并寄去《编纂〈史记集注〉计划》三份,请其分别转交古籍整理出版规划小组历史分组及翦伯赞、胡绳两君。"(《红尘冷眼——一个文化名人笔下的中国三十年》)

3月12日　与有关人士讨论初中文学课本第一、三、五册之重订目录。商高中课本之重订工作。

3月13日　作书信《致夏景凡》(收入《叶圣陶集》第二十四卷)。信中说:"《妇女评论》一册附还。我之一文殊无意义,不值得抄下来。引起我的记忆,知道写过这么一篇浅薄的东西,应该感谢您的好意。"

3月15日　与有关人士谈初中文学课本之补充选目与高中文学课本之拟目。始观审小学语文课本第七册稿。

同日　作诗《把心交给党》(刊3月24日《人民日报》第八版,后收入《箧存集》)。

同日　为《历史教学》题词,刊《历史教学》第四期,题为《叶圣陶副部长题词》。

3月18日　作评论《文风问题在哪儿》(刊《语文学习》四月号,后收入《叶圣陶语文教育论集》和《叶圣陶散文乙集》,又收入《叶圣陶集》第十七卷)。文章认为:"唯有努力充实自己,咱们的文风才能有所改进。"

3月19日　与有关人士讨论编辑师范学校语文课本之计划。到北京市教师进修学院,与语文教研室教师座谈作文教学事。

3月20日　作评论《怎样改进文风》(刊《语文学习》四月号,后收入《叶圣陶语文教育论集》,又收入《叶圣陶集》第十七卷)。文章剖析文风之"病象"。

3月21日　始观审工农业余初中语文课本所选之文篇。

3月24日　作评论《算式似的组织要不得》(刊《新闻战线》第四期,又刊《新观察》第七期,后收入《叶圣陶语文教育论集》,

又收入《叶圣陶集》第十七卷)。文章批评有的作者写文章"不顾到读者的语言习惯"、"不照平常说话那样写"的不良文风。

同日 与北京第八十四中学语文教师共谈语文教学事。

3月26日 作评论《改进文风》(刊《中国语文》第四期;后收入《叶圣陶语文教育论集》;又收入《叶圣陶集》第十七卷,题名为《请语言专家帮助大家改进文风》)。

3月27日 观北京第八十四中学学生作文。

3月28日 与有关人士讨论作文教学参考书之编辑事。

3月29日 作评论《马卡连柯的〈父母必读〉》(刊《读书月刊》第六期,后收入《叶圣陶散文乙集》,又收入《叶圣陶集》第十一卷)。文章评述教育家马卡连柯的《父母必读》,该书讨论"家庭教育问题"。

4月1日 出席教育部之教育行政大会。

4月2日 始审改《作文教学参考书》稿。

4月3日 到文改会开会,讨论简化汉字如何列表公布事。

4月4日 在教育部讨论教育发展纲要草稿。

同日 作《先想清楚然后写》(刊4月11日《教师报》第四版,后收入《叶圣陶语文教育论集》,又收入《叶圣陶集》第十五卷)。

4月6日 到北京市文联,参加儿童文学座谈会。

4月7日 作《修改是怎么一回事》(刊4月18日《教师报》第四版,后收入《叶圣陶语文教育论集》,又收入《叶圣陶集》第十五卷)。

4月8日 发表《写短文,写短短篇》,刊《人民文学》第四期(后收入《叶圣陶集》第九卷)。

同日 作儿歌《祖国绿化太可爱》(刊《儿童文学丛刊》第二集,后收入《叶圣陶集》第四卷)。

同日　出席北京市文联之茶会。

4月9日　作儿歌《栽树》(刊《儿童文学丛刊》第二集,后收入《叶圣陶集》第四卷)。

同日　作《最适于写儿童文学的人》(刊《延河》六月号,后收入《叶圣陶散文乙集》,又收入《叶圣陶集》第九卷)。

4月11日至13日　11日,往茶淀访青年农场。12日,与农场的学生座谈。13日,仍与学生座谈。

4月13日　抵天津,晤李霁野和天津教育局负责人后回京。

4月14日　中华人民共和国教育部发出《请审批语文教材纲目,并就有关的一些问题请示处理办法》[(58)普教指中董字号第14号]。

国务院第二办公室:

按照你办关于改编中学语文课本的指示,人民教育出版社提出了1958年秋季用的语文(汉语、文学)课本纲目及关于语文是否合订成一个课本的请示(见附件一、二)。这个纲目基本符合你办指示的精神,但是有几个问题(语文合订成册的问题,古典作品的排列位置等),须要进一步研究。

此后,4月2日,我们又召开了有16个省市(包括直辖市)的厅、局长或厅、局长的代表参加的会议,请他们对改编语文教材提意见。会上意见比较集中,而且大多是一致的,如初中不教古典作品,在教语文的过程里教一些汉语知识;作文次数要加多;以及选编语文教材的灵活性高中要比初中大一些等等。

现在,我们根据你办关于改编语文课本指示的精神,并参照厅、局长们的意见,对修订与改编中学语文课本提出下列几点意见,是否妥当,请尽速给以指示。

一、1958年秋季用的语文课文宜印活页。汉语印三个单行本:拼音(学一学期;今年暑假后开学各年级都需要补课)、语法（第二、三、四学期）、修辞（第五、六学期）。这样，各省、市在印刷、供应等各方面，都可以有较大的灵活性。

二、初中（可以考虑不要古典文）、高中语文课文的编排顺序，均必须把古典作品编在后头。这样，既可以体现"厚今薄古"的精神，也便于不能教古典作品的学校，从后头把古典作品删掉。

三、出版社提出的语文篇目中有两篇应该调换：1. 初三册的《我们会见了彭德怀司令员》（巴金）；2.《记一个年轻的朋友》（杜鹏程）。这两篇作品在反映现实上都不够鲜明有力，而且其中有的问题也容易产生负作用。

四、1958~1959学年度语文课的汉语部分，各省市可以灵活掌握，如教学时间可以伸缩，教学内容可以修正和补给等。

五、在语文教材座谈会上，关于省市选编一些语文课文的问题，一些代表提出了这样的意见：高中课文的30%，初中课文的40%~50%可由省市选。我们认为这个意见可以考虑采纳，请你办决定。

附件：1. "初中文学课本修订本一、三、五册目录（草稿）"及"关于汉语教材的说明和请示"（均已送你办）。

2. "高中文学课本第一册目录（草稿）"及三、五册"目录（草稿）"以及部分篇目原文。

3. "语文教材座谈会纪要"（16省市意见）。

4月15日 作《把稿子念几遍》（刊4月25日《教师报》第四版，后收入《叶圣陶语文教育论集》，又收入《叶圣陶集》第十五卷）。

同日 与同人讨论师范学校语文课本之编法与选目。

4月16日 作儿歌《"我们也来修水库！"》（刊成都《红领巾》十月号，后收入《箧存集》，收入《叶圣陶集》第四卷时题为《我们也来修水库》）。

4月17日　作诗《和平》(刊印度《新生命》季刊第二期,后收入《箧存集》)。

4月18日　作诗《青年农场记闻〈抬粪〉〈种桃树〉》(刊《新港》六月号,1958年6月1日;收入《箧存集》时改题名为《茶淀青年农场记闻二首,又收入《叶圣陶集》第八卷)。

4月19日　作诗《儿童诗二首〈蚂蚁〉〈夹竹桃〉》(刊《诗刊》五月号"儿童诗特辑",后收入《箧存集》,又收入《叶圣陶集》第四卷)。

4月20日　作评论《学点语法》(刊5月6日《解放军报》第三版;后收入叶圣陶等著《学什么怎么学》,中国青年出版社1959年8月出版;又收入《叶圣陶集》第十五卷)。

4月22日　作评论《平时的积累》(刊5月2日《教师报》第四版,后收入《叶圣陶语文教育论集》,又收入《叶圣陶集》第十五卷)。

4月24日　发表儿歌《几种树》,刊《中国少年报》第二版(收入《叶圣陶集》第四卷)。

同日　作评论《为什么要学语法》(刊《中国青年》第十期)。

4月26日　作诗《劳动节,歌劳动》(刊4月30日《文汇报》第二版,收入《箧存集》时改题名为《劳动节》)。

4月30日　作诗《青年农场即事》(刊《人民教育》第六期,又刊《中学生》第六期,后收入《箧存集》)。

同月　国务院作决定,仍把"汉语"和"文学"合在一起,称作"语文"。中学语文教育界"汉语"和"文学"分科这场尝试性的改革到此结束。

同月　《叶圣陶文集》第一卷,由人民文学出版社出版。内收《隔膜》、《火灾》和《线下》三个短篇小说集的作品。目次:

《隔膜》:《一生》、《两封回信》、《欢迎》、《伊和他》、《母》、《一个朋友》、《阿菊》、《萌芽》、《恐怖的夜》、《苦菜》、

《隔膜》、《阿凤》、《绿衣》、《小病》、《寒晓的琴歌》、《疑》、《潜隐的爱》、《一课》。

《火灾》：《晓行》、《悲哀的重载》、《饭》、《义儿》、《云翳》、《乐园》、《地动》、《旅路的伴侣》、《风潮》、《被忘却的》、《醉后》、《祖母的心》、《小蚬的回家》、《啼声》、《小铜匠》、《两样》、《归宿》。

《线下》：《孤独》、《平常的故事》、《游泳》、《桥上》、《校长》、《马铃瓜》、《一个青年》、《春光不是她的了》、《金耳环》、《潘先生在难中》、《外国旗》。

《隔膜》原先20篇，作者删去《春游》、《不快之感》和顾颉刚《序》，其中《低能儿》改名为《阿菊》。《火灾》原先也是20篇，作者删去《先驱者》、《脆弱的心》、《火灾》和顾颉刚《序》。《线下》11篇全部保留。所收各篇均由作者在文字上作了修订。书前有作者的《前记》(1957年10月1日)。

叶圣陶《〈叶圣陶文集〉第一卷〈前记〉》："这回编这个第一卷，我把各篇都改了一遍。我用的是朱笔，有几篇改动很多。看上去满页朱红，好像程度极差的学生的课卷。改动不在内容方面，只在语言方面。内容如果改动很大，那就是新作而不是旧作了。即使改动不大，也多少要变更当时的思想感情。因此，内容悉仍其旧。至于旧作所用的语言，一点是文言成分太多，又一点是有许多话说得别扭，不上口，不顺耳。在应该积极推广普通话的今天，如果照原样重印，我觉得很不对。因此，我利用业余的时间，诸篇改了一遍。改了之后不见得就是规范的普通话，我还是抱歉。"

5月1日 作评论《对古今的厚薄》（刊5月4日《北京晚报》第二版，后收入《叶圣陶集》第七卷）。

同日 登天安门城楼观礼。

5月2日 作《培养青少年的创造精神》（刊《读书月刊》第六期

"叔叔阿姨为孩子们介绍的书"专栏，后收入《叶圣陶散文乙集》，又收入《叶圣陶集》第十一卷）。

同日 新华书店与人民文学出版社在劳动人民文化宫合设书市，圣陶先生与郭沫若、老舍等作家与读者见面。

5月4日 参加马克思诞生140年纪念会。

5月5日 作评论《写东西有所为》（刊5月9日《教师报》第四版，后收入《叶圣陶语文教育论集》，又收入《叶圣陶集》第十五卷）。

5月13日 作评论《再从有所为谈起》（刊5月16日《教师报》第四版，收入《叶圣陶语文教育论集》时改题名为《准确·鲜明·生动》，又收入《叶圣陶集》第十五卷）。

5月17日 出席文联之茶会，商文艺界同人往十三陵水库工地工作之事。

5月20日 到十三陵水库工地义务劳动。

5月21日 作诗《十三陵水库》（刊5月24日《北京晚报》第二版，后收入《箧存集》）。

5月22日 作《〈叶圣陶文集〉第三卷〈前记〉》（刊《叶圣陶文集》第三卷，后收入《叶圣陶序跋集》）。

5月24日至27日 24日，与郭沫若、萧三、沈从文等，加入首都第一批"走马观花"体验生活的队伍，到怀来县花园乡访问。25日，为《怀来报》题字，为怀来中学写校牌，与南水泉社和西榆林社之先进生产者座谈。26日，游官厅水库。27日，到农业中学演讲，与怀来县委干部座谈。

5月26日 作诗《赠四个姑娘》（收入《箧存集》）。

5月27日 作诗《题花园乡街头〈二首〉》（收入《箧存集》）。

5月28日至31日 28日，到涿鹿县访问。29日，观涿鹿劈山大渠工地。30日，访黄土港村硫磺化肥厂，至观音寺与师范学生座谈，为观音寺之文物题字。31日，访西关农业合作社，会见涿鹿县师范和中小学教师。

5月31日 作诗《劈山大渠四首》(刊6月10日《光明日报》第三版，又刊《诗刊》六月号，收入《箧存集》时改题名为《涿鹿劈山大渠（四首）》)。

同月 《叶圣陶文集》第二卷由人民文学出版社出版，内收《城中》、《未厌集》和《四三集》三个短篇小说集的作品。目次：

《城中》：《病夫》、《前途》、《演讲》、《城中》、《双影》、《在民间》、《晨》、《微波》、《搭班子》。

《未厌集》：《遗腹子》、《苦辛》、《一包东西》、《抗争》、《小病》、《小妹妹》、《夜》、《赤着的脚》、《某城纪事》。

《四三集》：《自序》、《半年》、《投资》、《"感同身受"》、《一个练习生》、《得失》、《寒假的一天》、《一篇宣言》、《邻居》、《逃难》、《一个小浪花》、《丁祭》、《儿童节》、《老沈的儿子》、《多收了三五斗》、《一桶水》、《冥世别》、《招魂》、《英文教授》。

《城中》9篇全部保留；《未厌集》原先10篇，作者删去《夏》；《四三集》原先20篇，作者抽去童话《火车头的经历》和《"鸟言兽语"》。所收各篇均由作者在文字上作了修订。书前有作者《前记》(1957年11月23日)。

6月1日至4日 1日，到张家口访问。2日，听张家口地委干部汇报，谈全区之工业情况，游大境白、水母宫。3日，参观桥西区社会福利生产社、钻探机械厂、黑石坝开渠工地；出席教育座谈会，谈勤工俭学与作文教学。4日，游赐儿山。

6月2日 发表诗《访花园乡》，刊《人民日报》第八版(《诗刊》六月号转载时改题名为《人人心上开红花》)。

6月3日 作诗《心中激出口头歌》(刊《诗刊》六月号，收入《箧存集》时改题名为《题张家口市〈大跃进民歌选〉第二辑》)。诗云："大跃进中新面目，思想解放干劲足。生活如花烂漫开，万道诗泉齐涌出。心头激动口头歌，无须拘拘事雕琢。自来诗篇宁有比，文学史开新纪录。"

6月4日 作诗《黑石坝大渠》（刊《诗刊》六月号，后收入《箧存集》）。

同日 作诗《题康保县〈农民报〉》（刊次日《农民报》，后收入《箧存集》，又收入《叶圣陶集》第八卷）。

6月5日 瞻仰苏蒙联军烈士纪念塔。抵张北县，访民安乡红旗农业社牧业队，观海流图水库工地。

同日 作诗《坝上车中口占》（收入《箧存集》，又收入《叶圣陶集》第八卷）。

同日 作诗《登赐儿山望口内外群山》（刊《诗刊》六月号，收入《箧存集》时改题名为《登赐儿山》，又收入《叶圣陶集》第八卷）。

同日 作诗《高塔耸蓝天》（刊《诗刊》六月号）。

6月6日 为教师演讲，谈语文教学。次日，与张家口地委、市委干部座谈后返京。

6月8日 《人民文学》六月号发表臧克家《读〈叶圣陶童话选〉》，称《叶圣陶童话选》里的作品，"篇篇有着浓厚的现实意义和时代感觉"，作者心里"充满了对现实生活的感受"。

6月10日 作《登赐儿山》（刊6月18日《人民日报》第八版，后收入《叶圣陶散文乙集》，又收入《叶圣陶集》第七卷）。赐儿山位于张家口市郊，山上有云泉寺。

同日 与同人讨论师范语文课本所用之儿童文学常识稿。

6月12日 与北京师院中文系学生座谈。

6月13日 出席宣武区小学生作文观摩授奖大会，致辞。

6月14日 作《涿鹿的劈山大渠》（刊6月23日《文汇报》第三版，后收入《叶圣陶集》第七卷）。

6月16日 作评论《一首歌颂集体劳动的诗》（刊《中学生》第八

期)。

6月20日　至语音研究班演讲,题为《改进文风》。

6月21日　作评论《写什么》(刊6月27日《教师报》第四版,后收入《叶圣陶语文教育论集》,又收入《叶圣陶集》第十五卷)。

6月22日　参加国家机关组织之十三陵水库义务劳动。周总理领队。至6月27日回,前后共六天。同队有郑振铎、夏衍、姜椿芳等。

6月26日　作评论《挑能写的题目写》(刊7月4日《教师报》第四版,后收入《叶圣陶散文乙集》,又收入《叶圣陶集》第十五卷)。

7月4日　在人教社开庆祝"七一"之晚会,朗诵《满江红》。

7月5日　列席国务院全体会议。

7月12日　在人教社听编辑工农业余中学语文课本小组之汇报。

7月15日　作《坝上一天》(刊《旅行家》第九期,后收入《叶圣陶集》第七卷)。文章叙述6月5日访张北县坝上之见闻和观感。

7月17日　在教育部听各地举办新型高等教育之汇报。

7月23日　到广播电台,听小学第一册语文课本之诵读录音。

7月25日　出席全国普通话教学成绩观摩会开幕式。

7月27日　作《人人都来推广普通话》(刊7月31日《文汇报》第二版,后收入《叶圣陶集》第十七卷)。

7月30日　出席全国普通话教学成绩观摩会闭幕式。

同月　《叶圣陶选集》由香港新艺出版社出版,内收短篇小说25篇:《一生》、《苦菜》、《隔膜》、《阿凤》、《一课》、《晓行》、《饭》、《义儿》、《小铜匠》、《校长》、《马铃瓜》、《金耳环》、《潘先生在难中》、《外国旗》、《前途》、《城中》、《在民间》、《搭班子》、《多收了三五斗》、《抗争》、《夜》、《赤着的脚》、

《某城纪事》、《我们的骄傲》、《春联儿》；童话九篇：《一粒种子》、《画眉鸟》、《快乐的人》、《稻草人》、《古代英雄的石像》、《皇帝的新衣》、《含羞草》、《蚕儿和蚂蚁》、《绝了种的人》；附录两篇：《过去随谈》和《随便谈谈我的写小说》。

8月6日　出席文联座谈会，谈《中苏会谈公报》。7月31日，毛泽东与赫鲁晓夫举行会谈，于8月3日发表了《中苏会谈公报》，表示中苏两党愿为保卫和平而共同努力。

8月7日　作诗《巨人的声音》（刊8月10日《光明日报》第三版，后收入《箧存集》）。

8月17日　作评论《新农村的新面貌——读〈喜鹊登枝〉》（刊《读书》第十四期，1958年9月12日；后收入《叶圣陶论创作》，又收入《叶圣陶集》第十卷）。1958年至1960年，圣陶先生写了十多篇评论，评介新人新作，最先介绍的是浩然的短篇《喜鹊登枝》。

8月19日　作诗《全国普通话教学成绩观摩会》（刊《文字改革》第十期，1958年9月15日；后收入《第一届全国普通话教学成绩观摩会文件资料汇编》，收入《箧存集》）。

8月28日　出席《政协会刊》编委会召集之座谈会，谈张家口之行所见。

8月30日　到广播电台，听小学语文第七册之诵读录音。

同月　《小记十篇》由天津百花文艺出版社出版，1979年5月再版，内收1953年至1957年的散文十篇：《登雁塔》、《游临潼》、《在西安看的戏》、《从西安到兰州》、《坐羊皮筏到雁滩》、《游了三个洞》、《黄山三天》、《记金华的两个岩洞》、《荣宝斋的彩色木刻画》和《景泰蓝的制作》。

同月　长篇《倪焕之》（英文版，巴恩斯译）由北京外文出版社出版。

9月4日　作书信《致百花文艺出版社》（收入《叶圣陶集》第二十

四卷)。信中说:"此书(《小记十篇》——编者注)定价太贵,必使读者大不满意。普通纸本卖三角,道林纸本卖四角或稍多,那还差不多。现在一种卖五角五,一种卖七角,真是贵得惊人。文化部方在号召减低书价,而贵社出第一批书这样贵,我觉得很不对。如何补救,我也想不出办法。我只能把我的意见奉告。"

同日 审阅小学语文课中有关唯物辩证法之文稿。

9月7日 作词《水调歌头 读周总理关于台湾海峡地区局势的声明》(刊9月8日《人民日报》第八版,收入《箧存集》时改题名为《水调歌头 读周总理关于台湾海峡地区之声明》)。

同日 作诗《给艾森豪威尔》(刊9月11日《光明日报》第三版,收入《箧存集》时改题名为《给艾森豪威尔——读赫鲁晓夫致艾书》)。

9月8日 与吴伯箫谈语文课本之编辑工作。

9月9日 作书信《答江亦多》(收入《叶圣陶答教师的100封信》,开明出版社1989年7月出版;又收入《叶圣陶集》第二十五卷)。信中希望刚从大学教育系毕业的江亦多当好教师,送她一句话:"心思与行动要求其活泼。"又说:"我想教师工作的最终目的,无非是培养学生具有各种良好的社会习惯。诸如热爱国家关心他人的习惯,礼貌诚笃的习惯,虚心自强的习惯,阅读书写的习惯,勤劳操作的习惯,求实研索的习惯等等。"江亦多是圣陶先生的外孙女,分配到山东惠民师范学校当教员。

9月10日 读完苏联柯罗纳托娃所著之《野樱河畔》。

9月12日 会见保加利亚文化代表团。

9月13日 参加统战部组织之参观团到徐水参观访问,至善偕。次日,访商庄人民公社。次日,在大王庄公社和遂城公社访问。次日,观徐水大学后返京。

9月16日　作词《满江红　赠〈徐水报〉》（刊次日《徐水报》）。

9月19日　作诗《徐水棉花丰收》（刊10月7日《人民日报》第八版，后收入《箧存集》）。

9月19日　作诗《基干民兵》（刊10月7日《人民日报》第八版，后收入《箧存集》）。

9月20日　作诗《妇女真解放》（刊11月2日《人民日报》第八版，后收入《箧存集》）。

同日　在人教社集会谈徐水之行之见闻观感。出席世界文化名人纪念会，纪念瑞典女作家拉格洛孚、伊朗诗人萨迪、英国诗人弥尔顿，与茅盾、楚图南、萧三、田汉、郑振铎同为大会主席团成员。

9月23日　作词《沁园春　庆祝一九五八年国庆节》（刊10月1日《文汇报》第八版，收入《箧存集》时改题名为《沁园春　国庆》）。

9月25日　宋云彬日记："晚饭后，赴东四八条三十五号看叶圣陶，谈标点《史记》问题，回来已十一时矣。"（《红尘冷眼——一个文化名人笔下的中国三十年》）

同日　在人教社讨论普通中学语文课本之选文。

9月28日　在人教社讨论师范语文课本之选文。

9月29日　在人教社讨论高中语文课本之选文。开庆祝晚会，一以庆祝整风丰收，二以庆祝国庆，致辞。

9月30日　出席教育部之庆祝国庆献礼大会。

10月1日　到天安门观礼。

10月3日　作评论《〈普通劳动者〉是一篇很好的小说》（刊《人民文学》第十一月号，1958年11月8日；后收入《叶圣陶论创作》，又收入《叶圣陶集》第十卷）。王愿坚的短篇《普通劳动者》，是以十三陵水库工地作背景的。小说写了一位年轻战士、一位将军在工地上同挑一个箩筐的情景。"普通劳动者"

是作者加给将军的称号。

同日 致书《人民文学》编辑部，声明自愿不取稿酬。又致书人民文学出版社，谈《叶圣陶文集》第三卷出版，不取稿酬。出席文联的集会，谈徐水归来之感想。

10月4日 宋云彬日记："晚饭后，赴东四八条三十五号看圣陶。"（《红尘冷眼——一个文化名人笔下的中国三十年》）

同日 与同人商人教社筹办红专大学之事。

10月5日 宋云彬日记："上午赴彬然家，适圣陶亦在，谈三小时余。"（《红尘冷眼——一个文化名人笔下的中国三十年》）

同日 与宋云彬、金灿然谈刊行古籍之事。

10月6日 到教育部开谈心会（亦即交心会），听取教育部和人教社同人之批评，历时三天。

10月9日 宋云彬日记："下午，赴东四八条看圣陶。"（《红尘冷眼——一个文化名人笔下的中国三十年》）

10月11日 始观语言所词典编辑室送来之中型词典编例与样稿。此词典将于明年出版，为国庆之献礼。

10月13日 与吴伯箫谈修改作文参考书之书稿事。

10月14日 宋云彬日记："下午，赴东四八条看圣陶。"（《红尘冷眼——一个文化名人笔下的中国三十年》）

10月17日 江苏省人代大会闭幕，圣陶先生当选为第二届全国人民代表大会代表。

同日 以郑振铎为团长、蔡树藩为副团长的中国文化代表团取道苏联前往阿富汗王国和阿拉伯联合共和国作友好访问途中，因飞机在苏联境内失事遇难。新华社于10月19日播发郑振铎等人遇难的电讯。20日凌晨5点45分，中央人民广播电台播送这一噩耗。

10月17日至18日 作《谈毛主席的两首词》和《谈郭沫若先生的一首诗》（收入《叶圣陶集》第十四卷）。文章讲析毛主席的

《清平乐　六盘山》、《水调歌头　游泳》和郭沫若的《我想起了陈涉吴广》。

10月20日　作诗《悼振铎先生》（刊《文艺报》第二十期，1958年10月26日；收入《箧存集》时改题名为《悼振铎》，又收入《叶圣陶集》第八卷）。是日日记云："晨听广播，云由北京飞苏联之'图104'客机于十七日苏联境内失事，机中人全都牺牲，其中有振铎在内，闻之震惊。振铎此去，为访问阿富汗与阿联，渠任文化代表团团长，全团十人。……余与振铎于国庆观礼时晤面，此后即未相见，不意竟成永诀，伤哉！《文艺报》来电话，嘱作哀悼文字，不可却，于午后勉成一律如下：'广播发今晨，惊闻君殒身。论交将卅载，违面未兼旬。举国红花遍，大同嫩蕊新。前途殊佳境，遗恨莫由亲。'"

10月21日　作诗《惊闻振铎先生噩耗伤悼殊甚作一律悼之意未尽次日复有此作》（刊《人民文学》第十一月号，1958年11月8日；收入《箧存集》时改题名为《前诗意未尽再作一首》，又收入《叶圣陶集》第八卷）。是日日记云："上午在社中，作诗悼振铎。伏案两小时有余，得十六韵，即缮送《人民文学》社。"诗中提了两件往事：一是抗战期间，郑振铎困守上海，"隐护人才兼文物"；一是1949年年初，结伴从香港浮海进入解放区，"图南北运意气雄"。

10月28日　参加首都各界人民欢迎志愿军凯旋大会。

10月30日　参加人大常委会与政协常委会之联席扩大会议，听杨勇作志愿军抗美援朝胜利凯旋之报告。

10月31日　出席郑振铎、蔡树藩等16位同志追悼大会（在失事的图104号飞机上，郑振铎率领的中国文化代表团共10人，及外交部对外贸易部的出国人员6人共16人全部遇难）。

同日　赴苏联高教工作代表团之招宴。

同月　《叶圣陶文集》第三卷由人民文学出版社出版。内收11篇短篇小说和长篇小说《倪焕之》。短篇小说为《李太太的头发》、《某镇纪事》(这两篇曾收入《脚步集》)、《席间》、《秋》、《乡里善人》、《皮包》、《我们的骄傲》、《邻舍吴老先生》、《春联儿》(后三篇曾收入《西川集》)、《友谊》和文言小说《穷愁》。《倪焕之》恢复原先三十章的版本。本卷所收各篇都由作者在文字上作了修订。书前有作者的《前记》(1958年5月22日)。

11月1日 与同人讨论初中语文课本文稿。

11月5日 为陈乃乾题写书名《观堂集林》、《清代碑传文通检》。

11月6日 宋云彬日记:"下午二时,中华邀请顾颉刚、聂仲岐、贺次君、叶圣陶、王伯祥等座谈标点《史记》及其三家注问题,余提问题甚多,大部分得到解决。"(《红尘冷眼——一个文化名人笔下的中国三十年》)

11月8日 赴文联之会,听茅盾报告亚非作家会议经过。

11月10日 至怀仁堂,听周总理报告。

11月14日 作词《鹧鸪天 欢迎志愿军文工团》(收入《箧存集》,又收入《叶圣陶集》第八卷)。

同日 在人教社开社务会议,讨论明年之工作。

11月15日 作书信《致金灿然》(收入《叶圣陶集》第二十四卷)。信云:"日来教本编辑工作大忙,每日下午审稿改稿,略无暇闲。星期四上午古籍整理出版规划小组之扩大会议,不克出席。乞转告齐燕铭同志,并希得其原谅。""(古籍整理出版)规划草案第三面倒数第八行,排印的是'毛主席的著作',我的改稿是'毛泽东思想'。'以××思想为武器',这个说法很通行了。'以著作为武器',还没人说过,意义也别扭。顺此奉告。"

同日 至广播电台,听"拼音字母之录音,将制作留声片"。

11月21日 作《从教育与劳动相结合展览会谈起》(刊《中学生》

第十一、十二期合刊，署名仲炳）。

11月24日　北京师院中文系学生来访，谈将编写《现代中国文学史》中"儿童文学"一章。

11月25日　修改中华书局影印《〈永乐大典〉说明》稿。

11月26日　作《新年献辞》（刊1959年1月1日俄文《友好报》）。

同日　观高中语文课本之清样稿。

11月29日　观初中语文课本之付排稿。

同月　《叶圣陶童话选》（蒙文版，璞仁来、德钦译）由内蒙古出版社出版，1979年2月再版。

12月3日　发表《从教育与生产劳动相结合展览会谈起》，刊《中国青年报》（收入《叶圣陶集》第十一卷时题名为《跟中学生谈教育与生产劳动相结合》）。

12月5日　与有关人士讨论师范语文课本之注释稿。

12月8日　至北京饭店，赴金日成首相之告别宴。

12月10日　始与有关人士讨论工农业余中学语文课本之注释与提示稿。

12月12日　作评论《读〈草原烽火〉》（刊《人民文学》1959年一月号，1月8日；后收入《叶圣陶论创作》，又收入《叶圣陶集》第十卷）。《草原烽火》是蒙古族青年作家乌兰巴干的长篇小说。

12月17日　参加罗莘田追悼会。至作协炼钢所参加劳动。

12月19日　北京师院中文系学生来访，询所著《中国诗歌史》之若干问题。

12月21日　宋云彬日记：今晨"又赴东四八条看圣陶，托圣陶转交一百元与覃必陶，还青年出版社预支稿费。"（《红尘冷眼——一个文化名人笔下的中国三十年》）

12月27日　为红专大学演讲，题为《改稿举隅》。观潘介泉所译易卜生之《人民公敌》稿。

年底 凭证买了黑白电视。

叶至善《父亲长长的一生》："一九五八年年底，北京开始试播黑白电视，首批凭证供应的电视机是从苏联进口的。我父亲得到了购买证，说放弃了可惜，定要去买一台。有两种型式可供选择。我买大的一种，花了四百元，叫'纪录牌'，屏幕大小像一本打开的十六开本期刊。父亲看了嫌小，说至少该跟《人民日报》一样大。……那时是'大跃进'，又正为迎接建国十周年大庆作准备，各省市的剧团纷纷来京献艺，都争取在电台电视台播出，在屏幕上，戏是有得看的。父亲最喜欢川剧，说同川菜一个风格，甜就甜得沁心，辣就辣得人合不上嘴。其次是京剧，是昆腔。他时常发现，川剧和京剧，尤其是没听说过的地方剧种，都有个别出色的折子戏，原本来自昆剧的剧目；移植之后经过一再蜕变，磨去了一些什么，又注入了一些什么，终于得到了当地人的认可，别处的人看了也觉得不错。他说这个漫长的过程，倒是很值得研究的。父亲更喜欢电影，电视播放电影，他可以说一次不落，中途退场的固然也有，看完了的免不了说短道长。看到满意的片子，等到电影院放映，再买票去重看。"（第365～366页）

1959 年

（己亥） 六十五岁

3月　中国人民解放军平定西藏叛乱，达赖喇嘛逃亡印度。

3月26日　教育部发出《关于在中学加强和开设外国语的通知》，要求"在初中开设外语课，在高中加强外国语教学，使学生在中学就打好一种外国语的基础"。

4月11日　教育部发出《关于在中学加强和开设外国语的补充通知》，指出："目前在中学开设的外国语，主要指的是俄语和英语。"

4月18日至28日　第二届全国人民代表大会在北京举行。大会选举刘少奇为中华人民共和国主席，宋庆龄、董必武为副主席，朱德为全国人民代表大会常务委员会委员长，并决定周恩来继续担任中华人民共和国国务院总理。

5月3日　首都举行各界纪念五四运动40周年大会。郭沫若在会上致开幕词，题为《发扬反帝反封建的"五四"精神》，指出"随着经济建设高潮的到来，目前已经开始出现了文化建设的高潮。这是一个比'五四'时代更加广泛更加深刻的文化革命"，"我国的知识界应该为完成这个革命而努力奋斗"。

6月16日　吴晗在《人民日报》发表《海瑞骂皇帝》。

7月2日至8月1日　中共中央在庐山举行政治局扩大会议。由于彭德怀呈递"意见书",会议由纠正"左"的错误和总结经验教训转为对彭德怀的批判。

8月2日至16日　中共中央八届八中全会在庐山举行,会上通过了《为保卫党的总路线,反对右倾机会主义而斗争》的决议和《关于以彭德怀同志为首的反党集团的错误的决议》。会后,在全国展开了"反右倾"运动。

本年　由于"大跃进"和"反右倾",加上自然灾害,我国进入严重经济困难时期。

* * *

1月3日　至人民文学出版社,商量编辑出版《郑振铎文集》之事,与沈雁冰、胡愈之、何其芳、王任叔、徐调孚、高君箴七人组成编委会。

同日　作诗《题教育部南口绿化区模型》(收入《箧存集》)。

1月5日　列席教育部之扩大党组会议,讨论普通教育改革问题。

1月10日　作评论《读〈野火春风斗古城〉》(刊《读书》第二期,1959年1月27日;后收入《叶圣陶论创作》,又收入《叶圣陶集》第十卷)。长篇《野火春风斗古城》,李英儒作。

1月13日　作词《踏莎行　新春纪事三首》(刊1月16日《人民日报》第八版,收入《箧存集》改题名为《踏莎行　苏联火箭(二首)》、《踏莎行　刚果与古巴》)。

1月25日　作评论《作品里涉及工程技术的部分》(刊《文艺月报》三月号,1959年3月5日;后收入《叶圣陶论创作》,又收入《叶圣陶集》第九卷)。

同日　宋云彬日记:"下午访圣陶不值。"《红尘冷眼——一个文化名人笔下的中国三十年》)

1月27日　审读裴学海《古书虚字集释》修订本稿。
1月28日　与同人谈中学语文课本选目。
1月29日　作评论《读〈伍嫂子〉》（刊《解放军文艺》三月号，1959年3月1日；后收入《叶圣陶论创作》，又收入《叶圣陶集》第十卷）。短篇《伍嫂子》，刘电华作。

同日　北京师院中文系学生来访，谈他们拟编写《现代儿童文学史》。

1月30日　参加曹伯韩追悼会。
1月31日　作《最后的彻底胜利属于古巴和刚果的人民》（刊《世界文学》二月号，1959年2月1日）。
2月3日　到社科院语言所，参加词典座谈会。
2月4日　作词《菩萨蛮（四首）》（刊2月6日《北京日报》第三版，收入《箧存集》时改题名为《菩萨蛮　全国农业展览会（二首）》、《菩萨蛮　第二次全国摄影艺术展览（二首）》）。
2月7日　教育部宴请苏联朋友，欢度春节，作陪。
2月8日　参加作协举行的春节会晤小集。
2月12日　与有关人士谈《祖国的历史》之编写事。
2月18日　出席作协召集之各地分会负责人会议，座谈文艺创作，历时三天。

同日　到文联礼堂，听陈毅向文艺界讲话。

同月　长篇小说《倪焕之》（朝文版，车达成译）由民族出版社出版，1980年2月再版。

3月4日　与同人讨论高中语文课本所用之语文常识稿。俞平伯来访，谈共编昆曲新剧，为国庆献礼，拟令嫦娥织女下凡，参加大跃进建设。
3月5日　作书信《答张中石》（收入《叶圣陶答教师的100封信》，又收入《叶圣陶集》第二十五卷）。信中谈创作的体会。张中石当时是江苏丹阳师范的学生。

3月7日　作《略叙文学研究会》（刊《文学评论》第二期，1959年4月25日；后收入《叶圣陶散文乙集》，又收入《叶圣陶集》第七卷）。

3月10日　与有关人士谈中学语文课本和师范语文课本之修订意见。

3月11日　作评论《短篇小说集〈老长工〉》（刊《文学书籍评论丛刊》第三期，后收入《叶圣陶散文乙集》，又收入《叶圣陶集》第十卷）。短篇小说集《老长工》，束为作。

3月12日　与有关人士谈小学语文课本之修改意见。

3月18日至4月12日　参加人大、政协的视察活动。3月18日，离京赴宁视察。20日，访五老村、汉府新村。

3月20日　作诗《南京五七新诗》（刊4月17日《人民日报》第八版，收入《箧存集》时题名为《题南京五老村》）。

3月21日　抵扬州，游瘦西湖。次日，访扬州市漆器玉石工艺厂和制花工艺厂，又访扬州工业专科学校。

3月23日　作诗《扬州制花工艺厂》（刊4月17日《人民日报》第八版，收入《箧存集》时题名为《题扬州制花工艺厂》）。

同日　经仙女庙、邵伯、高邮、宝应、淮安至淮阴。次日，观扬庄水利枢纽工程。次日，抵渔沟人民公社访问。次日，抵沭阳县视察。次日，往涟水县参观。次日，观邵伯船闸工地后返扬州。

3月29日　经海安县抵南通。次日起，访南通制药厂、电机厂、七一机床厂、钢铁一厂。次日，参观南通油酒化工厂、回纺厂和沼气厂。次日，往观城区红旗人民公社。次日，参观南通师范学校、南通医学院。致书夏衍，希望文化部发动拍摄苏北水利工程之大型纪录片。次日，参观南通刺绣学校。

4月2日　作诗《南通红旗公社南园食堂》（刊4月17日《人民日报》第八版，收入《箧存集》时题名为《题南通红旗人民公社南园食堂》。

4月4日　作诗《南通博物馆》(刊4月17日《人民日报》第八版，收入《箧存集》时题名为《题南通博物馆》)。

4月5日　抵狼山，访南通市聋哑学校，观狼山历史文物展览馆，访南郊公园。

同日　作诗《狼山历史文物展览馆》(刊4月17日《人民日报》第八版，收入《箧存集》时题名为《题狼山历史文物展览馆》)。

4月6日　抵苏州。次日，视察震泽县。

4月9日　观苏州美术工艺研究室，访胥江钢铁厂。

4月10日　抵南京。次日，离宁返京。

4月13日　与中学语文教师座谈，讨论《编写中学语文通用教材的初步意见》稿。

4月14日　作《参观和题赠》(刊4月17日《人民日报》第八版，收入《叶圣陶散文乙集》时改题名为《参观苏北水利工程》，又收入《叶圣陶集》第七卷)。

同日　与小学教师座谈，讨论《编写小学语文通用教材的初步意见》稿。

4月15日　与北京市教师进修学院的教师座谈，讨论《编写全日制中小学通用教科书的方针和若干原则问题的初步意见》稿。

4月16日　至语言研究所，开现代汉语词典审订委员会议。

4月17日　出席第二届全国人民代表大会第一次会议预备会，当选为大会主席团成员。次日，人代会开幕。28日，人代会闭幕。

4月20日　作诗《听周总理政府工作报告》(刊4月23日《光明日报》第五版，后收入《箧存集》)。

4月21日　观小学语文课本之修改稿。

4月24日　修改广播电台改编之广播剧《倪焕之》。

4月29日　修改教育部关于今年大学招生问题之请示报告稿，修改《编写中学语文通用教材的初步意见》稿。

同月　　短篇小说集《抗争》由人民文学出版社出版，为"文学小丛书"之一，内收短篇《一生》、《饭》、《金耳环》、《潘先生在难中》、《抗争》、《夜》、《一个练习生》和《多收了三五斗》。书前有编者撰写的《前言》。

5月1日　　登天安门城楼观礼。

5月2日　　赴文联之会，讨论发展文艺事业，以及第三次代表大会何时召开等问题。至劳动保护展览馆，观西藏叛乱分子罪证之展览。

5月3日　　在教育部讨论部中所拟关于各级学校教育大纲之文件稿。出席古籍出版规划小组之会议，讨论四年出版规划。

5月5日　　修改教育部拟发之《今年工作纲要》稿。

5月6日　　修改古籍整理出版规划小组之《四年出版规划》稿。

5月7日　　作《给初学写作者》（刊《红旗手》第六期，后收入《叶圣陶集》第九卷）。

5月8日　　宋云彬日记："晚赴东四八条看叶圣陶，伯祥亦在。圣陶谓看到我在政协的发言稿说，里面有骨头，其意谓余未心服也。"宋云彬"在政协的发言稿"即指宋4月20日在政协小组会议上的发言。是日，宋云彬日记云："下午三时赴东交民巷团中央出席政协小组会议，余首先作十五分钟之发言。休息时，周瘦鹃谓余发言勇敢，甚可钦佩云。发言稿交小组长沈体兰。"（《红尘冷眼——一个文化名人笔下的中国三十年》）

5月11日　　参加人大常委会扩大会议，听民主德国人民议院主席狄克曼演说。

5月14日　　修改中华书局出版之《〈胡笳十八拍〉出版说明》稿。

5月17日　　出席中国少年儿童出版社之座谈会，与孩子们座谈陆俊超之《惊涛骇浪里的英雄》一书。

5月19日　　与有关人士讨论初中、高中语文课的选目。

5月22日　　作《给少年儿童更多的课外读物》（刊6月1日《光明

日报》第三版,后收入《叶圣陶集》第十一卷)。

同日 始与朱文叔共同讨论词典稿。

5月23日 作词《鹧鸪天 上海解放十周年》(刊5月28日《文汇报》第五版,后收入《箧存集》)。

5月26日 作《英译本〈叶圣陶童话选〉序》(刊英文版《叶圣陶童话选》,外文出版社出版1961年版;后收入《叶圣陶序跋集》,又收入《叶圣陶集》第十七卷)。

5月29日 工余始读傅东华所译《堂吉诃德》。

5月31日 为庆祝儿童节,少年儿童与作家艺术家聚会于景山公园少年宫,圣陶先生到会致辞。

同月 《文学书籍评论丛刊》第四期发表杨草《叶圣陶的"城中"和"抗争"》,称短篇《城中》里的丁雨生和《抗争》里的郭先生,是作者早期知识分子形象里具有"亮色"的两个形象。

6月5日 作《认真地努力地把语文学好》(收入《叶圣陶集》第十三卷)。

6月6日 修改《〈史记〉出版说明》与《点校后记》稿。

同日 宋云彬日记:"圣陶送回《出版说明》等,改得很好。"(《红尘冷眼——一个文化名人笔下的中国三十年》)(《出版说明》即宋云彬拟的《〈史记〉出版说明》初稿——编者注)。

6月11日 到语言研究所,谈审阅词典稿的感想。

6月12日 在人教社开中学语文通用教材编辑讨论会,连续十天。

6月17日 作《〈曹沧洲医案选集〉序》。

6月20日 在人教社开小学语文编撰问题讨论会,历时一周。

6月22日 作词《浣溪沙 赠亦秀》(收入《箧存集》)。

6月28日 宋云彬日记:"上午赴东四八条看叶圣陶,圣陶外出,未晤。"(《红尘冷眼——一个文化名人笔下的中国三十年》)

6月29日 作诗《党的生日》(收入《箧存集》)。

同日 胡愈之来访,谈课本中应用简化字。

同月 北京市委书记作题为《目前经济情况》的报告,谈副食品供应紧张之原因及增产节约之意义。

叶至善《父亲长长的一生》:

"'三年困难'从哪年哪月算起呢?从降低个人每月的口粮标准算起,我想是比较合适的;……油、糖、豆也按定量分配。……父亲和我总是书生之见:六亿人口都在挨饿,我们没有特殊化,一同挨饿,这才是正道。没有特殊化,其实并不彻底,父亲和我都有'特供',跟司局级干部一个样,每月另加糖和豆;父亲有两斤肉,我也有一斤;香烟都是一条,父亲是'红牡丹',我是'大前门'。特供的价钱跟市价一个样,可是在困难时期,在全国六亿人口中,这点儿特供,已经叫我们特殊化得羞于启齿了。

"困难时期票证虽多,可是物价未涨,薪水未减,人们手上的钞票就越积越多。经济学家说这可不是好现象。得把那过剩的钞票收回来。用什么办法呢?就是提高一部分非必需消费品的价钱。对我们家来说,影响最大的莫过于酒了:售价转眼间翻了几番,尽管这样,名牌白酒在市场上竟一抢而空,剩下的只有浅黄色的金奖白兰地,喝惯国产烈性酒的人嫌它不过瘾,又不习惯陈年橡木桶的那种怪味。人舍我取,我父亲就专喝白兰地。一瓶十五元,兑上四分之一的凉开水,等于十二元。我还嫌贵,找到了一种调制的白玫瑰,味道太甜又异香冲鼻,难喝极了,好处是才五元一瓶,哪儿都有卖的,兑上凉开水,酒价还能下浮。父子俩对饮,各喝各的,都自己骗自己。"

(第367~368页)

7月2日 在教育部开办公会议,研究大学教师进修与大学招收研究生等问题。

7月5日 宋云彬日记:"上午赴东四八条三十五号看叶圣陶,圣陶适外出。"(《红尘冷眼——一个文化名人笔下的中国三十年》)

7月7日　始与人教社地理编辑室同人共同推敲小学地理课本稿。

7月10日　宋云彬日记：晚餐毕，"赴东四八条看圣陶，谈至十时方回家。圣陶谓予所写《史记》出版说明及点校说明皆佳，且有必要，然伯翁、乃乾则皆不以为然云云"。（《红尘冷眼——一个文化名人笔下的中国三十年》）

7月15日　修改《关于研究生工作的暂行规定》稿。

7月16日　宋云彬日记：致圣陶函。（《红尘冷眼——一个文化名人笔下的中国三十年》）

7月17日　始与人教社地理编辑室同人修改初中本国史地理课本稿。

7月18日　宋云彬日记："早上接圣陶复信。"（《红尘冷眼——一个文化名人笔下的中国三十年》）

7月21日　修改教育部党组呈中央关于整顿学校秩序之报告稿。

7月22日　作诗《亦秀招游龙潭湖》（收入《箧存集》，又收入《叶圣陶集》第八卷）。

同日　修改教育部关于稳定现行教学计划与现行教科书之报告稿。

7月27日　始与人教社修改小学语文课本稿，8月11日改毕。

7月28日　修改《〈中国哲学史资料选辑丛刊〉序言》稿。

7月29日　工余始观《华盛顿欧文短篇小说选》。

7月31日　为中华书局修改两种《〈笔记史料丛刊〉例言》稿。

8月12日至9月17日　作诗《建国十年咏》（14首，收入《箧存集》）。包括《百花齐放》（8月12日作）、《画会开》（8月15日作）、《说部丰收》（8月19日作）、《大炼钢铁》、《公社万岁》、《千斯仓兮万斯箱》、《尽水利》、《水陆空》、《教育革命》、《美术工艺》（8月22日作）、《真平等》、《天安门》（9月17日作）、《登景山》（9月17日作）、《精神面貌》（9月17日作）。

其中《大炼钢铁》、《公社万岁》，刊《光明日报·东风》（9月23日）；《百花齐放》、《画会开》、《说部丰收》，刊《人民文学》十月号（10月8日）；《良工绝艺》、《真平等》，刊《新观察》第十九期（10月1日），《良工绝艺》收入《箧存集》时改题名为《美术工艺》。

8月12日　"今年国庆十周年，各处均来索文，必有以应之。自个人之心情言，亦颇欲一表此十年内之兴奋。每夜眠醒来，辄念及此，往往因而不复能入睡。昨夕得一念，就每一事作一诗，如教育、文学、戏剧、工业、农业等等，言其新面貌。诗用古体，杂以长短句，较为自由。若能成十数首，亦可以聊应各种刊物之求。"

8月13日　始与有关人士讨论高中语文课本文言选文之注释稿。

8月14日　"夜间作第二首诗，言国画之兴盛情况。昨已得数句，今夕续为之。直至十一点，亦不过得数句耳。因疲益甚。"

8月15日　"六点半归，惫甚。夜间晓先来访，闲谈一时许。晓先去后，足成昨夕之诗。"

8月19日　作书信《致金灿然》（收入《叶圣陶集》第二十四卷）。信云："我在最近两三月内，忙碌殊甚，每日上下午非开会即商量文稿，傍晚归来，颓然无复精神。预计此种情况，年内不会改变。以故，尊示所嘱，恕难应命。一向松懈，稍紧张即'吃不消'，言之深可愧，然无妨向老友陈告也。

"佩弦此作（《经典常谈》——编者注），我同意重印。删去不适当之语句，并使上下文仍复连贯，我意宜请编辑室同志为之。编辑人员之工作，即此等事也。

"作序之事，非我所宜。您应了解我，古籍云云，我之知识并不超乎高中学生。人皆以为我知道什么，我实在连常识也谈不上，此一点恐不能叫人相信，以为我谦虚。你与我相识十年，且非泛泛之交，当知我言非虚也。苟我稍有真知灼见，则佩弦为我之好友，于其遗著，有不肯欣然作序者乎？至希亮察。"

8月23日　与齐燕铭、金灿然共商修订《辞源》之工作。

8月25日　作诗《语文教学二十韵》(刊《语文》第九期，又刊1962年《人民教育》六月号，后收入《箧存集》，收入《叶圣陶语文教育论集》时名为《代自序》，又收入《叶圣陶集》第八卷)。当日日记云："昨夕成半首，今天伏案至十点，完成之，共二十韵，题目《语文教学》。西南师院语文社，出刊物曰《语文》，屡来索稿，为文非易，则以诗应之。"

8月26日　参加政协之会，听张奚若作传达报告。

8月27日　出席文联主席团扩大会议，周扬传达八届十中全会精神。

8月29日　赴文协座谈会，畅谈最近发表之党中央文件与周总理报告。

8月30日　作书致吴作人，以夏丏尊所藏弘一法师出家前所作之油画《倦》一幅交与中央美术学院，请其保藏。

9月8日　为中华书局修改《永乐大典》复制本的《出版说明》稿。

9月13日　至工人体育场，出席全国第一届运动会开幕式。

9月17日　教育部宴请有关苏联专家及使馆人员，欢度中秋佳节，作陪。

9月18日　参观新建成之人民大会堂。

9月20日　作诗《观李可染画展》(收入《箧存集》，又收入《叶圣陶集》第八卷)。

是日日记云："李君漫游各地，图其山水名胜，国画而参以西法，往往为满幅，用笔老练，不拘某宗某派之绳墨。有若干幅，所绘皆余所曾到之地，经李君画出，乃觉别呈佳态。一一观之，颇为心赏。午饭后……浴于松竹园。浴时思作一诗，赞李君之画。回家后即构思执笔，迄夜完成，凡八韵。书于信笺，明日送与李君，余与李初未相识也。"

同日　作书信《致金灿然》(收入《叶圣陶集》第二十四卷)。信云："《永乐大典》仿制本印成后，我希得到一册。亦非欲作什么研究，如小孩盼得泥人，取其好玩而已。如不赠送，我希望以优先条件买到一册。专此奉达，乞惠察。"

同日 观十年来民族工作展览。

9月21日 作诗《读〈老木将凋又逢春〉》（三首，刊《新观察》第二十期，1959年10月16日；收入《箧存集》时改题名为《赠萧长华老先生》，又收入《叶圣陶集》第八卷）。

是日日记云："夜间又作诗。京剧家老辈萧长华自叙四十年来之经历，艺术之被重视，党政对彼之深切关怀，文曰《老木将凋又逢春》，发表于《新观察》。余读而善之，以为亲切有味，足以感人。因作三绝句赠之。余与萧亦不相识，仅某次于文联会场中由梅兰芳介绍，与一握手而已。"

9月23日 应统战部之邀，参加传达报告会。

9月26日 周总理宴请外国专家，作陪。

9月28日 在人教社讨论明年之选题出版计划。到人民大会堂，出席建国十周年庆祝大会。

9月29日 作词《浣溪沙　天安门前观礼（四首）》（刊10月1日《北京晚报》第三版，后收入《箧存集》）。

10月1日 到天安门观礼。

10月3日 在教育部，与各地来京观礼之先进教育工作者与模范教师座谈。赴柬埔寨大使馆为其国文化代表团来华访问举行的宴会。

10月5日 作书信《答孙文才》（收入《叶圣陶答教师的100封信》，又收入《叶圣陶集》第二十五卷）。信中介绍圣陶先生自己写的《任瑞卿老先生》，又论及鲁迅的诗《自嘲》。孙文才当时是吉林浑江师范学校的教员。

10月6日 参加首都各界庆祝德意志民主共和国成立十周年之纪念大会。

10月9日 参观整理完竣之定陵，并访水库。

10月10日 修改教育部关于提高语文教学质量之报告稿。

10月12日 至中山公园,参加全国人大常委会副委员长李济深公祭仪式。

10月15日 作诗《振铎老友周年祭》(刊10月17日《光明日报》第三版,收入《箧存集》时改题名为《振铎周年祭》,又收入《叶圣陶集》第八卷)。诗中写到与郑振铎交往中最后的两件事:"水库习劳昕夕共,定陵并辔指陈详。"

叶至善《父亲长长的一生》:"'水库'和'定陵'一联,按时间先后应该掉个个儿。先是二月二日下午,振铎先生特地邀约我父亲和伯祥先生,同去明十三陵,参观发掘将竣工的定陵地宫。真个像孩子似的,得了新鲜的好东西,立刻想到跟同伴分享,还充当了一回地地道道的讲解员。六月下旬,参加修筑十三陵水库的义务劳动,我父亲和振铎先生却是不期而遇,同是国务院组织的第二拨,却不在同一小队,出发时望见对方在别一辆小面包上。宿将借的一所学校,离工地八里;住宿和劳动,两人都不在一起。每天午后三点整队出发上工地,夜里十一点回宿舍,扣除来回走路和中间休息,实际劳动时间不足四小时。……第四天上午,父亲居然找到了振铎先生,两人一同去浴室洗了澡,都说疲劳关似乎已经闯过。晚上提早歇工,因石料已经够用,第五天改成了运砂子。……父亲在日记上记着:'晚餐后与振铎各饮啤酒一瓶,闲谈久之。'……在十三陵水库工地上那个宁静的夜晚,两位老朋友分明作的无疑是最后一次娓娓长谈,却一句话也没有记下来,不免叫人觉得可惜。"(第361~362页)

10月16日 始审改明年秋季用之《小学语文》各册书稿。与胡愈之等发起为纪念郑振铎逝世一周年举行座谈会。

10月17日 应齐燕铭、金灿然之约,与吴晗、翦伯赞、魏建功等讨论北大整理古典专业之课程与授课人诸问题。

10月18日　到北京图书馆,参加怀念郑振铎逝世一周年之座谈会。
10月19日　参加人大常委会之扩大会议,听匈牙利国家主席道比·伊斯特万发表演说。
10月20日　在人教社与地理编辑室同人修改地理课本稿。
10月21日　在教育部开办公会议,讨论综合大学、高等师范、外语院系制订教育计划之暂行规定草案。
10月23日　在人教社开社务会议,讨论选题计划、编辑工作各级负责之规定。
10月26日　吴玉章来访,询问小学教授拼音字母情况。
10月30日　应农机部之邀,赴洛阳,观第一拖拉机厂之开工典礼。
同日　作《读〈我们播种爱情〉》(刊1960年2月6日《光明日报》第六版,后收入《叶圣陶论创作》,又收入《叶圣陶集》第十卷)。这是圣陶先生为徐怀中之新版《我们播种爱情》写的序文。
同月　短篇小说《夜》刊越南《文艺杂志》1959年10月"中国国庆十周年纪念专号"。
11月4日　从洛阳回到北京。
11月6日　始修改初中、高中语文课文之注释稿。
11月8日　参加名医章次公之追悼会。
11月10日　上海举行章靳以追悼会,发一电向其家属致唁。
11月17日　作书信《答曹承德》(收入《叶圣陶答教师的100封信》,又收入《叶圣陶集》第二十五卷。信中解释"道"与"文"的关系,指出:"在语文教学中,我们认为'道'与'文'是不可分割的。'语言是思想的直接现实',人们进行思维活动,不能离开语言这个工具。就一篇文章说,思想内容和语言形式是不可分割的。文章不是不相关的字句凑成的,是要言之有物,言之成章的,是用来记叙事实,阐明道理,抒发感情,讲述知识的。事实、道理、感情、知识是内容,而记叙、阐明、抒发、讲述必须凭借语言作为表现形式。读一篇文章，理解它的内容和理解它的语言文字是紧紧联系在一起的。写一篇文章，正确地反映客观事物和准确地运用语言文字也是分不开的。因此，无论说'以道为主''以文为主'或者'道与文并重'，都是把'道'和'文'割裂开来，既不符合思想内容与语言形式不可分割的客观实际，也不符合培养读写能力的教学实际。那样理解'道'与'文'的关系，在教学实践中会有很大的流弊。"曹承德当时是湖南湘潭砂子塘小学的教员。

11月16日　出席教育部之数学教学座谈会，邀各地数学教师代表开会五天。

11月20日　观审师范语文课本稿。

11月21日　到人民大学讲毛主席诗词《卜算子　咏梅》、《水调歌头　游泳》。

11月25日　至文联礼堂，参加追悼章靳以之会。

11月28日　为北京市四中和五中学生作讲，谈学习语文的重要性。

11月30日　作《普通话的宣传工作还得多做》（刊《文字改革》第二十三期，1959年12月30日；后收入《叶圣陶集》第十七卷）。

同月　《叶圣陶选集》由人民文学出版社出版。内收短篇小说37篇：《一生》、《一个朋友》、《苦菜》、《隔膜》、《阿凤》、《一课》、《晓行》、《饭》、《义儿》、《祖母的心》、《小蚬的回家》、《小铜匠》、《校长》、《金耳环》、《潘先生在难中》、《外国旗》、《前途》、《城中》、《在民间》、《搭班子》、《一包东西》、《抗争》、《夜》、《某城纪事》、《李太太的头发》、《"感同身受"》、《一个练习生》、《寒假的一天》、《一篇宣言》、《邻居》、《逃难》、《多收了三五斗》、《冥世别》、《皮包》、《我们的骄傲》、《春联儿》、《友谊》；散文10篇：《登雁塔》、《游临潼》、《从西安到兰州》、《坐羊皮筏到雁滩》、《游了三个洞》、《黄山三天》、《记金华的两个洞》、《登赐儿山》、《涿鹿的劈山大渠》和《坝上的一天》。

同月　童话集《古代英雄的石像》由香港今代图书公司出版，删去丰子恺的《读后感》。

12月1日　到人民大学演讲鲁迅小说《孔乙己》。

12月4日　始校改高中课本《世界近代现代史》稿。

12月12日　到人民大学演讲王愿坚小说《普通劳动者》及杜甫诗《春望》、《登高》和《绝句　两个黄鹂鸣翠柳》。

12月14日　修改《三国志》的《出版说明》稿。

12月27日　作《要写得便于听》（刊《新闻战线》1960年第一期，后收入《叶圣陶散文乙集》，又收入《叶圣陶集》第十七卷）。

12月28日　赴统战部会，听陈毅报告。次日，赴国务院之宴，宴请各兄弟国家之专家，祝贺新年。

12月30日　作评论《揣摩——读〈孔乙己〉》（刊《语文学习》1960年第一期，后收入《叶圣陶论创作》，又收入《叶圣陶集》第十卷）。

12月30日　与有关人士讨论《教育译报》和《语文学习》之编辑方针。

1960 年

（庚子） 六十六岁

1月　中共中央在上海召开政治局扩大会议，制定了1960年国民经济计划。

7月　苏联政府单方面撕毁了中苏签订的合同和协定，一个月内撤走在华全部苏联专家，停止供应重要设备，加重了我国的经济困难。

同月　中国文学艺术工作者第三次代表大会在北京召开。

9月　中共中央批转了经周恩来审定的国家计委党组《关于一九六一年国民经济计划控制数字的报告》，提出了"调整、巩固、充实、提高"的八字方针。

11月19日　全国人大常委会第三十二次会议通过《关于特赦确实改恶从善的蒋介石集团和伪满洲国的战争罪犯的决定》。

* * *

1月1日　参加中央政府之新年团拜会。

1月11日　作评论《崭新的县志——读〈红色的南江〉》（刊《文艺报》第一期）。

1月13日　到嘉兴寺,参加公祭许昂若。
1月17日　致书金灿然,建议中华书局编撰《历代官制词典》。
1月21日　作书信《答孙文才》(收入《叶圣陶答教师的100封信》,又收入《叶圣陶集》第二十五卷)。回答的问题有"'语文'一名",始用于何时;"讲读课不限于逐句逐段地讲"、怎样"给人物作鉴定"、"教学纲要拟定"、"大楷小楷的问题"、"字体问题"等。在回答"'语文'一名,始用于何时"时说:

"'语文'一名,始用于一九四九年之中小学语文课本。当时想法,口头为语,笔下为文,合成一词,就称'语文'。自此推想,似以语言文章为较切。文谓文字,似指一个个的字,不甚惬当。文谓文学,又不能包容文学以外之文章。我个人想法如此。"

1月22日　到人民大会堂,听李先念报告。出席文联座谈会,听周扬演讲。
1月25日　应周总理招宴,各部委负责人共坐叙谈。
1月27日　赴教育部之会,座谈提高语文教学质量请示报告之草稿。
1月28日　赴作协之春节酒会。
2月1日　胡愈之来访,谈改进语文教学事。
2月3日　在人教社开会总结建社十年来之经验教训。
2月7日　作词《鹧鸪天　赠张家口招待所》(收入《叶圣陶诗词稿》)。
同日　宋云彬日记:上午十时,"赴东四八条看圣陶,晓先先在,谈标点问题"。(《红尘冷眼——一个文化名人笔下的中国三十年》)
2月8日　作诗《赠下放遂平诸同志》(收入《叶圣陶诗词稿》)。
2月13日　出席首都庆祝中苏友好同盟互助条约签订十周年盛大招待会。
2月15日　至首都剧场,出席日本前进座剧团首演之开幕式。

2月17日　出席文改委员会之会。

2月18日　至军事科学院演讲，谈写作。

2月19日　作诗《赠日本前进座剧团》（收入《叶圣陶集》第八卷）。

2月20日　出席政协文教组之集会，抗议台湾当局与美国签约，将存在台湾之我国文物运往美国，名义上为送去展览，实则等于任美国劫夺。

2月21日　参加教育部之宴，主客为来我国参加庆祝《中苏友好同盟互助条约》签订十周年之苏联代表团团长、高等和中等专业教育部部长叶留金。

2月22日　和首都文化界五百四十多人联名，抗议美国与台湾达成所谓"协议"、准备将台湾文物运往美国"展览"。

同日　参加纪念肖邦诞生150周年纪念会。

2月23日　出席词典审订委员之座谈会。

2月25日　赴对外文协、文联、剧协三个团体举行之酒会，庆祝日本前进座剧团建团30周年。

2月26日　作评论《"上口"和"入耳"》（刊《文字改革》第五期，1960年3月15日；后收入《叶圣陶语文教育论集》，又收入《叶圣陶集》第十七卷）。文章认为写文章"该充分顾到'上口'和'入耳'两个条件"。

同日　赴赵登禹路政协礼堂出席赴河南参观会议。参观会议分三组，圣陶先生与宋云彬、叶至善为第二组，王伯祥在第三组。参观团成员还有朱光潜、章伯钧、叶笃义等。

2月27日至3月15日　参加统战部组织之学习团赴洛阳等地参观，至善偕。2月27日，夜九时乘火车赴洛阳。次日，抵洛阳，住西工区国际旅社。"晚看豫剧，一武打戏，一包公戏。"（宋云彬《红尘冷眼——一个文化名人笔下的中国三十年》）

2月29日　在洛阳参观。上午参观轴承厂，下午参观耐火材料厂。

3月1日　参观拖拉机厂。

3月2日　上午参观矿山机械厂，下午座谈，晚上宴会。

3月3日　上午，在旅社礼堂听洛北区刘区长介绍洛北区社办工业情况，后参观洛北麻袋厂、雨具宫灯厂，访敬事街小学。

同日　作诗《赠洛阳麻袋纺绳厂》（收入《叶圣陶诗词稿》）。

同日　作诗《赠洛阳雨具宫灯厂》（收入《叶圣陶诗词稿》）。

3月4日　上午参观洛阳钢铁厂，游关林，看博物馆。下午出席座谈会。晚看洛阳市豫剧二团演出。

3月5日　访白马寺。下午参观瀍河区人民公社，观敬老院。晚上座谈。

3月6日　上午座谈。下午看龙门石窟，看宾阳洞、万佛洞、莲花洞、魏字洞、唐字洞、奉先洞、药方洞、古阳洞。参观泥塑厂。

3月7日　上午看汉墓。下午乘火车于六时许抵三门峡，住交际处招待所，夜听市长报告，看纪录影片。

3月8日　参观三门峡水利工程。晚看曲子戏。

3月9日　看虢国墓葬的车马坑。下午六时许抵郑州，住紫荆山宾馆。

3月10日　上午听郑州副市长介绍郑州市情况。下午参观河南省展览馆及治理黄河陈列馆。

3月11日　上午参观纺织机械厂。晚上开小组会。

3月12日　上午听关于城市人民公社之报告。下午参观砂轮厂，访管城区红旗人民公社，看敬老院。

3月13日　上午听郑州市委统战部长解答关于城市人民公社之报告。下午座谈。

3月14日　上午参观东郊人民公社。下午看殷代古城遗迹。夜偕至善提前乘车返京。

3月15日　作诗《题赵孟𫖯击剑小影》（收入《叶圣陶集》第八卷）。

3月21日　审阅中学课本之补充修订计划。

3月24日　到北京师院演讲。至嘉兴寺，吊林宰平之丧。
3月29日　出席第二届全国人大第二次会议预备会。次日，人代大会开幕，为大会主席团成员。
4月3日　赴宣武师范演讲，讲作文之要。
4月4日　人民教育出版社与高等教育出版社合并，圣陶先生以社长兼总编辑之名义集会讲话。
4月10日　出席人代会主席团会议。次日，人代大会闭幕。
同日　出席文联全国委员会扩大会议，讨论即将召开的第三次文代会之事。
4月13日　始修改小学自然课本稿。
4月14日　作诗《题赠松竹园》（收入《叶圣陶诗词稿》）。
4月16日　发表《适应大跃进的形势，中小学教科书必须改革》，刊《人民教育》四月号，《新华半月刊》第十一期转载时改题名为《中小学教科书必须改革》。
4月19日　作评论《〈老牛筋〉的新生》（刊5月11日《光明日报》第三版）。
4月22日　参加纪念列宁诞辰90周年纪念大会。
4月23日　作《德译本〈倪焕之〉序》（刊入德文版《倪焕之》）。
4月28日　观初中语文课文中关于写作方法之短文十篇。登天安门城楼，参加首都各界人民支援南朝鲜人民爱国正义斗争大会。
4月30日　赴国务院之招待会，庆祝劳动节。
同月　《多收了三五斗》（Gladys Rang 译）刊《中国文学》（英文版）1960年4月号。
5月3日　始审小学语文课本修改稿。
5月9日　登天安门城楼，参加首都各界人民支援日本人民反对日美军事同盟条约大会。
5月10日　至文化学院演讲。
5月11日　始审中学语文课本之修改稿。

5月12日　至文化学院演讲。

5月16日　至嘉兴寺，吊于观文之丧。

5月19日　赴文化学院演讲。

5月20日　登天安门城楼，参加首都各界人民支持苏联正义立场反对美帝国主义破坏四国首脑会议大会。

5月22日　作《心心相通——寄到日本去的信》（刊6月2日《人民日报》第八版，后收入《叶圣陶集》第七卷）。

5月24日　往文化学院演讲，讲词汇。参与起草杨秀峰部长在即将召开之文教群英大会之报告。

5月25日　作书信《答张中石》（收入《叶圣陶答教师的100封信》，又收入《叶圣陶集》第二十五卷）。信中感谢张中石对教育部提的"三点建议"。张氏当时是江苏溧水柘塘乡中心小学的教员。

5月27日　为内蒙古教育出版社写社名牌。

5月28日　作诗《颂职工教师》（刊6月3日《工人日报》第三版，收入《叶圣陶集》第八卷题名为《〈先进业余教育工作者事迹汇刊〉题辞》）。

5月29日　到北京医院，向林伯渠遗体告别。

同日　作诗《赠群英代表》（刊6月1日《光明日报》第四版）。

5月31日　往北海观儿童玩具展览之预展。

同月　作《课文的修改意见举隅》（收入《叶圣陶集》第十六卷）。圣陶先生对编入中小学语文课本中的《不畏劳苦的人》、《捕鼠专家曹大妈》、《非凡的四十分钟》、《包兰路上的钢铁战士》等四篇课文进行修改，为人教社中小学语文编辑室同人示范。

6月1日　上午出席文教群英大会筹委会扩大会议，为大会筹备委员。下午，文教群英大会开幕。6月11日闭幕。

6月2日　往劳动人民文化宫参加追悼林伯渠大会。

6月5日　赴中阿友协之酒会，宴哈奇·列希。

6月12日 观文化各部门技术革新革命展览会和十年来电影事业发展展览会。次日,观普通教育方面教育改革成果展览会。

6月14日 往文化学院演讲,评析当日《人民日报》社论。

6月26日至7月12日 教育部召开教材研究会,与会103人,包括上海、江苏、北京等14个省市和中央有关单位。会后有《语文、历史、地理、常识四科教材研究会纪要》,《纪要》于8月23日改定,由圣陶先生统稿。"语文教材"部分的内容如下:

第一,关于语文教材的几个问题

一、语文教学的任务问题

语文教学的任务,在这次研究会中引起了热烈的讨论,大家一致同意语文教学和其他一切工作一样,应该政治挂帅,以毛泽东思想为指针。语文是思想性政治性很强的一门课程,必须高举马克思列宁主义的红旗,反对帝国主义,反对现代修正主义,肃清资产阶级的思想影响,培养学生的共产主义世界观,极大地提高学生的共产主义思想觉悟和道德品质。这是极其重要的政治任务,必须很好地完成。语言文字又是学习和工作中不可缺少的工具。语文课应该培养学生的马克思列宁主义的文风和正确运用祖国语言文字的能力。语文课还应该给学生一定的阶级斗争和生产斗争的知识,同时培养学生正确的思想方法。这些同样是无产阶级的政治所需要的,也必须很好地完成。

思想政治教育和语文教育是不可分割的统一体。"为语文而语文",把语文课技术化,忽视政治,那是资产阶级的白专道路,十分危险,必须坚决反对和防止。但是对政治的理解也不容狭隘化,把语文课变成政治理论课和时事政策课,而忽视培养读写能力的任务。

二、语文教材的选材问题

选材标准应当是"以政治标准放在第一位,以艺术标准放在第二位"。"我们的要求则是政治和艺术的统一，革命的政治内容和尽可能完美的艺术形式的统一。"内容应当是革命的、正确的、健康的。表达形式应当具有准确性、鲜明性、生动性。语文教材应当根据以上标准精选经过考验的好文章（包括政治论文、文学作品、科学小品等等），深浅要适合学生的程度。报刊上的好文章和新民歌可以选，但是要求要严，抉择要精，不宜选得过多。

　　语文教材应该贯穿着马克思列宁主义的思想观点，例如：集体观点，劳动观点，阶级观点，群众观点和辩证唯物主义观点等。教材内容应该包括社会生活、政治斗争、生产劳动、历史、地理、文学、思想方法（形式逻辑和辩证法）等方面的知识，并且结合课文，教学简明切用的语法修辞的知识。文章的体裁要多种多样，古今中外的文章要有一定的比例。此外，选材要注意保密的要求，还要注意作者的政治情况。（下略）

7月5日　往文化学院演讲，谈文章修改。

7月8日　始观审《现代汉语词典》之试印本。

7月14日　赴伊拉克大使馆之招待会，庆祝其国庆。

7月21日　出席中国文学艺术工作者第三次代表大会预备会议。

7月22日　第三次文代会开幕，为大会主席团成员。后被推选为文联全国委员、作协理事。

7月25日　在作协小组会上发言。应波兰大使馆之邀，参加其电影招待会。

7月26日　在作协小组会上发言。观英国70年间油画展。

7月27日　在作协小组会上发言。

7月29日　赴青岛出席第三届普通话教学观摩大会。次日，开大会领导小组首次会议。

8月1日　作《对推广普通话的三点意见——在第三届普通话教学观摩会上的发言提纲》（刊《叶圣陶集》第十七卷）。这是圣陶先生在普通话观摩大会开幕式上的讲话稿。

8月3日　作诗《第三届普通话教学观摩会举行于青岛》(收入《叶圣陶诗词稿》)。

8月5日　与普通话观摩大会代表参观铁道部四方机车车辆厂，致谢辞。

8月6日　观山东省注音识字展览馆。推广普通话观摩大会闭幕。

8月7日　与出席观摩大会的中小学教员和幼儿园教养员座谈，与各省市、自治区之带队者为会，畅谈推广普通话和办业余教育之经验。

8月8日　观青岛市各级学校之教具改革展览。次日，主持教学经验讨论会。次日，为出席观摩大会的代表作演讲，谈幼儿园教育。次日，访湛山寺，观博物馆。

8月12日　离青岛回北京。出席文代会。

8月13日　到人民大会堂，听周总理报告。出席文代会闭幕式，被推选为文联全国委员，作协理事。参加文联全国委员第一次会议。

8月15日　列席人大常委会扩大会议。

8月16日　参加青岛普通话教学观摩大会之新疆师生来访。

8月17日　到广播电台作演讲录音，讲教育部与团中央、文改会、广播事业局将举办十省一市少年儿童朗诵比赛。

8月18日　出席关于简化字座谈会。

8月19日　作家刘澍德来访。

8月31日　审改上海教育科学制片厂拍摄之《普通话观摩会》影片说明稿。

同月　诗集《箧存集》由作家出版社出版。共收诗词144题(190首)。

第一辑为1913年至1936年所作，计有：《游拙政园》、《春雨》、《夜》、《儿和影子》、《拜菩萨》、《成功的喜悦》、《小虎刺》、《扁豆》、《小鱼》、《江滨》、《两个孩子》、《损害》、

《路》、《浏河战场》、《挽鲁迅先生》。

第二辑为1938年至1947年所作，计有：《宜昌杂诗》（三首）、《江行杂诗》（三首）、《题伯祥书巢》、《今见》、《自北碚夜发至公园》、《策杖》、《鹧鸪天 初至乐山》、《游乌尤山》、《至善满子结婚于乐山得丏翁寄诗四绝依韵和之》（四首）、《吴安贞毕业于武汉大学》、《伯祥五十初度》、《王献唐以所绘山水相赠题二绝依韵酬之》（二首）、《自成都之灌县口占》、《游青城口占》、《乐山寓庐被炸移居城外野屋》（四首）、《水龙吟》、《付武汉大学迎新壁报》、《浣溪沙》（四首）、《金缕曲 赠昌群》、《题百虎图》、《和佩弦》、《采桑子 偕佩弦登望江楼》、《仿古乐府书满子所闻车夫语》、《偶成》、《次韵答佩弦见赠之作》、《湘春夜月——忆家园榴花》、《送佩弦之昆明》、《半醒闻水碾声以为火车旋悟其非》、《二友》、《彬然来成都见访同登望江楼》、《重庆不眠听雨声杜鹃声》、《自重庆之贵阳寄子恺遵义》、《木兰花 偕彬然晓先宿贵阳花溪》、《公路行旅》、《桂林赠洗翁》、《题沈君风雨一庐图》、《自居乐山与上海诸友通信重新编号今满百通矣》、《中华剧艺社将演夏衍所撰〈第七号风球〉》（三首）、《昌群作四十书怀即和其韵》、《彬然治圃桂林百岩山》、《踏莎行 题丁君所绘"现象图"》、《雁冰五十初度》、《题绍虞独立像》、《挽陶行知先生》、《题木刻画"春耕"》、《健吾撰讽刺剧〈和平颂〉兼叙阳世与冥世》、《田寿昌创作三十周年纪念》（二首）、《鹧鸪天 振铎五十初度》、《丏翁周年祭》、《题子恺所作画》。

第三辑为1949年至1959年所作，计有：《香港赠刘湖深》、《自香港北上呈同舟诸公》、《题球赛优胜旗》、《读宋庆龄亚洲及太平洋区域和平会议开幕辞》、《赠和平代表》、《鹧鸪天 廿一日平伯家为曲会，翌日平伯寄示新词，余依韵和之，顺次叙当日所闻诸曲》、《"干杯"——赠国际友人》、《赠邓宝珊》、《菩萨蛮 寄题邓园》、《文叔六十初度》、《薰宇六十初度》、《小小的船》(儿歌)、《观开发黄河规划欣然有作》、《寿张菊老九十》、《檃括墨病革时语》、《墨亡》、《扬州慢 略叙偕墨同游踪迹,伤怀曷已》、《鹧鸪天》、《水调歌头 从化温泉》、《挽包达三》、《雁荡赠乡支书郑定枝》、《踏莎行 北方昆剧院成立》、《国际主义——祝苏联十月社会主义革命四十周年》、《人造卫星》、《题薛佛影像玉雕刻摄影》、《整风和绍虞韵》、《悼剑三》、《赠下乡劳动锻炼诸同志》、《赠还乡生产诸同志》、《赠下放基层诸同志》、《新春诗为〈教师报〉作》、《把心交给党》、《和平》、《"我们也来修水库!"》、《茶淀青年农场记闻二首》(拾粪、种桃树)、《青年农场即事》、《儿歌六首》(几种树、夹竹桃、燕子、鸽子、金鱼、青蛙)、《劳动节》、《十三陵水库》、《赠四个姑娘》、《题花园乡街头》(二首)、《涿鹿劈山大渠》(四首)、《题张家口市〈大跃进民歌选〉第二辑》、《张家口黑石坝大渠》、《题康保县农民报》、《坝上车中口占》、《登赐儿山》、《巨人的声音》、《全国普通话教学成绩观摩会》、《水调歌头 读周总理关于台湾海峡地区之声明》、《给艾森豪威尔——读赫鲁晓夫致艾书》、《徐水杂咏三首》(大寺各庄棉花、基干民兵、真解放)、《沁园春 国庆》、《悼振铎》、《前诗意未尽再作一首》、《鹧鸪天 欢迎志愿军文工团》、《题教育部南口绿化区模型》、《踏莎行 苏联火箭》(二首)、《踏莎行 刚果与古巴》、《菩萨蛮 全国农业展览会》(二首)、《菩萨蛮 第二次全国摄影艺术展览》(二首)、《三八妇女节》、《题南京五老新村》、《题扬州制花工艺厂》、《题南通红旗人民公社南园食堂》、《题南通博物馆》、《题狼山历史文物展览馆》、《听周总理的政府工作报告》、《鹧鸪天 上海解放十周年》、《浣溪沙 赠亦秀》、《党的生日》、《亦秀招游龙潭湖》(二首)、《建国十年咏十四首》(大炼钢铁、公社万岁、千斯仓兮万斯箱、尽水利、水陆空、教育革命、说部丰收、百花齐放、画会开、美术工艺、真平等、精神面貌、天安门、登景山〉、《语文教学二十韵》、《观李可染画展》、《赠肖长华老先生》（三首）、《水龙吟　祝建国十周年》、《浣溪沙　天安门前观礼》（四首）、《振铎周年祭》。

俞平伯8月31日致圣陶先生信云："圣陶吾兄：承赠新刊之《箧存集》忾感！真挚朴厚是兄著一贯作风，诵怀友诸诗，又不觉同此怅惘也。"

9月2日　始观审初中历史课本修改稿。

9月3日　在人教社与同人讨论制造钢笔书写字体之铜模，供排印小学低年级课本时选用。

9月4日　作《教育革命的源泉》（刊《文艺报》第十九期）。

9月9日至12日　参加作协参观团访问怀来。9日，与田汉、萧三等37人往观怀来县劈山大渠。10日，观大渠之剪彩放水礼。11日，至五堡公社，访文联劳动基地文艺农场；至九堡，访果木农场。12日，返京。

9月9日　作诗《涿鹿劈山大渠告成（三首）》（收入《叶圣陶集》第八卷）。

9月11日　作诗《赠五堡公社果园》（收入《叶圣陶诗词稿》）。

9月12日　作诗《赠涿鹿公社》（收入《叶圣陶诗词稿》）。

9月15日　作《会后随笔》（刊9月22日《光明日报》第三版，后收入《叶圣陶集》第十七卷）。"会"即第三次全国普通话教学成绩观摩大会。

9月17日　为景山学校教师演讲，讲课文之分析。

9月24日　修改教育部《语文、历史、地理、常识四科教材研究会纪要》稿。观日本话剧团访华之首场演出。

9月26日　作评论《〈严重的时刻〉印象谈》（刊《人民文学》十月号）。

9月28日　修改《〈永乐大典〉影印说明》稿。
9月30日　参加周总理之国庆招待会。
10月1日　到天安门城楼观礼。
10月6日　在教育部与同人谈学制之拟议及课本之重编。时，周总理之意谓农村九年制，城市十年制。
10月16日　修改《古籍整理出版规划小组三年至八年（1960～1967）整理和出版古籍的重点规划（草案）》稿。
10月20日　在教育部与人教社同人讨论十年制之教育计划。
10月24日　与同人讨论历史课本之目的及教学大纲。讨论小学语文课本初稿。次日，观化学、外语等科课本之编辑方针草案。
11月5日　应周总理招宴，各部委负责人聚晤。
11月6日　在教育部宴外国专家，庆祝十月革命节。
11月22日　始讨论中学语文课本之编目，至24日结束。
12月11日　始修改小学语文课本稿。
12月17日　到人民大会堂座谈中共中央关于农业工作之紧急指示。
12月20日　始审小学算术课本稿。赴中共中央办公厅之集会，座谈《各国共产党与工人党代表会议告世界人民书》。
12月23日　到人民大会堂，座谈十二条紧急指示。次日，仍座谈十二条紧急指示。
12月27日　赴对外文委、文化部、教育部联合举行之酒会，宴外国朋友，共祝元旦。
12月31日　在人教社开社务会议，讨论明年之选题计划。重点为编好十年制课本，修订与组织高教方面理工科基础课之教材及教学参考书籍。
本年　西班牙文版《叶圣陶童话选》（Lola Falcdn译）由中国外文书局出版，1966年再版，1978年三版。
本年　德文版《倪焕之》由中国外文书局出版。
本年　俄文版《叶圣陶故事集》（莫德索文、特尔洛夫、卡留日娜等人翻译)由莫斯科国家艺术文学出版社出版,内收《一生》、《阿菊》、《隔膜》、《阿凤》、《寒晓的琴歌》、《晓行》、《苦菜》、《饭》、《义儿》、《一篇宣言》、《校长》、《马铃瓜》、《潘先生在难中》、《外国旗》、《在城中》、《赤着的脚》、《儿童节》、《多收了三五斗》、《快乐的人》、《蚕儿和蚂蚁》、《含羞草》、《稻草人》。书前有罗索金写的《叶圣陶和他的创作》。

1961年

(辛丑) 六十七岁

1月9日　吴晗所著历史剧《海瑞罢官》在《北京文艺》发表。

1月14日至18日　中共中央八届九中全会在北京举行。决定1961年国民经济实行"调整、巩固、充实、提高"的八字方针,并决定在农村深入贯彻《关于农村人民公社当前政策问题的紧急指示信》(简称《十二条》),进行整风整社。

2月　《文学评论》开展关于文学上的共鸣问题和山水诗问题的讨论。

3月4日　国务院公布《文物保护管理暂行条例》,同时发布《关于进一步加强文物保护和管理工作的指示》。

3月　《文艺报》第三期发表《题材问题》专论,提出:"文艺创作之题材,有进一步扩大之必要;题材问题上的清规戒律,有彻底破除之必要。"

4月24日　教育部发出《关于使用人民教育出版社、北京师范大学编的十年制中、小学教材和编写半日制初中、高小教材几个问题的通知》,指出这套十年制中、小学教材"是试用本,仅供各地试行十年制的学校选择试用"。

5月20日　教育部发出《关于试用人民教育出版社和北京师范大学编的十年制中、小学教材的补充通知》，规定这套课本试用的范围。

6月　中共中央宣传部召开全国文艺工作座谈会，讨论《关于当前文学艺术工作的意见》（草案），后经修改，定为《文艺八条》。

8月　中共中央在庐山举行工作会议，会议制定了《国营工业企业工作条例（草案）》，又称《工业七十条》，通过了《教育部直属高等学校暂行工作条例（草案）》，又称《高教六十条》）。

同月　孟超在《剧本》第七、八期合刊发表剧本《李慧娘》（昆曲）。

9月25日　首都各界在政协礼堂举行纪念鲁迅诞辰80周年大会。郭沫若致题为《继续发扬鲁迅的精神和本质》的开幕词，茅盾作《联系实际，学习鲁迅》的专题报告。

* * *

1月2日　校阅夏衍译稿高尔基著《母亲》。

1月3日　作书信《答孙文才》（收入《叶圣陶答教师的100封信》，又收入《叶圣陶集》第二十五卷）。在回答如何讲授"论文"时说："我想最要紧的还在教师自己进修。把论文的内容弄清楚，一要细研本文，二要多参阅有关的文章。……对一篇文章大体了解，那是不能就去上课向学生讲的，必须全篇透澈地了解，才能上课。确实了解了，通透了，还得考虑用什么方法指点，用什么语言表达，使学生也达到同样的了解。大概指点不宜繁琐，宜抓住重要关键，语言宜浅显扼要，深入浅出。"又谈及要留意论文句与句、节与节的承接关系、逻辑关系。"教师备课的时候，如果把每句的主语和谓语划出，体会句中各个成分跟主语谓语的关系，再研究第二句跟第一句，第三句跟第二句……第二节跟第一节，第三节跟第二节……意思的承接怎么样，逻辑的关系怎么样，这是个纲举目张的办法，容易使学生领会。你不妨试试这个办法。运用得好,学生不仅了解了论文,同时也是语法和逻辑知识的练习。"

1月7日 始改初中几何课本稿。

1月10日 作《〈平面几何〉初稿本读后》(收入《叶圣陶集》第十八卷)。

1月14日 在教育部与同人拟关于学制与教科书之两份报告稿。

1月17日 始审改《生理卫生》课本稿。

1月20日 患浮肿病,一个月后消肿,约半年始愈。叶至善介绍说:"父亲患浮肿病期间反倒感到很欣慰,说:'我没有搞特殊化,我与人民共患难。'"(编者,2002年3月9日访叶至善)

叶至善《父亲长长的一生》:"一九六〇年下半年,城市中因普遍营养不良,许多人患了浮肿病。有些单位作了普遍检查,人教社近三百人,患浮肿的超过了百分之十二,我父亲属于比较严重的一拨。医生送来一大包特效药,看外表像红砂糖拌的麦麸,用沸滚的开水冲服,疗效想来是开胃通便。"(第368~369页)

2月3日 圣陶先生母亲朱太太谢世,享年96岁。圣陶先生次日日记云:"元善作唁辞一首授余,录之。'白发遭母丧,萱堂福寿全。有一己作慰,今也二者兼。失恃我早君,整整六十年。设辞唁君戚,不禁同鸣咽。'幼年失恃,老年失恃,悲痛固无殊也。"

叶至善《父亲长长的一生》:

"(祖母)过世前十来天,她还念叨说:'我就想吃咸鸭蛋,亦勿肯搭我买一个。'她不知道为了一个没找到的咸鸭蛋,我们已经跑遍了半个北京城,还没法跟她说清楚,眼下是困难时期。我母亲病重的时候,老太太已经糊涂了,家里少了个天天见面的人,她从未问过一声。她老是斜靠在床上,生活全由我姑母照料;一日三餐,连放在床头盘子里的西式蛋糕,各种蜜饯,香蕉苹果橘子,都要我姑母喂进嘴里。我父亲有个特殊任务。老太太是缠脚的,脚指甲长得很慢,可是奇形怪状,又厚又硬,只有我父亲一个人能对付。父亲像修脚师傅一个样坐在矮凳子上,开亮的台灯放在一边,让老太太把脚搁在他膝盖上。他戴上老花镜,左手握住老太太一只脚,右手三个指头捏住刻字刀,就像刻牛角印章一个样,看准了才下刀,全身的力气都集中在三个指尖上。如此聚精会神,真该摄下个特写镜头来。

"……

"二月三日晚,老太太心脏停止跳动。……也在嘉兴寺入殓。灵柩在寺里停放了八天,十二日上午在福田公墓下葬。称父亲的心,石工的形式要跟我母亲坟上一模一样。母亲坟上的石工,当时是芷芬兄一手操办的。他后来也戴上帽子,去北大荒参加劳动,于前一年十一月中旬因营养不良去世。石头只能由我去找了,找了几处,只找到一块稍小一些的,高里长里宽里,都小了两寸多,征得父亲同意才买下来。刻在碑面上的字仍旧由父亲自己写,一律用正楷。正中一行八个大字:'我母朱太夫人之墓'。铭语九十余字:'我母朱太夫人生于一八六五年六月十七日,殁于一九六一年二月三日。我生六十六岁,违离膝下非恒事,有之往往旬月耳,较久者一度,亦仅一载有余。今则永不复亲颜色。归熙甫云,世乃有无母之人,其言至哀,我深味之矣。子叶圣陶敬书。'铭语字小,没用标点,分为两个两行,列在八个大字两旁。归熙甫就是明末散文家归有光。'世乃有无母之人',是他作的《先妣事略》的结束语。我父亲很称赞他悼念母亲的这篇散文:说的都是家庭琐事,最后用这七个字点出了他对母亲的无尽依恋。"(第369~370页)

2月20日　工余始观陈忱之《水浒后传》。
2月26日　赴统战部之会,听周总理报告。
3月11日　到人民大会堂,听陈毅报告。

3月16日 作诗《赠杨之华》（收入《叶圣陶集》第八卷）。

3月18日 作《为文言文作注——对〈不怕鬼的故事〉注释的意见》（收入《叶圣陶集》第十八卷）。是日日记云：始观文学研究所编《不怕鬼的故事》稿，"为之批改"。这里的题名是叶至善编《叶圣陶集》时拟的。

3月23日 与同人谈高教课本之编辑出版安排。

4月3日 至人民大会堂，听章汉夫报告陈毅出访印尼并签订友好条约事。

4月4日 参加第二十六届世界乒乓球锦标赛开幕式。

4月13日 作评论《绚烂的文锦——读〈没有织完的筒裙〉》（刊《文艺报》第七期，后收入《叶圣陶论创作》，又收入《叶圣陶集》第十卷）。《没有织完的筒裙》是杨苏的短篇小说。

4月17日 晤来教育部出席大学教材座谈会的朱东润。

4月18日至6月8日 离京休养，了解各地出版与教育状况。4月18日，外出休养，上午十一时许登车去西安（然后入川），秘书史晓风随。

叶圣陶《〈旅川日记〉小记》：

解放以后三十多年间，我入川已经四次，每次像回到了故乡一样，处处感到亲切。……

第二次是休息旅行，在一九六一年四五月间，陪伴我的是史晓风同志，从西安乘火车入川。我初次走宝成路，火车在丛山叠嶂中穿行，正好碰上下雨，朦胧变幻的景色给我留下了深刻的印象。在成都逗留了十来天，旧游之地都到了，还看了几所学校，气象跟抗战期间大不一样。后来经成渝路到重庆，乘轮船出川，为的是重温三峡风景。江水初涨，轮行甚速，航道中的险滩暗礁大半已经清除，一路上与晓风谈当年乘木船东归的经历，心情自然有特殊的欣快。（《叶圣陶集》第二十四卷）

4月19日 下午二时许抵西安，"教育厅长刘若曾冯一航二位相迎于车站",宿人民大厦。

同日 作《听评弹小记》(刊《曲艺》第三期,后收入《叶圣陶集》第七卷)。评上海市人民评弹团在京的三场演出,剧目有《礼拜天》、《新木兰辞》、《王魁负桂英》、《长生殿》、《英烈》和《林海雪原》等。

4月20日 上午参观博物馆。下午,刘若曾冯一航"为余谈陕西编辑教材与课本使用之情况",晚餐后往易俗剧场观秦腔,戏为《貂蝉》。(日记)

4月21日 上午往西安东郊之半坡村观半坡遗址,游华清宫。下午浴于九龙汤。(日记)

4月22日 游临潼城。参观西安钟楼、鼓楼。(日记)

4月23日 晚往南大街剧场观省戏曲剧院二团之秦腔《恩仇记》。(日记)

4月24日 参观八路军西安办事处纪念馆。午十二时许登车去成都。(日记)

4月25日 上午十时许抵成都,住永兴巷招待所。午后,"张秀熟、曹振之、杨立之三位厅长来访",观青羊宫花会。(日记)

4月26日 上午访龙江路小学,听袁丽华老师教六年级语文,课文为《詹天佑》。课后与教师座谈。下午游少城公园。夜,"康副省长来访"。(日记)

4月27日 访新南门外第七中学。"第二节课时参观萧曼倩老师教初中一年级语文,课文为《延安求学的第一课》。萧之范读甚佳,能使学生听而增进了解。……第四节课时参观白敦仁老师教高三年级语文,课文为胡绳所作之《又红又专为世界观的问题》一文。此是议论文,一般老师往往感议论文难教,而白老师讲得甚好;约言之,即如余平日所怀想,按作者之思路为学生指点之。要言不繁,思想内容与文章技法兼顾,学生静听一遍,必比自己玩索更多理会。余深佩之。""晚餐后至锦江剧场看川剧……锦江剧场即从前之'悦来'……戏名《王三巧》，即《蒋兴哥重会珍珠衫》，川戏之传统节目，今为改编，使王三巧为一坚贞不二之女子。此剧唱词特多……听之观之，甚觉'过瘾'。至于此剧之意义则无足称。"（日记）

4月28日 访二十中。"观语文课两节。一为女教师王镜蓉教初二《陈涉起义》，王由小学教师改教初中，讲此篇不甚透澈，然知其备课已费相当力气。余于此唯觉如《陈涉世家》之文殊不宜用于初三。又一节为某君教初一《公社的一家》，能讲说，而头绪杂乱，离开课文而提问，而发挥，此殆亦是一般情形。"夜，至锦江剧场。戏名《金玩钗》，"唱作俱佳，殊为赏心"。（日记）

4月29日 晨九时到东城区第一中心小学。"听陆姓女教师教二年级语文，课文为《李春花的话》。第三节课时听毛姓女教师教三年级语文，课文为《怎样预防传染病》。二位皆中等水平教师，教法陆胜于毛。"下午游武侯祠南郊公园。（日记）

4月30日 下午至锦江剧场观青年演员演折子戏。"计《磨房放奎》《玉莲刁窗》《做文章》《折红梅》《桃花村》五折。……所见几个小生皆面目清秀，体态温文。各种剧种均感小生难得，而川剧似无此虑。川剧多以背景描写衬托人物之心情，在各种剧种中可谓最富于诗趣者。"夜，"至省人委红照壁礼堂参加庆祝'五一'大会，会后有文娱晚会，音乐、歌唱、舞蹈、川剧、清音、杂技、京戏皆颇精妙。于此又得观川剧之折子戏曰《胡琏闹钗》"。

4月20日至5月10日日记，题为《旅川日记》，编入《我与四川》，四川人民出版社1984年1月出版。4月18日至6月8日日记，题为《片断之五》，收入《叶圣陶集》第二十三卷。《叶圣陶集》再版时《片断之五》改题名为《颇有回味的旅行》。

5月1日 （上午）十一时到北校场参加庆祝"五一"大会。"朱（朱德——编者注）委员长到此参加庆祝。""夜间有焰火"，"招

待所有跳舞会，乐声时作。下望草地周围，缀以五色电灯。放焰火之声蓬蓬相继，亦略可望见火花。过节情景，颇为齐备"。(日记)

5月2日　上午听川省教育厅干部"述川省有关教材之各种情况"。下午出北门游昭觉寺。(日记)

5月3日　上午与杨立之厅长访居住在成都郊外的李劼人。"九时杨来，遂驱车出东门，至沙河堡，问道数次，乃抵李之菱窝。高柳当门，屋内简雅。促膝同谈，李君风度依然。云写《大波》叙辛亥革命预计须四卷，今方写第三卷，仅成其小半。四卷完成，当在数年之后。其职务为副市长，似管事不多。谈及昭觉寺，李君告余今之昭觉寺系吴三桂出资重建，方丈内陈列槽鞋一双，系陈圆圆赠与当时之方丈者。全寺唯方丈之屋未遭兵燹，为明时之建筑云。李君导登其楼，楼藏书籍，所收字画颇富。壁间悬挂者颇有佳品，一一观之。谈至十一时半辞出，约于下半年人大开会时在京再晤。"午后，"与二十余位小学语文教师座谈，教师谈课本之取材与安排者为多，皆注重于政治思想方面，于语文教育方面不甚措意。谈至五时，余就教法方面谈约四十分钟，观诸人之面部表情，似尚觉有味"。(日记)

5月4日　"午后二时半与中学语文教师十余人座谈……发言者皆优秀教师，多及教材教法，认识与言辞皆胜于昨日之小学老师。余杂谈所怀约五十分钟。"六时半散。(日记)

同日　作诗《成都杂诗》(刊6月17日《光明日报》第四版，后收入《我与四川》，又收入《叶圣陶集》第八卷)。

5月5日　上午观博物馆陈列室之陶俑，又赏人民公园之盆栽。"夜间张秀老(张秀熟厅长——编者注)来叙别。"(日记)

5月6日　抵重庆。重庆市教育局长刘西林等在车站相候。住人民礼堂。(日记)

5月7日　下午"刘局长来，略谈重庆市学校语文教学概况"。(日记)

5月8日　游南温泉。观重庆市容。(日记)

5月8日　作诗《重庆南温泉》(刊7月4日《光明日报·东风》，后收入《我与四川》，又收入《叶圣陶集》第八卷)。

5月9日　上午"刘局长来，谈语文教学约四十分钟，然后动身赴磨儿石码头登轮"去汉口。(日记)

5月10日　作诗《出峡》(刊7月4日《光明日报·东风》，后收入《我与四川》，又收入《叶圣陶集》第八卷)。

5月11日　傍晚轮泊汉口码头，"胡伊默杨湘君二位厅长在相候"，住胜利饭店。(日记)

5月12日　上午观汉口与汉阳市容，登长江大桥，游东湖。"四点半，胡杨二位来谈湖北省教育概况，要之为发展颇快，而教师水平不够，教学成绩不甚佳。言语文教学，可谓远不逮时势之要求。杨之言尤直率，唯谓终当多方设法扭转之。余亦谈余之老一套，云或可供参考，杨皆记之。"夜登江新轮，赴九江。(日记)

5月13日　晨九时许轮抵九江。文化教育局余素珍、唐文魁二局长与交际处郭泉水在码头相候。十点过，即登车上庐山。"庐山交际处为一较庞大之机构，计分七所，山下一所，山上六所。余今所居者属于第五所，第五所掌握别墅四十六处。"(日记)

5月14日　访庐山植物园，青年刘燕铭介绍植物园概况。"余对渠印象极佳。余随意询问请教，渠即作令人满意之回答。"又访一滴泉。(日记)

5月14日　作《庐山植物园》(刊7月4日《光明日报·东风》)。

5月15日　作诗《赠庐山植物园刘燕铭》(收入《叶圣陶集》第八卷)。

同日　作诗《天气》(刊6月6日《人民日报》，后收入《叶圣陶集》第八卷)。

5月16日　访白鹿洞书院，游秀峰寺、观音桥。夜观评剧《刘三

姐》。(日记)

5月17日　下午庐山管理局文教办公室朱而义来访，谈中小学教育事。(日记)

同日　作词《水龙吟　武昌东湖》(刊7月13日《文汇报·笔会》，后收入《叶圣陶集》第八卷)。

同日　作诗《赠庐山招待所孙学恩》(收入《叶圣陶集》第八卷)。

5月18日　观庐山博物陈列室，访庐山剧院。(日记)

同日　作词《水龙吟　庐山雾》(刊7月13日《文汇报·笔会》，后收入《叶圣陶集》第八卷)。

5月19日　作词《蝶恋花　云锦杜鹃》(刊7月13日《文汇报·笔会》，后收入《叶圣陶集》第八卷)。

同日　登江轮赴南京。

5月20日　晨轮抵南京码头，江苏省教育厅副厅长刘定汉等在埠相候。住中山路福昌饭店。会至诚姚澂夫妇。"晚餐后，至福昌对面小巷中之百花书场听书。凡三档，一为《母亲》系现代革命故事，一为《三笑》，一为《雷雨》，均尚不坏。"(日记)

5月21日　上午与至诚、姚澂游玄武湖。下午与至诚、姚澂"杂谈戏剧"。夜观评弹。"表演者皆为老辈。俞筱云俞筱霞之《白蛇传》，周玉泉之《玉蜻蜓》，徐云志之《三笑》。余觉周玉泉最好，叙说甚干净。此君六十五矣。幼时听《三笑》多次，今夕听周文宾男扮女装，与王小姐说破真情一段，觉其构思极粗俗，唱句甚不堪，殊为可厌。"(日记)

5月22日　上午，"教厅厅长吴天石刘定汉二位偕来，尚有编教材之同志与厅中人五六人。刘为余谈编半日制中学课本之情况与所遇之问题。一位张君为余谈苏省去年编十年制课本之修改之情况。……约定明日上午余与编辑同志晤面，略为座谈"。下午与苏省锡剧、扬剧、越剧、昆曲各方面人士座谈。"他们要余谈辨字之声韵，余乃略言唱词总须注意平仄协调。又为讲

《牡丹亭》之《游园》中数曲,谓体会曲文,则演之能入化。谈两小时而毕,听者似尚感兴味。"夜听昆曲,"听唱《游园》《小宴》《埋玉》《山门》数出,皆不坏"。(日记)

5月23日 上午,为苏省中学课本之编辑人员作演讲。下午,"来宁休息旅行的胡愈之来访,同至百花书场观昆曲表演。戏为《游园》《思凡》《佳期》《相梁刺梁》四出,皆不错"。始为至诚改其剧本《柳毅传书》稿,6月4日改定。(日记)

同日 作《关于编教材——跟江苏农村教材编辑人员的讲话》(收入《叶圣陶集》第十六卷)。圣陶先生当天日记云:晨至省人委办公处,"晤刘厅长与古楳厅长",为苏省中学课本之编辑人员作讲,"无非言平日之所怀,逾二小时。观听者之神情,似尚感兴味"。

5月24日 上午参观紫金山天文台,又参观梅园新村中共驻南京办事处之纪念馆。与《江苏教育》杂志编辑钱闻谈教育刊物编辑工作。"党委书记彭冲邀于南京饭店,以六点往。被邀者有沈衡老、愈之、戈茅、仲秋元,苏省方面有管文蔚、吴贻芳、高一涵,尚有民主党派方面之人,余相识者仅陈觉玄一人,共二席。肴馔极精,劝酒不勉强,颇舒适。餐毕,听弹词三档。徐云志之《三笑》,周玉泉之《文武香球》,俞氏兄弟之《玉蜻蜓》,所选段落皆精采。"(日记)

5月25日 晨驱车至文联与作协之会址作演讲。"面前听者约二百人有余,多为业余作者、编辑人员,有少数助教,以青年为多,有自苏州扬州来者。余仅于晨间略想一下,就平时所怀,随口讲说,居然历时三点钟。"演讲后"观蒋介石于此任伪总统时之居室","次观太平天国时布置之西花园"。(日记)

5月26日 下午到南京师院,为南京师院及江苏教育学院和教师进修学院教师作演讲。(日记)

5月27日 上午参观南京博物馆,观馆藏名画。下午观苏昆剧团演

《窦娥冤》，又观淮剧《一家人》。(日记)

5月28日 作词《水龙吟 赠苏昆剧团》(刊7月13日《文汇报·笔会》第三版，后收入《叶圣陶集》第八卷)。

5月29日 上午观太平天国纪念馆，又观雨花台。下午到教育厅，与中小学语文老师三十余人座谈。夜往中华剧场观荀慧生演《金玉奴》，"沈衡老与愈之戈茅皆在座"。(日记)

5月30日 中午赴越剧团之招宴，"杂谈戏剧"。下午赴鸡鸣寺古生物研究所参观。(日记)

5月31日 离宁赴苏州，至诚和姚澄随。下午六时许车抵苏州车站，"教局长瞿芑丰与交际处朱中浩在站相候"，住南园招待所。夜，为修订苏省十年制教本来苏的苏省教育厅古厅长来访。(日记)

6月1日 游东山，赏雕花大楼，观紫金庵罗汉像。在听松堂"念及同游此地之剑三与振铎，今皆作古人，未免怅然"。(日记)

6月2日 晨雨中访青石弄旧居。"门方启，屋内似杂居数家。庭中树木、柳树、槭树、石榴、洋槐尚是余所植，皆高大，他则殆是后来居者所植。园中殊荒乱。伫立有顷而去。"又往滚绣坊东口访赵孟韬。"孟韬不意余之至，相见欣然。"八点过，游留园，访刺绣研究所。下午游拙政园。晚，苏州市委第一书记和书记处书记凡一招宴，"得食久未获尝之炒虾仁与莼菜"。(日记)

6月3日 上午游虎丘、西园。下午观玄妙观。"于古董商店购金心兰山水屏四条，陈叔老之父亲所画山水一幅。后者拟以赠叔老。"夜往北局听书《啼笑姻缘》、《三笑》、《双珠凤》。(日记)

6月4日 "十点，与三官至公园之东斋，老同学已集。到者共八人，以年龄为序如下：蒋西林七十三岁，徐畴青、黄焕文、赵孟韬、李延甫、陶蓉初五人皆七十二岁，李映娄七十一岁，徐伟士七十岁。独余一人尚未入七十岁之林耳。蒋与陶皆龙钟，黄则耳聋，须为笔谈。李最矍铄，赵亦佳健，一则练气功，一则常打太极拳者也。叙谈之顷，以李谈其医事为多。李治中医，殆颇不坏。茗叙之后，即于东斋买饭菜聚餐。餐毕，于树荫下共拍一照而散，共九人，可戏为《九老图》也。"下午访旧书店。"至文学山房，余购《京尘杂录》与《娉花媚竹馆宋词集联》。后者于一九三七年出版，撰人名俞镇。"又访怡园。晚餐而后，至诚、姚澄动身回宁。（日记）

同日　作词《浣溪沙　赠朱中浩》（收入《叶圣陶诗词稿》）。

6月5日　晨至悬桥巷访沈嘉平。"余至其家，另一因由盖欲一观幼年读书之所，所谓报春草堂者。此屋原属陆氏，后辗转入嘉平之母家。读书之所为一花厅，西侧有书房，夏日读于花厅，冬日移于书房。厅前有紫藤架，架前花树颇繁，有围廊、旱船、亭子、山石。余久思一册，询之嘉，则云全不存矣。盖已改建房屋，园庭布置尽去。坐有顷而出。是屋大厅用作工人宿舍也。""乃驱车至北街，观檀香扇制造厂。……到寓，专署教育局局长张友聚在相候，谈有顷即去。"（日记）

6月6日　为赵孟頫书题其《击剑图》之诗，"篆字殊不惬意"，"因作楷书"。夜，登车返京。（日记）

6月7日　"晨间醒来，车方渡江。车中观北大中文系五六级语言班所撰之《汉语发展史》初稿。此稿携于行箧，昨日始展观之，毕其甲骨文时期之部分。今日观其西周至西汉之部分。此稿成于群力，植基于统计与归纳，材料与结论皆可观。从前文字学家训诂学家无此条件也。"（日记）

6月8日　晨五时许抵北京，"五十日之旅行于是结束"。（日记）

6月10日　作词《苏幕遮　赠亦秀》（收入《叶圣陶诗词稿》）。

6月13日　作《樱花精神》（刊《文艺报》第六期，1961年6月26日，后收入《叶圣陶散文乙集》，又收入《叶圣陶集》第七卷）。文章评述巴金、刘白羽、冰心和叶君健往日本参加亚非作家会议常设委员会东京紧急会议期间分别写的《我们永远站在一起》、《樱花漫记》、《樱花赞》和《日本杂记》四篇文章。

6月15日　赴周总理之宴，宴范文同。

6月17日　作《刺绣和缂丝》（刊《人民文学》七、八月号合刊，后收入《叶圣陶散文乙集》，又收入《叶圣陶集》第七卷）。文章介绍刺绣和缂丝的制作流程。"拿刺绣来比较，刺绣是在现成的料子上加工，绣出图画或是文字，缂丝是在织作的时候织出图画或是文字，织料子织花纹一气呵成。缂丝又跟织彩缎文锦不一样。彩缎文锦也是织料子织花纹一气呵成的，因为图案有规则，彩色有限制，依靠纹工的事先安排，各色纬线一梭去一梭来，梭梭都径直穿过。缂丝可不一定织图案，彩色看稿样而定，譬如稿样是一幅花卉，彩色很复杂，每种彩色又有不同程度的深淡，缂丝都得照样织出来。这就不是纹工所能事先安排的了，只能把花卉画的轮廓描在经线上，用小梭子引着深淡不同的各色纬线，看准稿样的彩色一截一截地织，某一梭该三根经线宽就织三根经线，某一梭该五根经线宽就织五根经线。两脚踩着织机的踏板，牵动经线一上一下。一堆小梭子搁在旁边。手里拿个小铁篦挑起几根经线，就捡一个适当的小梭子穿过去，随即用小铁篦轻轻地把织上的纬线贴紧。整幅缂丝就是这样织成的，真是磨细了心思的工作。"

同日　发表诗《成都杂诗》（《青羊宫花会三首》、《望江楼怀亡友朱佩弦自清》、《听第七中学白敦仁同志讲授政论文》、《东城区第一中心小学畜兔甚多》、《观川剧二首》），刊《光明日报·东风》（原无小标题，括号内的小标题是编者拟的——编者注）。

6月19日　作书信《答陈敬旭》（收入《叶圣陶答教师的100封信》，又收入《叶圣陶集》第二十五卷）。谈及命题作文时说："有一教师尝出一题，令学生致书其友，假定其友将来北京相访，书中告以出车站而后，于何处乘何路汽车或电车，到何路下车,循何方向抵学校所在之胡同,入胡同如何辨认学校所在。我以为此是好题目。又有教师出题,令学生说明应用誊写机印刷文件之详情,令学生说明如何生火炉。我以为此等题目亦好。命题作文,不仅练笔,实为训练脑筋,使其就某一事物详悉思之。思之既明,取舍自定,条理自见。苟不为作文练习,学生于所见所闻或皆知之不详,识之不真,此于学习或从事工作,俱有不利。由作文练习启其精思之途,逐渐养成良习,则其效不仅在于能作文而已也。"陈敬旭当时是上海宝山横沙中学的教员。

6月20日 列席人大常委之会议。

6月22日 作《改变字风》(刊6月24日《光明日报》第二版,后收入《叶圣陶散文乙集》,收入《叶圣陶集》第十三卷)。文章希望人们写字不要潦草,"造成写端正字的风气"。

6月23日 观革命博物馆之预展。

6月26日 作《"教师下水"》(刊7月22日《文汇报》第二版,后收入《叶圣陶语文教育论集》和《叶圣陶散文乙集》,收入《叶圣陶集》第十五卷)。文章说:"'下水'是从游泳方面借过来的。教游泳当然要讲一些游泳的道理,但是教的人熟识水性,跳下水去游几阵给学的人看,对学的人好处更多。语文老师教学生作文,要是老师自己经常动笔,或者作跟学生相同的题目,或者另外写些什么,就能更有效地帮助学生,加快学生的进步。经常动笔,用比喻的说法说,就是'下水'。这无非希望老师深知作文的甘苦,无论取材布局,遣词造句,知其然又知其所以然,而且非常熟练,具有敏感,几乎不假思索,而自然能左右逢源。这样的时候,随时给学生引导一下,指点几句,全是最有益的启发,最切用的经验,学生只要用心领会,努力实践,作一回文就有一回的进步。"

6月26日 作诗《纪念"七一"》(收入《叶圣陶诗词稿》)。

7月3日　出席教育部教育事业调整会议之开幕式。

7月8日　作《说话训练决不该疏忽》（刊《文字改革》第七期，又刊7月23日《光明日报》第二版，后收入《叶圣陶散文乙集》，收入《叶圣陶集》第十三卷）。文章指出："注意说话训练，正是提高语文教学的重要途径之一。""咱们的社会主义社会，在工作中，在交际中，说话的切需超过过去时代何止十倍百倍，谁的说话能力差，不仅是他个人的吃亏，往往间接又间接会造成社会的损失。这样看来，说话训练的重要还不清楚吗？"

7月11日　北师大编撰语文课本的老师来访，商修订课本之事。

7月13日　作演讲《关于语言——在新闻工作者协会讲话的记录稿》（刊《新闻业务》第八期，1961年8月3日；后收入《叶圣陶集》第十七卷）。演讲评《凤台坪青年干部的成长》和《铃当》两篇文章。

7月14日　赴伊拉克大使馆之招待会，庆祝其国革命三周年。

7月16日　观中宣部《关于当前文学艺术工作的意见》草稿。

7月17日　赴中宣部座谈会，讨论《关于当前文学艺术工作的意见》稿。到中华书局，座谈《辞海》中有关教育史的条目。

7月19日　往宣武区师范学校演讲，谈语文学习。

7月28日　出席文艺工作者座谈会，周扬作总结发言。

7月29日至9月23日　参加作家、艺术家文化访问团访问内蒙古自治区，遍访林区、牧区及工业城市，广泛接触各兄弟民族。

7月29日　参加徐平羽率领的文化参观访问团，乘火车赴内蒙古自治区访问，与老舍同一室。与曹禺谈《胆剑篇》之观感："此剧写越王卧薪尝胆故事，分五幕，余觉诸幕不集中，似未能凝集而表现一个总的精神。此剧对话颇有译古语为今语之处，一个角色说话，杂出此类语句与纯粹之现代语，似不调和。余谓曹禺前作《雷雨》《日出》，皆以对话见长，有若干段令人百读不厌，而此作中无之。余又举出有关古代文物之数点，谓可商之于博物院，期其无背于历史。尚有语言方面之小疵，缓日再与商谈。"(《日记》)

叶圣陶《〈内蒙日记〉小记》："这次访问旅行同去的有二十多人，老舍、梁思成、吴组缃、曹禺、端木蕻良都是老朋友，还有画家、摄影家、作曲家、歌唱家、舞蹈家等等。名义是'文化参观访问团'，旨在促进各民族间的文化交流，所以参加者也包括好几个民族的人。组织这样的访问团，这是第一次，算是试办。"

7月29日至9月2日、9月5日至9月23日日记，题为《内蒙日记》，刊《收获》1981年第六期；后收入《日记三抄》，花城出版社1982年1月出版；收入《叶圣陶集》第二十三卷时题为《片断之六》，《叶圣陶集》再版时改题名为《片断之六：内蒙日记》。

7月30日 抵哈尔滨，观市容、游儿童公园，又游松花江，登太阳岛。夜九时登车赴满洲里。(日记)

7月31日 在车上为曹禺说其剧作《胆剑篇》中"语言方面之疏漏。彼一一记之。组缃、老舍听余所说，时表同意"。午后四时许抵海拉尔，住招待所。(日记)

同月 《稻草人》、《一粒种子》(Ying Wen 译) 刊《中国文学》(英文版)1961年7月号。

8月1日 晨偕老舍、吴组缃、梁思成游市街。上午听农业大学李连捷讲土壤。下午参观呼盟展览馆。夜在职工俱乐部观歌舞团表演。(日记)

8月2日 参观陈巴尔虎旗，观牧民表演套马、骑马及摔跤。(日记)

8月3日 作书二通，寄亦秀和史晓风。上午，在海拉尔休养的顾颉刚来访。下午与呼市文艺工作者座谈。"老舍与余谈写作须下工夫练习，虽为常言，似亦动听者之心。曹禺、组缃、思

成、风眠、稚柳各有所陈说。"（日记）

同日　发表《同编辑记者同志谈心》刊《新闻业务》第八期。

同日　作诗《访陈巴尔虎旗牧区》（二首，刊8月31日《光明日报》第四版，又刊《草原》第九、十月合刊，后收入《叶圣陶集》第八卷）。

8月4日　上午参观奶品厂。下午乘火车返满洲里。（日记）

8月5日　访呼伦池。夜观河北梆子《渔家乐》。（日记）

8月6日　作书信《致至美》（收入《叶圣陶集》第二十五卷）。信中介绍旅中见闻。

同日　下午与满洲里剧团之领导和演员座谈。夜听蒙古族女歌唱家努玛演唱。（日记）

8月7日　访牙克石。夜观京剧《杨排风》、《古城会》、《别姬》三折。（日记）

8月8日　乘车赴甘河。（日记）

8月9日　访甘河林区，观工人表演锯木。（日记）

同日　作诗《自牙克石至甘河林区》（二首，刊8月31日《光明日报》第四版，又刊《草原》第九、十月合刊，后收入《叶圣陶集》第八卷）。

8月10日　返回牙克石。

8月11日　作诗《自牙克石至甘河林区》（二首，刊8月31日《光明日报》第四版，又刊《草原》第九、十月合刊，后收入《叶圣陶集》第八卷）。

同日　作书致亦秀、晓风，"告以近日之游踪"。参观烤胶厂、细木厂、酒精厂、奶品厂。夜观歌剧《刘三姐》。（日记）

8月12日　乘车至扎兰屯。

同日　作诗《访陈巴尔虎旗牧区》（一首，刊8月31日《光明日报》第四版，又刊《草原》第九、十月合刊，后收入《叶圣陶集》第八卷）。

8月13日　文化参观访问团团长徐平羽因公务回北京,圣陶先生任文化参观访问团团长。游公园,访秀水。(日记)

8月14日　游吊桥公园。下午乘车赴通辽,夜抵齐齐哈尔。(日记)

8月15日　上午游齐齐哈尔龙沙公园。午乘车赴通辽,夜抵郑家屯。车上"与老舍修改端木蕻良所撰《大兴安岭歌》,此歌已由杜宇作谱,由余淑岩在一次晚会上唱过。修改之后,意义与文辞较好。与谢稚柳谈绘画,并听谢谈湖帆近况。又听杜宇谈各少数民族之民歌,及其风俗习惯。此君尚在青年,能作曲,曾访蒙古,并曾访云南之若干民族。听渠所述,颇广异闻"。(日记)

8月16日　晨抵通辽,与布赫等商定参观日程。夜观歌舞晚会。(日记)

同日　作诗《访陈巴尔虎旗牧区》(一首,刊8月31日《光明日报》第四版,又刊《草原》第九、十月合刊,后收入《叶圣陶集》第八卷)。

　　　　叶圣陶《〈内蒙日记〉小记》:"内蒙接待我们的是文化局局长布赫,一位豪爽开朗又极善于体贴人的蒙古族同志,他一直陪伴我们,给我们留下了非常深刻的印象。还有许多蒙古族的同志和别的兄弟民族的同志,满族的,回族的,达斡尔族的,鄂伦春族的,跟他们接触的时间虽然比较短暂,现在翻看日记都还能想起他们的声音笑貌来。同去的人朝夕共处将近两个月,有的虽然本不相识,也成了极熟的朋友。尤其是老舍,我跟他在一块儿起居,听他那幽默风趣的谈吐,咀嚼他那独到的引人深思的见解,真可以说是一种无比的享受。"

8月17日　访茂林公社和莫力庙。(日记)

同日　作词《采桑子　扎兰屯即景》(二首,刊8月31日《光明日报》第四版,又刊《草原》第九、十月合刊,后收入《叶圣陶集》第八卷)。

8月18日　上午游观果木园。下午与当地文艺工作者座谈。夜观交际舞会,第一次看安代舞。(日记)

8月19日　访大林公社保安屯。(日记)

8月20日　参观展览馆,为展览馆题辞。夜观"二人转"《杨宗保问路》和评剧《蜜耘风云》。(日记)

同日　作词《玉楼春　呼伦理》(一首,刊8月31日《光明日报》第四版,又刊《草原》第九、十月合刊,后收入《叶圣陶集》第八卷)。

同日　作诗《通辽哲盟展览馆索题》(收入《叶圣陶集》第八卷)。

8月21日　与通辽各级学校之负责人以及盟与市之教育行政人员座谈。"抄齐呼盟记游之作,计七绝八首,词四首,寄与黎丁,请刊于《光明》。并以今日教育界方面交来之书面意见寄与晓风,嘱交(教育)部中普教司一观。"夜,作书二通,"一与至善,一与亦秀"。(日记)

同日　作词《玉楼春　呼伦理》(一首,刊8月31日《光明日报》第四版,又刊《草原》第九、十月合刊,后收入《叶圣陶集》第八卷)。

8月22日　参观师专与师范学校。又参观第一、第二中学。(日记)

8月23日　与当地领导座谈。夜观交际舞会与歌舞会。(日记)

同日　作诗《莫力庙沙坝水库》(刊《草原》第九、十月合刊,又刊《民族团结》第十期、十一期合刊,后收入《叶圣陶集》第八卷)。

8月24日　乘车赴赤峰,午后抵新立屯。(日记)

8月25日　上午十时抵昭乌达盟公署所在地赤峰。夜参加文艺晚会。"先为歌舞节目,蒙古族歌舞居多,亦有汉语之歌与其他民族之舞,系文工团所表演。次则京剧团演《坐宫》。饰杨四郎者为女演员孟幼冬,中年人,据老舍云,其唱苍老有韵味,颇为难得。拉胡琴者亦甚佳。饰公主者有嗓子而尚须训练,宜

得名手指授之。晚会共二小时，不嫌其长。此亦领导人善体人情处。"（日记）

8月26日　赴五三公社参观。观养蜂场、农业研究所、畜牧业研究所。夜观京剧晚会，演《二进宫》、《辕门斩子》二折。（日记）

8月27日　参观红山水库。（日记）

同日　作词《浣溪沙　哲盟安代舞》（一首，刊9月17日《内蒙古日报》，又刊《北京文艺》十月号，后收入《叶圣陶集》第八卷）。

8月28日　到师专参加教育座谈会。夜观联欢晚会。

同日　作词《浣溪沙　哲盟安代舞》（一首，刊9月17日《内蒙古日报》，又刊《北京文艺》十月号，后收入《叶圣陶集》第八卷）。

同日　作诗《通辽大林公社保安屯》（一首，刊9月17日《内蒙古日报》，又刊《草原》九月号，又刊《民族团结》第十期、十一期合刊，收入《叶圣陶集》第八卷时题名为《通辽保安屯住宅区》）。

8月29日　参观平庄煤矿。

同日　作诗《红山水库》（四首，收入《叶圣陶集》第八卷）。

8月30日　参观毛织厂、制药厂及当铺地大队。夜观京剧《巴林怒火》。（日记）

8月31日　观文物馆。又观红山、花圃。与当地领导座谈。夜观电影《潘杨讼》。（日记）

同日　作诗《题赠昭盟宾馆》，（刊9月2日《昭乌达报》，又刊9月17日《内蒙古日报》，又刊《民族团结》第十期、十一期合刊，后收入《叶圣陶集》第八卷）。

同日　作诗《红山风景区纪游》（收入《叶圣陶集》第八卷）。

9月1日　乘火车回北京。次日抵京。

9月3日　作诗《寄怀来》（收入《叶圣陶集》第八卷）。

9月4日 作诗《通辽大林公社保安屯》(一首,刊9月17日《内蒙古日报》,又刊《草原》九月号,收入《叶圣陶集》第八卷时题名为《通辽保安屯住宅区》)。

9月5日 率文化参观访问团赴内蒙古自治区参观访问。"此次加入吕骥一人。为余淑岩伴奏吹笛之王君因事不能同往,易一位拉手风琴之白君。徐平羽来送行,渠嘱回来时作一简单总结,于此次访问述其所见所思,供他日参考。"(日记)

9月6日 晨抵呼和浩特,参观博物馆。夜看"二人抬","与'二人转'同类之剧种也"。(日记)

同日 作诗《鲁迅先生二十五周年祭》(刊10月19日《人民日报》第八版;又刊《上海文学》十月号;又刊《鲁迅研究文丛》第一辑,湖南人民出版社出版1980年3月版)。

9月7日 参观呼和浩特老城,游公园。夜观京剧《武松打店》、《宇宙锋》、《杨排风》三折。(日记)

9月8日 与呼和浩特教师二百余人座谈"语文教学"。夜观晋剧《西厢》。(日记)

同日 演讲稿《怎样教语文课——在呼和浩特跟语文教师的讲话》(收入《叶圣陶集》第十三卷)。内容为"应如何对待'文与道'的问题"、"如何'讲'"、"作文教学应当和阅读教学联系起来",以及"作文的批改问题"等。

9月9日 听哈丰阿副主席介绍内蒙概况。夜观联欢会。(日记)

9月10日 与老舍、梁思成访满城。夜观内蒙电影制片厂之记录片。(日记)

9月11日 访农牧学院、内蒙古大学、内蒙教育出版社。夜观歌舞表演。(日记)

9月12日 观昭君墓。访毛纺织厂。夜观苏联影片《海之歌》。作书信寄至善、晓风。(日记)

9月13日 访五塔寺。抵包头。夜观电影《华灯初上》。作书信寄

亦秀。(日记)

9月14日 参观国营糖厂。夜观京剧《望江亭》。(日记)

9月15日 访五当召(庙)。(日记)

同日 作词《菩萨蛮 毛织厂观织地毯》(刊《民族团结》第十、十一期合刊,1961年11月16日;收入《叶圣陶集》第八卷时题名为《菩萨蛮 赤峰毛织厂观织地毯》)。

9月16日 参观包钢。夜观电影《草原晨曲》,又出席联欢会,朗诵《菩萨蛮 毛织厂观织地毯》和《忆秦娥 包头印象》。

同日 作词《忆秦娥 包头》(刊9月17日《包头日报》第一版,《民族团结》第十、十一期合刊刊载时题名为《忆秦娥 包头印象》,收入《叶圣陶集》第八卷时题名为《忆秦娥 包头》)。

9月17日 上午与教育界人士约八十人座谈,"余独谈二小时"。下午访麻池生产大队,又访古城。夜观歌舞晚会。(日记)

9月18日 与文化参观访问团全体同人为会,准备此次参观访问之总结。

同日 作词《三姝媚 访包钢》(刊9月21日《包头日报》)第一版,又刊《民族团结》第十、十一期合刊,后收入《叶圣陶集》第八卷)。

9月19日 观包头展览馆。夜观歌舞及"二人抬"《走西口》、《探病》和晋剧折子戏《挂画》。(日记)

9月20日 晨自包头乘车返回北京。傍晚抵大同,下车留宿。(日记)

9月21日 观云冈石窟及下华严寺、上华严寺和九龙壁。夜观地方剧种"耍孩儿"《送京娘》、《扇坟》二折,及晋剧《岳母刺字》。(日记)

同日 作诗《大同寄亦秀》(收入《叶圣陶诗词稿》)。

9月22日 "九点,全体同人至西门外大会堂,与大同干部、文艺界、教育界、工人文艺爱好者一千余人会面。余先说话,题为

《内蒙观感》，即取总结稿之一部分言之，历一小时而毕。余淑岩唱歌三阕，甚受欢迎。继之，老舍作讲，从文艺工作座谈会谈到文艺工作者'基本功'之重要，历一小时有余。

"午后三点半，分两组（一为音乐，一为文学）与大同文艺界座谈。余在文学组。老舍、组缃、端木与余皆发言。五点半散。于是进晚餐，餐毕即驱车到车站。大同诸位领导人殷勤相送，以我人不能多留几日为怅。车以六点五十四分开。车中与诸人闲谈，九点睡。"（日记）

9月23日　晨六点到北京。"与诸同人为别，共同生活五十余日，皆有甚深之感情，较之出发时迥不同矣。"（日记）

9月24日　修改参观访问之总结稿。

9月25日　出席首都纪念鲁迅诞辰80周年大会，为大会主席团成员。

9月27日　与《人民日报》编辑谈编辑工作。

9月28日　作《多登载知识小品》（刊10月15日《新华日报》第三版，后收入《叶圣陶散文乙集》，又收入《叶圣陶集》第十八卷）。文章称赞素愚在《新华日报》副刊《新华副刊》发表的"知识小品"可读性强。

同日　到人民大会堂，听周总理报告。

9月29日　作诗《闽人赠红豆二颗嘱咏之》（刊《芒种》1979年第一期，收入《叶圣陶集》第八卷时题名为《红豆——闽人王凤池赠红豆二颗，嘱咏》）。

9月30日　作诗《听蒙古族歌手哈扎布歌唱》（刊《民间文学》十二月号，后收入《叶圣陶集》第八卷）。

同日　赴周总理之招待会，祝贺国庆。次日，到天安门观礼。

10月1日　始修润《中小学语文教学大纲》。

10月2日　赴民族文化工作指导委员会之会，座谈内蒙之行。

10月5日　应胡愈之之邀，与吕叔湘、叶籁士为会，缘《人民日报》将试办难字注音，共商如何为之帮助。

10月7日　作《荒沙的改造》（刊10月14《光明日报》第四版，后收入《叶圣陶散文乙集》，又收入《叶圣陶集》第七卷）。记述内蒙赤峰市郊当铺地生产大队改造荒沙取得的成就。

同日　与同人谈高教课本之出版情况。

10月9日　参加辛亥革命50周年纪念大会。

10月12日　到文化部，为文化界人士谈内蒙观感。

同日　作书信《答孙文才》（收入《叶圣陶答教师的100封信》，又收入《叶圣陶集》第二十五卷）。信中谈精讲的环节，以及阅读孙氏所作的短篇小说的意见。

10月14日　到景山学校演讲，谈语文教学。

10月20日　作《建议难字注音》（刊10月27日《人民日报》）第四版，刊《文字改革》十一月号时题名为《拥护〈人民日报〉实行难字注音》，收入《叶圣陶散文乙集》时改题名为《实行难字注音》，收入《叶圣陶集》第十七卷）。文章开头说："最近《人民日报》实行难字注音。这是促进汉语规范化的一项重要措施，我极端拥护。"文章结尾希望"各省、市、自治区的报也采取同样措施"，汉文报"实行难字注音"。

10月21日　到《光明日报》社演讲，剖析两篇报道。修改小学数学教学大纲稿。

10月26日　参加师范教育工作会议。

10月27日　作《林区二日记》（刊11月11日《人民日报》第六版，后收入《叶圣陶散文乙集》，又收入《叶圣陶集》第七卷）。

10月29日　陈叔通来访，谈诗及书法。

同月　短篇《寒假的一天》编入《1921～1937儿童文学选集》，由少年儿童出版社出版。

11月1日　到文化部，开查字法工作小组之会。到广播学院演讲，谈内蒙观感。

11月5日　到《中国少年报》社演讲，谈文章评改。

11月6日　修润《全日制中小学暂行工作条例》稿。

11月18日　修润《业余教育工作纲要》稿。

11月21日　作书信《答孙文才》（收入《叶圣陶答教师的100封信》，又收入《叶圣陶集》第二十五卷）。在回答"精讲"时说："我个人的意见，精讲就是挑精要的话讲，不要讲一些可有可无的话，徒然扰乱学生的心思。要说得出精要的话，全在深切体会课文，同时还设身处地，从学生方面想，怎么讲可以给他们启发，怎么讲可以增进他们的理解。总之，老师讲课，必须使学生真正受用，任何时候都要记住这一点。记住了这一点，方法可以多种多样。发挥创造性，自能找到种种方法。"又说："（你的）短篇小说看过了。森林景色大有可写，你这一篇引起我的想望，有机会到东北森林里看看多好啊。我说不出什么'指教'的话，只希望你自己多考虑，多修改。自己写成初稿，认认真真修改一回，比另外写下篇习作有好处，容易得到进步。布局如何，材料取舍如何，语言如何，拿自己的东西作为研究的对象，研究得到结果，然后动手修改，那一定会改得比初稿好。"

11月25日　在人教社作业务演讲，评析《铃当》、《马锦学戏》、《中小学数学教学大纲》。

11月27日　到人民大会堂，听周总理报告。

11月28日　作评论《〈塔里木行〉——一篇情文并茂的游记》（刊12月6日《新疆日报》第三版，又刊《解放军文艺》1962年一月号，后收入《叶圣陶集》第十卷）。《塔里木行》，郭鹏作。

同日　到景山学校演讲，漫谈作文评改。

11月29日　作《言之有物　言之有序——在〈中国青年报〉社评

两篇报道》（收入《叶圣陶集》第十七卷）。演讲据一佳（《饲养室里说新人》）一劣（《海上绿长城》）之两篇文章评析。

12月1日 列席人大常委扩大会议。

12月2日 工余始观柯切托夫所著《叶尔绍夫兄弟》。

12月4日 广播学院二位青年教师来访，"谓彼院语文教师五六人将随时来余处请教，希于彼辈之教学有所助益。余允之，言定大约每两星期来一次"。（日记）

12月6日 到人民大学演讲。

12月9日 作《文稿的加工——在〈光明日报〉编辑部座谈会上的讲话》（刊《新闻业务》1962年第一期，后收入《叶圣陶集》第十七卷）。讲评《光明日报》10月17日刊登的一篇报道《新型搪瓷溜槽成批生产受到欢迎》，开头说："我们作编辑工作的人，在处理稿件的时候，首先当然要选择内容好的稿件，对读者有益处的。稿件决定用了，还要作一番必要的加工，使读者读起来不吃力，不发生误会，不至于受到语言运用上的不良影响，也就是说，要尽可能为读者着想。现在想就今年十月十七日《光明日报》的一篇报道提一点意见，目的是希望同志们把编辑工作作得更好，对稿件的加工方面作得更细致。"

12月17日 作《话剧〈关汉卿〉插曲〈蝶双飞〉欣赏》（原在中央人民广播电台播出，编入中央人民广播电台广播稿选《阅读与欣赏》第二集，1963年5月出版；编入《阅读与欣赏（现代文学部分之一）》，北京出版社1980年出版；编入《叶圣陶论创作》；收入《叶圣陶集》第十卷）。《关汉卿》是田汉创作的话剧，《蝶双飞》是剧本第八场里的一支曲子。"这《蝶双飞》是一支很好的曲子，可以跟历来脍炙人口的好曲子并驾齐驱。这支曲子传出了关汉卿和朱帘秀大义凛然的精神，慷慨激昂的情操，用现代的话来说，这里头又充分传出了高贵无比的'同志爱'，因此，全剧在这儿达到了最高潮。无论是看上演的，还是看剧本的，到这儿谁都会忘掉自己，心思跟曲子融合在一起，仿佛觉得跨进了更高的精神境界。"

12月14日　同人商谈选文言选本事和组织景山学校试教课文篇数。次日，与景山学校教师谈试教之目的和步骤。

12月23日　与广播学院教师座谈，谈教语法修辞之类最好与阅读写作结合，乃切实用，不宜为纯理论之研究。

12月24日　到殡仪馆，追悼史久芸。

12月25日　修改征求《文言文选本之选目与作法》启事稿。

12月26日至29日　在景山学校听课，为时五天。

12月29日　丰盛胡同小学教师邢君来访，谈其所拟教案《梅山脚下》。

本年　《叶圣陶童话选》（英文版，黄永玉插图）由北京外文出版社出版，1978年出第四版。

本年　圣陶先生主持编写的新中国第三套全国通用的十年制中小学教材陆续出版。

1962 年

（壬寅）　六十八岁

1月11日至2月7日　中共中央在北京召开扩大的中央工作会议，即县以上各级干部参加的"七千人大会"，刘少奇代表中央作了报告，毛泽东就民主集中制问题作了重要讲话。会议初步总结了"大跃进"中的经验教训，开展了批评和自我批评。

2月24日　胡适病逝于台湾，享年72岁。

9月8日　文化部发出《关于对违反当前政策精神的影片停止发行的通知》，决定停止发行《春暖花开》、《你追我赶》、《十三陵水库畅想曲》等八部影片。

9月12日　教育部发出《教育部关于中、小学上课时间的通知》。《通知》决定："今后中学上课时间每节课为50分钟（原为45分钟——编者注），小学每节课仍为45分钟（低年级可在每节课内活动三五分钟）。"

9月24日至27日　中共中央在北京举行八届十中全会。会议分析了国民经济开始好转的形势，毛泽东在会上提出"千万不要忘记阶级斗争"。

10月20日　印度军队在中印边界的东西两段，向我国发动了大规模的进攻。我国军队被迫进行了自卫反击。

10月24日　我国政府发表声明：为停止边境冲突、重开和平谈判、解决中印边界问题郑重提出三项建议。

*　　*　　*

1月1日　赴陈毅之招宴，宴请在我国工作的外国专家。

1月2日　始观王力主编之《古代汉语》之印本。

1月3日　到景山学校听课。

1月4日　出席中华书局50周年纪念会。

同日　作书信《答孙文才》（收入《叶圣陶答教师的100封信》，又收入《叶圣陶集》第二十五卷）。信中谈读书和教师的讲解。

1月5日到2月1日　参加人大、政协的视察活动。1月5日，赴江苏省视察，叶至善、吴大琨等同行。6日，抵南京，夜观江苏省锡剧团之《拔兰花》。7日，与江苏省锡剧团演员谈《拔兰花》观感。8日，至南京师院附中参观，出席教育部在江苏省召集之《语文教学大纲》座谈会。9日，晤南京大学校长郭影秋、副校长范存忠与陈瘦竹先生。10日，参观夫子庙小学和雨花台革命烈士纪念馆。11日，晤江苏省编写高中语文课本的全体成员。12日，往栖霞山访十月人民公社。

1月12日　作诗《梅园新村留题》（收入《叶圣陶集》第八卷）。

1月13日　抵无锡视察。14日，游寄畅园，观博物馆。15日，观无锡市锡剧院演《珍珠塔》，与无锡市锡剧团成员座谈。16日，游太湖。17日，访市郊红旗人民公社。

1月17日　抵苏州视察，晤居苏州修定《中国通史稿本》的翦伯赞。夜观江苏省苏昆剧团演昆剧《思凡》、苏剧《出猎》、《醉归》。

同日　作诗《观〈珍珠塔〉》（收入《叶圣陶集》第八卷）。

1月18日　访刺绣研究所和草桥一中。次日，游东山，访东山公社。次日，访虎丘公社茶花大队。

1月22日　参观江苏师范学院，与副院长潘慎民叙谈。抵上海。

同日　作诗《题赠苏州昆剧团》（收入《叶圣陶集》第八卷）、《观〈珍珠塔〉》和《题赠苏州昆剧团》（刊同年《上海文学》第三期时题为《观剧二题〈无锡市锡剧院演"珍珠塔"〉〈江苏省苏昆剧团演昆剧"思凡"苏剧"出猎""醉归"〉》）。

同日　作《阅读是写作的基础》（刊4月10日《文汇报》第二版，后收入《叶圣陶语文教育论集》、《叶圣陶散文乙集》，又收入《叶圣陶集》第十五卷）。

1月23日　在沪与《辞海》编辑室同人谈查字法，参观金星钢笔厂。24日，参观闵行，晤金仲华、宋云彬，与赵景深谈戏曲。25日，参观江南造船厂。26日，赵超构来访。27日，参观合成纤维厂。28日，参观塑料厂和手表厂出席上海各界纪念"一·二八"淞沪抗日战争30周年纪念会。29日，与杭苇、罗竹风谈查字法、《辞海》和教材工作。30日，参观印刷研究所。31日，与郭绍虞、傅东华、杭苇、罗竹风等人为会，讨论查字法；应语文学会与教育学会之邀，作演讲。

1月31日　袁叔畬（希洛）先生谢世，送一挽词。

2月1日　回到北京。

2月5日　参加文联十个文艺团体举行之新春团聚。

2月6日　与吴伯箫、徐仲华等谈词典与语文教学之事。

2月8日　在人教社与同人谈大学用书之印造修改情形。

2月9日　在人教社谈今年之工作计划，以完成各科教学大纲之起草与十二年制课本之改定（据教学大纲）为重点。

2月15日　到北大演讲，漫谈写作。

2月16日　为中华书局修改《〈文字蒙术〉影印说明》稿。

2月17日　出席商务印书馆65周年纪念会。

2月20日　到人民大会堂，参加出外参观访问者之座谈会。22日，续开座谈会。

2月23日　与景山学校（系中宣部所主办）、二龙路学校（系教育部所主办）、丰盛胡同学校（系国务院文教办公室所主办）之教师谈试教工作。

2月24日　与蒋仲仁谈标准字之事。为《人民文学》、《文艺报》、《世界文学》编辑部成员演讲，剖析菡子小说《前方》（刊《人民文学》）。

2月26日　与人教社成员谈中学教师辅导读物《古文选本》之编辑工作。

同月　《中国月刊》（法文版）刊登 C. 巴农作《一个极普通的小学教师》，评圣陶先生的长篇小说《倪焕之》。

3月1日　在教育部开办公会议，讨论加强外语教育事。

3月2日　赴《文汇报》之召会，谈语文教育近况，与蒋仲仁谈编词典事。

3月3日　胡愈之来访，谈如何集会讨论标准印刷字体之事。始修润中学地理教学大纲稿。

3月4日　作评论《湜冰的三篇小说》（刊3月17日《大公报》第三版，后收入《叶圣陶论创作》，又收入《叶圣陶集》第十卷）。评湜冰描写农村女青年的三个短篇小说《阅览室里》、《恭贺新禧》和《重要的一岁》。

3月5日　与同人共商与二龙路学校、丰盛胡同学校教师拟定教材计划事。

3月6日　赴文改会之会，谈印刷标准字体。8日、10日续会。

3月7日　在人教社作业务演讲，剖析菡子小说《前方》。

3月9日　与二龙路、丰盛胡同学校教师共同备课，课文为《从百草园到三味书屋》。

3月10日　在教育部开办公会议，讨论语文教学之事。

3月11日　作诗《艺苑炳日星——〈在延安文艺座谈会上的讲话〉

发表二十周年纪念》（刊《文艺报》第五、六期合刊，收入《叶圣陶集》第八卷时题为《〈在延安文艺座谈会上的讲话〉发表二十周年》）。

3月12日　赴文改会之会，继续讨论简化字表。14日、15日、17日续会。

3月13日　与景山、二龙路、丰盛胡同学校教师共同备课，课文为鲁迅之《为了忘却的记念》。到丰盛胡同学校听课，系授《从百草园到三味书屋》。

3月16日　作词《水调歌头　内蒙古自治区成立十五周年纪念》（刊《草原》五月号，后收入《叶圣陶集》第八卷）。

同日　在人教社作业务演讲，剖析《饲养室里说新人》。

3月17日　与同人共商，如何在课本中体现加强词语教学与语法修辞训练。到二龙路学校听课，系授《从百草园到三味书屋》。赴文改会之会，讨论如何公布简化汉字总表。

3月18日　王翼云来访，谈拟创办一佛学书局。

3月19日　在人教社开社务会议，讨论去年之决算与今年之计划。

3月20日　到景山学校听课，系授《为了忘却的记念》。次日，仍到景山学校听课。

3月21日　参加最高国务会议，听刘少奇主席报告和周恩来总理讲话。次日，出席第二届全国人民代表大会第三次会议预备会和主席团会议。

3月23日　到景山学校听课。

同日　作诗《漪与内蒙古》（刊5月2日《内蒙古日报》第三版）。

3月25日至27日　作诗《草原的青春——庆祝内蒙古自治区成立十五周年〈为伟大的事业〉〈包头〉〈即景〉》（刊《解放军画报》五月号，收入《叶圣陶集》第八卷时题目分别为《为伟大的事业——庆祝内蒙古自治区成立十五周年》、《包头》、《草原即景》）。

3月27日　人代大会开幕，为主席团成员。

3月29日　作书信《致戴问天》（收入《叶圣陶集》第二十四卷）。信中说："征文之事，曾商诸《少年报》之同志，虽未有具体决定，彼辈于此举颇感兴趣。倘能举办，我必参与评选应征之文，并作序文抒今昔之怀，用酬雅意。"

同日　与蒋仲仁谈简化字中有关字形。

3月31日　作诗《题赠上海出版学校》（收入《叶圣陶集》第八卷）。

4月1日　修改《全日制中学条例六十条》稿。次日，修改《小学工作条例四十条》稿。

4月2日　作诗《顾文霞惠赠所绣猫蝶图报以诗》（刊《芒种》1979年第一期，后收入《叶圣陶集》第八卷）。

4月4日　工余始观《二叶亭四迷小说集》。

4月6日　《文汇报》第一版刊载《教育家和语言学家谈语文教学——叶圣陶等就当前语文教师普遍关心的一些问题发表意见》。

同日　出席人大主席团会议。与景山、二龙路、丰盛胡同三学校教师讲析三校之测验试卷。

4月7日　在人代会江苏省小组会上发言，谈语文教学的现状。"修改人教社同人所拟一稿，答复《人民日报》。缘《人民日报》曾载三封读者来函，皆言教育社之高教课本漏误甚多，实为不合。"（日记）

4月9日　出席最高国务会议，毛主席讲话。

4月10日　作书信《答孙文才》（收入《叶圣陶答教师的100封信》，又收入《叶圣陶集》第二十五卷）。信中谈"正面教育"和师范学生是否可以谈恋爱。

4月16日　出席人代会主席团会议。人代大会闭幕。

4月17日　应茅盾之招会，座谈英文《中国文学》月刊之选题。出席首都纪念世界文化名人、中国伟大诗人杜甫诞生1 250周年大会。

4月18日　修改《简化字总表》以及文改会、文化部、教育部联合公布《简化字总表》之通知稿。

4月19日　与景山、二龙路、丰盛胡同三学校教师共同备课。

4月20日　在人教社作业务演讲，谈选文、编参考书以及语文教学之事。

4月21日　在文改会开会，讨论黎锦熙、丁西林二位创立之查字法。

4月22日　作诗《庆祝"五一"》（收入《叶圣陶诗词稿》）。

4月25日　作诗《听弹词〈智脱罗袍〉》（收入《叶圣陶集》第八卷）。

5月4日　作《向善读善写方面努力——在人教社作业务学习会上讲话的提纲》（收入《叶圣陶集》第十六卷）。"讲话"谈善读善写与编辑工作关系至切。题目是叶至善在编《叶圣陶集》时拟的。

5月7日　到师大女附中演讲，谈作文。

同日　作演讲稿《作文的练习——跟北师大女附中语文教师讲话的提纲》（收入《叶圣陶集》第十五卷）。

5月10日　作书信《致萧乾》（收入《叶圣陶集》第二十四卷）。信中谢萧乾所赠《里柯克小品选》，又说"里柯克之作逐篇读过"。"此译我甚喜爱，心赏之处甚多……以不通外文之我，观近时之译作，似大体有进步，不可晓之语句，不堪诵读之芜辞，已甚少见。唯能令读者深赏其文辞之美，风格之妙者，尚不多遇。"

"于文学作品之迻译，我深佩潘（潘家洵——编者注）先生与吕叔湘先生。潘先生患病已久，易卜生之作，殆无赓续迻译之望，良可叹惋。吕先生忙于语言研究工作，恐无余暇译文学作品。足下致力于此，务欲精益求精，精神可钦，实诣定卓，我伫候新译之杀青矣。"
5月12日　会见苏联学者索洛金。
5月14日　到景山学校演讲，评教师之批改作文稿。
5月17日　与同人共商拟如何于现行十二年制课本进行修改。
5月18日　在人教社作业务演讲，讲析唐宋诗词。
5月19日　始观人教社中学语文编辑室所编《古文选本》之清样。
5月24日　应周总理招会，党外人士座谈人大会之后一个月来之情况。
5月25日　到人民文学出版社，共商《郑振铎文集》之编辑事。
5月27日　与胡愈之等座谈文教方面事。
5月29日　与景山、二龙路、丰盛胡同三学校教师共同备课，课文述天文知识。次日，与同人讨论小学教学计划。
6月5日　始为中华书局修改《新唐书·魏征传》之译稿。
6月7日　在教育部开办公会议，讨论今年之招生计划。
6月8日　在人教社作业务讲课，谈作文批改。
6月9日　始审定王力主编之《古代汉语》，教育部拟定此书为大学文科教材。王力《〈古代汉语〉序》云："本书全稿曾请叶圣陶先生审阅。"
6月20日　赴中共中央之集会，各民主党派负责人与无党派人士座谈台湾问题。
6月21日　参加严敦易追悼会。
同日　作评论《谈一篇作文的批改——谈〈敦促杜聿明等投降书〉的结构》（刊《人民教育》七月号，署名叶圣陶、张志公，后收入《叶圣陶集》第十五卷）。文章评说一位老师评改的一篇作文，作文题为《谈〈敦促杜聿明等投降书〉的结构》。
6月22日　在人教社作业务讲课，评析化学课本中之一文。
6月23日　在人教社与有关人员谈中学教师辅导读物《古文选本》校改事。到二龙路学校听课，课文为《林海雪原》。

6月24日　作诗《谢稚柳赠一扇面报以诗》（收入《叶圣陶集》第八卷）。

6月25日　到政协礼堂，出席无党派人士座谈会。

6月29日　在人教社作业务学习讲课，就所作《荣宝斋木刻画》一文，谈说明文之要。

7月3日　与景山、二龙路、丰盛胡同三校教师共谈本学期试教的体会与经验。

7月4日　始观审新编初中语文课本稿。

7月6日　始观初中《政治课本》稿。

7月7日　与同人谈新编之小学语文课本稿。

7月12日　始观审小学语文课本稿。

同日　作书信《答张庆晋》（收入《叶圣陶答教师的100封信》，又收入《叶圣陶集》第二十五卷）。信中谈及教师"尤宜致力于'导'，导者，多方设法，使学生能逐渐自求得之，卒底于不待教师教授之谓也"。张庆晋当时是北京市财贸学校的教员。

7月18日　与人教社政治组成员谈审阅《政治课本》稿之意见。

7月19日　出席查字法工作组之会。

7月20日　与蒋仲仁谈小学语文课本编辑事。

7月21日　接受《北京日报》记者采访，"谈小学教师工作"，内容刊《北京日报》8月10日第一版，题为《叶圣陶谈小学教师工作》。到北京市二十四中，观高等学校招生之考试。

7月23日　作书信《答梁伯行》（收入《叶圣陶答教师的100封信》，又收入《叶圣陶集》第二十五卷）。信中说："年来常与景山、二龙路、丰盛胡同三校之教师接触，时或往观授课，颇感教师增加本钱，最为切要。所谓本钱，一为善读，一为善写，二者实相关而不可剖分。去年尝写一短文曰《"教师下水"》付《文汇报》，希望教师经常练笔，深知作文之甘苦，盖即添本钱之意。而除课本以外，经常认真看书读报，熟悉阅读之道，是亦添本钱也，我尚未为文言之。此添本钱之说实至寻常。唯有老师善读善写，乃能导引学生渐进于善读善写。苟非然者，学生即或终臻善读善写，断非老师之功。足下精研语文教学，敢以浅见奉告，乞断其所思当否。"梁伯行当时是江苏无锡机械学校的教员。

7月25日 作评论《谈谈〈小布头奇遇记〉》（刊《文艺报》第九期；后收入《1949~1979儿童文学论文选》，中国少年儿童出版社1981年出版；收入《叶圣陶论创作》和《叶圣陶集》第十卷）。文章称赞孙幼军的童话《小布头奇遇记》及画家沈培为这部童话的插图，并对插图提出要求："插图不要作为书籍的装饰品而存在，要成为书籍的有机部分，跟本文密切配合，使读者得到更多的理解，更深的感受，而儿童读物尤其应当如此。"

同日 为《红旗》杂志审阅谈文风一稿。

7月31日 列席人大常委会会议。始观《物理》课本稿。

8月2日 在人教社，为物理、化学、生物编辑室成员谈审稿的意见。

8月4日 工余读李劼人长篇小说《大波》。

8月6日 始观小说《红岩》。

8月10日 作《小学教师的工作》（收入《叶圣陶集》第十一卷）。

8月13日 始观《化学》课本稿。

8月14日 始审定王力主编之《古代汉语》校样。

8月17日 作书信《致河南教育厅研究室》（收入《叶圣陶集》第二十四卷）。信中解答河南教育厅研究室就《五月卅一日急雨中》提问的两个问题：一是"腐心的人"，二是"是的，是的，什么都是，你便怎样？"作者答复如下：

"'腐心的人'意即心已腐烂的人，指那些不知'五卅'事件的严重性，没有民族观念没有政治觉悟的人。'践得光光'

是想象的说法,他们既不懂得血迹的意义,该会随便践那些血迹。

"'是的,是的,什么都是,你便怎样?'上一行是作者向手枪说的话,这一句是作者设想的手枪的答话,其下文说仿佛看见手枪点头,仿佛听见手枪开口,实即表明这是手枪的答话。这样写无非表现帝国主义的蛮横。"

8月18日 与武剑西等谈高等教材之编辑出版工作。

8月22日 作书信《致中国青年社》(收入《叶圣陶集》第二十四卷)。"来书诵悉。我复李玉铭的信说得极浅,恐于读者无多助益,承嘱补充,又以精神不佳,未能应命。刊用与否,请你们秉编辑之方针,揆诸对读者负责之宗旨,然后下断。我固无可无不可也。原信重读一过,改易数字耳。此复。"

同日 作《课文的选编——致人教社中学语文编辑室》(收入《叶圣陶集》第十六卷)。这是圣陶先生写给人教社中学语文编辑室同人传观的书面稿,题名是叶至善编《叶圣陶集》时拟的。圣陶先生强调所选语文教材,"务求其文质兼美,堪为模式,于学生阅读能力写作能力之增长确有助益"。采录教材,"决不宜抱'唯名主义'",名家的文章并不一定"具语文教材之资格"。

8月23日 作书信《致周扬》(收入《叶圣陶集》第二十四卷)。信中说:"老友郭绍虞有创办中文专修班之拟议,因我询及,以长函详述其宗旨与办法。我以为培植中文方面之基本队伍,今时诚有必要。从幼年打基础,较之半途钻研,功力自更深至。特重作品之诵习与理解,而辅之以史与理论之研究,尤为避免时病之要着。郭君甚希得高明之赞许与支持,俾得竟成其事。今以其书附呈,幸赐察览。倘承大力相助,岂唯郭君私慰而已乎。"

时,郭绍虞对大学文科之现状不满。"今日大学,多谈理论与文学史,而于文章不甚深究,致使学生不能自读文篇,此实为本末倒置。"拟创办中文专修班,"收小学毕业生入学,自幼训练……注重于文章之诵习与理解,并特重作文训练"。

郭绍虞致圣陶先生的信,全文抄录如下:

圣陶吾兄:

顷接来电,嘱寄中文专修班章程,甚感兴奋。此事当初曾拟过计划,但后来虽得到领导上支持,终以人力不够,只能作罢。因为这是一个实验性的创举,必须要办得好。而要办好时,就得花很多力气。开口奶要吃得好,必须要有好教师,方法要对头,必须要有另编的好教材;管理要严格,更需要有得力的辅导人员。由于一时不可能有这些条件,若全由我来,则体力不胜,所以后来也就无意于此了。此次搬家,这些计划又不知搁置何所,因此不能奉寄。但所谓"无意",并不等于灰心,一承垂询,又觉兴致勃发,大有可为。因此虽好久不作长信,却为此事又不惮烦琐,愿将始末经过,详陈于后。如能再得吾兄支持,重行试办,则夙愿可偿,又是我所旦夕盼望的了。

先就我个人计划来谈,我以前辞系主任时,只想趁精力尚好之时,整理旧稿,使它陆续问世。这是仅仅只为个人打算的计划。不过这打算从另一方面看,也颇有理由。如果将来精力再衰,那么即使给以时间,恐亦难有成就,所以放弃一切,专门从事研究工作,自觉还有此需要。但在大跃进时代,又不能满足于这种个人旧稿的整理了。应当订一个更大规模的整理古典文学规划,才能体现这大时代的精神。因此,想同古今图书集成这样编一部极为完整的以人为纲的历代诗话,成为空前的巨著。这种工作,固然工力浩大,但如能发动一些社会力量,还是可以希望完成的。这是第二期的转变。当编历代文论选的时候,又感到基本队伍的重要。当时从他校调来的钱仲联、马茂元两先生，彼此合作得很好，我就想把他们留在文学研究所里，同时再想和他人们合作，索性培养一批骨干分子，那么此后文学研究所的古典文学组就能处于不败之地，接受此后政府提出的新任务。可是这个打算不能实现，所以只能停办。我们对这个专修班的期望是很大的，到最后阶段的训练，要对于各种冷门学科都能担当起来。有些学科即使我们不能培养，也准备送到语言研究所哲学研究所等机构去学习。把这样许多不同专长的人集合在一起，那才可以发挥集体研究的作用。这是我对文学研究所发展前途的一种看法，而创办专修班的计划，正是组成基本队伍的具体措施。必须这样办研究所，才能高度发挥研究的力量。我以为现在办研究所，应当和以前资本主义社会的研究所不一样。以前可以关起门来搞，只培养极少数的专门人才；现在就不应该这样做，要为出版界服务，要为大学教学服务，甚至为对外宣传服务，为其他研究机构服务。因此假使照以前办法，每年分配几个大学毕业生来，总觉得无济于事。因为他们毕业不久，有些工作都不能胜任，进所以后，必须重行训练，这就太费时间了。即使有几个好的，但研究的学科往往是同一的，也就较难发挥更大的作用。所以要研究所真能发挥研究作用，接受各方面交来的不同任务，就必须有计划地培养全面骨干分子。这个意见对不对，请考虑。

至于我所要办专修班的理由，从另一个方面看，还有革新教育的意义。(1) 学习古典文学等于学习另一种语言，年轻时学习比年大时学习容易得多。因此，应当按照音乐美术等校的办法，招收小学毕业生或初中毕业生，甚至从小就训练起，像剧团这样。因为耳濡目染，这是文艺训练的一种特征，我相信这样培养古典文学人才，一定会比现在按照常规的办法要好一些。固然，学和艺的性质还有些不同，但是从小专攻，总是收效要快一些。(2) 现在大学有一个缺点，即是对于史和论则夸夸其谈，滔滔不绝，于是偏重在文学史和文学理论的讲解，往往忽略了对作品的讲解。讲作品时，也是重在一般的分析，而对于语句的组织及通篇的理解，反不很注意。其实读作品倒是最基本的感性认识，而对于史的叙述和理论的阐发，则可以自己阅读的。自己阅读，通过教师指导，集体讨论，那就进度快而易于启发，找出问题。现在倒过来了，所以学生虽明白了古汉语的语法，却仍旧不能阅读古汉语的文章，虽懂得文学的流变，却不一定真能看得懂古人的文学作品。所以办专修班时，要注意教学方法：凡属于基础技能的，应当教属于基础知识的，就要重在自学，而教师仅居辅导地位。当然，教师如果真有新的见解，提出新的看法，那还是可以讲的。问题就在教师所讲的，也是东拼西凑的材料，并不是什么真知灼见，那就浪费学生的时间了。因此，我认为凡是由教师讲解的课，要注意教师的质量。因为教得好不好全是教师的责任，这所谓名师出高徒。凡是可以重在学生自学的，必须让他们自己阅读，不必先生嚼饭喂人，这又才能青出于蓝而胜于蓝。我们这个班，所以能速成而又要求办得好，就在这一点教学方法的改革上。

（3）古典文学的范围相当广，材料又多，所以在博与专的问题上，往往顾此失彼，不能获得统一。我对这个问题的看法，是应该分段进行，不可能同时兼顾。现在大学中文系的学生，对于学习外语就发生矛盾。顾了专业只能放弃外语，顾了外语又必然妨碍专业。所以博既不能成为博，专也不成为专。假使分段学习，在年轻时重在语言训练，一面学古典文学，一面学外国语，那对于专的基础就可以打得很好。这是一点。另一点，即就专的问题来讲，就是上面所说的基础技能与基础知识的问题，在现在学校中，也很难安排得较好。文学史的时间占得相当多，而对作品的理解却模糊得很，一方面要求学生有丰富的中国文学常识，一方面又要求学生对专门学问有深入的造诣，但是结果往往统一不起来。假使改作分段进行和集体讨论,那么博与专的问题就容易获得统一。在前一阶段,有讲授,有自学,相辅而行,打好基础,那么到后一阶段就可以专攻某一问题了。这是博与专的一种统一。同时,由于这一班人都专攻一问题,那么集众人之长就可以补自己之短,而博与专的问题也容易统一。因为在集体讨论中间,自会理解到整个学问的全貌,而关于和自己专攻的问题,也自然会进一步要求兼通其他有关的各门知识。何况集体讨论有时可以采取轮流报告的形式,那么我所专攻的虽是有限的,而听到的方面却变得很广,博与专也自然统一起来了。这样统一,才能时间经济而又能全面地掌握文学方面的全部知识,多快好省自然结合起来了。从这一方面讲,我和一般人对大跃进的理解也有所不同。大跃进时提倡集体研究,我很赞同这个办法,但是后来暴露了一些缺点,就停止下来,不再贯彻下去,我觉得很可惜,因为这些缺点是工作方法上的问题。假使加以改进,还是可以发生巨大效果的。我想这专修班如照这样办法,在教学上强调自学,在科研上强调集体,既重视个人力量又发挥集体的作用,应当可以补救集体研究的种种缺点的。所以这不仅对教学上有些改进,即对科学研究也有一些革新措施。这种意见是否有当,也请考虑。

这是以前想办专修班的经过,到现在又有一些补充意见。因为上述办法,到具体施行时还有两点困难:(1)如从初中办起,将来学生对古典文学有没有兴趣的问题,较无把握。万一转变,不想搞古典文学,怎么办?(2)假使在高中附设一个班,则兴趣转变的问题较少,但这种不遵常规的班级,毕业后究竟给个什么名义。如果没有名义,家长和学生是否同意?万一他们又要考正规大学,怎么办?因此,我现在想:(1)从初中办起把目标放大,包括一切文学,不限于古典文学,那么将来学生兴趣即使转变，也可以成个作家，或者学习文科方面其他学科，如新闻外语等。因为在此阶段，课程与一般初中距离不远，仅仅加强了古典文学和外语，所以困难不大。（2）在高中阶段，也是三年。由于经过初中阶段的一番训练一番淘汰，可以专重在古典文学的训练，所以我们要求这阶段的学生，能有大学中文系三四年级同等学力。如能达到这样标准，那么成绩既已显著，出路也有把握，可能不会对学位名义，作过多的考虑了。即使有部分学生兴趣转变，但是也还是可以成为作家，所以初中的基础还是很重要的。（3）至于大学阶段，暂定四年。在此阶段，我们要求相当于研究院毕业程度。同样要求写毕业论文，如将来学制变更，可让有同等学力的人参加研究院的考试，那么名义问题也就不成问题了。

总之这个班的要求，是六年小成，十年大成。能不能达到这个要求呢？我想由于下列措施，是可能达到的。

由小学应届毕业生中预先调查，及早选择，注意他理解力记忆力表达力等各方面（当然政治是更重要的），第一步看他有没有才。第二步在入班以后看他肯不肯学，以成绩好不好作为此后逐步淘汰的根据。这样通过各方面的严格选择，我想是可以达到又红又专的标准的。

教材的编写，略照学文示例的办法，尽可能把同性质同类型的教材汇集在一起，多方面的启发思想，使他们习惯于发现问题，解决问题，养成独立思考的能力。这也是一个很重要的关键。专修班的成功与否，全看这一类教材编得好不好，所以没有合适的人一同合作，就不可能进行这一工作。

特别加强写作，重视表达能力，所以这一班的人数不应过多。因为要求改卷仔细就不能过多。尽管这个班为了节省经费，可以附设在某中学中，但是教师的选择和工作的进行，要照我们的计划。尤其是在初中阶段，写作更应特别注意。

配备大学的教师教高中,高中的教师教初中,甚至有时以大学的教师教初中,同时再改进教学方法。我们想要求初中达到高中程度,高中达到大学程度,是完全可能的。那么大学阶段也就容易达到研究院程度了。所谓多快好省,是从这种措施来实现的。

我兄如亦赞同这样办法,最好和周扬同志商量一下。因为我看到文科教材编选工作通讯中,俞铭璜同志向周扬同志的汇报中,提到过了组织专业队伍的问题。我觉得这个意见很重要,而这个专修班的计划正是组织专业队伍的具体措施。所以认为时机成熟,特把当时想办专修班的意见,缕一陈如上,请审核。专此 并致

敬礼

弟 郭绍虞
八月十五日

8月28日 周扬送来复书,"云颇赞绍虞之拟议",即致书郭绍虞。(日记)

同日 列席人大常委会之会。

8月29日 作书信《致郭小川》(收入《叶圣陶集》第二十四卷)。信中说:

"昨接作协送来吉林曹坚白之文稿一包,系寄足下与我二人者。我读其长信,知此君为久病之人,长年偃卧炕上,以一年有余之时间成此《中国诗歌》一稿,毅力良可钦佩。其意至殷切,一欲我二人为之校阅,补其缺失,润其文辞,二则托我二人为之谋出版。我迩来精神不甚佳,杂事又稍多,彼虽并托我二人,可否请足下鉴我之情,偏任其劳。足下如有暇审读,自属至佳,否则似可送往作家出版社,请考虑此稿是否有出版价值,如不宜出版,亦请提出若干意见,然后璧返其稿。久病之人,寄出此稿,切盼复书,其情可以想见。是否宜先与答书,

以慰其望。足下如以为然，即希命笔复之。

"时有不相识之人寄来文稿，嘱为过目。其有志于文事，期所作益进于精纯，宏愿深情，至可感动。而我识见短浅，精力不济，往往未能副其所望，良为愧疚。今于此曹君，又深感之矣。足下能鉴我之心，俾曹君如愿以偿，非第曹君欣慰，我亦乐承嘉惠焉。"

8月30日 始查阅人教社编辑之十二年制学校试用的各种课本。

9月1日 发表《怎样通过写作关》，刊《中国青年》第十七期。

9月4日 列席人大常委会会议。

9月6日 赴文改会之会，商量举行座谈会，整理历年简化字，以备列一总表，再公布一次。赴中华函授学校之约会，共谈举行讲座，帮助职业青年学习语文。圣陶先生力主注重讲读与改作，在讲读与改作之中串插知识。时，中华职业教育社的王艮仲、孙起孟邀集十多位语文教育方面的专家，创办一个业余的语文学习讲座，圣陶先生大力支持。语文学习讲座的学员是以在职干部和中小学教员为主，目的是介绍自学的方法，提供学习材料，有计划地帮助他们提高语文水平。到1966年被迫停办，正式报名的达八千六百多人，直接听讲的一千五百人。每一讲都录了音，传送到各地，由分校播放。四年间在讲座上讲过课的有三十多位语文教育方面的专家。

9月12日 为《光明日报》看王力《略论语言形式美》之排样。

9月15日 到北京师范大学演讲。

9月17日 作书信《致李喜生》（收入《叶圣陶集》第二十四卷）。信云："来信读悉。你有志读书，想写文章，很好。读书写文章都要下工夫，一步一步认真练习，没有什么速成的秘诀。照你现在的程度，读书还得逐字逐句辨明意思，绝不随便放过。读一遍不够，要多读几遍，直到真明白了才罢休。写文章先写短的。一件事情，弄明白了再写。一个道理，想清楚了再写。

写成了，自己看，意思对不对，话完整不完整，前后连贯不连贯。如果有不对不完整不连贯的地方，自己想办法改。这样用心练习一二年，准会有进步。"

同日 作书信《致吴学世》（收入《叶圣陶集》第二十四卷）。信云："你对童话有兴趣，想写写，当然很好。不过我要劝你，写任何一类文艺，总须文从字顺，你还是先练习一般文章的好。你现在学的是俄语，将来可不能专用俄语，一定有好多地方要用中文。就这一点想，你也须认真练习一般文章。

"稿子我读过一遍，有些错字，替你改正了。恕我直言，篇中不顺适处不少，我不能改了。希望你自己琢磨自己改。"

同日 工余始谈柯切托夫之《州委书记》。

9月19日 作书信《答程树安》（收入《叶圣陶答教师的100封信》，又收入《叶圣陶集》第二十五卷）。信中评说程氏辑录的《格言录》。程树安当时是武汉劳动里小学的教员。

9月20日 到《中国青年》杂志社演讲，剖析该杂志刊登的《十年苦读书，文盲变状元》和《和即将走向农业战线的青年谈前途》。

9月21日 为中华函授学校语文学习讲座作首次演讲，题为《认真学习语文》。

9月22日至10月6日 赴南京，助至诚修改剧本《孟丽君》。9月22日，偕至善赴宁。

叶至善《父亲长长的一生》："《孟丽君》是出老戏，江南的地方戏几乎都有这个剧目。至诚那个锡剧团说要推陈出新，改作上下两本，指定至诚参加唱辞说白的修改。主角由两位台柱担任，上本王兰英，下本姚澄。还请我父亲作修改脚本的指导，放至诚回家，好就近讨教。仍是'大跃进'的余风，边改边排，定于国庆节前后上演。父亲说，许多长段的唱辞还需推敲。他们说那就先试演两场，广泛听取领导和各方面的意见，细琢细磨一回，扩大宣传，再正式公演。父亲兴致极高，我只得请了事假陪他走这一遭。剧团是豁出去了，花本钱制备了全新的行头，演员穿戴上就更来了劲。上下两本各演两场。四个夜晚演下来，我吟成了一句诗，'全城争说《孟丽君》'，正想补上前头三句，却被当头一盆冷水，冲得无影无踪。不知为了什么，北京来电话，叫马上停演。在杯盘草草的别宴上，大家喝闷酒。"（第379～380页）

9月30日　作诗《听蒙古歌手哈札布歌唱》（收入《叶圣陶集》第八卷）。

10月6日　回到北京。

10月8日　始观初中物理课本之印本。

10月10日　发表书信《致王力》，见王力《略论语言形式美（中）》，刊《光明日报》。

10月11日　发表书信《致王力》，见王力《略论语文形式美（下）》，刊《光明日报》。

10月13日　出席吴晗主编之历史小丛书、外史小丛书、地理小丛书编委会扩大会议。

10月16日　在人教社与同人共商如何续开本社业务学习班。到教育部开办公会议，讨论明年之计划与此后五年之设想。

10月17日　赴文改会之会，拟定出整理简化字之方案。赴人民大会堂，听周总理报告中国共产党八届十中全会的主要精神。

10月19日　赴文改会之会，继续讨论简化字。

同日　作毕《认真学习语文》（刊中华函授学校《语文学习讲座》第一辑，又刊1963年10月5日《文汇报》第四版，又刊《中学生》1980年第八、九期合刊，后收入《叶圣陶集》第十三卷）。文章分五个部分："学习语文很重要"、"对学习语文要有正确的认识"、"学习语文不能要求速成"、"学习语文要练基本功"、"认真不认真，是学得好不好的关键"。在阐释"什么叫语文？"时说："什么叫语文？平常说的话叫口头语言，写到纸面上叫书面语言。语就是口头语言，文就是书面语言。把口头语言和书面语言连在一起说，就叫语文。这个名称是从一九四九年下半年用起来的。解放以前，这个学科的名称，小学叫'国语'，中学叫'国文'，解放以后才统称'语文'。"

10月20日　到宣武师范附小演讲，谈语文教学。

10月22日　到文化部，开查字法工作组扩大会议。赴文改会之会，继续讨论简化字。

10月24日　在人教社，与同人商定标准字体之规定草稿。到文化部，开查字法工作组扩大会议。赴文改会之会，继续讨论简化字。

10月26日　在人教社作业务学习讲课，讲析《评战犯求和》一文。

同日　作演讲稿《写之前和写之后——在人民教育出版社作业务学习会上讲话的提纲》（收入《叶圣陶集》第十五卷）。演讲稿"写之后"中说："自己读，与人读。自己批评，自己修改。修改要说得出所以然，能注意于此，眼高手亦高。修改实即修改思考。诸君似不必专务习文艺，而为各体文之习作，因为各方面均有需要。习作与创作，界限也难分。论文习作，其佳者即为拿得出去的论文。文艺习作，其佳者即为文艺创作。先从小题目下手。听人说说，只供参考，获得实益，还在用心练习。"

10月27日　修改标准字体之规定稿。29日，改定完毕。

10月29日　在人教社开社务会议，通过明年之出版计划。

同月　《文史资料选集》第31辑发表宋云彬文《开明旧事——我所知道的开明书店》。

11月1日　修改简化字表草稿。始观人教社选编之《古代散文选》之选文。

11月2日　到西城第三中学演讲，谈有关语文教学之事。

11月3日　到民族文化宫，中华书局邀谈出版《历代政治人物传记丛书》之事。

11月7日　作书信《答林适存》（收入《叶圣陶答教师的100封信》，又收入《叶圣陶集》第二十五卷）。信云："尝谓教师教各种学科，其最终目的在达到不复需教，而学生能自为研索，自求解决。故教师之为教，不在全盘授予，而在相机诱导。必令学生运其才智，勤其练习，领悟之源广开，纯熟之功弥深，乃为善教者也。"林适存当时是广西南宁第六中学的教员。

11月8日　作书信《致杨苗》（收入《叶圣陶集》第二十四卷）。信云："四篇童话都看了。就意思说，四篇都不错。就语言说，似乎要好好加工。""把写成的稿子多念几遍，凡是不顺口的地方，料想别人听起来会弄不清楚或是会发生误会的地方，都要修改。一句接一句很连贯吗？每一个词儿用得确切恰当吗？有用不着的词儿和句子吗？看自己的稿子，随时这样问自己，就会发现有些地方非改不可。你若这样下工夫自己修改，坚持一年半载，一定会有进步。"

11月10日　作书信《致张起运》（收入《叶圣陶集》第二十四卷）。信云："前承见访，我即奉告未必能应命作文之情形。上月下旬收到寄下之小小说一叠，并嘱我于本月内完稿。我按目前工作情况与健康情况，年内实无可能细看此数篇小小说，并执笔为文。为恐劳尊处盼念，赶即作书奉告。我自知精力就衰，作文已颇惮之。甚望编辑出版界能予顾念，勿责以按时供稿。倘蒙鉴谅，不胜感幸。"

11月12日　赴文改会之会，再次修改前已拟定之简化字。

11月13日　作诗《川人蓝菊孙以其所为〈诗经国风研究〉索题勉应之》（收入《叶圣陶诗词稿》）。

11月14日　为福建福清第三、第九中学各写校牌一幅。

11月17日　作《授与启发——跟北京市语文教师讲话的提纲》（收入《叶圣陶集》第十四卷）。这是圣陶先生当天在民族俱乐部为北京市教师作的演讲稿,谈语文课的目的,及关于讲读和写作。题名是叶至善在编《叶圣陶集》时拟的。

11月20日 到政协礼堂,听张奚若传达周总理在国务会议中关于中印边界问题之讲话。

11月22日 在人教社与数学编辑室同人共商数学课本之造语用词及使用标点之问题。

11月23日 在人教社开社务会议,讨论高教部分之出版计划。

12月7日 到中苏友好馆,为中华函授学校语文讲习班作演讲,讲析《当我在工作中碰到困难的时候》。

12月9日 始观俞平伯《唐宋诗词选》稿本。

12月15日 作书信《致王了一》(收入《叶圣陶集》第二十四卷)。信云:"《诗律》稿送于叔湘,昨夕送回,滕一笺。弟觉其意可供考虑,今以原笺附去。"又云:"前复一书,欲拜观谈语法之部分。此部分稿或已在途中矣。"

12月19日 到文联礼堂,听袁文殊讲苏联电影之现状。

12月21日 在人教社作业务学习讲课,剖析化学编辑室撰写的《关于化学的基本训练》稿。

12月22日 作诗《春雷》(刊1963年1月1日《文汇报》第四版,收入《叶圣陶集》第八卷时题为《春雷 〈文汇报〉嘱预为元旦诗》)。

12月25日 工余始读傅雷译巴尔扎克之《搅水女人》。

12月26日 李劼人病逝于成都,发一电致唁。

同日 作《关于语文课本的练习题——对十年制语文课本初稿的批语》(收入《叶圣陶集》第十六卷)。强调"练习题"要有"启发性"。《批语》无题名,这里的题名是叶至善在编《叶圣陶集》时拟的。

12月28日 作书信《答林井然》(收入《叶圣陶答教师的100封信》,又收入《叶圣陶集》第二十五卷)。信中谈审读林氏书稿的意见时说："撰写此类书稿，供初学者阅览，我以为甚有意义。唯'浅出'之作必本于'深入'，叙述人物宜力求具体。……承询'立诚最为贵'一语。此语自'修辞立其诚'来，无非'言之有物''言之由衷'之意。而品德修养，实际锻炼，亦复包蕴在内。苟德之不修，实之不讲，虽自以为'有物'，自以为'由衷'，犹未'诚'也。"林井然当时是辽宁安东第六中学的教员。

本年 《叶圣陶文集》由越南河内文化出版社出版，内收《一生》、《一个朋友》、《恐怖的夜》、《苦菜》、《隔膜》、《阿凤》、《绿衣》、《晓行》、《饭》、《醉后》、《平常的故事》、《校长》、《金耳环》、《潘先生在难中》、《城中》、《在民间》、《晨》、《搭班子》、《苦辛》、《抗争》、《夜》、《某城纪事》、《一个练习生》、《寒假的一天》、《一篇宣言》、《春联儿》、《多收了三五斗》。由吴选、王瓒、泰璜翻译。

本年 《倪焕之》（法文版）由北京外文出版社出版，书名改为《小学教师倪焕之》。

1963 年

（癸卯）　六十九岁

1月23日　教育部发出《关于加强中、小学学生写字教学的通知》，指出："当前多数中、小学学生的字仍然写得不端正，不注意笔顺和间架结构；有的很潦草，不易认识；错别字多；行款不整齐；卷面也不整洁。这些情况应该引起所有学校和全体教师的注意。"并提出加强"写字教学"的六条意见。

5月2日至12日　中共中央在杭州召开工作会议，制定了《中共中央关于目前农村工作中若干问题的决定（草案）》，即《前十条》。

6月12日　教育部发出《关于中小学开设农业生产知识（常识）课的通知》，要求分别在初中三年级和小学六年级，开设生产常识课，每周各两课时。

6月17日　《文艺报》发表社论《积极参加国内阶级斗争，做一个彻底的文艺战士》，进一步宣传阶级斗争扩大化的理论。

9月6日　中共中央在北京召开工作会议，通过《中共中央关于农村社会主义教育运动中一些具体政策的规定（草案）》，即《后十条》，在农村开展了大规模的社教运动。

10月4日 首都各界集会，纪念我国唐代东渡日本的鉴真和尚逝世1200周年。赵朴初作题为《古代中日文化和友谊的传播者鉴真大师》的讲话。

* * *

1月1日 与黄啸曾、章炼峰等谈《人民教育》编辑事。

1月2日 始观小学自然课本稿。

1月3日 作书信《答周唯一》（收入《叶圣陶答教师的100封信》，又收入《叶圣陶集》第二十五卷）。信中谈作文教学。周唯一当时是江苏邳县八义集中学的教员。

1月5日 作毕评论《评讲一篇作文〈当我在工作中碰到困难的时候〉》（刊《语文学习讲座》第四辑，1963年2月；后收入《评改两篇作文》，北京人民出版社1964年3月出版；编入《叶圣陶语文教育论集》时改题名为《评改〈当我在工作中碰到困难的时候〉》；收入《叶圣陶集》第十五卷）。

1月6日 到四川饭店，应胡愈之、丁西林约谈编辑韵书事。

1月8日 到文改会开会，座谈简化字。

1月11日 赴统战部之会，听彭真作报告。

1月13日 为吴县教师进修学校写校额。

1月15日 作书信《致孙文才》（收入《叶圣陶答教师的100封信》，又收入《叶圣陶集》第二十五卷）。信云："传统的语文教学方法，我未尝说过。……从前注重读，此至有道理。古文与口头语言殊异，读之至熟，实即学习古文之语言。必熟乃能写，亦如今时儿童熟习口语，乃能说连贯之一段话也。今时教古文，自亦宜熟读，虽不求其能写，而熟习其语言乃能深味其意义，较之仅仅看一二遍好得多。在此意义上，现代文亦须熟读，即不能篇篇熟读，亦宜挑若干佳篇读之。"

1月16日　作书信《答李端卿》（收入《叶圣陶答教师的100封信》；又收入《叶圣陶集》第二十五卷，修订本，2004年11月出版）。信上批评"寄来的几封信都写得不甚清楚"。李端卿是山西临猗北辛公社丁庄小学的教员。

同日　工余始观儒勒·凡尔纳之小说《神秘岛》。

1月18日　在人教社作业务学习讲课。到机场欢迎加纳友好代表团。赴陈毅之宴，主客为加纳友好代表团。

1月22日　作书信《答王承辉》（收入《叶圣陶答教师的100封信》；又收入《叶圣陶集》第二十五卷，修订本，2004年11月出版）。信中谈作文教学。王承辉当时在四川垫江县文教科工作。

1月23日　在教育部开办公会议，讨论今年之工作计划。

1月29日　作书信《致龙榆生》（收入《叶圣陶集》第二十四卷）。信云："今日接读尊撰《词学十讲》之最后一讲，并《唐宋词定格》一册，深谢厚贶。至盼《词学概论》早日完稿印行，获享先睹之快。""我于词无所知，偶有所作，徒见其为外行。今后作词者恐不多，而习中国文学者终必读词，故我以为《概论》之作，似宜稍重启迪理解。读者如能试为习作，理解自必益深，因而作法亦宜兼及，然此固不能求之于人人也。先生斲轮老手，斟酌重轻，嘉惠后学，必早有定见，我之所陈聊博一粲而已。"

1月31日　修改陈乃乾之考证《聊斋志异》稿。

2月1日　在人教社作业务学习讲课，讲作文评改。

2月6日　在人教社与同人共谈简化字之草稿。

2月7日　到文改会开会，讨论某些字之简化形式。次日，仍赴文改会之会。

2月9日　在人教社开社务会议，讨论普教部分之选题计划，及高教书稿之稿酬办法。

2月15日　始观高中语文课本稿。

2月17日　中华函授学校语文学习讲座第二期开学,作演说。

2月18日　作书信《答八一学校教员》(收入《叶圣陶答教师的100封信》,又收入《叶圣陶集》第二十五卷)。信云:"昨晚自政协礼堂退出,函授学校方面转给我诸位的信,回家细读,欣感非常。我所讲论,想象居多,未必切于实际。诸位采纳而试行之,定必有纠正其失之点。甚望暇时惠顾,当面叙谈。亦盼到贵校参观,略知教学之实况,学生之成绩。"八一学校在北京。

同日　始审阅供外国学生习中文之课本稿。

2月21日　到体育出版社,为体育出版社、体育科学研究所及体育记者作演讲,剖析《体育报》一篇社论和一则报道。

2月22日　金近来访,请圣陶先生任《儿童文学》编委,允之。

2月24日　作书信《致高嵩文》(收入《叶圣陶集》第二十四卷)。信中谈审读阮君两篇小说的意见:

"阮君小说两篇已读过,眼钝识浅,不能提出中肯之意见,姑妄言之,希为转致。

"观此两篇,以意度之,似记叙实事为多,或全系实事亦未可知。近年来写革命的故事者甚众,电台亦时有广播,阮君之作当可归入此类。我以为苟欲令人明晓其事,则如此已足,而欲令人诵而感之,玩味无穷,则尚须加工。加工之道,首为压缩。凡可有可无之语句,留之不增效果,去之反见干净者,概从删汰,此压缩之说也。次则设想造意,力求真切,用词构句,务期顺适。若'他们彼此的欢笑声已交流着难友重逢时的光芒','一对沉着而锋利的眼睛闪烁着信心的光辉',皆浮荡无着,不得谓之真切。若谓僧衣为'袈衣',指'丑态'为'这场',皆违于习惯,不得谓之顺适。复次则反复诵读,谋诸口耳,斟酌损益,不忽于一字,乃克诵之而顺口,聆之而悦耳。无妨取如是标准，可否以付广播。苟为广播员所首肯，则音节声调其庶几矣。

"加工之事，最宜作者自为之，他人代庖，终不若自为之之亲切。阮君有意于文事，欲求其作益进于精善，当必不惮勤力加工也。凡上所陈，皆属空论，未必切于实际，聊供参考云尔。"

2月26日　与北京师大中文系学生座谈，谈当语文教师之准备。

同日　《当语文教师的准备——跟北师大中文系学生讲话的提纲》（收入《叶圣陶集》第十三卷）。圣陶先生认为"出而任教"，首先是要"以身作则"。"先求诸己而后求诸人，必须充实自己，才能教好学生，在教育工作中尽光荣的责任。"其次是善于"引导"。"并非一切由教师主动，学生处于被动地位，只听教师讲说。譬如走路，教师指点一下，或者在前边走，路还是要学生自己走。引导之后，学生能自己理解，自己练习，教师又何必多事口说？要在学生走不通的时候，才给他们扼要点明。老师不能一辈子跟着学生，学生必须随时读写，直到老年，这又是必须让学生自动，发挥他们积极性创造性的理由。所以，径直讲课不如布置预习，径直说明不如提出适当的问题，安排适当的练习，让他们自求得之，如有不合，才给他们纠正或补充。这些常识或许你们的老师早经说过，我以为当任何学科的教师都宜如此，所以在此说一说。"

3月6日　列席教育部党组会议，讨论下学期之试验学校工作座谈会如何开法。

3月8日　在教育部开办公会议，讨论贯彻中小学工作条例之措施。赴文改会之会，讨论《汉字简化修正方案》。

3月11日　出席教育部在京召开的中小学校教学改革试验工作座谈会。座谈会结束后，教育部于7月27日发出《教育部关于坚持进行中小学校教学改革试验工作的通知》。《通知》内容为：

一、试验工作的成绩和主要经验；二、对今后中小学校教学改革试验工作的意见。时，中小学校教学改革试验将学制缩短为十年，即小学五年制，中学五年一贯制或者三、二分段制。

3月15日　到怀仁堂，听周总理作精简工作之报告。

3月16日　到北大，为北大和北师大担任写作课的教师作讲，谈大学之写作课只在训练基本技能，期其文理通顺。

3月18日　在教学改革试验工作座谈会上演讲，报告教材编撰情况。

3月19日　与教育部同人共商试验学校使用课本之问题。

3月20日　在教学改革试验工作座谈会上谈试验学校如何使用课本之意见。

3月21日　修改《汉字简化修正方案》之排样。

3月23日　北京市女八中学生来访，共谈《多收了三五斗》。

3月25日　与同人共商如何加工修改供外国学生学汉语之课本初稿。

3月29日　作书信《致龙榆生》（收入《叶圣陶集》第二十四卷）。信云：

"惠寄长函敬悉。所论诸点，皆见高怀，无不心折。我识见短浅，又杂事稍集，仅能略书数语，勉酬雅意。

"新作歌词，满人意者殊不多觏，往往病在缺乏诗味。诗味为何固难言，然自有此一种味，无此一种味，即歌之索然，听之寡趣。至于作曲，往往调与歌之情不合，甚且工尺与字之声音不合。先生志欲通诗乐之邮，自必于来学者多方启迪，俾免我所举之病矣。

"习作一课，我谓宜认定标的，师生全力以赴之。标的为何？文理通顺而已。学生明乎此，认真练习，教者明乎此，认真指导，终必有成。批改固教者之要务，然须进一步想，必使学生能自改其文，或文成而不须改，乃有济也。果臻文理通顺，习作课即为成功。至于思想之高深，意境之超妙，皆关系于学养，习作课所不克任也。高明以为何如？"

4月3日 在教育部讨论实行新订十二年制中小学教学计划之通知。

4月4日 到"八一"学校听课，并与教师座谈。

4月9日 到"八一"学校听课，授朱自清之《梅雨潭》。又观作文评改课。

4月10日 在教育部开办公会议，讨论实行新教学计划之通知。

同日 发表《在"讲座"第二学期开学典礼上的讲话》，刊《语文学习讲座》第六辑（6月），题为《叶圣陶同志在"讲座"第二学期开学典礼上的讲话》。

4月16日 出席文联第三届全委会第二次扩大会议的预备会议。

4月19日 到民族文化宫，为中华函授学校语文学习讲座作演说。

4月22日 作《沈阳博物馆举行书法展览以学习雷锋为题因作一绝句》（见《叶圣陶诗词稿》）。

同日 文联扩大会议开幕，历时八天。

4月26日 游西郊植物园。

4月27日 作诗《北京植物园留题》（收入《叶圣陶集》第八卷）。

4月29日 作书信《致陈让之》（收入《叶圣陶集》第二十四卷）。信中谈读陈氏论书法文稿之意见：

"惠书并尊稿到已兼旬，杂事稍集，今始作报，幸得邀原恕。

"我于书学殊无所知，翻观大作，颇受溉沾之益。尝试思之，以为今日言书法，宜分别为二。通常应需之书，一也。涉乎艺术之书，二也。各级学校之学生与夫各方面之干部，第求其善习前者；笔画清楚，结构匀称，行款整齐，即已可矣。而欲臻此境，亦非甚便。首必深识此事之重要，苟或忽焉，将有妨于实际工作。次则须随时自励，养成临书不苟之习惯。至于继承传统，追求创获，殆非此辈所必需。此辈固无此时力，专意为之，实难能也。大稿所论，可为有志于艺术之书者植其始基。青年语文教师未尝窥此门径，诵而习之，通而化之，于指导学生习字亦有助益。稿本殆托人缮录，虽经校改，尚有疏漏之处，希重为审览，期成完璧。蒙不弃嘱陈意见，率书所怀，略无贡献，不胜惶愧。稿本别封归赵，请收纳。"

4月30日 赴文改会之会，讨论重行修订简化字方案。

5月4日 赴文改会之会，讨论简化字。

5月7日 作毕评论《〈最近半年工作情况汇报〉一文的评讲》（刊《语文学习讲座》第八辑，1963年8月；后收入《评改两篇作文》；编入《叶圣陶语文教育论集》时改题名为《评改〈最近半年工作情况汇报〉》；收入《叶圣陶集》第十五卷）。

同日 作书信《致张志辛》（收入《叶圣陶集》第二十四卷）。信中谈及文稿缮写事：

"记录稿先由晓风修改，我再为加工，费时不少，更改至多。此非司记录之二位同志不善写记，实缘我之讲说杂乱，条理不清，时有重复之故。由是推想，录音带各处传听，恐大有问题。听者所得几何，是否不生误会，皆难断言也。

"原稿用红笔墨笔涂改，勾画尚清楚，即以付排，想不致使排字工友头痛。篇中多用引号，逗号或句号在引号内或外，皆特别留意。请嘱工友务必照排，校对时亦希注意此点。

"我欲向缮写此稿之同志进言。预备付排之稿，处处须为工友着想，予以方便，使不易致误。初校样错误无多，则校对同志亦感方便。印成之书刊完全无误，读者虽未必惊为了不起，而实则受惠甚多。由此以思，原稿之缮写清楚，受益者且不仅为工友也。今此稿之缮写，字迹颇不清楚，标点符号细小不显，属上属下不明，皆易使工友为难，因而排错。我故特以墨笔重书之，求其清楚明显。念尊处排印书刊之事正多，缮稿之规格似须有标准，用敢直言奉告，想不以为忤也。"

5月8日　作书信《答邹上一》（收入《叶圣陶答教师的100封信》，又收入《叶圣陶集》第二十五卷）。信云："所谓教师之主导作用，盖在善于引导启迪，俾学生自奋其力，自致其知，非谓教师滔滔讲说，学生默默聆受。所谓阅读教学，本身自有其重要性，并非作文教学之辅。而善于指导阅读，虽不喋喋言作文，实大有利于学生作文能力之培养。"邹上一当时是湖南青树坪第二中学的教员。

同日　与隋树森谈《古代散文选》中册之选材。

5月9日　作书信《答曾献栋》（收入《叶圣陶答教师的100封信》，又收入《叶圣陶集》第二十五卷）。信中谈读其文稿的意见。曾献栋当时是内蒙古包头乌拉特前旗新安小学的教员。

同日　复审《现代汉语词典》之重点送审条目稿，关于政治、经济、哲学条目。

5月10日　在教育部开办公会议，讨论制订中等专业学校教学计划之一般规定。

5月14日　与同人讨论张志公等所拟《今古贤文》之稿。致书北京出版社与《北京晚报》社，谈观览彼二社少年儿童征文之感想。

5月16日　与北师大二附中师生座谈，解答所询有关语文之事。

5月18日　出席北京市中学生运动会开幕式。

5月20日　为海盐文化馆写字一幅，为北京市美协写两把扇面。

5月21日　作《认真写字》（刊7月5日《中国青年报》第二版，又刊《语文学习讲座》第十辑，又刊《人才》杂志1982年第二期，后收入《叶圣陶集》第十三卷）。文章说"认真"的标准是十六个字："笔画清楚，间架合式，行款整齐，通体匀称。"又说："练字"并不要"看碑帖"，"临欧褚颜柳"，"研究执笔法'永字八法'"，"这些事虽然属于练字的范围，跟咱们所说的练字却是两回事。干这些事，是把写字看成一种艺术，目的在继承传统而又能推陈出新，成为写字的艺术家。艺术家自然很好，但是人人当写字的艺术家，似乎不必。咱们所说的练字是把写字看成一种技能，这种技能涉及对人的态度，因而人人必须学好。学好并不难，只要做到前边所说的十六个字。记住一句话，拿起笔来的时候决不马虎，就一定能做到这十六个字。"

5月22日 在人教社与刘子余等共商所选编之供应外国学生学习汉语之课本篇目。始观小学自然课本稿。

5月27日 作书信《致郭锡良》（收入《叶圣陶集》第二十四卷）。信中谈审阅王力主编之《古代汉语》书稿的意见，说：

"下册（《古代汉语》——编者注）之原稿，中华已寄来两批。我看毕'史''汉'选文各两篇，今日先送上，如此流水作业，期可早日校定清样。我用红墨水笔，某页有改动或提出意见，则于其页之右上角画一圈，以便识别。我所列皆细小之处，无关大体，苟诸公以为不妥，置之可耳。

"有二事可言者。一为'指'字之使用，我觉其滥，为删去若干，而何者宜用，何者不宜用，尚未得其规律。一为'句'字之使用，注中多为诵读之句而非语法之句，是否与语法不一致，滋读者之惑，可以考虑。此二事于校读语文课本与《古代散文选》之时即已注意。'指'字尽可能少用，'句'字则凡非完句皆用'语'，并以奉闻。不贤识其小者，或不致见笑也。"

5月28日 作《看了少年儿童应征文选》（刊6月1日《北京晚报》第三版，后收入《叶圣陶集》第十五卷）。

5月29日 作书信《致郭锡良》（收入《叶圣陶集》第二十四卷）。信云："前日送上第一批稿一百余纸，想早承收览。今日复送上一百余纸，为第二批。文化常识甚佳，如此扼要叙述之作，为一般人所切需，不仅《古代汉语》之读者也。诸公费力至多，为此浅出，功德无量。稍稍扩而充之，可别为小册单行，有意否乎？乞以我意告王先生。"

同日 到怀仁堂，听周总理报告。

同月 短篇小说《潘先生在难中》（Tang Sheng 译）、《夜》（Chang 译）、《一篇宣言》（Ru Fan-chin 译）刊《中国文学》（英文版）1963年5月号。

6月1日 到工人体育馆，参加少年儿童庆祝儿童节联欢大会。至儿童剧场，观景山学校学生之外语表演。

6月3日 作书信《致郭锡良》（收入《叶圣陶集》第二十四卷）。信云：

"连日看此稿，今日看毕第十单元，因以第九、第十两单元送上。已逾全稿三分之二，仅余一个单元矣。

"此稿付排之前，勘对尚疏，故有前后不符处，标点符号之使用，往往不一致。我仅能略为摘出，遗漏者必不免。此皆小节，然印书问世，固宜审之。通论二十四史句读，我因念及本书文选之句读与此处各目之标点用法，必期处处悉当，乃为以身作则。将来重看一过，于此等处加意，愿从诸公之后。"

6月5日 作书信《致张永江》（收入《叶圣陶集》第二十四卷）。信中谈与诗人徐玉诺之交往：

"徐玉诺先生早年与我交往颇密，曾两次南游，皆居我家数日。此后即不复通问，缘彼无书来，我不知其居于何地。解放以后，其子曾来一信，告我其父已逝世，览之怀念旧游，怅惘久之。

"徐先生语多乡音，且时作长段之独白，当时我虽与同游，晓其意者不过十之四五。其书字迹殊不易辨认，而意义亦较晦涩，读其书如与晤对然，亦不能尽明其旨。故我与徐先生，盖在相知与不相知之间。今足下欲为文研究徐先生，观来书所叙，所知实视我为多，我更无可以补益者。

"徐先生历年踪迹多在河南，足下似可在省内多方访问，先写一翔实之传略（研究之作可附传略），次则整理其遗文，都为一集，请文艺界出版界共商，如何谋求出版。鄙意如是，足下以为如何？"

6月11日　作书信《致郭锡良》（收入《叶圣陶集》第二十四卷）。信云："看稿停顿数日，今日居然将全稿看毕。初闻限期半月，颇感其迫促，今逾半月才数日耳。我所提零星意见与小改动处，必有不甚妥适者，望举以见告，俾知其失。"

6月13日　到中山堂，向全国人大常委会副委员长、政协全国委员会副主席、民盟中央主席沈钧儒遗像致敬。到怀仁堂，听周总理报告。

6月13日　与朱光暄谈标准铜模事。

6月20日　作书信《答陈裕墨李蓝田》（收入《叶圣陶答教师的100封信》，又收入《叶圣陶集》第二十五卷）。信中谈及短篇《夜》，又说中学语文教学，"亦无非导学生进于善读善写之境"。陈裕墨、李蓝田当时是北京财贸学校的教员。

6月25日　始为北京出版社修润《中小学生应征文选》稿二十五篇。

6月27日　在教育部与刘皑风、林励儒等共商师范教学之问题。

6月29日　出席汉字查字法整理工作组会议，讨论推荐四种查字法方案草案。

6月30日　到政协礼堂，为民主促进会代表作演讲，谈讲授之方。

同月　发表《文稿的挑选和加工——在中央人民广播电台少儿部的讲话》，刊《广播业务》第六期。（收入《叶圣陶集》第十七卷）。作者在"讲话"时说"挑选""主要还靠自己平常认真工作"；"加工""第一要注意文章中的道理"，"第二要注意语言的情味"，"第三要注意语言的声音"，"第四要注意语言的规律"。

7月3日　审阅高教无机化学教学大纲。次日，与人教社高教编辑室同人谈高教无机化学教学大纲。

7月6日 至厂桥电化教育馆,为北京市从事业余教育之语文教师作演讲。

7月16日 到灯市口女十二中和女八中,观高校招生考试。

7月18日 与来京之上海《辞海》编辑部成员谈部首查字法。

7月22日 到人民大会堂,听周总理为应届大专毕业生作报告。

7月23日 为女八中高中毕业生作演讲,谈教育方针、升学就业。

7月24日 作书信《答王必辉》(收入《叶圣陶答教师的100封信》,又收入《叶圣陶集》第二十五卷)。信中论及中学语文与政治和文学的关系。王必辉当时是上海教育学院教师进修部的教员。

7月27日 作书信《答张自修》(收入《叶圣陶答教师的100封信》,又收入《叶圣陶集》第二十五卷)。信云:"阅读教学之目的,我以为首在养成读书之良好习惯。教师辅导学生认真诵习课本,其意乃在使学生渐进于善读,终于能不待教师之辅导而自臻于通篇明晓。课外更读选本,用意亦复如是。果能善读,自必深受所读书籍文篇之影响,不必有意摹仿,而思绪与技巧自能渐有提高。我谓阅读为写作之基础,其意在此。若谓阅读教学纯为作文教学服务,则偏而不全矣。"张自修当时是陕西横山中学的教员。

7月28日 出席中华函授学校语文讲座学员学习经验交流会,致辞。

7月31日 到政协礼堂,听陈毅为归国休假与初遣出国之留学生作报告。

同日 教育部发出《教育部关于实行全日制中小学新教学计划(草案)的通知》,适当提高了语文、数学、外国语三门课程的教学要求。对语文的要求是:

"语文,要求学生在小学毕业的时候,认识3 500个常用汉字，学会汉语拼音，掌握常用词汇，字写得端正，会写一般的记叙文和应用文；在中学毕业的时候，具有现代语文的阅读能力和写作能力，具有初步阅读文言文的能力。"

8月2日 在教育部开部务会议，讨论师范学校之教学计划与小学十年制之教学计划。赴统战部之会，彭真向民主党派负责人与一部分无党派人士谈中苏会谈情形。

8月3日 参加北师大三个附中之语文教学经验交流会。观审曹雪芹纪念展览会之说明稿。

8月5日 为酒仙桥中学书校牌。

8月6日 到北师大演讲。

8月7日 作《评语二十则》（刊入少年儿童习作选第三辑《我和姐姐争冠军》，北京人民出版社1963年12月出版）。

同日 作书信《致李景慈》（收入《叶圣陶集》第二十四卷）。信云：

"学生文稿（即少年儿童习作选《我和姐姐争冠军》——编者注）久搁，承两次来电话询问，良歉。今日作评语完毕，即将全稿送上，以慰殷望。修改者计二十篇，自谓相当仔细，皆就其原意，易其未安者，删其繁赘者，而不为增添其内容。评语多就修辞立诚之旨为言，总望览此册之教师学生勿视作文为纯属技巧之事。改笔与评语是否妥善，尚希审阅。如尊处以为可，即请付排。我处过录一份，作序可以展阅。序文续二三周呈上，当不误出版之期。

"改稿勾来勾去，细心观之固可辨，偶或疏忽，错误难免。至恳排字工友与校对同志认真从事，勿使有一个错字，一个错误之符号。

"我此改稿，人教社少儿社编辑部均拟过录一份，供同志业务学习之参考。前此送请各方提意见之印本想尚有余剩，敢恳惠下四五册为盼。……顾平旦同志寄来语文小丛书之缘起编例已收读,无多意见,唯觉尚须修润耳。"

8月8日 作书信《答李嘉谟》(收入《叶圣陶答教师的100封信》,又收入《叶圣陶集》第二十五卷)。信中说:练字"目的在运用,叫人看起来方便,觉得顺眼"。李嘉谟当时是山东济南道德街小学的教员。

8月10日 赴作协之会,欢迎来我国访问的朝鲜、越南、日本、津巴布韦等国之作家。

8月15日 访北京市农林局植物保护站。

8月18日 作《看报随笔》(刊《儿童文学》创刊号)。

8月21日 到北师大,参加北京五所师范院校"语文教材教法"座谈会。次日,在"语文教材教法"座谈会上作演讲,谈语文教学之目的为训练读写能力,读与写同等重要。

8月23日 作书信《致方殷》(收入《叶圣陶集》第二十四卷)。时,方殷约圣陶先生将童话和散文编为一集,为《叶圣陶文集》第四卷。圣陶先生回信云:

"惠书收读至今已匝月,未遽作答。自知荒怠,无由乞恕,罪甚罪甚。

"我无意出文集,实缘愧其少作,见敝帚而生厌。诸作既已印过,悔亦无及,又何必重劳铅椠,耗读者之心力?屡承贵社好意,嘱理其旧作呈上,而迟迟不报,致蒙不识抬举之咎者,非无余闲,盖不能鼓勇竟为之耳。

"今思破坏贵社之计划,诚属非宜,还当勉遵。乃托我社一位同志代为理其旧作,期以今岁毕事。倘能垂许,于来年第一季度发稿,则不致失约矣。可行或否,尚希示之。"

《叶圣陶文集》第四卷交稿后未能出版。

8月27日 为沈阳博物馆书革命烈士之诗。为成都杜甫纪念会书杜甫《斗鸡》五律一首。

8月28日 为《辞海》将铸新铅字铜模,与朱光暄、何步云等共商若干字之写法与画数。

8月29日 作书信《致杜甫草堂》(收入《叶圣陶集》第二十四卷)。信云:"接读来书,嘱写数件,甚欲勉应。而试书一纸,殊不像样。字之间架疏密不称,笔姿毫无意趣,通体观之,全不贯气。决不宜悬诸草堂,供游人观览。诚以平日绝不练习,功夫未到,无由强为。第二纸不欲糟蹋,即以奉还。别书'工部祠'三字,亦颇平庸,至希勿用。所以寄奉者,聊表我确曾欲不辜雅命耳。"

8月30日 应《人民文学》编辑部之邀,与方之、陆文夫等七位新作家会晤。

9月5日 与朱光暄、史晓风共商若干字之写法与画数。

9月6日 在教育部开办公会议,拟定《中小学校和中等师范学校领导管理办法》。

9月14日 出席教育部大会,欢迎自苏联归来之留学生。

9月16日 作《〈我和姐姐争冠军〉序》(刊入北京市少年儿童习作选第三辑《我和姐姐争冠军》,北京人民出版社同年12月出版;后收入《叶圣陶散文乙集》,又收入《叶圣陶集》第十七卷)。《我和姐姐争冠军》,收萧复兴《一幅画像》、叶小沫《壁虎捉虫》、管利《我的故乡》、张瑞霞《我家有了收音机》、余海星《我珍爱的东西》、李振英《花房写生》、郑海发《排球场上的客人——日记一则》、孙丕评《在晚会上》等二十名高小到初中同学写的二十篇作品,圣陶先生在每篇后面写了切要中肯的评语,并且为全书写了《序》。《序》称赞同学们的习作"全写真经历,真体会,真感受"。读过这二十篇,"仿佛在公园里饱吸了新鲜空气,仿佛在运动场上饱看了健康优美的操练,舒畅欢喜的心情难以形容"。

9月18日 到女八中演讲,谈语文教学。

9月19日 作书信《答郑耀定》(收入《叶圣陶答教师的100封

信》，又收入《叶圣陶集》第二十五卷)。信中切盼郑氏"于教学之暇，勤于奋笔"，创作教育题材之小说。郑耀定当时是江苏常熟教师进修学校的教员。

9月24日 作词《临江仙》(刊10月3日《北京晚报》第三版)。

9月27日 在教育部开办公会议，议题为城市学校基建、工矿办学、民办学校之收费、师范学校教材之解决办法。

9月28日 参加《儿童文学》编委会之会。

10月1日 到天安门观礼。

10月4日 到民族文化宫，为中华函授学校语文讲座作演讲，评析《南京路上好八连》。

10月7日 作书信《答邓戛鸣》(收入《叶圣陶答教师的100封信》，又收入《叶圣陶集》第二十五卷)。信云："惠书及大稿均诵悉，欣愉殊甚。所叙语文教学各方面意见，皆属经验之谈，非确有所得，不能言之深切著明若是也。为学生改易文稿，令探索所以改易之故，此一举尤堪称美。教师改文，业至辛勤，苟学生弗晓其故，即功夫同于虚掷。今责令探索，彼必将用心而自得之矣。近年来我常与教师会晤，谈次辄及语文教学，既无实际经验，则言平日之所思，而颇有与尊论暗合者。同声相应，同气相求，展诵终篇，乐可知矣。"邓戛鸣当时是江苏省苏州市江苏师院附中的教员。

10月12日 到怀仁堂，听周总理报告。

10月14日 再次审改《铅字笔形整理意见》稿。

10月16日 作书信《致尤墨君》(收入《叶圣陶集》第二十四卷)。信云："《景物词类辑》之书，就性质言之，宜由地方出版社出版。既江苏人民出版社弗克承受，则他家似不必问。弟略知出版界情形，各社定选题，订计划，皆注意于轻重缓急，供需密合，以故佳稿而不获速问世者，往往有之。尊稿辑成，自宜珍藏，或付文管会，俟他日之便，何如？"

同日 作书信《致傅庚生》（收入《叶圣陶集》第二十四卷）。信云："惠书并《文学赏鉴论丛》均拜受。此册所集，或前尝读过，或未及寓目，皆将细心展玩，味其赏析之精，溉我问学之疏。唯遵此途，庶酬厚贶也。"

10月18日至11月13日 参加人大、政协之视察活动。10月18日，离京赴福建视察，叶至善、张楚琨、徐伯昕、李一平、陶淑范等同行。19日，抵上海。21日，抵福州。22日，至鼓山访涌泉寺，应方丈普雨邀，篆书苏曼殊一诗；听福建省政府负责人汇报福建概况。

10月23日 参观特种手工艺厂、漆器厂、雕石雕牙厂、木画厂，访第一中学和实验小学。

10月24日 抵古田，听电厂负责人与古田县委第一书记报告。25日，访水电站。26日，参加闽剧座谈会，访仓前山师范学院，晤郑心南、何公敢。27日，与师院和中学语文教师座谈，并作演讲。

10月28日 抵泉州市视察。29日，参观泉州高中，与教师座谈语文教学，谒弘一法师埋骨之塔，访开元寺，观弘一法师纪念室。30日，访侨乡。

10月29日 作诗《题泉州开元寺弘一法师纪念馆》（收入《叶圣陶集》第八卷）。

10月31日 抵厦门视察。11月1日，谒革命烈士纪念碑，访集美学校，观亚热带植物研究所的试验场。2日，参观前线阵地。3日，游鼓浪屿，观郑成功纪念馆。4日，参观厦门大学。5日，为厦门市各校校长和教研组长作演讲。6日，听龙溪地委书记报告全区概况。7日，观闽南革命纪念馆，晤福建第二师院院长和中文系主任。8日，与福建省干部座谈。

11月10日 作诗《郑成功纪念馆》（收入《叶圣陶诗词稿》）。

同日 抵上海。次日，赴《萌芽》杂志社与青年作者座谈，晤魏金枝。

11月13日　回到北京。

11月15日　出席最高国务会议，周总理报告国际国内情势。

11月16日　出席人大江苏省小组会议。

11月17日　全国人大二届四次会议开幕，为大会主席团成员。

同日　作书信《致梁延护、王贞民》（收入《叶圣陶集》第二十四卷）。信云："来书诵悉。我到西北，距离今年有十年了。当时确然看见车旁有好些树上缀着红叶，听人说是梨树。到了兰州，在人家的花园里看见若干梨树，叶子经秋变红了。这是在树下近看，似乎不会错。来书说梨叶变黄不变红，我也不敢否认。究竟如何，还请多观察，多打听，并以结果惠告。至于终南山与太白山并列，指山头而言，似乎也可以。查《辞海》试行本抄得两条，即以附奉。此复，并谢厚意。"

同日　将夏丏尊先生托人画之弘一法师油画一帧寄与圆拙和尚，请圆拙和尚陈于开元寺弘一法师纪念馆；又以弘一法师写件两种赠北京佛教协会。

11月18日　赴文改会之会，讨论简化字修订方案。

11月24日　应吴玉章之招会，谈文改会工作方面之问题。

11月25日　发表评论《评改〈南京路上好八连〉》（刊《语文学习讲座》第十二辑，收入《评改两篇报道》，又收入《叶圣陶集》第十五卷）。

11月26日　出席人代大会主席团会议。

11月27日　作书信《答田尔斯》（收入《叶圣陶答教师的100封信》，又收入《叶圣陶集》第二十五卷）。信中感谢田氏指出《从西安到兰州》一文中的错误。田尔斯当时是陕西洵阳中学的教员。

11月28日　与徐伯昕在人代大会上作联名书面发言，谈福建观感。

11月30日　复审上海《辞海》编辑部重行编订之部首查字法稿。

12月3日　出席人代大会主席团会议，人代会闭幕。

12月5日　填写中国民主促进会入会申请表，加入中国民主促进会。

12月6日　作诗《闽南秋兴》（刊《民进》1964年第九期，又刊《芒种》1979年第一期）。

同日　作《闽游所得》（收入《叶圣陶集》第七卷）。

同日　作诗《赠福建教育出版社》（收入《叶圣陶集》第八卷）。

同日　作书信《致金灿然》（收入《叶圣陶集》第二十四卷）。

12月8日　为福州第一中学和实验小学题字。

12月9日　作书信《致〈萌芽〉编辑部》（收入《叶圣陶集》第二十四卷）。信云："十一月上旬经过上海，承魏老见访，所谈大致与来书相同。辅导云云，殊不敢当，唯亦愿略尽绵力。自问经验甚少，如向青年作者之发言，空谈感想，无补实际，以是时复踌躇，欲提笔而终辍。魏老云，短篇数百字，点滴言之，不求完整，亦复欢迎。我若应命，亦只能出此一途。然手头恒有须看之书稿，精力又不济，不克夜以继日，以故下月十五前寄稿之嘱，恐未能如期遵办。第愿明岁能呈稿一二回，藉酬厚意而已。"

同日　陈望道来访，谈查字法、简化字、字形整理及《辞海》之编辑。

12月13日　在教育部开部长办公会议，杨秀峰宣布教育部分为二（教育部、高教部），又讨论筹备高等师范会议之事。

12月15日　午前"十一点半，与至善满子到前门外丰泽园，盖由伯祥发起，约老友若干人为余七十岁寿，藉此聚餐一次也"。"诸友久不晤面，得此一叙，皆云欣快。伯祥购一签名册，签条上篆书'杖国引年'四字，首页书一小引如下：'岁在癸卯，时维九秋，吴门叶子圣陶初届杖国之年，欣逢揽揆之日。时叶子方参佐中枢，协敷邦教，言满宇内，无待贡辞。而锡琛等或总角论文，同门受学，或谊托葭莩，时从倾谈，或曾同执教鞭，析疑赏理，或尝共治一业，砚接几联，亦皆缘际时雍，萍聚辇毂，形迹固不必泥，私衷颇难释然。爰相招邀，醵饮申祝，冀以千龄萃集，寿域同臻。叶子倘亦掀髯更进一觞乎。'签名以年龄为序，如次：锡琛、伯祥、祖璋、均正、昌群、叔湘、伯昕、唐锡光、龙文、农祥、必陶、志公，适为二十人。伯祥之女汉华，子湜华，亦来参加。"（日记）

12月19日 赴文改会之会，讨论字形。

12月20日 在教育部开办公会议，讨论筹备高等师范会议之事。

12月21日 作书信《致〈萌芽〉编辑部》（收入《叶圣陶集》第二十四卷）。信云："来书敬悉。青年作者座谈会发言记录稿，《人民文学》编辑部曾与我商量，拟刊载于《人民文学》。我恳切陈说，此只是随便说说，听者听过就算，万不宜刊载。我并且说，早知将刊载，我即不敢参加座谈会矣。他们认为我言甚是，特复我一书，谓取消刊载之意。今贵处复有此意，请鉴我之诚，亦复取消。我若自视所谈尚可公之于众，又何必不同意刊载？实觉其言芜杂，幼稚，不充畅，不周到，故坚持请免刊载也。"

12月22日 至劳动人民文化宫，公祭罗荣桓。

12月23日 作书信《致至美》（收入《叶圣陶集》第二十五卷）。

12月30日 作书信《答祖是寻》（收入《叶圣陶答教师的100封信》，又收入《叶圣陶集》第二十五卷）。信中谈"歌诀"写作。祖是寻当时是吉林桦甸第四中学的教员。

同日 致书温州三位青年教师，谈其所创作之儿童文学剧本。

本年 圣陶先生主持编写的新中国第四套全国通用的十二年制中小学教材自秋季起开始出版发行。

1964 年

（甲辰） 七十岁

1月27日 毛泽东接见日本朋友，并就当时日本人民反对美帝国主义的爱国正义斗争发表谈话。指出："日本民族是一个伟大的民族，它是绝不会让美帝国主义长期骑在自己头上的。"并代表中国人民支持日本人民的伟大爱国斗争。

同月 《文艺报》一月号发表社论《努力反映伟大的社会主义时代》，响应"写十三年"的口号。"写十三年"的口号，是柯庆施1963年1月1日在上海部分文艺工作者座谈会上提出来的。1963年12月25日至1964年1月22日，在上海举行的华东地区话剧观摩演出期间，柯庆施再次鼓吹"写十三年"。

2月13日 毛泽东《在春节座谈会上的讲话》中指出："学制可以缩短。学制缩短以后，中学毕业生只有十五六岁，不够当兵年龄。也可以过军队生活。""现在课程多，害死人，使中小学、大学生天天处于紧张状态。""课程可以砍掉一半。学生成天看书，并不好，可以参加一些生产劳动和必要的社会活动。"

5月15日 中共中央在北京召开的工作会议上作出估计，认为农村有三分之一的政权不在我们手里，修正主义已在我国出现，要全党和全军防止和警惕赫鲁晓夫式的人物篡夺党和国家的各级领导权。

6月23日 教育部、文化部发出采用《毛泽东著作选读》乙种本作为高中政治课代用教材的通知，规定："今秋的高中一年级学习《毛泽东著作选读》乙种本（中国青年出版社出版——编者注）。今秋的高中二、三年级，有的已学过《辩证唯物主义常识》，因此，这两个年级中哪一个年级学习哪一种教材，由各省、市、自治区教育厅（局）自行研究决定。"

6月27日 毛泽东在《中央宣传部关于全国文联和所属各协会整风情况报告》的草稿上作了批示，指出大多数协会和刊物"十五年来，基本上（不是一切人）不执行党的政策，做官当老爷，不去接近工农兵，不去反映社会主义革命和建设。最近几年，竟然跌到了修正主义的边缘。如不认真改造，势必在将来的某一天，要变成匈牙利裴多菲俱乐部那样的团体。"

同月 毛泽东发表《关于培养接班人的谈话》，指出："苏联出了修正主义，我们也有可能出修正主义。如何防止出修正主义，怎样培养无产阶级的革命接班人？"提出"五条"，并提出"无产阶级的革命接班人总是在大风大浪中成长的"的理论。

7月5日 毛泽东在《与毛远新谈话纪要》中说："阶级斗争是你们的一门主课。……阶级斗争都不知道，怎么能算大学毕业？"并指出："教改的问题，主要是教员问题。"

同月 《文艺报》第八、九期合刊上发表该报编辑部的《写中间人物是资产阶级的文学主张》和《关于"写中间人物"的材料》。

9月27日 毛泽东在中央音乐学院一学生的信上作批示："古为今用，洋为中用。"

同月 在周恩来的亲自指导下，大型音乐舞蹈史诗《东方红》开演。

10月16日 我国在西部地区爆炸第一颗原子弹，成功地进行了第一次核试验。
12月21日至次年1月5日　第三届全国人民代表大会在北京隆重举行。周恩来在《政府工作报告》中宣布调整国民经济的任务已经基本完成,并提出要努力把我国逐步建成一个具有现代农业、现代工业、现代国防和现代科学技术的社会主义强国。
同月　江青指令批判影片《林家铺子》、《不夜城》、《红日》、《聂耳》、《兵临城下》等。《文艺报》发表综合材料《十五年来资产阶级怎样反对创造工农兵英雄人物?》。
本年　全国城乡开展社会主义教育运动。

*　　*　　*

1月1日　到景山公园,与少年宫读书会的孩子们会面。到政协礼堂,出席全国政协招待人大代表、政协委员中七旬以上老人之宴会,共庆元旦。
1月2日　作书信《答孙文才》(收入《叶圣陶答教师的100封信》,又收入《叶圣陶集》第二十五卷)。信中谈及语文教学的目的和方法。
1月3日　观审景山学校翻译之日本初中数学课本稿。
1月4日　作书信《答宋育瞳》(收入《叶圣陶答教师的100封信》,又收入《叶圣陶集》第二十五卷)。信云:"我谓实际作文,皆有所为而发,如作书信,草报告,写总结,乃至因事陈其所见,对敌斥其谬妄,言各有的,辞不徒作。而学生作文系属练习,势不能不由教师命题。学生见题而知的,审题而立意,此其程序与实际作文违异。故命题必如学生所自发,彼本无所为,示之以题,彼即觉有所为,欲罢不能非倾吐不可:如是乃可使练习与实际一致,见题作文与自发作文无殊。而作文为社会生活中不可缺少之技能,非语文教师强加于学生之作业,学生亦可历久益明，习之益加勤奋。"宋育瞳当时是内蒙古呼和浩特第一中学的教员。

1月5日 到新桥饭店，首次参加民进中央支部之会。

同日 作诗《赠范烟桥》（收入《叶圣陶集》第八卷）。范烟桥是圣陶先生的中学同学。

1月10日 始读《反杜林论》。

1月12日 发表《继续促进文字改革工作——在全国人大二届四次会议上的发言》，刊《文字改革》一月号，署名丁西林、叶圣陶、车向忱、陈望道、吴贻芳、林汉达、竺可桢、周建人、胡愈之、曾世英、黎锦熙（收入《叶圣陶集》第十七卷）。

1月14日 始观梁斌之《播火记》。

1月17日 与中华函授学校讲座作演讲的同人为会，共商宜如何总结经验，期其进展。

1月18日 为《中国妇女》杂志修润毛主席新发表的诗词之简注。

1月19日 作诗《七绝一首——嘉兴南湖革命纪念馆属题》（刊《东海》1979年七月号，1979年7月10日；收入《叶圣陶集》第八卷题名为《嘉兴南湖革命纪念馆属题》）。

同日 作诗《新春咏四首》（刊2月12日《西安晚报》第五、六合版）。

1月30日 为《儿童文学》编委会修润致作家之书信。

2月1日 为景山学校学生讲《多收了三五斗》。

同日 作书信《答滕万林》（收入《叶圣陶答教师的100封信》，又收入《叶圣陶集》第二十五卷）。信中讲述"语文"一名的内涵及由来。滕万林当时是浙江乐清中学的教员。

2月6日 在教育部开办公会议，座谈为外国学生所编之汉语课本。

2月9日 到文联，观《诗刊》社之诗歌朗诵演奏会。

2月10日 始观审小学地理课本之修改稿。

2月12日 发表《新春联》，刊《大公报》第三版。

2月13日　到北京饭店，出席文化部与文联联合举行的春节联欢会。次日，赴民进之新春茶叙会。

2月17日　作书信《致牛平青》（收入《叶圣陶集》第二十四卷）。信云："承示杨椿欣同志总结教学说理文经验一稿，读之深感欣慰。杨同志如此教课，必能使学员于读书看报之时，方法渐趋于精密，眼力渐趋于敏锐，获得较为深入之理解。理解既深入，所受之教育自不肤浅，必然有裨于思想实践之锻炼。而阅读之时养成若此良习，又必影响于平时之构思与发言。稿中言十四人作文，十一人能运用课文所用之技法，我谓彼辈并非模效，而为确然受到影响之征验。杨同志获此成绩，良可钦佩，请代致意，祝其更益精进。"

同日　工余始读浩然《艳阳天》。

2月20日　在人教社开社务会议，讨论今年普教、高教两方面之选题出版计划。

2月21日　作诗《观新编昆剧〈师生之间〉》（收入《叶圣陶集》第八卷）。

同日　作书信《答六一学校教员》（收入《叶圣陶答教师的100封信》，又收入《叶圣陶集》第二十五卷）。六一学校在北京。

2月22日　工余始看柳青《创业史》。

2月23日　致书浩然，谈《艳阳天》之观感。

2月26日　到六一小学为教师作演讲，谈师生关系和语文教学。

2月28日　到政协听许涤新作关于农村工作之决定，与决定之解释。次日，仍听许涤新之解说。

3月2日　作书信《致至美》（收入《叶圣陶集》第二十五卷）。信云："今日是你母亲逝世七周年纪念日，思之伤怀。"

3月3日　与俞平伯合作，将独幕剧《岗旗》改编为昆曲。

同日　作书信《答徐州师范语文组》（收入《叶圣陶集》第二十五卷）。信中谈及游记《从西安到兰州》。

3月9日 作书信《致至美》(收入《叶圣陶集》第二十五卷)。信中谈"四清"问题,又谈及"五反"。

3月10日 到六一学校听赵老师讲课,课文是李大钊的女儿李星华写的《十六年前的回忆》,编入北京市高小语文第四册。

3月11日 作书信《答六一学校校长》(收入《叶圣陶集》第二十五卷)。信中谈听赵老师授课之意见。

3月14日 到政协礼堂,参加政协举办之学习工作经验交流会。

3月20日 作书信《答简治平》(收入《叶圣陶答教师的100封信》,又收入《叶圣陶集》第二十五卷)。信中表明对其编《作文辞典》的看法:"此辞典收集各类佳句,我不敢谓其不切于用,亦未能信其至切于用。请略言之。作文必有可写之材料,材料之来源为真经验真知识真感受,此类皆由'自得',不宜求之于辞典。既有材料,发而为文,用语务求明确,缀语必有伦次。此则平时锻炼思想方法之功,学习语言运用之效,而善听他人之谈说,善读他人之佳作,亦复有助。辞典唯列语句,无上文下文,莫由知其承贯,即或略资启发,究未免近乎枝节。我谓未能信其至切于用,盖在此耳。"简治平当时是四川资中银山中学的教员。

3月22日 作书信《致宁晓杰》(收入《叶圣陶集》第二十四卷)。宁晓杰是北大附中的学生,来信指出《〈普通劳动者〉是一篇很好的小说》一文中有一处错误。圣陶先生在回信中说:

"我非常感激你们,对你们的细心看书非常欣慰,对我的疏忽非常惭愧。

"我这篇文章登在刊物上,后来又由编辑者收在课本里,五六年间没发见这个错误,直到今天才知道我写错了。你和同学说的完全对,吃晚饭时候林将军听见沙堆背后的人讲的决非长征故事,而是九年前攻击十三陵一带那时候的故事。当时我怎么会想错的,现在也弄不明白,总之我说了不正确的话,叫人家受累搞胡涂，是很不应该的。现在我准备通知采用我这篇文章的出版社，说你们指出了我的错误，我请求为我更正。更正的办法是把'长征故事'改为'九年以前在这一带作战时候的故事'。你们看好不好？"

3月23日　作书信《致北京出版社》（收入《叶圣陶集》第二十四卷）。信云："昨日接到北大附中一位学生来信，指出我的《〈普通劳动者〉是一篇很好的小说》一文之第五小节中有一处明显的错误。按王愿坚同志的小说，沙堆背后的人讲的并不是'长征故事'。几年来我自己不曾觉察，也没有人给我指出，我非常感激那位投书的学生。他与同学能细心阅读，又能助人改正错误，深可欣慰，而我下笔粗疏，贻误读者，实感惶愧。今特致书贵社，高中语文课本以后如仍采用我这一篇，望将第五小节中'长征故事'四字改为'九年以前在这一带作战时候的故事'十五字。北京市其他课本或亦有采用我这一篇的，也请照此改正。"

同日　作《更正启事》（刊《语文学习讲座》第十五辑）。

3月24日　在教育部讨论《关于反对片面追求升学率，改进教学方法，减轻学生负担之请示报告》稿。

3月25日　赴文改会之会，讨论字形问题，订定六千余字之印刷通用字表。工余始观苏联小说《传说的继续》。

3月26日　在文改会审定印刷通用字表。

3月30日　赴人大常委会和国务院之联席会议，听周总理作出访十四国报告。次日，续听周总理报告。

同月　《评改两篇作文》由北京出版社出版，为"语文小丛书之一"，内收《评改〈当我在工作中碰到困难的时候〉》和《评改〈最近半年工作情况汇报〉》。

4月4日　始与文改会同人讨论整理查字法之意见稿。

4月7日　到群英小学听课。

4月9日　在人教社与小学语文编辑室成员谈如何编撰课外读物。

4月14日　修改《简化字总表》之说明与注释稿。

4月15日　到北大中文系听写作课,教材为《老贺到了"小耿家"》。

4月18日　与文改会同人讨论《简化字总表》之排版样稿。工余看溥仪之《我的前半生》。

4月22日　作书信《致高祖文》(收入《叶圣陶集》第二十四卷)。高祖文请作者批阅文件稿,婉却。信云:"前上一书之后,承通电话告至善,嘱我不必着急。今又逾十余日,尊件留在案头,复展观一遍。此件可谈之处颇多,而欲仔细准备,逐条详说,即不写讲稿,仅记要点,亦复大费心思,非我所能任。因此,只得如前书所称,奉还原件,请免除作讲之举。非不欲作讲,实由力不从心,至希垂谅。"

4月23日　在教育部开办公会议,讨论精简教材改变教学计划之暂行办法。

4月28日　到北大中文系听作文评改课。

5月2日　到北大中文系谈听课之感想。

5月3日　作书信《答张新华》(收入《叶圣陶答教师的100封信》,又收入《叶圣陶集》第二十五卷)。信中谈"改进教学"和"注意个别辅导"。张新华当时是湖南辰溪第二中学的教员。

5月4日　始观苏联小说《战争的回声》。

5月5日　到平谷县语文学习讲座作演讲。

5月6日　作书信《答杨钦忠》(收入《叶圣陶答教师的100封信》,又收入《叶圣陶集》第二十五卷)。信中谈看其文稿的意见。杨钦忠当时住河南汲县。

5月8日　到民族文化宫,为中华函授学校语文学习讲座作演讲,剖析《平谷西南一枝花》。

5月9日　始观王英先之长篇《枫橡树》。

5月12日　到人民大会堂,听陈毅报告,谈出外访问各国之事。到北大,为北大和其他院校的写作课教师作演讲。

5月13日　到人民大会堂,续听陈毅报告。次日,仍续听陈毅报告。

5月15日　致书《新闻业务》编辑室,谈新闻报道宜简约。

5月17日　始观瓦·阿热夫尼科夫之小说《这位是巴鲁耶夫》。

5月18日　作诗《观话剧〈千万不要忘记〉》(刊《民进》第九期)。

5月20日　作书信《答孙林》(收入《叶圣陶答教师的100封信》,又收入《叶圣陶集》第二十五卷)。信中谈对其选编的"课本"的意见。孙林当时是安徽肥西化岗中学的教员。

5月21日至6月4日　参加统战部组织的参观团。5月21日,出外视察,与梁思成、侯仁之、叶至善等同行。次日,经齐齐哈尔抵大庆油田参观访问。

5月24日　作诗《地宫——大庆油田标本模型图表之陈列馆也》(刊《民进》第九期,又刊《芒种》1979年第一期,后收入《叶圣陶集》第八卷)。

5月30日　抵哈尔滨参观视察。6月2日,参观亚麻纺织厂和电机厂。次日,游松花江。

6月4日　回到北京。

6月5日　出席1964年京剧现代戏观摩演出大会之开幕式。

同日　作书信《答福州师范编写小组》(收入《叶圣陶答教师的100封信》,又收入《叶圣陶集》第二十五卷)。信中谈对其选编的"学习指导"稿的意见,又谈及圣陶先生自己的《任瑞卿老先生》。

6月8日　在教育部开办公会议,讨论修改中小学之教学计划。次日,续会,讨论教育部与国家体委及卫生部联合草拟之《关于中小学学生健康情况与学校体育卫生工作报告》文稿。

6月9日　作书信《答朱泳燚》(收入《叶圣陶答教师的100封信》,

又收入《叶圣陶集》第二十五卷）。信云："偶见有人称扬拙作，我辄惶愧不安，以为过誉。非好为谦抑，实缘自知之明。凡我所作，其质皆甚平庸。至于语言文字之间，虽欲求其精当，而实践不足以副之，文集固经修改，疏漏宁能尽免？足下谓有若干不妥之处未加改动，复有改而转见弗当者，即其著例。又，于规范化未能前后一致，则以改动非于一时，认识尚未确立之故。今承指明，良为汗颜。"朱泳燚当时是江苏常熟省立常熟中学的教员。

6月10日 作书信《致姜德明》（收入《叶圣陶集》第二十四卷）。信云："承嘱执笔，不敢不勉。散文较难，多费心思，每损夜眠，因作《水龙吟》二阕应命。希严格审阅，定其可用与否。"

6月12日 到昌平第八十四中听课，课文为《石钟山记》、《雪浪花》、《蒋干中计》，并与学生座谈。

6月13日 发表词《水龙吟 连日观京剧现代戏观摩演出，喜赋二阕》，刊《人民日报》第六版。

同日 作书信《致孙国梁》（收入《叶圣陶集》第二十四卷）。孙国梁是北京市教育局局长，信中谈昌平八十四中教师状况。信云：

"人教社有一调查组在昌平八十四中学，历时已将一月。昨日我偕社中同志数人往观，听语文课三堂，与高初中十余学生座谈两小时半。

"此校有语文教师八人，一人久病，一人参加'四清'工作，实止六人，请一历史课教师暂代，乃有七人，勉敷各班级之教学。中有老教师姚焕章者，患糖尿病甚重，医院窃告学校，谓其生命恐不逾二三年。而姚君见教师不敷，非第不肯辍教休养，且仍担任两班，不愿接受减少一班之劝告。我观姚君授课，至佩其服务精神，而睹其病容，又深感不宜更令任教。其校林校长为我言，教师编制之紧如是，致姚君患重病而不肯休养，可否代为呼吁，裨纾其校之困。我与林校长有同感，爰作书以闻，敬希斟酌而善处之，幸甚。"

6月15日　为荣宝斋篆书毛主席诗。

6月17日　为中华书局修改《〈后汉书〉出版说明》稿。

同日　作书信《致张志辛》(收入《叶圣陶集》第二十四卷)。嘱排印有关"语文"的一篇文稿，并列"练习阅读与练习写作的关系"方面的三道思考题。

6月21日　作书信《致陆金生》(收入《叶圣陶集》第二十四卷)。信中谈及《东风化雨》一书，又论及曹禺的《日出》，还说到《李自成》。

6月26日　作书信《答甄居》(收入《叶圣陶答教师的100封信》，又收入《叶圣陶集》第二十五卷)。甄氏来信批评圣陶先生的《评讲一篇作文〈当我在工作中碰到困难的时候〉》，圣陶先生在信中与他探讨。甄居当时是安徽庐江中学的教员。

6月28日　到景山公园少年宫演讲。始审阅中学语文课本稿。

6月29日　作毕评论《评改一篇报道〈平谷西南一枝花——运用科学技术提高生产的南张岱大队〉》(刊《语文学习讲座》第十八辑，后收入《评改二篇报道》，收入《叶圣陶集》第十五卷)。

6月30日　与来京参加团代会之回乡下乡中学生座谈。

7月3日　至团中央，为少年儿童文学工作者作演讲。与吕叔湘、王力等讨论如何总结语文讲座两年来之经验，为今后改进之依据。

7月7日　作书信《致孙国梁》(收入《叶圣陶集》第二十四卷)。信云："昨接学生家长曲彤来函，叙及初中升学考试时，某老师板书作文题加上引号，致引起学生误解云云。此事确值得注意。他日高中升学考试，似可特别通知一声，板书作文题不可随意加引号。今附上曲彤原函，希察览。"

7月8日　与市第一女中教师座谈。

7月10日　到长安大戏院,为中华函授学校语文讲座作演讲。

7月15日　作书信《答朱泳燚》(收入《叶圣陶答教师的100封信》,又收入《叶圣陶集》第二十五卷)。信中谈及《叶圣陶文集》中的语言修改问题,以及语文课本的编辑思想。

7月18日　作词《水龙吟　题农祥亦秀新婚纪念册》(收入《叶圣陶集》第八卷)。

7月25日　赴统战部之会,彭真报告5月15日中共中央在北京召开的工作会议之精神。次日,与民进同人讨论彭真的报告。

7月29日　出席民进中央举办的语文讲座经验交流会,致辞。次日,为参加语文讲座经验交流会之代表作演讲,谈语文教学之目的与方法。

7月31日　到工人体育场,听周总理向高等院校毕业生作报告。

8月3日　与赵平生谈西安普通话教学观摩会之议程,观吴玉章在普通话教学观摩会上之讲话草稿。

8月4日　出席民进中央举办的语文讲座经验交流会最后一次座谈会。

8月6日　与赵平生谈西安普通话教学观摩会如何开法之拟议。

8月14日至26日　主持第四次普通话观摩大会。14日,抵西安,主持全国第四次普通话教学观摩大会。16日,开普通话教学观摩会之预备会。17日,全国第四次普通话教学观摩大会开幕,圣陶先生代表教育部作报告。25日,观摩大会闭幕,致闭幕词。

8月26日　离西安回京。

9月4日　作书信《答汪齐镇》(收入《叶圣陶答教师的100封信》,又收入《叶圣陶集》第二十五卷)。信中解答汪氏有关《五月三十一日急雨中》的疑问。汪齐镇当时是上海松江第三中学教员。

9月15日　到小汤山参观北京市工读学校。

9月16日　到民族文化宫,为北京市业余学校语文教师作演讲。

9月25日　到政协礼堂,参加民进庆祝建国15周年座谈会。

9月29日　作书信《答王应瑄》(收入《叶圣陶答教师的100封信》,又收入《叶圣陶集》第二十五卷)。信中回答所询《梅花岭记》一文中之问题。王应瑄当时是武汉市第十七女子中学的教员。

同日　始读列宁之《论马克思恩格斯及马克思主义》。

10月1日　到天安门观礼。

10月3日　始读恩格斯之《费尔巴哈与德国古典哲学的终结》。

10月6日　始读钟涛之长篇《大甸风云》。

10月8日　当选为江苏省出席全国第三届人代大会的代表。

10月9日　作《〈文章评改〉序》(刊《语文学习讲座》第二十二辑,1965年1月;刊入吕叔湘等著《文章评改》,上海教育出版社出版;收入《叶圣陶序跋集》;又收入《叶圣陶集》第十七卷)。《文章评改》收文14篇,是中华函授学校语文学习讲座两年来文章评改的讲稿。《序》中介绍中华函授学校语文学习讲座创办的缘起及成绩:

"一九六二年秋季,中华函授学校举办语文学习讲座,到现在两年多了。报名参加学习的,绝大部分是机关和工商企业的干部,还有部队的官兵和中小学校业余学校的教师。他们参加学习的目的很明确。他们深切地感到自己的语文水平还差,读写能力不适应实际工作的需要,希望提高读写能力,达到适应自己的实际工作的地步。中华函授学校的同志和十多位主讲人几经考虑,认为所设功课必须针对学员参加学习的目的,才对他们真有帮助。他们要提高读的能力,就跟他们共同阅读一些文章。他们要提高写的能力,就跟他们共同斟酌一些文章。阅读一些文章,斟酌一些文章,都是实践。凡是能力,总要在实践中锻炼。空谈该怎样读,该怎样写,是无济于事的。而主讲人跟学员共同阅读,共同斟酌,随时启发指点,就起了主导作用。这是一层。阅读一些文章,斟酌一些文章,只是'举一隅',目的在于学员通过实践,能'以三隅反'。'以三隅反',就是阅读其他文章,也能像跟主讲人共同阅读选读的文章那样,得到比较真切透彻的理解;斟酌自己或是别人的文章,也能像跟主讲人共同斟酌取供讨论的文章那样,比较周到妥帖地考虑。能'以三隅反',标志着读写能力真有提高,可以不依靠旁人而独立读写了。学员所希望的不就是达到这个地步吗?而这个地步是能够达到的,只要学员学习得主动,钻研得精勤,主讲人又启发得切当,指点得中肯。这是又一层。根据以上说的两层意思,语文学习讲座就以文章选读和文章评改为主要功课。"

10月15日 修改上海《辞海》编辑部改定之部首查字法校样,及查字法整理工作组之说明稿修改本。

10月17日 在教育部讨论《关于农村业余教育的通知》稿。出席民进之座谈会,庆祝我国第一颗原子弹试验成功。

10月25日 发表评论《评〈读和写〉,兼论读和写的关系》(刊《语文学习讲座》第二十辑,后收入《叶圣陶语文教育论集》,又收入《叶圣陶集》第十五卷)。文章指出:"语文既是一门学问,也是一种技能。""读和写是学好语文的两个方面,它们之间是相辅相成的,只读不写是不行的,其结果是眼高手低。只懂得写作理论还是写不出好文章来,正像一个只懂得骑脚踏车理论而实际不会骑车的人一样,硬上去也是要摔下来的。可是只写不读更不行,没有足够的基础知识,不懂得写作技巧,想写出好文章来是绝对不可能的。没有基础的大楼是不存在的。因此只有多读多写,并且把读写密切结合起来,阅读能力与写作能力才会逐步得到提高。"

10月30日 作书信《致吴树德》(收入《叶圣陶集》第二十四卷)。

信云:"惠书于昨日收到。展读之后,深感思想正确,热情丰富,大为欣慰。承嘱于聋哑人业余文化学习教材之编辑出版多所致助,自当随时留意,遇到商量讨论之时,必尽可能推动之,促进之。"

11月1日 作评论《评改一篇作文〈雷锋式的战士〉》(刊《语文学习讲座》第二十一辑,后收入《叶圣陶语文教育论集》,收入《叶圣陶集》第十五卷题名为《评改一篇习作〈雷锋式的战士〉》)。

同日 为中华函授学校语文讲座作演讲,介绍《源泉》、《大甸风云》、《艳阳天》三部小说。

11月20日 为中华函授学校语文讲座作演讲,剖析《雷锋式的战士》一文。

11月28日 观本年全国美术学院毕业生之作品展览。

12月2日 始观审农民业余学校之语文课本稿。次日,在人教社与中学语文编辑室同人座谈中学语文课本修改事。

12月7日 在人教社与小学语文编辑室同人座谈小学语文课本修改事。

12月9日 致书商务印书馆,对《辞源》提两点意见,关于标注字之读音的体例。

12月12日 作书信《答张中石》(收入《叶圣陶答教师的100封信》,又收入《叶圣陶集》第二十五卷)。信中谈及"周会课须有教材"。张中石时任江苏宜兴洋溪小学教员。

12月14日 与女二中教师共同备课,课文为《孔乙己》。

12月15日 始审阅小学语文课本稿。

12月16日 作书信《答朱泳燚》(收入《叶圣陶答教师的100封信》,又收入《叶圣陶集》第二十五卷)。信中谈及《叶圣陶文集》中的语言修改问题,以及语文课本的编辑思想。信中说:"编课本选材至难,我久有此感。不亲其事者闻此说,往往弗信。今年各方面之辩论批判，蔚为文化革命，教师学生思想认识提高，于语文教材认为不尽当者颇不少。我社方着手改编，将去其不当者而别选新篇，供明年暑后应用。要求既严，选取益艰。亦唯有自求革命化，善走群众路线，庶可不负此重任耳。"

12月18日　参加最高国务会议。

12月20日　出席人代大会预备会。次日，全国人大三届一次会议开幕，为大会主席团成员。

12月26日　作书信《答李业文》（收入《叶圣陶答教师的100封信》，又收入《叶圣陶集》第二十五卷）。信中谈"农村业余教育"。李业文当时是江苏常州丁埝公社农村业余教育专职干部。

1965年

（乙巳）　七十一岁

1月14日　中共中央制定了《农村社会主义教育运动中目前提出的一些问题》（简称"二十三条"），提出社会主义教育运动的重点，是整党内那些走资本主义道路的当权派。

同日　教育部发出《教育部关于暂停授初中世界历史和高中世界现代史的通知》。《通知》指出："现行的初中世界历史课本和高中世界现代史课本，内容有错误，继续讲授，将会产生不良影响。现决定在1964～1965学年度第二学期暂时停授初中三年级的世界历史课和高中的世界现代史课。请遵照执行。"

2月　《文艺报》第二期发表文章，批评老作家陈翔鹤的短篇历史小说《广陵散》与《陶渊明写〈挽歌〉》。

3月1日　《人民日报》转载《戏剧报》第一期齐向群的《重评孟超新编〈李慧娘〉》的批判文章。编者按语中说，《李慧娘》"是一株反党反社会主义的毒草"。

7月3日　毛泽东作出对"北京师范学院一个班学生生活过度紧张，健康状况下降"材料的批示："学生负担太重，影响健康，学了也无用。建议从一切活动总量中，砍掉三分之一。请邀学校师生代表，讨论几次，决定实行。"

9月3日 首都各界集会纪念抗日战争胜利20周年。

11月10日 姚文元的《评新编历史剧〈海瑞罢官〉》一文在上海《文汇报》发表，为"文化大革命"的发动作了舆论上的准备。30日，《人民日报》予以转载。

12月21日 毛泽东在杭州同陈伯达谈话时说："《海瑞罢官》的要害问题是'罢官'。嘉靖皇帝罢了海瑞的官，一九五九年我们罢了彭德怀的官，彭德怀也是'海瑞'。"

同日 毛泽东在《在杭州会议上的讲话》中说："现在这种教育制度，我很怀疑。从小学到大学，一共十六七年，二十多年看不见稻、粱、菽、麦、黍、稷，看不见工人怎样做工，看不见农民怎样种田，看不见商品是怎样交换的，身体也搞坏了，真是害死人。"

* * *

1月4日 第三届全国人民代表大会第一次会议闭幕。

1月6日 参加民进之集会，讨论周总理在人代大会的报告。

1月13日 赴文改会之会，商定有关字形。

1月18日 始审改中学语文课本稿。

1月22日 为中华函授学校语文讲座作演讲，剖析学员之文稿。

2月7日 始观乌兰巴干之长篇《燎原烈火》。

2月24日 始观林予之小说《雁飞塞北》。

3月5日 在教育部开办公会议，讨论筹备农村半农半读教育会议。

3月13日 在文改会开会，讨论四种查字法如何汇编。又商定查字法工作组之工作告一段落，工作组成立于1961年4月间。

3月26日 到京西宾馆，出席半农半读教育工作会议。会期二十余天，于4月23日闭幕。

3月29日 始观杨明之小说《江海奔腾》。

同月 《评改两篇报道》由北京出版社出版,为"语文小丛书之五",内收《评改〈南京路上好八连〉》和《评改〈平谷西南一枝花〉》。

4月2日 到女二中听课,课文为《反对自由主义》。次日,仍到女二中听课。

4月5日 与女二中教师座谈,谈听课之意见。与周梦持谈供外国学生学习之汉语课本,言其编法不合于外国学生之需求。

4月13日 到群英小学听作文评讲课,并作评教演讲。

4月20日 发表评论《评改〈评改"我受到了一次深刻的阶级教育"〉》,刊《语文学习讲座》第二十五辑,收入《叶圣陶集》第十五卷时题为《评学习小组对一篇习作的评改》。

5月7日 到长安戏院,为中华函授学校语文讲座作演讲,评析《一次事半功倍的参观》。

5月14日至6月12日 赴山东调查教育情况。5月14日,抵济南。15日,观山东省阶级教育展览会。16日,到第一中学开座谈会。

5月18日 抵青岛。

5月20日 到青岛市第二中学开座谈会。21日,观青岛市第一中学学生之作文本。22日,到崂山,邀回乡知识青年开座谈会。24日,参观青岛市第一职业学校。25日,到青岛市第七中学听课。26日,与七中语文教师座谈。27日,测验七中学生作听讲作笔记之能力。28日,到七中听课。29日,测验七中学生读文言文之能力。31日,到七中听课。

6月1日 观青岛市小学生运动会,与七中评议教师之授课。2日,到七中听政治课,教材为毛泽东之《农村各阶级的分析》。3日,到七中听政治课,教材为《矛盾的转化》。4日,访青岛第一水产养殖场,在七中听英文课。5日,到七中听动物课,与学生座谈。6日,观中学生之飞机模型表演练习。7日,与夜校学员座谈。8日，与七中负责人谈听课之观感。9日，与驻地海军指战员座谈。10日，与青岛市国棉二厂青年工人座谈。11日，与青岛市教育局干部谈教育工作。

6月10日　发表评论《评〈一次事半功倍的参观〉》，刊《语文学习讲座》第二十七辑。

6月12日　回到北京。

6月14日　始审《辞海》未定稿。

6月17日　作书信《答张中石》（收入《叶圣陶答教师的100封信》，又收入《叶圣陶集》第二十五卷）。信中仍谈"周会教学"。

6月19日　到二龙路学校，听其校教师对人教社之中学语文课本提意见。

6月21日　始审新编之初中历史和地理课本稿。次日，始审初中物理课本稿。

6月26日　到师大附中，听老师对人教社之课本稿提意见。

6月29日　到北京市教材编审处，听全市各学校为人教社之语文课本提意见。

7月1日　到师大附中，听教师谈文言文教学之情况。

7月3日　到二龙路学校，听教师谈文言文教学中之有关问题。

7月7日　上海与北京制造字模之诸君来访，共商特书一副仿宋体字模，印行《毛主席语录》。

7月17日　作书信《致向远》（收入《叶圣陶集》第二十四卷）。信云："大稿言注释古书之意见，皆甚精到。谓作注宜有决断，众说之中，其一确然准确，即不当罗列诸说，俾读者增其麻烦，尤为卓见。投寄刊物，我意以足下径寄为便。此一份为油印件，拟不奉还，而交人民教育出版社之编辑同志作参考，缘其中多处言及《古代散文选》之故，希邀惠许。"

7月23日　作书信《致陈益堂》（收入《叶圣陶集》第二十四卷）。

信云:"惠书并《作文选》到已数日……《作文选》批改甚细,良佩。以所选皆较佳之作,旁边批语属于说明所以佳之故者为多。我谓此殊有意义。学生作文,不唯不自知其缺点,亦不尽自知其优点。而教学之最终目的,则在学生能自知其文之优缺点,自知则能辨认所作之文何处必须修改,何处确然说对,如是则不待依赖他人,而能心中有数,自为修改。教师积年累月,为学生批改作文,固在使学生终于能自改也。今足下为说明所以佳之故,不一般用形容词语为之奖许,学生即能心知其故,从而更求发展其优点,故我谓殊有意义。所见与足下之意有当否,尚望酌之。"

同日 作书信《关于作文批改的一封信》(刊《上海教育》1980第五期,题名为《叶圣陶先生关于作文批改的一封信》)。

7月27日 到机场欢送缅甸革命委员会主席、革命政府部长会议主席奈温将军和夫人一行。

7月28日 出席教育部之集会,听各部门汇报半工半读教育之问题。

8月4日 听来访之几内亚教育部长作报告,介绍该国之教育概况。

8月8日 出席中华函授学校学员学习经验交流会,致辞。

9月2日 代表民进出席政协召开之双周座谈会。

9月3日 出席首都各界人民庆祝抗日战争胜利20周年大会。

9月10日 作书信《致学古》(收入《叶圣陶集》第二十四卷)。"学古"为鲁迅研究专家朱正先生的化名。

9月11日 作诗《宁宁寄来军装小影题其背》(收入《叶圣陶诗词稿》)。

同日 到工人体育场,观全国第二届运动会开幕式。

9月21日 文化部与北京铸字厂诸君来访,共商上海所写仿宋字之底稿。

9月23日 作书信《致学古》(收入《叶圣陶集》第二十四卷)。

9月27日 应张际春之约,到国务院文办共谈查字法。始观《现代汉语词典》稿本。

10月1日 到天安门观礼。与傅彬然谈《辞源》之选材与编辑事。

10月7日 在教育部开办公会议,讨论即将召开的半工半读教育工作会议之准备工作。

10月15日 到政协礼堂,参加政协双周座谈会,听李宗仁发言。

10月18日 修改教育部党组关于减轻学生负担呈送中央之报告稿。

10月25日 出席全国半工半读教育会议,此会预备开20天。

10月31日 作诗《读〈我开车的一些体会〉》(收入《叶圣陶诗词稿》)。

11月2日至12月12日 参加中共中央统战部组织的学习参观团,赴四川参观访问,同行有胡愈之、朱孟实、千家驹、王力等28人。

11月4日,抵成都,访草堂与武侯祠。5日,参观刘文彩庄园。6日,游峨嵋。7日,访修建成昆铁路的铁道兵某部。8日,观成昆铁路工作进程与成绩之展览。

11月11日,返回成都,在蓉市参观。12日,座谈参观铁路工地之感受与体会。13日,讨论备战问题。14日,观都江堰。15日,访成都无缝钢管厂、电子管厂、光学玻璃厂。16日,往德阳访第二重型机器厂。17日,访东方电机厂。18日,开座谈会,谈参观工厂之观感。

11月19日,抵自贡市参观访问。20日,参观张家坝制盐化工厂、鸿雀镇化工厂、盐业博物馆,与工人座谈。21日,访邓关盐场。

11月22日,抵泸州参观访问。23日,访纳溪天然化工厂。

11月24日,抵重庆。25日,参观川黔铁路五个重要工程,出席"向王杰同志学习"晚会。

11月26日，抵遵义。27日，参观遵义会议纪念馆，书由千家驹起草之留言。晤民进负责人杨贻谟。

11月28日，返回重庆。29日，听重庆市负责人谈重庆工农业概况。30日，观中美合作所集中营美蒋罪行展览馆，又观渣滓洞和白公馆，献花圈于烈士墓。12月1日，访重庆钢铁公司。2日，访浦陵机器厂。8日，观技术革新技术革命展览会和重庆工业展览会。

11月29日　作诗《工地（二律）》（收入《我与四川》）。

11月30日　作词《菩萨蛮　遵义会议纪念馆》（刊《艺术世界》1980年第一期，后收入《叶圣陶集》第八卷）。

12月1日　作词《菩萨蛮　重庆中美合作所美蒋罪行展览馆》（收入《我与四川》，又收入《叶圣陶集》第八卷）。

12月9日　登江轮过三峡，于12日抵武汉。途中观《欧阳海之歌》。

12月13日　回到北京。

12月26日　作书信《致至美》（收入《叶圣陶集》第二十五卷）。信中谈及日语的翻译。

12月28日　在人教社开社务会议，讨论明年之选题计划、出版计划、财务计划。

12月29日　到政协礼堂，与赴四川参观团同人为会，讨论总结稿。

12月31日　在人教社开新年联欢会，致辞。

同月　作《略谈新中国的交通》（刊香港《大公报》，后收入《叶圣陶集》第七卷）。